Ulrich Bielefeld

Nation und Gesellschaft

**Selbstthematisierungen in
Frankreich und Deutschland**

Hamburger Edition

Hamburger Edition HIS Verlagsges. mbH
Mittelweg 36
20148 Hamburg

Redaktion: Sabine Lammers
Umschlaggestaltung: Wilfried Gandras
Typographie und Herstellung: Jan Enns
Satz aus Sabon und Syntax
von Pinkuin Satz und Datentechnik, Berlin
Druck und Bindung: Clausen & Bosse, Leck
Printed in Germany
ISBN 3-930908-83-2
1. Auflage März 2003

Die Deutsche Bibliothek – CIP-Einheitsaufnahme
Ein Titelsatz für diese Publikation ist bei
der Deutschen Bibliothek erhältlich

Inhalt

Vorwort und Dank

Manchmal braucht es Zeit, bis aus einem Thema eine These wird. Am Anfang stand Irritation. Ganz alltägliche Erklärungs- und Deutungsmuster waren nicht mehr gut auf einige Fälle anwendbar. Eine ganze Zeit lassen sie sich als Abweichungen, die ja die Norm bestätigen sollen, verstehen. Schließlich aber muß man sich in einigen Fällen doch fragen, ob man nicht besser das Deutungsmuster ändert, die Ordnungskategorien umstellt.

Bis dahin aber war es ein langer Weg. Zunächst war eine, wenn man so will, ganz klassische vergleichende Studie über das Eigene und das Fremde in Frankreich und Deutschland geplant. Der empirische Teil sollte die Kategorien des Selbst, der Nation und des Anderen, des Ausländers und Fremden anhand der Analyse von bekannten Publikumszeitschriften in beiden Ländern in der zweiten Hälfte des 20. Jahrhunderts kontrastieren. Die Ausschnitte befinden sich sortiert und geordnet in meinem Büro. Bei ihrer Analyse merkte ich, daß ich mehr nach meinen vorgefaßten Kategorien arbeitete, als mich vom Material überraschen zu lassen. Die aktuelle politische Debatte über die multikulturelle Gesellschaft und die Frage der Staatsangehörigkeit bediente sich der gleichen, alltäglichen und scheinbar eindeutigen Unterscheidungen. Aus mir immer unklarer erscheinenden Differenzen wurden eindeutige Schlußfolgerungen gezogen. Es handelt sich um zentrale und feste Kategorien. Die Staatsnation und die Kulturnation, das politische und das ethnische Volk, Zivilisation und Kultur – große Worte mit großen Bedeutungskontexten, bei denen man besser nicht nachfragt, was sie denn bedeuten. Fragt man dennoch, bekommt man viele Antworten.

Ich habe trotzdem versucht, meine Antwort zu geben. Das Ergebnis ist die vorliegende Arbeit, die nur einen Teil des Weges dokumentiert, den ich dabei zurückgelegt habe. Wer selbstverständlich gewordene Kategorien und Ordnungsschemata, die schließlich auch die positive Funktion haben, nicht überall Unordnung zu hinterlassen, nicht mehr benutzen mag, muß auf andere Weise Ordnung schaffen. Ich habe dazu einen Begriff, den der Selbstthematisierung, ausgeborgt, ihm eine ein wenig andere Bedeutung gegeben und schließlich deutsch-französische Paare gebildet, an denen ich Wege und Formen der Selbstdeutung untersuchen konnte. Einige Male bin ich bei dieser Arbeit an Grenzen gestoßen, weil ich zuwenig wußte, zuviel lesen mußte und es viele andere interessante Arbeiten gab. Es gibt keinen Grund, sich darüber zu beklagen. Vielmehr muß ich mich als erstes bei Jan Philipp Reemtsma bedanken. Erstens, weil ich dadurch, daß ich am Hamburger Institut arbeiten kann, die Zeit hatte, meinen Horizont zu erweitern; zweitens, weil er ein aufmerksamer Leser war, der auch Gespür für nicht ganz offene Strukturen eines Textes hat. Unterschiedliche Teile der Arbeit wurden von weiteren Kollegen nicht nur am Institut gelesen. Heinz Bude gilt der

Dank als professioneller Leser und Freund, Nikola Tietze und Werner Konitzer haben sehr aufmerksam gelesen und mit mir diskutiert, Dirk Kaesler hat den Teil über die soziologischen Klassiker gelesen. Helmut Dahmer aber war ein zweites Mal der beste und genaueste Leser, den ich mir wünschen und vorstellen kann. Schwer zugängliche Literatur, alte Zeitungsartikel und andere seltene und weniger seltene Bücher haben Christoph Fuchs und Ingwer Schwensen besorgt. Ohne sie hätte es länger gedauert. Jutta Mühlenberg und zum Schluß Evelyn Olabisi waren unerläßliche Garanten von Ordnung. Sabine Lammers hat die letzte Variante gelesen, mit mir diskutiert und verbessert.

Es gibt einen weiteren Kontext als diesen. Ohne meine Freunde in Frankreich wäre es ganz undenkbar, daß diese Arbeit je hätte entstehen können. Riva Kastoryano hat mich eingeladen, mit ihr und George Fredrickson ein Seminar am Maison de Science de l'Homme über vergleichende Sozialforschung durchzuführen. Diese Erfahrung ging in die Arbeit ein. Mit Jacqueline Costa-Lascoux und Etienne Balibar gab es über lange Jahre immer wieder die besten Kontakte, die Treffen und Gespräche mit Michel Wieviorka sind wichtig, und Dominique Schnapper hat mir nicht nur über ihre Bücher ein wenig Frankreich gezeigt.

Ich bin davon überzeugt, jemanden vergessen zu haben. Es tut mir leid. Während des Schreibens habe ich viele, auch einige der Genannten, vernachlässigt. Bei allen entschuldige ich mich. Widmen im ganz klassischen Sinn möchte ich die Arbeit Alex, Max und Edith.

Selbstthematisierung und Nation

In der Diskussion um Nation und Nationalismus, Ethnizität und Ethnisierung, ihrer Transformation, Überwindung und ihres Wiederentstehens lassen sich drei Perspektiven unterscheiden. Nation und Ethnie bestimmen sich dadurch, daß die meisten Menschen in durch Kultur, Sprache, Religion oder auch ›Natur‹ gekennzeichneten Gruppen leben. Aber erst in der Moderne realisieren sich einige dieser Gruppen, indem Nation als Herkunftsgruppe mit dem Staat verbunden wird. Eine zweite Position geht von dieser Annahme aus, versteht jedoch Nation und Ethnie als genuin an die Moderne gebundene Phänomene. Die spezifische Form der Bedeutung der Gruppe wird als Folge der Entstehung des Territorialstaates und/oder der Industrialisierung verstanden. Nation und Ethnie sind aus dieser Perspektive zwar bedeutende, aber sekundäre Phänomene einer spezifisch modernen, politischen Gruppenbildung. Eine dritte, heute weniger aktuelle Perspektive versteht die mit der Nation entstehenden nationalistischen Politiken als ein an die Entstehung der Nationalstaaten geknüpftes Phänomen, das schließlich mit der Zeit an Bedeutung verliere.[1]

Ich schließe mich in einer spezifischen Wendung der zweiten Position an, gestehe dabei der Nationalisierung aber eine eigene, auf sich selbst beziehende Dynamik zu. Nation in ihren verschiedenen Ausbildungen läßt sich, glaube ich, nicht aus Territorialisierung und Industrialisierung ableiten. Sie geht mit ihnen sachlich und sozial zusammen und entsteht in historischer Perspektive manchmal zur gleichen Zeit. In anderen Fällen war und kann sie Vorläufer sein, entstand tatsächlich vor der Industrialisierung der Gesellschaft oder ging ihrer Territorialisierung voraus, versuchte diese zu begründen und herzustellen. Verläßt man die Zeitdimension, die als Geschichte und Zukunft der Nation schließlich selbst durch eine nationale oder nationalistische Perspektive geprägt wurde, so ist es eine doppelte Strukturdimension, die das Moderne der Nation ausmacht. Sie bezieht sich zum einen auf den Raum als Gebiet und damit auf den Staat, inklusive der manchmal umstrittenen Frage, wem dieser gehöre. Zum anderen muß sich die Nation nicht nur vorstellen und darstellen, sondern als Nationalstaat von innen begründen. Sie ist an eine spezifisch moderne Begründungsstruktur von Gesellschaft gebunden.[2] Diese bezieht sich auf die an den Einzelnen wie an die

---

1 Diese Dreiteilung findet sich bei Smith, Nationalism and Modernism; dessen eigene Position kann der zuerst genannten Richtung zugeordnet werden.
2 Dieses Charakteristikum der Moderne ist oft beschrieben worden, zum Beispiel durch Habermas, der feststellt, daß sie »ihre Normativität aus sich selber schöpfen muß« (ders., Diskurs der Moderne, S. 16). Ein soziologisches Konzept der

Gruppe gerichtete Anforderung, sich aus sich selbst zu begründen. Die selbstgestaltete Biographie und das vergangene und gegenwärtig selbstgestaltete, zukünftig zu gestaltende Kollektiv sind ihre keineswegs zufälligen und beliebigen Themen. Hierdurch erhält die »vorgestellte Gemeinschaft«, um die bekannte Formulierung Benedict Andersons zu benutzen, ihre faktische, empirische Relevanz.

Die Vorstellungen über und die Darstellungen der Welt, zu der man gehört, sind Bestandteil der Wirklichkeit, sie stehen somit dem Realen nicht als ein anderes gegenüber.[3] Sie sind nicht nur als Vorstellungen über das Ich und das Wir, als Selbstbilder, relevant, die gemeinsam mit dem Symbolischen und dem Realen als Bestandteile der Wirklichkeit gelten können, sondern sie erhalten in der Moderne die besondere Funktion der Gründung und Begründung der politischen Gesellschaft. Diesen Prozeß will ich unter dem Begriff der Selbstthematisierung verstehen. Selbstthematisierung geht über die Notwendigkeit hinaus, ein Selbstbild zu entwickeln. Sie verbindet das Problem einer nationalen Identität, einer nicht mehr als von außen vorgegeben gedachten Einheit des Gemeinwesens, mit dem Problem der politischen Eindeutigkeit, die selbst wiederum das Politische als Nationales bestimmt. Selbstthematisierung ist nicht alles, auch Nation läßt sich nicht auf diese

---

Moderne nimmt deren spezifische Strukturen in den Blick. Die hauptsächliche Blickrichtung der Soziologie ist die der sozialen und gesellschaftlichen Differenzierung und deren Folgen, klassisch formuliert als gefährdete Integration oder als Anomie. Der Beginn der Moderne fällt dann mit dem Kapitalismus oder dem Protestantismus, der Französischen Revolution oder der Aufklärung zusammen. Zeiteinteilungen kann man immer auch anders vornehmen. Für eine historische Soziologie ist es interessant, nach der Zeit- und damit der Entwicklungsdimension von Differenzierung zu fragen. Sie steht in dieser Arbeit nicht im Vordergrund, auch wenn ich mit historischem Material arbeite. Ich verlagere den Fokus von der Differenzierung hin zur Vereinheitlichung. Gerade dann kann man sich zur Beantwortung der Frage, ab wann wir von Moderne sprechen können, mit guten Gründen Toulmin (Kosmopolis) anschließen, für den die Moderne mit den Staatenbildungen am Ende des Dreißigjährigen Krieges beginnt. Daß sich, bezogen auf den Staat, ein Wandel schon im letzten Drittel des 16. Jahrhunderts andeutet, darauf verweist Luhmann. Die Änderungen aber vollziehen sich markant im 17. Jahrhundert: »Allmählich verdrängt dann auch im politischen Denken das Problem der Souveränität das Problem der Rivalität. Man kann die Mitte des 17. Jahrhunderts oder die Niederlage der französischen Fronde als Wendemarke nehmen, aber schon die Diskussion über Staatsräson und über Souveränität kündigt seit dem letzten Drittel des 16. Jahrhunderts die Wende an« (Gesellschaftsstruktur und Semantik, Bd. 3, S. 78 f.). Luhmann bezieht sich vor allem auf italienische Autoren des 16. und 17. Jahrhunderts. Für den französischen und andere europäische Fälle siehe jüngst Badie, Souveränität und Verantwortung.

3 Auch Anderson (Erfindung der Nation) versteht die Nation als »vorgestellte Gemeinschaft« als Reales.

reduzieren, aber sie ist ein wesentlicher, funktionaler Bestandteil der Selbst-
gründung und -begründung moderner Gesellschaften. Sie schafft fiktionale
Einheit als Bestandteil der Wirklichkeit.

Es gilt die Bedeutung zu verstehen, die in der Geschichte der Nation und
auch heute wieder der Gruppenzugehörigkeit zugesprochen wird. Das, was
man das soziologische Vorurteil der Bedeutung des Kollektivs nennen könnte, wird dabei selbst zum Thema. Unter Moderne will ich die strukturelle
Tatsache verstehen, daß Gesellschaften sich aus sich selbst begründen und
erklären müssen. Daß jeder Einzelne und auch jede Gruppe, jede auch nichtmoderne Gesellschaft Bilder und Interpretationen von sich selbst entwik-
keln, ist selbstverständlich. Modern sind zwei entscheidende Charakteristiken dieser Selbstbilder: ihre Reflexivität und ihre politische Relevanz. Ersteres
bedeutet, daß sie nicht mehr von außen abgeleitet werden können, sich beständig auf sich selbst beziehen müssen und daß auch die Abgrenzungen, die
Definitionen dessen, was nicht dazugehören soll, aus dem Selbst heraus ab-
zuleiten und herzustellen sind. Die politische Vergesellschaftung gründet auf
der Selbstbestimmung der Gruppe im doppelten Sinn: Gruppen, die nun politische Selbstbestimmung tatsächlich erlangen oder verlangen (können),
müssen sich aus sich selbst begründen, müssen bestimmen, wer sie sind, ihre
Stellung und ihren Anspruch aus ihrer Geschichte oder Kultur ableiten und
sich so von anderen nach innen und außen unterscheiden. Diese doppelte,
reflexive und politische Relevanz erlangende Veränderung der Bedeutung
kollektiver Selbstbilder fasse ich unter dem Begriff der Selbstthematisierung.
Moderne Gesellschaft ist nicht nur Industrie- und Territorialgesellschaft, sie
ist nicht nur durch soziale und gesellschaftliche Differenzierung gekennzeichnet, sondern sie ist auch Selbstthematisierungsgesellschaft.[4]

---

4 Mein Gebrauch des Begriffs ist damit ein engerer als beim frühen Luhmann (siehe ders., *Selbst-Thematisierungen*), dem aber das Verdienst zukommt, den Begriff vom reflektierenden Subjekt gelöst zu haben. Nach Luhmann »läßt sich die
Kategorie der Reflexion bestimmen als Prozeß, mit dem ein System ein Verhältnis zu sich selbst herstellt. Wir nennen Reflexion deshalb auch, und prägnanter,
Selbst-Thematisierung« (ebenda, S. 73). Jedes System muß sich als Selbst thematisieren, um sich zu erhalten. Ich beziehe den Begriff hingegen nur auf die Selbstreflexion des politischen Kollektivs. In der Soziologie hat neben Luhmann vor
allem Alois Hahn mit dem Begriff gearbeitet (siehe ders. und Kapp, Selbstthematisierung und Selbstzeugnis). Hahn benutzt den Begriff für die »kollektive Erzeugung und Thematisierung von Identität« (ebenda, S. 7) von Individuen. »Für die
Moderne scheinen nun allerdings vor allem Techniken der Selbstbeobachtung,
der Selbstkontrolle, der Buchführung über sich selbst, Formen des freiwilligen
oder erzwungenen Bekenntnisses von zentraler Bedeutung gewesen zu sein«
(ebenda). Es geht dann um die spezifisch moderne Genesis des Selbst, um Auto-
biographien und Tagebücher, um Leugnen und Gestehen, um Bezichtigung und
Selbstdarstellung. Der Begriff bezieht sich in diesen Arbeiten auf das Ich, nicht

Mit dem nun zu definierenden Selbst, dem herzustellenden Kollektiv, waren weitgehende Folgen verbunden. Es konnten Ansprüche gestellt werden, die sich aus sich selbst begründeten und zunächst keinen Adressaten hatten. Das zu bestimmende, zu definierende Selbst sollte sich selbst bestimmen. Nation verbindet sich nun mit Selbstbestimmung, mit Demokratie und mit Rechten für die Zugehörigen, das heißt für diejenigen, die zum Selbst gehören. Die Dramatisierung der Zugehörigkeitsfrage entsteht im Zentrum der modernen Gesellschaft als Selbstthematisierungsgesellschaft. Daher kommt es auf die Form der Selbstthematisierung an, die Inklusion und Exklusion aus der politischen Gesellschaft steuert. Selbstthematisierung ist die verbindende Kategorie zwischen dem sich ausdifferenzierenden politischen System, das mit der Grundunterscheidung von Regierenden und Regierten arbeitet, aber keineswegs ausschließlich den Inhabern von politischen Machtpositionen überlassen bleibt. Auf den unterschiedlichen Foren der Selbstthematisierung, der debattierenden Öffentlichkeit, der Literatur, den sich entwickelnden Wissenschaften werden Vorstellungen und Entwürfe entwickelt und diskutiert und auf diesem Wege Realitäten geschaffen. Geschichte als Wissenschaft der Vergangenheit, später Soziologie als Wissenschaft der Gesellschaft und ihrer Eigendynamik, aber auch Nationalökonomie, Sprachwissenschaften, Philosophie und noch die Naturwissenschaften mit der entstehenden Rassenlehre, der Völkerkunde und Völkerpsychologie sind an diesem Prozeß beteiligt.

Im modernen Begriff des Volkes als selbstbestimmter, souveräner Einheit, als zusammenfassender Begriff für alle gleichberechtigten Bürger und schließlich als einer durch gemeinsame Merkmale bestimmten Gemeinschaft finden sich die drei unterscheidbaren, aber zusammengehörigen Charakteristiken des modernen politischen Kollektivs. Als Demokratie, als Staatsbürgerschaft und als national-kulturelle Selbstbestimmung einer bestimmten behaupteten, geforderten und schließlich realisierten oder zu realisieren gesuchten Gemeinschaft bilden sie die Merkmale der modernen nationalen politischen Ordnung. Neben der Stellung im System sozialer Ungleichheit, im System der ökonomischen und sozialen Klassen wurden Selbständigkeit

---

auf das Wir. Es wurde aber auch in einer allgemeineren Perspektive nach der spezifischen Selbstthematisierung der Moderne selbst gefragt (siehe hierzu vor allem Grävenitz [Hg.], Konzepte der Moderne). Es lassen sich dann unterschiedliche Perspektiven einnehmen. Man kann nach dem jeweiligen Selbstverständnis der Moderne und dessen Änderungen fragen, zentrale Prinzipien (Subjektivierung, Rationalisierung, Differenzierung) und ihre Auswirkungen auf Denk- und Wissensformen analysieren oder Brüche der modernen Selbstthematisierung (zum Beispiel zeitliche, u. a. der Erste Weltkrieg) untersuchen (so Honneth in seiner Einführung zur Sektion »Selbstthematisierung und Interdiskursivität der Moderne« in Grävenitz, a.a.O., S. 491). Es wird dann gefragt, wie die Moderne den Prozeß der Modernisierung thematisiert.

als Selbstbestimmung des Kollektivs und Zugehörigkeit als politische und/ oder ethnische Zurechnung des Einzelnen zum Kollektiv zu Faktoren, die über Handlungschancen und Biographien tendenziell aller Einzelner mitentschieden und die das nun als zu beeinflussend angesehene Schicksal des Kollektivs prägten. Nation und die Selbstthematisierung als Nation ist von diesen beiden Seiten gekennzeichnet. Als übergreifende politische Einheit bindet sie noch die unteren Klassen ein, integriert sie positiv oder negativ und läßt sie tendenziell und in bestimmter Form als Gleiche zu. Es ist daher kein Zufall, daß wohlfahrtsstaatliche Systeme sich in Nationalstaaten entwickelten.[5] Gerade der Inklusionsaspekt der Nation bestimmt die scharfe Form der Exklusion. Nicht zufällig geht der häufig beschriebene Prozeß des *nation-building* nicht nur mit der Integration vieler Menschen, sondern mit dem Ausschluß anderer einher, die aus wechselnden Gründen als nicht qualifiziert für eine Zugehörigkeit angesehen werden. Bestimmte Formen eines xenophoben, politischen oder kurz: modernen Rassismus und Antisemitismus können unmittelbar mit Formen nationaler Exklusion einhergehen.[6]

Da Inklusion sich nicht immer nach den gleichen Mustern vollzieht, unterscheiden sich auch die Formen der Exklusion. Die schärfste Exklusion, der Wunsch, die Anderen tatsächlich zu entfernen, so lautet meine These, hängt mit einer Reduzierung der Nation auf nur eine ihrer Komponenten, mit ihrer tendenziellen Auflösung zusammen. Obwohl ich mit der zentralen Stellung des Begriffs der Selbstthematisierung die Bedeutung der Inklusion für die Formen der Exklusion betone, schließe ich mich nicht der weitverbreiteten, fast selbstverständlichen Gegenüberstellung von politischer und ethnischer Nation, des französischen und des deutschen Modells, der Staatsnation und der Kulturnation und ihrer oft realtypischen Übertragung auf die beiden Staaten an. Dies heißt nicht, Unterschiede nicht anzuerkennen. Diese bleiben erhalten, aber ich interpretiere sie in einem anderen, theoretisch, so denke ich, angemesseneren Modell. Die moderne Nation konstituiert sich zunächst politisch. Dies tat auch der erste deutsche Nationalstaat. Er steht, sobald er sich konstituiert hat, vor dem Problem, definieren zu müssen, welches das Selbst ist, das sich nun bestimmt oder bestimmen soll. Das politische Volk braucht ein empirisches Korrelat, ein tatsächliches Volk, das die Sprache spricht oder zumindest versteht, ein zu-

---

5 Greenfeld, Nationalism, hebt in ihrer vergleichenden Studie gerade den sich auf die egalitäre Ideologie beziehenden Aspekt des Nationalen hervor. Er ist aber nicht der einzig bestimmende.

6 Den modernen nationalen Antisemitismus arbeitet Holz in seiner gleichnamigen Arbeit heraus. Zum politischen Antisemitismus siehe, auf Frankreich bezogen, die Arbeiten von Birnbaum (La France aux Français; La France de l'affaire Dreyfus). Zum allgemeinen Zusammenhang von Nation und Ausschluß siehe neuerdings Wimmer, Nationalist Exclusion.

13

mindest allgemeines Gefühl der Zusammengehörigkeit entwickelt, den Bezug auf bestimmte Symbole teilt. Ob es hierzu eines gemeinsam geteilten Codes bedarf, halte ich für unsicher.[7] Ein solcher entwickelt sich mit den Bildungsinstitutionen, den vergleichbaren oder auch gleichen Lehrplänen, mit der Verwaltung, den Museen, einer nationalen Öffentlichkeit und Publizistik, den gleichen Straßenschildern, dem Wehrdienst für die Männer. Nicht daß alle gleich oder das gleiche denken und sich tatsächlich verstehen, sondern daß unterstellt wird, daß sie es könnten (und damit andere eben nicht), daß zumindest häufig nicht nachgefragt wird, was denn unter den kollektiven Sammelbegriffen genauer zu verstehen sei, macht die Selbstverständlichkeit des Nationalen aus.[8]

Die politisch konstituierte Nation muß sich ihr empirisches Korrelat suchen. Es ist nicht einfach vorhanden. Dieser Prozeß läßt sich als Politisierung der Gruppenzugehörigkeit fassen. Leidenschaft wird auf die Gruppe gerichtet. Heute zeigt sich dieser Prozeß als einer der Politisierung der Ethnizität. Eine Gruppe von Menschen mit gemeinsamer Sprache oder einer bestimmten, von ihnen gepflegten Tradition erweckt kein öffentliches oder politisches Interesse. Erst ihre Politisierung von außen oder innen, ihre Organisation, das Stellen von Forderungen, die Entwicklung eines Gruppenbewußtseins machen sie zu einer wahrgenommenen Gruppe.

Das tatsächliche, empirische Volk wird paradoxerweise von denen gesucht, die Einheit in der Inszenierung ihrer Repräsentation herstellen wollen und schließlich beanspruchen, ebendas von ihnen Produzierte zu repräsen-

---

7 Eine Theorie nationaler Codes findet sich bei Giesen, Intellektuelle und Nation, Bd. 1 und 2. Insbesondere nach 1989 wurde deutlich, daß Fragen nach nationaler und ethnischer Bindung keine Themen der Soziologie in Deutschland oder auch in Frankreich waren. Sie paßten als Themen nicht in die oft modernisierungstheoretische Perspektive hinein. Die Beschäftigung fand außerhalb der Soziologie statt, in der anglo-amerikanischen Anthropologie vor allem für extraeuropäische Gesellschaften des Südens und schließlich, nach 1989, für die postkommunistischen Gesellschaften. Schon 1963 hatte Clifford Geertz die Verbindung von postkolonialer Staatsbildung und der Stärkung ethnischer Bindungen aufgezeigt (ders., *The Integrative Revolution*). Hier hat sich mittlerweile eine noch junge Tradition entwickelt, die sich innerhalb der anglo-amerikanischen Anthropologie mit Themen der Nationalität, Ethnizität und ethno-nationalen Konflikten beschäftigt (siehe zum Beispiel Horowitz, Ethnic Groups; ders., Deadly Ethnic Riot; auch Herzfeld, Cultural Intimacy).

8 Die Selbstverständlichkeit des Nationalen ist keineswegs vor allem ein Kennzeichen nationalistischen Denkens, im Gegenteil. Nationalisten sind Menschen, die die Nation über die meisten anderen Dinge des Lebens stellen und sie für ein (fast) alles integrierendes und ständig zu betonendes Konzept halten, über das beständig geredet werden muß. Die Selbstverständlichkeit der Nation und des Nationalen gilt für diejenigen, für die Gruppenzugehörigkeit und Zugehörigkeit zum politischen Kollektiv kein besonders herausragendes Merkmal darstellt.

tieren. Es sind, mit Max Weber formuliert, die Interessenten der Kultur, die hier ihre Chancen sehen. Die politischen Intellektuellen entstehen in diesem Kontext. Sie sind nicht mehr nur Berater, Lehrer, Verwalter, Priester und Mandarine, sondern sie erhalten – ohne selbst an der Stelle der Macht zu sein – nun eine Aufgabe, die weit über Beratung der Machthaber und eine kluge Verwaltung hinausgeht. In unterschiedlicher Form, literarisch, historisch, wissenschaftlich oder ideologisch, aber auch politisch und organisatorisch, sind sie damit beschäftigt, das Ganze, die Nation, die Kultur oder auch die Gesellschaft aus sich selbst heraus zu erklären und ihr Bild zu entwerfen. Als kleinere oder größere Erzählungen sind diese Selbstthematisierungen ein Teil der Wirklichkeit. Sie sind es, die Vorstellungen von Einheit nicht gegen eine Realität der Unterschiede und der Unterscheidungen, der ökonomischen, sozialen und kulturellen Differenzierung setzen, ein dann als ›falsch‹ zu bezeichnendes Bild des kollektiven Selbst hervorrufen, sondern neben die alltäglichen Unterschiede, neben die soziale Ungleichheit und über die funktionalen Differenzierungen und Trennungen hinausgreifend Einheits- und Integrationsvorstellungen als Wirklichkeit formulieren.

Prozesse der Differenzierung und Vereinheitlichung sind nicht historisch geworden. Sie haben sich aber in der globalen Gesellschaft als Weltgesellschaft verändert. Inklusionen und Exklusionen haben sich eher erneut vervielfältigt und manchmal verschärft, allerdings unter neuen Bedingungen. Bis in die Mitte der achtziger Jahre des 20. Jahrhunderts wurde ein ausgeprägter Nationalismus von politischen Akteuren und Beobachtern nur noch selten als ein zentrales gesellschaftliches Problem wahrgenommen. Zumindest ein extremer Nationalismus schien einer wenn auch nicht lang zurückliegenden Zeit anzugehören. Seit den postkommunistischen Staatenbildungen, den jugoslawischen Auflösungskriegen und dem politisch angeleiteten Massenmord unter Nachbarn in Ruanda hat sich dies geändert. Erneut wird im Nationalismus – zumindest in seiner extremen Form und oft zusammen mit dem Begriff der Ethnizität, einem Kürzel für eine meist traditionell durch Sprache, Kultur, Geschichte oder Erinnerung definierte Zugehörigkeit – eine Ursache für massive Konflikte und gewaltsame, auch kriegerische Auseinandersetzungen gesehen. Nationalismus als eine Form der Übersteigerung ›national‹ oder ›ethnisch‹ definierter Zusammengehörigkeitsgefühle wird für Blutvergießen verantwortlich gemacht, das unerwartet erschien und daher meist als überraschend wahrgenommen wurde.

Gleichzeitig werden häufig die kollektiven, nationalen oder ethnischen Rechte der Opfergruppen betont und wird deren Stärkung, wenn nicht sogar deren Verwirklichung im eigenen Staat, als Heilmittel und Schutz gegen einen Nationalismus betrachtet, dessen Opfer sie wurden. Politische Kollektive, Nationen oder ethnisch definierte Gruppen, die immer auch durch die Erinnerung an häufig gemeinsam thematisiertes Leiden und an Heldentaten gegründet und zusammengehalten wurden, scheinen heute vor allem dann erfolgreich ein Recht auf Selbstbestimmung behaupten, fordern und manchmal auch durchsetzen zu können, wenn sie auf vergangenes oder gegenwärtiges Unrecht, das ihnen geschah oder geschieht, hinweisen können.[9] Unterdrückung und Leiden scheint Kollektive ganz besonders dazu zu berechtigen, sich politisch selbst zu bestimmen, Autonomie zu fordern und eventuell in einem eigenen Staat zu verwirklichen.

Der Verweis auf vergangene oder aktuelle Ungerechtigkeit und Gewalt wird noch gesteigert, wenn er mit einer Gefährdung des Überlebens der Nation als Folge verbunden ist oder wird. Das Überleben von Gruppe und Einzelnen kann gegenwärtig gefährdet sein (und war es – zum Beispiel jüngst im Falle Jugoslawiens und Ruandas – auch). Gruppen können sich an die gestrige Gefahr erinnern und müssen deshalb heute besondere Vorsicht walten lassen. Sie können von einer morgen eintretenden Gefährdung ausgehen, und die gestrige tatsächliche und vorgestellte, nun erinnerte Gefahr begründet dann die Vorstellung der morgen zu erwartenden.

Überlebensargumente, insbesondere berechtigte Überlebensargumente, führen dazu, nationale Konflikte, tendenziell: alle nationalen Konflikte, als existentielle zu formulieren. Die Vorstellung der ›gefährdeten Nation‹ aber ist ein bekannter Bestandteil des Nationalismus selbst, die keineswegs nur an aktuelle Unterdrückung und tatsächliche Gefährdung gebunden ist. Die autochthone Bevölkerung stehe vor dem Aussterben, die traditionelle Kultur könne nicht aufrechterhalten, die Sprache nicht mehr gesprochen werden: Dies sind die Bilder, in denen sich die ›gefährdete Nation‹ darstellt. Das moderne nationale Weltbild war von Beginn an auch und manchmal vor allem vom Anspruch auf und dem Wunsch nach Selbstbestimmung geprägt. Es kann zu einem nationalistischen Weltbild verengt werden, das sich im Kampf mit inneren und äußeren Feinden sieht. Nationalismus besteht darin, das Eigene aufzuwerten und im gleichen Prozeß überzubewerten. Es ist mit einem doppelten Feindbild verbunden. Braucht die Nation andere Nationen, um sich zu unterscheiden und die Unterscheidung in ihrer Selbstthematisierung zu reflektieren und um ihre politischen, ökonomischen und kulturellen Interessen, als ›souverän‹ interpretiert, zu formulieren und auszuhandeln und um schließlich souverän auf die volle Durchsetzung der Souveränität zu verzichten, so tendiert das Nationale in als existentiell gedeuteten oder die Existenz bedrohenden Situationen dazu, die notwendige Anerkennung der Anderen zu verweigern. Das notwendig Partikulare kann universalisiert und das Universale partikularisiert werden.[10] Das doppelte

---

9 Dafür gibt es zahlreiche Beispiele. Ich möchte hier nur auf das Museum der Barbarei der türkischen Zyprioten hinweisen, in dem die Grausamkeiten der griechischen Zyprioten dargestellt werden. Nationale Tragödien werden nicht nur erinnert, sondern belebt und genährt, und sie werden für aktuelle Ziele benutzt. Die neue Vokabel hierfür heißt Geschichtspolitik.

10 Daß das Universale, das heißt die wenigen Regeln, die, auch wenn sie an einem

Gesicht der Nation, Selbstbestimmung, einen möglichen sozialen Ausgleich sowie politische Beteiligung tendenziell und schrittweise, wenn auch nicht vollständig, zu realisieren, gleichzeitig aber Ausgangspunkt ihrer eigenen Hybris und ihrer begrifflichen und tatsächlichen Selbstauflösung zu sein, ist ambivalent im konkreten Sinne des Wortes. Dies macht es schwer, zwischen ›gutem‹ und ›bösem‹, aber auch zwischen ›altem‹ und ›neuem‹ Nationalismus zu unterscheiden.[11]

Die Unterscheidung von Nation und Nationalismus ist aber nicht mit einer wie immer schwierigen Unterscheidung von Nationalismen gleichzusetzen. Eine einseitige Auflösung würde das Prinzip der Ambivalenz selbst aufheben, das die andere Seite braucht. Der extreme Nationalismus, den Rainer Maria Lepsius für den Nationalsozialismus verantwortlich machte, ist im eigentlichen Sinne kein Nationalismus mehr, es sei denn, man ist bereit, das Paradox zu ertragen, daß mit ihm Nation weder als Idee noch als Wert, weder als Institution noch selbst als Herrschaftsform verbunden wäre.[12] Man kann dies auch anders formulieren. Die Form der Nation ist weit, sie umfaßt aber keineswegs jede beliebige Form einer politisch oder kulturell-politisch vorgestellten, behaupteten oder realisierten Gruppe. Das heißt andererseits, daß auch die Form der Nation gesprengt werden kann. Prinzipiell stehen hierzu zwei Wege zur Verfügung. Sie kann nach unten unterlaufen oder nach oben aufgehoben werden. Sie kann auf kleinere Gruppen verengt werden, wie wir es empirisch an häufig emanzipativ auftretenden Befreiungsnationalismen beobachten können, die sich den mit der Nationalisierung verbundenen Prozessen der internen Kolonialisierung widersetzen. Oder sie kann erweitert werden, ihre gezogenen Grenzen überschreiten, indem sie das Gebiet, auf dem ihre Regeln gelten und durchge-

---

spezifischen Ort entstanden sind und spezifische Entstehungsgründe hatten, mit guten Gründen Gültigkeit (für alle) auch dann beanspruchen, wenn sie nicht überall tatsächlich gelten, ändert nichts an ihrem allgemeinen Anspruch, den es zu verteidigen gilt. Historisierung und Lokalisierung spielen dabei keine Rolle.

11 Siehe zu diesen Unterscheidungen Jeismann, *Alter und neuer Nationalismus*.

12 Lepsius deutete Mitte der sechziger Jahre den Nationalsozialismus als eine Form des »extremen Nationalismus«, so der Titel seiner Arbeit. Soziologische Arbeiten zum Nationalsozialismus waren, sieht man von den Arbeiten der Frankfurter Schule ab, relativ selten. Die einschlägigen Schriften von Talcott Parsons wurden erst spät wahrgenommen, und es war schließlich Zygmunt Bauman, der mit »Die Moderne und der Holocaust« einen spezifisch soziologischen Blick auf den Holocaust warf. Auch er selbst sah die Lücke innerhalb der soziologischen Analyse erst, als seine Frau Janina ein Buch über ihr eigenes Überleben in Warschau schrieb (dies., Winter in the Morning; siehe hierzu auch Bielefeld, *Gespräch mit Janina und Zygmunt Bauman*). Er interpretiert den Holocaust nicht nur als Ereignis in der Moderne, sondern als Produkt des modernen Triebes nach Ordnung, als eine mögliche Entwicklung der Moderne.

setzt werden, in einen zumindest prinzipiell unendlichen Raum hinein erweitert.

Beide Bewegungen sprengen noch dann, wenn sie sich mit Bezug auf die Nation begründen, die Form und den Begriff der Nation selbst. Die Form der Nation löst Herrschaft und Integration von lokalen Bindungen, erweitert sie aber nicht ins Unendliche.[13] Sie muß ihre Macht durchsetzen und ihre Herrschaft legitimieren. Sie bezieht sich daher auf ein Gebiet, das sie definieren und darstellen muß und auf dem ihre Regeln anerkannt werden sollen. Nun allerdings nicht mehr von Fall zu Fall oder von Ort zu Ort, sondern allgemein und im Prinzip ohne Ausnahme. Nation ist daher immer Erweiterung und Begrenzung zugleich. Wird sie zu sehr verengt oder ausgedehnt, löst sich ihr Prinzip auf. Erweiterung bezieht sich auf Inklusion. Dies muß nicht territoriale Erweiterung bedeuten; es genügt, die Menschen anzuschließen, sie die Sprache der Nation zu lehren und die zur nationalen werdende Geschichte zu erzählen, sie unter eine Verwaltung zu stellen und sie, nötigenfalls, zur Selbstverteidigung oder auch zum Angriff aufzurufen.

Ein theoretisches Beispiel für eine Reduktion der politischen Gemeinschaft auf das Freund/Feind-Verhältnis findet man bekanntlich bei Carl Schmitt. In seiner These über Freund und Feind bleibt er innerhalb eines verengten Begriffs des Politischen, den er an ebendiese Unterscheidung bindet.[14] Die Verengung wird gesprengt, es gibt einen weiteren Feind, den Gegner dieser Unterscheidung selbst.[15] Der theoretische Differenzierungsgewinn durch die Einführung der doppelten Unterscheidung von Freund/Feind und dem Gegner dieser Unterscheidung, jemandem also, der kein Feind sein kann und dadurch zum Überfeind wird, hebt sich allerdings auf. Wenn die Formel auch den Vorteil hat, einfach zu sein, so wird dieser durch ihre Unterkomplexität erkauft. In ihrer theoretischen Verallgemeinerung werden die sozialen, politischen und definitorischen Prozesse nicht mehr sichtbar, die der Herstellung von Klarheit als kognitiver Zuordnung zu einer sich politisch konstituierenden Gruppe, zweitens von Eindeutigkeit als auch sozial anerkannter Zugehörigkeit und drittens von Einheit einer sich als Kollektiv definierenden Gruppe zugrunde liegen. Die Formel erhält dadurch eine unausweichliche Notwendigkeit als scheinbar spezifischer Kern des Politischen.

---

13 Dies ist, anders formuliert, die auch von Aleida Assmann beobachtete Zwischenlage der Nation (siehe dies., *Die Gleichzeitigkeit des Ungleichzeitigen*).

14 Schmitt, Begriff des Politischen. Siehe auch Balke, *Figur des Fremden*.

15 Raphael Gross (Carl Schmitt und die Juden) hat diese Grundlage der Theorie von Carl Schmitt herausgearbeitet. Der Feind der Unterscheidung sind die Juden als Interessenten der Moderne. Gross' Arbeit hat zu einer teils äußerst polemischen Auseinandersetzung über Schmitt geführt, der für einige spät zum Klassiker geworden ist. Um so wichtiger ist die Auseinandersetzung, die aber nicht im Zentrum der vorliegenden Arbeit steht.

Das Politische unterscheidet sich nicht einfach nur von der Politik, sondern schließt sie nach innen aus. Das Politische wird so zum »äußersten Intensitätsgrad einer Verbindung oder Trennung, einer Assoziation oder Dissoziation«.[16] Die ›kalte‹ Gemeinschaft der über die Unterscheidung hergestellten politischen Einheit muß erhitzt werden. In Carl Schmitts Entwurf geschieht dies durch die Unterscheidung selbst.[17] Durch sie entsteht die politische Gemeinschaft als politische Einheit, die über das bloß Gesellschaftlich-Assoziative, über die Gesellschaft hinausgehen soll. Es ist das »politisch existierende Volk«, das vorausgesetzt wird und doch erst in der Arbeit an der Unterscheidung, der Arbeit an der Existentialisierung entsteht.[18] Was Carl Schmitt als Unmöglichkeit des Verzichts darauf anspricht, »gegebenenfalls Freund und Feind durch eigene Bestimmung auf eigene Gefahr zu unterscheiden«, ist ein Prozeß der Existentialisierung. Dieser besteht eben darin, kognitive Klarheit, soziale Eindeutigkeit und politische Einheit zu erzeugen. Die kalte Gemeinschaft des im Freund/Feind-Begriffs existentialisierten Volkes stellt einen spezifischen, das heißt spezifisch reduzierten Fall dar. Dieser wird als ›das Politische‹ gegen ›die Politik‹ der Gesellschaft verallgemeinert. Die kalte Gemeinschaft wird in diesem Prozeß bis zum »äußersten Intensitätsgrad« erhitzt.[19] Die vorgestellte Einheit, das als existierend behauptete Volk, wird durch diese spezifische Unterscheidung in bestimmter Form, als Gemeinschaft der kalten Leidenschaft, realisiert. Vorstellung, Behauptung und Realisierung der ›auf eigene Gefahr‹ getroffenen Unterscheidung sind die drei ineinandergreifenden Dimensionen der Wirklichkeit der politischen Gesellschaft als existentieller, das heißt existentialisierter Gemeinschaft.

Nation bezieht sich immer auf andere Nationen. Sie ist an diesen Plural gebunden. Freund/Feind-Unterscheidungen sind nur ein extremer und spezifischer, wenn auch relevanter Fall.[20] Eine Nation als politische Einheit

---

16 Schmitt, Begriff des Politischen, S. 27.
17 Zum Begriff der kalten Gemeinschaft siehe Lethen, Verhaltenslehren der Kälte. Lethens beeindruckende Studie übersieht jedoch die Seite der Leidenschaft innerhalb der Kältekonstruktionen.
18 Ebenda, S. 51.
19 Appadurai (*Dead Certainty*) unterscheidet die Herstellung kognitiver Klarheit und sozialer Reinheit. Ich möchte dies um die Dimension der politischen Einheit ergänzen und die soziale Reinheit als einen Spezial- oder Extremfall der Eindeutigkeit fassen, wie sie etwa von rassistischen Gesellschaften programmatisch und praktisch angestrebt wird. Der Versuch, die drei Ebenen der Klarheit, der Eindeutigkeit und der Einheit zur Deckung zu bringen, läßt sich als Versuch zur Herstellung einer totalitären Gesellschaft beschreiben. Diese können sich untereinander durch ihren Ausgangspunkt unterscheiden. Schmitts Ausgangspunkt ist der der politischen Einheit eines durch Freund/Feind-Definition zu gewinnenden Volkes.
20 Aber auch der Begriff des Feindes selbst muß differenziert werden. Galison (*Ontologie des Feindes*) unterscheidet den rassistisch stigmatisierten Feind, den

kann von außen und innen gefährdet sein oder sich als gefährdet imaginieren und darstellen. Überlebensängste und Überlebensargumente beziehen sich nicht vor allem auf eine tatsächliche Gefährdung des Lebens Einzelner oder vieler Einzelner, sondern es ist das Kollektiv, das als gefährdet angesehen wird, schließlich selbst leben und sterben kann. Der äußere Feind mußte nicht nur als besonders gefährlich, sondern auch als besonders ›böse‹ und ›unmoralisch‹ dargestellt werden. Zudem mußte nun der Einzelne an das neu fundierte Kollektiv dadurch angeschlossen werden, daß die Gemeinschaft in ihn selbst verlagert wurde. Mit dem Kollektiv war der Einzelne nun als dessen Angehöriger gefährdet, sein Leben war unmittelbar betroffen. Und wie wir gut wissen, wurden und werden Angehörige von als anders wahrgenommenen und möglicherweise tatsächlich anders seienden Kollektiven vertrieben und, was etwas anderes ist, auch (unter Umständen systematisch) ermordet.

Was sich in solchen Fällen für den Einzelnen als lebensrettend erweisen kann, kann sich für die Erhaltung des Kollektivs als Problem herausstellen. So ließ sich an einem aktuellen Fall in Ruanda zeigen, daß Vertreibung und Ermordung für Flüchtlinge, denen es gelungen war, eine Stadt eines anderen Landes zu erreichen, zwar als Erinnerung erhalten blieben, ein Kollektivbewußtsein aber vor allem von denjenigen entwickelt wurde, die es zwar bis zur rettenden Seite der Grenze geschafft hatten, aber dort in Flüchtlingslagern aufgefangen oder festgehalten wurden. Nicht die Zugehörigkeit zu einer Gemeinschaft an sich und auch nicht die tatsächliche Gefährdung des Lebens erwiesen sich als für ein Kollektivbewußtsein bedeutsam, sondern die bewußte Erhaltung und politische Bedeutung der aktuellen Erinnerung in einer spezifischen Situation, der Zwangsgemeinschaft des (Flüchtlings-) Lagers.[21] Selbst eine tatsächliche Gefährdung hat nicht notwendig ein politisch definiertes Zugehörigkeitsbewußtsein zur Folge.

Individuen können ermordet werden, Kollektive kann man zu vernichten suchen. Überlebensargumente aber und die Vorstellung, das gefährdete Überleben einer Gruppe sichern zu müssen, sind nicht an diese äußerste Möglichkeit gebunden. So wurden zum Beispiel in der Diskussion über Multikulturalität und Anerkennung Argumente benutzt, die eine Politik des Überlebens nicht nur in Form einer Politik der Anerkennung, sondern eines neu bestimmten Verhältnisses von Authentizität und geforderter und zu realisierender Autonomie rechtfertigen sollten.

Kollektive Ziele wie Anerkennung und Selbstbestimmung, die, um den Forderungen Nachdruck zu geben und um sie schneller durchzusetzen, mit

---

unbekannten Feind und den kaltblütigen Opponenten. Eine Soziologie des Feindes wäre weiter zu bearbeiten (siehe zum Beispiel Aho, Things of Darkness).

21 Siehe hierzu Malkki, Purity and Exile, die dies in einer Untersuchung ruandischer Flüchtlinge herausarbeitete.

Überlebensfragen kombiniert und begründet werden, können dabei von emanzipativen in existentielle transformiert werden. Wenn das existentielle Problem des Überlebens zur Begründung eines Rechts wird, das unabhängig von Überlebensfragen entstanden ist und auch begründet wurde, tritt schon durch die Verbindung der beiden Ebenen eine Verengung ein. Das schließlich als Recht formulierte allgemeine Ziel der Selbstbestimmung war und ist nicht an Leidens- und Überlebensprobleme gekoppelt.[22] Es begrenzt sich nicht auf Kollektive, denen Leid zugefügt wurde oder die tatsächlich um ihr Überleben fürchten. Zunächst für Individuen formuliert, dann auf Kollektive übertragen, wurde es schließlich als positives Recht aufgefaßt, das bestimmten, nämlich nationalen, Gemeinschaften zustehe. Daß Selbstbestimmung erst spät, nach 1948, als kollektives Recht formuliert wurde, bedeutet nicht, daß es sich um ein klar formuliertes oder durch Eingang in das Recht klarer werdendes Konzept handelt, denn die Grenzen kognitiver, kulturell-sozialer und politischer Gemeinschaften sind nicht eindeutig. Die Übergänge sind unscharf. Kognitive Klarheit als Wissen der Einzelnen, wozu sie gehören, kulturell-soziale Eindeutigkeit als eine ›Gleichstimmung‹ der Individuen und politische Einheit als Zuordnung zu einem als Träger des Politischen definierten Großkollektivs, als Herrschaftsverhältnis und als Forderung nach Solidarität müssen hergestellt und durch aktive Politik erhalten werden. Es stellt sich zudem die Frage, in welchem Sinne politische Kollektive sterben können. Der in die Zukunft projizierte Tod des Kollektivs, das vorgestellte Nicht-mehr-vorhanden-Sein einer bestimmten Sprachgemeinschaft in einer Region dient heutigen Zwecken: der Herstellung einer existentialisierten Gemeinschaft.

Nationen, wie andere politische, auf Herrschaft und nicht nur auf Gemeinsamkeiten beruhende Kollektive, sind meist Kriegsgeburten. Zudem beruhen sie auf Prozessen ›innerer Kolonialisierung‹. Ihre Selbstbestimmung ist als Vorstellung und als legitim angesehene Forderung nicht an Unrecht oder an Überlebensprobleme gekoppelt. Die Forderung nach Selbstbe-

---

22 Unrecht kann auch durch die Kategorie der Unterdrückung ersetzt werden. Young argumentiert in ihrem Vorschlag der »differentiated citizenship« für deren Anwendung. Unterdrückung beinhalte sowohl ökonomische Ausbeutung als auch kulturelle Diskriminierung. Der Katalog der sozialen Gruppen, die einen Anspruch auf eine »differentiated citizenship« erhalten sollen, ist daher sehr umfangreich: »Frauen, Schwarze, Native Americans, Chicanos, Puertoricaner und andere spanisch sprechende Amerikaner, Amerikaner asiatischer Herkunft, Schwule, Lesben, Leute aus der Arbeiterklasse, Arme, Alte und geistig und körperlich Behinderte« (Young, Polity and Group Difference, S. 261). »Differentiated citizenship« setzt den Nationalstaat noch immer voraus. Nur ihm gegenüber besteht ein besonderer Anspruch, auch wenn dessen »universal citizenship« ein versteckter Partikularismus ist (siehe dies., Justice and the Politics of Difference).

stimmung beruhte zunächst auf einer Unterscheidung, meist von anderen Nationen. Sie wurde häufig mit Bezug auf Johann Gottfried Herders »Ideen zur Philosophie der Geschichte der Menschheit« (1784–91) und seine »Briefe zur Beförderung der Humanität« (1793–97) vorgetragen. Völker waren für Herder analog zu Einzelnen historische Individuen, jedes mit einer einmaligen Stellung und Aufgabe. Doch als bloße Differenz war Anderssein kaum aufrechtzuerhalten, es wurde mit einem Bessersein verknüpft. Zunächst mußte eine Sprache gewählt, verändert oder auch hergestellt werden, eine Literatur geschaffen und eine Idee des betreffenden Selbst entworfen werden.[23] Sprache, Idee als Vorstellung des Eigenen, kurz: Kultur, markiert gemeinsam hierarchisierte, immer schon bewertete Unterschiede.[24] Die ›erwachenden‹ oder auch ›auferstehenden‹ Nationen können einen bestehenden Staat umformen, das heißt nationalisieren, oder sich gegen ihn richten, um einen eigenen zu gründen. Die in diesen Prozessen festgestellten Differenzen sind immer schon aus der Perspektive des Eigenen bewertete Unterschiede. Am Ende des 19. Jahrhunderts bürgerte sich der Begriff der Nationalitäten vor allem für solche Gruppen ein, die sprachliche, kulturelle und ideelle Selbstthematisierungsformen entwickelt hatten, aber trotz allem *risorgimento* keinen eigenen Staat gründen konnten.[25] Die Entwicklung führte vom Anderssein über das Bessersein zum Anspruch auf Selbstbestimmung, die gegen andere durchgesetzt werden mußte. Nationalitäten ohne Nation wurden von anderen an ihrer Selbständigkeit gehindert, nationale Minderheiten wurden nur noch geduldet oder eben nicht mehr geduldet. Die andere Seite des geforderten Rechts auf Selbständigkeit war das Recht,

---

23 Sprache, Kultur und Idee sind für Eugen Lemberg die Bestandteile, aus denen, neben dem Staat und manchmal gegen diesen, eine moderne Nation entwickelt werden kann (siehe ders., Nationalismus I, S. 102–165).

24 Tabboni (*Différences sans inégalité*) verweist darauf, daß Unterschiede, die keine Bewertung und Hierarchisierung beinhalten, soziologisch von geringem Interesse sind. Sie sind daher mit dem Gerechtigkeitsthema, aber auch immer wieder mit dem Überlegenheitsthema verbunden. Ging es beim Thema der sozialen und ökonomischen Ungleichheit aber um deren Veränderung und tendenzielle Abschaffung, essentialisiert sich der Differenzdiskurs, da die Unterschiede anerkannt und nicht abgeschafft werden sollen (hierzu dann vor allem Fraser, *From Redistribution to Recognition?* und die Diskussion zu diesem Beitrag).

25 *Risorgimento* bedeutet Auferstehung beziehungsweise Wiedererstehung. Aber noch für Giuseppe Mazzini, den Meinungsführer des italienischen Risorgimento-Nationalismus, war eine bestimmte notwendige Größe der Gruppe und des Gebiets Voraussetzung für einen selbständigen Nationalstaat. Der Nationalitätenbegriff um 1900, zum Beispiel bei Max Weber, entspricht so zum Teil der heutigen Verwendung des Begriffs der Ethnizität. Keineswegs sollte – gerade nach Meinung vieler Nationalisten (von Mazzini in Italien bis zu Weber in Deutschland) – allen Nationalitäten ein eigener Nationalstaat zustehen.

man selbst zu sein und nicht gestört zu werden. Die andere Seite des Rechts war und ist in einigen aktuellen Fällen das Unrecht. Nun konnte die Unrechtserfahrung selbst zusätzlich als Begründung der Selbstbestimmungsforderung dienen. Dabei ist keineswegs eindeutig, welche Folgen historisch gewordenes oder aktuelles Unrecht auf kollektiver Ebene haben sollte. Soll ein Anspruch auf Ausgleich zum Beispiel als Forderung nach positiven Sonderrechten (Minderheitenschutz oder, wie in den USA, als *affirmative action*) formuliert werden? Soll ein Selbstbestimmungsanspruch begründet werden? Obwohl Selbstbestimmung in ihrer Begründung zunächst nicht an Unrecht gebunden war, wurde sie immer mehr in diesen Kontext gestellt. In der zweiten Hälfte des 20. Jahrhunderts, als bloßes ›Anderssein‹, vor allem aber die Behauptung des ›Besserseins‹, nicht mehr als legitime Gründe der Selbstbestimmung gelten konnten, traten Unterdrückung, Unrecht und das Überleben an ihre Stelle.

Ein zweites Problem zeigt sich weniger auf einer normativen Ebene oder auf einer Ebene der Rechtfertigung als auf einer unmittelbar soziologischen. Es läßt sich fragen, ob nicht die Vorstellung der gefährdeten Gemeinschaft selbst eine Bedingung der Existentialisierung politischer Gemeinschaften ist und ebenso ein Mittel zur Transformation sozialer in politische Gemeinschaften darstellt. Denn soziale oder kulturelle Gemeinschaften sind keineswegs deckungsgleich mit politischen, und die These des ethnischen Ursprungs der Nationen erscheint allein als nicht angemessen.[26] Dennoch ist zu beobachten, daß sich politische Kollektive auch auf Gemeinsamkeiten berufen, die ihnen selbst vorgelagert sind, sei es, daß sie sich auf eine lange Dauer berufen, um damit ihre Ansprüche in der Gegenwart zu rechtfertigen, sei es, daß sie sich als immer schon gegeben setzen. Aber noch politische Gesellschaften, die sich als ›natürlich‹ oder als ›alt‹ verstehen, müssen sich in der Gegenwart realisieren. Der »ethnische Gemeinsamkeitsglaube« allein, so die vorsichtige Formulierung Max Webers, macht aus ihnen keine politische Gesellschaft, die sich dann auf Gemeinschaft berufen kann. Erst die Transformation in eine politische Gemeinschaft, die eine politische Gesellschaft werden will, ermöglicht die Realisierung einer geforderten kulturellen Anerkennung. Sie hat heute dann besonders große Chancen, wenn Überlebens- und Gefährdungsargumente dazu benutzt werden, die Verfolgung gruppenspezifischer, in bestimmten Fällen nationaler Ziele und kollektiver Interessen zu rechtfertigen. Die Politisierung der Ethnizität meint nicht einfach unterschiedliche kulturelle, sprachliche oder religiöse Gruppen, sondern den Gebrauch dieser Merkmale zur Bildung einer spezifischen Gruppe. Dann treten die Gruppen als solche in unser Blickfeld. Dann gibt es sie, wie immer ihre Herstellung re- oder dekonstruiert werden mag. In diesem Sinne erst wird der eher diffuse »ethnische Gemeinsamkeitsglaube« nun zum

---

26 Vgl. zu dieser These Smith, Ethnic Origins.

Kennzeichen einer Gruppe, zum ›Marker‹ ihrer Existenz, und kann schließlich als Gemeinsamkeitsglaube noch die Auflösung der Gruppe selbst überdauern. Der eher schwache, allein zur Stabilisierung einer politischen Vergesellschaftung kaum ausreichende Glaube an die Gemeinsamkeit (nicht: an die Gemeinschaft) erweist sich dann als ein starkes Mittel, um einen Gruppenzusammenhang herzustellen. Der Glaube an die Gemeinsamkeit kann schließlich die tatsächliche Existenz einer politischen Gemeinschaft selbst überdauern. Noch die verschwundene politische Gemeinschaft kann als ethnisch-kulturell-historische existentialisiert werden. Damit wird die Ambivalenz der Politisierung von Ethnizität deutlich. Um sich als Gruppe bilden zu können, kann nicht auf sie verzichtet werden, und die politisch konstituierte Gruppe sucht nach ihrer empirischen Grundlage, wie schwierig sie immer zu finden und herzustellen sein mag.[27]

Die Forderung nach Anerkennung wird heute zudem häufig auf der Grundlage eines neuerdings betonten Verhältnisses von Authentizität und Autonomie gestellt. Unabhängigkeit wird nicht mehr in allen Fällen als Forderung nach Eigenstaatlichkeit verstanden, sondern als relative Autonomisierung oder positive Diskriminierung von Gruppen innerhalb einer nationalstaatlich verfaßten Gesellschaft. Diese werden manchmal nicht nur mit Sonderrechten ausgestattet, sondern mit eingeschränkter, aber als ›autonom‹ definierter Teilsouveränität, die bis zu weitgehenden Steuerrechten, der Förderung von Kultur, Sprache, Religion und spezifischem Lebensstil reichen kann. Vor allem die alte und immer wieder beschworene Angst vor einer vollständigen Verselbständigung, aus der Perspektive eines bestehenden Nationalstaates formuliert also das Schreckgespenst eines nationalen und manchmal nationalistischen Separatstaates: der Alp der Sezession als letzter Ausweg, soll hierdurch beruhigt und in die Schranken gewiesen werden. Allerdings besteht der Nationalstaat auch im Falle einer teilweisen Autonomisierung zumindest auf dem militärischen Gewaltmonopol, das heißt auf Außenpolitik und Bundessteuern.[28]

---

27 Nikola Tietze untersucht diesen Zusammenhang in einem zur Zeit noch laufendem Forschungsprojekt am Beispiel der Kabylen (Berber). Sie können auf eine lange Geschichte verweisen, sie stammen aus einem gemeinsamen Herkunftsgebiet (Nordafrika), sie haben eine Sprache, die aber von vielen kabylischen Migranten nicht mehr gesprochen wird. Um anerkannt zu werden, um eine Gruppe mit legitimen Forderungen zu bilden, müssen sie sich ›ethnisieren‹: die Sprache wird gelehrt und gelernt, eine Zeitung (in französischer Sprache) wurde gegründet etc. (siehe Tietze, *Zwischen Ideologie und Utopie*).

28 Meist wird auf Kanada als auf einen dafür aufschlußreichen Fall hingewiesen. Ich werde später darauf eingehen. Man kann aber auch in Europa bleiben. Belgien, ein spätes Königreich (1830), hat eine formale Staatlichkeit aufrechterhalten und zwei selbständige ›Nationen‹ innerhalb dieses Staates entwickelt, die eine gemeinsame Hauptstadt haben, die hauptsächlich von Wallonen bewohnt

Die Voraussetzung für eine relative Autonomie ist, daß die betreffende Gruppe eine Mehrheit in einem Teilterritorium des Staates bildet. Die Gesamtstaatlichkeit zu erhalten bedeutet auch, daß die Zugehörigkeit weiter durch den Zentralstaat definiert wird, selbst dann, wenn die Kontrolle der Einwanderungspolitik an die teilautonome Region abgegeben wird. Die Bestimmung und Definition der Bevölkerung als zugehörige Bürger meint gerade in den Staaten Zentraleuropas heute konkret meist Einwanderungspolitik. Historisch betrachtet, war die gesamte (Wohn-)Bevölkerung keineswegs mit dem ›Volk‹ als ›Staatsvolk‹ identisch, auch wenn mit der Konzentration von Herrschaft die Bedeutung der Zugehörigkeit dann anwuchs, wenn sich mit zunehmender Demokratisierung nicht nur Pflichten, sondern auch Rechte verbanden. Und es gilt: »Mit der Aufnahme in den Staat entschied sich auch die Aufnahme in die Nation. Staatsangehörigkeit und Einbürgerungspolitik wurden zum Austragungsort nationaler Abgrenzungskämpfe.«[29]

Die selbstbestimmte Nation regiert sich selbst und bestimmt, wer dazugehören soll, kann oder darf. Das Volk aber, das sich selbst rechtlich und herrschaftlich konstituiert, muß geschaffen werden. Es ist nicht leicht auffindbar und wird in einem Zusammenspiel von Recht, der Vorstellung von Gemeinsamkeit, vermittelt über Geschichte, Land und Boden, Sprache und Schicksal, und in der Vorstellung eines gemeinsamen Körpers hergestellt. Die Nation begründet sich von innen und grenzt sich nach außen ab, ihre Selbstthematisierung zeigt diese doppelte Struktur. Die Nation ist inklusiv, schließt ein und schließt ab, ohne daß die Grenzen von Inklusion und Exklusion so scharf sind, wie sie meist vorgegeben und vorgestellt werden. Inklusion und Exklusion, Eingrenzungen und Ausgrenzungen, der konkrete Prozeß der Grenzziehung ist keineswegs so eindeutig, wie er häufig dargestellt wird. Dies gilt sowohl für die Zuordnungen der Menschen als auch für die gezogenen und schließlich bewachten Grenzen der Staaten. Insbeson-

---

ist, aber von den Flamen als ›flämisch‹ angesehen wird. Die Schwierigkeiten Belgiens, eines häufig übersehenen Falles, schildert Dirk Schümer, Kinderfänger.

29 Vgl. hierzu die Arbeit von Gosewinkel, Einbürgern und Ausschließen. Gosewinkel beendet die unfruchtbar gewordene binäre Gegenüberstellung des ethnisch-kulturellen und des staatlich-politischen Modells, die sich noch in der Debatte um das *jus sanguinis* und *jus soli* ausdrückte und theoretisch von Brubaker (Staats-Bürger) in einer dennoch wichtigen, die Diskussion wieder eröffnenden Arbeit vorgestellt wurde. Die Argumentation gehört allerdings durchaus selbst zu einer Tendenz, die man dahingehend zusammenfassen könnte, daß die gleichen Muster, die man zur Differenzierung, unter anderem eben zur Differenzierung von Nationen gebrauchen kann, auch zur Beobachtung von Ähnlichkeiten, von gleichen strukturellen Prozessen benutzt werden können. Das Argument lautet dann: Sie alle sind Nationalstaaten und können nur innerhalb dieser Form ›variieren‹, ansonsten sind sie keine mehr.

dere ist die Behauptung einer ethnisch-kulturellen Einheitlichkeit der Bevölkerung eher als Forderung zu verstehen. Die Bevölkerung setzte und setzt sich auch heute aus verschiedensten Gruppen unterschiedlicher Herkunft zusammen. Staatsbürgerschaft und auch Staatsangehörigkeit beziehen sich auf den Einzelnen, und ihre Entstehung gehört zum Prozeß einer Individualisierung, die von Anfang an von Kollektivierung begleitet war.[30] Die Nation thematisiert sich als Herrscherin über ihr Gebiet und in der Definition der Bevölkerung als souverän.[31] Souveränität ist die andere Seite des Gewaltmonopols und teilt dessen Schicksal.[32] Beide sind empirisch-faktisch nicht zu verwirklichen. Ihr entscheidendes Merkmal ist nicht ihre tatsächliche Durchsetzung, sondern ihre faktische Beanspruchung. Im Falle der Souveränität gilt zudem, daß praktisch immer auf Ansprüche verzichtet wird, meist in Form eines Vertrags mit einer anderen Nation, geschieht dies nun unter Zwang oder freiwillig, interessengeleitet.[33] Der Anspruch des legitimen Gewaltmonopols läßt sich als solcher, das heißt als Anspruch, nicht relativieren. Dennoch ist eine faktische Durchsetzung eines schließlich existierenden Monopols nicht möglich.[34] Der Anspruch bleibt dennoch aufrechterhalten und muß mit der Bereitschaft verbunden sein, ihn von Fall zu

---

30 Zur Unterscheidung von Staatsbürgerschaft und der deutschen Variante der Staatsangehörigkeit siehe Gosewinkel, Einbürgern und Ausschließen.

31 Nicht zufällig begann im Jahre eins der Französischen Revolution eine Diskussion über Ausländer, und es wird ein Recht ausgearbeitet. Keineswegs bezieht sich dies ausschließlich auf die Feinde der Revolution innen und außen (siehe hierzu Wahnich, Impossible Citoyen).

32 Bei Max Weber findet man eine kleine sprachliche Nuance, die Souveränität und Monopolisierung der Gewalt unterscheidet. In der Rechtssoziologie bezeichnet er die Souveränität als »wesentliches Attribut« (Weber, Wirtschaft und Gesellschaft, S. 400) des Staates, dessen »unentbehrliches« Mittel aber die erfolgreiche Monopolisierung der »Gewaltsamkeit« ist (zum Beispiel in den soziologischen Grundbegriffen, WuG, S. 30).

33 Dies gilt auch dann, wenn Machthaber oder Interessenten ein Modell des geschlossenen Staates bevorzugen. Geschlossene Modelle wurden immer wieder als intellektuelle Konstruktionen vorgelegt. Bekannt für den deutschen Fall sind Fichtes »Geschlossener Handelsstaat« und Lists geschlossene »Nationalökonomie«. Als ›moderne‹ Gesellschaft, die neben ihrer nationalstaatlichen politischen Vergesellschaftung durch Öffentlichkeit und Markt, also durch zwei prinzipiell ›grenzenlose‹ Mechanismen der Kommunikation und der Produktion, geprägt ist, läßt sich ein solches Modell nicht oder nur durch Inkaufnahme hoher Kosten verwirklichen.

34 Der Versuch, ein *faktisches* Gewaltmonopol zu errichten, kann als Kennzeichen einer totalitären Gesellschaft angesehen werden. Auch hier gelingt dies keineswegs, da Gewalt prinzipiell fast jederzeit durch die Verletzbarkeit des menschlichen Körpers möglich ist (siehe zu dieser anthropologischen Grundannahme Popitz, Macht).

Fall auch mit der tatsächlichen Anwendung von Gewaltmitteln durchzusetzen. In Demokratien sind allerdings die Möglichkeiten des Gewalteinsatzes rechtlich geregelt, die Anwendung von Gewalt muß in jedem Einzelfall legitimiert werden. Keineswegs steht Gewalt zur freien Verfügung. Der Anspruch auf ihren legitimen Einsatz aber bleibt uneingeschränkt.

Weder Gewaltmonopol noch Souveränität sind im Sinne einer vollkommenen und tatsächlichen Durchsetzung realisierbar. Wird die letztere durch andere Nationen begrenzt, richtet sich das Gewaltmonopol nach innen. Als gültiges, legitimes Monopol ist es nicht begrenzbar, doch heißt dies nicht, daß nur der Staat über Gewaltmittel verfügt. Nur er allein hat ein legitimes Recht auf ihre Nutzung und wendet es insbesondere dann an, wenn es in Frage gestellt wird. Auch eine faktische Infragestellung ändert nichts am legitimen Monopol, ebensowenig wie die tatsächliche Existenz anderer, Gewaltmittel beanspruchender oder schon oder noch besitzender Akteure dies kann.

Die Form der Nation ist weit und innerhalb ihrer Grundstruktur variabel.[35] Sie wird dadurch nicht beliebig. Realisiert oder als zu realisierende Forderung einer Gruppe bezieht sich Nation weiterhin auf den Staat, ohne vollständig mit diesem zusammenzufallen. Konsequenterweise ist der Begriff der nationalen Minderheit auch völkerrechtlich weiterhin auf den – schließlich: nationalen – Staat bezogen.[36] Es handelt sich um eine Gruppe, die ein Gebiet beansprucht, auf dem sie ihre Selbstbestimmung in Form staatlicher Selbständigkeit (zumindest relativer Autonomie als Kompromiß) realisieren will oder, anders formuliert, der es bisher, obwohl sie ein relativ geschlossenes Territorium bewohnt, nicht gelungen ist, einen eigenen Staat zu gründen. Es ist daher nur wenig überzeugend, den Begriff der Nation von dem des Staates zu trennen, ihn ins Symbolische aufzulösen.[37]

---

35 Etienne Balibar (Rasse, Klasse, Nation) spricht von Nationform, so auch Dirk Richter (Nation als Form), allerdings in einem anderen theoretischen Zusammenhang und mit einem systemtheoretischen Formbegriff.

36 Siehe hierzu Preece, National Minorities. Minderheitendefinitionen wurden sowohl vom Völkerbund wie anschließend von den Vereinten Nationen versucht. Die prägnanteste Definition findet sich bei Francesco Capotorti. Bei einer Minderheit handele es sich um »eine gegenüber dem Rest der Bevölkerung des Staates inferioren Gruppe in einer nichtdominanten Situation, deren Mitglieder – als Angehörige des Staates – vom Rest der Bevölkerung abweichende ethnische, religiöse oder sprachliche Merkmale aufweisen und, wenn auch nur implizit, ein Gefühl der Solidarität, gerichtet auf die Aufrechterhaltung ihrer Kultur, Traditionen, Religion oder Sprache, zeigt« (ders., Study of the Rights of Persons Belonging to Ethnic, Religious and Linguistic Minorities, Dokument der UN, E/CN.4/Sub.2/384, addenda 1–7, 1977, zit. nach Preece, S. 19).

37 Diese territorialen Bezüge sind nicht mit einem Hinweis auf die Globalisierung als Deterritorialisierung aus der Welt zu schaffen. Beispiele können leicht ge-

Meinte der alteuropäische Begriff der ›nationes‹ die Herkunfts- und vor allem Sprachgemeinschaften, die sich in den Zentren meist an den Universitäten zusammenfanden, so ist der moderne Begriff der Nation an den Staat gebunden, unabhängig davon, ob ein schon existierender Staat nationalisiert wurde oder ob die Feststellung der Existenz einer nationalen Gemeinschaft – von wem immer getroffen – die Forderung nach einem Staat begründen sollte. Keineswegs aber sagt die Selbstbezeichnung als ›Nation‹ etwas über die Existenz einer am Ende homogenen Nation, die es nie und an keinem Ort gab, oder eines schon existierenden Staates aus. Noch die erst im 19. Jahrhundert mit dem Begriff der Kulturnation bezeichnete Gründung des ersten deutschen Nationalstaates war die Gründung einer protestantischen Nation, die sich im Staat realisierte. Keineswegs handelte es sich aber um eine nach innen etwa religiös oder auch ethnisch einheitliche Gesellschaft. Die Kulturnation als Gegenkonzept zur Staatsnation stellt vor allem ein nachträgliches Konzept zur nationalen Differenzierung dar.[38] Als Konzept der nationalen Selbstthematisierung wurde es als Antwort und im Rahmen der deutsch-französischen Diskussion um Elsaß-Lothringen entwickelt, ohne eine einheitliche Anwendung zu finden.[39] Und die zeitgenössische Kritik am ›deutschen Modell‹, wie sie etwa Émile Durkheim im Rahmen des Ersten Weltkrieges formulierte, bezog sich auf Preußen als bloßen Machtstaat, dem jede Idee fehle.[40]

Die Nation ist keine soziale Gruppe, sondern die gesellschaftliche Organisation und Institutionalisierung politischer Einheit, ob sie sich schließlich auf eine Gruppe als Volk oder auf die Einzelnen – und schließlich die Stimmen der Einzelnen, die dann als politisches Volk bezeichnet werden – bezieht. Anders formuliert: Beide Modelle, das ethnische wie das politische, sind Konzeptionen moderner politischer Einheit, die nicht gegeneinanderstehen, sondern miteinander vermischt sind, als Begründungsmuster zur Verfügung stehen und angewandt werden. Im Prozeß der Entkolonialisierung wurde das Konzept der Staatsnation angewandt. Nach 1989 war und

---

nannt werden, etwa Katalonien, Schottland, Nordirland, Baskenland, um nur Fälle innerhalb des ›alten‹ Westeuropa zu berücksichtigen. Die »Nationen gegen den Staat« aber wollen nichts anderes als einen eigenen Staat (siehe für Quebec, Schottland und Katalonien Keating, Nations against the State).

38 Interessant ist, daß Begriffe wie der der Kulturnation noch heute reifizierend gebraucht werden können. Kultur wird nicht als Form der Selbstthematisierung und Differenzierungsmittel gesehen, sondern als ein einigendes Band, auf dem ›Nation‹ aufruhe. Sie kann in dieser Hinsicht als ›Leitkultur‹ (miß)verstanden werden.

39 So unterschied sich die Politik Preußens in Elsaß-Lothringen zum Beispiel von der Politik gegenüber der polnischen Bevölkerung im Osten (Masuren).

40 Durkheim formulierte seine Kritik im Hinblick der Schriften von Treitschke (siehe ders., Über Deutschland).

ist es erneut ein ethnisches Nationenkonzept, das zur Legitimation der Staatsgründungen in Europa aktuell wurde, wenn auch die Grenzen der geforderten und schließlich neuen Staaten keineswegs mit kulturellen, religiösen oder eben ethnischen als ›völkischen‹ Grenzen übereinstimmten. Erneut sollten Vertreibungen zur Realisierung eines Modells führen, das mit der Wirklichkeit der in den Ländern lebenden Menschen, ihren Lebensformen und Lebenspraktiken nicht übereinstimmte.

Bezieht sich der Begriff der Nation weiterhin auf den Staat und letztlich auf Selbstbestimmung, so hat sich, seit den sechziger Jahren des 20. Jahrhunderts, ein weiterer Begriff ausdifferenziert, der die Bedeutung von Gruppen betont, die Verknüpfung des Begriffs mit der Selbstbestimmungsforderung jedoch nicht mehr beinhaltet, der Begriff der Ethnizität.[41] Immer noch

---

41 Prägend für den Begriff war der Sammelband von Glazer und Moynihan, Ethnicity, der 1975 erschien und auf eine Tagung von 1972 zurückging. Die Herausgeber wiesen darauf hin, daß der Begriff, der seit den sechziger Jahren des letzten Jahrhunderts Eingang in die amerikanischen Lexika fand, zuerst 1953 von Daniel Riesman benutzt wurde. Einflußreich war auch die Arbeit der beiden Herausgeber von 1963 selbst, Beyond the Melting Pot. Der Begriff Ethnizität entwickelt sich zusammen mit dem amerikanischen Begriff der *race*, der sich vor allem auf *color* bezieht, in der neuen Entwicklung, die sich auch im alle zehn Jahre stattfindenden Zensus und dessen Veränderungen widerspiegelt, auf die selbstdefinierte Zuordnung zu unterschiedlichen Gruppen der Herkunft und der *race*. Ethnizität wurde eine Fremd- und Selbstbezeichnung für Gruppen, die vor allem Anspruch auf Ausgleich stellen. *Ethnicity* bezieht sich explizit auf die Gesellschaft und den Staat, in denen die Gruppe lebt. Meint Ethnie als Begriff die Gruppe selbst, die zum Akteur werden kann und als solche vorgegeben ist, so ist Ethnizität ein allgemeines Merkmal einer mehr oder weniger abstrakten Vergemeinschaftung, ein soziales Verhältnis. Der Begriff der Ethnizität entwickelte sich in der zweiten Hälfte des 20. Jahrhunderts in den Vereinigten Staaten, als deutlich wurde, daß weder die liberale Annahme des Verschwindens ethnischer (aus dieser Perspektive gleichgesetzt mit primitiv = nichtmodern) Gruppen eintrat und auch die amerikanische Arbeiterbewegung an Einfluß verlor. Die Beobachtung war, daß weder alle zu Amerikanern (*melting pot*) wurden noch alle zu Arbeitern oder klassenbewußten Menschen. Und so wurde über »Schwarze, Puertoricaner, Juden, Italiener und Iren in New York« geschrieben, so der Untertitel von »Beyond the Melting Pot«. *Ethnicity* mischt, anders als Ethnie, Kultur und soziale Lage. Mit dem Hinweis auf Ethnizität werden Ausgleichsforderungen an den Staat oder die Gesellschaft gestellt, aber nicht die Forderung nach eigener Staatlichkeit. In der Formulierung von Glazer/Moynihan: Ethnische Gruppen wandelten sich von Prestige- zu Interessengruppen, ›Kultur‹ wurde zum Marker von (Job-)Interessen. Die Entwicklung ist aber nicht dabei stehengeblieben. 1994 veröffentlichte Moynihan einen Essayband über Ethnizität in der internationalen Politik (Pandemonium), der einen klugen Essay über die problematische Rolle des Selbstbestimmungsprin-

erhalten Gruppen dann Aufmerksamkeit, wenn sie Forderungen etwa danach stellen, Ungleichheiten zu vermindern, geschehenes Unrecht auszugleichen oder Diskriminierungen zu beenden. Es ist kein Zufall, daß sich *race* und *ethnicity* in einem gesellschaftlichen Kontext durchgesetzt haben, in dem der Klassenbegriff keine große Bedeutung erlangen konnte oder, wie etwa in Westeuropa, an Bedeutung verlor. Solidaritäten oder besser: Solidaritätsanforderungen werden bei der Verwendung dieser Begriffe anders geschnitten, sind nicht mehr primär an eine soziale Lage gebunden, sondern beinhalten diese sekundär. Es geht dann, um ein Beispiel und eine Differenz zu nennen, nicht mehr um rassistische Gesellschaften, sondern um Rassismus in der Gesellschaft. Die Forderungen werden an eine andere Adresse gerichtet, die Gruppenzugehörigkeit wechselt ihren Schwerpunkt von der Fremd- zur Selbstzuschreibung, und noch Rasse wird zur sozialen Kategorie und schließlich zur wählbaren Selbstdefinition.[42] Vor allem aber wird mit dem Begriff der *ethnicity* der Bezug zur Selbstbestimmung als Selbstregierung unterbrochen. Mit dem Begriff der Ethnizität werden solche Gruppen erfaßt, die keine territorialen Anforderungen stellen, keinen eigenen Staat gründen wollen, sondern die aufgrund unterschiedlicher Merkmale der Herkunft, des Lebensstils, der Sprache, der Religion, dem bekannten Merkmalsbündel also, einen Gemeinsamkeitsglauben entwickeln und Forderungen nach Ausgleich und Anerkennung stellen, ohne, zumindest in dem Land, in dem sie wohnen, Forderungen nach Unabhängigkeit zu stellen.[43] Sie gehören zwar nicht zur Mehrheit, bilden aber auch keine Minderheiten im klassischen Sinne. Sie sind keine Gruppe, die an einer eigenen Staatsbildung gescheitert ist. Sie bewohnen kein Gebiet, das sie beanspruchen, und sind dennoch keine Nomaden.[44] Sie beanspruchen Teilnahme und Teilhabe an

---

zips enthält. Ethnizität und Ethnie beginnen sich begrifflich wiederum zu mischen, Prestigeinteressen sich mit sozialen und Machtinteressen zu vermengen, um es in der weberschen Diktion zu formulieren.

42 Elisabeth Beck-Gernsheim hat diese amerikanisch geprägte Diskussion in der Bundesrepublik aufgenommen (siehe dies., Juden, Deutsche und andere Erinnerungslandschaften). Sogar der alle zehn Jahre in den Vereinigten Staaten durchgeführte Zensus beinhaltet *race* und *ethnic origins* mittlerweile als Selbstzuschreibungskategorien. Wird die Kategorie der *blackness* allerdings als rein soziale und als Mobilisierungskategorie verwendet, zeigt sich, daß keineswegs alle, die sich nach der Vorstellung einiger Theoretiker und Aktivisten der Bezeichnung zurechnen sollten, sich dieser Kategorie auch tatsächlich zuordnen. Sie verweisen dann darauf, keineswegs schwarz zu sein.

43 Sie können dies allerdings auch in bezug auf ihr Herkunftsland tun. Hier kann sich dann ein wirklicher Transnationalismus entwickeln.

44 Weiter unten gehe ich näher auf die Bedeutung des Gebiets im Unterschied zu den Begriffen Boden oder Erde ein, wie sie etwa bei Carl Schmitt und anders bei Hannah Arendt auftauchen. Allerdings sehe ich den Gegensatz nicht im Typus

der Gesellschaft bei Anerkennung der Differenz, die zugleich als ein Faktor ihrer sozialen Lage bestimmt wird.

In einem häufig hiermit gleichgesetzten, aber doch anders gelagerten Kontext steht die Diskussion um Multikulturalität, Interkulturalität, Differenz und Staatsbürgerschaft, die in den beiden letzten Jahrzehnten des 20. Jahrhunderts vor allem politisch, politisch-philosophisch und schließlich pädagogisch geprägt war. Die Begründung für den im politischen Kontext entstandenen Multikulturalismus wurde, wie es häufig der Fall ist, nachgeliefert. Begründungen, die im nachhinein entstehen, sind nicht allein darum schlecht oder nicht beachtenswert. Aus soziologischer Perspektive sind sie durchaus ein Normalfall in modernen Gesellschaften, die sich nicht auf ein Außen gründen können, das heißt auch in solchen Gesellschaften, die sich nicht immer schon als im vorhinein legitimiert ansehen können. In Selbstthematisierungsgesellschaften müssen Begründungen, normative, historische und empirische, häufig nachgereicht werden.[45] Im Falle der Multikulturalität ist es der Wille zur Erhaltung eines Gesamtstaates, der ein Recht kultureller Gemeinschaften auf begrenzte Selbstbestimmung als eigene politische Gesellschaft begründete. Aus ›Authentizität‹ wurde eine begrenzte Autonomie abgeleitet, und schließlich wurde ein Recht kleinerer kultureller Gemeinschaften auf Anerkennung als Gleichbehandlung und als Möglichkeit zu ihrer Erhaltung formuliert.[46] Multikulturalität ist kein wissenschaftlich konstruiertes Konzept zur Beschreibung kulturell nichthomogener Gesellschaften, sondern ein politisches Konzept zur Vermeidung von Sezession und zur Erhaltung einer wie immer unvollständigen kognitiven und politischen Integration. Er entwickelte sich dann als ein politisch-philosophisches Konzept zur Begründung von Gruppenrechten unterhalb der Ebene des Rechts auf Eigenstaatlichkeit und schließlich als ein pädagogisches Konzept

---

des Nomaden, wie er etwa bei Balke (*Punkte problematischer Solidarität*) entwickelt wird. Erde und Boden sind nicht identisch mit einem Gebiet, bei dem es sich einerseits um eine Herrschafts- und Verwaltungskategorie, andererseits aber um den begrenzten Raum der Geltung moralischer Regeln handelt.

45 Nationalismus gibt es keineswegs nur vor der Gründung einer Nation. Man kann in dieser These eher die Hoffnung sehen, daß sich Nationalismen schließlich durch die Gründung einer selbstbestimmten Nation beruhigen würden.

46 Der Begriff der »politischen Gesellschaft« wurde schon von Durkheim geprägt. Michael Th. Greven (Politische Gesellschaft) schlägt vor, ihn zur Kennzeichnung der Gegenwartsgesellschaft zu benutzen. Auch wenn der Vorschlag aktuell ist und es gute Gründe gibt, ihn nicht zuletzt deshalb ernsthaft zu diskutieren, weil er das Politische wieder in den Bereich der Gesellschaft zurückholt, das in Modellen der Zivilgesellschaft allzuleicht aus der Gesellschaft ausgeklammert wird, gilt es hier zumindest die Aufmerksamkeit darauf zu lenken, nicht voreilig und implizit wieder einen ›Primat des Politischen‹ einzuführen oder alles als ›politisch‹ zu verstehen.

der Verbindung *und* Unterscheidung von allgemeiner ziviler, das heißt gesamtstaatlicher, und kulturell-spezifischer, darunter auch ›nationaler‹ oder eben gruppenspezifischer, ›ethnischer‹ Erziehung. Der politische Slogan hierzu heißt: Einheit in Verschiedenheit. Das Überleben des Gesamtstaates sollte durch Differenzierung kultureller und sich als national verstehender Gruppen gesichert werden.[47]

Die Selbstthematisierung als Differenzierung von Staat, Nation und Kultur erweist sich als keineswegs einfach. Denn auch diese politischen Differenzierungen beschreiben nicht einfach vorhandene oder gegebene kognitive und soziale Differenzierungen. Die ›autonome Gesellschaft‹ Quebec zum Beispiel muß sich selbst immer wieder ›erzeugen‹, sie ist selbst eine Einwanderungsgesellschaft und versucht gerade solche Einwanderer zu gewinnen, die frankophon sind und ihre Kinder auf frankophone Schulen schicken müssen. Autonomisiert, muß sie feststellen, daß sie keineswegs einheitlich ist und daß sie erneut mit ›Minderheitenproblemen‹ – englischsprachigen Gruppen, den *First Nations*, Einwanderergruppen – konfrontiert wird und sie erzeugt. Die gesellschaftlichen Kulturen decken sich schließlich mit dem klassischen Begriff der nationalen Minderheit. Dieser unterscheidet sich von dem der Nation nur dadurch, daß eine Gruppe eine regionale Mehrheit bildet und meist eine eigene Sprache oder Religion hat, aber im Gesamtstaat eine Minderheit bildet. Forderungen nach Anerkennung beziehen sich dann auf eine relative Autonomie und gehen über einen klassischen Minderheitenschutz hinaus. Immigranten unterscheiden sich von den *societal cultures*, sie bewohnen kein relativ geschlossenes Gebiet, sondern verteilen sich über das Land, auch wenn sie in bestimmten Städten und Regionen Gruppen bilden.[48] Autonomieargumente treffen für sie keineswegs zu. Anerkennung bezieht sich bei ihnen auf ihre kulturelle oder religiöse Lebenspraxis und auf den Ausgleich solcher sozialer Benachteiligung, wie sie mit der Zugehörigkeit verbunden werden kann.

---

47 Die Begriffe Ethnie oder ethnisch werden selbstverständlich schon länger verwendet. Zu Beginn des 20. Jahrhunderts nimmt der Gebrauch zu (siehe für Frankreich Noiriel, Les origines républicaines; für Deutschland in der Soziologie zum Beispiel Max Weber). Die derzeitige Handhabung des Begriffs der Ethnizität schließt vor allem an die amerikanische Diskussion an. Der Begriff entstand in der amerikanischen Auseinandersetzung um die Bürgerrechtsbewegung und um die *riots* Mitte der sechziger Jahre sowie um die anschließende Politik der *affirmative action*. Die Anwendbarkeit des Begriffs *ethnicity* auf Europa bestreiten Bourdieu/Wacquandt (*Cunning of imperialist reason*). Er wurde dennoch auch in Europa eingeführt (siehe etwa Beck-Gernsheim, Juden; auch Wieviorka, La Différence). In der Umstellung der Begriffe kündigt sich eine Änderung der Differenzierungsprozesse an.

48 Kymlicka (Multicultural Citizenship), der den Begriff der »societal cultures« prägte, unterscheidet beide Gruppen, gesellschaftliche Kulturen und Immigran-

Trotz kritischer Einwände erwies sich eine multikulturelle Politik als zumindest diskursive Anerkennung kultureller und politisch-kultureller Kollektive, wie immer sich diese begründen mögen, als relativ erfolgreich. Gleichzeitig aber konnte das Auseinanderfallen von Gesamtstaatlichkeit am jugoslawischen Beispiel beobachtet werden. Politische Gemeinschaften wurden mit ethnischen Gemeinschaften, genauer: mit ethnischem Gemeinsamkeitsglauben, gleichgesetzt. Es kam zu einer unmittelbaren Politisierung in Form einer Existentialisierung dieser Gemeinschaften. Die jugoslawischen Sezessionskriege zeigten deutlich, daß die vorgestellten und behaupteten Gemeinschaften im Prozeß ihrer Realisierung herzustellen versuchten, was sie zu sein behaupteten. Die Grenzen der neuen autonomen Regionen und der geforderten Staaten stimmten keineswegs mit ›Kulturen‹ oder ›Ethnien‹ überein. Man griff zu einem fast klassisch zu nennenden Mittel der Herstellung einer Übereinstimmung von Vorstellung und Wirklichkeit, der Vertreibung als ethnischer Säuberung, der durch Mord und Totschlag und schließlich auch durch Massenmord Nachdruck verliehen wurde.[49]

Gesellschaften sind durch Uneinheitlichkeit gekennzeichnet. Prozesse der Vergesellschaftung vollziehen sich dennoch häufig in der Form von ›Als-ob-Vergemeinschaftungen‹.[50] Gerade nationale Vergesellschaftungsprozesse beziehen sich auf ›Als-ob-Gemeinschaften‹, das heißt, sie gründen Großkollektive voneinander fremden Menschen, die auf wechselnde und unterschiedlich

---

ten. Auf beide bezieht sich sein Konzept der »multicultural citizenship«. Trotz der Unterscheidung treffen seine Argumente aber nur für die ersteren zu. Dennoch waren es im kanadischen Fall gerade die Québécois, die den Multikulturalismus ablehnten. Sie wollten keine Gruppe unter anderen sein, so daß man durchaus von einer Parallelgesellschaft sprechen kann, die hier entstanden ist. Die Québécois beanspruchen, Nation zu sein, und fordern weitgehende oder auch vollständige Eigenstaatlichkeit. Für Immigranten wiederum geht es nicht nur um kulturelle Anerkennung, da sie gar keine ›gesellschaftliche Kultur‹ bilden. Es sind in ihrem Fall vor allem Diskriminierungen unterschiedlichster Art, die viel eher mit einer *affirmative action*-Politik beantwortet werden können.

49 Der Begriff der Ethnie ist zu unterscheiden von dem der Ethnizität. Die Ethnie, heute meist adjektivisch gebraucht – zum Beispiel in der Bezeichnung ›ethnische Konflikte‹, wobei die Bezeichnung manchmal schon als Erklärung verstanden wird –, weist zumindest im europäischen Kontext noch den Zusammenhang mit der ›ethnischen Nation‹ auf, das heißt also mit Konzepten und Forderungen nach Selbstbestimmung und Selbstregierung eines Volkes. Begrifflich ist ›ethnische Säuberung‹ vom Genozid zu trennen. Im Falle des Genozids geht es darum, die anderen als solche umzubringen. Sie werden daher eher zusammengetrieben als vertrieben. Der Mord, auch der Massenmord bei der ethnischen Säuberung, dient dazu, den noch Lebenden in aller Eindeutigkeit zu zeigen, daß sie gehen sollen.

50 Ich formuliere diesen Begriff in Analogie zu Max Weber, der im Falle des Marktes von »Als-ob-Vergesellschaftung« sprach.

definierte Kollektivmerkmale hin ›vergemeinschaftet‹ werden. Diese Gesichtspunkte werden in der umfangreichen Literatur zur Nation immer wieder und in unterschiedlichsten Zusammensetzungen genannt: gemeinsame Geschichte, gemeinsames Schicksal, Sprache, Religion, Territorium, aber auch Klima, Rasse und Ethnizität. Alle Versuche, einige dieser Kriterien als notwendig oder hinreichend zu bestimmen, sind gescheitert. Schon Seton-Watson, der englische Theoretiker der Nation, fand nur den Ausweg, daß eine Gruppe von Menschen dann eine Nation sei, wenn »eine ausreichende Anzahl von Leuten in einer Gemeinschaft sich selbst als Nation ansieht oder wenn sie sich so verhalten, als ob sie eine bilden würden«.[51] Aber diese Bestimmung als selbstbewußte Gruppe reicht nicht aus. Eine Nation ist eine Gruppe, die sich selbst als Nation bezeichnet, sich einen Namen gibt und zumindest politische Anerkennung, meist in Form von Autonomieforderungen, möglichst aber Selbstbestimmung und – im klassischen Fall – Selbstregierung verlangt. Erst durch die Hinzufügung des letzteren, dem ausgeprägten Bezug zur gegenwärtigen oder zukünftigen politischen Selbständigkeit, unterscheidet Nation sich zum Beispiel von einem Folkloreverein, der nicht Selbständigkeit verlangt, sondern Fördermittel beantragt – aus dem sich jedoch durchaus eine Form politischer Vergemeinschaftung entwickeln kann. Eine sich von anderen unterscheidende Gruppe, ein Volk, eine Rasse, eine Ethnie sind noch keine Nation. Sie müssen nicht einmal politische Gemeinschaften sein. Sie können sich nur zu solchen machen.

Die soziologische Beschäftigung mit der Nation und mit nationaler Selbstthematisierung steht vor einer paradoxen Situation. Zwar war die klassische Soziologie selbst Teil nationaler Selbstthematisierungsprozesse, die deren gesellschaftliche Dynamik analysierte, dennoch war Nation für sie kein eigenständiges Thema. Dies gilt im Prinzip für das ganze 20. Jahrhundert, das auch eines der soziologischen Selbstthematisierung war.[52]

---

51 Seton-Watson, Nations and States, S. 7.
52 Die Sozialwissenschaften waren ebenso wie die alltägliche Lebenspraxis an ein nach nationalen Prinzipien strukturiertes Weltbild gebunden, das so selbstverständlich war, daß es nicht in den Blick geriet. Erst gegen Ende des 20. Jahrhunderts hat sich diese Situation geändert. Vielleicht hat Hobsbawm (1990) recht damit, daß Nation und Nationalismus in den Blick gerieten, als ihre Bedeutung schwand, und daß wir also nur ein letztes Aufbäumen erleben (siehe ders., Nations and Nationalism). Ich bin skeptisch. Weder sehe ich ein deterritorialisiertes Regime noch werden soziale, rechtliche und ethische Prozesse der Transnationalisierung und der postnationalen Politiken an die Stelle des alten Kosmopolitismus treten. Sicher ist, daß sich die Formen der Souveränität verändert haben. Ob wir die nationalen Inklusionen mit den ihnen verbundenen Exklusionen hinter uns gelassen haben, bezweifle ich. Ein Empire und die mit ihm einhergehende »multitude« (siehe hierzu Hardt und Negri, Empire) schließt weder ethnisch und noch national aus. Intern ist das Reich als Form aber mit

Einerseits blickt man so auf eine ganze Bibliothek zurück, die sich mit Nationen, ihrer Geschichte, ihrer Kultur und ihren Symboliken beschäftigt, andererseits trifft man auf eine Theorie der modernen Gesellschaft, die die Beobachtung, daß moderne Gesellschaft politisch in Nationen gegliedert war und ist, analytisch kaum berücksichtigt. Ich werde daher im folgenden Kapitel meine Konzeption des Verhältnisses von Gesellschaft, Nation, Kultur und Gebiet darstellen. In diese Diskussion beziehe ich aktuelle Debatten um einen erneut manchmal explizit, manchmal implizit bleibenden ganzheitlichen Kulturbegriff am Beispiel der Arbeiten von Daniel Jonah Goldhagen und Samuel Huntington mit ein.

Die konkreten Selbstthematisierungen will ich anhand von Fallbeispielen analysieren. Diese sind gleichsam mein empirisches Material. Frankreich und Deutschland gelten als Musterbeispiele der unterschiedlichen Thematisierung und Institutionalisierung des Nationalen. Ich betrachte an drei Paaren, die ich aus diesen zwei nationalen Gesellschaften auswähle und zusammenstelle, die konkreten Formen der nationalen Selbstthematisierung. Bei den ausgewählten Fällen handelt es sich um Theoretiker, Literaten und Schriftsteller, Soziologen und auch um Aktivisten, um *militants*, wie der französische Begriff noch immer lautet, um politisch und gesellschaftlich engagierte und um Einfluß bemühte Intellektuelle und Schreiber. Dabei sind es keine Paare, die sich etwa als Generationsgenossen und dazu noch über die Grenzen hinaus selbst als solche verstanden haben oder als solche angesehen wurden. Die von mir zusammengestellten Paare gehörten nicht einmal in jedem Fall zur gleichen Zeit. Die Paare wurden von mir ausgewählt, um Bezüge herstellen zu können, um zu vergleichen, um herauszufinden, wie bei ihnen Nation zum Thema gemacht wurde. Neben den Philosophen und Soziologen, mithin professionellen modernen Selbstthematisierern, gehören auch Schriftsteller, Literaten, in die von mir getroffene Auswahl. Literatur ist selbstverständlich nicht an sich modern, sowenig wie Selbstthematisierung. Literatur war aber ein wichtiger Träger von Nationalisierungsprozessen. Bis heute sind zumindest Teile der Literatur fürs ›Ganze‹ zuständig.[53] Literatur und somit ihre Verfasser gehören ins Zentrum der Entwicklung des Nationalen und der Vorstellungen über dessen Form und Bedeutung.

---

extremer Hierarchisierung und mit undurchlässigen Grenzziehungen verbunden. Die extremen Hierarchien würden durch einen Außenbezug (religiös, rassistisch etc.) begründet. Man kann an der Möglichkeit eines demokratischen Reiches zweifeln.

53 Konsequent untersucht Stefan Neuhaus (Literatur und nationale Einheit in Deutschland) nicht nur die Klassik, so zum Beispiel Friedrich Schillers Wilhelm Tell, sondern auch Günter Grass' Ein weites Feld. Einheit ist ein durchgehendes Thema der Literatur.

Es sind deutsch-französische Paare, die ich konstruiere. Dennoch handelt es sich nicht um einen klassischen kontrastierenden Vergleich in dem Sinne, daß ich das eine als ›französisch‹, das andere als ›deutsch‹ interpretiere und die Fälle von Beginn an gegeneinanderstelle. Beide Länder werden oft verglichen, und der Vergleich als Methode scheint kaum eine weitere Begründung zu erfordern, da es sich um die klassische Staatsnation einerseits und um die klassische Kulturnation andererseits handelt, zudem um die beiden »Vaterländer der Feinde«, die sich in mehreren Kriegen gegenüberstanden und immer wieder ihre Konzeptionen des Nationalen gegeneinanderstellten. Die Methode des Vergleichs ist der Königsweg der Sozialwissenschaft. Die meist erhobene Forderung, nur Vergleichbares zu vergleichen, ist erfüllt, denn niemand wird abstreiten, daß es sich um zwei zwar unterschiedliche, aber das Kriterium der ›Nation‹ erfüllende, moderne Gesellschaften handelt, deren Geschichten miteinander verwoben sind, wie es sonst kaum der Fall ist. Und die gerade deshalb so sehr an ihren Unterschieden arbeiten mußten, daß sie schließlich zum Modell verallgemeinert wurden und die jeweilige Nation als Realtypus und Beispiel angesehen werden konnte.[54] Mit Marcel Detienne kann man sagen, daß das Modell einer Geschichte als Wissenschaft von der Vergangenheit sich zwischen Frankreich und Deutschland im Konflikt, im Krieg ausbildete.[55] Es ist die nationale Geschichte, die jeweils zum Modell erhoben wurde. Der revolutionären Nation Frankreichs wurde von Fichte schon bald die Nation mit einer Ursprache gegenübergestellt, und schließlich »öffnet die germanische Wissenschaft einer objektiven Geschichte, mit dem unvergeßlichen Ranke, den Weg für eine Infanterie französischer Historiker, [...]«.[56] Die Geschichte wird zur Geschichte der Nation, die sich selbst geschaffen hat, wie Ernest Renan während und nach 1870/71 schreibt, oder zur Geschichte eines Volkes, das sich als solches zur Nation erhebt. Die Einheit der Nation als Person (Michelet), die durchaus mit der späteren Bemerkung Braudels: »France, ton nom est diversité« ver-

---

54 Eine Geschichte der »Vaterländer der Feinde« hat Jeismann geschrieben. Klassisch sind vergleichende Wirtschafts- und Sozialgeschichten, siehe hierzu von deutscher Seite zum Beispiel Kaelble, Nachbarn am Rhein. Die Unterscheidung geht aber auch in soziologische Arbeiten ein, so bei Francis, Ethnos und Demos, bei Lepsius als Staatsbürgernation und Volksnation (ders., *Nation und Nationalismus*) und als Modelle des Nationalen und der Staatsbürgerschaft bei Brubaker, Staats-Bürger. Eine neuere französische Arbeit bei Dumont, France–Allemagne.

55 »Zwischen Frankreich und Deutschland im Krieg, im bewaffneten Konflikt und ihrer Rivalität bis hin zu den Gräbern des Ersten Weltkrieges, bildet sich das Modell einer Geschichte als Wissenschaft der Vergangenheit aus. Die Vergangenheit ist zunächst national. Ehre dem Nationalen« (Detienne, Comparer l'incomparable, S. 25).

56 Ebenda, S. 26.

einbar ist, steht der Einheit des Volkes, dem Herderschen Kugelmodell der Kulturen, gegenüber.[57] In diesem Prozeß, so meine These, wird das wirkungsvolle binäre Kategorisierungsmodell, die Unterscheidung der zwei Formen des Nationalen geschaffen, das von Friedrich Meinecke auf den Begriff gebracht wurde und auf ältere Modelle und Vorstellungen von Ganzheit und Abhängigkeit zurückgeführt werden konnte. Schließlich stehen sich Staatsnation und Kulturnation, Republik und Reich, West und Ost, Zivilisation und Kultur, subjektive und objektive Nation gegenüber, und am Ende des 20. Jahrhunderts waren es noch immer das *jus soli* und das *jus sanguinis*, die als französisches oder deutsches Modell galten.[58]

Aus dem so geschaffenen binären Modell aber läßt sich wenig schließen. Die Modelle sind noch nicht die Differenzen, sie sind nicht die Gegensätze, als die sie sich behaupten, sondern Differenzierungsmittel, die immer wieder eine Differenz des Nationalen herstellen und repräsentieren, die sich in ebendiesem Prozeß erneuert und verändert, die manchmal abgebaut und manchmal verschärft wird. Dennoch sind die beiden Modelle als Formen der Selbstthematisierung folgenreiche Bestandteile der gesellschaftlichen Realität. Mit ihnen als Differenzierungsmittel können die Unterschiede verschärft werden. Johann Gottlieb Fichte antwortet so auf die Französische Revolution und die spätere napoleonische Besatzung mit einem verallgemeinerungsfähigen Modell des Nationalen, einer universalistischen Begründung des Partikularen. Das ethnische Modell der Nation, wie es später genannt werden sollte, erwies sich, wie das politische Modell, als verallgemeinerbar. Auch wenn es vor allem dazu geeignet ist, Nationen ohne Staat und nationalen Minderheiten eine Begründung für die Forderung von Autonomie und Selbstbestimmung an die Hand zu geben, ist es in Frankreich keineswegs ohne Bedeutung. Man kann sich, wie wir es im Falle Maurice Barrès' sehen werden, direkt auf Fichte beziehen. Ethnische und politische Nation sind zwei moderne politische Modelle des Nationalen, die immer wieder benutzt werden, um das »unauffindbare Volk« bestimmen zu können.[59] Das Natio-

---

57 Braudel, L'identité de la France. Das erste Kapitel trägt die Überschrift: »Que la France se nomme diversité«.

58 Wie ungenau diese beiden Typen in der bundesrepublikanischen Auseinandersetzung über das Staatsangehörigkeitsrecht gebraucht wurden, zeigte ihre Zuordnung. So galt das *jus soli* als fortschrittlich, obwohl es doch dem traditionellen Untertanenrecht entsprungen ist und nirgends in reiner Form Verwendung findet. Dem *jus sanguinis* können hingegen historisch sehr wohl emanzipative Züge zugesprochen werden. Es löste das feudale Bodenrecht und damit die Stellung des Untertanen auf. Es war auch eine Form, allen Inkludierten ein Recht auf Zugehörigkeit zuzusprechen (siehe Brubaker, Staats-Bürger; für die Geschichte des deutschen Staatsangehörigkeitsrechts neuerdings Gosewinkel, Einbürgern und Ausschließen).

59 So der angemessene Titel der Arbeit von Rosanvallon, Le peuple introuvable.

nale thematisiert sich in zwei Formen, die schließlich den beiden Nationen Frankreich und Deutschland zugeordnet wurden und sich in unterschiedlicher Form institutionalisiert haben.[60] Die eine Form ist faßbar in der Metapher des Rechts, die andere in dem Bild der Wurzeln und schließlich des Körpers.[61] Das ›unauffindbare Volk‹ wird mit Hilfe dieser Metaphern bestimmt. Es konkretisiert sich im Recht, das allen zusteht, die seine Begründung teilen; in den Wurzeln, die Leute an einen Ort binden, die schon lange da sind und die gleiche Sprache sprechen (oder sprechen sollen) und die gleichen Symbole verwenden; in der Vorstellung der Nation als Körper, ein Bild, das in die Bezeichnung der *body politics* eingeht, die sich auf eine Einheit mit klaren Grenzen bezieht.

Der Königsweg des Vergleichs löst die Gegenüberstellung auf. In den Rekonstruktionen der Paarbildungen geht es darum, Thematisierungen des Nationalen herauszuarbeiten. Die von mir zusammengestellten Paare werden als exemplarische Fälle behandelt, ohne daß man genau angeben kann, wieviel Leser ihre Schriften tatsächlich gefunden haben und welchen meßbaren Einfluß ihre Texte haben und hatten. Alle Autoren waren öffentliche Figuren ihrer Zeit und über sie hinaus und versuchten, durch ihre Texte, durch unterschiedliche politische Aktivitäten und, vermittelt über die von ihnen selbst vorgenommenen Definitionen der Zeit, Einfluß auszuüben. Ihre Bedeutung in unterschiedlichen Bereichen auch über ihre Zeit hinaus ist begründbar, nicht meßbar. Sie waren Intellektuelle, die in der Öffentlichkeit eine wichtige Rolle spielten. Ich rechne daher auch den französischen Schriftsteller, Politiker und das Akademie-Mitglied Maurice Barrès dazu, der den Begriff des Intellektuellen im Rahmen der Dreyfus-Affäre als Negativbezeichnung für die Verteidiger Dreyfus' mitgeprägt hatte. Der Philosoph Fichte engagierte sich bekanntermaßen für die Befreiung und die Gründung einer deutschen Nation. Als Redner versuchte er, den öffentlichen Diskurs seiner Zeit zu beeinflussen, und forderte die Menschen – die Deutschen – auf, sich für die Nation einzusetzen. Schrieb und redete Fichte zur Zeit der napoleonischen Besetzung, so sah Barrès als Kind die deutschen Truppen 1870 einmarschieren. Er wird dies später zu einer Primärerfahrung stilisieren. Jung wurde er zu einem gefeierten Schriftsteller, der Fichte lesend sein Ich und das große Wir entdeckte. Die Problematik des Ich/Wir, von Individualisierung und Kollektivierung, bildet einen Kern der Selbstthematisie-

---

60 Die aktuell diskutierte Form dieser Institutionalisierung ist die Staatsbürgerschaft. Siehe hierzu, die beiden Länder vergleichend, Brubaker, Staats-Bürger. Es kommt in der Tat zu unterschiedlichen Mischungen, reine Typen der einen oder anderen Art sind nicht zu finden. Auch eine idealtypische Gegenüberstellung halte ich nicht für angemessen. Es gehört zum Idealtypus der Nation, die Ambivalenz zwischen beiden zu erhalten.

61 Siehe zu diesen drei Metaphern ausführlich: Wahnich, L'impossible citoyen.

rung. Ich führe das Thema am Beispiel von Georg Simmel ein. In einem heute wenig gelesenen Buch, einem kunstphilosophischem Essay über Rembrandt, der nicht zufällig während des Ersten Weltkrieges geschrieben wurde, entdeckte der Differenzierungstheoretiker Simmel die Gemeinschaft im Ich. Mit der Thematisierung des Ich/Wir, der Problematik oder Ambivalenz von Individualisierung und Kollektivierung, ist eines der großen Themen der Moderne benannt, das auch von Barrès und Fichte bearbeitet wurde. In nationalistischen Varianten wird, so zeigt sich, das Ich und das Wir zur Deckung gebracht. Dieser Form der nationalen Inklusion steht eine scharfe Exklusion gegenüber.

Barrès bezieht sich in seiner frühen Konzeption eines rauschhaften Ichs direkt auf Johann Gottlieb Fichte, geht mit ihm vom ›Ich‹ zum ›Wir‹. Einer seiner zeitgenössischen Widersacher in Frankreich war Émile Durkheim, der Mitbegründer der Soziologie als institutionalisierter Wissenschaft. So unterschiedlich ihre politischen Antworten waren, so nahe beieinander lagen ihre Zeitdiagnosen. Der Schriftsteller der »Erde und der Toten«, als der Barrès bekannt blieb, ein Begriffspaar, das man genauer durch das des »Friedhofs«, der die »Erde und die Toten« beinhaltet, und des ebenfalls von Barrès geprägten Begriffs des »Lehrstuhls«, also der Erziehung, ersetzen könnte, setzte wie der Theoretiker der organischen Solidarität und der symbolischen Gesellschaft auf eine Reform des Erziehungswesens, um ein Auseinanderfallen der Gesellschaft zu verhindern.

Moderne nationale Gesellschaften thematisieren sich keineswegs ausschließlich als solche, sondern auch als Gesellschaft, nun nicht im Plural, sondern im Singular. Nicht nur ihre Begründung kann nicht mehr in einem Außen verankert werden, auch die sozialen Strukturen, die Gruppenbildungsprozesse als Formung sozialer und ökonomischer Klassen, die mit den Industrien entstehenden großen Städte, die Verkehrswege, die Auflösung traditionaler Bindungen etc. müssen von innen, aus den gesellschaftlichen Bedingungen, ihrer eigenen Dynamik und Entwicklung selbst begriffen werden. Die in beiden Ländern entstehende Soziologie widmet sich dieser Aufgabe. Soziologie spricht von Gesellschaft oder von Vergesellschaftung, nicht unmittelbar von Einheit oder Nation. Fragmentierung und Differenzierung ökonomischer oder kultureller Art sind ihre Themen. Sie vernachlässigt dabei systematisch den Aspekt der politischen Gesellschaft oder politischen Vergesellschaftung, der doch einen Teil der modernen Gesellschaft ausmacht: Moderne Gesellschaften sind nicht nur industrielle oder Marktgesellschaft, Prozesse oder Institutionen, die systematisch über die Grenzen des Nationalen hinausgehen, sondern auch nationale, das heißt begrenzte Gesellschaften.

Ich gehe daher davon aus, daß noch der Entwurf als begrenzte nationale Gesellschaft implizit auch in den theoretischen Entwürfen der Soziologie enthalten sein muß und nicht nur in den unmittelbar politischen Schriften und Äußerungen einiger Soziologen. Zeigen will ich dies an den beiden prominentesten soziologischen Autoren der Zeit in beiden Ländern, den Gründervätern der europäischen Soziologie, Émile Durkheim und Max Weber. Mich interessiert dabei nicht, daß beide ›nationalistisch‹ in dem einen oder anderen Sinne waren und sich gerade zu Beginn des Ersten Weltkrieges zur jeweiligen ›heiligen Gemeinschaft‹ bekannten. Dies ist hinlänglich bekannt und hier kaum von Belang. Im Gegenteil interessieren mich Begriff und Stellung des Nationalen in ihren soziologischen Arbeiten. Ich möchte zeigen, daß Durkheim die Gesellschaft als Nation der moralischen Individuen findet, Weber eine Gesellschaft des absoluten Wertes, der Herrschaft und der kulturellen Differenzierung. Beide erarbeiteten zur gleichen Zeit einen je anderen Entwurf einer Soziologie. Durkheim, der die Gefahren der Desintegration als Ergebnis der Differenzierungsprozesse moderner Gesellschaften beschrieb, glaubte nicht, wie Barrès, an die Tradition als Heilmittel. Die ›Idee‹ als nicht geglaubter Glauben der moralischen Individuen sollte in der empirisch höchsten Organisationsform von Gesellschaft, der Nation, den Zusammenhang, die Gemeinschaft der Gesellschaft stiften. Das Symbol wurde zum konkreten Vertreter der Gemeinschaft, Gesellschaft symbolisch und moralisch integriert. Für Weber war die Nation ein vorausgesetzter Wert und ein Herrschaftszusammenhang. Dem »ethnischen Gemeinsamkeitsglauben« traute er keine Stabilität zu, auch wenn Herrschaft allein diese ebenfalls nicht zu garantieren vermochte. Der ethnische Gemeinsamkeitsglaube war, Weber zufolge, eine sekundäre Form der Transformation rationaler Vergesellschaftung in Gemeinschaft, auch wenn dieser Glaube als Vorstellung die Herrschaft überleben konnte. Den Wert der Nation aber setzt Weber als einen ›absolut gültigen‹ voraus.

Mit der Durchsetzung des Nationalstaates als eines zumindest in Europa gültigen, dann exportierten Herrschaftsverhältnisses kann, wie widersprüchlich oder gar paradox dies auch erscheinen mag, der Niedergang der Nation zumindest in einer zu eng definierten, postulierten und schließlich politisch durchgesetzten Form beobachtet werden. Mit dem Ende des Ersten Weltkrieges, kaum institutionalisiert und als Gleichsetzung von Gruppe, Kultur und Staat (miß)verstanden, scheitert die Form der Nation an ebendiesem Verständnis, einer einseitigen Auflösung der sie bestimmenden Ambivalenz. Die Durchsetzung des Nationalstaates als allgemeiner Form des Politischen, kurz: die Nationalisierung der Welt, die dennoch erfolgte, war mit einer Politik verbunden, die darauf abzielte, die in der Gleichsetzung vorgestellte Gleichheit herzustellen. Prozesse, die man heute als ethnische Säuberungen bezeichnen würde, waren mit der paradoxen, noch im Scheitern erfolgreichen Durchsetzung der Nation verbunden. Der Begriff der Nation, die sich vor allem als Inklusion verstanden hatte, als Einbeziehung der Bevölkerung durch gewaltsame interne Kolonisationsprozesse oder als größerer Zusammenschluß bisher zumindest politisch getrennter Staaten, zeigte seine andere Seite. Wurde er auf diese reduziert, wurde die Ambivalenz getilgt, löste sie sich in diesem Prozeß auf. Dieser Auflösungsprozeß läßt sich auch an Varianten der Selbstthematisierung darstellen. Er umfaßte aber schließlich mehr als nur diese. Der Begriff löste sich auf in der Vorstellung eines substantiellen Volkes und schließlich der Rasse, das Gebiet der Nation in den unendlichen Raum.

Diesen Auflösungsprozeß der Nation stelle ich in einer doppelten Version ihrer Selbstthematisierung vor, bei den Schriftstellern und Aktivisten Ernst von Salomon und Louis Ferdinand Destouches, genannt Céline. Der letztere zählt, obwohl er einer der eiferndsten Antisemiten und schließlich auch NS-Kollaborateur war, heute zu den großen modernen französischen Schriftstellern, dessen Stil der »kleinen Musik« gefeiert wird. Salomon dagegen, der zu seiner Zeit viel beachtet wurde, ist heute fast vergessen und wird in historischen und literaturgeschichtlichen Arbeiten nur am Rande erwähnt.[62] Auch wenn beide in Handlungen und Thematisierungen – Salomon als Attentäter, Céline als antisemitischer Pamphletist – besonders radikal waren, können sie dennoch als exemplarisch angesehen werden. Beide lösten die Nation als Wert, als Idee und als institutionellen Zusammenhang auf. Sie waren, wie ich zeigen werde, keine Nationalisten, auch keine extremen Nationalisten, sondern extreme völkische und rassistische Aktivisten, denen das ›Überleben‹ der Nation nicht viel bedeutete.

In einem Exkurs überprüfe ich dann anhand von Hitlers »Mein Kampf« die These von der Auflösung der Nation. Die Nation als Nationalismus ist ein Mittel der Propaganda. Als solche gehörte sie zum Entwurf des Hitlerschen Nationalsozialismus, sie wurde aber als politische Kategorie durch eine nicht schon gegebene, sondern erst herzustellende Volksgemeinschaft ersetzt, die durch die ›Gegenrasse‹ als gefährdet vorgestellt wurde. Mit der Volksgemeinschaft, mit dem »bei Recht und Unrecht« schweigenden Volksgenossen, nicht mit der Nation, erhielt der Antisemitismus seine eliminatorische Ausprägung.

Salomon und Céline schrieben und agierten auch nach 1945. Sie reichten über die Zeit des Bruchs hinaus. Céline kämpfte zunächst am Rande, Salomon schrieb mit dem »Fragebogen« (1951) den ersten Erfolgsroman der jungen Bundesrepublik Deutschland. Céline überlebte nicht nur die *épuration*, sondern arbeitete auch an seiner Rehabilitation als Schriftsteller.[63] Salomon blieb als Mitglied der Deutungselite des Nationalsozialismus, das während des ›Dritten Reiches‹ nicht in die Funktionselite übertrat, in einem gewissen Sinne respektabel, kämpfte für die Freiheit einiger als Kriegsverbrecher Beschuldigter und gegen das »amerikanische Jahrhundert«, das er

---

62 Salomon ist als einer der Akteure des Rathenau-Mordes in die Geschichte eingegangen (hierzu Sabrow, Verdrängte Verschwörung; ders., Rathenau-Mord).

63 Siehe zur Geschichte der Säuberungen in Frankreich zum Beispiel Rousso, *L'épuration*. Eine neue Arbeit über den Fall und Prozeß gegen Robert Brasillach wurde von Kaplan vorgelegt (dies., Intelligence avec l'ennemi).

schon in den dreißiger Jahren meinte entdeckt zu haben. Während Céline zurückgezogen, aber schließlich erfolgreich an seinem Nachruhm arbeitete, mischte sich Salomon weiter ein. Beide verloren ihren zwar herausragenden, in seiner extremen Ausprägung aber auch exemplarischen Charakter. Salomon schloß sich vorsichtig an die Volksdemokratien des sozialistischen Typus an; Céline setzte auf die Wiedergewinnung des literarischen Ruhms, behielt aber Kontakte zu revisionistischen und negationistischen Kreisen. Beide konnten mit den sich neu entwickelnden, westlichen Typen der Nation nichts anfangen, die auf Unbedingtheit, auf die Fiktion der absoluten Souveränität, die letztlich nichts anderes bedeutet, als tun zu können, was man will, und auf Homogenität mehr und mehr verzichten. Ihr Handlungsprogramm ließ sich nicht mehr verwirklichen. Die Form der Nation, deren Auflösung sie betrieben, hatte sich geändert.

Die neuen Nationen sind nicht mehr identisch mit dem Volk, sind nicht mehr absolute Einheit und ebenso absolute Differenz – der Feinde und der Nicht-mal-Feinde. Es handelt sich nicht mehr um eine segmentäre Differenzierung, die sich über die funktionale legt. In dieser Fassung der Form der Nation handelt es sich um ein dramatisch gescheitertes Programm. Dennoch ist die Nation als Nationalstaat nicht an ihr Ende gelangt. Sie entwickelte sich und lernte, langsam und mit beständigen Rückfällen, die inhärente Ambivalenz ihres eigenen Programms zu erkennen.[64] Vor allem lernte sie, daß sie nur mit der Ambivalenz leben konnte. Diese Entwicklung findet auf unterschiedlichen nationalen Ebenen und auf internationaler Ebene statt. Die selbstbestimmte Nation setzte sich auf internationaler Ebene im Rahmen des Entkolonialisierungsprozesses als kollektiv definiertes Recht durch. Ist einerseits die Auflösung der Ambivalenz des Programms, konkret also in eine Gleichsetzung von Nation und Homogenität, kaum mehr legitimationsfähig, so kann andererseits die Berufung auf Selbstbestimmung ebensowenig einfach übergangen werden. Selbst wenn es zu neuen Staatsbildungen kam und weiterhin kommt – zunächst im Rahmen der Entkolonialisierung, die ungefähr mit Beginn der siebziger Jahre des 20. Jahrhunderts abgeschlossen war, dann erneut seit 1989 in Europa, nach der

---

64 In der zweiten Hälfte des 20. Jahrhunderts kam es zu einem äußerst starken Anstieg der Nationalstaaten. Die Vereinten Nationen hatten 50 Gründungsmitglieder, um 1990 war diese Zahl auf 178 gestiegen. Es handelt sich, aus der Perspektive der neuen Staaten, um importierte Staaten (siehe hierzu Badie, Imported State). Moynihan (Pandemonium, S. 97) zitiert aus einem Kommentar der *Washington Post* (vom 23. August 1991, George Will: *Gorbachev's Barren Strategy*): »Die mächtigste Idee der Moderne ist die der kulturell unterschiedlichen Menschen [i. O. *people*, auch: Völker], die die Erfüllung ihrer Wünsche im Nationalen [i. O. *nationhood*] finden, oft die Wiederkehr alter Nationen.« Die Erfüllung, die Realisierung dieses Wunsches ist nur im Nationalstaat zu erreichen.

Auflösung der Blöcke –, besitzen die neuen Nationalstaaten kaum mehr das, wofür sie angetreten waren: Souveränität im Sinne von ökonomischer, politisch-militärischer, aber auch kultureller Selbständigkeit. Die neuen Staatsbildungen finden in einer neuen Zeit, dem Zeitalter nach der Souveränität, statt.[65]

Selbstbestimmung wird relativiert, kaum daß sie realisiert ist. Wo ökonomisch wie politisch-militärisch kaum eine Chance besteht, sie zu begründen und zu erreichen, erhält die weiche Variable der Kultur, unter der sich so vieles verstehen läßt, in einem veränderten Kontext eine zweite Chance – unter Beibehaltung der Ambivalenz, die hier ebenfalls wieder eingeschlossen ist. Am Ende des 20. und am Beginn des 21. Jahrhunderts werden die Kultur, die Werte und Religionen nicht zufällig zum neuen, konfliktgenerierenden Mechanismus. Erneut spielen die Interessenten der Kultur (Max Weber), ihre Selbstthematisierungen und Machtprätentionen eine bedeutende Rolle. Die »Nation als Normalform und als normativer Anspruch« hatte sich »in genau dem Zeitpunkt« durchgesetzt, da die moderne Gesellschaft als funktional differenzierte entstand.[66] Kultur wird zur vorgestellten Normalform und anerkannten Formel, als Nation nicht mehr der primäre Bezug für Selbstbestimmung sein konnte.

Zunächst ist es, wie ich zeigen werde, nicht die Gesellschaft als Gesellschaft, die zur Selbstthematisierung herangezogen wird, sondern die Gesellschaft als Nation. Dieser Form der Selbstthematisierung und Institutionalisierung müssen sich schließlich alle anschließen, die an der Moderne, auch an der Moderne der Differenzierung, teilhaben wollen. Dies bedeutete nicht, daß die Verfechter der Nation des 19. Jahrhunderts allen Gruppen, die dieses wollten, die Fähigkeit zur Nation zusprachen. Bestimmte Voraussetzungen der Größe der Gruppe oder der Entwicklung wurden verlangt. Nicht die ganze Welt, auch nicht die ganze europäische Welt, sollte zur Nation werden.

---

65 Vgl. hierzu Sassen, *Beyond Sovereignty*, die aufzeigt, wie eine der klassischen, souverän gedachten Politiken, die Bestimmung der Bevölkerung, nur noch transnational, multilateral behandelt werden kann. Allerdings muß beachtet werden, daß hier durchaus Unterschiede in nationalen Traditionen bestehen. So erklärt die französische Verfassung in Artikel 2 die Unteilbarkeit der Souveränität. Es kam im Rahmen des Maastricht-Vertrags zu heftigen Parlamentsdebatten. Allerdings argumentierten Befürworter und Kritiker auf der Basis des Souveränitätsbegriffs. Die letzteren wollten eine – revidierbare – Begrenzung und keinen Transfer der Souveränität, die anderen sahen eine Entwicklung des Souveränitätsbegriffs. Die auf Jean Bodin zurückgehende »absolute Souveränität« konnte von der »Volkssouveränität« (Rousseau) unterschieden werden. Ginge auch die absolute Souveränität verloren, bliebe letztere erhalten (siehe hierzu auch Guérin-Sendelbach, Frankreich und das Vereinigte Deutschland, S. 131–136).

66 Die Zitate bei Luhmann, Gesellschaft der Gesellschaft, S. 1050.

Nation ist ein Einheitsbegriff, der sich nicht an ein ausdifferenziertes System binden läßt. Er erweist sich noch vor dem der Gesellschaft als Medium der Selbstthematisierung. Nation geht als impliziter Bezugspunkt in die sich professionalisierende Selbstbeobachtung der Gesellschaft als Gesellschaft, das heißt in die Soziologie, ein. Nation ist nicht nur das politische System, sie geht weit darüber hinaus. Gerade das mag ihren Erfolg erklären, tatsächlich noch dann zur Normalform der Gesellschaft geworden zu sein, als das System, das die Nationalstaaten ermöglichte, das System des Westfälischen Friedens, mit der Gründung der Vereinten Nationen an sein Ende gelangt war. Das Ende der absoluten Souveränität wurde zum Beginn der Vervielfachung des Nationalen als des einzigen Weges, Selbstbestimmung zu erlangen. Da heute nur noch Kultur als souverän behauptet werden kann, bedrohen die vielen ›Nationen‹ die existierenden Nationalstaaten oder Staatsnationen, die weder nur ›Kultur‹ noch nur ›Staat‹ waren und sind. Die Selbstbezeichnung als Nation ist schon als solche mit der Forderung nach Selbstbestimmung verbunden. Die vervielfachten Nationen bedrohen die Nationalstaaten nun von innen, da es jetzt plausibel wird, sich als *Nation of Islam*, als *First Nation,* als *Nation der Araber* zu bezeichnen. Anders gesagt, alle, die die Selbstbezeichnung durchsetzen, können vermittelt über die undefinierte und undefinierbare Kultur einen Anspruch auf Selbstbestimmung formulieren, der durch tatsächlich geschehenes Unrecht oder durch das Unrecht, noch nicht selbständig zu sein, unterstützt wird. Gleichzeitig können diese neuen Nationen über die gezogenen, häufig als sicher vorgestellten, aber nur in Ausnahmefällen auch tatsächlich sicheren Grenzen hinausgehen.[67] Kollektive Selbstbestimmung bezieht sich weiter auf ein Territorium, sei es vergangen, gegenwärtig oder zukünftig, auf

---

67 Connor zählte unter den 1985 existierenden Staaten nur sieben ohne Grenzprobleme: Dänemark, Island, Japan, Luxemburg, Niederlande, Norwegen und Portugal. Nach seiner Berechnung lebten in diesen Ländern vier Prozent der Weltbevölkerung (siehe ders., Mexican Americans in Contemporary Perspective, S. 2 f.). Auch wenn Grenzen als fest imaginiert werden, sind sie es selten. Inklusions- und Exklusionsverhältnisse sind meist umstritten. Horowitz (Ethnic Groups in Conflict, S. 166) beschrieb dies als generelles Muster, nach dem weniger fortgeschrittene, benachteiligte Gruppen die fortgeschritteneren angreifen. Man kann dies dahingehend interpretieren, daß Ungleichheitsbeziehungen zu Konflikten führen. So richtig dies ist, ist damit nicht viel gewonnen, denn die Quellen und Formen der Ungleichheit scheinen, wie es Moynihan (Pandemonium, S. 72) bemerkt, endlos zu sein. Sie sind zudem nicht auf gegenwärtige Ungleichheit beschränkt, sondern akkumulieren sich, werden aufbewahrt, im »kollektiven Gedächtnis« (Maurice Halbwachs) und in der Erinnerung gespeichert und in einer Politik der Erinnerung in der Gegenwart angewandt. Ein Verhältnis, das sich verkompliziert, wenn man über politische Kollektive, also solche, die eine Forderung stellen, spricht.

dem die Regeln der Kultur, streng überwacht oder lose definiert, gelten sollen.

Nation ist ein Differenzbegriff, der politische Gemeinschaften tendenziell existentialisiert. Zwischen ihrem Unterscheidungscharakter und ihrem Existentialisierungscharakter besteht ein Zusammenhang. Differenzierung, häufig ein Mittel, um ein Problem oder einen Konflikt zu entschärfen, um angemessen auf einen konkreten Fall oder eine spezifische Situation eingehen zu können und um die Besonderheiten zu berücksichtigen, schafft die Gruppe in einem spezifischen Sinn als eine der besonders Qualifizierten oder Betroffenen. Am Beispiel der Nation als der Selbstthematisierungsform moderner Gesellschaften aber läßt sich zeigen, daß Differenzierung selbst zum Problem werden kann.

Der Schematismus der Unterscheidung von Staats- und Kulturnation, am Ende konkreten Nationen zugeordnet, zeigt selbst einen Problemfall der Unterscheidung am historischen Beispiel auf. Beide gemeinsam bilden den Kern der Nation als Form der Selbstthematisierung, der einerseits auf die notwendige politisch-rechtliche Konstitution (und damit auf den spezifischen Übergang von der ›Bevölkerung‹, den Untertanen und *subjects* zum ›Volk‹), andererseits auf ein empirisch kaum auffindbares, aber zu konkretisierendes tatsächliches ›Volk‹ als Träger der Selbstbestimmung verweist. Die Trennung des normativ-rechtlichen und des empirischen Aspekts führt immer wieder zur Verwirrung. So gilt wie immer definierte, heute meist als kulturell bestimmte Homogenität als ein Stabilitätsfaktor und immer noch als mögliche Begründung der Forderung nach Selbstbestimmung, obwohl man die Kosten kennt, die mit ihrer Durchsetzung verbunden waren und sind. Gleichzeitig aber ist die Nation als Staatsnation Garant der über die Anerkennung des Individuums geregelten politischen Integration unterschiedlicher Gruppen, die selbst wiederum mit Unterscheidung vor allem dann arbeiten können, wenn sie soziale Integration fordern – und manchmal auch: Selbstbestimmung.

Nation ist keine bedeutungslos gewordene Form der Gesellschaft. Sie bezieht sich aber nicht auf primordiale Werte, die es zu realisieren gilt, sondern, noch wenn sie sich auf Traditionen beruft, auf Gegenwart und Zukunft. Aus dieser Perspektive kann sie ihre Vergangenheit rekonstruieren (und sich unter Umständen als primordial setzen). Nation muß sich aus sich selbst begründen. Sie tut dies, indem sie sich rechtlich konstituiert und empirisch zu bestimmen sucht. Die Reduktion auf Homogenität oder auf ein als existent vorausgesetztes Volk ist ebensowenig mit der Nation als Typus gleichzusetzen wie der umgekehrte Fall, die ausschließlich politisch-rechtliche Bestimmung. Im Gegenteil, der Idealtypus der Nation umfaßt beides: Einheit und Differenz, politische Konstitution und ein empirisches Korrelat.

Nation und Gesellschaft

Nation als Fiktion und als Ort des Politischen

Die Beziehung von Kollektiven zueinander und untereinander, ihrer behaupteten, geforderten und manchmal realisierten inneren Vereinheitlichung, ist ein zentrales Problem moderner Gesellschaften. Die unterschiedlichen und in ihrer Unterschiedlichkeit noch zu bestimmenden Kollektive wurden von ihren klassischen Analytikern meist unter der Perspektive ihrer erreichten oder zu schaffenden, tatsächlichen oder gefährdeten Integration betrachtet – wegen der zu beobachtenden Differenzierungen. Gerade die modernen, durch soziale Differenz, funktionale Differenzierung und der Unterscheidung von Wertsphären charakterisierten Gesellschaften thematisierten sich als Einheiten. Differenz wurde nicht mehr, wie es etwa bei den Ständen der Fall war, als Stabilisierung des Ganzen betrachtet, sondern Einheit sollte die inneren Differenzen der Klassen, Gruppen und Einzelnen auffangen. Nation wurde zur Form der politischen Vergesellschaftung, mit der die neue Funktion der Einheit thematisiert und institutionalisiert wurde.

Einige Gruppen innerhalb der Gesellschaften wurden selbst zu spezifischen Gemeinschaften oder wurden als solche angesehen. Sie konnten nun ebenso von ›innen‹, als ökonomische und soziale Klassen analysiert werden, deren Grenzen nicht mehr als vorgegeben, sondern als strukturell bedingt darstellbar waren. Herkunft, Religion, soziale Lage, Bildung, Beruf und Einkommen differenzierten und bestimmten die Gruppen innerhalb einer als Einheit gesetzten Form der politischen Vergesellschaftung. Gruppen konnten als schon existent oder als noch zu formende angesehen werden. Zeit und Raum waren Koordinaten, in denen sie ihr spezifisches Gewicht erhielten und zueinander in Beziehung traten. Waren sie durch gemeinsame subjektive und objektive Merkmale bestimmbar, so waren es gerade dann, wenn es sich um größere Gruppen handelte, doch nur einige, die ein Bewußtsein von der Bedeutung dieser zugeschriebenen und manchmal auch real existierenden Merkmale entwickelten.

Die vorgestellte Gemeinschaft der Nation ist eine abstrakte Gemeinschaft, in der alte Formen der Gemeinschaftsbildung keineswegs verschwunden sind. Familien und Familienverbände blieben ebenso wie religiöse Gemeinschaften erhalten, behielten von Fall zu Fall durchaus politischen Einfluß, aber sie waren nicht mehr der Ort des Politischen. Die Abstraktheit der neuen Gemeinschaften beschrieb Max Weber implizit schon bei einfachen Formen der Gemeinschaftsbildung, das heißt für den Fall der Ablösung von der unmittelbaren Herkunftsgruppe. Nicht erst die größeren politischen Gemeinschaften, sondern schon die Vergemeinschaftung der Brüder, versehen mit einer spezifischen Brüderlichkeitsethik, richte sich gegen die alten

Gemeinschaften von Familien und Sippen. »Wer seinen Hausgenossen, Vater und Mutter, nicht feind sein kann, der kann kein Jesus-Jünger sein.« Und Weber zitiert in diesem – und er betont: nur in diesem – Zusammenhang den Satz aus Matthäus 10, 34: »Ich bin nicht gekommen, den Frieden zu bringen, sondern das Schwert.«[1] Es ist die Ablösung von den konkreten Gemeinschaften der Familie, der Sippe und des Herkunftsortes, die von der Brüderlichkeitsethik gefordert wird. Der ›Bruder‹ ist nicht mehr der, mit dem ich solidarisch bin, weil ich ihn kenne, sondern weil mich mit ihm ein allgemeines, aber als spezifisch angesehenes Gemeinschaftsethos verbindet, ohne daß ich ihn kenne.

Erst die Nation bildet die politische Form der modernen Gesellschaft, die Tradition und Privilegien durch einen zu integrierenden Raum ersetzt, in dem ihr Recht gelten, ihre Sprache gesprochen, ihre Institutionen befürwortet und ihre Geschichte und Kultur gelebt und meist: erst erlernt und zu diesem Zweck hergestellt werden sollen. Unter Gesichtspunkten der Organisation und der Institutionalisierung bezog sich die Nation auf den Staat, in dem sie sich realisierte oder realisieren sollte. In der Perspektive der Einheit, die mehr als den geographischen Raum und die Organisationen des Staates umfassen sollte, trat ihr fiktionaler Charakter hervor.[2] Die Nation institutionalisierte sich nach innen und außen als der Ort des Politischen und zugleich als Medium des Fiktionalen, eine Großgruppe schaffend, die sich der Vorstellung entzog und daher Darstellung verlangte. Die Abstraktheit verlangt nach Konkretisierung. Daher sollten alle und wollten eine

---

1 Weber, Religionssoziologie, Bd. I, S. 542. Das Schwert bildet für Weber zusammen mit der Offenbarung ein Mittel der Erneuerung charismatischer Herrschaft. »Offenbarung und Schwert, die beiden außeralltäglichen Mächte, waren auch die beiden typischen Neuerer« (ebenda, S. 270). Die im Text zitierte Bemerkung kann auch in den Kontext von Webers – heute würde man sagen: großer – Erzählung von politischer Vergemeinschaftung und Vergesellschaftung gestellt werden, die den Beginn seiner Herrschaftssoziologie in »Wirtschaft und Gesellschaft« bildet.

2 Autoren wie Smith (Ethnic Revival; Ethnics Origins of Nations), Connor (Ethnonationalism) und Armstrong (Nations before Nationalism) verstehen unter Nation eine sich selbst von anderen Nationen unterscheidende und politisch selbstbewußte ethnische Gruppe. Zwar heben sie damit einen biologischen oder historischen Primordialismus auf, aber es ist schließlich einzig der *sense of uniqueness*, erhoben zur politischen Forderung nach Selbstbestimmung, der aus einer Ethnie, die einen kulturell vermittelten mythisch-symbolischen Komplex darstellt, eine Nation formt. Ethnie wird zu einem Begriff, der sich kaum von einigen Varianten des deutschen Begriffs des Völkischen unterscheidet, da eine kulturelle Bestimmung keineswegs bedeutet, den Begriff nicht zu naturalisieren (siehe hierzu weiter unten). Habermas hat die Naturalisierung zum Beispiel für den Sprachbegriff der frühen deutschen Germanistik des Vormärz beschrieben (ders., *Was ist ein Volk?*, S. 18 ff.).

Zeitlang viele »dieselben Hymnen singen, dieselbe Predigt hören, dieselben Emotionen teilen und dadurch nicht nur untereinander, sondern auch mit den Toten, die zu ihren Füßen begraben liegen, verbunden« sein.[3]

Moderne Gesellschaften bestimmen sich in ihrer Form und ihrer Selbstthematisierung selbst. Die moderne Welt wird so »zu einem Kosmos, der in sich selbst ruht und in sich seinen Schwerpunkt hat«.[4] Ohne transzendente Offenbarung konnten sie sich faktisch nur selbst bestimmen, indem sie sich nach außen abgrenzten, und das heißt sich territorial, also auch: militärisch, definierten und indem sie sowohl ihre Legitimation als auch ihre innere Struktur aus sich selbst bestimmten.[5] Die äußere Grenzziehung reichte weder aus, Macht und Herrschaft nach innen zu begründen und aufrechtzuerhalten, noch um ihr nach außen Geltung zu verschaffen. Das eigene Projekt mußte nach innen und von innen begründet werden. Formen der Selbstthematisierung und Selbstinstitutionalisierung standen daher im Vordergrund, wie immer diese selbst in ihrer Struktur und ihren konstanten und wechselnden Inhalten durch Fremdthematisierung und die Thematisierung der Fremden und des Fremden mitbestimmt wurden.[6] Es waren die große Erzählung und die kleinen Erzählungen, die das Kollektiv herstellen und bin-

---

3 Ignatieff (Blood and Belonging, S. 127) machte diese Beobachtung, die er im Stil einer Erweckungserfahrung beschreibt, in Lwow, dem ehemaligen Lemberg, wo er an einer Messe in der St.-Georgs-Kathedrale teilnahm. Aus der konkreten Gemeinschaft der Versammelten erwächst hier die vorgestellte Gemeinschaft der Nation, die sich durch das Ritual mit sich und den anderen verband.

4 Cassirer, Philosophie der Aufklärung, S. 325.

5 Der enge Zusammenhang von Krieg und Nation steht außer Frage. Die Form des Krieges änderte sich mit der Form der Gesellschaft als nationaler. Sicher gilt: »Nationen sind Kriegsgeburten« (Frevert, *Nation, Krieg und Geschlecht*, S. 151). Oder: »Krieg machte den Staat und der Staat machte den Krieg« (Tilly, *Reflections on the History of European State-making*, S. 52).)

6 Von den Selbstthematisierungen auszugehen ist keineswegs unumstritten. So ist es eher die Tradition von Freund/Feind-(Fremd-)Bestimmungen, die sich, anschließend an Carl Schmitt, in den asymmetrischen Gegenbegriffen Reinhart Kosellecks wiederfindet und auch die Grundlage von Michael Jeismanns kluger Studie über »Das Vaterland der Feinde« bildet, die die Literatur in Deutschland mit prägt. Hier bleiben in den Gegenbildern aber die Selbstbilder erhalten. Obwohl eine Studie von Nora Räthzel den Titel »Gegenbilder« trägt, gehen die Selbstbilder nur vermittelt in ihre Analyse ein. Eindimensional wird das Selbstbild nur von den Gegenbildern abhängig. Es sind für Räthzel so in der Zeit des Ost-West-Konfliktes die »Nicht-Bürger [...], über die sich die Staatsbürger definieren und die es ihnen erlauben, ihre Unterwerfung als Autonomie zu leben« (S. 250). Die Ausgangsthese wird einseitig aufgelöst, so daß nicht einmal mehr der »Spiegel des Anderen« (Kristeva, Fremde sind wir uns selbst), indem sich ja noch ein Selbst konstituiert, übrigbleibt. Der Blick richtet sich nicht auf die Konstruktionen des Selbst, von denen die Bilder des Fremden zumindest ebenso abhängig

den, kollektive Moral und Solidarität erzeugen sollten, die immer auch, mal mehr und mal weniger dauerhaft und verbindlich, festlegten, wo die Grenzen nach innen und außen sein sollten, wer dazugehören sollte und wer nicht. Dabei trat in der Moderne der Eigenwert des Neuen und damit die Zukunft an die Stelle der Tradition. Dort, wo Tradition benutzt oder erfunden wurde, und dies war, wie sofort hinzugefügt werden muß, häufig der Fall, sollte sie auch die Zukunft begründen helfen.[7] War die Moderne einerseits der Abschied von Vorstellungen der Einheit und des Ganzen, eine Beobachtung, die heute als funktionale Differenzierung beschrieben wird, so mußten gerade deshalb immer wieder Teile zum Ganzen erklärt werden.

Eines der scheinbar eindeutigsten Konzepte zur Bestimmung der Einheit bildete, wenn auch erst spät institutionalisiert und schließlich in Organisationen verankert, die Grenze. Grenzen waren und sind dabei nicht nur befestigte Linien, Zäune und Schlagbäume, obwohl Grenzen mit den genannten alten, aber auch mit neuen Mitteln, mit Kameras und Nachtsichtgeräten, territorial exakt und scharf markiert werden können. Erst nach dem Höhepunkt des Absolutismus aber bestimmten Grenzen, die als Verhandlungsergebnisse zunächst auf Landkarten gezogen wurden, auch präzise die Grenzen der Souveränität eines Staates. Souveränität kann nicht nur behauptet, sie muß immer auch anerkannt werden. Folglich kann sie daher angezweifelt und auch nicht anerkannt werden. Anthony Giddens schreibt, daß die erste Grenze als gegenseitig anerkannte Linie der Begrenzung der Macht 1718 im Vertrag von Flandern auftauchte. Zumindest in traditionalen Gesellschaften beendet und umschreibt die Grenze den Raum, in dem moralische Regeln gelten und Solidarität gefordert wird und auf deren anderer Seite die unbekannte Welt liegt.[8] Die Grenze ist, wenn sie nicht die Begrenzung der Welt ist oder für bestimmte Menschen dazu gemacht wird, ein Interak-

---

sind wie die Selbstbilder von diesen. Eine Analyse und ein Verständnis der Selbstbilder werden so systematisch ausgeschlossen und sind diskursanalytisch nicht mehr einzuholen. Es ist die Parteilichkeit der Wissenschaft, die Forderung, auf der Seite der Anderen, der Minderheiten und Ausgeschlossenen zu stehen, die den Blick am Ende auch für diese selbst verstellen kann.

7 Vgl. zum Konzept Hobsbawm/Ranger (Hg.), Invention of Tradition.
8 Luhmann (*Territorial Borders as System Boundaries*, S. 237) erwähnt kurz das Konzept von Grenzraum und Linie, *limes* und *marca*, hält es aber nicht für bedeutungsvoll. Im Englischen werden *border*, *borderline* und *boundary* unterschieden. Konzeptuell von Bedeutung ist die Unterscheidung zwischen *border* und *frontier*. Frontier ist eine bestimmte Form der Grenze, die das tatsächliche Ende eines als bekannt, unter Umständen als zivilisiert angesehenen Gebiets bezeichnet. Auf der anderen Seite dieser Grenze befindet sich nur ein unstrukturierter, weiter und endloser Raum. Die Grenze bezeichnet in diesem Fall die Grenze unseres Wissens, der bekannten Welt (siehe Giddens, Nation-State and Violence, S. 90 f.; siehe auch Armstrong, Nations before Nationalism, S. 27 ff., und Bau-

tionsraum, sie trennt und verbindet.[9] Auch die sich abgrenzende Nation tut dies nicht absolut. Es sind gerade die Grenzgänger, die Grenzübertritte von Menschen und Waren sowie der Wunsch, diese zu kontrollieren, keineswegs aber sie in jedem Falle zu verhindern, die die Grenze konstituieren. Die Nation kann nur Nation sein, wenn sie nicht geschlossen ist. Dies verdeutlicht Giddens in seinem Verständnis des Nationbegriffs. Unter Nation versteht er ein Kollektiv, »das innerhalb eines klar begrenzten Territoriums lebt, einer einheitlichen Verwaltung unterworfen ist und das sowohl durch den internen Staatsapparat als auch durch die anderen Staaten kontrolliert wird«.[10] Indem die Innen/Außen-Differenz markiert wird, werden Unterschiede bezeichnet und hergestellt, wird eine bestimmte Reaktion auf das nun als außen Konstituierte ermöglicht. Die nationalen Interessen können definiert werden, indem die nach innen geforderte und unterschiedlich realisierte Solidarität nach außen aufgehoben wird.[11] Die äußeren Grenzen können sich an geographischen Gegebenheiten orientieren. Im Prozeß der Nationalisierung aber bilden Grenzziehungsprozesse entlang natürlicher Grenzen eher eine Ausnahme. Es sind die »inneren Grenzen« (Fichte), die erst die äußeren, mehr oder weniger befestigten und bewehrten Grenzen, begründen und legitimieren helfen.

Die großen Kollektive der Moderne mußten sich zwar aus sich selbst begründen, sie konnten sich dennoch nur in Abgrenzung von anderen erhalten.[12] So differenziert sie nach innen waren, so begründeten sie sich nach

---

mans Theorie des Fremden, vor allem in Moderne und Ambivalenz; zu Baumans Beitrag zu einer Theorie des Fremden siehe auch Schroer, *Fremde*).

9 Barth hat hierauf in einem einflußreichen sozialanthropologischen Aufsatz hingewiesen (ders. [Hg.], Ethnic Groups and Boundaries). Moderne, nationalstaatlich verfaßte Gesellschaften aber unterscheiden sich von ethnischen Grenzziehungen noch dann, wenn sie sich als ethnisch thematisieren.

10 Giddens, Nation-State and Violence, S. 116.

11 Reduziert sich der Begriff des Politischen hierauf, so wird das Freund/Feind-Verhältnis zu dessen Bestimmungsmerkmal. Eine solche Bestimmung ist auf Eindeutigkeiten angewiesen, die die Trennungslinie zu einer Demarkationslinie machen. Allerdings kann eine (Selbst-)Einschließung schon im Sprachbegriff beobachtet werden, wenn die Bedingung der Möglichkeit des Verstehens an diese gekoppelt wird (siehe hierzu weiter unten Fichtes Begriff der »reinen« Sprache, der auch die Diskussion der »Germanisten« im Vormärz bestimmte, vgl. hierzu Habermas, *Was ist ein Volk?*) und sich ein Purismus der Sprache ergibt, der den Gegensatz von »Reinheit« und »Mischung« schon in biologistische Bilder übersetzt: »Öffnet man das erste Buch, ich sage nicht ein schlechtes, so schwirrt das Ungeziefer zahllos vor unseren Augen« (Wilhelm Grimm, Verhandlungen der Germanisten, 1847, zit. nach Habermas, *Was ist ein Volk?*, S. 26).

12 Dies ist nichts anderes als die systemtheoretische Unterscheidung von System/Umwelt- und System/System-Beziehungen.

außen als Einheit. Die Nation war so Doppeltes zugleich: Selbstbeschreibungsmedium und der Ort der – inneren und äußeren – Politik der Gesellschaft. Nation meint (hat sich ihre Bedeutung einmal vom reinen, die Gruppen differenzierenden Herkunftsbegriff gelöst und bezieht sie sich dann schließlich schon im Begriff auf ein staatliches Konzept der selbst ausgeübten Macht) nicht nur das große Pathos und hehre, kollektiv gültige Prinzipien und Anforderungen, sondern ebenso Besteuerung, Schulbildung, Militärdienst und politische Auseinandersetzungen.[13] Der Schwerpunkt des Begriffs der Nation verlagerte sich mit der Nationalisierung von der Thematisierung der Differenz gerade in den durch Differenzierung gekennzeichneten modernen Gesellschaften auf die Thematisierung und Darstellung von Einheit und Selbstbestimmung. Herkunft begründete in diesem Zusammenhang nicht mehr nur Tradition, sondern mit dieser die Zukunft.

Soziologie, Gesellschaft und Nation

Soziologie wurde als Wissenschaft von der Gesellschaft begründet. Sosehr sie sich meist implizit und nur selten explizit mit deren Begrenzung beschäftigte, so wenig wurde die implizite Selbstbegrenzung, der Bezug auf die eigene Gesellschaft, bewußt, die ihr doch als nationale bürgerliche Gesellschaft das Modell lieferte. Sie war (und ist) selbst Bestandteil dessen, was sie zu beschreiben suchte (und sucht) – eine Charakteristik, die nicht nur als epistemologische Besonderheit angesehen werden kann. Die Begriffe, die sie zur Erfassung und Beschreibung ihres Objekts bildet, sind selbst Bestandteil der gesellschaftlichen Selbstbeschreibung und -thematisierung. Mehr noch: Die Urheberschaft des innerweltlichen Geschehens wurde dem Selbst, dem Einzelnen und dem Kollektiv zugeschrieben, und auch die zu Hilfe genommenen Begriffe wurden aus der Welt genommen, die beschrieben werden sollte, und sickerten in diese Welt ein. So sollten die Erkenntnisse des Sozialen dem Politischen dienen. »Die *Gesellschaft* ersetzt Gott als Prinzip der moralischen Beurteilung und wurde, weit mehr als zum Studienobjekt, zum Prinzip der Erklärung und Evaluation von Verhaltensweisen.«[14] Damit bekam die entstehende Soziologie eine Sonderrolle. Denn sie war – wie die

---

13 Siehe zum Begriff der »nationes« Münkler/Grünberger, *Anfänge ›nationaler‹ Identitätsbildung*, auch Zernatto, *Nation.* »Nationes« hatten Bedeutung in den »binnendifferenzierenden christlich-universalen Institutionen des mittelalterlichen Europas, also den Universitäten, den Konzilien, den Fondachi der Kaufleute wie den Quartieren der Ritterorden [...]« (Münkler/Grünberger, *Die Anfänge ›nationaler‹ Identitätsbildung*, S. 21).
14 Touraine schließt damit an die soziologische Klassik Frankreichs an (Critique de la Modernité, S. 30 f.).

Geschichte als eine nichtnormative Wissenschaft konzipiert, im Gegensatz zu ihr aber unmittelbar auf die Erklärung der Gegenwart, auf Zeitdiagnose und auch auf eine ihr angemessene Praxis bezogen – die Selbstthematisierungswissenschaft par excellence, ohne sich dabei, wie die Geschichte, explizit auf die Nation zu beziehen. Die Vergangenheit wurde vor allem zu einer nationalen und konnte dabei dennoch alle Grenzen vergessen, indem die nationale Geschichte einmal als universale oder, im anderen, meist exemplarisch gegenübergestellten Fall, als zwar partikulare, aber dennoch auf die gesamte Menschheit zu beziehende verallgemeinert werden konnte.

Fragestellungen und Begriffe der Soziologie wurden aus der gegenwärtigen Welt genommen, die sie erklären und beschreiben wollte. Sie besaß so selbst kein Außen mehr und mußte deshalb schließlich ihr eigenes Wissen reflexiv wenden. Schon ihren Begriffen – Gesellschaft, Herrschaft, Klasse, Solidarität, Gemeinschaft – konnte man anmerken, daß sie nun theoretisch benutzte Begriffe aus der Beobachtung und Analyse der gesellschaftlichen Wirklichkeit waren. Das Verhältnis aber konnte sich auch umkehren, das heißt, die Begriffe der Wissenschaft drangen in die Öffentlichkeit ein. Dem Rollenbegriff sieht man schon lange kaum mehr seine Herkunft aus der Sozialwissenschaft als professionalisierter Selbstbeschreibung an (und die Soziologie bediente sich in diesem Falle bei der Literatur); der Erfolg des Ausbeutungsbegriffs lag einerseits in seiner analytischen Funktion, andererseits in seiner alltäglichen, appellativen Funktion, das heißt, er appellierte an Gerechtigkeitsvorstellungen. Sein Gebrauch und sein tatsächlicher Erfolg in den konkreten gesellschaftlichen Auseinandersetzungen können gerade in der Funktion des Begriffs gesehen werden, die Ausgebeuteten zu einer Gruppe zu machen, die sich als solche und nicht nur als Arme und Verelendete verstanden. Keineswegs beruhte sein erfolgreicher Gebrauch nur auf der ihm unterstellten oder tatsächlich eigenen analytischen Kraft.[15] Die Worte und Begriffe beschrieben und analysierten, was war, und gestalteten es auf diese Weise, das heißt, sie besaßen neben ihrer hermeneutischen Funktion selbst eine Gestaltungsfunktion.

Auch heute geht in die Wahl der Begriffe zur Beschreibung der Gesellschaft, zum Beispiel der Begriffe der Risiko-, Erlebnis- oder Multioptionsgesellschaft, eine zumindest gestaltende, meist auch politische Perspektive oder Absicht ein. Mit der Wahrnehmung der Welt, der Erzählung über ihre Herkunft, der Analyse ihrer Gegenwart und den daraus gezogenen Hoffnungen und Befürchtungen für die Zukunft wird die beschriebene Welt auch gestaltet. Aus diesem Grund ist es besonders bemerkenswert, daß Nation weder zu einem soziologischen Begriff noch zu einer als solcher explizit bezeichneten Beobachtungseinheit der Soziologie wurde – und das, obwohl

---

15 Siehe zum Rollenbegriff Dahrendorf, Homo sociologicus; zum Ausbeutungsbegriff Elster, Making Sense, S. 166 ff.

moderne Gesellschaften selbstverständlich als national begrenzte Gesellschaften wahrgenommen wurden und obwohl nationalistische Bewegungen und die Erregungen des Nationalismus die europäischen Gesellschaften des 19. und 20. Jahrhunderts prägten. Dennoch spielte der Begriff der Nation in der Soziologie keine besondere Rolle.[16]

Trotzdem bezieht sich die Soziologie auf eine bestimmte Form der Gesellschaft. Sie untersucht insbesondere die ökonomischen, kulturellen und sozialen Zusammenhänge sich selbst bestimmender Gesellschaften und beteiligt sich so an ihrer Herstellung.[17] Wenn soziale Ordnung auf freier Entscheidung beruhen soll, wie dies für Hobbes im 17. und ebenso für Rousseau im 18. Jahrhundert galt, und so schließlich *volonté générale* und Vernunft gleichgesetzt wurden, dann kündigt sich eine soziologische Thematisierung als Kollektivbewußtsein, das heißt eine sich auf Empirie beziehende theoretische Form des allgemeinen Willens an. Im Kollektivbewußtsein, vorher schon im allgemeinen Kulturbegriff, so wie ihn Herder prägte und mit der Nation verband (»Jede Nation hat ihren Mittelpunkt der Glückseligkeit in sich, wie jede Kugel ihren Schwerpunkt«), oder später im Begriff der Mentalität vor allem in der französischen Geschichtsschreibung, finden wir soziologisch gewendete Begriffe des neuen Souveräns, das heißt des politischen Begriffs des Volkes. Die Soziologie ist insoweit die Erbin der klassischen modernen politischen Philosophie, die einen ›empirisch‹ gewordenen Blick auf die Gesellschaft wirft und schließlich das dem Volk entsprechende Kollektiv sucht und in unterschiedlichen Wendungen finden wird.

---

16 Schriften zur Nation sind Legion. Theodor Schieders Bemerkung, daß Titel zur nationalen Frage neben Büchern zur sozialen Frage je eine Hälfte der Bibliothek füllen, bleibt unbestreitbar. Nur die Gesellschaftstheorie hat sich, mit Ausnahmen, zurückgehalten. Erst seit zehn Jahren nehmen soziologische Publikationen, die explizit auf Nation bezogen sind, zu. Natürlich wurden Gesellschaften immer wieder als Nation bezeichnet, so etwa, wenn Dahrendorf in einer wichtigen Arbeit der bundesrepublikanischen Soziologie der sechziger Jahre von der »verworfenen Nation« sprach, um damit die spezifische Struktur des ersten deutschen Nationalstaates als industrielle Feudalgesellschaft und autoritärer Wohlfahrtsstaat zugleich zu kennzeichnen. Soviel Mühe und Klugheit aufgewandt wird, die innere Struktur dieser Gesellschaft aufzuzeigen, so werden doch Gesellschafts- und Nationbegriff nicht differenziert (siehe ders., Gesellschaft und Demokratie, S. 59–75). Es kann daher nicht gefragt werden, was es bedeutet, wenn Gesellschaft sich als Nation konstituiert.

17 Diese Aussage scheint mir auch in Fällen berechtigt, in denen Soziologen nichtmoderne Gesellschaften betrachten. Sie suchen hier, wie zum Beispiel Émile Durkheim, am Ende Gesetze in reinerer Form aufzufinden, um Empfehlungen für die eigene, moderne Gesellschaft zu geben, oder, wie zum Beispiel Max Weber, um die Bedingungen der Entstehung des Kapitalismus in Europa aufzuzeigen.

Damit wird eine Ambivalenz einseitig aufgelöst, die schon mit der Rous-
seauschen Fassung der Ungleichheit von *volonté générale* und *volonté de
tous* gegeben war. Bei Rousseau wird das Recht nicht mehr auf eine Ur-
sprungsgemeinschaft, auf göttliche Gnade oder eine Konvention gegründet,
sondern auf die dem Recht selbst innewohnende Freiheit und Gleichheit. Es
ist das Recht, das sich selbst begründet. Aber auch hier wird der ambivalente Charakter sichtbar. Das, was Rousseau Volk oder Souverän nannte, wurde während der Französischen Revolution Nation genannt: »Der Ursprung
aller Souveränität liegt wesenhaft in der Nation« (Deklaration der Erklärung der Menschen- und Bürgerrechte, 26. August 1789). Liegt hier noch
die universalistisch allgemeine, und das heißt: nichtempirische, Fassung eines Bürgerkollektivs vor, das sich im und durch das Recht eint und dessen
Mitglieder sich gegenseitig als Bürger anerkennen, handelt es sich also um
eine rechtlich konstituierte Einheit der gegenseitigen Anerkennung, entwik-
keln sich Nation und/oder Volk in der Folgezeit zu einer historischen Einheit, in denen es nicht mehr um Fragen des Rechts, sondern schließlich der
Identität geht.[18]

Eine ähnliche Entwicklung läßt sich für den Begriff der Gleichheit beobachten. Auch hier findet sich eine ambivalente Struktur. Allgemeine Gleichheit vor dem Gesetz und gleiche Repräsentation im Staate, den klassischen
liberalen Themen also, stehen der Forderung nach tatsächlicher Gleichheit
als eine der sozialen Bedingungen gegenüber. Schließlich läßt sich die Forderung nach Gleichheit noch in eine der gleichen Herkunft und Nationalität
umformen, so daß der organisch gedachte Körper des Volkes an die Stelle
des politischen Körpers tritt, eine Wendung, die schon bei Rousseau vorhanden war und sich mit Robespierre teilweise realisierte.

Auch bei Kant findet sich dieses Ambivalenzverhältnis, nur anders formuliert: Das empirische Volk wird dem Volk im juristischen Sinn, das heißt
»dem Volk als Staat« gegenübergestellt. Das Volk geht dem Staat nicht voraus, sondern der Staat ist die institutionalisierte Repräsentation des Volkes,
das es vorher nur in »äußerer«, »wilder, gesetzloser Freiheit« gab. In der
Repräsentation der drei Gewalten des Staates verläßt das Volk diese bei
Kant, so könnte man sagen, als vorsozial gedachten Freiheiten, »um seine
Freiheit überhaupt in einer gesetzlichen Abhängigkeit [...] unvermindert
wieder zu finden«. In diesem Sinne erst konstituiert es sich als freies Volk.
Erst die juristische Norm transformiert das empirische Volk in seiner wilden

---

18 Siehe hierzu Balibar, *Ce qui fait qu'un peuple est un peuple*. Das Zitat ebenda,
S. 105. Balibar zitiert hier den ersten Satz des Artikels 3 der Menschenrechtser-
klärung von 1789. Der zweite Satz des Artikels lautet: »Keine Körperschaft und
kein einzelner darf eine Gewalt ausüben, die nicht ausdrücklich von ihr ausgeht.« Der Thematisierung der Souveränität folgt sofort die des Gewaltmonopols.

Freiheit zu einem tatsächlichen, handlungsfähigen Subjekt. Dennoch ist das Volk als empirisches bei Kant vorhanden, denn es ist das Volk als »Menge von Menschen« mit einem gemeinsamen Ursprung, das erst dazu befähigt ist, sich als eine Einheit zu erkennen, die Kant als Nation bezeichnet und die die Voraussetzung bildet, ein Volk im rechtlichen Sinne zu werden, das heißt sich als Volk in der Freiheit des Gesetzes zu konstituieren. In diesem Transformationsprozeß vom Volk als natürlicher Einheit zu einem politischen Volk entsteht der moderne Begriff der Nation und eines Volkes, das sich als solches konstituiert.[19] Dieser Transformationsprozeß gründet erst das Volk im modernen Sinne. Der Status des empirischen Volkes selbst ist eine Voraussetzung, die überwunden werden muß.

Wird schon bei Kant deutlich, daß sich das Volk im Vollzug seiner rechtlichen Setzung konstituiert und in einem gewissen Sinne realisiert, bleibt doch eine Spannung zwischen Volk (1) und Volk (2), dem empirischen (1) und dem realisierten (2) Volk erhalten. Vor allem besteht keine logische Reihenfolge, das heißt, es kann nicht gefolgert werden, daß aus einem empirischen (»natürlichen«) Volk ein realisiertes Volk entstehen muß. Der Prozeß ist gerade umgekehrt: Erst die Realisierung des Volkes (2) im selbstgeschaffenen Recht schafft die Notwendigkeit, ein empirisches Volk, das sich zu dem, was es ist, im Blick des Nachhineins transformierte, zu entdecken. Es handelt sich dann schließlich gar nicht um einen Transformationsprozeß von (1) zu (2), sondern um einen Konstruktionsprozeß, der das Volk (1) braucht, um das Volk (2) begründen zu können. Dann ist es das konstituierte, das heißt realisierte Volk, das sich selbst ein Bewußtsein davon geben will, daß es kein ›bloßes‹ Konstrukt ist und sich daher als konkret im Sinne von nicht nur rechtlich konstituiert behauptet. Die Unterscheidung ist die der klassischen politischen Philosophie zwischen *Ethnos* und *Demos*, dem Volk als imaginärer Gemeinschaft der Herkunft und der Bindungen und dem Volk als kollektivem Subjekt der Repräsentation.[20] Die doppelte Konstruktion des Nationalen und das kontingente Verhältnis der beiden Teile, die es konstituieren, gilt es zu verstehen. Denn das Volk konstituiert sich doppelt: als Kollektiv gegenseitig zugestandener politischer und sozialer Rechte und als Gruppe, die ihren Platz in der Welt als eine besondere beansprucht. Die Inklusion in diese Gruppe als Träger von Rechten und als besondere Gruppe mit gemeinsamen Bestimmungsmerkmalen – sei es der Herkunft, der Sprache, der Religion etc. –, das heißt die demokratische Konstitution des Volkes in der Nation, hatte damit besondere Formen des Ausschlusses zur Folge, da die Frage, wer dazugehörte, immer auch negativ beantwortet wird: Mehrheiten und Minderheiten, kulturell oder rassisch

---

19 Siehe hierzu Kant, *Rechtslehre*, vor allem §§ 45, 46 und 47, S. 119–122.
20 In der deutschen Soziologie seinerzeit (1965) unbeachtet thematisiert von Francis, Ethnos und Demos.

stigmatisierte Gruppen, solche, die erst heute oder gestern dazugekommen sind.

Dem soziologischen Blick wird von Beginn an deutlich, daß es nur soziale Konstruktionen gibt und daß auch die rechtliche Konstruktion nur eine spezifische soziale Konstruktion realisierter oder zu realisierender Geltungsansprüche ist. Die Gesellschaft als nationale aber wird ihm zur unabhängigen Variable, in der die Prozesse der Vergesellschaftung und Vergemeinschaftung, der Ausbildung von Solidarität stattfinden. Damit ist er der Gefahr ausgesetzt, auf die Konstruktionsprinzipien der Nation als Großgemeinschaft ›hereinzufallen‹, anstatt sie herauszuarbeiten. Denn Gemeinschaften, gerade Großgemeinschaften wie die Nationen, setzen sich selbst als ein Erstes, als Gegebenes und Vorausgesetztes. Sie haben die ausgeprägte Tendenz, den Unterschied zwischen rechtlichem und empirischem Volk aufzuheben. Man kann sagen, daß die Tendenz zur Aufhebung des Unterschieds eines der Konstruktionsmerkmale ist, ob sich die Nation als Gemeinschaft nach oben »universalisiert«, sich mit der Universalität des Rechts selbst allgemein setzen will, oder nach unten »partikularisiert«, sich also als Besonderes unter lauter anderen Sondergruppen verallgemeinert.[21] Gerade weil die Soziologie die politische Vergesellschaftung in der Nation kaum reflektiert hat, kann sie innerhalb der nationalen Gesellschaften reale soziale Prozesse beschreiben und repräsentieren. An die Stelle der Gemeinschaft tritt zum Beispiel die frühe Sozialstatistik eines Le Play in Frankreich, aber auch die Suche nach dem konkreten Volk und die konkrete Erhebung der Lebenssituationen Wilhelm Heinrich Riehls in Deutschland. Am Ende des 19. Jahrhunderts hatte sich der Begriff der Gesellschaft von seiner alten, noch die vertragliche Konstruktion reflektierenden Bedeutung gelöst: »Jetzt stand der neue Begriff von Gesellschaft als dem ›Kollektivsingular‹ aller menschlichen Vergesellschaftungen am Beginn, und ausdrücklich wurde betont, daß dafür ein Vertrag nicht notwendig sei, denn die ›menschliche Vereinigung‹ mache sich ›naturgemäß von selbst‹.«[22] War es in der Mitte des Jahrhun-

---

21 Eine interessante soziologische Beschreibung dieses Verhältnisses findet sich bei Schnapper schon im Titel ihres Buches: Die Gemeinschaft der Bürger (siehe dies., La communauté des citoyens). Aus der französischen Perspektive ist es, obwohl der Titel die Ambivalenz zu löschen scheint, leichter, den Unterschied von Ethnie als historischer und/oder kultureller Gemeinschaft und Nation als spezifischer politischer Form bestehenzulassen (ebenda, S. 28 f.).

22 Nolte, Ordnung der deutschen Gesellschaft, S. 33. Die Zitate im Zitat stammen aus Ausgaben des »Brockhaus« von 1866, die Nolte benutzt. Seine Formulierung ist auf die deutsche Entwicklung bezogen. Aber auch Vertragskonstruktionen lassen sich naturalisieren und können als eine vorgegebene Selbstverständlichkeit betrachtet werden. Zur Entwicklung der empirischen Soziologie siehe Bonß, Einübung des Tatsachenblicks, auch Wagner, Sozialwissenschaften und

derts noch die vertraglich gestiftete und zweckgebundene Gemeinschaft, die im Vordergrund stand, so war es nun die Gesellschaft, die sich im Bezugsrahmen des Nationalen und der zum Beispiel in Deutschland und Italien erst vor kurzem gegründeten Nationalstaaten ausbildete.

Die Wissenschaft der Gesellschaft löst sowohl den politischen als auch einen kulturellen oder organischen Begriff der Nation oder des Volkes auf, um an seine Stelle das Kollektivbewußtsein, eine spezifische Kultur und Subkulturen, soziale Strukturen, Integrationsprobleme, ökonomische und soziale Klassen oder auch Formen der Herrschaft und Prozesse der Vergesellschaftung zu setzen.[23] Die entstehenden nationalen Soziologien haben den industriellen oder sich industrialisierenden Nationalstaat zur Voraussetzung.[24] Er bildet ihre Untersuchungseinheit als konkreter Ort, aber wird als Nation dennoch nicht ihr analytischer Bezug. Nation war für Soziologie wie für die Geschichtswissenschaft Voraussetzung. Die Soziologie sucht zwar beständig nach den Repräsentationen des als entschwunden thematisierten Ganzen, sei es herrschaftlich zusammengebunden, gemeinschaftlich erzeugt oder durch die zugeschriebene, kommende Macht eines Teils zumindest sichtbar, letztlich aber setzt sie an die Stelle der Einheit Formen unter-

---

Staat. Beispiele gibt es aber nicht nur in der entstehenden Soziologie. Anhand der Arbeiten Ernest Renans, dessen Vortrag *Was ist eine Nation?*, formuliert im Kontext der Debatte um die Zugehörigkeit des Elsaß zu Deutschland oder Frankreich, zu Recht als Beispiel für einen auf Vertrag und Anerkennung basierenden Begriff der Nation gilt, läßt sich zeigen, daß Renan dennoch mit seinen anderen Arbeiten gerade für eine ›Naturalisierung‹ der vertraglichen Grundlagen stehen kann (siehe zu Renan das Kapitel *Der nationalistische Nationalismus: Von Ernest Renan zu Maurice Barrès*).

23 Ein Titel eines soziologischen Klassikers mag selbst als illustrierendes Beispiel für diesen Zusammenhang dienen: »Die soziale Schichtung des deutschen Volkes« von Theodor Geiger, 1932 publiziert und ein Klassiker der deutschen Sozialstrukturanalyse, in dem erstmals mit Volkszählungsdaten gearbeitet wird. Im gleichen Jahr erschien Max Hildebert Boehms »Das eigenständige Volk«, der die Soziologie in eine »Volkslehre« auflöst (ders., Volkstheorie und Volkstumspolitik der Gegenwart; Boehm hatte zu der Zeit einen Lehrstuhl für Volkstheorie und Volkstumssoziologie an der Universität Jena). Gleiches gilt für Hans Freyers Begriff des politischen Volkes.

24 Dies sieht auch Giddens. »Warum sollten wir Vorbehalte haben gegen den in der Sozialwissenschaft üblicherweise verwendeten Begriff der Gesellschaft? [...] Autoren, die die Soziologie als Untersuchung der ›Gesellschaften‹ auffassen, haben auch dort, wo sie es nicht ausdrücklich sagen, die Gesellschaften im Sinn, die mit der Moderne zusammenhängen. Bei der Konzeptualisierung schweben diesen Autoren ganz deutlich abgegrenzte Systeme mit jeweils eigener innerer Einheit vor. Doch wenn man ›Gesellschaften‹ so auffaßt, sind sie offensichtlich nichts anderes als *Nationalstaaten*« (ders., Konsequenzen der Moderne, S. 23).

schiedlicher Integration, Solidarität und Herrschaft und sucht am Ende die Einheit noch in der Differenz.[25]

Als Wissenschaft war Soziologie universalistisch orientiert, ob sie, zum Beispiel im Anschluß an Comte, Gesetze formulieren wollte oder sich als vergleichende Universalgeschichte in systematischer Absicht verstand. Dabei ging der begriffliche Bezug auf das selbst hergestellte Eigene verloren und blieb doch als vorwissenschaftliche und explizite Wertorientierung erhalten. Die kategorial und als explizite Beobachtungseinheit ausgeschlossene Nation kommt als Wert und als Symbol in die neben der wissenschaftlichen Geschichte ausdifferenzierte Selbstthematisierungswissenschaft zurück. Auf diesem Wege fand sie als nicht zu begründender Wert und als eigenständiges Symbol erneut bewußten und direkten Eingang in die Bestimmung der Aufgaben von Wissenschaft, sei es zum Beispiel der Sicherung der nationalen Ökonomie oder der Herstellung und Beeinflussung der politischen und sozialen Kultur. Die Notwendigkeit der Selbstthematisierung aber implizierte, daß sie nicht mehr nur in einer einzigen, letzten und gültigen Fassung vorlag. Keine Selbstbeschreibung konnte mehr unmittelbar als autorisiert gelten, das heißt eine Bestätigung von außen bekommen. Selbstbeschreibung, die schließlich als Wissenschaft institutionalisiert wurde, mußte noch ihre Legitimation aus sich selbst beziehen, das heißt, sie mußte interne Anerkennungskriterien entwickeln. Gerade die verwissenschaftlichten Selbstbeschreibungen mußten sich von innen legitimieren und auch dabei erkennen, daß es nicht nur eine Fassung von ihnen gab. Die gesellschaftliche Umstellung auf Selbstthematisierung eröffnet Interpretations- und Handlungschancen, aber sie stellt auch vor die Notwendigkeit, zu interpretieren und das Handeln zu begründen. Nichts anderes analysierte Max Weber in seiner protestantischen Ethik. Die Einzelnen mußten handeln und ihr Handeln interpretieren, um sich ihrer Stellung zu versichern, und der außerweltliche Bezug ließ sich auf die Folgen in der Welt beziehen. Und der Analytiker konnte, vergleichend, noch die weltvergessenen oder »weltflüchtigen«, wie Max Weber sie nannte, Religionen in ihrer Bedeutung für das (inner)weltliche Handeln darstellen.[26]

Die so unterschiedliche Beschäftigung mit der Religion bei zwei Gründungsvätern der europäischen Soziologie, die sich zumindest öffentlich gegenseitig nicht wahrnahmen, Émile Durkheim und Max Weber, ist kein

---

25 Dabei kann Einheit als Problem bestimmt werden, wie zum Beispiel mit der Frage von Jürgen Habermas: *Können komplexe Gesellschaften eine vernünftige Identität ausbilden?*

26 Der »Gläubige« selbst steht daher den religionssoziologischen Überlegungen meist fremd gegenüber. Sie treffen für ihn nicht den Kern, er liest die Bibel nicht mit Spinoza als einen von Menschen geschriebenen Text, der nun interpretierbar und umschreibbar wird, auch wenn er nichts anderes tut.

Zufall. Gerade an der gesellschaftlichen Bedeutung der Religion, ihrer reflexiven Hereinnahme in die Welt, ließ sich explizit oder implizit der wichtigste Unterschied traditionaler oder besser: vormoderner und moderner Gesellschaften festmachen. Das Transzendente wurde in seiner Bedeutung oder in seiner Funktion für die Welt dargestellt, in einem Fall für die Herstellung der als gefährdet gedachten Gesellschaft, die sich im Ritual ihrer selbst versicherte, im anderen Fall für das ökonomische Handeln der Subjekte, die sich innerweltlich beweisen mußten (noch dann, wenn sie »weltflüchtig« motiviert waren).

Die Welt, die man nun selbst nicht nur beschreiben, sondern herstellen mußte, wurde als zerfallend wahrgenommen. Die Moderne bedeutet Fragmentierung, um die heute gebräuchliche Sprache zu verwenden, und Vereinheitlichung; sie bedeutet Individualisierung und Kollektivierung. Traute Durkheim der organischen Solidarität am Ende doch die zu leistende Integration, die »Organisation höherer Gesellschaften«, nicht mehr alleine zu, so zerfiel die Welt für Max Weber in »Wertsphären«. Differenzierung war das Grundthema der soziologischen Selbstbeschreibung, ob nun Gesellschaft als ein »System von verschiedenen Organen« oder Kultur als Auseinanderfallen von Wertsphären, die »nach ihren Eigengesetzlichkeiten rationalisiert und sublimiert« werden, beschrieben wurden.[27] Wie immer unterschiedlich aber Differenzierungsprozesse verortet und beschrieben wurden, das Problem der Einheit blieb erhalten. Sie konnte entweder als sich aus der Teilung ergebend beschrieben werden (in der eher magischen, keineswegs aus sich selbst begründenden Formulierung von der Summe, die mehr als ihre Teile sei) oder gegen die Differenzierungsprozesse eingefordert werden. Gegen die Nation als politische Vergesellschaftung der Moderne konnte ihre andere Seite als Vergemeinschaftung gesetzt und als empirische Gemeinschaft thematisiert werden.[28]

---

27 Das erste Zitat stammt aus Durkheims »Über soziale Arbeitsteilung«, S. 237, das zweite aus Webers »Religionssoziologie«, Bd. I, S. 544.

28 Differenzierung war nicht nur für Durkheim und Weber das Thema. Es ließen sich viele weitere Referenzen der Zeit (zum Beispiel Simmels *Über sociale Differenzierung* von 1892, aber auch die kanonische Unterscheidung von Gemeinschaft und Gesellschaft durch Tönnies [Gemeinschaft und Gesellschaft], der Gesellschaft auf die Rationalität des Nutzens beschränkte, Gemeinschaft als Verantwortungsgemeinschaft auch noch für den nichtsnutzigen Zugehörigen definierte) und der späteren Debatte aufführen (es sei nur auf Parsons, Das System moderner Gesellschaften, und Elias, Der Prozeß der Zivilisation, hingewiesen.) Selbstverständlich ist auch noch die aktuelle Diskussion von diesem Problem geprägt, ob nun Integration als Wert vorausgesetzt wird und dann normativ begründet werden muß (siehe Peters, Integration moderner Gesellschaften, auch Heitmeyers Frage, »Was hält die Gesellschaft zusammen«, die zum aktuellen Buchtitel wurde) oder Differenz selbst zum neuen identitätspolitischen Mittel wird.

Einheit und Differenzierung

Deutlich wird, daß die Beschreibung der Moderne als Übergang zu einer sich selbst begründenden Gesellschaft nicht ausreicht. Diese Perspektive bleibt zu unspezifisch gegenüber dem sich stellenden Problem der gesellschaftlichen Differenzierung, die doch Vereinheitlichung auch in einem ganz konkreten Sinne erforderte: allgemeine Währung und Verwaltung, einheitliche Besteuerung, Schulsystem, der Ausbau von Verkehrswegen zu einem Transportsystem. Eine rein funktionale Differenzierungsperspektive kann zudem die Unterscheidung der Gruppen der Gesellschaft nicht fassen und damit das selbst umstrittene Einheitsproblem der modernen Gesellschaften nicht angemessen thematisieren.[29] So war in den meisten traditionalen Gesellschaften Zugehörigkeit zu einer bestimmten Gruppe nicht nur meist problemlos, besser wohl: für den Einzelnen relativ alternativlos, son-

---

29 Systemtheoretisch wird Gesellschaft unter der Perspektive von Organisation und selbsterhaltenden Systemen betrachtet. Es kann daher kein Gruppenbegriff entwickelt werden, und Phänomene der sozialen Bindung, aber auch kollektiver Erregung werden entweder nicht beobachtet oder sie werden selbst zu Mechanismen der Systemreproduktion umgedeutet (siehe zu einer Kritik aus dieser Perspektive Neidhardt, *Gruppensoziologie*). Schwierig ist es in dieser Konzeption auch, das Primat eines Systems zu verstehen, das dennoch das letzte Jahrhundert mit prägte, zum einen als Forderung nach dem »Primat des Politischen«, zum anderen als Versuch oder auch realisierten Versuch, dieses Primat durchzusetzen. Der Versuch, die politische Gesellschaft anstelle der Schlagworte von Risiko- oder Erlebnisgesellschaft zu setzen, ist so plausibel (siehe Greven, Politische Gesellschaft). Politische Gesellschaft kann immer weniger auf einen vorpolitischen Konsens, auf eine lebensweltlich geteilte Haltung zurückgreifen, die auf der Annahme einer vorausgesetzten Gültigkeit beruht. Konnte die gleiche Beobachtung noch in den achtziger Jahren des 20. Jahrhunderts relativ plausibel als »Kolonisierung der Lebenswelten« kritisiert (Habermas) oder als »Verfeinerung der Unterschiede« (Bourdieu) beschrieben werden, sind beide Perspektiven heute in ihrer allgemeinen Form nur schwer aufrechtzuerhalten. Denn einerseits bleiben Lebenswelten erhalten und zeigen ihren Eigensinn, auf den man dann mit Theorien des kulturellen Pluralismus antworten kann, andererseits ist das Verhältnis von der Ausstattung mit unterschiedlichen Kapitalsorten und der Ausbildung von ›Geschmack‹ keineswegs so eindeutig, wie es von Bourdieu (Die feinen Unterschiede) beschrieben wurde. Erfolgversprechender scheint es zu sein, von Mehrfachcodierungen auszugehen. Man nimmt an mehreren Lebenswelten teil, bildet seinen Geschmack, seine ästhetischen (aber auch seine politischen) Urteile nicht nur abhängig vom sozialen Kapital, sondern vom eigenen Engagement (siehe hierzu zum Beispiel Hennion, Music Lovers). Mehrfachcodierung kann gerade als Eigentümlichkeit der gesellschaftlichen Moderne verstanden werden (siehe Nassehi, *Das Politische der politischen Gesellschaft*, hier S. 136), die die politische Gesellschaft prägt.

dern sie kann als ein Stabilitätsfaktor vormoderner, ständischer, das heißt sich über Unterschiede definierender Gesellschaften gelten, die durch die Unterscheidungen und die meist geregelten Beziehungen der Gruppen untereinander keineswegs in Frage gestellt werden konnten. Die Person des Herrschers, der die Welt symbolisch in der Hand hielt, die weltliche und religiöse Macht in seiner Person als Einheit verkörperte, keineswegs aber den Körper der Gesellschaft darstellte, stiftete die Einheit und garantierte die Regeln der Grenzüberschreitung.[30] Moderne Gesellschaft aber hat nicht nur keinen Bezugspunkt außerhalb ihrer selbst. Sie differenziert noch den Glauben an ein Außen als ein gesellschaftliches Subsystem aus, das deshalb keineswegs seine individuelle und soziale Relevanz verlor. Religion verschwand nicht mit der Zeit, wie einige dachten. Gleichzeitig reagiert Gesellschaft auf die Feststellung und auf die Thematisierung von Differenzen als selbsterzeugter mit Hinweisen auf das Problem der Einheit. Da Religion als Subsystem ausdifferenziert, privatisiert und damit zumindest theoretisch, wenn auch keineswegs gleich praktisch, zur Frage einer individuellen Entscheidung geworden ist, kann auf das Problem der Einheit nicht mehr mit dem Verweis auf einen gemeinsamen Glauben geantwortet werden. Thema und Funktion der Religion fallen nun auseinander. Aus religiöser Perspektive wird nicht mehr Einheit, sondern selbst Differenz formuliert. Keineswegs war das Thema der Religion damit innerhalb der Nationalstaaten und im zwischenstaatlichen Verhältnis erledigt. Besonders deutlich wurde dies in Deutschland. Der Kulturkampf beinhaltete den Verdacht der protestantisch gegründeten Nation gegenüber den als ultramontan angesehenen Katholiken, daß diese die Nation nicht als ihren höchsten Wert ansehen würden. In Frankreich wurde der Konflikt zwischen dem politischen Katholizismus des integralen Nationalismus und dem Laizismus der Dritten Republik ausgetragen.[31] Da The-

30 Das Frontispiz des »Leviathan«, »eine der Inkunabeln der politischen Ikonographie« (Bredekamp, Hobbes' visuelle Strategien, S. 13), dessen Details äußerst differenziert gestaltet sind, füllt den Körper des Herrschers mit über dreihundert Menschen und stellt, bildlich konkret, den Übergang der Bedeutung der Einheit dar. »Der widersprüchliche Charakter des Staatskörpers, Produkt der Menschen zu sein, die sich ihm unterwerfen, äußert sich bereits im Wechselspiel der Blickformen zwischen den Bürgern, dem Leviathan und dem Betrachter« (ebenda, S. 13 f.). Die Gestalt des übermenschlichen, aber dennoch künstlich, das heißt von Menschen geschaffenen Staatswesens unterscheidet sich deutlich von Bildern, auf denen der Herrscher die Welt als Kugel in der Hand hält. Sie unterscheidet sich auch von den frühen Bilddarstellungen der Nation, zum Beispiel im Holland der Vereinigten Provinzen. Die Nation dringt in Form einer Landkarte ins Private ein. Subjekt und Kollektiv werden ganz anders verbunden als in Hobbes' Leviathan-Bild (vgl. Helgerson, *Genremalerei, Landkarten und nationale Unsicherheit*).
31 Da die Säkularisierungsthese die Perspektive auf die moderne Gesellschaft be-

ma und Funktion der Religion aber nun auseinanderfallen, Glauben und Religion getrennt werden, erweisen sich meist andere Probleme als solche von Glauben und Religion als entscheidend. Es geht nicht um Glauben, sondern um die Integration der Gesellschaft und deren Herstellung oder um die Unterstellung mangelnder Solidarität.[32]

Einheit, die sich nicht von außen ableiten ließ, mußte aus dem Selbst, von innen begründet werden. Differenz konnte nicht mehr aus der Differenz abgeleitet werden. Damit ist eine naheliegende Logik der Einheitsbildung über Differenz nicht aufgelöst, aber umgestellt. Der Unterschied wird nicht vorrangig aus dessen Bestimmung selbst abgeleitet, sondern aus der Konzeption des Eigenen. Selbstthematisierung wurde mehr und mehr zu einer Forderung und schließlich zu einer Aufforderung an bestimmte Gruppen, solidarisch zu sein und sich als Gleiche zu betrachten, eine Gleichheit als ›Gleichstimmung‹, die keineswegs unmittelbar erfahren oder aus Lebenswelten abgeleitet werden konnte. Einheit konnte dabei nicht nur vorausgesetzt und als Ziel definiert werden, sondern konnte als gegeben angenommen und als zu erreichende definiert werden. In beiden Fällen mußte sie hergestellt werden, und beide Ebenen konnten in einem Modell integriert werden. Es galt dann, das Vorausgesetzte zu realisieren.

Schnell wurde deutlich, daß verschiedene Antworten nicht nur denkbar,

---

herrscht, spielt Religion und vor allem die Institutionalisierung der Religion sowohl in der Geschichte der Nation und Nationen, aber auch in den neueren prominenten theoretischen Arbeiten über die Nation (Gellner, Anderson u. a.) nur eine untergeordnete Rolle, es sei denn in der These der politischen Religion. Ein einfacher Hinweis auf die unterschiedlichen Institutionalisierungen in den Vereinigten Staaten, in denen die Vielfalt der religiösen Weltanschauungen meist problemlos behandelt wird, aber eine Sprache bei den unterschiedlichsten Herkunftsgruppen zumindest bis vor kurzem durchgesetzt war, und in Europa, wo aus einer abstrakten Perspektive eine Religion (das Christentum) und viele Sprachen die Situation charakterisieren, zeigt, daß es mit der Säkularisierung und Privatisierung der Religion nicht ganz einfach ist. Denn, zum Beispiel, die Gründung des deutschen Nationalstaates war nicht nur eine städtische und männliche, sondern auch eine protestantische, und das heißt: eine nicht überkonfessionelle. »Wenn die Nation feierte, sang man protestantische Lieder, verehrte Luther und stilisierte die Reformation zur deutschen Revolution, man überhöhte den Sieg der deutschen Truppen 1870 über die französische Armee religiös zum Sieg des protestantischen Gottes auf deutscher Seite über den katholischen Gott, der den Franzosen und zuvor den Österreichern nicht helfen konnte« (Langewiesche, Nation, Nationalismus, Nationalstaat, S. 100).

32 Es handelt sich dann um eine Politisierung der Religion oder des Glaubens, religiöse Motive werden sekundär benutzt. Wie ich im Kapitel über Durkheim zeige, handelt es sich um eine Form des nichtgeglaubten Glaubens. Für aktuelle Konflikte und Gewalttaten, die religiös begründet werden, ist die Studie von Juergensmeyer, Terror in the Mind of God, sehr hilfreich.

sondern praktizierbar waren. Einheit gab es, paradoxerweise, nicht nur in einer einheitlichen Fassung. So kann ein Teil zum Ganzen erklärt werden, etwa wenn der Dritte Stand zur Nation oder eine Klasse zum Volk gemacht wird. Einheit, eben auch vorausgesetzte Einheit, wird faktisch in die Zukunft verlegt. Zum Beispiel in der Unterscheidung von ›an sich‹ und ›für sich‹, bezogen auf die Klasse, die noch zur Einsicht in ihre tatsächliche soziale Lage und in ihre Funktion als Träger der zukünftigen Gesellschaft befähigt werden sollte, oder im ›Nochnicht‹ der nationalen Einheit, die sich durch Staatsbildung in der Zukunft realisieren sollte.

Dieses ›Nochnicht‹ bezog sich sowohl auf einen nationalisierten Staat, dessen Einheit als sprachliche oder kulturelle erst hergestellt werden mußte, wie auch auf einen noch nicht existierenden, dort mußte eine als vorhanden behauptete kulturelle oder sprachliche Einheit vorausgesetzt werden. Die beiden mit dem letzten Hinweis angesprochenen historisch-empirischen Fälle wurden schließlich als Kontrastfälle kanonisiert und gegenübergestellt: Staats- und Kulturnation, Zivilisation und Kultur, Esprit und Geist, Frankreich und Deutschland, die zum jeweiligen »Vaterland der Feinde« wurden, um nach 1945 zu Freunden zu werden, ohne daß hiermit die Geschichte der Gegenüberstellungen beendet war, ob nun Gleiches mit Gleichem verglichen werden sollte oder aber die Unterschiede herausgehoben wurden.[33] »Das Modell einer wissenschaftlichen Geschichte der Vergangenheit an sich bildet sich in Deutschland und Frankreich während des Krieges, während des bewaffneten Konfliktes bis hin zu den Gräbern des Ersten Weltkrieges aus.«[34] Die Einheit des Selbst konnte sich aus dem Unvergleichbaren ergeben, das es herzustellen galt. In Frankreich war es die Staatskrise nach dem Krieg, in der und aus der die Dritte Republik entstand, mit der *Commune* und schließlich den Affären (Panama und Dreyfus), in denen sich die Frage nach der Einheit neu stellte. In Deutschland war es die Kulturkrise um die Jahrhundertwende, in der es auch darum ging, dem nationalen Projekt nach der Gründungsphase, nach Bismarck, »Sinn« zu verleihen.[35] War der erste deutsche Nationalstaat nach dem Krieg von 1870/71 gegründet worden, so ging die zweite

---

33 Diese Kanonisierung geschah in Deutschland durch Meinecke, Weltbürgertum und Nationalstaat; Jeismann hat die Geschichte der Vaterländer der Feinde dargestellt (ders., Vaterland der Feinde).

34 Detienne, Comparer l'incomparable, S. 25.

35 Siehe zusammenfassend für viele weitere Literatur Birnbaum (Hg.), La France de l'affaire Dreyfus; für Deutschland, schon bezogen auf die Soziologie, Lichtblau, Kulturkrise und Soziologie, der die Hoffnung betont, mit der in der Ästhetik oder in der Wissenssoziologie die »Einheit« des Fragmentierten gefunden werden sollte. Als typischer Text der Zeit, der das Epigonenhafte der Generation der 1890er kritisierte, einem ›kulturellen Nationalismus‹ das Wort redete und neue Träger einer nationalen Großmachtpolitik suchte, gilt Max Webers Freiburger Antrittsrede (siehe hierzu weiter unten).

Generation daran, diese Gründung zu festigen. In diese Phase fällt die Herstellung der Differenzierung von Kultur- und Staatsnation, die die Diskussion noch bis zum Ende des 20. Jahrhunderts prägte.

Die Kulturnation ist eine der Begriffsschöpfungen aus der Wissenschaft, in diesem Fall aus der Geschichte als Selbstthematisierungswissenschaft, die in den alltäglichen Gebrauch einsickerte und zumindest unter den Gebildeteren zu einer Selbstverständlichkeit wurde. Die gelehrte Unterscheidung wurde zu einer Weltanschauung der zwei Wege und Typen des Nationalen, schließlich soziologisch verallgemeinert in der Unterscheidung von Zivilisation und Kultur und in der These des Übergangs von ursprünglich sozialen Charakteren in Nationalcharaktere.[36] Zwei symbolische Typologien des Ursprungs des Politischen werden gegeneinandergestellt, wobei sich die eine auf den Willen, die andere auf Tradition und Natur bezieht, und beide, Wille und Handlung (das heißt: Revolution) und Tradition und Natur, als Kultur auf die Geschichte als generische Zeit bezogen werden.[37] Ursprungsvorstellungen stehen in Beziehung zu den Vorstellungen des Endes, des Entstehens und Vergehens. Aktuell schließt sich dieser Kreis der symbolischen Vorstellungen, Denationalisierungsprozesse werden im Rahmen der Globalisierungsdebatte beobachtet, und das Ende der Geschichte meint auch das Ende der Nationen. Anders formuliert: Die Form der Nation, so die These, sei an ihr Ende gekommen.

Eine inhaltlich begründete Diskussion dieser These ist erst möglich, wenn alternative Konstitutionstypen des Politischen aufgezeigt werden. Nie war die Nation die einzig mögliche Form, auch wenn sie zur einzig anerkannten geworden und dies weltgesellschaftlich bis jetzt geblieben ist. Es gab die Formen des Reiches oder der *cité*, der politischen Stadtgemeinschaft, es gab die Form des Staatenverbunds oberhalb der Nationen und meist begrenzt auf bestimmte Zwecke (zum Beispiel den der Verteidigung). Versteht man die Form der Nation als soziale Form des Politischen, das heißt als eine spezifische soziale Praxis der Definition des Politischen, der Solidarität und der

---

36 Letzteres ist die These von Elias in seiner klassischen Studie »Über den Prozeß der Zivilisation«.

37 Lévi-Strauss unterscheidet in seinem Verständnis des Mythos die erfahrene und die generische Zeit. »Was tut aber der Historiker, wenn er die Französische Revolution beschwört? Er bezieht sich auf eine Reihe von vergangenen Ereignissen, deren weitreichende Folgen zweifellos durch eine nicht umkehrbare Reihe von dazwischenliegenden Ereignissen hindurch noch immer spürbar sind. Aber für den Politiker und seine Zuhörer ist die Französische Revolution eine Wirklichkeit ganz anderer Art; eine Folge von vergangenen Ereignissen, ja, aber auch ein Schema, das dauernde Wirkung besitzt, die es ermöglicht, die Sozialstrukturen des heutigen Frankreichs, die sich daraus ergeben, Antagonismen zu interpretieren und die Grundzüge der zukünftigen Entwicklung abzulesen« (ders., Strukturale Anthropologie, S. 230).

Beteiligung (in unterschiedlichster Form, nicht nur der demokratischen), die zur Einheitsdefinition von Großgruppen benutzt wird, dann müssen sich auf soziologischer Ebene andere Formen finden lassen, die Politik definieren, die Einheit des Differenten bestimmen und Beteiligung oder Teilhabe organisieren. Zwei Beobachtungen können gemacht werden, die in entgegengesetzter Richtung verlaufen und meist in Zusammenhang gebracht werden: die der Vergrößerung und der Verkleinerung. Das Beispiel der Vergrößerung liegt auf der Hand: Europa, ebenso die Beispiele für die Verkleinerung: die Auflösung der Sowjetunion, der Zerfall Jugoslawiens. So scheint die Einheitsdefinition der entstehenden neuen Nationen, die sich im Staat realisieren, klar zu sein: Sie bestimmen sich nach heutigem Sprachgebrauch als ethnische, das heißt, sie reproduzieren sofort innen, was sie zur Legitimation der Sezession benutzt haben: Ausschluß und möglicherweise Vertreibung anderer. Dennoch bilden sich die Formen der Vergrößerung nicht klar ab, obwohl Europa nach der gemeinsamen Agrar- und Montanpolitik, der Einführung des Euro und schließlich der entstehenden Bildung einer gemeinsamen militärischen Einheit über einige Kennzeichen verfügt, die auf die Entwicklung eines Staates schließen lassen.

Für die Nationalstaaten galt, daß Differenzierung die Beschreibung des Gegenwärtigen war und Einheit in die Zukunft verlegt werden mußte. Diese konnte dabei aus der Vergangenheit oder aus der Gegenwart selbst gewonnen werden, zumindest konnte man behaupten, daß sie in einem von beiden als Bedingung ihrer Möglichkeit angelegt sei. Für die Darstellung wurde Einheit damit zum Problem, da die festgestellten Differenzen nicht mehr die vorgegebene Ordnung verkörperten, sondern als selbsterzeugte Unterschiede die Einheit, wenn sie als historisch, kulturell oder organisch gegeben vorausgesetzt wurde (wie im Fall der konservativen Kritiker der Moderne), in Frage stellten oder aber, für andere, die erhoffte Einheit in der Zukunft verhinderten.[38] Einheit mußte in allen Fällen gegen die Realität definiert werden, nicht nur ihre aus der Vergangenheit in die Zukunft verlegte Zeit, auch ihre Orte mußten bestimmt und hergestellt werden, sowohl in den durch die gleiche Bewegung der Nationalisierung entstehenden Nationen ohne Staat als auch in den existierenden oder sich gründenden Nationalstaaten. Die im Staat realisierte oder zu realisierende Nation bezieht sich, obwohl sie die politische Form moderner, durch sozialen und technologischen Wandel definierter Gesellschaften ist, auf eine fast ontologisch zu nennende Selbstperpetuierung von der Vergangenheit in die Zukunft: Im Grunde konstituiert sie sich als unvergänglich: »Ewigkeit hienieden und für hienieden« (Fichte). Sie fixiert so Kultur als Einheit und transformiert die erfahrene Zeit in eine generische, das heißt, sie funktioniert auf der Ebene der Fiktion wie ein Lévi-Strausssscher

---

38 Bei Max Weber ist dies als Erlösungstheodizee der Unterdrückten gefaßt. Siehe hierzu weiter unten.

Mythos, verbindet Vergangenheit und Zukunft in der Gegenwart. Vergangenheit und Zukunft treten in ein Abhängigkeitsverhältnis mit einer als gegeben angenommenen, unveränderlichen, aber zu realisierenden Variable. Das statische Verhältnis eines fixierten Ganzen wird so dynamisiert. Die Nation muß sich immer wieder als Einheit realisieren, obwohl sie Gesellschaft ist, das heißt auf Differenzierung beruht. Die Einheit des Nationalen konstituiert sich in der Institutionalisierung der Gesellschaft als Gemeinschaft. Die generische Form der Zeit wird überführt in eine genealogische Ordnung der bewußten und unbewußten intergenerationellen Übertragungen von Traditionen und Vorstellungen des Kollektivs zwischen Generationen. Der Nationalstaat übernimmt (von der Kirche) die Registrierung der Ehen, der Geburten und Sterbefälle, er kontrolliert und normt Sprache und Kommunikation und schafft die Bedingungen zur Entstehung einer Öffentlichkeit und der Abtrennung des Privaten, er schafft und kontrolliert Titel und Qualifikationen. So bindet er den Einzelnen in die Gesellschaft ein, die sich in Form der Nation nun als Gemeinschaft denken kann: als Sprachgemeinschaft, als Gemeinschaft derer, die einen ähnlichen Bildungsprozeß durchlaufen, vergleichbare Prüfungen bestanden haben, schließlich gemeinsam wählen und, nicht zuletzt, kämpfen oder sich verteidigen. Keineswegs aber ist die Nation der Idealtyp der Gemeinschaft. Das Gegenteil ist der Fall. Die Nation ist eine soziale Praxis der gesellschaftlichen Organisation des Politischen, die in ganz besonderem Maße dazu fähig ist, bei gegebener Differenzierung Gemeinschaftseffekte zu produzieren. Diese Fähigkeit macht es unmöglich, sie aus einer Perspektive der funktionalen Differenzierung angemessen zu beschreiben, da sie so zu einem Rest von segmentärer Differenzierung wird, das heißt als traditional erscheint, ohne es aber zu sein. Die Nation kommuniziert Einheit und Begrenzung und faßt dabei unterschiedliche funktional differenzierte Einheiten zusammen. Mit dem Staat bezieht sie sich auf Herrschaft, und das heißt auf Macht als ein Medium, mit der Einheit kommuniziert sie ihre eigene Idee oder ihre Symbole. Nation läßt sich nicht systemtheoretisch ausdifferenzieren und erscheint aus dieser Perspektive deshalb als ein traditionaler Rest. Sie ist dies aber nicht, sondern Nation ist nichts anderes als die Fiktion der Einheit mittels des ambivalenten Bezugs auf das rechtliche und empirische Volk, das sie deshalb beständig als ihre eigene Grundlage zu bestimmen sucht und dennoch nicht eindeutig bestimmen kann.

Ist das Thema der Nation Einheit, klassisch formuliert in der einen und unteilbaren Nation als Person (Michelet), so ist Differenzierung nach innen und außen ihre andere Seite. Setzt man Einheit gegen Realität, scheint es nahezuliegen, das Verhältnis der Konstruktion und Realität von Einheit als eines von Künstlichkeit und Substanz zu fassen.[39] Die Nation wird in die-

---

39 So zum Beispiel in einem literaturwissenschaftlichen Kontext Blitz, Aus Liebe zum Vaterland, S. 15. Auch wenn dies unter soziologischen Gesichtspunkten

sem Fall analysierbar als gedachte Ordnung, und vor allem die Diskurse der Intellektuellen und die von ihnen erzählten Geschichten, von denen einige zu »Mythen der Nationen« wurden, rücken in den Blickpunkt.[40] Nation aber bezieht sich auf zwei Seiten, auf die Einheit als Fiktion, die im Sinne eines Mythos analysiert werden kann und sich schon im mythologischen Konzept auf Essentialisierung und Existentialisierung bezieht, und auf die Institutionalisierung des Nationalen auf der Ebene der Bilder und Konzepte sowie der Organisationen. Nationalisierung geschieht so nicht nur ›von oben‹, sondern reale Menschen benutzen und folgen den Konstrukten und binden ihre Leidenschaft an sie. Die Essentialisierung der Konzepte und die immer wieder erfolgende Existentialisierung des groß geschriebenen Wir, die Koppelung des Lebens des Einzelnen an die Großgruppe kennzeichnen dann die Realität des Konstrukts, das den beständigen selbstreflexiven Bezug zum Wir zur ›natürlichen Einstellung‹ als Wirklichkeit des Fiktiven macht. Die Nation wird zur selbstreflexiven Versicherung der Existenz des selbstbestimmten Wir als Gemeinschaft der Gesellschaft, die sich beständig ihrer Existenz versichern muß – in den Gedenktagen, in der Solidarität ge-

---

nicht ausreichend ist, zeigt Blitz, daß noch die nationalen Freund/Feind-Vorstellungen von den meist protestantischen Schriftstellern, die eher Propheten als Priester waren, in Deutschland schon vor der Französischen Revolution entwickelt wurden. Die konstruktivistische Definition läßt die literarischen Konstrukteure in den Blick treten, blendet aber aus, wie die von ihnen gemachten Konstrukte, Erwartungen also, zu Erfahrungen werden. Anders formuliert: Daß etwas hergestellt wurde oder wird, bedeutet nicht, daß es nicht in dem Sinne real wird, daß es zur tatsächlichen Handlungsgrundlage wird.

40 Dem entspricht eine Vielzahl von neueren Arbeiten der Nationalismus-Forschung, zum Beispiel Giesens »Die Intellektuellen und die Nation«. Zu nennen sind zudem der von Flacke herausgegebene Ausstellungsband »Mythen der Nationen« und der von Berding herausgegebene Band »Mythos und Nation«. Interessant an der neueren Entwicklung ist aber nicht nur die Feststellung der Konstruiertheit des Nationalen, die es einerseits erlaubt, Akteure der Konstruktion zu benennen, andererseits den Formaspekt als Aufwertung der Innenseite des Unterschiedenen und damit der Abwertung des Äußeren zu analysieren, wie es Richter (Nation als Form) im Anschluß an eine systemtheoretische, an Luhmann orientierte Lesart der Literatur über Nation und Nationalismus tut, sondern die damit entstehende Möglichkeit, formale Gleichheiten herauszuarbeiten. Man kann nationale Differenz überwinden, indem man abstrahiert und entdeckt, daß Einheit und Differenz in unterschiedlichen nationalen Kontexten auf gleiche Weise hergestellt werden. So lassen sich aus den Mythen der Nationen nun, nachdem sie zunächst über die Einheit Differenz stifteten, Gemeinsamkeiten herausarbeiten, die ein anderes Kollektiv begründen können, zum Beispiel Europa. Nichts, zumindest nichts in der theoretischen Konstruktion, würde daran hindern, dieses Kollektiv nochmals zu erweitern. Erhalten bliebe dabei allerdings das Problem der Grenze.

genüber den Zugehörigen, in der Herstellung kollektiver Identität, die erneut zum wissenschaftlichen und öffentlichen Thema der Gesellschaft geworden ist.[41]

Selbstbestimmung und Nationalismus

Moderne Gesellschaften waren als sich industrialisierende und nationalisierende Gesellschaften entstanden, als man die Vorhersage der Zukunft und die Erklärung der Gegenwart nicht mehr der Interpretation der heiligen Schriften überlassen konnte. Der soziale Wandel mußte vielmehr aus der Gesellschaft selbst verstanden und erklärt werden. Man warnte zwar vor den Gefahren des Wandels und hatte gleichzeitig große Hoffnungen, aber das »große Aufgebot an ausgefeilten und von Statistiken unterstützten Futurologien und Phantasien hat eine ganz bestimmte Lücke. [...] Diese Bewegung ist der Nationalismus. Kein einflußreicher Denker hat, soviel ich weiß, ihre Zukunft geahnt. Jedenfalls hat niemand sie ausdrücklich vorhergesagt.«[42] Diese Leerstelle, die Isaiah Berlin konstatiert, erscheint im Rückblick doppelt paradox. Hatte nicht die Nation mit der Französischen Revolution ihren machtvollen Siegeszug in Europa erst angetreten? Wurde Nationalisierung nicht zu der charakteristischen europäischen Bewegung des 19. und schließlich zur internationalen des 20. Jahrhunderts, abstrakte, inklusive Großgruppen schaffend, die mit Begeisterung, Gewalt und Ausschluß verbunden waren? War nicht gerade die Nation auf dem Weg, zur alternativlosen Organisationsform des Politischen zu werden, und waren nicht gerade mit ihr die machtvollsten Leidenschaften verbunden? Arbeiteten nicht die nationalen Historiker von Jules Michelet bis zu Heinrich von Treitschke oder Otto Ranke und anderen ihre Werke aus, die alle am Nationalen, dessen Geschichte, seiner Gründung und Begründung orientiert waren? Analysierten oder postulierten nicht auch die Philosophen das Urvolk und den Volksgeist, erarbeiteten die Literaten nicht die nationale Literatur, entdeckten die Epen als nationale, und schufen die Publizisten und Polemiker nicht die Bilder des Eigenen und die der nationalen Feinde auf der ande-

---

41 Viele Beispiele und ebensoviel Literatur könnten angeführt werden. Für die wissenschaftliche Thematisierung sei nur auf Giesen, Kollektive Identität, hingewiesen, für die öffentliche politische Diskussion in Deutschland stehen im Jahre 2001 die Debatte um die »Leitkultur« oder den »Stolz, Deutscher zu sein«. Dieser Stolz impliziert die These, es sei ein Glück, kein anderer zu sein.

42 Berlin, Nationalismus, S. 43 f. Er verweist allerdings auf eine Ausnahme: Moses Heß' 1862 erschienenes Buch »Rom und Jerusalem«, in dem die historische Mission der Juden in der Vereinigung von Kommunismus und Nationalität gesehen wurde. Es fand wenig zeitgenössische Leser.

ren Seite oder im Innern? Und konstruierten die Ökonomen nicht ihre Theorien als Nationalökonomien, am deutlichsten Friedrich List in Deutschland mit seiner Theorie Geschlossener Volkswirtschaften, und hatte nicht Fichte schon zuvor den »Geschlossenen Handelsstaat« propagiert?

Dennoch: Auch wenn die nationale Frage neben der sozialen die Gemüter, die Denker und Schreiber so sehr beschäftigte und diese die Bibliotheken füllten, so daß die Literatur nicht zu überblicken ist, gibt die Feststellung Berlins trotzdem einen entscheidenden Hinweis. Denn die Leidenschaft der nationalen Bewegungen wurde entweder benutzt, normalisiert und als selbstverständlich betrachtet oder als vorübergehend thematisiert. Dabei waren sie immer nationalistische in dem Sinne, daß sie schaffen wollten und mußten, was sie behaupteten und forderten, ob es sich dabei um die Gründung eines neuen Staates oder um die Herstellung als innere Einigung eines Nationalstaates handelte. Aus dem Blick geriet und zur Leerstelle wurde die analytische Erfassung des Phänomens der spezifischen politischen Vergesellschaftung als Nation, die es erlaubt hätte, eine systematische Verbindung zwischen Erregung und Nation, zwischen Einschluß und Ausschluß, zwischen moderner Gesellschaft und nationalstaatlicher Organisationsform zu sehen.

Selbstbestimmung bedeutete vor allem Inklusion und schließlich den Anspruch auf Selbstregierung. Nation und Staat wurden mit der eigenen Gesellschaft gleichgesetzt, nur Nationen und ihre staatliche Organisation wurden als modern und demokratisch oder demokratiefähig angesehen, Nation als realisierter oder zu realisierender Nationalstaat und moderne Gesellschaft fielen zusammen. Diese Gleichsetzung aber verhinderte eine analytisch gezielte Beobachtung der Bedingungen und Folgen der spezifisch modernen politischen Organisationsform der Gesellschaft. Diese ließ sich nicht einfach aus dem Ökonomischen ableiten, denn Märkte, Geld und Industrie, aber auch Demokratie als Prinzip der Beteiligung und als Herrschaftslegitimation qua Legalität, Verfahren und Beteiligung, waren gerade nicht nur national, sondern überschritten systematisch die Grenzen, die zwischen den sich gründenden Nationen befestigt oder gezogen wurden.[43] Nation aber bedeutet Inklusion, ob als konkrete Beteiligung der Bevölkerung schließlich in Wahlen oder abstrakt als Volk, das sich selbst durch wie auch immer sich auf es berufende Vertreter regierte: und sei es ein ›nationalisierter‹ König, dessen Stellung nun auch nicht mehr von außen oder ausschließlich aus der Vergangenheit begründet werden konnte, sondern der das Volk vertrat, repräsentierte und verkörperte, seien es andere, selbsternannte oder gewählte

---

43 Geschlossene Handelsstaaten, aber auch geschlossene Nationalökonomien wurden nie realisiert. Selbst Gesellschaften mit minimalem Austausch erwiesen sich als kaum lebensfähig, wenn man nur an den aktuellen Fall Nordkoreas denkt.

Vertreter. Da aber Nation ein Inklusionsprinzip war und ist, ob sie sich nun in einer Übertragung des Bildes des Körpers des Königs als organisch, im Bild der Wurzeln als traditionell oder im Bild des Rechts als verbindlich herstellte, ist sie systematisch an Exklusion gebunden.[44]

Das Inklusionsprinzip des Nationalen und die mit ihr systematisch verbundene große Dichotomie »Wir und die Anderen« entstehen zur gleichen Zeit wie eine weitere »große Dichotomie«, die von Natur und Gesellschaft/Subjekt. Sie stehen sich nun als Gegebenes und Hergestelltes gegenüber, als etwas, dessen Geheimnisse man erkennen kann, und als etwas, für das ich zumindest theoretisch die Verantwortung habe, auch dann, wenn ich diese sofort übertragen sollte.[45] Die Konzepte des Nationalen, die Nationalisierung der Gesellschaft, die Entdeckung des Subjekts und eines neuen Ty-

---

44 Diese Formulierung geht natürlich auf Luhmann zurück. Schon der erste Entwurf seines Konzepts war auf Unterscheidung ausgerichtet und bezog sich auf die grundlegende Unterscheidung von Welt und Gesellschaft. Luhmanns Systemtheorie ist im Kern eine Grenzziehungstheorie, wobei zunächst ein entsubjektivierter Sinnbegriff als allgemeinster Begrenzungsmechanismus diente (»Der Sinnbegriff ist primär, also ohne Bezug auf den Subjektbegriff zu definieren, weil dieser als sinnhaft konstituierte Identität den Sinnbegriff schon voraussetzt«, ders., *Sinn als Grundbegriff der Soziologie*, S. 28). Funktion von Sinn ist die allgemeinste Reduktion von Komplexität, eine erste Auswahl aus der Kontingenz. Allerdings reicht, so denke ich, funktionale Differenzierung zur Beschreibung moderner Gesellschaften nicht aus. Sie kann unter anderem das »Primat des Politischen«, die Bedeutung der Nation und die Leidenschaft des Nationalen im 20. Jahrhundert nicht fassen. Daher wird das Mittel der segmentären Differenzierung wieder eingeführt werden. Signifikanterweise geschieht dies gerade unter Bezug auf den Begriff der Nation, dessen residuale soziologische Behandlung dabei erneut kenntlich wird. So schreibt Luhmann: »Zu den auffallenden Begleitphänomenen der semantischen Reaktion auf funktionale Differenzierung gehört die Auffangsemantik der Nationen, die nicht auf funktionale, sondern auf segmentäre Differenzierung abstellt« (Gesellschaft der Gesellschaft, S. 1045).

45 Die Formulierung der »Great Divide« stammt von Goody, Domestication, S. 3. Sie bezieht sich auf die große Trennung moderner und vormoderner Gesellschaften, wie sie sich bei Marx, Weber und Durkheim findet. Weber und Durkheim interessierten sich sehr für nichtmoderne, nichteuropäische Gesellschaften. Ihr Interesse war auf die Frage nach der Entstehung der modernen Industriegesellschaft als Kapitalismus (Marx, Weber) oder Industrialismus (Durkheim) gerichtet. Die große binäre Trennung sucht nach einem Wendepunkt: »Man sucht nach einem einzigen Wendepunkt, einer Großen Trennung, ob dieser Sprung im Westeuropa des 16. Jahrhunderts, in Griechenland 500 v. Chr. oder in Mesopotamien 4000 v. Chr. stattfand, ist nie ganz klar« (ebenda). Latour formuliert von ihr ausgehend seine Überlegungen zu den »Großen Trennungen« (vgl. ders., Wir sind nie modern gewesen).

pus des Fremden, der nicht mehr entlang der Dichotomie Mensch/Nichtmensch etikettiert werden konnte, entstehen langsam seit der Frühen Neuzeit, der Entdeckung Amerikas, der Einführung des Buchdrucks, der Entwicklung eines neuen Souveränitätsbegriffs und der beginnenden Säkularisierung als Privatisierung der Religion, die sich zunächst verstaatlicht.[46] Dies verleitet dazu, die Vorstellungen, das Selbstgemachte und Selbstbestimmte dem Gegebenen und Realen gegenüberzustellen, um sie schließlich beide als primär zu setzen, so daß man von einem zweifachen Primordialismus reden könnte – einem der Vorstellungen und Herstellungen und einem der Existenz, unter anderem der Existenz spezifischer Gruppen als naturaler Kultur oder als kulturaler Natur.[47] Die Nation, ob sie als politische oder als natürliche vorgestellt wurde, mußte in beiden Fällen gemacht werden. Vor allem aber, so zeigte sich, gibt es einen Weg der Verbindung von Natur einerseits und Kultur/Gesellschaft/ Subjekt andererseits, das heißt von den natürlichen, gegebenen Dingen und den selbsthergestellten und realisierten Kategorien. Die aus sich selbst geschaffene Nation als politische Gesellschaft kann sich selbst als Verwirklichung von Natur thematisieren. Sie verändert dann ihren Charakter. Die Selbstschaffung der Nation liegt nicht mehr im rechtlichen Akt, sondern es ist nun die Natur, die man selbst schaffen muß. Wie diese konnte die als natürlich vorausgesetzte Nation als zu verbessernde dargestellt werden, die in ihrer Reinheit zu erhalten und selbst zu produzieren war. Die Nation als politische Form der modernen Gesellschaften löste sich auf, indem ein empirisches Volk als natürliches sich nicht mehr rechtlich konstituierte und sich so selbst schuf, sondern sich als unmittelbar behauptete. Den radikalsten Ausdruck fand dieser Prozeß in einer Naturalisierung des Gesellschaftsbegriffs im Begriff der Rasse als Volk. Der Nationbegriff löste sich in dieser Bewegung auf, auch wenn wir es gewohnt sind, die rassistischen Bewegungen als radikale nationalistische Bewegungen anzusehen, und auch wenn die historischen rassistischen Bewegungen tatsächlich an die nationale Begeisterung appellierten und die Begriffe von Nation, Volk, Kultur und Rasse fast austauschbar benutzt wurden.[48]

---

46 Zur Bedeutung Amerikas siehe Todorov, Eroberung Amerikas; zur Unterscheidung Mensch/Nichtmensch Stichweh, *Der Fremde*; zum Souveränitätsbegriff siehe Badie, Monde sans Souveraineté; zur Nationalisierung und Bedeutung der Frühen Neuzeit siehe Münkler, *Nation als politische Idee*; siehe auch den Band von Bielefeld/Engel (Hg.), Bilder der Nation.

47 Jenkins definiert einen Primordialisten als jemanden, der glaubt, Ethnizität sei ein fundamentaler, immer gegebener Aspekt der menschlichen Existenz und des Bewußtseins der Menschen davon (ders., Rethinking Ethnicity, S. 44).

48 Die These ist nicht unumstritten. Zwar kann man sich zu ihrer Unterstützung auf Franz Neumann und Hannah Arendt berufen, gerade in der deutschen Soziologie aber wurde diese These bestritten (siehe Lepsius, Extremer Nationalismus; neuerdings Holz, Nationaler Antisemitismus). Das Paradox der Nation

Nicht die feinen Unterschiede, sondern ganz wesentlich die groben Trennungen kennzeichnen die Herrschaft der nationalen Inklusion. Im Fall der Nation als politischer Vergesellschaftung folgen die Ausschließungen aus den Einschließungen. Die Formen der Thematisierung und der Institutionalisierung des Wir beeinflussen wesentlich die Formen des Ausschlusses, das heißt in diesem Falle, die Definition des und der Anderen. Das Selbst des Wir muß definiert werden, um es politisieren zu können. Hierbei handelt es sich keineswegs ausschließlich um reine Semantiken. Es sind Realitätsentwürfe, die ihre Handlungsrelevanz und damit Realitätsmächtigkeit entfalten können, gerade weil sie als Entwürfe auf die Zukunft gerichtet sind. Und einige meinen schließlich tatsächlich, Gesellschaft und Subjekte wie die Natur studieren zu können, um sie dann als »Quasi-Objekt« zu realisieren, das heißt, zu entwerfen und schließlich herstellen, produzieren zu können.[49] Die Perspektive der Praxis geht schon in die ›Entwürfe‹, zum Beispiel die Rassentheorien, ein. Das Laboratorium dieses Entwurfs ist die Gesellschaft beziehungsweise sind die nationalen Gesellschaften mit ihren unterschiedlichen Formen, Bestimmungen und Institutionalisierungen des Nationalen. Und noch die Überwindung des Nationalen konnte in einigen Entwürfen von Rasse und Klasse enthalten sein – da Nation an die kapitalistische Gesellschaftsform gekoppelt sei, sei es kaum notwendig, sie näher zu betrachten, denn wie der Kapitalismus gehörte sie aus dieser Perspektive zu einem zu überwindenden historischen Stadium. Da – auf der anderen Seite schließlich – das Volk als Rasse sich unmittelbar im Staat realisiere, war die Nationalisierung der Massen Mittel zur Erweckung der Leidenschaften, das Ziel der »Bewegung« aber ging weit darüber hinaus, es richtete sich, ausgehend vom »nationalen Rechtsstaat«, auf den »völkischen Führerstaat«.[50]

Nach den Erfahrungen der beiden Weltkriege, vor allem der Vernichtungspolitik des Nationalsozialismus, ist es wenig überraschend, daß die Beschäftigung mit Nation und Nationalismus zunächst einen Aufschwung

---

aber ist, wie ich glaube aufzeigen zu können, nach ihrem Scheitern, das heißt nach 1918, in dem Sinne erfolgreich zu werden, daß sie zur weltgesellschaftlichen Normalform der politischen Vergesellschaftung (nicht: der Vergemeinschaftung) wurde.

49 »Quasi-Objekte« sind nach Latour Erscheinungen, die »weder die für sie von der Verfassung vorgesehene Position von Dingen [einnehmen], noch die von Subjekten« (Wir sind nie modern gewesen, S. 71). Sie verwischen die Komponenten Natur und Gesellschaft, ohne sie zu vermitteln.

50 Vgl. zum Übergang von der zunächst gebrauchten Formulierung »nationaler Rechtsstaat« zum »völkischen Führerstaat« Stolleis, Geschichte des öffentlichen Rechts, Bd. 3, S. 316 ff. Siehe auch weiter hinten den Exkurs zu Hitler, Mein Kampf.

erfuhr.[51] Aber auch hier hielt sich die deutsche Soziologie zurück. Es konnte an die sozialstrukturellen Studien Theodor Geigers angeknüpft werden; man konnte in den »Verwerfungen« der Moderne, die in Deutschland besonders kraß hervorgetreten seien, einen Weg in den Nationalsozialismus entdecken (Ralf Dahrendorf). Rainer Maria Lepsius versuchte in einer gleichnamigen kleinen Studie den Nationalsozialismus als »extremen Nationalismus« zu verstehen, aber die Diskussion über den Nationalsozialismus und seine Herkunft wurde, wie Helmuth Plessner es 1959 formulierte, »nur zögernd und zur Hauptsache im Horizont der Zeitgeschichte erörtert«.[52] Seine eigene Arbeit von 1935 erschien nun unter dem Titel »Die verspätete Nation« und gab damit das, fast will man sagen: abschließende, Stichwort für eine ideengeschichtliche Sonderentwicklung Deutschlands. An die Stelle der fehlenden Idee des Staates sei die des Volkes gerückt, für die fehlende Religiosität, auch einer verweltlichten Religiosität als Gerechtigkeitsvorstellung, Weltanschauung eingesetzt worden, die als »einzige Rechtfertigungsquellen seiner Existenz« keiner Begründung mehr bedurften.[53] Es ist eine Verfallsgeschichte, die Plessner (re)konstruiert, die in den drei Radikalismen des »weltrevolutionären ökonomischen Sozialismus«, der »Radikalisierung der Theologie« als Offenbarungstheologie und dem nichtdiskursiven »Fasciismus« und »Dezisionismus«, der »die Sphären kampfentzogener Sachlichkeit in einer Kultur als liberale Reste zum Opfer fallen«, zum Ausdruck kommen.[54]

Volk und Weltanschauung aber sind moderne Selbstthematisierungskategorien, die selbst unsicher sind. Das Volk ist nicht einfach vorhanden, es muß bestimmt und definiert werden, und es entspricht nur selten tatsächlich

---

51 Allerdings fand dieser meist außerhalb der engeren soziologischen Theoriebildung und auch ihrer empirischen Forschung statt. Zu nennen sind etwa Karl W. Deutsch, Hans Kohn, Eugen Lemberg, Hugh Seton-Watson, John Breuily, Anthony D. Smith.

52 So Plessner in seinem Vorwort von 1959 zur Neuveröffentlichung seiner Studie »Das Schicksal deutschen Geistes im Ausgang seiner bürgerlichen Epoche« von 1935, die unter dem Titel »Die verspätete Nation. Über die politische Verführbarkeit des bürgerlichen Geistes« wieder aufgelegt wurde.

53 Ebenda, S. 147.

54 Ebenda, S. 175. Auf die Nennung dieser drei Radikalismen reagierte wie zu erwarten schon die zeitgenössische Kritik (1937, damals wurde Plessners Schrift unter dem Titel »Das Schicksal deutschen Geistes im Ausgang seiner bürgerlichen Epoche« veröffentlicht). In einer knappen, polemischen Besprechung von nur einer Druckseite wirft Marcuse Plessner die »Standpunktlosigkeit der ›geisteswissenschaftlichen‹ Phrase« vor, die »zwischen Verteidigung und Anklage des autoritären Staates« schwanke, die Krise würde so auf eine Krise der Weltanschauung reduziert (Marcuse, *Besprechung von Helmuth Plessner*, S. 185).

den Bestimmungen, da die Welt, gerade die Welt des Volkes, nicht ›rein‹ ist, sich den Kategorien nicht beugt und nur unter Anwendung äußerster Zwangsmittel eine Kongruität hergestellt werden kann. Zudem müssen sich die Subjekte als zu einer Gruppe, zum abstrakten Kollektiv zugehörig empfinden, und insbesondere Kategorien der Weltanschauung mangelt es notorisch an Klarheit, das heißt, sie sind unsicher, und schon die Kategorien selbst müssen mit großer Anstrengung eindeutig gemacht werden. Anders ausgedrückt: Soziale Eindeutigkeit, kognitive Klarheit und politische Einheit müssen hergestellt werden, und trotz all der Anstrengungen, die dabei aufgewandt werden, bleiben sie eine semiotische Illusion.[55]

Dem Paradox der Leerstelle stehen die Fähigkeit zur Mobilisierung und das immense historische, publizistische, ideologische und literarische Schrifttum gegenüber. Die Nation und die im Staat realisierte Nation definieren die nicht zu findende Einheit, real in den Institutionen, fiktiv, aber deswegen keineswegs irreal oder ›bloß‹ konstruiert, in den Symbolen und in der Poetik des Nationalen, die sich mit einer sozialen Poetik von unten verbindet. Nation und Nationalismus werden zur Leerstelle in dem Sinne, daß sie, obwohl historisch jung, zum kaum hinterfragten Wert und zu einer Selbstverständlichkeit werden, zu einem Eigennamen, der kein weiteres Nachfragen erforderlich macht.

Man kann ein zweites Paradox formulieren, das man als Erfolg des Nationalen nach seinem Scheitern bezeichnen könnte. Man kann, ob mit Hannah Arendt oder mit Niklas Luhmann, das Scheitern der Form der Nation als Organisationsform moderner Gesellschaften schon nach dem Ersten Weltkrieg konstatieren.[56] Die Form der Nation ist demnach zur einzigen geworden, in der Kollektive, Verwaltungseinheiten oder Herrschaftsgebiete internationale Anerkennung finden können. Globaler und auch totaler kann ein Erfolg nicht sein. Nation und Nationalstaat sind tatsächlich die einzig existierende Form politischer Selbstbestimmung und Selbstregierung,

---

55 Vgl. zu den Begriffen der sozialen Reinheit und der kognitiven Klarheit Appadurai, *Dead Certainty*; zur semiotischen Illusion Herzfeld, Cultural Intimacy, S. 31. Es sind die Essentialisierungsstrategien, die im Herstellungsprozeß von Klarheit und Reinheit angewandt werden, die sich als Illusion erweisen. Sie können als offizielle Kategorisierungen auftauchen oder als Stereotype, das heißt als Administrations- und als Alltagsstrategien (und deren Mischung).

56 Arendt, Elemente und Ursprünge, S. 422 ff., zeigt dies zum Beispiel an den entstehenden Pan-Bewegungen; bei Luhmann heißt es prägnant: »Ironischerweise leitet das Ende des Ersten Weltkrieges mit der Erklärung des Rechts auf Selbstbestimmung der Nationen das Ende dieser Idee ein. Ihr Scheitern wird in den Versuchen, sie zu realisieren, offenkundig. Sie dekonstruiert sich, könnte man sagen, von nun an selber, indem sie zu Entscheidungen gezwungen wird, deren Folgen sich durch die Idee nicht rechtfertigen lassen« (Gesellschaft der Gesellschaft, S. 1054).

da nur sie durch die internationale Organisation der Nationalstaaten Anerkennung finden können. Andersherum gilt deshalb, daß nur anerkannte Nationen sind, was sie zu sein behaupten. Dies bedeutet wiederum, daß mit der Bezeichnung als Nation ein Recht auf Anerkennung und Selbstregierung gestellt wird.[57] Der Name der Nation als Eigenname steht für das Recht und das Ziel. Gerade deshalb können es nicht alle, die sich als Nation definieren, durchsetzen, und die allmählich durchgesetzte Norm scheitert in ebendem Moment, in dem sie als Prinzip anerkannt wird, historisch also: mit den Wilsonschen Prinzipien des Rechts auf Selbstbestimmung infolge des Ersten Weltkrieges. Denn einerseits sind nun alle Gruppen potentielle Nationen, die sich einen Namen geben und diesen auf eine gemeinsame Geschichte, eine geteilte Region und/oder eine gemeinsame Sprache, eine Kultur, einen Glauben zurückführen, andererseits sind die selbsternannten Nationen keineswegs deckungsgleich mit Kulturen, abgegrenzten Gebieten und einer tatsächlichen Bevölkerung administrativer Einheiten. Das heißt: Die Anerkennung einer bestimmten Form der Nation als Gemeinschaft, die Staats-, Kultur- und Sinngrenzen als kongruent behauptet und durchsetzen will, erforderte und erfordert immer wieder eine Politik der Bevölkerungsverschiebung, die in Europa nach 1918 auch faktisch einsetzt.

Die Grenzen, die gezogen werden, stimmen aber nicht mit den Sprach-, Kultur- und Gemeinschaftsgrenzen überein. Zum einen sind es Minderheiten außerhalb der Grenzen des Landes, deren Interessen nun, gefragt oder ungefragt, vom Heimatland, Herkunftsland oder Vaterland, auch wenn sie selbst oder ihre Vorfahren es zu einer Zeit verlassen haben, als es noch gar nicht als solches existierte, vertreten werden. Zum anderen bilden sich nun Gruppen im Inneren als Minderheiten aus, insbesondere dann, wenn sie ein relativ geschlossenes Gebiet besiedeln, (auch) eine andere Sprache sprechen oder einen von der Mehrheit abweichenden Glauben haben. All diese Gruppen können nun selbst als Nation bezeichnet werden oder geben sich selbst einen Namen, der mit Anerkennungsfolgen und Forderungen verbunden ist, die nicht mehr nur auf das Sprechen der Sprache und die Praxis des Glaubens einschränkbar sind. Die Welt wird neu geordnet, weil das nationale Prinzip weder dem tatsächlichen Leben, der Bevölkerungsstruktur, den häufigen Wanderungen noch den vielfältigen Selbstbildern entspricht.[58]

---

57 Verdeutlichen läßt sich dies an der Bezeichnung *First Nation* zum Beispiel für die Inuits in Kanada oder die Aborigines in Australien. Mit der Bezeichnung wird ein Recht auf selbständige Verwaltung eines Gebiets gestellt und implizit und moralisch ein besonderer Anspruch, der sich nicht nur aus der Unterdrückungsgeschichte ableitet, formuliert.

58 Zur Geschichte der Migrationen vgl. Bade, Migration im 20. Jahrhundert; für das Frankreich der Fünften Republik hat Gastaut in einer sehr differenzierten Studie die öffentlichen Reaktionen und Einstellungen auf die verschiedenen

Die von der Herkunft gelöste Nation findet eben in dieser Auflösung ihren emanzipativen Aspekt. Sie löst die alten, ständischen Beziehungen auf und definiert den Begriff der Nation um. Herkunft wird von Vergangenheit und der Bindung an eine lokale Gruppe auf Zukunft umgestellt. Von dieser aus kann die Vergangenheit wieder betrachtet und die Geschichtswissenschaft zu einer Gründungswissenschaft des Nationalen werden. Vergangenheit wird zur Bestimmung der Zukunft thematisiert, das Recht auf die zukünftige, zu gründende oder zu vereinheitlichende Nation wird aus ihrer vorherigen Existenz begründet. Die Nation braucht Geschichte und, wenn sie reale Zukunft haben will, ein Territorium, das sie als Staat verwaltet. Die moderne Nation bestimmt sich erst selbst, wenn sie Territorium und Staat besitzt.[59]

So bedeutete die Nationalisierung der europäischen Welt die Herstellung von kognitiver Klarheit, das heißt die Produktion von Eindeutigkeiten und, damit verbunden, eine Praxis der Produktion von sozialer Eindeutigkeit und politischer Einheit. Nicht nur die Eindeutigkeit der Begriffe, mit denen sie beschrieben wird, sondern die Welt der klaren Grenzen und der Entsprechung von Begriff und Welt müssen gegen den grundlegend polysemischen Charakter der vielfältigen Beziehungen gesetzt werden. Dieser Herstellungsprozeß wird mit dem Begriff der Selbstbestimmung verbunden. Partikularität und Universalität sind in diesem unmittelbar verbunden, und es ist nicht nur schwierig, sondern kaum möglich, auf ihn zu verzichten. Selbstbestimmung muß als Recht, das allen Menschen zusteht, definiert werden, das heißt, es kann nur als Menschenrecht formuliert werden. Tendenziell muß es allen zugestanden werden, und langsam werden auch faktisch immer mehr Gruppen (Bürger, alle Männer, Frauen, Minderheiten etc.) einbezogen.

Es ist erhellend, an dieser Stelle die schon vom Liberalismus getroffene Unterscheidung zwischen Rechtsansprüchen und Rechtsfreiheiten einzuführen, das heißt zwischen sozialen und politischen Rechten oder, wenn auch nicht ganz deckungsgleich, in eingeführter soziologischer Terminologie: diejenige zwischen Sozial- und Systemintegration.[60] Das menschenrechtlich de-

---

Einwanderungen dargestellt. Deutlich wird, wie uneinheitlich die Gruppen und die Meinungen sind (ders., L'immigration et l'opinion).

59 Häufig sind die Hinweise darauf, Nation und Staat begrifflich zu unterscheiden, so jüngst Langewiesche, Nation, Nationalismus, Nationalstaat. Man kann dies immer durch den Hinweis auf eine analytische Trennung begründen, und es ist dann nicht viel gegen die Unterscheidung einzuwenden. Es gilt aber zu beachten: »Wenn sie [die Nation] nicht zur Staatsbildung führt, bleibt die Idee der Nation eine bloße Idee« (Luhmann, Der Staat des politischen Systems, S. 366).

60 Vgl. zu dieser Unterscheidung, die die Autoren parallel zu der Unterscheidung von Vernunft und Verstand bei Kant einführen, Ferry/Renaut, Des droits de l'homme.

finierte Recht auf Selbstbestimmung ist zunächst ein individuelles politisches Freiheitsrecht. Kollektiviert bezieht es sich auf das Recht einer Gruppe, einer Gemeinschaft (ohne daß diese genauer bestimmt werden kann), sich selbst zu bestimmen. In diesem Fall muß die Gruppe sozial und politisch definiert werden, die das Recht einfordern kann. Kollektiviert wird aus der Rechtsfreiheit ein Anspruch, der an die Stelle der Freiheit tritt, in einen Anspruch auf Freiheiten umformuliert wird. Empirisch ist dies bei den ›Befreiungsnationalismen‹ der Fall. Eine tatsächlich oder vermeintlich unterdrückte oder ›fremdbeherrschte‹ Gruppe, die sich selbst als Nation bezeichnet und dafür zumindest für die Mitglieder, von denen Soldarität gefordert wird, plausibel auf eine gemeinsame soziale Lage, eine geteilte (Unterdrückungs-) Geschichte, eine von allen gesprochene Sprache, ein vergangenes, gegenwärtiges oder zukünftiges Territorium als Gebiet, auf dem die eigenen Regeln gelten sollen, verweisen kann, erhebt einen Anspruch auf kollektive Selbstbestimmung und versucht diesen argumentativ, organisatorisch und, wenn als notwendig angesehen, im Kampf durchzusetzen. Realisiert sich der kollektive Anspruch (faktisch immer: durch von außen schließlich anerkannte Selbstregierung), können die Freiheiten als eingelöst gelten, ohne daß tatsächliche Rechtsfreiheiten im neu gegründeten Staat bestehen. Denn die letzteren können nur individuell formuliert werden, im Fall von internen Gruppen als Minderheiten, solchen Gruppen, die einen Anspruch auf Selbstregierung aus verschiedenen Gründen nicht durchsetzen konnten, werden sie auf ein Kollektivsingular bezogen. Im angesprochenen Fall aber ist es das Kollektiv, das als Kollektiv von Gleichen, das heißt entweder von Leuten mit gleichen Ansprüchen oder von Menschen, die als wie immer substantiell Gleiche angesehen werden, Selbstbestimmung erlangt oder erlangen soll. Wird Selbstbestimmung einem Kollektiv schließlich als erreicht zugeschrieben, gibt es durchaus keine zwingende Notwendigkeit mehr, politische Rechte zu schützen. Selbstbestimmung kann durch den Akt der Zuschreibung und Institutionalisierung als erreicht gelten.

Nur der Nationalstaat ist den Weg zur Demokratie gegangen, ermöglicht durch die emanzipative Idee der Selbstbestimmung und auch dadurch, daß der moderne Nationalstaat nicht nur national, sondern auch industriell war.[61] Es waren die neuen Arbeitsbeziehungen, die Freisetzung aus den traditionalen Beziehungen, die der Fiktion der Selbstbestimmung eine soziale Realität gaben, wie abstrakt diese Freiheiten auch waren und an welche sozialen Bedingungen sie auch geknüpft waren. Beide zusammen machten die Einzelnen zu Individuen und zu Kollektiven. Wenn auch alle Demokratien nationalstaatlich organisiert sind, sind nicht alle in Staaten organisierten Nationen demokratisch. Der Umkehrschluß hat keine Gültigkeit. Im Fall

---

61 Hier findet Gellners These des Zusammenhangs von Industrialismus und Nationalismus ihre Begründung, auch wenn sie zu einseitig formuliert ist.

der Realisierung der Nation im Nationalstaat müssen entweder die sozialen Rechte geschützt werden – das im Staat realisierte Kollektiv ist dann für die soziale und wirtschaftliche Sicherheit der Mitglieder/Bürger verantwortlich –, oder soziale Gleichheit kann durch kulturelle, abstammungsgemäße, ethnische oder rassische wenn nicht ersetzt, so doch überformt werden. Aus der *égalité* als der Forderung und Realisierung von Freiheitsrechten kann *équité* als soziale oder kulturelle, ethnische rassische Gleichheit gemacht werden, für das die deutsche Sprache nur einen Begriff kennt: Gleichheit.[62] Der regulatorische und der homogenisierende Staat haben einen gemeinsamen Ursprung.

Die Form der Nation ist die einzige tatsächlich durchgesetzte, globalisierte Form der Vorstellung, Behauptung und Realisierung eines politischen Kollektivs. Anders: Weltgesellschaft besteht politisch aus anerkannten Staaten, deren Binnenstruktur äußerst unterschiedlich ist. Auch wenn ihr nicht erst seit heute andere mächtige Akteure gegenüberstehen oder mit ihr verbunden sind, die Macht der Nation also nicht nur durch andere Nationen, sondern durch andere Formen des Politischen und andere Systeme, die das Primat des Politischen nicht akzeptieren oder immer weniger akzeptieren (müssen) und sich den Regeln einer Nation entziehen können, sind Nation und Nationalstaat keineswegs bedeutungslos geworden. Denn das Prinzip des Nationalen erweist sich auch in der Welt der Globalisierung weiterhin als starke Mobilisierungskraft, und der Nationalismus zeigt weit über die gegeneinander verschobenen Gründungsphasen der Nationen hinaus seine Lebensfähigkeit. Er schwindet keineswegs mit der Erreichung des Ziels, der Gründung einer nun als selbstbestimmt definierten Nation, die heute, im 21. Jahrhundert, zugleich mit ihrer Gründung ihre ökonomische und militärische Souveränität meist wieder aufgibt. Es bleibt die kulturelle Souveränität und damit gerade der Teil des Nationalen, der seinen schwächsten und gleichzeitig die Leidenschaften am stärksten beeinflussenden Teil ausmachte. Nicht zufällig finden in diesem Bereich aktuelle Anerkennungskämpfe statt.

Die Entstehung der europäischen Soziologie als institutionalisierter Form gesellschaftlicher Selbstbeschreibung am Übergang vom 19. zum 20. Jahrhundert, nach 1870 also, das heißt nach der Gründung zweier ›verspäteter Nationen‹, Italien und Deutschland, war verbunden mit einer Änderung einiger Kategorien der Selbstthematisierung. Die Selbstbeschreibung der Nation als politisches Subjekt wurde zunächst ergänzt und dann mehr und

---

62 Nur ein aktuelles Beispiel: Die baskische nationale Befreiungsbewegung hat »Heimat und Freiheit« zu ihrem Slogan gemacht und versteht sich gleichzeitig als eine sozialistische Gruppierung. Die Realisierung von Freiheit bezieht sich auf die Durchsetzung von Selbstregierung. Das Kollektiv der Basken ist selbstbestimmt, wenn es einen eigenen Staat erreicht hat.

mehr durch zwei dominante, teilweise konkurrierende, sich manchmal auch überlappende Kategorien, Klasse und Volk, überlagert. Die Klasse konnte durch ihre Partei vertreten werden, und das politisch zentrale Problem konnte in ein Problem des Verhältnisses von Klasse, Partei und Staat umformuliert werden. Selbstbeschreibung wurde in diesem Prozeß zur Ideologie, ein zunächst positiv konnotierter Begriff, der wissenschaftlich-rationale Erkenntnis, Begriffe der Selbstbeschreibung und mit ihnen verbundene politische Konsequenzen und Forderungen einbezog. In einer anderen Variante wurde der politisch-rechtlich definierte, abstrakte Begriff des Volkes als natürlicher, aber zu entwickelnder Kultur als dominante Selbstbeschreibungskategorie eingeführt. Auch in diesem Fall konnte das Volk als Repräsentanz des Wir zur nationalen Gesellschaft in Beziehung gesetzt werden. Die politische Kategorie der Nation wurde ergänzt und überlagert durch soziale, kulturelle (inklusive mythische und religiöse), ökonomische und schließlich auch rassische Kategorien, die sich selbst als politische setzen konnten.[63] Norbert Elias hat diesen Prozeß als Übergang von sozialen zu nationalen Gegensätzen beschrieben, als eine Änderung der Antithese von – deutscher – Kultur und – westlicher – Zivilisation, die in dieser Transformation Sozialcharaktere zu Nationalcharakteren umformte. Die »Geste des Abschließens, die Akzentuierung des Spezifischen und Unterscheidenden« wurde zu einer politischen Kategorie.[64]

Der Begriff der Nation wurde dabei verändert. Als Selbstbestimmungskategorie entstanden und zunächst in ihrer rechtlichen Konstituierung realisiert, wurde sie mit kulturellen und sozialen Kategorien vermischt und manchmal von ihnen überformt. Das Volk, die Klassen und die Menschen gingen nicht in der rechtlichen Konstruktion auf, die sie doch als politisches Kollektiv erst geformt hatte. Das Volk und die Klassen machten sich selbst zu politischen Kategorien, und die Form der politischen Repräsentation mußte ihre sozialen Äquivalente suchen. Die notwendig umstrittene Frage, wer was repräsentiere, sollte durch ihre Aufhebung gelöst werden.

---

63 Diese Darstellung kann durch einen Hinweis auf Herders Begriff des »Volksgeistes«, der damit das Recht der Nationwerdung für die Deutschen, die Balten und die balkanischen Völker forderte, verständlich werden. Für Herder war die Berufung auf den Volksgeist als ein anderer Weg gedacht, dem Beispiel Großbritanniens und Frankreichs zu folgen, das heißt: Sie war gedacht als Möglichkeit, sich auf den Weg zu universellen Werten zu begeben. Ein zugegebenermaßen ambivalentes, aber kein essentialistisches Konzept.

64 Elias, Prozeß der Zivilisation I, S. 25.

Nation und Gebiet

Die entstehende Wissenschaft von der Gesellschaft, die Soziologie, setzte die nationale Organisationsform der Gesellschaft voraus. Die politische Form der Gesellschaft als Nation war, kaum geboren und keineswegs schon zum weltgesellschaftlichen Normalfall geworden, die Voraussetzung, auf der nun Herrschaft, Klassenbildung, Solidarität, Ökonomie, aber auch »Rassenbeziehungen«, gesellschaftliche Beziehungen also, die es alle auch vorher gegeben hatte, neu untersucht und interpretiert wurden. Entsprach dies einem Trend, so war es dennoch der Begriff selbst, der die Analytiker vor ein Problem stellte (und stellt). Denn auch die realisierte Nation, das heißt ohne Ausnahme: die im Staat realisierte Nation, hat, ob politisch oder kulturell bestimmt, einen äußerst komplexen Charakter. Sie ist gleichzeitig territorial, politisch, sozial, kulturell, historisch, mythisch und religiös. Sie versuchte sich dennoch als Einheit darzustellen, und da sie in allen Fällen zu einem politischen Selbstbeschreibungsbegriff wurde, politisierte sie auch die Begriffe und Bereiche der Gesellschaft, die nicht unmittelbar politisch waren.

Die realisierte Nation ist auf Institutionen und auf Symbole angewiesen, um sich tatsächlich, von Tag zu Tag, im alltäglichen Plebiszit zu verwirklichen, für das bei Ernest Renan am Ende die empirische Feststellung, daß die Leute nicht weglaufen, ausreichte.[65] Die Nation ist vorgestellte, geforderte und realisierte Gemeinschaft, die dennoch mehr braucht als einen Code, auch wenn sie diesen entwickelt: Sie braucht Geld und Steuern, Schulen, Armee, Polizei, Justiz, Verwaltung, Repräsentation, Öffentlichkeit und manchmal auch Kirche, das heißt Repräsentanten und Gesetzgeber, Soldaten, Beamte, Lehrer, Interpreten und Priester.[66] Sosehr sich die Nation als eine Selbstbeschreibung der Einheit versteht, scheitert sie eben an dieser von ihr selbst geforderten Form der Selbstbeschreibung, da sie immer mehr integrieren will oder muß, als sie kann. Sie ist nicht das, als was sie sich darstellt und herstellt, und muß dennoch so tun, als ob sie es sei. »Es ist der Ruhm Frankreichs, durch die Französische Revolution verkündet zu haben, daß eine Nation aus sich selbst existiert.«[67] Sie ist dabei nie nur Darstellung,

---

65 Siehe hierzu Renans berühmt gewordenen Vortrag an der Sorbonne vom 11. März 1882, *Was ist eine Nation?*

66 Giesen (Die Intellektuellen und die Nation) reduziert das Nationale zu einseitig auf den sich entwickelnden nationalen Code. Man könnte dann die Nation als das Symbolische vom Staat als Herrschaftsapparat trennen. Der Bezug der Nation auf Institutionalisierung und Organisation schwindet so zu sehr und damit die Machtinteressen der ›Interessenten der Kultur‹. Das Symbolische, die Codes, die Selbstthematisierung sind mit der Realisierung verbunden, sie sind Bestandteile der Realität und des Prozesses ihrer Herstellung.

67 Renan, *Was ist eine Nation?*, S. 296. Es lassen sich viele Belegstellen für die

weil sie immer auch versuchen muß zu schaffen, was sie behauptet zu sein, da sie es darzustellen beansprucht. Dieser strukturellen Ambivalenz zwischen Konstruktion und Substanz, soziologisch unter anderem ausgedrückt in dem so populären Begriffspaar von Gesellschaft und Gemeinschaft, politisch zwischen Nation als Republik und Nation als Volk, kann sie nicht entfliehen.[68]

Die Nation aber realisiert sich – und diese Realisierung läßt sich von ihrer Vorstellung und der Forderung nach Realisierung unterscheiden – in historisch variablen, unterscheidbaren und den Unterschied zwischen den Nationen mit herstellenden Verläufen und Formen als wiederum vorgestellter, geforderter oder realisierter Staat. ›Realisiert‹ in einem weiten Sinn: als Nationalstaat, der tatsächlich Grenzen ziehen konnte, das heißt Herrschaft über ein Territorium, eine Bevölkerung und die Verwaltung erlangt hat und damit den formalen Kriterien des Staatsbegriffs Genüge tut. Nation kann sich auch als ›Nation ohne Staat‹ verwirklichen, das heißt als solche, die einen Anspruch auf ein Territorium stellt. Sie kann diesen unter Umständen nach innen teilweise durch Erlangung von Autonomierechten (eigene Schul- und Kulturpolitik, eine eingeschränkte Steuerhoheit) verwirklichen, zum Beispiel als kulturelle oder sprachliche Insel dann, wenn die Gruppe ein gemeinsames Siedlungsgebiet innerhalb eines Staates, der mehrheitlich von einer anderen Gruppe dominiert wird, schon länger bewohnt. Abstrakter werden Nationen ohne Staat, wenn zwar eine Gemeinsamkeit als Sprache, Religion oder Kultur in einem weiteren Sinne aufrechterhalten werden kann, aber keine gemeinsame, gegenwärtige Region als räumlicher Bezug vorhanden ist. Die Erinnerung, deren Institutionalisierung durch Ritualisierung und Umformung in ein kollektives Gedächtnis, dient dann dazu, die Gemeinschaft gegenwärtig aufrechtzuerhalten und sie eventuell in der Zukunft erneut zu realisieren. Die Bedeutung einer Herkunftsregion kann dabei unter Umständen retrospektiv zugeschrieben werden, die Vergangenheit erfunden werden. Selbst das Gebiet der Nation existiert als vergangenes, gegenwärtiges oder zukünftiges.

Die Nation als begrenzter Raum wird konkret, indem sie sich auf ein ehemaliges, gegenwärtiges oder zukünftiges Gebiet bezieht, das auf Karten dargestellt werden kann. Zu ihrer Realisierung reicht es nicht, von der Nation zu erzählen, was Bhabha als »narrating the nation« beschrieben

---

Selbstschaffung angeben, zum Beispiel: »Holland, das sich in einem Akt heldenhafter Entschlossenheit selbst schuf, [...]« (ebenda, S. 297).

68 Giesen bezeichnet diesen Zusammenhang als »Latenzproblem«: Das soziale Konstrukt muß als real verteidigt werden. »Dieser Vorgang der typisierten Konstruktion von Gleichheit und Differenz wird im Alltagsleben freilich immer latent gehalten; man handelt in natürlicher Einstellung, als ob die Welt voraussetzungslos gegeben sei« (ders., Die Intellektuellen und die Nation, S. 38).

hat.[69] Nation als Herrschaftsgebiet und als Gebiet relativ sicherer Erwartungen und Erwartungserwartungen muß gezeichnet, kartographiert werden. Das Bild der Nation als umschlossener Raum entsteht vermittelt über die Karte, die den Raum als Gebiet erst festlegt, ihn begrenzt und als Struktur erscheinen läßt, zum Teil durch natürliche Hindernisse begrenzt, zum Teil durch die gezogene Linie. Die Karte zeigt kein objektives Bild, sie weist die Wege durch das Land, sie zeigt, wie die Truppen verteilt sind und welche Flagge gehißt ist, für wen die Wege da sind. Die Karte aber prägt sich ein als äußere Struktur der Nation, so daß der Löwe erkennbar wird oder das Hexagon zum Symbol und gleichwertigen Begriff des Nationalen werden kann. Man kann so weit gehen zu sagen, daß es Nationen ohne Landkarten nicht geben kann. Erst die gezogene Linie macht den Raum zum Gebiet, und es ist nicht nur von Bedeutung, daß die Geschichten über die Nation erzählt werden und die Dichter ihre Lieder singen. Auch die Karten müssen als konkrete Symbolisierungen des Raumes, als Gebiet in den Köpfen verankert werden. Bei jeder Karte handelt es sich also um eine kognitive Kartographie, die auch eine mentale Kartographie darstellt und selbstverständlich der Macht im Inneren ihres Gebiets die Wege weist und deren Grenzen bezeichnet. Die Nation realisiert sich unter anderem, indem sie als bildhafte Vorstellung im Kopf existiert. So ist die Erinnerung derjenigen, die in den fünfziger und sechziger Jahren des 20. Jahrhunderts in der Bundesrepublik aufwuchsen, auch von der ubiquitären Existenz der Karte Deutschlands geprägt: »Dreigeteilt niemals« konnte nur kartographisch dargestellt seine Wirkung entfalten, und noch die Wirkung des Begriffs des Eisernen Vorhangs war an diese Darstellung gebunden. Buchstäblich erhält die Nation mit der Karte ihre äußere Form, da sie nun vorstellbar wird, Umrisse, Innen und Außen und damit räumliche Realität erhält.[70]

Die Grenze bezeichnet so mehr als den Raum der Geltung der Souveränität und dessen Ende. Sie umreißt den Raum, in dem das Recht gesetzt wird, Regeln gelten und durchgesetzt werden, ein Wissen hierüber und über sich selbst als Kollektivsingular produziert und erwartet wird. Es handelt sich aber keineswegs um reine Repräsentation, um ein ›bloß‹ Symbolisches. Die Grenze umfaßt nicht nur ein Gebiet als Territorium, sie ist eine Kartographie des Wissens nicht nur im Sinne eines Unbewußten und Gewußten, sondern auch eines praktischen und eines empirischen Wissens. Damit wird auch die Frage nach der Verfügbarkeit des Wissens interessant. Anders formuliert: Das Kollektiv, das sich selbst beherrscht, muß von sich

---

69 Siehe hierzu Bhabha, Nation and Narration.
70 »Der Maßstab des Kartographierens ist nicht auf das Mathematische begrenzt; er kann ebenso geistig, politisch oder moralisch sein. Zudem bezieht sich die erstellte Aufzeichnung nicht nur auf das Archivalische; es schließt das Erinnerte, das Vorgestellte und das Erwartete ein« (Cosgrove [Hg.], Mappings, S. 5).

selbst wissen, muß sich thematisieren und darstellen, um auf der Grundlage dieses Wissens eine soziale Praxis des Kollektivs entwickeln zu können.[71]

Das Wissen ist keineswegs nur in Text- oder Kartenform vorhanden. Es existiert vielmehr eine praxeologische Ebene des Wissens, die mit den Formen der Herstellung verbunden ist und in denen die Repräsentation zur Praxis wird. Wirklichkeit entsteht nicht allein in der Produktion kognitiver Klarheit, den verschiedenen Formen sozialer Eindeutigkeit und politischer Einheit. Sie entsteht immer wieder von neuem, alltäglich, im Prozeß der Herstellung. Klarheit, Eindeutigkeit und Einheit werden wirklich in diesem Prozeß, ohne den Charakter des Fiktiven dabei zu verlieren. Es ist die Wirklichkeit des Fiktiven, die nicht nur theoretisch zu analysieren ist, sondern in der Praxis der Nationalisierung, der Herstellung von politischen Großkollektiven als auf das Recht begründet, als Übertragung des Körperbildes auf die Nation oder als Vorstellung der gemeinsamen Wurzeln aufgespürt werden kann.[72] Ist der Raum als Herrschaftsgebiet im Körperbild durch eine eindeutige Grenze bestimmt, die Innen/Außen-Differenz also deutlich markiert und Zugehörigkeit oder Nichtzugehörigkeit konzeptuell klar zu bestimmen, so sind die beiden anderen Bilder weniger eindeutig. Das Bild von Wurzel und Tradition findet sich in der langen gemeinsamen Geschichte, die nun beschrieben wird, aber auch in den überlieferten und neu entdeckten, zumindest mit einer neuen Bedeutung versehenen Sitten und Gebräuchen, den neuen alten Liedern und Gedichten, den Ritualen und anderen Gemeinsamkeiten. Verdichtet wird es im Bild vom »Boden und den Toten«, kanonisiert vom Literaten Maurice Barrès und, in der deutschen Form, von »Blut und Boden«. In einem deutschen Sinnspruch wird dieser Prozeß der aktiven aktuellen Aneignung des Erbes unmittelbar deutlich: »Was Du ererbt von

---

71 Empirisch kann zum Beispiel gefragt werden, wie die Zugänglichkeit zu bestimmter Literatur geregelt war. Ein Beispiel hierfür findet sich bei Darnton, The Business of the Enlightenment, der die Verteilung von Diderots Enzyklopädie in Europa untersuchte. Gefragt wird nach der Zugänglichkeit eines Wissens, das man als Angriff auf das traditionelle Wissen der Zeit verstehen kann. Denn die Enzyklopädie kann als ein Versuch gelesen werden, »die Welt des Wissens entsprechend zu den neuen, von der Vernunft und nur von der Vernunft bestimmten Grenzen aufzuzeichnen. Wie es die Titelseite verkündete, wollte es ein ›dictionnaire raisonné des sciences, des arts et des métiers‹ sein – das heißt, es wollte alle menschlichen Aktivitäten unter Bezug auf nationale Standards vermessen und so eine Basis zur Verfügung stellen um die Welt neu zu denken« (Darnton, zit. nach Thrift, Spatial Formations, S. 111).

72 Vgl. zu diesen drei Bildern des Nationalen Wahnich, L'impossible Citoyen. Wahnich analysiert am Beispiel der Auseinandersetzung um ein Ausländergesetz während der Französischen Revolution, wie die Bilder des Eigenen mit den Fremdenbildern variieren.

Deinen Vätern, erwirb es, um es zu besitzen.«[73] Vor allem das Bild des Blutes, aber auch das Bild der Toten zeigen Übergänge zum Bild des Körpers der Nation. Der Andere ist hier der, der sich aus der Gemeinschaft begibt, da er die Toten nicht ehrt und den ›Boden‹ nicht kultiviert, aber auch der, der zwar am Ort ist, aber andere ›Wurzeln‹ hat. Das dritte Bild, das des Rechts, schließt an die naturrechtliche Begründung der Selbstbestimmung an. Es sind die Institutionen der selbstbestimmten Nation, die geachtet werden müssen, das selbstgesetzte Recht. Der Andere ist in diesem Kontext derjenige, der dieses Recht nicht achtet, der die Vernunft nicht erkennt oder, aus welchen Interessen auch immer, das Recht nicht anerkennt.

Der konstruierte und im Prozeß der Konstruktion beständig realisierte einheitliche regionale, politische und moralische Raum des Nationalstaates braucht Anerkennung von innen und außen. Seine Realisierung wird aber als gefährdet vorgestellt. Die Feinde stehen nicht nur außen, vor den Grenzen, sie befinden sich auch innen. Staat im Staate ist die konkrete Bezeichnung oder besser Beschuldigung derer, die ihre eigene, selbstdefinierte Einheit als gefährdet betrachten und einen wie immer begründeten oder erfundenen Vorwurf formulieren, um die Macht zu sichern und die Herrschaft zu legitimieren. Die wesentliche Grundlage des modernen Staates, das heißt die Beanspruchung und beanspruchte Durchsetzung des Monopols auf legitime Gewalt und damit die Souveränität, wird durch einen Staat im Staate tatsächlich oder fiktiv gefährdet. Diese Gefahr ist die schon bei der Herstellung der Souveränität geäußerte Befürchtung.[74] Der Kampf

---

73 Dieser Sinnspruch, dessen Autor und Quelle ich nicht kenne, stand unter der Gravur eines Bildes von einem pflügenden Bauern, das in der Wohnstube eines Münsterländer Bauern hing. Als Kind rätselte ich immer dann, wenn ich das Zimmer des Nachbarn betrat, über die Bedeutung des Satzes.

74 Gewalt gibt es auch außerhalb der staatlichen, auch solche, die Legitimität beansprucht. Erst nach ihrer allgemeinen Durchsetzung aber kann sie zur legitimen Herrschaft werden. Auch das durchgesetzte Gewaltmonopol ist daher nie absolut. Durchgesetzt ist es, wenn andere Formen der Gewalt als illegitim gelten, nicht, wenn sie nicht existieren. Legitimität bezieht sich auf Formen der Herrschaft, Gewalt gibt es aber auch außerhalb von Herrschaftsbeziehungen, weberianisch also in bloßen Machtbeziehungen, die sich auf die Chance beziehen, wie auch immer die Handlungen anderer zu bestimmen. Hierauf bezieht sich Webers Bemerkung über den soziologisch »amorphen« Charakter der Macht. In Machtbeziehungen setze ich Gewalt ein, wenn es der kürzeste und einfachste Weg ist, ein Ziel zu erreichen. Hier geht es vor allem um die unmittelbare Gewalt als Zwang und Möglichkeit der Verletzung und Tötung. In Herrschaftsbeziehungen geht es auch um diese Form der Gewalt als Gewalt *tout court*, es kommt aber mehr hinzu, so daß in Strukturen gegossene Gewalt, institutionelle, in Recht oder Organisation überführte Gewalt, die auf Anerkennung und nicht nur auf Gehorsam stößt und hierauf angewiesen ist, nicht übergangen werden kann.

gegen intermediäre Gewalten hatte im 17. Jahrhundert begonnen und war in Frankreich gegen die Hugenotten und Jesuiten gerichtet. Es war der Wunsch des Staates, tatsächlich souverän zu werden, der sich im Begriff ausdrückte und es den Gruppen, seien es solche, die heute als ethnisch bezeichnet würden, seien es religiöse, soziale oder regionale, verbieten sollte, ihre eigenen Angelegenheiten zu regeln. Der Kampf für die Souveränität war gegen die Autonomie der hugenottischen Städte gerichtet, die die lokale politische und militärische Gewalt innehatten und damit Autoritäten beanspruchten, die nur dem souveränen Staat gebührte. Schließlich wurden in diesem Zusammenhang auch die Jesuitenorden in Frankreich aufgelöst. Es handelt sich um die Diskussion der Gefahren durch Mächte, die einen gleichen Souveränitätsanspruch wie der Staat stellen. Souveränität und damit ihre andere Seite, das Monopol legitimer Gewalt, werden in dieser Diskussion zum höchsten Wert ernannt. Der Staat kann keine Organisationen und Institutionen auf gleicher Höhe dulden.

Auch in Deutschland wurde diese Diskussion zunächst am Beispiel der Hugenotten geführt. Im Anschluß an Samuel Pufendorfs Souveränitätstheorie diskutierte Baron Bielfeld kritisch die Sonderrechte, die ihnen im Edikt von Nantes zugestanden wurden. Herrschaft sollte nicht mehr von Ort zu Ort und von Fall zu Fall durchgesetzt werden, sondern prinzipiell anerkannt werden.[75] Die Auflösung der intermediären Gewalten konnte als herrschaftliche Integration gedacht werden, die Aufhebung der illegitimen Herrschaft einer Gruppe, einer Stadt oder Region bedeutete den Übergang in den Status des Bürgers.[76] Aus ebendiesem Grund wurden die Juden zunächst nicht unter dem Begriff des Staates im Staate behandelt. »Die Juden

---

75 Auf Baron von Bielfeld und sein Buch über »Institutions politiques« verweist Brumlik, Deutscher Geist und Judenhaß, S. 77. Zur Geschichte des antisemitischen Slogans siehe Katz, *Ein Staat im Staate*. Eine Zusammenfassung dieses Aufsatzes findet sich bei Katz, Vom Vorurteil bis zur Vernichtung, S. 62–67. Nicht erst Fichte bezog diese Gefahr in *Über die Französische Revolution* auf das Judentum (siehe weiter unten).

76 Der Begriff der illegitimen Herrschaft ist umstritten. Er wird hier nicht in dem Sinne gebraucht, wie ihn Johannes Winckelmann in die Gliederung von Max Webers Stadtsoziologie in »Wirtschaft und Gesellschaft« eingefügt hat. Weber selbst hat diesen Begriff kaum benutzt. Im so überschriebenen Kapitel wird die entstehende Herrschaft der Bürger beschrieben, die aus der Perspektive der traditionalen Herrschaften als illegitim gelten sollte. Im Kontext dieser Arbeit ist das Verhältnis eher umgekehrt. Der entstehende Souveränitätsanspruch über ein politisch, kulturell und moralisch als einheitlich gedachtes Gebiet macht lokale Herrschaftsformen zu »illegitimen«, diesmal nicht aus der Sicht der traditionalen Herrschaft, sondern der neuen, modernen. Vgl. zur Debatte über den Begriff Oexle, *Kulturwissenschaftliche Reflexionen*, auch Schreiner, *Legitimität, Autonomie, Rationalisierung*.

erschienen nicht als Staat im Staat, sondern als Staat am Rande des Staates, der sich nur mühsam selbst erhielt.«[77] Es war die Aufnahme in den Status des Bürgers, der verwehrt werden sollte, und erst als es nicht mehr nur um die Zuerkennung der Menschenrechte, sondern auch der Bürgerrechte für die Juden ging, wurde der vorgeprägte Begriff auf die Juden bezogen. Jetzt sollte darauf verwiesen werden, daß die Gemeinschaft der Juden so fest sei, daß sich diese nicht von ihr lösen könnten. Sie wurden jetzt nicht mehr als am Rande stehend beschrieben, sondern im Gegenteil als eine heimliche Macht, die das Zentrum gefährden könne. Und es ist Johann Gottlieb Fichte, der den Begriff schließlich, auf die Juden bezogen, gezielt verwendet. Staat im Staate bezieht sich nicht mehr auf Minderheiten, die durch einen Wechsel ihrer Anschauung ihren Status als Minderheit auflösen können, sondern auf Menschen, deren »Ideen«, wie Fichte es ausdrückt, an ihnen haften.

In keinem Fall ist Nation nur kulturelle Gemeinsamkeit, weder im Fall der Kulturnation noch in dem der Staatsnation, deren Kultur dann immer schon politische Kultur ist. Nation ist ohne Bezug auf Land – als vorgestelltes oder reales Staatsterritorium oder Herkunftsgebiet – nicht zu denken, liegt dieses nun in der Vergangenheit, der Gegenwart oder der Zukunft. Der moderne Staat ist Territorialstaat, und das heißt, daß seine soziale, politische und kulturelle Ordnung ein Geltungsgebiet besitzt. Dieses Gebiet ist vom geographischen Raum zu unterscheiden. Gebiet ist ein sozial produziertes und staatlich definiertes Territorium, auf dem Regeln gelten oder gelten sollen und reziproke Verhaltenserwartungen generiert und auch durchgesetzt werden. Auf letztere läßt sich der mit der Entstehung der Nationalstaaten auch in die theoretisch-politische Debatte eingeführte Unterscheidungsbegriff der Kultur beziehen.[78] Dieser ändert seine Bedeutung von der Kultur, die man herstellt, so wie man den Boden, den man kultiviert, veredelt, der Natur eine Form gibt, zur Selbstkultivierung des Einzelnen und des Kollektivs, die sich nun selbst ›veredeln‹, bis zur Kultur, die man hat, das heißt, die man besitzt. Und schließlich umfaßt Kultur alle nichtnatürlichen, geschaffenen konkreten und symbolischen Artefakte menschlicher Grup-

---

77 Katz, Vom Vorurteil bis zur Vernichtung, S. 63.
78 Die Feststellung, daß man diesen Begriff kaum definieren könne, gehört zu seinem Gebrauch. Begriffe, die einen so weiten und fast beliebig erscheinenden, das heißt zur individuellen/kollektiven Nutzung freigegebenen Bedeutungshof haben, sind dennoch in ihrer sozialen Bedeutung faßbar. Eine Selbstwahrnehmung als Kultur setzt eine andere Kultur voraus. Kultur ist daher nur als genereller Unterscheidungsbegriff interpretierbar, der Selbstthematisierung ermöglicht, notwendig macht. Auf andere bezogen, meint Kultur meist die Gesamtheit einer Einheit, ihrer Mythen, Religionen, politischen Formen, Techniken und schließlich ihres Verhältnisses zur Kultur selbst.

pen, inklusive der gestalteten Natur. Kultur, dieser notorisch nicht zu fassende Begriff, meint dann das Leben, das man führt, wobei ›man‹ entweder die Völker als Träger der Kultur sind oder schließlich die ›Kultur‹ selbst; nun kann der Begriff im Plural gebraucht werden. In einer letzten Variante können ›Kulturen‹ selbst mehr oder weniger ›Kultur‹ haben. Die Ausweitung des Begriffs wird, ohne sie aufzugeben, wieder zurückgenommen; jetzt werden die ›Werte‹ und die ›großen‹ Kulturleistungen einer Kultur betrachtet.[79]

Kulturrelativismus und Kulturimperialismus sind als verfeindete Geschwister im Begriff der Kultur gefangen. Einmal erhält jede Kultur, die in den Blick der Anderen gerät, ihr je eigenes Recht zugesprochen. Dabei zeigt sich die Kultur der Anderen meist als ein zusammenhängendes Ganzes, als eine andere Form des Lebens, in der alles mit allem zusammenhängt, die Praktiken des Alltags und die Formen der Religion, der Hierarchien, der Macht und der Ökonomie. Die »dichten Beschreibungen« Clifford Geertz' haben sich an den Kulturen der anderen entwickelt, um schließlich als entfremdende Methode für den Blick auf die eigene Welt angewandt zu werden, die aber sehr viel eher als differenziert, als eine Welt, in der Brüche möglich sind und Entwicklungen stattfinden, wahrgenommen wird. Der differenzierende Blick auch des Relativismus hält nicht alles in der Schwebe und mißt nicht allem die gleiche Bedeutung zu. Der Übergang in einen Ethnonationalismus liegt ihm nicht fern, da in ihm der Satz verborgen liegt: Jeder nach seinen Möglichkeiten. Diese aber sind ungleich verteilt, und einem evolutionistischen Blick liegt in der Unterscheidung der Kulturen die Entwicklungsgeschichte der Menschheit gleichsam aufgeschlagen vor Augen. Dennoch muß auch in diesem Fall der Ort des Beobachters bestimmt werden. Der Kulturrelativist setzt sich gleichsam selbst an die Spitze der Entwicklung. Er ist es, der gelernt hat, auch das Eigene zu relativieren, seine Welt nicht für die ganze Welt zu halten und die Vielfalt zu bewundern. Er ist es, der ebendiese Position, den uninteressierten, aber spezifischen Blick von oben, zum Maßstab macht. Aufgelöst wird der vertragliche Kontext der Entstehung des politischen Kollektivs. Das empirische Volk als Kultur, Nation oder Gesellschaft geht nun, die Grenzen zwischen politischem Kollektiv, Nation, Staat und Kultur zur Deckung bringend, dem vertraglich konstituierten Kollektiv, in dem sich die Leute gegenseitig als Rechtssubjekte

---

79 »Der deutsche Begriff der ›Kultur‹ [...] bezieht sich auf Produkte des Menschen, die da sind, wie ›Blüten auf den Feldern‹, auf Kunstwerke, Bücher, religiöse oder philosophische Systeme, in denen die Eigenart eines Volkes zum Ausdruck kommt«, so faßt Elias (Über den Prozeß der Zivilisation, Bd. I, S. 3 f.) die beschriebene Verbindung zwischen Kultur als Leben und Kultur als Wert, wie ich es nennen möchte, zusammen. Konsequenterweise folgt bei Elias darauf der kurze Satz: »Der Begriff ›Kultur‹ grenzt ab« (ebenda, S. 4).

anerkennen und von diesem Ausgangspunkt die Gesellschaft konstituieren, voraus.

Der Schritt vom Kulturrelativismus zum Kulturimperialismus (und dessen kulturrelativistischer Kritik) ist nicht so groß, wie er auf den ersten Blick erscheint.[80] Der Kulturimperialismus klagt die Hierarchie, die mit dem Kulturrelativismus durchaus vereinbar ist, ein und versucht sie durchzusetzen. Er kann den Blick auf die Differenzen zum Kampf der Kulturen umformen, und noch die Anerkennung kann zu einer Betonung der Differenz führen, in deren Mittelpunkt nicht mehr nur eine Bewertung steht, sondern eine Handlungsaufforderung: Jeder soll an seinem Platz sein, dort bleiben oder dorthin zurückgehen. Jedem steht ein Platz zu, je nach seinen Bedingungen, Kräften und Möglichkeiten.

Kultur als beobachtete Lebensform der Anderen und des Eigenen unterscheidet sich sowohl vom Wahrnehmungsraum der Subjekte als auch vom geographischen Raum der Landkarten, auch wenn sie im nachhinein mit den Subjekten als Kulturträgern und den Orten verbunden wird, der Geltungsraum der Kultur definiert wird und die Grenzen der Kultur mit den politischen Grenzen gleichgesetzt werden.[81] Gerade die Wahrnehmung der Welt als Kultur ermöglicht eine spezifische Selbstthematisierung in der Spiegelung der Unterschiede. Immer steht dieser spezifische Blick vor dem Problem, die festgestellten Differenzen, seien sie auf der Ebene der Praxis, des Wissens oder der Artefakte zu finden, mit sofort einsetzendem Aufwand als dennoch nicht besonders handlungsrelevant hinzustellen. Der festgestellten Differenz als vollzogener Wertung sollte positive Bedeutung zukommen. Negative Handlungen (Abwendung, Desinteresse, Markierung der Unterschiede, Diskriminierung, Grenzziehung) sollten nicht mit der Wertung verbunden werden. Trotz der Wertung sollten der Feststellung von Differenz gegenseitige Anerkennung und gegenseitiges Verstehen folgen – auch wenn ›Verstehen‹ bedeuten kann, etwas oder jemanden nicht zu mögen.

Auch zeitgenössische Kulturtheorien folgen einer impliziten Homogenitätsunterstellung, sie unterliegen einem Mythos der kulturellen Integration, die nicht mehr als Mentalität bewußtseinsmäßig unterstellt wird, sondern sich wissenssoziologisch in den latenten Sinnstrukturen, den geteilten Hin-

---

80 Eine aktuelle Kritik des Kulturimperialismus haben Bourdieu und sein Koautor Wacquant veröffentlicht (*The Cunning of Imperialist Reason*). An der Polemik gegen den amerikanisch-globalen Kulturimperialismus zeigt sich die Position der Kritiker, die implizit Gesellschaft, Kultur und Nation zur Deckung bringen.
81 Dies ist unabhängig von den theoretischen Konzepten der Kulturtheoretiker häufig der Fall, das heißt, es gilt sowohl für poststrukturalistische als auch für postphänomenologische Kulturtheorien. (Zu dieser Unterscheidung und einer ausführlichen Darstellung der neueren Kulturtheorien siehe Reckwitz, Transformation der Kulturtheorien, hier vor allem Zweiter Teil, Kap. 4 bis 6.)

tergrundannahmen und ihren Aktualisierungen in Handlungen und Praxis, aber auch in den Inkorporationen von Habitusformen äußert. Zudem kommt es, auch wenn zwischen kultureller Form als Struktur und kulturellen Praktiken unterschieden wird, zu einer Gleichsetzung von Handelnden und Kulturen einerseits, von Kultur und sozialen und politischen Grenzen andererseits. Nicht zufällig wird dies in einer anwendungsbezogenen Diskussion, die auch unter kulturtheoretischen Prämissen geführt wurde – der Diskussion um die multikulturelle Gesellschaft –, besonders deutlich. Die Anwendung bezieht sich nicht auf eine tatsächliche Analyse von Kulturen, ihren Deutungssystemen, ihren objektiven (Oevermann) oder autonomen (der frühe Foucault) Sinnstrukturen, ihren Hintergrundannahmen und Praktiken, sondern auf die Begründung und Diskussion von Normen der Anerkennung. Die kulturtheoretischen Konstruktionen dieser und anderer Form finden sich nun in einer Praxis wieder, für die gar keine theoretischen und praktischen Annahmen ausgebildet wurden. Denn konstruierten sie interpretative, handlungstheoretische oder (post)strukturalistische Kulturtheorien, die bewußtseinsphilosophische oder mentalitätstheoretische Annahmen in Frage stellten, so gingen sie der Frage der Bedeutung der Interpretation von Großgruppen und Kollektiven als politischer Gesellschaft meist nicht nach. Vielmehr wurden Annahmen über Kultur ganz unabhängig von ihrem Entstehungskontext in die politische und politisch-philosophische Auseinandersetzung über die Anerkennung von Kulturen als Gruppen vor allem innerhalb national konstituierter Gesellschaften übertragen. In diesem Zusammenhang geht es um die Anerkennung des ›Wertes‹ einer Kultur als sozialem und politischem Kollektiv, als einer Großgruppe also, deren Grenzen nun mit den Grenzen der Kultur und der Selbstbestimmung als Selbstregierung oder Autonomie zusammenfallen. Kultur als Unterscheidungssystem nach innen und außen, soziale Gruppe und sich politisch konstituierende Gruppe wurden zur Deckung gebracht, und die Unterscheidungen, die immer schon bewertet sind, wurden nun in diesem Kontext zu »starken Wertungen«, ein kaum neutraler Begriff für grobe Unterscheidungen, mit denen jeder klassische Nationalismus, das heißt die »starke« Orientierung auf die hypostasierten oder tatsächlichen Werte der eigenen Gruppe, arbeitet und aus ihnen politische Ansprüche auf Selbstbestimmung folgert.[82] Im Diskurs des Multikulturalismus ist dies zunächst die Forderung nach Anerkennung. Eine logische oder soziale Grenze gegenüber der Forderung nach Sezession existiert allerdings nicht, zumindest dann nicht, wenn der als homogen vorgestellte kulturelle Raum sich auf ein Gebiet, einen konkreten vergangenen, gegenwärtigen oder zukünftigen Raum beziehen kann. Die Kultur wird erneut zur kulturellen Gemeinschaft mit poli-

---

82 Die Formulierung der »starken Wertungen« stammt, worauf im ersten Kapitel schon hingewiesen wurde, von Taylor, *Politik der Anerkennung*.

tischen Ansprüchen, homogen nach innen, nach außen jedoch geschlossen, da die Unterschiede unüberwindbar sind.

Aber: »Globalisierung heißt: Denationalisierung.«[83] Die Prämissen der Politik ändern sich. Unter ihnen sind es vor allem die historisch jungen, behaupteten, geforderten und realen Voraussetzungen nationaler Politik, das heißt der Nationalisierung von Gesellschaft, die von den Änderungen betroffen sind. Das behauptete Kollektivsubjekt, ob es nun politisch-philosophisch, organisch oder kulturell gedacht wurde, schwindet; die geforderte Selbstbestimmung, realisiert im souveränen Staat, verliert ihre Realisierungsmöglichkeit selbst dann, wenn es zu einer Staatsgründung kommt. Dieser Staat kann kaum mehr als ökonomisch, politisch-militärisch und kulturell souverän vorgestellt, viel weniger noch realisiert werden. Nur die Kultur und alles das, was mit ihr assoziiert werden kann, vor allem also Geschichte, Religion und Glauben sowie Moral (als eine gemeinschaftsstiftende Moral), scheinen noch in der Lage zu sein, Differenz zu begründen und vor allem bewertete Differenz, das heißt Anderssein als Bessersein, zu legitimieren. Die Kultur aber deckt sich nicht mit den Grenzen der Staaten. Sie spielt sich unterhalb und oberhalb der politischen Einheiten ab. Nicht zufällig kann Kultur, deren Gleichsetzung mit politischer Einheit als nationaler kaum mehr möglich ist, dennoch eine wichtige Rolle bei der Konstitution und Legitimation neuer politischer Einheiten und Akteure spielen, einerseits in den beschriebenen Anerkennungskämpfen innerhalb der Nationalstaaten und ihrer Zusammenschlüsse, andererseits oberhalb und über ihre Grenzen hinweg. Was immer auch Motiv einzelner Handelnder sein mag, der Appell an eine Religion oder einen gemeinsamen Glauben, die daraus gefolgerten Handlungslehren und Handlungsanforderungen sind es, die die neuen Gruppenbildungen ermöglichen, gleichzeitig oberhalb und unterhalb des Nationalen. Kultur, die sich nationalisieren wollte und manchmal noch will, kann die Differenzen, die sie nicht nur konstatiert, sondern bewertet und erhalten will, auch anders ziehen. Sie kann politische Einheiten bilden, die über die alten Grenzen hinausgehen, sie nicht mehr auf ein (Herrschafts-)Gebiet beziehen, sondern auf Glauben und Verhalten.

Aber: Man kann auch aus der neuen Gesellschaftsformation, die als neue Weltordnung vorgestellt und zum Teil hergestellt wird, ausgeschlossen werden. Sie umfaßt keineswegs die ganze Welt. Anders formuliert: Man kann aus dieser Welt hinausfallen. Die Welt der ›neuen Weltordnung‹ wird selbst abgegrenzt, die grenzenlose Gesellschaft der Globalisierung hat Grenzen, die nun wieder im klassischen Sinne der *marca* institutionalisiert werden. Hinter der Grenze, die keine Linie mehr ist, die man als Strich auf einer Landkarte ziehen könnte und die dann, übertragen auf das tatsächliche Land und gegenseitig anerkannt, Herrschaftsbereiche klar voneinander ab-

---

83 Beck, *Wie wird Demokratie im Zeitalter der Globalisierung möglich?*, S. 26.

grenzt, hinter dieser manchmal sichtbaren und manchmal alltäglich wenig wahrnehmbaren Grenze sind die Ausgeschlossenen, die noch keinen gemeinsamen Namen tragen. Niklas Luhmann entdeckte sie als »Nicht-Menschen« in den südamerikanischen Favelas, das heißt als solche, die an kein System der Gesellschaft mehr angeschlossen sind. Jürgen Habermas spricht von einem »kollektiven Schicksal, ›überflüssig‹ zu werden, [das] weniger denn je individuell zugerechnet werden kann«. Eher unsystematisch wird von Irregulären, Illegalen, *sans-papiers*, neuen Unberührbaren etc. gesprochen.[84] Einerseits sind die sozialen Orte benennbar, es sind die ehemaligen Peripherien, die globalen Städte und die neuen Grenzen, an denen die Ausgeschlossenen besonders sichtbar werden. Andererseits sind eine Gemeinsamkeit von Risiken, die die sozialen und räumlichen Grenzen überschreiten, und ein Netzwerk kollektiver Schicksale zwar beobachtbar, aber nicht mehr mit den Kategorien des Gesellschaftbegriffs als nationaler Gesellschaft erfaßbar, ohne daß die Nationalstaaten als Akteure verschwunden wären.

Die Sozialstruktur ist, um es in einem technischen Begriff zu fassen, kein national begrenzter Ort mehr. Nicht nur der Begriff der Gesellschaft hat sich gewandelt, sondern die Gesellschaften sind – selbst in einem erweiterten Sinn als dem der Existenz von Austauschbeziehungen – nicht ausreichend in ihren nationalen Grenzen zu beschreiben und zu analysieren. Gesellschaft und Nation fallen nicht (mehr) zusammen, und die Beschreibung und Analyse einer Sozialstruktur kann nicht mehr ausreichend sein, wenn sie sich an national begrenzten Gesellschaften orientiert. Die Räume der Nationen haben sich geöffnet. Sie sind keineswegs mehr als ökonomisch, sozial und moralisch abgeschlossen zu thematisieren, und noch der Blick zurück zeigt, daß Nationen sich zwar als kognitive, sozial-kulturelle und politische Einheit thematisieren konnten, es dann aber nur im Sinne des Thomas-Theorems ›waren‹, das heißt: in ihren Konsequenzen, den mit den Vorstellungen verbundenen Herstellungsversuchen. Es sind die mit den Selbstthematisierungen zusammenhängenden Handlungen, die mit ihnen verbundenen Anstrengungen, ›Einheit‹ zu werden, die Ebenen zur Deckung zu bringen, die das geschlossene Nationmodell scheitern ließen. Die Form der Nation hat sich verändert, die Gesellschaft hat sich von ihr gelöst und ist nicht mehr ausreichend als nationale zu beschreiben. Die Nation hat ihre Stellung als erstes Mittel der Selbstthematisierung verloren. Sie ist aber nicht verschwunden.

---

84 Vgl. Luhmann, *Inklusion und Exklusion,* sowie Habermas, *Jenseits des Nationalstaats?,* S. 68; zu den *sans-papiers* vgl. Balibar u. a., Sans-papiers; die »neuen Weltarbeiter« oder die »Arbeiter der Neuen Welt« als Unberührbare beschreibt Harris, New Untouchables.

Nation und Differenz

Nationen sind weder von den Landkarten, aus der Politik noch aus den Vorstellungen verschwunden, was die Behauptung der Denationalisierung leicht vergessen macht. Sie sind vielmehr immer noch der konkrete Ort, an denen die neuen sozialen, ökonomischen und politischen Folgeprobleme in unterschiedlicher Form verhandelt und realisiert werden. Es machte nie Sinn, von Nation im Singular zu reden. Wenn sich Nationen auch über Selbstthematisierung, Selbstbestimmung und letztlich Selbstregierung bestimmen, so waren sie doch durch ihre Grenzen und ihre Beziehungen zu der oder den anderen Nationen gekennzeichnet. Nationen entstehen im Prozeß der politischen und gesellschaftlichen Differenzierung als Begrenzungsprojekte, die nach innen einerseits an der Fiktion der Einheit – zudem einer als selbstbestimmt imaginierten – und den unterschiedlichen Formen ihrer Repräsentation arbeiten, dadurch die unterschiedlichen Formen funktionaler und sozialer Differenzierung begrenzen und durch ebendiese Begrenzung die Differenzierung nach innen ermöglichen, manchmal auch vorantreiben. Auch nach außen können Nationen die Begrenzung nur durchsetzen, indem sie wiederum mit Differenz arbeiten.

Schon die Feststellung von Differenz, zumal ihre Betonung, ist keineswegs neutral. Unterscheidungen und Entscheidungen darüber, wo die Unterscheidungen getroffen werden, sind weder voraussetzungs- noch folgenlos. Es steckt etwas dahinter, wenn etwas der Fall ist oder zum Fall (gemacht) wird, und vor allem: Es hat Folgen. Die Unterscheidung von Nationen und der Formen des Nationalen läßt sich daher selbst als ein spezifischer Differenzierungsmechanismus betrachten, der keineswegs nur theoretisch reflexiv werden kann. In diesem Fall, den man als »reflexive Nationalisierung« bezeichnen könnte, stellt man zum Beispiel nicht mehr nur fest, daß man unterschiedlich ist, sondern daß die Unterschiede hüben wie drüben auf gleiche oder ähnliche Weise hergestellt und aufrechterhalten werden. So läßt sich aktuell beobachten, daß die »Mythen der Nationen«, die gerade der Selbstthematisierung als Mittel der Differenzerzeugung dienten, keineswegs überraschende und keineswegs nur strukturelle Ähnlichkeiten aufweisen. In die Beobachtung geht nun ein, daß die Bilder und die Landkarten, die Helden, Priester und Propheten der Nationen, die Opfer, die von den Nationen gebracht oder produziert wurden, und die Geschichten, die darüber erzählt werden, sich ähneln.[85] Die gleichen Geschichten

---

85 Dies stellt zum Beispiel Stölzl in seinem Vorwort zum Katalog der Ausstellung »Mythen der Nationen« fest: »Europäer schauen über den Zaun. Dort gibt es viel zu entdecken. Die Ähnlichkeit der nationalen Mythen etwa und die große Rolle, welche die Künstler bei der Erfindung der nationalen Bilderwelten ge-

und die gleiche Geschichte können zur Erzeugung von Differenz und Gleichheit dienen.

Das Niveau der Unterscheidung wird bei dieser Umstellung von Differenzen, die nicht mehr zur Produktion von Differenzen, sondern von Gleichheit – einer Gleichheit bei Anerkennung aller Unterschiede, wie dann schnell betont werden kann – durch eine geänderte Selbstbeschreibung, die ›nach oben‹, auf eine größere Gruppe: Europa oder sogar auf die Welt, die dann zur ›einen Welt‹ wird, verschoben. Im gleichen Prozeß werden Unterschiede wieder auf einer Ebene unterhalb der Nationalstaaten sichtbar, so daß Gruppenzusammenhänge sich dort erneut artikulieren und Geltung fordern können. Der Begriff der Kultur, da er beide Ebenen, die der Vergrößerung und der Verkleinerung, abdecken kann, kehrt daher sowohl auf der Ebene der Selbstthematisierung und -beschreibung als auch auf der der Selbsterfahrung zurück. Schon die Rückkehr des Kulturbegriffs als Form der Selbstthematisierung und einer nie neutralen, das heißt am Ende machtdurchzogenen Unterscheidung, die mit der Thematisierung der Kultur das Problem der Anerkennung stellt, weist auf soziale und sozialstrukturelle Veränderungen hin. Gleichzeitig aber auch auf solche der Bedeutung des Nationalen, die hinter diesem Übergang vom Gleichheitsdiskurs zum Differenzdiskurs stehen, der immer auch ein Einheitsdiskurs ist. War der Gleichheitsdiskurs an die Industriegesellschaft gekoppelt, den Arbeitern und Kapitalisten und schließlich den Arbeitnehmern/Angestellten und den Unternehmen/Kapitalgesellschaften, die sich letztlich alle innerhalb eines Nationalstaates verorten ließen, so verliert der neue Kulturdiskurs ebenso wie die globalisierte Ökonomie mehr und mehr seine räumliche Zuordnung.[86] Er bezieht sich in einer neuen Variante wieder unmittelbar auf Gruppen, die sich erst sekundär erneut auf ein Land als vorgestelltes, gefordertes und schließlich manchmal realisiertes Gebiet beziehen können. Oder aber die Gruppen appellieren an den Staat, in dem sie leben, und schließlich können sie sich an überstaatliche Organisationen wenden.[87]

Die harte Kontrolle der Territorien wird im Fall der europäischen Staaten auf die Europäische Union übertragen, und die Grenzen verschieben sich

---

spielt haben. [...] Die dramatische, fragwürdige und schmerzensreiche Epoche des Nationalismus ist ihre gemeinsame Familiengeschichte« (S. 13).

86 Herrschaft und Ungleichheit seien die Themen der Sozialtheorie des 18., Arbeitsteilung und Produktion die des 19. Jahrhunderts gewesen, daneben trete nun die kollektive Identität als gleichrangiger Bezugspunkt; so Giesen, Kollektive Identität, S. 23.

87 Fourastié hatte den ersten Übergang schon 1949 als einen in die Dienstleistungsgesellschaft bezeichnet (dt. 1954: Die große Hoffnung des 20. Jahrhunderts). Dieser gesellschaftliche Übergang berührte allerdings noch kaum die nationalstaatliche Verfaßtheit der europäischen Gesellschaften.

von den Rändern der nationalen Einheiten auf die Ränder des Zusammenschlusses der betreffenden Staaten. Es entsteht so die Welt einer Gesellschaft von bisher und weiterhin unterschiedlichen nationalen Einheiten, die mehr teilen als eine gemeinsame Industriepolitik und schließlich eine gemeinsame Währung. Während man die Betonung der inneren Differenzen dieser neuen Gesellschaft, die durch viele Brüche und Widersprüche gekennzeichnet ist, eher zu moderieren sucht, wird eine neue Grenzziehung nach außen, die kaum weniger grob ist und sein wird als die der alten Nationalstaaten, sichtbar – um die Armen von außerhalb abzuhalten und um auch weiterhin bestimmte Produkte fernzuhalten.

So kam die westliche Kultur als Großkultur und als politisch bedrohte Einheit im »Kampf der Kulturen« in der klassischen Form der binären Strukturierung zurück, in der Freund und Feind am Ende wiederum vermeintlich klar auseinanderzuhalten sind. Auf Karten kann dann erneut eine Linie gezogen werden, verbunden mit dem Aufruf, die Grenzen zu sichern und die schon eingesickerten Feinde zu erkennen.[88] Die vielen und daher unübersichtlichen Unsicherheiten werden in eine große Unsicherheit transformiert, die es allerdings in verschiedenen Ausgaben gibt, um so erneut das Gefühl einer möglichen Sicherheit zu schaffen, wenn man nur aufpaßt und wachsam ist. »Wir wissen, wer wir sind, wenn wir wissen, wer wir nicht sind und gegen wen wir sind.«[89] Und da wir, so Huntington, einfache Modelle als Hintergrundannahmen benötigen, um uns die Welt verständlich zu machen und uns in ihr zurechtzufinden, sie zu ordnen, Beziehungen herzustellen und einigem Bedeutung zu verleihen, anderem aber nicht, arbeitet er selbst an diesem neuen Weltbild, das das des Kalten Krieges, in dem sich die (westliche) Gemeinschaft auch als Sicherheitsgemeinschaft interpretierte, nun ersetzen soll.

Dem neuen großen ordnungspolitischen Schisma der großen Kulturen stehen die vielen kleinen Kulturen gegenüber, die sich in den großen entwikkelt haben und ein Recht auf Anerkennung fordern, ebenso wie sie sich auf ihre Herkunftsorte zurückbeziehen können. Differenz als großer, unvereinbarer Unterschied von im Prinzip zwei einander gegenüberstehenden Welten und als die vielen kleineren Differenzen in der einen Welt ist an die Stelle des Einheitsthemas getreten oder ergänzt es. Das Thema der Kultur besetzt

---

88 Ein Hinweis auf Huntingtons »Clash of Civilizations« ist an dieser Stelle unvermeidbar. Nach dem Konflikt der Nationalstaaten des 19. Jahrhunderts, dem Konflikt der Ideologien des 20. Jahrhunderts werde das 21. Jahrhundert vom Konflikt der Kulturen gekennzeichnet sein, so seine These (die nicht ganz so neu ist, wie sie ausgegeben wurde, da sich Vorläufer bei Aron, Frieden und Krieg, und Galtung, Cultural Violence, finden). Zu Huntington siehe unter anderem Menzel, Globalisierung versus Fragmentarisierung, S. 70–90.

89 Huntington, Kampf der Kulturen, S. 21.

nicht nur in der Debatte um Anerkennung eine zentrale Stelle in den politischen Kämpfen und Auseinandersetzungen am Ende des 20. und zu Beginn des 21. Jahrhunderts. Es ist daher lohnenswert, sich den Gebrauch des Begriffs in einer aktuellen Form kurz anzusehen. Auch in der Studie von Samuel Huntington zeigt sich, daß es die Selbstthematisierung ist, die die Differenz setzt. Tatsächlich beschrieben wird die eigene, westliche Welt, nicht die der anderen. Die Analyse will die eigene Welt auf den »Kampf der Kulturen« vorbereiten. Sie ist dies nur schlecht, da ihre innere Struktur zu uneinheitlich ist. Denn hier, im Innern der eigenen Großkultur, ist es der Kampf der Ethnizitäten, der kleinen, sich unterscheidenden Gruppen, der die Einheit gefährdet. Daher müssen wieder Linien gezogen werden, nicht mehr auf regional begrenzten Landkarten, sondern nun auf der Weltkarte. Keineswegs ist klar, ob alle, die zur eigenen Großkultur gehören oder auf ihrem Gebiet leben, auch auf der »richtigen« Seite stehen. Hier findet sich der Homogenisierungsaspekt, der den Thesen Huntingtons im »Kampf der Kulturen« zugrunde liegt.[90] Die sich um Kernstaaten gruppierenden Kulturkreise entstanden aus historischen Realitäten, die, wie im Fall des »Westens«, älter sind als die Moderne.

Großgruppen wie die konstruierten Großkulturen lassen sich nur durch Abstraktion gewinnen. Der Realitätsaspekt der Kulturen und der sich aus ihnen ergebenden Differenzen ist für Huntington keiner, der sich aus einer empirischen Beschreibung der tatsächlichen politischen und sozialen Strukturen der heutigen Welt ergibt, sondern er besteht aus der Notwendigkeit, ein einfaches Weltbild über diese Strukturen zu legen, um handlungsfähig zu sein. Huntington arbeitet an einer Form der Selbstthematisierung, die mit dem umfassenden Begriff der Kultur kognitive Klarheit herstellen will. Er arbeitet an einem Weltbild, das seinen eigenen, oben erwähnten methodologischen Kriterien des Handelns entspricht. Allerdings sind dies handlungstheoretische Annahmen, die notwendig zu ergänzen sind. Denn die einfachen Annahmen über die Welt, die mir diese als strukturiert und vertraut erscheinen lassen und die mir Handlungssicherheit geben, so daß ich zumindest zu wissen glaube, was ich als nächstes tun kann, dürfen nicht erfahrungsresistent sein. Die Annahmen würden sich dann schnell als das herausstellen, was sie sind, nämlich Annahmen, die nicht immer angemessen sein müssen und noch weniger: richtig. Das konstruierte, erfahrungs-

---

90 Die Debatte um den »Kampf der Kulturen« will ich hier nicht darstellen. Sie setzte 1993 sehr schnell nach der Veröffentlichung zunächst eines Aufsatzes in *Foreign Affairs* ein (*The Clash of Civilizations?*) ein. Zuvor war schon ein kurzer Artikel in der *New York Times* erschienen, dessen Titel Erwähnung verdient: *The Coming Clash of Civilizations – or, the West against the Rest.* Die Debatte wurde eine Zeitlang aufrechterhalten und weltweit in Büchern und Nachfolgebüchern, Sammelbänden, Zeitschriften und Feuilletons geführt.

resistente Weltbild wird zur Weltanschauung, nach der die Welt eingerichtet werden soll. Es erfüllt tatsächlich die geforderte Funktion, handlungsanleitend sein zu können – nicht, weil die Welt so ist, wie sie beschrieben wird, sondern weil sie so hergestellt werden soll, wie sie beschrieben wurde. Dennoch: Die eigene Welt hat sich von dem einfachen Bild, wie es in dieser Selbstthematisierung gezeichnet wird, entfernt. So ist zum Beispiel in Frankreich der Islam zur zweitgrößten Religion geworden, und die religiösen Praktiken der Muslime in Europa lassen sich keineswegs im Begriff des Fundamentalismus zusammenfassen. Vielmehr können ganz unterschiedliche Praktiken und Gebrauchsformen des Religiösen beobachtet und beschrieben werden, und man kann für viele den Gebrauch der Religion eher als Form bezeichnen, der einerseits eine Funktion bei der Aufrechterhaltung der Herkunftsgruppe zukommt, andererseits die Form der Bindung an die Gruppe aber im Kontext der weiteren Anschlüsse an die Gesellschaft geschieht. Allerdings läßt sich ein grober Vergleich zwischen den Vereinigten Staaten, die durch eine Vielfalt der Religionen und den Gebrauch einer Sprache gekennzeichnet seien, und Europa, in dem viele Sprachen gesprochen würden, die Einheit aber durch eine Religion gewährleistet sei, nicht mehr aufrechterhalten. Denn in den USA gibt es neben der einheitlichen Sprache viele andere (vor allem: Spanisch), und in Europa gibt es neben dem in sich differenzierten Christentum andere Religionen, wobei der Islam nicht mehr nur unauffällig am Rande steht. Fundamentalistische Praktiken jedoch gibt es in einigen Teilen all dieser Religionsgruppen.[91]

Die Thematisierung der großen Differenz und der kleinen Differenzen ist keineswegs neutral. Mit der Differenz wird betont, was schon im Kulturbegriff steckt: einen Unterschied zu machen. Die Hervorhebung der Differenz zeigt deutlich an, was Jacques Derrida die »Kolonialstruktur der Kultur« genannt hat. Kulturelle Differenzen zu beobachten bedeutet nicht nur zu vergleichen, sondern auch zu bewerten. Noch bevor sich die Frage des Verstehens stellt, geht die Beobachtung der Differenz mit einer Bewertung einher.[92] Es handelt sich nicht nur um Unterschiede, sondern um vorgestellte

---

91 Vgl. zum Gebrauch des Islam in Frankreich und Deutschland die Studie von Tietze, Islamische Identitäten.

92 Die Frage, ob man als Nichtangehöriger eine andere Kultur oder Sprache »wirklich« verstehen kann, ist so alt wie die Entdeckung von Unterschieden selbst, das heißt, sie geht fast automatisch mit dieser Entdeckung oder Feststellung einher. Daß sie in der Debatte über Interkulturalität erneut geführt wird, ist daher nicht überraschend. Interessant ist die Frage, welche Konsequenzen aus der einen oder anderen Feststellung gezogen werden. Wenn ich behaupte, eine andere Kultur verstanden zu haben, sagt dies noch nichts darüber aus, wie ich mich zu ihr stelle. Gerade weil ich sie »verstehe«, kann ich sie ablehnen, und obwohl ich sie nicht verstehe, kann ich sie anerkennen; es kann aber auch je

und manchmal reale, das heißt dann: institutionalisierte asymmetrische Unterschiede. Im Zeitalter des klassisch modernen Nationalismus der zweiten Hälfte des 19. Jahrhunderts wurden diese in den Beziehungen zwischen Nationalstaaten abgehandelt. Deutlich wurde, daß es sich nicht nur um die Bildung von Kategorien handelte, sondern um performative Differenzen. »Die Unterschiede beschreiben nicht nur, sie richten die Welt entsprechend ein, und sie signalisieren eine Bereitschaft, diese Einteilung, wie subtil oder augenfällig auch immer, durchzuhalten.«[93] Die Performanz der Unterschiede weist erneut auf ihre sozialen und politischen Aspekte hin. Auf der Ebene des Sozialen funktionieren die Unterschiede als Hierarchien, die sich aus den Weltbildern ergeben und nicht gleichzusetzen sind mit gültigem gesellschaftlichem Ansehen in bestimmten ausdifferenzierten Funktionsbereichen. Auf der Ebene des Politischen werden sie als Anerkennungskämpfe entweder unmittelbar ausgetragen, rechtlich-normativ begründet (auch im Fall positiver Diskriminierung) und positiv oder negativ gewertet. Gemeinsam steuern sie Zugänge und Handlungschancen und damit die Teilnahme an oder den Ausschluß aus unterschiedlichen gesellschaftlichen Bereichen.[94]

Die groben Unterschiede haben sich, beginnend mit dem 19. Jahrhundert und geradezu klassisch am Beispiel Frankreichs und Deutschlands, anhand der politischen Unterscheidung des Nationalen entwickelt. Beide Nationen wurden als idealtypische Fälle der zwei Seiten der Einheitskonstruktion der Moderne kategorisiert, der Nation als Republik und der Nation als Volk, des Gegensatzes von Gesellschaft und Gemeinschaft, der Zivilisation und der Kultur, von Individualismus und Holismus.[95] Sosehr die klassische

---

anders sein. Das Problem des Verstehens löst nicht das Problem der Anerkennung, da sich aus dem Verstehen keine notwendig sich aus diesem ergebende Praxis ableiten läßt.

93 Baecker, Wozu Kultur?, S. 28; der Hinweis auf den kolonialen Ursprung der Kultur findet sich bei Derrida, *Einsprachigkeit des Anderen.*

94 Eine Soziologie der »feinen Unterschiede« (Bourdieu) ist daher nicht zufällig eine des Habitus als kulturellem Kapital, auch wenn Mischungen der Kapitalformen berücksichtigt werden. Die »feinen Unterschiede« aber sind beschreibbar als eine Differenzierungsform, die zwar nicht auf die »glücklichen 40 Jahre«, betrachtet man die Bundesrepublik, aus französischer Perspektive die »trente glorieux«, also die Zeit ab der Fünften Republik, beschränkt sind, die aber besonders dann wahrgenommen werden, wenn die groben Unterscheidungen eher im Hintergrund stehen. Man könnte von Latenzzeiten der jeweiligen hauptsächlichen Differenzierungsformen sprechen. Formen und Kontexte ihrer Aktualisierung wären dann von Interesse.

95 Es kann nicht alle Literatur hierzu aufgeführt werden, die in unterschiedlichen Genres (Romanen, Essays, historischen und soziologischen Arbeiten) vorliegt. Für die deutsche Perspektive aber hat Meinecke den Unterschied auf seinen idealtypischen, kategorialen Kern gebracht, Elias hat den Unterschied von Zivi-

Theorie seit oder mit Hegel die bürgerliche Gesellschaft dem Staat gegenüberstellte, Staat und Gesellschaft trennte, so sehr ging die klassische Soziologie, wie wir gesehen haben, von Gesellschaften als nationalen aus, wurde im Begriff der Gesellschaft keine Unterscheidung zwischen Gesellschaft und Nation und schließlich auch meist Gesellschaft und Staat gemacht: Gesellschaften wurden national als integrierte und begrenzte vorgestellt. Die Hegemonie dieser Vorstellung der Gleichheit von Gesellschaft und Nation in der Soziologie, die man bis zu Talcott Parsons' Integrationsbegriff verfolgen kann und auch in der Verteidigung des heterogenen Nationalstaates bei Ralf Dahrendorf findet, wird beachtenswerterweise beginnend mit dem Ende der sechziger und den beginnenden siebziger Jahren des 20. Jahrhunderts gebrochen.

Dieser Bruch geht einher mit der schon genannten kategorialen Umstellung von Betonung und Forderung der Gleichheit zur Differenz. Bemerkenswerterweise wird diese Umstellung ›von unten‹, von entstehenden neuen sozialen Bewegungen getragen, die nicht mehr nur soziale Gruppen oder ökonomisch definierte Klassen erkennen, sondern nun auch in Europa, am Vorbild der amerikanischen Bürgerrechtsbewegung orientiert, die eigenen Minderheiten und Subkulturen entdecken, die zum Beispiel am Begriff des sozialen Geschlechts und der – manchmal selbstzugeschriebenen – Subkulturen und schließlich am Anspruch auf eigene, und das heißt: von anderen anerkannten Kulturen orientiert waren. Politisch war nicht Gleichheit die vorrangige Zielvorstellung, sondern mit der Forderung nach Gleichbehandlung wurde gerade das Recht auf Differenz betont, das heißt, die politische Inklusion wurde bei Aufrechterhaltung des ›Eigenen‹ gefordert und schließlich Differenz bewußt als Zeichen und als Selbstbezeichnung getragen. Der kommunikationspraktische Vorteil, daß Nationen Eigennamen haben und daher nicht erklären müssen, was denn damit genauer gemeint sei (Luhmann), wurde von Gruppen beansprucht, die einerseits unterhalb und innerhalb der großen vorgestellten Gemeinschaft der Nation verortet waren, die aber häufig schon durch die Merkmale, die zur Selbstthematisierung benutzt wurden, nicht an diese Grenzen gebunden waren.

Der Vorteil der nur sehr allgemeinen Bestimmung der Differenz über die Namen wurde in diesem Prozeß aufgegeben, das heißt, man mußte erneut sagen, was denn damit gemeint sei, was anerkannt werden sollte, welche Praktiken und Weltbilder die Gruppen als solche kennzeichneten. Das heißt: Merkmale wie etwa Sprache, Religion, Geschlecht, Traditionen,

---

lisation und Kultur in seinem Herstellungsprozeß analysiert. Den französischen Begriff der Nation hat schließlich gerade im Hinblick auf die deutsch-französischen Auseinandersetzungen um das Elsaß Renan definiert, und schließlich hat Dumont versucht, beide Perspektiven zu verbinden. Alle Werke lassen sich als Arbeit am Unterschied lesen.

Geschichte als erinnerte Geschichte, aber auch Sexualpraktiken, alltägliche Lebensformen und Lebensstile sowie deren Mischungen wurden hervorgehoben, um das Eigene zu betonen und vor allem um das Recht auf Anerkennung des Besonderen zu fordern.[96] Soziale Praktiken wurden diskursiv zur Bestimmung von Gruppen herausgearbeitet, die sich als Gruppen durch die Forderung nach Anerkennung der Besonderheit, nach Herstellung von gleicher Anerkennung, nach Aufhebung von Diskriminierung oder auch Wiedergutmachung von historischer Ungerechtigkeit konstituierten.

Die gesellschaftlichen Diskriminierungspraktiken, auf die sie sich bezogen und deren Änderung oder Abschaffung sie einklagten, konnten zwar nationale Eigenheiten aufweisen, waren aber nicht prinzipiell und nur von Fall zu Fall an nationale Grenzen gebunden. Differenzkategorien vor allem des Geschlechts und der Rasse (als *race*), aber auch der Generationen, waren und sind ebenso übernational wie die ökologischen Risiken, an denen sich die neuen sozialen Bewegungen des Westens mehr und mehr orientierten. Fragen nach sozialer Gerechtigkeit wurden umformuliert. Neben Verteilungsgerechtigkeit, das heißt der Forderung nach einer Umverteilung von den Reichen zu den Armen, von Nord nach Süd, von den Besitzenden zu den Nichtbesitzenden, traten im Rahmen dessen, was nun Identitätspolitik genannt wurde, Forderungen nach Anerkennung und Beteiligung.[97] Gerechtigkeitsfragen, über mehr als ein Jahrhundert lang meist als soziale, vor allem als ökonomische Frage formuliert, füllen eine Hälfte des Bestands der gesellschaftswissenschaftlichen Bibliothek und die Beschäftigung mit der nationalen Frage die andere Hälfte.[98] Mit dem neuen Thema der Kultur, mit der Kulturalisierung der Gesellschaft, ihrer kulturellen Ent-Differenzierung ergab sich die Möglichkeit, Gerechtigkeitsfragen umzuformulieren. Sie konnten nun als Anerkennungsfragen formuliert werden. Konsequenterweise war die Diskussion der achtziger und neunziger Jahre des 20. Jahrhunderts von politisch-philosophischen Debatten geprägt, und die Sozialforschung entdeckte die sozialen Gruppen als ethnisch-kulturell geprägte. Die kulturelle Ent-Differenzierung, das heißt die Behauptung, daß Kultur das verlorene Ganze sei, hatte die Betonung der Differenzen zur Folge.[99] Vor

---

96 Eine solche Thematisierung der Differenz kann dann zum Beispiel feststellen, daß drei Viertel der Bevölkerung von unterschiedlichsten Diskriminierungen betroffen sind. Sie werden zu Minderheitengruppen, denen ein Recht auf Ausgleich zusteht.

97 Vgl. hierzu Fraser, *Social Justice,* und die Diskussion um ihren Ansatz in Ray und Sayer (Hg.), Culture and Economy.

98 So eine Bemerkung von Schieder, Nationalismus und Nationalstaat.

99 An dieser Stelle sei auf die Entwicklung der englischen Debatte hingewiesen, die von der Weberschen oder von Marx geprägten Debatte über *race relations* (siehe zum Beispiel die Arbeiten von John Rex) überging zur Thematisierung von

allem die demokratischen Gesellschaften standen vor der Frage, was die Rechte und der Status ethnokultureller Gruppen seien, und standen damit, zumindest aus europäischer Perspektive, erneut vor der Dialektik von Nationbildung und Minderheitenrechten.[100]

Die Entdeckung und Hervorhebung geschlechtlicher, rassisch-ethnischer und auch generationeller Differenzen schafft Gemeinsamkeiten und definiert Gruppen, die über die Grenzen des Nationalen hinausgehen. Sie haben einen in die Kategorien eingebauten transnationalen Effekt. Die Kategorien halten sich nicht an nationale Begrenzungen. Nach innen jedoch vollzieht sich mit ihnen dennoch eine Verkleinerung. Es differenzieren sich erneut Gruppen aus, oder sie entdecken, daß es sie schon lange oder gar immer gegeben hat. Dabei handelt es sich um Gruppen, die sich quer von funktionalen Bezügen und Differenzierungen auf gemeinsame Merkmale berufen, die nach den feinen Unterschieden der internen Differenzierungen der Stile wieder grobe, klare und strikte Grenzen behaupten, fordern und manchmal zu realisieren suchen. Innerhalb dieses Prozesses kommt es zu Neubildungen von Unterscheidungen, die, einem modernisierungstheoretischen Modell zufolge, der Vergangenheit angehören sollten, die aber auch für viele Leute in den westlichen Gesellschaften nach 1945 an Bedeutung verloren hatten.

War der *cultural turn* der Sozialwissenschaft einerseits mit der These der Kulturalisierung aller gesellschaftlichen Bereiche, der Ökonomie wie der Politik, der Geschlechter wie der Rassen, der Produktion und des Konsums und so zumindest implizit gegen eine differenzierungstheoretische Beschreibung der Gesellschaft gerichtet, so kamen mit der Kulturalisierung die Differenzen als solche der Bedeutungen und Wertungen und das heißt als bedeutende Wertungen der Gruppen zurück.[101] Nicht die Lebenswelt wurde durch die instrumentelle Rationalität kolonisiert, wie Habermas es Anfang

---

ethnicity und den vielbeschriebenen *cultural turn* – nach dem *linguistic turn* der sechziger und siebziger Jahre – sehr konsequent vollzog. Die Prominenz der Literaturwissenschaft (Homi K. Bhabha) ist nicht zufällig.

100 Kymlicka (zum Beispiel in Multicultural Citizenship; neuerdings ders., Politics in the Vernacular) sieht Minderheitenrechte als defensive Antwort auf staatliche Nationbildung. Er betont, daß die Forderung nach Minderheitenrechten Folge des Drucks ist, der auf den Minderheiten lastet (siehe eine ausführliche Diskussion dieser Problematik im Kapitel *Selbstbestimmungsrecht*).

101 Den *cultural turn* als Entdifferenzierung findet man zum Beispiel bei Lash und Urry, Signs and Space, S. 272. Die Moderne ist für sie durch vertikale und horizontale Differenzierung gekennzeichnet, der Trennung hoher und niederer Kultur, von Wissenschaft und Leben, von Kunst und populären Vergnügungen, während die Postmoderne als De-Differenzierung und als Zusammenbruch der Distinktionen und der Kriterien, die sie begründen, beschrieben wird.

der achtziger Jahre konzipierte, sondern nun war es die Kulturalisierung, die alle gesellschaftlichen Bereiche erfassen sollte. Differenzen konnten zu neuen Konsumkulturen und zu einer Vielzahl von Nischenmärkten führen, aber auch zu einer Thematisierung der Rückkehr der »Stämme«.[102] Die Kulturalisierung der Gesellschaft entdeckte und schuf die Gruppen nicht in dem Sinne neu, daß es sie vorher nicht gegeben hätte. Aber sie machte sie erneut zu Gruppen, die als Gruppen zum großen Teil begründbare Rechte fordern und Ansprüche stellen konnten. Die Gruppen, die als Minderheiten thematisiert wurden oder sich selbst thematisierten, wurden zu politischen Gruppen, da sie kulturelle waren. Kultur, Differenz und Politik wurden verbunden.

Nie ganz verschwunden, gerade nicht im Europa der regionalen Gruppen und Teilidentitäten (wofür unter anderem die baskische, korsische und katalanische Bewegung, aber auch der bewaffnete Konflikt um Nordirland Beispiele sind), zeigen sich die neuen Strukturen, die nun unter der Bezeichnung der Ethnizität oder der Ethnisierung liefen, als Formen politischer Vergemeinschaftung.[103] Will man sie als Neubildungen verstehen, die allerdings auf das klassische Angebot zur Herstellung dieser Differenzen zurückgreifen, das heißt auf die oben genannten Kriterien der Religion, Sprache, Herkunft und Geschichte, aber auch auf Rasse, so kann danach gefragt werden, wie sie für einige Gruppenmitglieder erneut große Bedeutung erhalten.[104] Denn so wichtig die Feststellung ist, daß es sich bei Großgruppen wie Ethnien, Nationen und Völker um »vorgestellte Gemeinschaften« handelt, so wenig sagt dies über die Handlungsrelevanz aus, die solche Gruppen für

---

102 Siehe hierzu Maffesoli, Le temps des tribus, der das Ende des Individualismus gekommen sieht. Vorher schon thematisierte aus anderer Perspektive Isaacs die Stämme (Idols of the Tribe, als Aufsatz ders., *Basic Group Identity*). In der Basisgruppe ist der Einzelne nach Isaacs nicht allein, er kann nicht abgelehnt oder zurückgewiesen werden. »Es ist eine Identität, die er vielleicht loswerden will, aber es ist eine Identität, die ihm keiner nehmen kann« (Isaacs, *Basic Group Identity*, S. 35). Im gleichen Band aber warnt Bell davor, diese Gruppen als politische zu definieren: »Die Politik der Ideologie durch eine Politik der Ethnizität zu ersetzen kann sich als Fortsetzung des Krieges mit anderen Mitteln erweisen« (Bell, *Ethnicity and Social Change*, S. 174).

103 Siehe hierzu am Beispiel auch der klassischen europäischen Konflikte Waldmann, *Gewaltsamer Separatismus*.

104 Siehe hierzu Newman, *Ethnoregional Conflict in Democracies: Mostly Ballots, Rarely Bullets*. Aktuelle Beispiele dafür sind die baskische Bewegung, Nordirland, der kosovoalbanische Befreiungskampf und, jederzeit aktualisierbar, der kurdische Konflikt – allesamt Konflikte zumindest im europäischen Bereich oder unmittelbar in Europa, wobei auch noch auf den zur Zeit nur scheinbar ruhiggestellten belgischen Konflikt zwischen Wallonen und Flamen hingewiesen werden kann.

Einzelne erhalten können. Denn die Tatsache der askriptiven und/oder deskriptiven Gruppenzugehörigkeit kann einen solchen Wert erhalten, daß die Existenz der Gruppe und des Einzelnen mit ihr verbunden werden kann. Es ist wichtig, das ›Kann‹ zu betonen. Denn man findet in der Geschichte der Nationalisierung leicht Beispiele, wo es nicht die Differenz und die politischen Folgerungen aus den behaupteten oder geforderten Unterschieden sind, sondern gerade das Aufgehen in der Mehrheit als zu erreichendes Ziel verstanden wird – bei Aufrechterhaltung bestimmter, aber nicht betonter Unterschiede oder nicht.

Die Realisierung der unterschiedlichen Ziele ist noch immer in ebenso unterschiedlicher Form auf die Nation und den Staat bezogen. Zwar sind gewalttätige Auseinandersetzungen, im Ernstfall also: der Kampf für die Verwirklichung der eigenen Nation im Staat, in den westlichen Gesellschaften selten, aber zumindest in Europa, wie man nur zu gut weiß, keineswegs verschwunden. Selbst in dem Fall aber, daß es keine faktischen ›nationalen Befreiungsbewegungen‹ mehr geben sollte, ist die mögliche Beziehung zwischen der Forderung nach Anerkennung von Gruppenrechten und der Forderung nach eigenstaatlicher Selbständigkeit keineswegs unterbrochen. Eine Voraussetzung für die Bildung dieser Bewegungen bleibt erhalten. Sie müssen sich auf ein Territorium als ein mögliches Staatsgebiet beziehen können. Ist diese Möglichkeit vorhanden, kann die Thematisierung von Gruppenrechten und von aktueller oder historisch zurückliegender Unterdrückung jederzeit mit Sezessionsforderungen und Sezessionskämpfen verbunden werden.

In den meisten westlichen Gesellschaften, das heißt in den zentralen europäischen und nordamerikanischen demokratischen Staaten, hat der Konflikt um die Differenz eine andere Form angenommen. Einerseits handelt es sich um Formen einer vor allem auf Immigranten bezogenen multikulturellen Integration, andererseits – und hier spielt die Frage des Territoriums wieder hinein – um einen multinationalen Föderalismus (das bekannteste Beispiel: Quebec). Zwei Mythen sind als solche kenntlich geworden: der Mythos der Homogenität des Volkes auf der einen, der Mythos der ethnokulturellen Neutralität des Nationalstaates auf der anderen Seite.

Nicht ›ob‹ Unterscheidungen gemacht werden, sondern ›wie‹, ›warum‹, ›wo‹ und ›wann‹ sie getroffen werden (also Form, Gründe und Begründungen, Ort und Zeit), ist analytisch von Interesse.[105] Nationale Kollektivierungen trennen fiktional und real politisch organisierte Großgruppen grob voneinander und institutionalisieren sie symbolisch und real als

---

105 Die Beschränkung auf die Frage des Wie, eine Einschränkung, die im Rahmen der frühen interpretativen Soziologie gemacht wurde (vgl. hierzu Wilson, *Theorien der Interaktion*), wird durch die Frage nach der Begründungsstruktur wieder ergänzt.

machtvolle und einen Herrschaftsanspruch stellende politische Kollektive. Die erste Differenz betrifft die anderen Nationen als ebenso institutionalisierte Nationalstaaten, die als politisch organisierte Kollektive anerkannt werden. Deshalb kann man mit ihnen koexistieren, befreundet sein oder im Konflikt (inklusive Krieg) mit ihnen leben. Zu dieser Unterscheidung von anderen Nationen kommt eine zu solchen Gruppen hinzu, die sich entweder unterscheiden wollen oder die durch diskriminierende Maßnahmen ausgeschlossen und damit gezwungen werden, sich als unterscheidende Gruppe zu verstehen oder zu verschwinden (durch Auflösung als Assimilation, Auswanderung etc.). In beiden Fällen wird das Recht, sich als Nationen staatlich zu organisieren, nicht anerkannt, und beide Gruppen werden als zu einem Mehrheitsstaat zugehörig gezählt, der auf der Zugehörigkeit der Gruppe bestehen kann oder sie im Gegenteil loswerden möchte. Das Prinzip des Nationalen, ob in einem föderalistischen oder zentralistischen Staat organisiert, ist das der Inklusion als Integration und/oder Assimilation regionaler, sprachlicher und kultureller Unterschiede, das heißt der Herstellung von Einheit entweder durch Anerkennung der Differenz als zugehörig oder durch deren Auslöschung.

Aus der nationalen Inklusion ergeben sich die Formen der Exklusionen. Minderheiten steht kein Gebiet zur Verfügung, auf dem sie Herrschaft, die dann »selbstbestimmt« heißt, ausüben, Recht setzen, Schulen und Zeitungen gründen und den Anspruch der Monopolisierung der Gewalt formulieren können, sie also einen geographischen Raum zum Gebiet umformen und damit eine geforderte oder behauptete Gemeinschaft realisieren. Besiedelt eine behauptete und geforderte Gruppe innerhalb eines Staates als Mehrheit eine Region, kann von einer nationalen Minderheit gesprochen werden, wenn zumindest eines der mehr oder weniger konkreten Kriterien – Geschichte, Sprache, Religion oder Kultur – von einigen als relevant angesehen wird und sie sich politisch organisiert. Nationale Minderheiten werden wie Nationen definiert, die sich (noch) nicht realisieren konnten, tendenziell aber einen Anspruch auf Realisierung im eigenen Staat stellen. Weder die Nation der Mehrheit noch die der Minderheit ist vom Staat zu trennen, das heißt von Selbstbestimmung als Durchsetzung eines Herrschaftsgebiets. Territorialität und mit ihr die Bestimmung der Bevölkerung sind weiterhin die Kernprinzipien des modernen Staates. Auch die Differenzierung der Weltgesellschaft geschieht, bei aller Globalisierung, nach dem Grundbesitzermodell.[106] Konsequenterweise werden nationale Minderheiten in den Definitionen der Theoretiker der Nation wie der Praktiker des internationa-

---

106 »Die internationale Gesellschaft ist ein Grundbesitzermodell: der Wert, den souveräne Staaten nicht aufgeben können, ohne Selbstmord zu begehen, ist ihre Unabhängigkeit. Dies bedeutet in der Praxis, daß sie ihr Territorium nicht hergeben können« (Mayall, Nationalism, S. 20).

len Rechts wie Nationen bestimmt.[107] Nationale Minderheiten sind Gruppen, die sich selbst als ›Mieter‹ empfinden und/oder als solche behandelt werden. Es kommt auf den Hausherrn an, ob er sich gestört fühlt oder es schätzt, daß sein Haus bewohnt und dadurch in Ordnung gehalten wird. Zudem gibt es unterschiedliche Mieter. Nationale Minderheiten sind solche mit unbefristetem Vertrag, mit einer Pacht auf Lebenszeit, die in einigen Fällen zumindest latent verdächtigt werden, selbst Besitzer werden zu wollen und die sich von Zeit zu Zeit selbst diese Frage stellen. Zumindest ihre Sprecher, Redner und Schreiber werfen das Problem immer wieder einmal auf, zumal dann, wenn sie schlecht behandelt werden. Latent zumindest werden sie dies immer tun, da sie von den Besitzern in einem inferioren Status gehalten werden. Auch wenn die Miete niedrig und Land und Haus gepflegt und schön sind, liegt hier ein prinzipielles Potential, Unzufriedenheit zu formulieren und den Vertrag, der meist (aber mit wichtigen Ausnahmen) vom Hausherrn als unkündbar und ohne Ausstiegsklauseln festgelegt wurde, eventuell doch zu kündigen. Minderheitenrechte sind dann der Versuch, durch positive Diskriminierung und Zugeständnisse der Selbstverwaltung bis hin zur relativen Autonomie das Schreiben der Kündigung, deren Annahme man verweigern würde, zu verhindern.

Nationale Minderheiten sind, um letztmals im Bild zu bleiben, Mieter erster Klasse. Als Minderheit werden sie nur anerkannt, wenn sie als Zugehörige gelten, die nur in Extremfällen kündigen (Sezession) oder gekündigt werden (Vertreibung). Aber es gibt nicht nur sie, sondern auch Mieter unterer Klassen, solche, die nur ein vorübergehendes Recht auf Aufenthalt besitzen oder gar nur deshalb noch da sind, weil sie nirgendwo ein Zuhause haben.

Kultur und Nation und der Mythos der Integration

Die grobe Form der Unterscheidung zwischen zugehörig und nichtzugehörig differenziert selbst zuwenig, da sie Differenzen nur als Entweder-Oder auffaßt, Unterscheidungen immer nur in einer binären Struktur fassen kann. Sie ist dennoch im Mythos der Integration häufig anzutreffen und bestimmt gerade die alltäglichen Bilder von ›Nationalcharakteren‹.[108] Kei-

---

107 Siehe Preece, National Minorities.

108 Daß dies eine, wenn nicht die dominante Strukturierung des Politischen in der Moderne war, ausgedrückt in der Formel von Freund und Feind, wiederholt in der Formel von Kultur- und Staatsnation, die dann selber zu Feinden wurden, ist keine Frage. Sie wiederholt sich in den binären Strukturierungen, die sich in der Debatte der achtziger Jahre um den oder die Fremden immer wieder finden: Wir/Andere; Kolonisierte/Kolonisierer; vertraut/unvertraut; heimlich/unheimlich; identisch/nichtidentisch etc.

neswegs sind sie in der wissenschaftlichen Literatur nicht mehr anzutreffen. Normalerweise finden kollektive Zuschreibungen, da sie alltäglich sind, nicht viel Beachtung. Für explizit negative Zuschreibungen allerdings gilt dies nicht. Sie unterliegen häufig einem Diskriminierungsverbot, und es werden auch im Alltagsdiskurs und in der Öffentlichkeit methodologische Argumente benutzt, die auf nicht zulässige Verallgemeinerungen hinweisen. Eine öffentliche Debatte, die auch diese Problemstellung berührte, fand in der Bundesrepublik über die Arbeit Daniel Jonah Goldhagens statt. Seine These eines spezifisch deutschen »eliminatorischen Antisemitismus« als Grundlage, auf der die nationalsozialistische Vernichtungspolitik durchgeführt wurde, wurde in einer in diesem Zusammenhang eher nicht zulässigen diskriminatorischen Verallgemeinerung diskutiert. In der Tat war es Goldhagens Argument, daß die eliminatorische Absicht, die in der Analyse des deutschen Antisemitismus sichtbar werde, die schließliche Praxis erkläre, die er eindrucksvoll an den drei Beispielen der Polizeibataillone, der Arbeitslager und der Todesmärsche bis ins grausame Detail beschreibt.[109]

Zunächst ist es das nicht bestreitbare Verdienst Goldhagens, den Antisemitismus wieder in die Diskussion über die Vernichtungspolitik eingeführt zu haben. Zudem kann man seine Arbeit so lesen, daß es neben und auf der Grundlage der sehr detaillierten Archivarbeiten gerade der jüngeren Geschichtswissenschaft notwendig ist, konzeptuelle Entwürfe zu erarbeiten, auf deren Grundlage man die rekonstruierten Ereignisse interpretieren kann.[110] Wir befinden uns also auf einer notwendig umstrittenen Deutungsebene, auf der die Fakten – und auch hier: der notwendige Streit um diese, da sie ja selbst keineswegs immer in eindeutiger Form vorliegen, auch wenn es Tatsachen gibt, die anerkannt werden müssen, wie die Tatsache der Vernichtungspolitik selbst – in eine mehr oder weniger sinnvolle Deutung transformiert werden. Die geschichtswissenschaftliche Deutung kannte vor allem zwei: die Thesen des Intentionalismus und des Funktionalismus. In aller Kürze also zum einen die Umsetzung eines Plans des ›Führers‹ oder einer Elite, zum anderen, am prägnantesten formuliert in der These der »kumulativen Radikalisierung«, der sich ergebenden Möglichkeiten und Notwendigkeiten, der Chancenstrukturen und »Zwänge« vor allem im Zusammenhang des Krieges.[111] Goldhagen führte in diese Debatte den Antise-

---

109 Siehe hierzu Goldhagen, Willige Vollstrecker; auf die ausführliche Diskussion, die zum Medienereignis wurde, will ich hier nicht eingehen. Schon bei Erscheinen der deutschen Ausgabe wurde ein Dokumentationsband mit der Diskussion von Schoeps vorgelegt (Ein Volk von Mördern?).

110 Die dritte Ebene der Thematisierung, ebenso legitim und notwendig wie die beiden genannten, die öffentliche Debatte, kann im Rahmen dieser Arbeit weiterhin vernachlässigt werden. Ich werde mich nur auf der zweiten Ebene bewegen.

111 Seit etwas mehr als dreißig Jahren wird die Kontroverse zwischen Intentiona-

mitismus als kollektives Syndrom wieder ein, als einen spezifisch deutschen, eliminatorischen Antisemitismus, der zu einer Weltanschauungsstruktur, einem geschlossenen Wissenssystem geworden war.

Goldhagen füllte mit seiner Arbeit eine Leerstelle, denn die Antisemitismusforschung hatte sich von der Erforschung des Nationalsozialismus und der Vernichtung der Juden weitgehend abgekoppelt, ebenso wie die Geschichte des Nationalsozialismus und der Massenvernichtung sich von dieser getrennt hatte. Allerdings füllte Goldhagen diese Leerstelle theoretisch und methodologisch in einer unzureichenden Form. Theoretisch ging er von Thesen aus, die vor allem in den siebziger Jahren des letzten Jahrhunderts im Anschluß an den Symbolischen Interaktionismus und eine wissenssoziologische Fundierung der Handlungstheorie formuliert wurden. Kurz: Die Definition der Situation bestimmt die wahrgenommene Wirklichkeit, diese ist abhängig vom Wissen und den kollektiven Wissensstrukturen, den Hintergrundannahmen, die innerhalb einer Gesellschaft oder Kultur existieren. Indem er dieses Theorem auf eine Kultur als Volk/Nation – die Deutschen – bezieht, ergibt sich die Möglichkeit, eben einen spezifisch deutschen Antisemitismus auch ohne Vergleich zu rekonstruieren, da die Spezifität einer Wissenskultur als geteilte Weltanschauung einer Großgruppe schon vorausgesetzt ist. So wird das Konstrukt ›deutsch‹ zusammen mit der Rekonstruktion des eliminatorischen Antisemitismus unversehens zu einer mentalen Realität, dessen Spezifik eben die besondere Ausprägung des Antisemitismus sei, dessen ›Wie‹ der Realisierung man nun in einem zweiten Schritt herausarbeiten kann. Die Spezifik der ausgeführten Tat der Vernichtung kann dann als Ausführung des kognitiven Modells und die Beschreibung der drei Fallbeispiele kann als Praktischwerden eben des Modells aufgefaßt werden. Es seien nicht einfach »normale Männer«, sondern eben normale deutsche Männer gewesen, die ohne Zwang, beziehungsweise ohne gezwungen werden zu müssen, zur aktiven Beteiligung an der Vernichtung bereit gewesen seien.

Es handelt sich um eine These, deren Grundstruktur aus der Rekonstruktion des spezifisch deutschen Antisemitismus als einer kollektiv geteilten Wissensstruktur besteht, einer Volksgemeinschaft als geschlossener Wissensgemeinschaft, deren Handlungsrelevanz im zweiten Teil der Studie anhand dreier Beispiele, den Polizeibataillonen, der Vernichtung durch Arbeit und den Todesmärschen, belegt wird.[112] Das dritte und letzte Beispiel der

---

listen und Funktionalisten geführt. Eine Übersicht findet man bei Heinsohn, Warum Auschwitz?, S. 40–49.

112 Goldhagens Theorieprogramm beruht auf einem geschlossenen Kulturmodell der Gesellschaft. Aus den kognitiven Modellen gibt es kaum Möglichkeiten des Ausbruchs, die Wissensstrukturen bestimmen die Formen der Institutionen und die Handlungen. Kulturen als Wissensstrukturen reproduzieren sich

Todesmärsche soll dabei, zusätzlich zu der beeindruckenden und detaillierten Erzählung der begangenen Grausamkeiten, zeigen, daß es sich um eine verinnerlichte Struktur handelte, da die Täter auch dann noch nach ihrer Weltanschauung handelten, als die äußeren Bedingungen – ein System, daß die Handlungen erwartet und zur Not erzwingt – weggefallen waren. Die Wissensstruktur hatte sich also als eindeutiges Präferenzsystem inkorporiert und verselbständigt, anders formuliert, ohne daß Goldhagen dies in diesen Begriffen beschreibt, sie war zum Habitus im Bourdieuschen Sinn geworden. Es wird das eindringlichste Beispiel gegeben, um die Ausgangsthese zu belegen: Das durch den eliminatorischen Antisemitismus gekennzeichnete Kollektiv ist so tief in den Wissensstrukturen als Weltanschauungsstrukturen des einzelnen Deutschen verhaftet, daß noch nach dem schon einsetzenden Zerfall und kurz vor dem sicheren Ende der nationalsozialistischen Gesellschaft und im Einzelfall noch über sie hinaus gemäß der prägenden Struktur des eliminatorischen Antisemitismus gehandelt wurde.

Die These scheint so bestätigt zu sein, und es ließe sich, zum Beispiel auf die Forderung nach nationalen Vergleichen (meist wird der französische Antisemitismus genannt, mit dem man den deutschen vergleichen solle), antworten, daß man solche Vergleichsstudien auf der Grundlage der vorliegenden Ergebnisse anstellen könne. Dann würde man nach Unterschieden in der Struktur des deutschen und französischen Antisemitismus suchen und vielleicht feststellen, daß der Antisemitismus in Frankreich sich in seiner Ausprägung des *antisémitisme d'état* von dem eines *antisémitisme de peau* unterscheide – und damit zumindest auch eine Selbstrechtfertigungsstruktur des französischen integralen Nationalismus der *Action française* und seines Führers, Charles Maurras, wiederholen, der sich nach 1945 gerade mit dieser Unterscheidung gegen den Vorwurf verteidigte, Kollaborateur gewesen zu sein. Maurras machte eine postulierte oder tatsächliche Differenz innerhalb des Antisemitismus zur Begründung seiner Verteidigung.

Ich glaube nicht, daß man so zu einer sinnvollen Lösung kommen kann. Jahre nach der aufgeregten öffentlichen Debatte in der Bundesrepublik Deutschland kann man gelassener feststellen, daß Goldhagen eine wichtige Dimension in die Debatte wieder eingeführt hat. Wichtig waren nicht archivalische Ergebnisse und neue Funde in seiner Arbeit, am Ende auch nicht die öffentliche Debatte, in der es eher um die aktuelle kollektive Befindlichkeit und die Frage, wie die neue Bundesrepublik mit ihrer Geschichte umgeht, ging, sondern der Hinweis, daß es eine interpretative Debatte geben muß, in die die Tatsachen der Geschichtsforschung eingehen, sie aber einordnen, verstehen und in theoretische Zusammenhänge stellen muß. Zwischen der empirischen Geschichtsforschung und der öffentlichen Diskus-

---

in der Regel. Goldhagens Interpretationsmodell ist ein wissenssoziologisches Modell sich selbst reproduzierender kognitiver Systeme.

sion, die immer selbst schon eine Frage des Selbstverständnisses, der Selbstthematisierung beinhaltet, liegt eine zweite Ebene der intellektuellen Arbeit, die weder mit der ersten noch mit der dritten Ebene identisch ist. Auf dieser Ebene, der der interpretativen, konzeptuellen Verarbeitung, kann man den Vorschlag Goldhagens einordnen und verstehen.

Es waren auf der einen Seite bewußte Akteure, die Goldhagen vorstellte und unterstellte, Menschen, die willentlich ihre Arbeit vollzogen. Diese aber bestand in der Realisierung der Welt nach dem Modell ihrer geschlossenen kollektiven Weltanschauung. Was ihnen auf der einen Seite gegeben wird, Verantwortung und bewußtes Handeln, wird ihnen auf der anderen genommen. Die Existenz der Volksgemeinschaft als Weltanschauungsgemeinschaft wird bei Goldhagen vorausgesetzt, da er selbst die Existenz einer substantiell gewendeten Gemeinschaft, wenn auch in einer wissenssoziologischen Variante – als spezifische Wissensgemeinschaft – voraussetzt. Goldhagen geht von dem Mythos der kulturellen (oder: nationalen, mentalen) Integration aus. Die Sinngrenzen fallen mit den staatlichen und nationalen Grenzen zusammen. Das Herdersche Kugelmodell der Kulturen, jede mit ihrem eigenen Mittelpunkt und eigenen Schwerpunkt, die normalerweise gleichbedeutend im Raum schweben und manchmal aneinanderstoßen, findet eine neue Anwendung, nun am Beispiel einer als illegitim anzusehenden, eliminatorischen Kultur, einer schwarzen Kugel unter lauter weißen. Zwar macht dies die aufgeregte Reaktion in Deutschland verständlich, der schließlich mit dem Hinweis, daß Änderung doch möglich sei, wie die Geschichte der Bundesrepublik zeige, begegnet wurde. Dies ändert aber nichts daran, daß es das zugrunde gelegte Modell der Existenz geschlossener Wissenskulturen selbst ist, das die Probleme schafft. Denn geschlossene Wissenskulturen sind jene, die nur in extremen Ausnahmefällen – hier also: Kapitulation, Reeducation, Marshall-Plan und die Aufnahme in die westliche Welt – verändert werden können.

Veränderung ist kein Ausnahmefall, auch wenn die konkrete Umstellung des Gesellschaftssystems und der Wissenskultur in diesem Fall die Niederlage als Befreiung zur Voraussetzung hatte und die Form der Umstellung eine besondere war. Das zu erklärende Phänomen kann genau anders gestellt werden. Dann aber ist die Unterstellung der Geschlossenheit als Normalfall nicht mehr möglich. Die behauptete Volksgemeinschaft, behauptet unter anderem von den NS-Ideologen und den Antisemiten, zu realisieren ist ausgesprochen aufwendig. Immer wieder müssen Öffnungen bekämpft werden. Es brauchte den ›Trommler‹, es brauchte die Reaktion auf den Versailler Vertrag, es brauchte die Extreme der Weimarer Republik, die ökonomische Krise und schließlich die Hilfe zur Machtergreifung, um das Volk als Volksgemeinschaft schließlich in Inszenierung, totalem Ausschluß der Juden und anderer, in Krieg und Vernichtung zu realisieren. Die reale Existenz der Volksgemeinschaft kann in diesem Modell nicht mehr als Voraussetzung gelesen werden, sondern sie wird als Ergebnis einer spezifischen Politik der

Herstellung der Volksgemeinschaft sichtbar. Im Vollzug und in der Praxis dieser Politik existiert schließlich die Volksgemeinschaft, deren Abstraktheit sonst kaum faßbar und erfahrbar wird. Erreicht wird die totale Existentialisierung einer Zugehörigkeit, die in ebendiesem Prozeß zum Schicksal wird oder als Schicksal erfahren wird. So werden Handlungen verständlich, die noch während der letzten Tage und angesichts der Niederlage oder sogar im nachhinein hoffnungslos weitermachen, einem ständigen ›Weiter so‹ unterliegen, den man pathologisch als Wiederholungszwang beschreiben könnte. In ihnen kommt der ›gelungene‹ Versuch der Realisierung der Volksgemeinschaft zum Ausdruck, ihre kurze Existenz im Moment der Deckungsgleichheit von (Volks-)Gemeinschaft und Einzelnem.

Es ist die Arbeit an der Integration, die Herstellung der Volksgemeinschaft als erfahrbarer Gemeinschaft, als existentielle Gemeinschaft, die man zwar als einen extremen Fall darstellen kann, der aber dennoch integriert ist in den modernen Prozeß von Vergemeinschaftung und Vergesellschaftung, von Individualisierung und Kollektivierung, der Vorstellungen des Ich und des Wir. Hier läßt sich der Vorschlag Zygmunt Baumans einarbeiten, der die klassische Vorstellung der gesellschaftlichen Produktion der Moral, wie er etwa in den Sozialisationstheorien und Phasenmodellen der moralischen Entwicklung hin zum postmateriellen Bewußtsein vorliegt, umdreht und nach der gesellschaftlichen Produktion moralischer Indifferenz fragt.[113] Bauman tut dies im Kontext einer Theorie der Moderne, die deren Drang zur Ordnung hervorhebt.

---

113 Das Sozialisationsmodell, auf das ich mich hier kurz beziehe, ist das von Kohlberg, das schließlich von Habermas u. a. in ein soziologisches Phasenmodell verarbeitet wurde. Baumans Vorschlag findet sich in seiner »Dialektik der Ordnung«.

Paarbildungen: Das freigesetzte Ich und das politische Kollektiv

I: Die Dramatik des Ich/Wir.
Johann Gottlieb Fichte und Maurice Barrès

Moderne Gesellschaften personalisieren, wenn man so will, ›nach unten‹. Der Einzelne wird als Einzelner, als Subjekt, an das Herrschaftssystem, an den Staat oder die Gruppe als Großgruppe angeschlossen. Vergemeinschaftung ist nicht mehr Voraussetzung, sondern wird zur Aufgabe des Einzelnen und der Gesellschaft. Es ist nun der Einzelne, nicht mehr eine unentrinnbare und vorgegebene Gemeinschaft, der in eine das Politische und das Individuelle begründenden Gemeinschaft integriert werden muß, eine Gemeinschaft, die als Gemeinschaft der Bürger oder der Gleichen Macht und Herrschaftsansprüche stellt und sich selbst als politische Gemeinschaft gründen und begründen muß.[1] Diese Form der Gemeinschaft ist nicht mehr nur vorgegeben, sondern sie wird zur Leistung des Ich. Sosehr sie in die Geschichte gelegt wird oder als natürlich vorgestellt wird, sie muß durch das Ich des Einzelnen hindurchgehen, indem sie an den Willen gebunden wird oder indem die Gemeinschaft in das Ich verlagert wird.

Entfremdung war ein Begriff der klassisch modernen Selbstreflexion, mit dem diese Situation als Problem diskutiert wurde; die ›atomisierten‹ Einzelnen traten als zu beherrschende und/oder zu organisierende ›Massen‹ in den Blick. Die zunächst entstandene ›kleine‹ Öffentlichkeit der Salons als konkreter Ort der Selbstreflexion reichte nicht aus, potentiell jeden zu erreichen. Debatte, Selbstreflexion und Selbstdarstellung mußten aus diesem engen Bereich heraustreten. Die Hauptstädte wurden zu den symbolischen Orten, an denen dies geschah. Hier hatte, gerade in Frankreich, die Öffentlichkeit einen Ort, wo die Transformation des Sozialen und des Einzelnen ins Nationale vollzogen werden konnte. Im Deutschland der vielen Grenzen und Herrschaftsbereiche war die kleine Schicht der Bürger zwar dezentraler und weniger einflußreich, aber dennoch wurde sie zum Träger des entstehenden Nationalbewußtseins. Da ein zentraler Ort fehlte, die direkte Kommunikation schwieriger war, war sie eher auf die Schrift angewiesen.[2] In

---

1 Schnapper hat auf den Gemeinschaftsaspekt der Bürgergesellschaft auch für den französischen Fall hingewiesen (dies., La communauté des citoyens).
2 Diesen Unterschied beschreibt schon Elias, Prozeß der Zivilisation.

welchem Medium man sich auch auf das Volk berief, die Träger des Nationalbewußtseins waren eine nur kleine Schicht, die den Anspruch auf Selbstbestimmung und Selbstregierung, auf Solidarität und Einheit erhob. Die Repräsentanten schufen, was sie repräsentieren wollten, mit.

Das freigesetzte Ich und das große Kollektiv gehören in ihrer Entstehung zusammen und fallen auseinander. ›Freisetzung‹ aber bezieht sich nicht auf den immer gegebenen nichtsozialen Anteil des Ich, ganz im Gegenteil. Subjekt zu werden, sich zum Subjekt zu machen, lautet die Anforderung der Moderne, um schließlich als Subjekt zum Kollektiv zu gehören.[3] Das Subjekt mußte als solches wieder eingeholt werden; es sollte in einer naturalistisch-kulturalistischen Variante seine Zugehörigkeit zum Kollektiv entdekken, oder es mußte motiviert werden, seine Selbstbestimmung im abstrakten Kollektiv zu finden. Literarische, philosophische, aber auch soziologische Selbstthematisierungen sind daher der geeignete Untersuchungsgegenstand, um die Konstruktionen der Beziehung und der Verbindung von Ich und Wir, von Universalismus und Partikularismus, der Sphäre des Allgemeinen und Besonderen, dem Reinen und dem Unreinen freizulegen.

Sie sind nicht diese Beziehung selbst. Der strukturell heterogene Alltag widersetzt sich der Vereinheitlichung. Der Wunsch nach Homogenität ergibt sich dennoch keineswegs automatisch als psychologisch oder sozial begründete Folge der strukturellen Heterogenität. Vielmehr werden bestimmte Heterogenitäten, Ungleichheiten und Unterschiede als gesellschaftliche sichtbar, und sie werden damit kommunizierbar. Damit erschließt sich eine Vorstellung der Gesellschaft, die diese selbst für die Unterschiede, Ungleichheiten und Differenzen verantwortlich macht. Die Einheitsproblematik der Gesellschaft schließt sich hier an. Indem die Unterschiede und Ungleichheiten der gesellschaftlichen Dynamik entspringen und die Gesellschaft sich aus sich selbst erklärt, ist sie auch für das Problem der Einheit zuständig. Einheit wird zum Problem der Gesellschaft. Sie ist nicht einfach die andere Seite der Differenz, wie es eine menschen-, akteurs- und gruppenlose Systemtheorie, die Gesellschaft in Kommunikationen auflöst, suggeriert.[4]

---

3 Möglicherweise läßt sich ein Unterschied zwischen Moderne und Postmoderne oder Spätmoderne daran festmachen, daß von der Anforderung der klassischen Moderne nur noch der erste Teil übriggeblieben ist. Damit würde theoretisch verständlich, daß die Anforderungen an Selbstentwürfe gestiegen sind und sich die Entwurfsmöglichkeiten, die zum Beispiel im Begriff der Bastelidentitäten eingefangen werden, vervielfältigt haben. Innerhalb dieses Zusammenhangs thematisiert die Postmoderne noch die Vergemeinschaftung als subjektive Wahl. Die »neuen Stämme« (siehe Maffesoli, Temps des tribus) werden als Selbstetikettierungen thematisiert. Selbstthematisierungen aber, die sich ihrer selbst bewußt sind, werden keineswegs dadurch weniger ›wirklich‹. Die Postmoderne ist dann mit Zygmunt Bauman die Moderne, die sich ihrer selbst bewußt ist.

4 Vgl. zu einer aktuellen Diskussion Willke, *Die Gesellschaft der Systemtheorie,*

Ein thematisches Vorspiel: Rembrandt im Blick von Georg Simmel

Zunächst möchte ich den dramatischen Entwurf, den das Verhältnis von Ich und Wir in der klassischen europäischen Moderne erhält, anhand eines späten Buches von Georg Simmel über Rembrandt aufzeigen. Das Problem des Ich/Wir soll an einem Beispiel, das man als ein ›Vorspiel‹, eine konkrete Vorstellung des Themas lesen kann, gezeigt werden. Denn es versteht sich keineswegs von selbst, daß der Theoretiker der Differenzierung, der Bewegung und der Ambivalenz diese doch auflöst. Deutlich wird die Mühe, der erhebliche konzeptuelle Aufwand, den eine Gleichsetzung erfordert. Interessant ist, daß gerade der Theoretiker der Moderne als Bewegung des Werdens und der Ambivalenz in seinem zu Lebzeiten erfolgreichsten Buch, das in die soziologische Simmel-Rezeption kaum Eingang gefunden hat, zum Theoretiker der Gemeinschaft wurde.

Die von mir vorgenommenen Paarbildungen (Johann Gottlieb Fichte und Maurice Barrès; Émile Durkheim und Max Weber; Ernst von Salomon und Louis Ferdinand Destouches, genannt Céline) bilden, wenn man die Simmel-Interpretation als Vorstellung des Themas ansieht, die ›Durchführung‹ (und damit werde ich die musikalische Analogie verlassen). An den konkreten Selbstthematisierungen, das heißt an Romanen, theoretischen Entwürfen und politischen Reden, Texten und Pamphleten, wird dem großen Aufwand nachgegangen, der notwendig ist, um ein abstraktes Kollektiv in ein konkretes zu verwandeln und es schließlich im Versuch, es zu realisieren, es unmittelbar in Volksgemeinschaft und Rasse zu verwirklichen, aufzulösen.

Der niederländische Meister Rembrandt van Rijn gewann im 19. Jahrhundert eine Aufmerksamkeit und Popularität, die weit über eine bloße Wiederentdeckung des Malers hinausging.[5] Rembrandt wurde – neben dem Aufstand der Batavier (69/70 n. Chr.), neben Wilhelm von Oranien als Vater des Vaterlandes – in die niederländische nationale Mythengalerie aufgenommen. Aus einem Maler der niederen Gesellschaft wurde ein Genie und ein Patriot. 1852 erhielt er ein Standbild auf dem Amsterdamer Botermarkt, der 1876 in Rembrandtsplein umbenannt wurde. Rembrandt-Verehrer verkündeten, »vor allem dank seiner seien die Niederlande zu einer echten Nation geworden«.[6] Aber noch 1877 vertrat Jacob Burckhardt die Überzeugung, daß Rembrandt zwar der Maler des nordischen Lichts und einer der großen holländischen Porträtmaler sei, daß aber die Gesetze des hellenischen Schön-

---

und die anschließenden Diskussionsbeiträge in der Zeitschrift *Ethik und Sozialwissenschaften*.

5 Ich greife im folgenden auf meinen Aufsatz *Die lange Dauer der Nation* zurück.
6 Slechte, »*Durch eigene holländische Kunst angeregt*«, S. 241. Siehe auch die Arbeiten von Schama, zum Beispiel: Überfluß und schöner Schein.

heitsideals – für Burckhardt repräsentiert durch Raffael, David und Ingres – noch immer die kompositorischen Gesetze und das Reinheitsideal der Malerei bestimmten. Burckhardt würdigte das Original, kritisierte aber die Unfähigkeit zur anatomisch richtigen Darstellung, die »Fehler der Linienführung und des Skelettbaues«.[7] Die »Staalmester« sind für Burckhardt »das höchste Meisterwerk der letzten Jahre Rembrandts (1661)«.[8] Damit aber sei seine Leistung zur Genüge gewürdigt, er sei ein gefährlicher Lehrer, da »mangelhaftes Können und Wissen unter Lichtmalerei« versteckt werden könne. Rembrandt wurde dennoch zum germanisch-nordischen Künstler stilisiert. 1906 wurde das Rembrandt-Jahr anläßlich des dreihundertsten Geburtstags des Künstlers in Holland und Deutschland groß begangen. Rembrandt wurde entnationalisiert, um zum germanischen Künstler par excellence gemacht zu werden. Wurde er in Holland zunächst ›geadelt‹, um zum reputierlichen Nationalkünstler zu werden, wurde er nun zum Genie des Volkes erhoben. Bei dieser Beschlagnahme kam dem Buch »Rembrandt als Erzieher«, dem Buch »eines Deutschen« (Julius Langbehn), eine zentrale Rolle zu. Sie wurde dadurch betont, daß diese Interpretation höchste akademische Weihen erhielt. Georg Simmel veröffentlichte 1916, zehn Jahre nach dem Rembrandt-Jahr, sein ökonomisch erfolgreichstes Buch: »Rembrandt. Ein kunstphilosophischer Versuch«.[9] Simmel kannte »Rembrandt als Erzieher«; als junger Autor hatte er selbst eine Rezension geschrieben (*Vossische Zeitung* vom 1. Juni 1890), in der er die Banalität der allgemeinen Zivilisationskritik brandmarkte, den Individualismus und den aristokratischen Nietzscheanismus kritisierte – schon der Titel Langbehns war schließlich eine Anspielung auf Nietzsches »Schopenhauer als Erzieher« – und in der er gleichzeitig und heute völlig unverständlich den brillanten Stil Langbehns lobte.[10] Der Jude

---

7 Siehe hierzu Burckhardt, Rembrandt, S. 184.
8 Ebenda, S. 187.
9 Langbehns »Rembrandt als Erzieher« erschien in der 1.–25. Auflage 1890 in Leipzig und erreichte bis 1909 seine 49. Auflage. Simmels Rembrandt-Buch erschien 1916, in zweiter Auflage 1919. Langbehns Werk wurde anläßlich zweier Neuauflagen auch inhaltlich verändert, so daß mit der ersten Auflage drei Fassungen (13. und 37. Auflage) vorliegen. »Über eine Vielzahl von formalen Änderungen, die bis in die Interpunktion hineinreichen, hinaus betreffen die Unterschiede [...] im wesentlichen drei Punkte: die Anpassung an politische Veränderungen, eine Vermehrung und Verschärfung antisemitischer Äußerungen und eine immer positiver werdende Darstellung des Katholizismus [Langbehn konvertierte schließlich, U. B.]« (Behrendt, *Langbehn*, S. 96. Ich benutze die 38. Auflage, also die letzte Fassung). Zur Person Langbehn siehe ebenfalls den Aufsatz von Behrendt, zu seiner Ideologie immer noch Stern, Kulturpessimismus. Simmels Rembrandt-Buch wurde 1985 mit einer instruktiven Einleitung von Wyss erneut aufgelegt.
10 Wieder abgedruckt in: Simmel, Wesen der Moderne, S. 145–161.

und Städter antwortete hier dem Mystizisten des Landlebens und dem Antisemiten.[11] Dennoch tauchen einige Figuren Langbehns bei Simmel erneut auf – nun im Kontext eines Buches, das einige als groß oder als das beste von Simmels Büchern bezeichnen.[12]

Gibt es einen inhaltlichen Kern in Langbehns langatmigen Ausführungen zu allem und jedem? Zunächst einen allgemeinen: Das Buch ist als Ausdruck und Versuch der Generation von 1890, der Generation nach Bismarck also, zu verstehen, ihr Projekt im Anschluß an die vollzogene Staatsgründung zu formulieren. Damit steht Langbehn, der diesen Zusammenhang nicht explizit benennt, keineswegs allein. Max Weber formulierte in seiner Freiburger Antrittsrede offen das Ziel, daß die Generation der 1890er der Staatsgründung erst ihren Sinn zu verleihen habe. Umstritten war, was realisiert werden sollte. War das Projekt der 1890er für Weber die Realisierung des Großmachtstaates, so war es für Langbehn die »Weltherrschaft der Deutschen«[13] und ganz dezidiert die Ersetzung der Realpolitik durch etwas, das er Kunstpolitik nannte und dem eine Zeitströmung der Aufwertung des Ästhetischen entsprach.[14] Individualismus war für ihn der Kern, »die Wurzel aller Kunst; und da die Deutschen unzweifelhaft das eigenartigste und eigenwilligste aller Völker sind: so sind sie auch – falls es ihnen gelingt, die Welt klar wider-

---

11 Vgl. hierzu Wyss, *Simmels Rembrandt*, S. XII; auch, aber mit einem Hinweis auf das Oszillierende des Simmelschen Diskurses: Le Rider, *Rembrandt de Langbehn*. Auch Breuer bezieht sich auf Simmels Langbehn-Kritik (Ästhetischer Fundamentalismus, S. 173), erwähnt aber dann doch eine Übereinstimmung zumindest des späteren Simmel, der, wie Langbehn, auf die Monumentalität in der Kunst setzte, wenn auch auf eine andere – nämlich auf die Monumentalität des Werdens (ebenda, S. 182). Von soziologischer Seite geht Lichtblau (*Pathos der Distanz*) ein wenig ausführlicher auf Simmels Rezension ein.

12 So bezeichnet Le Rider (*Rembrandt de Langbehn*) es schlicht als »ce grand livre«; in einer mit einem Vortrag von Schmoll über *Simmel und Rodin* abgedruckten Diskussionsbemerkung wird es zusammen mit den »Lebensanschauungen« als »sein bestes« benannt (S. 42). Allerdings muß ein Hinweis gemacht werden. Langbehn verschärfte seinen Antisemitismus in den veränderten Auflagen (ab der 13. und dann wieder ab der 37. Auflage). So findet sich in der 37. Auflage zwischen den Kapiteln »Helldunkel« und »Menschenthum« (in der 1. Auflage S. 270 und S. 273) die Überschrift »Polaritäten«, unter der vor allem die »Judenfrage« abgehandelt wird (»Helldunkles« findet sich in der 3. Auflage auf S. 289, »Polarität« auf S. 291, »Menschenthum« auf S. 295).

13 Langbehn, Rembrandt als Erzieher, S. 237 f.

14 Richard Wagner und die Diskussionen um den »Fall Wagner« mögen als Hinweis dienen, erwähnen kann man aber auch den Leipziger Historiker Karl Lamprecht, der mit seinem Begriff der »neuen künstlerischen Kultur« direkt an Langbehn anschließt (siehe hierzu: Lichtblau, Kulturkrise und Soziologie, S. 194 ff.). Simmel selbst bleibt ein markantes Beispiel.

zuspiegeln – das künstlerisch bedeutendste aller Völker«.[15] Individualität als Gesetzloses muß sich zum Gesetz machen, ein Charakter »wird sich selbst zu konstruieren haben«.[16] Individualität und – völkisches – Kollektiv werden ohne Begründungsaufwand unmittelbar in eins gesetzt. Das Individuum ist das Kollektiv, und das Kollektiv ist gleichgesetzt mit den Individuen. Beide haben sich selbst zu schaffen, um zu sein, was sie sind. Das Ideal dieser Selbsterzeugung war für Langbehn der Künstler, der im Vergleich zum Gelehrten seinen Bezug im Nationalen findet und nicht in der Welt. Dem individuellsten Volk aber, so Langbehn, entspricht der individuellste aller Künstler. Dieser ist für ihn Rembrandt. Eben die Beobachtung, die bei Jakob Burckhardt Anlaß zur Kritik war und schließlich als Unfähigkeit zur klassischen Linienführung gedeutet wurde, wurde nun, das Gesetzlose zum Gesetz erhebend, zum Prototypus des deutschen Künstlers gestaltet. Die freie Individualität wurde zur gebundenen, geschlossenen. Erst dann, so Langbehn, hätte sie ihren Stil gefunden und sich selbst verwirklicht. Die Trennung der nordischen und der mediterranen Schule aber, die schon Burckhardt formuliert hatte, wird in dieser Variante zu einer völkischen. Und sie wird schließlich in der kunsttheoretisch-kunsthistorischen Diskussion um die Jahrhundertwende für den jungen Wilhelm Worringer zum Hauptproblem. Setzt Worringer das Nordische mit der Abstraktion, das Mediterrane aber mit Einfühlung gleich, so kehrt Simmel die These um. Er spricht von nordischer Akkumulation und romanischer Abstraktion – und nähert sich damit der Langbehnschen Auffassung an, die er 1890 heftigst kritisiert hatte.[17]

Rembrandt wurde von Langbehn zu einem Typus stilisiert, der wenig mit der historischen Person zu tun hat. Im Rahmen des Geniekultes des ausgehenden Jahrhunderts und des entstehenden Rembrandt-Kultes aber ist die Wahl kein Zufall. Es ist das Spezifische des Lichts, das Helldunkel, das zur grundlegenden »Wechselwirkung« stilisiert und zu einer beliebigen binären Schematik erweitert wird. Natürlich fehlen in dieser Farbenlehre Hinweise auf Goethe nicht, sie ziehen sich als Subtext durch alle am scheinbar Konkreten interessierten Äußerungen, die doch nur auf allgemeinste Formulierungen zielten. Es ist aber gerade diese obskure Farbenlehre des Helldunkel

---

15 Langbehn, Rembrandt als Erzieher, S. 3 f.
16 Ebenda, S. 5.
17 Worringers Arbeit »Abstraktion und Einfühlung« erschien 1908, hatte 1910 eine dritte Auflage und wurde 1948 erneut mit einem neuen Vorwort gedruckt. In diesem schildert Worringer eine Begegnung aus der Distanz. Er sieht bei einem Besuch des menschenleeren Trocadero-Museums in Paris zwei Besucher durch die Tür kommen. Einen von ihnen kennt er. Es ist Georg Simmel. Die »atmosphärisch-fluidale« (S. 10) Einwirkung wird, zumindest im nachhinein, für den jungen Studenten zum Erweckungserlebnis. Er schreibt seine Arbeit, auf die, als sie schließlich erschien, Simmel mit einem persönlichen Brief reagierte.

zusammen mit der zum Programm mutierten Programmlosigkeit, die in beliebige, aber vereinte Gegensätze umgebildet werden kann. »Hell und Dunkel, Skepsis und Mystik, Politik und Kunst, Adel und Volk sind eins [...] weil sie uneins sind.«[18] Hieraus gebiert sich der ganze Mensch der Zukunft. Rembrandt soll als Geburtshelfer dienen. Gott und Teufel, Edles und Gemeines, Barbarentum und Kultur, die Liste der Polaritäten ist endlos. Sie spitzt sich zu in der »geschichtlichen« und der »seelischen Polarität«,[19] die sogenannte Judenfrage ist hier nicht zufällig eingebettet. Auch bei den Juden gibt es die Polaritäten, Edles und Gemeines. Daher kann Langbehn einige Edle (immer wieder Rahel; auch – mit Abstrichen – Spinoza) anerkennen, aber die Gruppe, die Juden haben sich entschieden. Sie haben »ihre eigene Individualität geopfert«,[20] ihrem Gesetz entsagt und damit sich selbst verraten. So wird ihnen ihre Anpassung zum Verhängnis wie ihre Nichtanpassung, denn der »Fäulnis der Ostjuden« entspreche eine Entscheidung zugunsten des Teufels – »das ganze verruchte Judenvolk«.[21] Der radikal moderne Aspekt der Selbstschaffung der antimodernen Moderne, der sich hier ausdrückt, kann das Uneindeutige nicht vertragen, das exemplarisch in die Figuration vom Juden verlegt wird. »Eine klare Scheidung von Hell und Dunkel, Schwarz und Weiß ist jedenfalls besser als das fade Grau des Großstadtnebels und Großstadtstaubes, in welches sich die Bildung und die Gesinnung des modernen Menschen allmählich aufzulösen droht.«[22] Zu signifikanten Vertretern und Profiteuren dieser Moderne werden die Juden, die sich selbst verraten haben. Die Deutschen müssen ihre Feinde erkennen. Zur Gefährdung durch das innere Gift tritt die Bedrohung durch den äußeren Feind, die gallischen Horden, dessen Gattungstypus nicht zufällig durch Émile Zola verkörpert wird.[23] Halbbildung, Spezialistentum und Scholastizismus tritt Langbehn hier entgegen, seelenlos und äußerlich wie das römische Recht, dem das subjektive, gerechte deutsche Recht entgegengestellt wird. Man erinnere sich jetzt an die Darstellung der Rembrandtschen Bilder, der Porträts: Die Menschen, die dort zu sehen sind, werden als von innen nach außen wirkend beschrieben, sie sind nicht ›äußerlich‹.

Simmels Rembrandt-Buch erschien im Kriegsjahr 1916, 26 Jahre nach seiner ablehnenden Besprechung des Langbehn-Buches, die in Übereinstimmung mit seiner Arbeit »Über sociale Differenzierung« verstanden werden kann.[24] Gesellschaftliche Arbeitsteilung und Differenzierung hatten zu die-

---

18 Langbehn, Rembrandt als Erzieher, S. 295.
19 Ebenda, S. 292 f.
20 Ebenda, S. 292.
21 Ebenda, S. 293.
22 Ebenda, S. 294.
23 Ebenda, S. 340 ff.
24 Vgl. allgemein Lichtblau, *Pathos der Distanz*.

ser Zeit für Simmel das Individuelle unwiderruflich zu einer leeren Form gemacht: »[…] sie [die Soziologie] versteht den Einzelnen als ein Produkt der historischen Entwicklung seiner Gattung, als einen bloßen Schnittpunkt sozialer Fäden; sie entkleidet ihn der falschen Einheitlichkeit und Selbständigkeit und löst ihn auf in eine Summe von Eigenschaften und Kräften.«[25] Der frühe Differenzierungstheoretiker, der kommende Theoretiker der Bewegung als Charakteristikum der Moderne in der »Philosophie des Geldes«, der später lebensphilosophische Konzepte vertritt, Bergsons Übersetzungen anregt und den *élan vital* für sich erschließt, und schließlich der Autor der »Soziologischen Ästhetik« und der Arbeiten über einige Künstler, vor allem über den bewunderten Rodin, den er als »Monumentalisten des Werdens« kennzeichnet, kann zu dieser Zeit mit der Gleichsetzung von Kollektiv und Subjekt wenig anfangen. Er wird sie auch nie in gleicher Form nachvollziehen. Aber einige Jahre nach den patriotischen Feierlichkeiten des Rembrandt-Jahres 1906 wählt auch er Rembrandt zum Gegenstand seiner kunstphilosophischen Betrachtungen, und es versteht sich keineswegs von selbst, daß er diese Wahl nach seinen Arbeiten über Rodin trifft.

Es gibt hier keinen direkten Bezug mehr zu den banalen, aber wirkungsvollen Thesen Langbehns. Dennoch sieht Simmel in Rembrandt die »nordische Akkumulation«, das individuelle Gesetz, das das Leben bestimmt. Er kommt auf sein Programm der Moderne als Bewegung zurück. »Denn es ist in unserem innerlich-äußeren Sein etwas Dunkles und Verhangenes, das eine Verständlichkeit, […] nur von dem Lebensprozeß seines Werdens aus gewinnt.«[26] Ist es in den Renaissancebildnissen die Form, die die so detailliert dargestellten Einzelnen dennoch entsubjektiviert, werden die Rembrandt-Porträts für Simmel »von innen her verständlich […]. […] im sinnlichen Erfassen ihrer wohnen wir der Dynamik des Lebens und Schicksals bei, die sie ausgehämmert hat.«[27] Hier gibt es keinen vorgeordneten Punkt, keine höhere Perspektive, sondern etwas Dahinterliegendes. Ohne von der Bewegung abzurücken, substantialisiert Simmel im Rembrandt-Buch das Werden selbst. Das klassische Porträt ist für ihn die Darstellung eines »der zeitlichen Lebendigkeit enthobenen Seins«.[28] Aber mit Rembrandt wird ihm das qualitativ Individuelle, damit das Werden, die Bewegung zur Substanz, zur Aufhebung von Dualismen des Sinnlich-Körperlichen, am Ende zur Aufhebung des Dualismus des Einzelnen und der Gesellschaft, der ihn so lange beschäftigt hatte. Das Rembrandt-Buch ist das Einheitsbuch des Theoretikers der Differenz und der Bewegung. »Diese Einheit wird subjektiv fortwährend erlebt.«[29] Die

---

25 Simmel, *Rembrandt als Erzieher*, S. 152.
26 Simmel, Rembrandt, S. 12.
27 Ebenda, S. 13
28 Ebenda, S. 15.
29 Ebenda, S. 19.

Kunst ist ihre Ausdrucksform und -möglichkeit. Der bewunderte Rodin, der für Simmel exemplarisch das Weltbild der Moderne, die Auflösung der Individualität, sichtbar macht, bei dem »alle Substanzialität und Festigkeit des empirischen Anblicks in Bewegung übergegangen«[30] ist, wird durch den älteren Rembrandt abgelöst.[31] Drei Stiltypen werden unterschieden und als »Symbole dreier ganz allgemeiner Lebensbegriffe« interpretiert:[32] die zeitlose, abstrakte Klassik, die verfließende, gedächtnislose Zeit Rodins, der den Mensch im Werden auflöst, und schließlich Rembrandt, der »den Zusammenhang [nun] zwischen der Individualität und dem Historisch-Zeitlichen«[33] anschaulich macht. Die Zeit – Simmel benutzt den Begriff nicht, aber man könnte statt dessen auch sagen: das Konkrete – wird bei den Klassikern in das Abstrakte des formalen Gesetzes aufgehoben, bei Rodin in das ebenso abstrakte Werden.

Rembrandt steht diesen Polaritäten fern, »er bedarf keines ausgleichenden Herab- und Heraufsetzens der Personen, weil jede von vornherein in der gleichen Stimmung wie jede andere lebt«.[34] Die Personen verschwinden nicht mehr im Gesetz, nicht mehr im Fließen, sondern sind »aufgelöst in die Gemeinsamkeit eines Lebens«. Dem entspricht die Darstellung des Religiösen. Sie ist nicht mehr gesetzhafte Religion, sondern aufgelöst im Lebensprozeß. Die Frömmigkeit ist nicht mehr relational, das Individuum ist nicht mehr Brücke wie im Kalvinismus, sondern es ist ein Selbst, das, ebenso wie das Licht, verallgemeinert wird,[35] ohne schließlich noch als Symbolisches verstanden zu werden. Denn an diesem Punkt wird auch Simmel die Individualität endgültig zur Substanz, zur »Lichtrealität«.[36] Damit werden die direkten Verbindungen, die Simmel im Abschlußkapitel zum »germanischen Geist« zieht, jeder Zufälligkeit enthoben. Form und »Seinstotalität« fallen zusammen im Prinzip der inneren Einheit des Individuellen.[37] Deshalb ist der »germanische Geist«, das »germanische Wesen« für Außenstehende unverständlich und »scheint« – Simmel formuliert hier noch vorsichtig – theoretisch und praktisch eine »innere Feindseligkeit«[38] zu bedingen. Schließlich aber will er doch hoffen: »Jeder Nationalcharakter etwa, insofern er weltgeschichtliche Bedeutung hat, trägt in seiner Partikularität das schlechthin

30 Ebenda, S. 134.
31 Vgl. hierzu die Rodin-Texte Simmels und zusammenfassend Schmoll, *Simmel und Rodin.*
32 Simmel, Rembrandt, S. 135.
33 Ebenda, S. 136.
34 Ebenda, S. 157.
35 Ebenda, S. 173 ff.
36 Ebenda, S. 181.
37 Neben der Kunst sind Religion, Liebe und später der Krieg für Simmel Medien der Gemeinschaftsbildung.
38 Simmel, Rembrandt, S. 202.

übereinzelne Menschentum, und dies ist eben die Bedingung weltgeschicht-licher Bedeutung.«[39] Obwohl sich beim lebensphilosophischen Simmel der Kriegsjahre Langbehnsche Kategorien einstellen, auch für ihn der Ursprung der Kunst, ihre Wurzel das Besondere ist und Einreihigkeit sowie Einzelheit seine Kategorien werden, kann sich die Kunst für Simmel doch noch über das Besondere und Partikulare erheben. Sie kommt dann allerdings nur zu einem Ganzen, welches das Besondere ist.[40]

Es ist der »Rembrandtisch-germanische Individualitätssinn«,[41] der von Simmel zum »germanischen Wesen« verallgemeinert wird. Das sich abgren-zende, individualisierte Kollektiv findet sich in der Person, in der Bindung als »Einreihigkeit« der Individualität. Das Rembrandt-Buch Simmels zeigt noch seine Arbeit am Gegensatz von Individuum und Gesellschaft, aber sie auflöst im Individuum, das das Kollektiv ist und die Einheit als Einreihig-keit verkörpert. In dieser Einheit sieht Simmel die Seele Germanias.

Es mag überraschen, daß der Soziologe der Differenzierung, den man mit Zygmunt Bauman als einen paradigmatischen, die Bruchstücke einsam-melnden Flaneur der Soziologie ansehen kann, doch Einheit findet. Denn Simmel war auch ein spät- oder postmoderner Mensch *avant la lettre*. »Sim-mel tat, was wir heute alle tun, nur eben ein halbes Jahrhundert vor uns: Er stellte das Geheimnis der Kommunikation und des Verstehens zwischen *ver-schiedenen* Lebensformen genau in den Brennpunkt seiner Untersuchung und in das Zentrum seiner Rekonstruktion der Sozialität.«[42] Im Moment der Realisierung der modernen Gesellschaft als Gemeinschaft, im Moment der kollektiven Gewalt aber wird dem Theoretiker der Bewegung und des Bruchs der Einzelne zum Ausdruck der Gemeinschaft selbst: Die Gemein-schaft findet sich unmittelbar im Ich und setzt sich an die Stelle der Gesell-schaft. In Simmels Übernahme der Unterscheidung des Nordischen und des

---

39 Ebenda, S. 203.
40 Das Rembrandt-Buch Simmels kann nicht nur auf dem Hintergrund des Buches von Langbehn gelesen werden. Es fällt nicht nur zeitlich in den Ersten Weltkrieg, sondern ist selbst im Kontext seiner Kriegsschriften (Deutschlands innere Wand-lung; Der Krieg und die geistigen Entscheidungen) zu interpretieren, in denen unter anderem der moderne Mensch, Simmels klassisches Thema, einem »neuen Menschen« gegenübergestellt wird. Es ist der Krieg, das außerordentliche Ereig-nis, das das Herauf- und Herabsetzen stillstellt und die »gleiche Stimmung« erzeugt. Die Interpretation Rembrandts wiederholt 1916 am Beispiel der Rem-brandtschen Bilder die Begeisterung von 1914. Hier realisiert sich die Fiktion der Gemeinschaft, indem sie individuell wird. Vgl. zu den Kriegsschriften Sim-mels: Watier, *War Writings of Georg Simmel*, und ders., *Georg Simmel et la guerre*.
41 Simmel, Rembrandt, S. 202.
42 Vgl. hierzu Bauman, Moderne und Ambivalenz, S. 227–231, das Zitat auf S. 231.

Mediterranen aus der Kunsttheorie und durch die Unterscheidung zwischen Rodin und Rembrandt als Modellen des Werdens und des Seins zeigt sich ein Perspektivenwechsel.[43] Rodin wird unter das Zeichen eines modernen Heraklitismus gestellt, einer unendlichen Folge von Zerstörung und Neubeginn, und kann daher, im Gegensatz zu Rembrandt, keine neuen Sinnstrukturen, keine Einheit der Individuen als Einreihigkeit herstellen. Ist der Simmelsche Rembrandt einerseits auf dem Weg zur Moderne, die bei Rodin radikalisiert wird, so wird die zeitliche Reihenfolge doch nicht nur in dem Sinne umgekehrt, daß das Rembrandt-Buch nach dem Rodin-Essay erscheint. Denn Rembrandt erscheint letztlich als Metapher und als das Genie, das doch noch eine Lösung des Schicksals der Moderne, nämlich das Individuelle nicht mit dem Ganzen der Gesellschaft vermitteln zu können, vorgezeichnet hat. Das Verhältnis von Ich und Gesellschaft, das Simmel immer unter der Perspektive der Vergesellschaftung in den Blick genommen hatte, wird nun in der Gemeinschaft als Identität von Ich und Wir aufgelöst, Ich und Wir werden zur Deckung gebracht.[44] In Rembrandt entdeckt Simmel die Lösung eines Problems, das er am Beispiel Rodins anschaulich gemacht hatte.

Mit Georg Simmels Spätwerk zu Rembrandt, einem Werk aus seiner ›lebensphilosophischen‹ Phase, liegt, in einem kunstphilosophischen Essay versteckt, eine Beschreibung vor, die das Ich in der Gemeinschaft aufgehen läßt. Die Kulturkrise ist überwunden. Der Soziologe, den Zygmunt Bauman zu Recht als einen Typus *avant la lettre* auswählte, um an seinen Arbeiten den »sich verzettelnden« Charakter der Realität der Moderne zu verdeutlichen, die im Gegensatz zu ihren universalistischen Absichten stand und den Abstand zwischen Ich und Wir kennzeichnete, findet die Gemeinschaft im Ich. Der Simmel der Differenzierung, der das Buch von Langbehn kritisiert hatte, schrieb (und Bauman zitiert diese Stelle):

»Er [der Grundtrieb der Differenzierung] geht durch die ganze Neuzeit: das Individuum sucht nach sich selber, als ob es sich noch nicht hätte, und ist doch sicher, an seinem Ich den einzig festen Punkt zu haben. Begreiflich genug verlangt es bei der unerhörten Erweiterung des theoretischen und praktischen Gesichtskreises nach einem solchen immer dringlicher, und kann ihn nun aber in keiner der Seele äußeren Distanz mehr finden [...] Alle Verhältnisse zu anderen sind so schließlich nur Stationen des Weges, auf dem das Ich zu sich selber kommt: mag es sich den anderen im

---

43 Simmels Rodin-Essay stammt aus dem Jahre 1909, sein Rembrandt-Buch erschien, wie erwähnt, 1916.

44 Daß Simmel das Einheitsthema nicht fremd war, er es schon zuvor an das Genie gebunden hatte, zeigt sich schon in früheren Formulierungen. »Das schöpferische Genie besitzt jene ursprüngliche Einheit des Subjektiven und Objektiven, die sich erst auseinanderlegen muß, um in dem Kultivierungsprozesse der Individuen in ganz anderer, synthetischer Form gewissermaßen wieder zu erstehen« (Simmel, *Begriff und Tragödie der Kultur*, S. 129).

letzten Grunde gleichfühlen, weil es, auf sich und seinen Kräften allein stehend, noch dieses stützenden Bewußtseins bedarf, sei es, daß es der Einsamkeit seiner Qualität gewachsen ist und die vielen eigentlich nur da sind, damit jeder einzelne an den andern seine Unvergleichbarkeit und die Individualität seiner Welt ermessen könne.«[45]

Es ist die Unvergleichbarkeit, die derjenige feststellt, der der Stützung durch die Gemeinschaft nicht mehr bedarf und der so die Individualität seiner Welt feststellt. Alle sind, so Baumans Kommentar, zu »Entfremdeten, Verstoßenen oder Heimatlosen« geworden, die Zugehörigen, Einheimischen wissen es nur noch nicht.[46] Aber auch Georg Simmel war selbst einer derjenigen, die, nach der glücklichen Formulierung von Bauman, »rittlings auf den Barrikaden« saßen, der nach beiden Seiten gezogen wurde und schließlich, spät, auf eine bestimmte Seite fiel.[47] Im Ich fand er die Gemeinschaft.

Johann Gottlieb Fichte und das Urkollektiv: Ein frühes Konzept eines ethnischen Nationalismus – universalistisch begründet[48]

Johann Gottlieb Fichte steht für die Gründung des deutschen, protestantischen Nationalismus.[49] Aus kleinen Verhältnissen stammend, mit fürstlichem Stipendium zum Studium gelangt, wurde er, wissenschaftlich anerkannt und gleichzeitig heftig umstritten, 1794 nach Jena berufen. In seinen frühen Schriften hatte er die Moralität eines »autonomen Ich« begründet. »Ich fühle mich frei von allem Einflusse der Sinnenwelt, absolut tätig in mir selbst und durch mich selbst, sonach als eine über alles Sinnliche erhabene Macht. Diese Freiheit aber ist nicht unbestimmt; sie hat ihren Zweck: nur erhält sie denselben nicht von außen her, sondern sie ersetzt sich ihn durch sich selbst.«[50] Die Welt bedeutet nichts aus sich selbst heraus, sie ist Schöpfung des Ich. »In allem, was wir erblicken, erblicken wir bloß den Widerschein unsrer eigenen inneren Tätigkeit.«[51] Dennoch verträgt sich dieser ra-

---

45 Simmel, Grundfragen, S. 92.
46 Bauman, Moderne und Ambivalenz, S. 230.
47 Bauman, Dialektik der Ordnung, S. 55.
48 Bei den Abschnitten über Fichte und die folgenden über Barrès handelt es sich um eine weitgehende Ausarbeitung eines früheren Aufsatzes: *Das Wie der nationalen Konstruktion*.
49 Fichte ist ein ›Johannäer‹, das heißt, sein Bezugspunkt ist das Johannes-Evangelium. Auch wenn er sich nach seinem Besuch bei Kant (1790) auf dessen Seite stellt, hebt er doch dessen Trennung von Glauben und Wissen auf. Man kann seinen protestantischen Nationalismus also näher spezifizieren, an dieser Stelle aber genügt der einfache Hinweis.
50 Fichte, Atheismus-Streit, S. 26.
51 Ebenda, S. 25.

dikale subjektivistische Konstruktivismus für Fichte mit dem Thema der Vorbestimmtheit. Er löst den Widerspruch, indem er die Subjektivität radikalisiert. Sie bestimmt immer schon die Außenwelt, die dann auf die Subjektivität zurückwirkt: »Alles was ich je bin und werde, bin ich und werde ich schlechthin notwendig, und es ist unmöglich, daß ich etwas anderes sei.«[52] Kurz: Das Ich macht sich zu dem, was es sein muß, es vollzieht die notwendige Entwicklung und ist Ich, indem es dies tut.

Diese Konstruktion des Ich wird in den populären Schriften Fichtes, insbesondere den »Reden an die Deutsche Nation«, erneut deutlich. Sie wird dort auf das Wir, das durch das Ich hindurch verwirklicht werden muß, übertragen. Den entscheidenden Hinweis erhalten wir aus Fichtes Sprachtheorie. »Nicht eigentlich redet der Mensch, sondern in ihm redet die menschliche Natur, und verkündet sich anderen seinesgleichen.«[53] Sprache ist »notwendig so wie sie ist, und nicht eigentlich dieses Volk spricht seine Erkenntnis aus, sondern seine Erkenntnis selbst spricht sich aus [sic!] demselben«.[54] Die Sprache konstituiert das Volk, das Volk hat die Sprache, die in jedem Einzelnen ist, das Volk ist der kollektive Sprecher, aus dem die Sprache des Einzelnen spricht. Die Sprache aber ist nicht nur das Sprechen, sondern sie ist gleichgesetzt mit Erkenntnis selbst. Diese spricht sich, konstruiert als ein kollektives Unbewußtes, mittels der Sprache aus ihm aus. Es ist ein objektiver Weltbezug, der sich im Zusammenhang der notwendigen Sprache mit dem Volk und dem Einzelnen als Träger oder auch nur als Medium zeigt. So wie das Ich notwendig ist, wie es ist, so steht es auch um das Volk als Wir. Aus ihm ›spricht es‹.

Da die Sprache Erkenntnis ist und als spezifische Form der Erkenntnis das Ich und Wir konstituiert, darf sie nicht zerstört werden. Mit ihr würden die Erkenntnis und die Möglichkeit von Erkenntnis überhaupt zerstört. Die Konstruktion der Ursprache und mit ihr des Urvolkes in Fichtes »Reden an die Deutsche Nation« müssen im Zusammenhang seiner (sprach)philosophischen Konstruktion eines johanneischen Christentums und seiner geschichtsphilosophischen Stufentypologie interpretiert werden. Fichte löst den Unterschied von Glauben und Gewissen auf. Er macht Gott zu einer unmittelbaren Instanz des Gewissens, das Denken zum Prinzip der Religion.[55]

---

52 Fichte, *Bestimmung des Menschen*, S. 202.
53 Fichte, Reden, S. 61.
54 Ebenda, S. 62.
55 Es ist das Wort, das die Welt schafft. Brumlik faßt die Sprachtheorie folgendermaßen zusammen: »Das aber, was sei, werde durch die Sprache, durch das Wort in seiner Existenz beglaubigt – eine Überlegung, die sich leicht mit Annahmen der neueren sprachanalytischen Philosophie seit Wittgenstein verbinden ließe« (Brumlik, Deutscher Geist und Judenhaß, S. 108).

Die Reden sind eine ›reife Ausprägung‹, eine Anwendung, wenn man so will. Sprache und damit Erkenntnis, Wir und Ich werden als gefährdet verstanden. Worte aus einer anderen Sprache können nicht verstanden werden, weder von Völkern noch von Individuen. »Wer nun den Deutschen dennoch dieses fremde und römische Sinnbild künstlich in die Sprache spielen wollte, der würde ihre sittliche Denkart offenbar herunterstimmen, indem er ihnen als etwas Vorzügliches und Lobenswürdiges hingäbe, was in der fremden Sprache auch wohl ein solches sein mag, was er aber, nach der unaustilgbaren Natur seiner Nationaleinbildungskraft nur faßt, als das Bekannte, das gar nicht zu erlassen ist.«[56] Die »Nationaleinbildungskraft«, etwas, das später als Nationalcharakter bezeichnet werden wird, jetzt aber noch das Fiktive, die notwendige Vorstellung betont, ist jedem Einzelnen über die Sprache gegeben. Vorstellung und Erkenntnis bleiben nur rein, wenn die Sprache rein bleibt. Dies ist nur bei den Deutschen der Fall, nicht bei den anderen germanischen Stämmen, den Franken, die Römisches in sich aufgenommen haben und sich dadurch »verwirrten«. Die Deutschen, über ihre reine Sprache als »Urvolk« erhalten geblieben, sind gefährdet, da die Reinheit ihrer Sprache gefährdet ist.[57]

Mag auch das Volk theoretisch immer schon ausgebildet sein, die »Teilnahme am Ganzen« setzt die »Teilnahme des einzelnen an sich selbst« voraus.[58] Dieses Selbstbewußtsein besitzen nur die Gebildeten. Keineswegs wissen alle Mitglieder des Volkes um sich selbst und damit um das Ganze. Erst Bildung erkennt das Allgemeine – die Ursprache und das Kollektive zusammen mit dem, was von den Anderen trennt. Bildung erhöht, als einer ihrer Hauptzwecke, dadurch das individuelle Selbst, daß es im Wissen erfährt, daß es nicht mehr ein Einziges, auf sich selbst Gestelltes ist. Der Gebildete weiß, daß er nicht nur zum Wir gehört, sondern daß dieses Wir in ihm ist und durch ihn spricht. Er ist als Medium konzipiert, das sich seiner beson-

---

56 Ebenda, S. 69.
57 Natürlich geht es in Fichtes Argumentation zum einen gegen die napoleonische Fremdherrschaft, zum anderen gegen den französisch sprechenden Adel. Wir finden hier den ›emanzipativen‹ Aspekt des Nationalismus vorgeprägt, da Fichtes Nationalismus ja ein Befreiungsnationalismus *avant la lettre* war, der sich gegen die alte Herrschaft und gegen die napoleonische richtete. Fichtes Herkunft, seine ersten Stellungnahmen zur Französischen Revolution, seine ›aktivistischen‹ Haltungen und sein Kampf für die Freiheit des Volkes machten ihn zu einem exemplarischen Intellektuellen, der in der frühen DDR zum Vorbild und Vorläufer des sozialistischen Volkes wurde. Es wäre von Interesse, Fichtes Nutzung als nationales Vorbild für die DDR als revolutionärer Nation und als ›geschlossenem Handelsstaat‹ näher zu untersuchen. Unsystematisch sei nur auf eine populäre Biographie Fichtes verwiesen, die 1953 in Ost-Berlin erschien: Berger, Fichte.
58 Fichte, Reden, S. 19.

deren Stellung und Aufgabe bewußt wird. Im Prozeß seiner Selbstverwirklichung schafft er die Gemeinschaft. Der zweite Hauptzweck, die zweite Aufgabe der Gebildeten nach ihrer Selbstverwirklichung ist daher die Bildung des Volkes:»Unter den Mitteln, das Denken, das im einzelnen Leben begonnen, in das allgemeine Leben einzuführen, ist das vorzüglichste die Dichtung.«[59] Nicht jede beliebige Dichtung aber hat die Fähigkeit, ein Volk nicht nur zu erziehen, sondern zu bilden, ihm durch die Bildung der Einzelnen ein Bewußtsein von sich selbst zu schaffen. Nur aus einer lebendigen Sprache heraus kann eine solche Dichtung entstehen.[60]

Immer wieder stellt Fichte in seinen »Reden an die Deutsche Nation« das Lebendige und das Tote gegenüber. Das Lebendige wird gleichgesetzt mit den wahren Bedürfnissen des Lebens; das Tote ist das Oberflächliche, Vermeintliche, Nichtwahrhaftige. Man hört die Gegenüberstellung von Esprit und Geist, von den Spitzköpfen, wie Ernst Moritz Arndt und später noch Bert Brecht die Franzosen bezeichnen werden, und den wahren Denkern, die »Felsmassen von Gedanken schleudern« werden, ein »Adler, der mit Gewalt seinen gewichtigen Leib emporreißt«:[61] »[...] Schwer und schwerfällig, tief und tiefgründig, so findet sich der Deutsche. [...] wie er aber sich selbst findet, eben also denkt er notwendig sein ganzes Geschlecht.«[62] Alle schöpferischen, alle Neues hervorbringenden Menschen (eben vor allem: die Gebildeten) sind »ursprüngliche Menschen, sie sind, wenn sie als ein Volk betrachtet werden, ein Urvolk, das Volk schlechtweg, Deutsche«.[63] Es ist zunächst eine universalistische Formulierung, die Fichte zur Definition der Deutschen benutzt. Alle können dazugehören, die ›Neues‹ hervorbringen wollen, alle, so könnte man meinen, die den Fortschritt und die Freiheit wollen.[64] Fichte fährt fort: »Alle, die sich darein ergeben,

---

59 Ebenda, S. 80.
60 Die Bedeutung der Bildung und der kleinen Schicht der Intellektuellen für den Prozeß der Nationalisierung ist häufig herausgearbeitet worden (Elias, Prozeß der Zivilisation; Assmann, Nationales Gedächtnis; Giesen, Intellektuelle und Nation). Auf die Vorläufer der nationalen Intellektuellen im 18. Jahrhundert und deren Bedeutung hat Blitz, Vaterland, wieder systematisch hingewiesen. Dieses Wissen um die Bedeutung der Autoren des 18. Jahrhunderts für die Formulierung des Nationalismus im 19. Jahrhundert ist nicht an sich neu, es schwand aber mehr und mehr mit der Konzentration auf das 19. Jahrhundert. Das literaturwissenschaftliche Ergebnis, daß das deutsche Bild über die Franzosen als Feindbild nicht erst nach 1789 entstand, verweist auf die Bedeutung der Selbstthematisierung.
61 Fichte, Reden, S. 86 f.
62 Ebenda, S. 119.
63 Ebenda, S. 121.
64 Diese kaum aufrechtzuerhaltende Interpretation legen Kallscheuer/Leggewie, *Deutsche Kulturnation?*, nahe. Auch wenn die Autoren darin recht haben, den

ein Zweites zu sein, und Abgestammtes, [...] sind ein Anhang zum Leben, [...] sie sind, als Volk betrachtet, außerhalb des Urvolks, und für dasselbe Fremde, und Ausländer.«[65] Diese Aussage richtet sich nach innen und außen. Nur solche ursprünglichen Menschen, die sich als Volk betrachten, können ein solches sein. Niemand, weder ein Einzelner noch ein Wir, bildet ein Volk. Erst wenn die ursprünglichen Menschen – solche, die nicht dadurch verunreinigt sind, daß sie eine unreine Sprache sprechen, was ihnen unmöglich machen würde, sich als Volk zu erkennen –, erst wenn die – ursprünglichen – Menschen sich als ein Volk betrachten können, sind sie Deutsche.

Alle Menschen, die diese Voraussetzung haben und sie nutzen, sind Deutsche. Dies ist, wenn man so will, der universalistische Aspekt der Fichteschen Volkskonstruktion, die sich immer bewußt ist, Konstruktion zu sein. Schon das Volk ist in diesem Sinne ein reflexiver Begriff. Alle anderen sind nur »ein Anhang zum Leben«. Woraus besteht dieser Anhang? Zwei Möglichkeiten läßt Fichte offen. Die, die sich nicht als Volk betrachten, sind solche, die »sich darein ergeben«, also die Nicht-mehr-Deutschen, konkret diejenigen, die sich nicht gegen Napoleon wehren. Aber »als Volk betrachtet«, »ein Zweites«, »außerhalb des Urvolks« stehend, sind eben auch alle Nichtursprünglichen, alle, die nicht die Erkenntnis haben und teilen können, weil ihnen dazu die Sprache, die sie nicht erwerben können, fehlt, im konkreten Fall also: die Franzosen. Freiheit ist deutsch; überall dort, so der universalistische Aspekt, wo Freiheit ist, kann man vom Urvolk reden. Die Fähigkeit zur Freiheit setzt Reinheit voraus. Diese ist an das Deutsche gebunden.[66]

Aber nicht die individuelle Freiheit, die an das Kollektiv gebunden ist und sich in ihm verwirklicht, ist das eigentliche Ziel. Das schöpferische Selbst sucht sich als Ewiges. Sein Glaube an das eigene als ewiges Leben ist das Band, welches zunächst seine Nation »innigst mit ihm selber verknüpft«.[67] Das Leben an sich hat keinen Wert: Dauer versprechen nur die Nation und das Volk als Träger und Unterpfand der irdischen Ewigkeit. »Die Verheißung eines Lebens auch hienieden über die Dauer des Lebens

---

klassischen Vergleich Frankreich/Deutschland als kontrastierenden in Frage zu stellen und dann (deshalb) die Beobachtung machen können, daß universelle und partikulare Tendenzen in jeder Form des Nationalismus, klassisch formuliert, in subjektiven und objektiven bzw. ethnischen und zivilen Konstruktionen des Nationalen, enthalten sind, bedeutet dies eben nicht, daß die Nation nicht auf die eine oder andere Seite reduziert wird, werden kann und daß sogar der Partikularismus universalisiert werden kann.

65 Fichte, Reden, S. 121.
66 Joel Roman (Introduction) übersieht diesen harten Exklusionsaspekt ebenso wie Kallscheuer/Leggewie (*Deutsche Kulturnation?*).
67 Fichte, Reden, S. 129 f.

hienieden hinaus, – allein diese ist es, die bis zum Tode fürs Vaterland begeistern kann.«[68] Das große Ich des schöpferischen Selbst verewigt sich in der Nation, die möglich ist, weil es das durch sich selbst geschaffene Volk gibt. Freiheit ist deutsch, und die deutsche Philosophie will sich erheben, wirklich und durch die »Tat«. Die Unendlichkeit ist nicht da, ebenso wenig wie das Volk, sie muß gemacht werden: »als Willensentschluß eines vernünftigen Wesens«. Die Freiheit des Intellektuellen ist es, sich die Ewigkeit im Volke selbst zu schaffen. Hier wird das sich groß phantasierende Ich stabilisiert. Das Ursprüngliche, das erhalten blieb, bestimmt den Nationalcharakter. Menschen, die nicht an Ursprüngliches glauben, sondern bloß an einen Kreislauf des scheinbaren Lebens, sind im höheren Sinne kein Volk, haben keine Nationaleinbildungskraft, keine wirkliche Sprache. Nur das erhaltene Ursprüngliche als selbstgeschaffenes Kollektiv kann Ewigkeit beanspruchen, trifft sich am Ende mit dem Göttlichen, in dem Ich und Wir verschmelzen.

Man kann in einem ganz spezifischen Sinne vom Nationalismus dieser Prägung als von einer politischen Religion sprechen. Es ist nicht nur der Ersatz von Religion als Institution, durch Rituale und Feste, in denen die Gemeinsamkeit hergestellt wird, die im Alltag wieder verlorengeht und von neuem hergestellt werden muß.[69] Die Religion der nationalen Innerlichkeit als Verschmelzung des Ich und des Wir geht tiefer. Sie hat ihr charakteristisches Merkmal nicht in der Institution. Der religiöse Charakter dieses keineswegs bloß subjektiven Nationalismus, sondern des sich im Wir objektivierenden Subjektivismus äußert sich in einer spezifischen Form ihres Praktischwerdens. Die Ewigkeit des Einzelnen und im Einzelnen kann hergestellt werden. Mit der Nation hält das absolute Ich seine eigene Ewigkeit in der Hand. Die Nation wird imaginäres Kollektivsubjekt, nicht zum sozialen Raum politischer Repräsentation – dies der spezifische Sinn, den sie in der Französischen Revolution erhalten hatte –, sondern zum Raum der Gleichheit und Ewigkeit. Die »inneren Grenzen« finden sich in der Grenzenlosigkeit dieser, die Ewigkeit garantierenden Verschmelzung.[70]

Das Volk als Urvolk war für Fichte das Gegebene, das man erkennen mußte, das aber doch unabhängig vom Willen war. Man konnte es, auch

---

68 Ebenda, S. 134.

69 Später sollte Durkheim in Frankreich diese Elemente der Religion herausarbeiten. Er findet in der von ihm beschriebenen »primitiven Religion« gerade jene Elemente der Ritualisierung und des Festes, die dem protestantischen Nationalismus fern sind. Hier kann man auf der konzeptuellen Ebene eine Bestätigung für die schon erwähnte Beobachtung Langewiesches finden, daß die deutsche Nation auch und vor allem eine protestantische Gründung ist und, kann man hinzufügen, auch eine solche Begründung und Selbstthematisierung fand.

70 Zu den inneren Grenzen bei Fichte siehe Balibar, *Fichte et la frontière intérieure*.

wenn man sich anstrengte, nicht erkennen, wenn es nicht als ein Besonderes, als ein Reines existierte. Wenn das Volk sich auch im Akt der Erkenntnis konstituierte, war es doch vorgegeben. Die Nation aber war eine herzustellende, war Aufgabe des Einzelnen, um das Volk zu verwirklichen. Das »absolute Wir« wurde wie das »absolute Ich« konstruiert, das heißt als unabhängig in sich selbst. Anstelle dieses »Ich« stand nun das kollektive Subjekt, nicht nur als eine Annahme über ein ursprüngliches und vernünftiges Normalvolk – eine Annahme, die in dieser Form getroffen wurde, um die Vernunft nicht aus der Unvernunft, aus einem barbarischen Ursprungszustand folgern zu müssen –, sondern als ein behauptetes Urvolk, das empirisch gefaßt und konkret benannt wurde: die Deutschen.[71]

Die Annahme eines gegebenen Volkes reicht nicht aus, wenn es nicht nur um die Vorstellung, sondern um seine Realisierung geht. Das Volk muß sich als politische Gemeinschaft formulieren, als Nation, und wird in der Gleichsetzung von Volk und Nation politisiert. Die kollektiven Leidenschaften aber sind nicht einfach vorhanden, sie müssen geweckt werden. Dafür muß man den Einzelnen gewinnen. Die kleinen Gruppen der Gebildeten, die sich in den Salons treffen, reichen nicht aus, potentiell jeden Einzelnen zu erreichen. Gerade weil es die äußeren Grenzen noch nicht gab, war die Herstellung einer nationalen Öffentlichkeit, waren der Appell an die Einzelnen und deren theoretische und praktische Einbindung notwendig. Individuelle und kollektive Selbstbestimmung mußten zur Deckung gebracht werden. Der Einzelne konnte nur gewonnen werden, indem ihm die große Bedeutung bewußtgemacht wurde, die ihm selbst in diesem Prozeß zukam. Es geht ums Ganze, um Ende oder Anfang, um die Hölle oder das Paradies. »[...] lasset euch durchdringen von dem Schmerz und dem Unwillen, der jeden Edlen (hiebei) erfassen muß. Kehret dann zurück zu euch selbst, und sehet, daß Ihr es seid, die die Zeit von den Irrtümern der Vorwelt lossprechen, [...] daß es Euch verliehen ist, [...] das Geschehene ungeschehen zu machen.«[72] Die Nation muß durch das Nadelöhr des Subjekts, um sich ihrer bewußt zu werden und um sich schaffen zu können. Sie hat nicht nur die Kraft, die Besatzer zu vertreiben, sondern »Geschehenes ungeschehen« zu machen. Das Subjekt ist ihr Anfang und Ende: »[...] und es wird sicherlich nie wieder irgendein Wohlsein an uns kommen, wenn wir nicht selbst es uns verschaffen: und insbesondre, wenn nicht jeder einzelne unter uns in seiner Weise tut und wirket, als ob er allein sei, und als ob lediglich auf ihm das Heil der künftigen Geschlechter beruhe.«[73] Fichte beschwört

---

71 Siehe zur Ideengeschichte des Urvolks und der Ursprache Petri, Urvolkhypothese. Fichte ist der letzte wichtige Autor, der den Begriff an zentraler Stelle benutzt. Er verschwindet dann weitgehend aus dem Diskurs.
72 Fichte, Reden, S. 232.
73 Ebenda, S. 235.

alle Einzelnen – und er zählt sie auf: die Jünglinge nicht zufällig an erster Stelle, denn die Nation ist männlich, jung und auf die Zukunft gerichtet, dann die Alten, die Geschäftsmänner, die Denker und Gelehrten, dann erst die Fürsten und schließlich die Deutschen insgesamt, die Toten und die Nachgeborenen, und er eröffnet auf diese Weise den imaginären Raum der Nation als Hier und Jetzt von Vergangenheit und Zukunft. Die Nation erweist sich als Komprimierung von Raum und Zeit im zu realisierenden Jetzt. Und man kann das »Paradies« haben: »Es hängt von Euch ab, ob ihr das Ende sein wollt.«[74] Die Alternative ist das Verschwinden des großen Wir und damit des Ich. »[...] und wie lange wird es noch dauern, daß keiner mehr lebe, der Deutsche gesehen, oder von ihnen gehört habe?«[75] Ein Abgrund tut sich auf, das kollektive Selbst ist gefährdet.

Obwohl die Bedrohung groß ist, gilt: »Was von Euch gefordert wird, ist nicht viel.«[76] Man muß nur (ein)sehen, was unmittelbar vor Augen liegt, was der sich selbst zum Ersten stilisierende Autor/Redner, der einsame Warner vor dem Untergang und der Propagandist des Nationalen, verdeutlicht hat. Zunächst gilt es innezuhalten, um das Offenbare zu erkennen. Ist dies geschehen, beginnen die Deutschen zu denken, und wenn sie dies tun, dann denken sie übereinstimmend, das heißt, sie finden in sich selbst und vor ihren Augen, indem sie die Reden lesen oder ihnen zuhören, ihr ›Wir‹.

Johann Gottlieb Fichte war Autor und Redner während einer Nationalisierungswelle, die in den Befreiungskriegen ihren Höhepunkt erlebte, in ihren Ausmaßen aber keineswegs überschätzt werden darf. Es ist die Zeit, die meist als Entstehung des modernen deutschen Nationalismus in Reaktion auf die Französische Revolution und die napoleonische Besetzung gesehen wird. Fichte war keineswegs mehr mit der Ausbildung zum freien Menschen zufrieden. Er ging vom Recht des Einzelnen weiter zum Staat, zum totalen Wirtschafts- und Machtstaat und von diesem schließlich zu Volk und Nationalstaat, indem er die unmittelbare Verknüpfung des absoluten Ich und des ebenso absolut konstruierten Wir vornahm. Der Geist war in das große Wir eingegangen, und Fichte sah dessen Bildung als die große Aufgabe an. Ein Volk bildet sich in der Nation, findet in dieser seine politische Form und kann sich nur im Staat realisieren. Das Volk, so konkret und gegeben es vorgestellt wird, muß sich erst realisieren. Die Bedingung der Möglichkeit dieser Realisierung ist das Volk als empirisch gedachte Einheit. Es existierte noch nicht und mußte deshalb vermittels einer reinen, lebendigen Sprache erfunden werden. In dieser Form der Selbstthematisierung des empirisch gedachten Volkes als realer, sprachlich reiner Einheit, die nur sich selbst verstehen kann, ist die Grenze zwischen Freiheit und Nichtfreiheit als eine Linie

---

74 Ebenda, S. 233.
75 Ebenda.
76 Ebenda.

bestimmt, die zwischen Leben und Tod verläuft.[77] Der lebendigen Sprache steht die »erstorbene Grundlage« des Französischen gegenüber. Eine Nation aber, die eine »erstorbene Grundlage ihrer Sprache hat«,[78] die immer nur den »wiederkehrenden Tod sich wiederholen und mehrere Male setzen«[79] lassen kann, ist die »ertötende«.[80] Tod und Leben stehen sich im Geist des Auslandes und im Deutschen als tote und lebendige Sprache gegenüber. Leben ist Freiheit; frei sein heißt deutsch sein. Die Umkehrung gilt auch: Deutsch sein heißt frei sein. Es handelt sich um einen determinierten Voluntarismus und einen vom Partikularen bestimmten Universalismus. Sehr modern schafft sich das Subjekt im Kollektiv und objektiviert sich so. Freiheit und Selbstverwirklichung gibt es nur im und für das Kollektiv. Subjektiver und objektiver Nationalismus sind selbstbewußte und selbstreflexive Konstruktionen und fallen zusammen.[81] Sie finden sich in einer theoretischen Konstruktion, die vom absoluten Ich zum ebenso absoluten Wir geht, Selbstbestimmung in eine Theorie der Souveränität umformt, Glauben und Gewissen gleichsetzt und in einer typologischen Geschichtsphilosophie schließlich Stufen des Glaubens unterscheidet und in einer Herrschaft der Vernunft, verstanden als wahrer Glaube der inneren, subjektiven Moral, enden läßt. Das nationale Kollektiv, die innere Moral und die Verwirklichung der Freiheit, sie alle realisieren sich gleichzeitig auf einer Stufe der Entwicklung, die durch die Überwindung des empirischen Wissens erreicht wird.

Fichte steht in der ersten Reihe der Neugründung eines deutschen Nationalismus während der napoleonischen Besatzungszeit. Er ist nicht sein radikalster Vertreter. Heinrich von Kleist wird (1813) kurz vor Fichtes Tod im Januar 1814 schreiben: »Schlagt sie tot! Das Weltgericht / Fragt Euch nach den Gründen nicht.«[82] Fichte war nicht so bieder und franzosenfeindlich wie Ernst Moritz Arndt und erst recht nicht so deutschtümelnd wie der Turnvater Jahn.[83] Er ist deshalb interessant, weil er ein Konzept des Natio-

---

77 Es klingen dabei Argumentationsmotive an, die auch nach dem *linguistic* und dem späteren *cultural turn* in den heutigen Sozialwissenschaften in Gebrauch sind. Die Philosophie des Wortes gründet in Fichtes Religionslehre (ders., *Anweisung zum seeligen Leben*, die auf Vorlesungen beruhen, die 1806 gehalten wurden, also ein Zwischenglied bilden zwischen dem »Gegenwärtigen Zeitalter« und den »Reden«).
78 Fichte, Reden, S. 113.
79 Ebenda, S. 114.
80 Ebenda, S. 115.
81 Auf diesen Zusammenhang hat auch Dumont, L'idéologie allemande, hingewiesen. Kallscheuer und Leggewie sehen vor allem die universalistischen Aspekte bei Fichte.
82 Zu Kleists Hermannsschlacht vgl. Reemtsma, *Blutiger Boden*.
83 Golo Mann sieht im Ausspruch Kleists eher eine Übertragung des Selbsthasses auf die Politik (Deutsche Geschichte, S. 89). Unabhängig von psychischen Pro-

nalen entwarf, das radikal auf Einheit und Freiheit bezogen ist und sich systematisch mit seiner Philosophie und seiner Theorie der Gegenwart verband.[84] Er erfindet ein Kollektiv als real, das es weder als staatliche noch als sprachliche Einheit gab und das erst in den Handlungen der Einzelnen real werden kann, die sich wiederum nur in der Realisierung des Kollektivs verwirklichen können. Das empirische Volk wird als eines mit einer gemeinsamen Sprache behauptet und in der Herstellung einer Öffentlichkeit realisiert, die über den Hörsaal und den Salon hinausgeht. Die rhetorische Gemeinschaft ist nicht nur eine der Sprache, sondern eine des Appells, der Überredung, der Überzeugung, das heißt der Praxis des Redens als einer Form der Herstellung von Gemeinschaft. Im performativen Handlungskonzept steckt nicht nur der Aufruf. Dieser ist als Handlung selbst Bestandteil dessen, was theoretisch und praktisch geschaffen werden soll. Die Theorie der Nation und des Volkes ist die Praxis seiner Herstellung. Konsequenterweise wird sie als Rede vorgetragen und gedruckt. Der Zukunftsentwurf der Nation beginnt sich in der Rede zu realisieren und ist auf die Bekehrung des Einzelnen als Entdeckung, kein Einzelner zu sein, nicht nur zur unmittelbaren Herkunfts-, Freundes- oder Bekanntengruppe seiner Umgebung zu gehören, sondern zu einem Ganzen, das viel mehr umfaßt und schließlich auf die bekennende Tat des Einzelnen angewiesen ist. Für die Analyse der nationalen Vergesellschaftung zeigt sich ein bestimmendes Merkmal. Die andere Seite der vorgestellten Gemeinschaft ist nicht die tatsächliche oder authentische Gemeinschaft; Nation als authentische Gemeinschaft gibt es nicht. Im Fall Fichtes gibt es sie aber als rhetorische Gemeinschaft. Authentische Gemeinschaften – traditionell formuliert: dörfliche Gemeinschaften, Familien- oder Freundesgruppen, Sippenverbände – sind keine Alternative zur nationalen Vergesellschaftung. Im zu Beginn erwähnten Beispiel Max Webers wurde deutlich, daß sie auf einem anderen Prinzip beruhen. Nationale Vergesellschaftung gibt es nur als ›vorgestellte Gemeinschaft‹, die sich durch Institutionalisierung realisieren muß, wenn es sie geben soll. Sie wird dadurch nicht zu einer authentischen Gemeinschaft. Das heißt, auch in ihrer Realisierung bleibt sie ›vorgestellte Gemeinschaft‹. Vorgestellte Gemeinschaften unterscheiden sich nicht von realen Gemeinschaften, sondern sie sind in der Form der Vorstellung und deren Institutionalisierung real. Sie haben keine andere Existenzform. Sie realisieren sich in der Rede über sich

---

blemen des Autors aber gibt es hier eine Systematik (siehe Reemtsma, *Blutiger Boden*).

84 So schreiben etwa die Herausgeber der Gesamtausgabe Fichtes: »Ihre reife Ausprägung sollten Fichtes Gedanken allerdings erst in den ›Reden an die deutsche Nation‹ finden, zwischen die und die ›Grundzüge des gegenwärtigen Zeitalters‹ er ja selbst die ›Anweisung […]‹ [zum seeligen Leben, U. B.] als verbindendes Glied gestellt hat« (Lauth/Gliwitzky, *Einleitung*, S. VIII).

selbst und in der Aufforderung an die Mitglieder, ihre eigene Zugehörigkeit zu erkennen. Sie brauchen den Einzelnen und schließlich die Einzelne (auch wenn die Nationen in ihrer Gründung männlich waren), damit nur das Wir sich konkretisieren kann.

Johann Gottlieb Fichte kommt vom absoluten Ich zum ebenso absoluten Wir. Es ist frei und eins, weil es deutsch ist. Es bleibt universal, weil es in einer geschichtsphilosophisch entwickelten Stadienlehre den höchsten Platz der verwirklichten Vernunft einnimmt. Das Fortschreiten des Lebens der Gattung ist nach Fichte an den Zweck gebunden, das Leben mit Freiheit nach der Vernunft einzurichten.[85] Fichte unterscheidet auf allgemeiner Ebene zwei Hauptepochen, die der Vernunft als Naturkraft oder als dunklem Instinkt sowie die Epoche des Selbstbewußtseins. Der Übergang vom Vernunftinstinkt zum Selbstbewußtsein vollziehe sich, so Fichte, in fünf notwendigen Perioden, da die Befreiung vom Instinkt nicht als unmittelbare gedacht werden könne. Der Epoche der unbedingten Herrschaft des Vernunftinstinktes als des »Standes der Unschuld des Menschengeschlechts« schließe sich die Epoche an, in der der Vernunftinstinkt in zwingende Autorität verwandelt wird. Die Lehr- und Lebenssysteme könnten, da sie nicht auf die letzten Gründe zurückgingen, nicht überzeugen und müßten daher blinden Glauben und Gehorsam fordern. Es handelt sich um den »Stand der anhebenden Sünde«, dem die dritte Stufe, der »Stand der vollendeten Sündhaftigkeit«, folge. Dieser ist durch die Befreiung von den Autoritäten gekennzeichnet und bezieht sich als Glaubenssystem nicht mehr auf Autorität und Gehorsam, sondern auf Erfahrung. Als wirklich werde in dieser Epoche nur anerkannt, was mit einem empirischen Erfahrungs- und Vernunftbegriff erfaßt werden könne. Erst im vierten Stadium aber komme es zur Ausbildung eines Wahrheitsbegriffs. In der Epoche der Vernunftwissenschaft beginnt der »Stand der anhebenden Rechtfertigung«, der schließlich in den »Stand der vollendeten Rechtfertigung« übergeht, der noch nicht erreichten Epoche der Vernunftkunst.

Von Interesse sind die Zuordnungen der Völker und ihrer Glaubenssysteme zu den jeweiligen Stadien. Während heroische Einzelne die Übergänge der Stadien bewirken, lassen sich die als Glaubenssysteme, heute würde man sagen: Wissenssysteme, gefaßten Stadien der Vorherrschaft unterschiedlicher Gruppen zuordnen. Die dritte Phase, der »Stand der vollendeten Sündhaftigkeit«, deren Wissensstruktur durch einen empirischen Erfahrungsbegriff – bloße sinnliche Erfahrung, das heißt Verharren an der Oberfläche der Erscheinungen – gekennzeichnet ist, gehört der französischen Aufklärung und Revolution an. »Ein Meisterfund für die Darstellung eines solchen Zeitalters wäre es, wenn es darauf geriete, die Wissenschaf-

---

85 Siehe für die folgenden Ausführungen Fichte, *Grundzüge des gegenwärtigen Zeitalters.*

ten nach der Folge der Buchstaben im Alphabete vorzutragen. – Deswegen kann in diesen Darstellungen nie Klarheit seyn; welche nun durch eine ermüdende Deutlichkeit, die darin besteht, daß man dasselbe recht vielmal wiederhole, ersetzt werden soll. Diese Darstellungsweise, wird da, wo das Zeitalter recht zu Kräften kommt, sich selbst sogar begreifen, und sich als mustermäßig hinstellen, so daß von nun an die Eleganz darein gesetzt werde, daß man dem Leser nichts zu denken gebe, noch desselben eigne Thätigkeit auf irgend eine Weise aufrege, was ja zudringlich wäre; und daß klassische Schriften diejenigen seyen, die jedermann so, wie er eben ist, lesen, und nach deren Weglegung er wiederum seyn, und ferner bleiben könne, wie er zuvor war.«[86] Die Anspielung auf die »Enzyklopädie« und die leere Eleganz, die ohne Ideen keine Tiefe erreicht, verdeutlicht, den klassisch werdenden Mustern der Unterscheidung von Esprit und Geist, Oberfläche und Tiefe, Zivilisation und Kultur folgend, in welchem Stadium sich der Autor Fichte befindet. Es ist der zur Überwindung des zweiten notwendige »Stand der vollendeten Sündhaftigkeit«, dem es an der »Idee« mangelt. Fichte fährt fort: »Nicht so derjenige, der Ideen mitzutheilen hat, und von ihnen zur Mittheilung getrieben wird. Nicht er selber redet, sondern die Idee redet oder schreibt in ihm mit aller ihr beiwohnenden Kraft.«[87] Schon in der vorangehenden Vorlesung, der vierten, war Fichte auf die »Idee« eingegangen. Die Idee, als selbständiger, lebendiger Gedanke, ist das »wahre Selbständige«. Das dritte Zeitalter aber unterliegt, indem es sich auf empirisches, an Erfahrung orientiertes Denken bezieht, dem »todten, und starrem Seyn«. Es ist ein individualistisches Denken, das dadurch selber zu einem toten wird, so wie das Französische zur toten Sprache wurde. Ihm fehlt der »lebendige Gedanke«, konzipiert als eben das Denken, das »eines besondern denkenden Individuums« nicht bedarf.[88] Es ist die Idee als lebendiger Gedanke, der nicht vom Einzelnen gedacht wird, sondern die oder das ihn ergreift: Das lebendige Denken bemächtigt sich des Individuums. So entsteht das »Phänomen der Aufopferung des persönlichen, das heißt des unbestimmt idealen Lebens, an das Leben der bestimmten und als Idee sich darstellenden Idee«.[89] Das Christentum, insbesondere der Protestantismus und schließlich das johanneische Christentum in der Fichteschen Interpretation, bringt durch die Gleichsetzung von Glauben und Gewissen das moralische Individuum hervor und schafft damit die individualistisch/kollektivistische Prägung, den Übergang zur vierten und fünften Stufe. Hier nun, am Ende der Entwicklung, stehen die Deutschen als Träger der spezifischen Wissensstruktur der Vernunftwissenschaft und schließlich der Vernunftkunst, alles

---

86 Ebenda, S. 249 f.
87 Ebenda, S. 250.
88 Ebenda, S. 235.
89 Ebenda, S. 235 f.

Themen, die am Ende des Jahrhunderts als ›nordische Kunst‹, als ›Licht-kunst‹, als deutsche Wissenschaft gefeiert werden. Nach Fichte sind die Deutschen Träger des spezifischen Wissens einer höheren Stufe. Es ist ein Wissen des Lebens, nicht weil ein Lebender es besitzt, sondern weil er davon ergriffen wird. Das Leben und das Beobachtbare werden zum Toten erklärt; die das Subjekt ergreifende, aber nicht spezifizierte Idee, fernab jeder Erfahrung, soll nun das Leben stiften.

Wir müssen dennoch auf die Stufe der »anhebenden Sünde«, der Autorität und des Zwangs zurückgehen, die durch die dritte Stufe unter der Vorherrschaft des Französischen abgelöst wurde. Dem vorherrschenden Wissen dieser Periode fehlt es an Überzeugungskraft, die daher durch pure Beherrschung und Unterordnung ersetzt werden muß. Wodurch aber ist dieses so wenig überzeugende, an Legitimationskraft mangelnde Wissen gekennzeichnet? Das zweite Stadium war soeben den durch die Naturmächte ausgelösten Ängsten entkommen, indem die Menschen anstelle der Natur, »eingekehrt in die geheime Tiefe ihres Herzens, erst da das furchtbarste Schreckniß fanden: die Gottheit, als ihren Feind«.[90] Diesem Feind konnten sie sich nur unterwerfen und ihn zu bestechen suchen »durch Menschenopfer, durch das Blut des eingebohrenen Sohnes, [...] Dies ist die Religion der alten Welt.«[91] Das angstgeprägte Wissen der alten Welt ist keineswegs vollständig überwunden, Ablösungen sind nicht umfassend, es bleiben Reste des Alten erhalten. Und so gibt es auch die durch Furcht und Schrecken Unterworfenen und nur so dem unmittelbaren Instinkt Entkommenen noch immer. Allerdings benennt Fichte sie an dieser Stelle, das heißt in der dritten Vorlesung, noch nicht expliziter.

Der Hinweis auf die Opferung aber zeigt schon deutlich, wer gemeint ist, was dann in der siebten Vorlesung konkretisiert wird. Fichte macht hier Ausführungen zu seinem johanneischen Christentum und kritisiert schließlich Paulus. »Er [Paulus, U. B.] ging aus von dem starken, eifrigen, und eifersüchtigen Gotte des Judenthums; demselben, den wir früher als den Gott des gesammten Alterthums geschildert haben.«[92] Es sind die weiter vorn implizit angesprochenen Juden, die sich auf der zweiten Stufe der Entwicklung, also kaum dem Instinkt entkommen, dem ängstigenden Gott unterwerfen, und es ist die paulinische Theologie, die, nach Fichtes Auffassung, ungenügende Distanz hält, da sie nicht nur akzeptiert, was ja wegen seiner Stadientheorie auch Fichte widerwillig tun muß, daß das Judentum »einmal wahre Religion gewesen sey«, sondern darüber selbst ins »Räsonnieren« gerät.[93] Erst die Protestanten, schließlich ein johanneisch geprägtes Christen-

---

90 Ebenda, S. 226.
91 Ebenda, S. 227.
92 Ebenda, S. 270.
93 Ebenda, S. 271.

tum, kehren »zum Christenthume in seiner Urgestalt« zurück.[94] Fichte macht das exemplarisch judenfeindliche Johannes-Evangelium zur Grundlage seiner Konstruktion; die Urgestalt des reinen Christentums ist ein, allerdings andersgearteter, Vorläufer des Urvolks der reinen Sprache.

In den »Grundzügen« selbst taucht die Konstruktion des Urvolks nicht auf. Hier ist es das Normalvolk, von dem es keine geschichtliche Erzählung gibt und das als vorgeschichtliches und dennoch empirisch gedachtes vorgestellt wird, das die Vernunft bilden kann. Einen Hinweis, was man sich unter dem Normalvolk vorstellen kann, gibt der Mythos von Moses, dessen Erzählung Fichte als eine allgemeine wertet, das heißt, den er aus der jüdischen Geschichte herausnimmt. Das sich von den wilden Stämmen unterscheidende Normalvolk wird, wie es der Mythos erzählt, zerstreut. Erst danach wurde eine erste Kulturentwicklung durch Mischung der Völker möglich, und es entwickelte sich eine erste Religion des furchterregenden jüdischen Gottes des Altertums. Nach Europa – »ursprünglich wohl nur dem Sitze der Wildheit«[95] – kamen nur wenige aus dem zerstreuten Volk. Gleichwohl gaben sie der Kulturentwicklung einen Anstoß. In der Fichteschen Konstruktion sind es so die Juden, zum ›Normalvolk‹ verallgemeinert, die die Kultur ermöglichen und gerade deshalb nicht als solche in die Konstruktion des Normalvolkes hineingenommen werden dürfen. Würde er dies tun, ließe er die Kulturentwicklung mit den Juden beginnen. Dennoch ist ihm wichtig, daß nur wenige aus dem Normalvolk nach Europa kamen, gerade so viele, um die Eigenentwicklung einer Gemeinschaft anzustoßen, der sie nicht angehörten und der sie nicht angehören sollten.

Der Staat beginnt schließlich, sich zum Träger der Kultur zu entwickeln und die anderen außerhalb seines Bereichs als ›Unkultur‹ zu betrachten. Kriege waren Unterwerfungskriege. Zunächst entwickelten sich die Griechen zu einer Nation mit gemeinsamer Sprache, gemeinsamen Festen und Orakeln und einem Bürgerrecht, konzipiert als Völkerbund, das heißt als übergreifende Einheit, ein »einziges Reich der Kultur«, das die Nichtzugehörigen als Barbaren ausschloß und innere Konflikte, solche innerhalb des Bundes, durchaus kriegerisch, aber geregelt austrug, das heißt zum Zweck der Interessendurchsetzung, nicht, um zu unterwerfen. Das sich abbildende Muster der einen, aber differenzierten Kultur wird erst durch das Christentum als christliches Reich verwirklicht, das Völkerrecht entwickelt sich zur Anerkennung der unabhängigen Souveränität anderer christlicher Staaten. Nicht der ewige Friede tritt ein, sondern der geregelte und schließlich rechtlich geregelte Konflikt. Die gegenseitige Anerkennung aber hat eine Gleichheit des inneren Strukturierungsprinzips der jeweiligen Staaten zur Voraussetzung. Der Andere ist nicht der ganz Andere, sondern der Andere, der den

---

94 Ebenda, S. 275.
95 Ebenda, S. 333.

gleichen prinzipiellen Grundsätzen folgt. »Alle Christliche Staaten stehen gegen einander in dem Stande der wechselseitigen Anerkennung, und des ursprünglichen Friedens: – des *ursprünglichen* sage ich, z. B. es kann kein Krieg über die Existenz, wie wohl allerdings über die zufälligen Bestimmungen der Existenz, entstehen. Durch dieses Prinzip ist der Ausrottungs=Krieg zwischen christlichen Staaten unbedingt verboten. Nicht so mit nichtchristlichen Staaten; diese haben, nach demselben Prinzip, keine anerkannte Existenz, und sie können nicht nur, sondern sie sollen auch verdrängt werden, aus dem Umkreise des Christlichen Bodens.«[96]

Das Völkerrecht als Recht der gegenseitigen Anerkennung der Existenz, als Verhinderung von Unterwerfungs- und Ausrottungskriegen, nicht als Konflikt und Kampf unterschiedlicher Interessen, hat eine Grenze, so universal es auch formuliert wird. Nichtchristliche Länder dürfen unterworfen und die Menschen daraus vertrieben werden. Man unterscheidet geregelte und ungeregelte Konflikte und Kriege. Die Folgen dieser Unterscheidung gehen noch weiter. Sie gelten nicht nur für die Außen-, sondern auch für die Innenbeziehungen, das heißt für die Bürgerrechte. Alle Menschen sind gleich und frei. Jedem ist es gestattet, Christ zu werden, und ein Christ kann kein Sklave sein. Umgekehrt bedeutet dies: Der Nichtchrist kann Sklave sein. Die Struktur der Unterscheidungen wird ergänzt. Neben der Unterscheidung der sich gegenseitig als Christen Anerkennenden gibt es diejenigen, die das Prinzip nicht akzeptieren. Sie können die ihnen zu bietende Möglichkeit nutzen, den Glauben zu wechseln und Christen zu werden. Im anderen Fall aber dürfen sie in ihrer Existenz bedroht werden.

Die Einführung dieser zweiten Unterscheidung erweist sich als konzeptuell zentral. Ein Verweis auf die berüchtigte Fußnote in Fichtes »Beitrag zur Berichtigung der Urtheile des Publikums über die französische Revolution« kann an dieser Stelle nicht unterbleiben. Denn obwohl es sich um eine Fußnote handelt, wird doch die systematischen Stellung des Arguments deutlich. »Fern sey von diesen Blättern der Gifthauch der Intoleranz, wie er es von meinem Herzen ist! Derjenige Jude, der über die festen, man möchte sagen, unübersteiglichen Verschanzungen, die vor ihm liegen, zur allgemeinen Gerechtigkeits=Menschen= und Wahrheitsliebe hindurchdringt, ist ein Held und ein Heiliger. Ich weiß nicht, ob es deren gab oder giebt. Ich will es glauben, so bald ich sie sehe.«[97] Die Juden glauben noch immer an einen »menschenfeindlichen Gott«,[98] so die Formulierung von 1793, das heißt, übersetzt in die Sprache von 1806, an den Gott des Altertums. Es ist die falsche, das heißt überwundene und nicht mehr wahre ›Idee‹, die ihnen nicht aus den Köpfen geht. Für Fichte aber machen die Ideen, die Vorstel-

---

96 Ebenda, S. 350.
97 Fichte, Beitrag zur Berichtigung, S. 292 f.
98 Ebenda, S. 293.

lungen, das Wissen um die Welt die ganze Welt aus. Wieder aus der Perspektive von 1806 formuliert, heißt dies: Die Juden verharren auf der zweiten Stufe der Entwicklung. Daher die berühmte Formulierung, die kein Aufruf zum Mord ist, aber im Kontext von Fichtes Begründung des Völkerrechts und seiner Staatslehre einen prinzipiellen Ausschluß aus der entwickelten Menschheit bedeutet. Ihr Wortlaut: »Aber ihnen Bürgerrechte zu geben, dazu sehe ich wenigstens kein Mittel, als das, in einer Nacht ihnen allen die Köpfe abzuschneiden, und andere aufzusetzen, in denen auch nicht eine jüdische Idee sey. Um uns vor ihnen zu schützen, dazu sehe ich wieder kein ander Mittel, als ihnen ihr gelobtes Land zu erobern, und sie alle dahin zu schicken.«[99] Die Idee, der Glaube der zweiten Entwicklungsstufe, der kaum dem »Vernunftinstinkt« entronnen war, ist für Fichte nicht aus den jüdischen Köpfen zu vertreiben. Die Juden sind an ihr Wissenssystem gebunden. Deshalb sind sie fernzuhalten und abzuschieben. Keine Mordphantasie also, aber eine klare Logik der Trennung. Die unmittelbaren Wilden, das heißt diejenigen, die sich noch immer auf der ersten Stufe der Menschheitsentwicklung befinden, dürfen versklavt und ausgerottet, ihre Existenz darf in Frage gestellt werden. Die Juden, die schon eine Idee, die des fürchterlichen Gottes, entwickelt und sich von der Herrschaft des Vernunftinstinkts befreit haben, werden diese Idee nicht los und können daher an der Weiterentwicklung des Menschen nicht teilhaben. Soweit die menschenrechtliche Seite, die besagt, daß die Juden Menschen, wirkliche Menschen und das heißt Menschen mit einer Idee sind. Wegen dieser Idee aber sind sie vom Bürgerstatus ausgeschlossen.

An dieser Stelle muß kurz auf das Verhältnis von Bürger und Staat bei Fichte eingegangen werden. Das innige Verhältnis, die »innige Durchdringung des Bürgers vom Staate«, die vom Staat geschaffene und garantierte Kultur und Sitte als zweite Natur des Menschen – Fichte sagt, als »andere Natur« –, ist der bestimmende Charakterzug des gegenwärtigen Zeitalters.[100] Politisches und kulturelles System und der Einzelne als Bürger sind zur Deckung gebracht, Bürger und Adel werden durch die Einsicht der Wissenschaft vereinigt, das Volk muß unterrichtet werden. In diesem Einheitsverhältnis tritt der Jude als Störer auf, die Juden als »Staat im Staate«. »Fällt euch denn hier nicht der begreifliche Gedanke ein, daß die Juden, welche ohne euch Bürger eines Staats sind, der fester und gewaltiger ist, als die eurigen alle, wenn ihr ihnen auch noch das Bürgerrecht in euren Staaten gebt, eure übrigen Bürger völlig unter die Füße treten werden.«[101]

---

99 Ebenda, S. 293.
100 Siehe hierzu den Schluß der vierzehnten und den Beginn der fünfzehnten Vorlesung aus den *Grundzügen des gegenwärtigen Zeitalters*, S. 360 ff., das Zitat auf S. 362.
101 Fichte, *Beitrag zur Berichtigung*, S. 292.

Das System ist komplettiert. Die Juden als diejenigen, die exemplarisch für die Wissensstruktur des zweiten Stadiums der Menschheit stehen, das heißt die Menschen aus dem unmittelbaren Naturzustand des Vernunftinstinkts herausgeführt haben, bleiben in dieser Idee befangen, sie können keine Christen im Sinne einer Gleichsetzung von Moral und Glauben werden und daher, obwohl sie Menschen sind, keine Bürger im Sinne der Gleichsetzung von Staat, Kultur und Bürger. Neben den anderen christlichen Staaten, neben den Wilden, die man versklaven kann, und den nichtchristlichen Staaten, die man unterwerfen kann, bilden die Juden eine nicht integrierbare Gruppe, die man loswerden will – obwohl sie für den Beginn der Menschheit stehen und sie, auch wenn Fichte sich bemüht, diese ihm äußerst unangenehme Interpretation zu vermeiden, die Zivilisierung der eigenen Kultur ermöglichten –, aber nicht loswerden kann.[102]

Damit ist die Struktur herausgearbeitet, in die die »Reden an die Deutsche Nation« eingebettet sind. Es handelt sich um eine universalistische Argumentationsstruktur, die die Überlegenheit der Deutschen an ihre allgemeine Funktion innerhalb der gesellschaftlichen Entwicklung bindet. Das deutsche Volk kann, vermittelt über die reine Sprache, das der neuen menschheitlichen Entwicklungsstufe angemessene Wissen entwickeln, es verfügt über die ›Idee‹. Die deutsche Idee bezieht sich nicht mehr auf die bloße Erfahrung. Dies war das Charakteristikum des Wissenssystems der dritten Stufe. Die Idee löst das alte Gleichgewicht auf und stellt ein neues her. Die Deutschen übernehmen in der neuen Entwicklungsphase die Führungsrolle in der Entwicklung der Menschheit. Sie lösen die Machterhaltungsinteressenten, die alten Gleichgewichtsgaranten, konkret: die Franzosen und die französische Aufklärung, als Erfahrungswissenschaft ab. Genau hier steckt das universale Moment des Partikularen. Kurz vor dem Ende der Entwicklung, kurz vor dem Ende der Geschichte, die als fünfte Phase konstruiert ist, sind es die Deutschen, die mit ihrer Idee zu den exemplarischen Vertretern der neuen Entwicklungsstufe der Menschheit werden. Vorher hatten andere Gruppen diese Rolle inne. Jetzt aber ist die Zeit der Deutschen als Träger der Idee gekommen, die zur neuen Entwicklung der Freiheit führt. Alle, die diese Idee teilen, sind deutsch, aber nicht alle können die Idee teilen – da sie Wilde geblieben sind; da sie nur den ersten Schritt zur Ablösung der Herrschaft des Instinkts getan haben oder, schließlich, da sie eine unreine Sprache sprechen und nicht verstehen, was sie verstehen müßten. Der Universalist, der die Bedingung der Möglichkeit der Kulturentwicklung überhaupt an eine ursprüngliche Mischungsszene gebunden hatte, wird zum Relativisten, der das Ich an den Staat als Kulturschöpfer bindet

---

102 Ich vernachlässige in diesem Zusammenhang Fichtes Theorie der Sozialstruktur, wie man sie heute nennen könnte. Sie spielt für den hier angesprochenen Zusammenhang keine Rolle.

und ein absolutes Wir schafft, zu dem jeder Zugang hat, der frei, gleich deutsch, ist. Dies ist die moderne Struktur einer universalistischen Legitimation des Politischen, die schließlich zu einer, aber nicht zur einzigen exemplarischen Begründung der nationalstaatlichen Moderne wurde. Staatszentriert, wie sie war, mußte schließlich, da es den Staat nicht gab, dieser selbst noch nach innen verlegt werden.[103] Und von dort konnte das Partikulare wieder universalisiert werden.

Der nationalistische Nationalismus: Von Ernest Renan zu Maurice Barrès

Trennt man sich von einem Begriff der Gesellschaft, der, explizit oder implizit, die Grenzen der Gesellschaft mit den Grenzen von Kultur und Nation gleichsetzt und im keineswegs seltenen Fall Kultur und Nation theoretisch zur Deckung bringt, dann lassen sich Unterschiede, die als nationale Varianten beschrieben werden, nicht mehr unmittelbar entgegensetzen. Auch Formen der Selbstthematisierung machen nicht an Grenzen halt. Man kann hieraus aber nicht folgern, daß keine Unterscheidungen mehr gemacht werden können, ebensowenig, daß getroffene Unterscheidungen nicht mehr zuzuordnen wären. Die Differenzen werden vielmehr in ihrer Herstellung selbst beobachtbar, und die Zuschreibungsprozesse werden in ihrer Funktion der Herstellung von Differenzen, in diesem Falle der nationalen, sichtbar.

Um Formen der Selbstthematisierung zu analysieren und vergleichen zu können, habe ich Autoren ausgewählt, die sich professionell, als Theoretiker und Philosophen, als öffentliche Personen und Redner, als Schriftsteller und als Gesellschaftstheoretiker, die eine wissenschaftliche Thematisierung der Gesellschaft institutionalisierten, in die öffentlichen Debatten einmischten beziehungsweise solche auslösten und für längere Zeit beeinflußten. Einige der Autoren und Redner, Aktivisten und Analytiker dienten lange als Vorbilder und Bezugspunkte für nationale Bewegungen und Begründungen der unterschiedlichsten Art. Ihre Thesen, Darstellungen und Argumentationen blieben erhalten, wurden erneut aufgenommen, wenn auch ihre Texte nicht an ihren Entstehungskontext gebunden blieben. Auch Johann Gottlieb Fichte interessiert im Zusammenhang der Analyse der Formen der Selbstthematisierung nicht als Typus seiner Zeit. Seine Schriften und seine Thesen, seine doppelte Abgrenzung der Nation als (Ur-)Volk von der anderen idealtypischen Nation und als Urvolk vom Normalvolk mit seinem sich ›rational‹ ableitenden Antisemitismus standen eher am Beginn einer keineswegs linear verlaufenden, sich unter napoleonischer Besatzung, der Erfahrung des Verlaufs der Revolution, der *terreur* und allgemein des sich partikularisierenden Universalismus der sich entwickelnden Nationalisierung.

---

103 Siehe hierzu Balibar, *Frontière intérieure*.

Keineswegs soll hier die These aufgegriffen werden, daß man vor einer notwendigen und unvermeidbaren geistesgeschichtlichen Entwicklungslinie stehe, die im völkischen Nationalismus der ersten Hälfte des 20. Jahrhunderts ende.[104] Dennoch stellt der Fichtesche Entwurf in seiner Systematik der Auflösung des Ich im Wir, mit der Gleichsetzung von Moral und Religion als nationaler Religion und mit der ›Auserwähltheit‹ des deutschen, das neue Zeitalter einleitenden und verwirklichenden Volkes, das in der Sprache und in seiner Zukunft mit der Ewigkeit verbunden ist, einen Entwurf dar, der exemplarisch werden konnte. Im nachhinein konnte er zur relevanten und als typisch angesehenen Begründung einer der modernen Varianten der Nation werden.[105]

Wenn später die ›Willensnation‹ als französisch angesehen wurde, dann nicht zuletzt auch wegen der Rolle, die der berühmte Vortrag Ernest Renans *Was ist eine Nation?* spielte. Über sechzig Jahre später konnte Fichtes Reden nun auch die Gegenrolle übertragen werden. Jetzt waren zwei Texte zur Hand, die als exemplarische Gegenmodelle gehandelt werden konnten. Wenn das ethnische Modell der Nation als ›deutsch‹ bezeichnet werden

---

104 So betont etwa Biefang »die methodischen Grenzen einer die Kontinuität betonenden geistesgeschichtlichen und phänomenologischen Betrachtungsweise […], die allzu kurzschlüssig Fichtes völkischen Nationalismus analysiert, seine Indienstnahme durch die Nationalbewegung der 1860er Jahre konstatiert und daraus auf die Fortdauer bestimmter Ansichten schließt« (*Volksgenossen*, S. 56–57). Rose hingegen sieht Fichte als Vorläufer nicht nur von rassistischen Theorien, sondern auch einer drastischen Praxis (ders., German question, S. 41–54). Brumlik schreibt sogar: »Seine Haltung kommt dem vom jungen Adolf Hitler geforderten ›Antisemitismus der Vernunft‹ sehr nahe« (ders., Deutscher Geist, S. 76).

105 Die Wirkungsgeschichte der politischen Philosophie Fichtes, vor allem seiner jüdischen Rezeption, wird dargestellt von Becker, Fichtes Idee der Nation. Es sei nur beispielhaft auf die Bedeutung hingewiesen, die Hans Kohn in seiner Autobiographie darstellt, die Fichtes Schriften während dessen Jugendzeit hatten. »Fichtes Vorlesungen *Über die Bestimmung des Menschen* und *Die Grundzüge des gegenwärtigen Zeitalters* brachten wir in Zusammenhang mit unserer eigenen Situation, und wir bejahten seinen Ruf nach der Geburt einer idealen Gemeinschaft, in der rational die Einzelpersönlichkeit in den Dienst ihrer Nation gestellt wird. In seinen *Reden an die deutsche Nation* […] verkündete Fichte die deutsche Mission, diese vollkommene nationale Gemeinschaft zu verwirklichen. […] Ein neuer Nationalstolz und ein neues Sendungsbewußtsein würde sie zur Selbstbesinnung und zur Erkenntnis ihrer Berufung führen und sie befähigen, auf dem Wege einer moralischen und geistigen Erneuerung die Freiheit ihres eigenen Landes und die Freiheit ganz Europas wiederherzustellen. Für uns war der Sinn dieser Lektion klar. Die Lage der Juden in unserer Zeit erschien uns nicht anders als die der Deutschen am Vorabend ihres nationalen Erwachens« (Kohn, Bürger vieler Welten, S. 92 f.).

konnte, dann nicht zuletzt unter Verweis auf den nun exemplarisch vorhandenen Gegenentwurf.[106] Das zentrale und, von seiner Realisierung aus gesehen, erfolgreichste politische Modell und Konzept des 19. und 20. Jahrhunderts, zugleich Produzent der größten Leidenschaften und des größten Leidens, lag nun in zweifach kanonisierter Form vor. Die Reden von Fichte und der Vortrag und Renan sind dabei jeweils theoretische Entwürfe des Nationalen, die über die eigene Nation hinaus Geltung beanspruchen. Sie wurden zu exemplarischen Differenzierungstexten, zu Texten, die selbst in die nationalen Differenzvorstellungen Frankreichs und Deutschlands eingedrungen sind. Darüber hinaus bildeten und bilden sie für die Begründungen nationaler Selbstbestimmungsforderungen praktisch aller Nationalismen – in wie vereinfachter und impliziter Form auch immer – die beiden Bezugspunkte. Beide Modelle, so kann man heute feststellen, sind als akzeptierte Argumentationsmuster in die Legitimation bestehender und geforderter Nationen eingegangen. Darüber hinaus sind sie trotz ihrer Unterschiedlichkeit gleichzeitig und zum Teil in einem Atemzug zu anerkannten Begründungsmustern des geforderten oder realisierten Nationalen geworden. Individuelle und kollektive Begründung der Selbstbestimmung haben sich gemischt und bilden ein gemeinsames soziales Phänomen, auf das sich die Gruppen oder ihre Vertreter berufen können, um ihre Ansprüche – sei es auf Anerkennung oder Beteiligung, auf Autonomie oder Sezession – zu begründen.

Louis Dumont hat zuletzt über die deutsche Ideologie als eine kollektivistische Variante der Moderne – und das heißt für ihn des Individualismus – geschrieben. Er stellt die Thesen Herders und Fichtes dem Entwurf Renans gegenüber. Er bleibt so, ohne in ›gut‹ und ›böse‹ aufzuteilen, den klassischen Typen des kulturellen und politischen Nationalismus, von Kultur- und Staatsnation verbunden, als deren exemplarische Vertreter Herder und Fichte auf der einen, Renan auf der anderen Seite angesehen werden. Er spielt sie nicht gegeneinander aus, sondern will, vor allem in »L'idéologie allemande«, aber auch in seinem auf deutsch vorliegenden »Individualismus«, deren gegenseitige Beeinflussung erfassen. Er tut dies aus französischer Perspektive. Von Frankreich ausgehend, blickt er nach Deutschland und kehrt nach Frankreich zurück. Beide Varianten der Selbstthematisierung, die er unter dem Begriff der Ideologie faßt, sind für ihn ›modern‹, sind Bestandteil der individualistischen Konfiguration der Moderne, das heißt, sie fallen unter seinen Begriff der Nation, die für ihn »genau der Typ des umfassenden sozia-

---

106 Damit ist keineswegs gesagt, daß nicht andere früher oder später ähnliche Thesen aufgeschrieben und verbreitet hätten. Man braucht bloß auf Sieyès für den französischen Fall, die ›nationalen‹ Schriftsteller im 18. Jahrhundert für den deutschen Fall hinzuweisen. Ihnen wurde aber nicht die exemplarische Bedeutung zugeschrieben.

len Ganzen, der der Herrschaft des Individualismus als Wert entspricht«, ist.[107] Dies gilt für Herder, dessen Frühschrift von 1774 schon im Titel auf Voltaire Bezug nimmt, *Auch eine Philosophie zur Geschichte der Menschheit*, ebenso wie für Fichte und schließlich für den deutschen Bildungs- und Freiheitsbegriff.[108] Der Mensch ist hier nicht das abstrakte Individuum, sondern das besondere, das durch seine Zugehörigkeit zu einer konzeptionell immer schon als mit anderen gleichrangig gedachten Kultur ist, was er ist. Bei Herder trete, ähnlich wie bei Rousseau, ein moderner Holismus zutage, der Teil des Individualismus der Moderne sei. Den Gegenbegriff zum Individualismus, den traditionellen Holismus, arbeitet Dumont in einer Analyse der Kastengesellschaft Indiens aus.[109] Denn die Art, Gemeinschaft zu denken, ist gegenüber diesem neu. »Im traditionellen Holismus verschmilzt die Menschheit mit dem sozialen Ganzen des *Wir*, die Fremden werden als bestenfalls unvollkommene Menschen abgewertet – übrigens ist jeder Patriotismus, auch der moderne, von diesem Gefühl getönt.«[110] Die Hierarchie wird für Dumont in diesen Arbeiten zu einer konstitutiven Dimension des Sozialen. In einer Parallelisierung von Status und Macht weltlicher und religiöser Herrschafts- und Sozialformen wird die Hierarchie, das heißt die hierarchische Unterscheidung von Gruppen, zum Prinzip der Integration von traditionalen Gesellschaften. Die hierarchisch geordneten, geschlossenen (Dumont nennt sie auch, seine Sympathie ausdrückend, »natürlichen«) Gruppen gewährleisten für ihn die soziale Integration.

»Bei Herder dagegen werden alle Kulturen als gleichberechtigt nebeneinander gestellt. Es ist klar, daß dies nur möglich ist, weil die Kulturen ungeachtet ihrer Unterschiede als gleiche Individuen gesehen werden: *die Kulturen sind kollektive Individuen*.«[111] Erarbeitet Herder einen Gegenentwurf zum abstrakten Menschen, soziologisiert er also die Menschen und stellt sie in den Kontext ihrer Lebensformen, ist sein Konzept doch an den sich universalisierenden Individualismus gebunden, schließt ihn ein und überträgt ihn aufs Kollektiv. Der deutsche Fall ist, so Dumont, keine Variante, die auf halbem Wege zwischen Tradition und Moderne verharrt. Der »holistische Individualismus« gehört, auch wenn eine Vermittlung angelegt ist, zur Moderne. Dumont erkennt zwei sich mischende Wege der Moderne, die zum Schluß seiner Reise von Frankreich nach Deutschland und zurück klar zu-

---

107 Siehe Dumont, L'idéologie allemande, und ders., Individualismus, S. 20.

108 In: ders., Gesammelte Werke, Bd. V.

109 Er kann für die Arbeit über die Kasten auf eine französische Tradition zurückgreifen, so zum Beispiel auf den zum Durkheim-Kreis gehörenden Célestine Bouglé, der 1908 eine Arbeit über die indischen Kasten veröffentlichte (ders., Le régime des castes; vgl. hierzu Dumont, Homo hierarchicus).

110 Dumont, Individualismus, S. 132.

111 Ebenda.

zuordnen sind. Folgt man Dumont, entdecken die Intellektuellen der Zeit – Renan, Taine, Fustel de Coulanges, Barrès – erst nach 1870/71 die ethnischen Wurzeln der Nation. Der Vergleich wird innerhalb der Moderne, das heißt der individualistischen Konzeption, von einem französischen Blick geleitet, der allerdings keineswegs alles überschattet.[112] Es ist die theoretische Formel der »Einschließung des Gegenteils«, die Dumont in den »Ideologien«, wie er die Selbstthematisierungen nennt, empirisch beobachtet. Allerdings wird diese Bewegung, die Oszillation zwischen den beiden Seiten, das Hin und Her – und in diesem Aspekt bleibt er klassisch –, den nationalstaatlichen Grenzen zugeordnet. Die Entwicklung einer identitär orientierten *Grande Nation* aber geschah nicht erst seit 1870/71. Godechot zum Beispiel zeichnet die Produktion der Ideologie der *Grande Nation* in ihrer Herstellung und propagandistischen Verbreitung nach und verweist auf die Rolle patriotischer und jakobinischer Akteure sowie auf die der Presse und der politischen Clubs.[113] Es entstand eine eigene nationalistische, dominante Selbstthematisierung, die historisch-historisierend auf Vorläufer vor der Revolution zurückgriff und beständig mit mehr oder weniger impliziten ›ethnischen‹ Momenten arbeitete und später noch die Revolution als französisches Ereignis in ihr Konzept einarbeiten konnte.

Die Perspektive innerhalb der Moderne ist daher noch einmal zu wechseln, das heißt, die Dumontsche Formel der Einschließung des Gegenteils reicht nicht aus, da sie die Unterschiede, die es zu verstehen gilt, bereits voraussetzt. Die Gegensätze werden im vorhinein als nationale gedacht. Zu sagen, daß die französische Identität ein universalistisches, die deutsche ein ethnisches Fundament habe, heißt, Phänomene der Selbstbeschreibung und Selbstthematisierung unmittelbar in Tatsachenaussagen zu transformieren. So wird am Ende das lutherische Modell beziehungsweise das der lutherischen Kirche – das zum Beispiel für Fichte keine Bedeutung hatte; er kritisiert ›alle Offenbarung‹ und sucht ein johanneisches Christentum zu begründen, für das das Wort genüge – als deutsche Form der Moderne mit einem spezifischen Begriff subjektiver Freiheit bei Unterordnung unter die Gruppe vorgestellt.[114] Es ist Montesquieus Aussage, zufällig (aber Gott sei

---

112 »Deutschland aus einer französischen Perspektive zu analysieren ist der Kern des Dumontschen Vergleichs [...]«, schreibt etwa Llobera, *German conception*, S. 203.

113 Vgl. Godechot, Grande Nation. Er interpretiert den deutschen Nationalismus traditionell als Reaktion auf die französische Entwicklung. Die Einschließung des Gegenteils aber ermöglicht es, die Rolle der Selbstthematisierung zu untersuchen, auf deren Grundlage der Einschluß geschieht.

114 Dumont nimmt Ernst Troeltschs Schrift von 1916 als beispielhaft: Die deutsche Idee der Freiheit (siehe Dumont, L'idéologie allemande, S. 59–74). Zum johanneischen Christentum bei Fichte siehe Brumlik, Deutscher Geist, insbesondere S. 96; siehe auch Neuhaus, Teufelskinder oder Heilsbringer.

Dank, würden klassische französische Nationalisten hinzufügen) Franzose, notwendig aber Mensch zu sein, die Dumont ganz klassisch für den deutschen Fall umkehrt und zu seinem Ausgangspunkt macht: Der Deutsche ist zunächst Deutscher und als solcher Mensch.[115] Notwendig bestätigen sich die vorausgesetzten Gegensätze.

Der wichtige Gegensatz aber ist für Dumont derjenige von Holismus und Individualismus. Für ihn sind es die Gruppen, die in der traditional-holistischen Gesellschaft die Integration gewährleisten. Die Moderne und ihr Kennzeichen, der Individualismus, lösen diesen Integrationszusammenhang der Gruppen auf, auch und vielleicht gerade im Fall des individualistischen Holismus. Es ist nicht der halbe Weg, sondern die ganze Moderne, die die Gruppen auflöst und die Gleichheit an die Stelle der Hierarchie setzt. Die andere Seite der Gleichheit aber ist die Ungleichheit, nicht die Hierarchie. An die Stelle der Hierarchie und ihrer integrativen Wirkung tritt, so Dumonts These (der an die natürliche Hierarchie glaubt), der Rassismus mit seinen Exklusionsfolgen. »Die einfachste Hypothese besteht [daher] darin zu unterstellen, daß der Rassismus in einer neuen Form auf eine alte Funktion antwortet. Alles geschieht so, als ob er in der egalitären Gesellschaft ein Wiederauftauchen dessen darstellt, was sich anders, aber direkter und natürlicher in den hierarchischen Gesellschaften ausdrückte. Man ersetze die illegitime Unterscheidung, und man erhält Diskriminierung, man unterdrücke die alten Formen der Unterscheidung, und man hat die rassistische Ideologie.«[116]

Individueller Individualismus und holistischer Individualismus werden in der Moderne als Alternativen entwickelt und sind als politische Praktiken in der Ambivalenz von empirisch gedachtem und rechtlich konstituiertem Volk vorhanden. Sie bedürfen als praktizierbare Konzepte zu ihrer Übernahme keiner Einwirkung von außen. Auch wenn immer wieder Verstärkungen vorliegen, ist es vor allem der immanente Zwang des nationalen Konzepts als politische Praxis der Autonomie oder der Forderung nach Autonomie als

---

115 Auf dieser Grundlage gibt Dumont allerdings eine Interpretation des deutschen Bildungsbegriffs, ausgehend von Troeltsch über Thomas Mann zu Wilhelm von Humboldt, die äußerst genau ist (L'idéologie allemande).

116 Dumont, Homo hierarchicus, S. 320. Die »Deutsche Ideologie«, eine Variante des »homo aequalis« des Autors, muß auf dieser Grundlage, der des »homo hierarchicus«, gelesen werden. Llobera zum Beispiel bezieht dies nicht ein, und daher läuft seine Kritik ins Leere, die sich gegen den, man muß den Begriff dann verdoppeln, französischen ›individualistischen Individualismus‹ des Autors richtet. Eine Kritik der Arbeiten Dumonts ist vielmehr auf seinen fehlenden Subjektbegriff und auf seine Hypostasierung einer natürlichen Hierarchie zu richten. Er bevorzugt nicht das französische Modell, sondern das hierarchische. Nicht zufällig sind seine Bände über den Individualismus mit »Homo aequalis« überschrieben.

Selbstbestimmung von Kollektiven einander Gleicher, der eine doppelte binäre Differenzierung einschließt: die der anderen Nation oder den anderen Nationen, die Autonomie erlangt haben oder denen das Recht zugestanden wird, diese zu fordern, und die der Ungleichen, die nicht zum Kollektiv gehören, da ihnen schon das Recht zur Forderung von Selbständigkeit abgesprochen wird und damit das Recht, sich als Nation in diesem Sinne selbst zu bezeichnen. Wird dennoch eine nationale Selbstbezeichnung gewählt, das heißt eine Unterscheidung und der Wille zur Selbständigkeit ausgedrückt, geht von diesen selbsternannten Nationen prinzipiell die Gefahr der Sezession aus oder gar die Infragestellung des Nationalen als des politischen Prinzips selbst.

Zwei interpretative Modelle scheinen sich anzubieten und lassen sich aus der Literatur erarbeiten, um diesen Prozeß zu beschreiben und zu verstehen. Das eine rekonstruiert eine Prozeßlogik der historischen Entwicklung. Frankreich, schon früh staatlich organisiert, nationalisiert zunächst den Staat, um dann, später und verstärkt nach 1870/71, eine hegemoniale Kultur (Schul- und Sprachpolitik etc.) als politische Kultur zu errichten.[117] Wenn auch nicht unbedingt ein notwendiger Verlauf der Entwicklung rekonstruiert wird, so doch eine in sich verständliche Entwicklung, die im Fall Frankreichs auf das Konzept und die Verwirklichung von territorialer Souveränität hinauslief, ein Konzept, das, im 17. Jahrhundert von Jean Bodin entwickelt, die Gewalt beenden sollte, die als von außen kommende verstanden wurde.[118] Im gleichen Modell steht diesem das Konzept einer an die Reichsidee gebundenen Entwicklung universeller Souveränität für den deutschen Fall gegenüber. Das zweite interpretative Modell negiert nicht die historische Entwicklung, aber es sieht sowohl Universalismus als auch Partikularismus als ineinander verschränkte Konzepte und Realisierungen an, die beide in unterschiedlichen Kombinationen angewandt und realisiert wurden und werden. Man kann die Modelle auch das generische und das situative nennen. Wird in dem einen die Entwicklung und deren nichtkontingenter Charakter betont, so im anderen die kontextuelle Nutzung der vorhandenen Möglichkeiten. Nicht die Einschließung des Gegenteils, die das Feld immer schon als nationales strukturiert und das Andere als anderes definiert, sondern historisch und gesellschaftlich vermittelte unterschiedliche Kombinationen – im besprochenen Fall des ethnisch-kulturellen und des politischen Nationmodells – geraten in den Blick und variieren innerhalb eines Kontexts von Struktur und Ereignis.[119] Keine Konzeptualisie-

---

117 Vgl. die historischen Rekonstruktionen dieses Prozesses bei Weber, From Peasant to Frenchmen, und bei Zeldin, France 1848–1945.
118 Vgl. hierzu Badie, Monde sans Souveraineté.
119 Mit der Thematisierung von Struktur und Ereignis kommt nicht nur das Handeln wieder in den Blick, sondern auch das Unvorhergesehene, das Nichter-

rung, keine Form der Selbstthematisierung wird dann nur einer Seite zugerechnet. Die Varianten der modernen Selbstthematisierung werden vielmehr als Möglichkeiten sichtbar, deren Realisierung kontingent, aber nicht beliebig ist und nicht in ein geschichtsphilosophisch-logisches oder ein den Nationen eigenes historisches Ablaufmodell eingepaßt werden können.

So wie in Frankreich der sogenannte kulturelle oder ethnische Nationalismus, war er als politisch relevant werdende Begründungsformel einmal in Europa entstanden, integriert werden konnte und mit dem Thema der *Grande Nation* als einer identitären Selbstthematisierung selbständig produziert wurde, so finden wir bei Fichte, dem Demokraten und Aufklärer, die Notwendigkeit, den Partikularismus universalistisch zu begründen. Die »Reden an die Nation« versuchen, genau dies zu tun. Wir finden hier nicht mehr, wie bei Herder, individualisierte, gleichrangige Kollektive, sondern einen universalistisch begründeten Partikularismus der Überlegenheit.

Fichte gilt als der frühe Theoretiker eines deutschen, ethnischen Befreiungsnationalismus. Man kann weitergehen. Die Fichtesche Begründung der Nation wurde zum Paradigma nicht nur einer Theorie, sondern einer und schließlich vieler tatsächlicher Nationen mit und ohne Staat, die sich noch gründen oder erneut begründen mußten und dies nach Prinzipien eines universalisierten partikularen Selbstverständnisses taten. Sowohl das vorgestellte und konkrete Deutschland als Nation als auch die mit beiden verbundene spezifische Form der Selbstthematisierung gelten, wie es exemplarisch bei Louis Dumont in einer reflektierten, späten Variante zu sehen ist, als Gegenentwurf zur universalistischen Konzeption der Nation als Republik.[120] Deren als anerkannt geltende theoretische Fassung, ihr ebenso exemplarischer Text wurde vergleichsweise spät von Ernest Renan geschrieben: *Qu'est-ce qu'une nation?* Renan erneuerte in einer spezifischen Situation, das heißt nach dem Krieg 1870/71 und der im Frankreich der Dritten Republik empfundenen Notwendigkeit, Staat und Nation neu zu begründen, die republikanische Theorie der Nation, eine vorformulierte Option, die aber in der Entwicklung nach der Revolution selbst durch eher ganzheitliche, substantialistische Konzepte verdeckt worden war. Fichte und Renan formulierten je ein Verständnis der Nation, das schließlich als ›deutsch‹ oder ›französisch‹ verstanden wurde. Die vorgelegten Theorien, Argumente und Deutungen wurden in die tatsächlichen Nationen einbezogen, sie begründeten und beeinflußten die Vorstellungen, prägten ihren Symbolhaushalt. Beide dienten der Legitimation des Politischen und hatten, indem sie

---

wartete, das im Blick zurück erst wieder plausibel gemacht werden kann, indem es im nachhinein zwar nicht als Erwartetes, aber eigentlich Erwartbares rekonstruiert wird.

120 Ein einseitigerer Text als der von Dumont ist Finkielkraut, La défaite de la pensée (dt. Die Niederlage des Denkens).

als zwei theoretische Begründungen, die sich beeinflussen, widersprechen oder bestätigen konnten und zwei konkreten Nationen zugeordnet wurden, eine paradoxe Folge. Die Konzeption der Nation als Wahlhandlung und freier Wille, das universalistisch-republikanisch-französische Konzept also, wurde als französisch, das heißt als partikular bestätigt und als spezifisches erneut thematisierbar, während das partikulare Konzept der Ethnie oder des Volkes als partikular-deutsches universalisiert wurde.[121] Es existieren so zwei exemplarische Texte, die dem einen oder anderen Fall selbst zugeordnet wurden und symbolisch-argumentative Muster zur Verfügung stellten, die auch aktuell keineswegs erschöpft sind.

Zum Ende des 20. Jahrhunderts erhielten beide Texte erneute Aktualität – zum einen durch die nach der Auflösung der Sowjetunion zum Teil in kriegerischen Konflikten entstehenden neuen Nationalstaaten und die deutsche Vereinigung, zum anderen durch die nach 1945 vonstatten gehende Einwanderung in die zentralen westeuropäischen nationalen Gesellschaften und deren durchaus unterschiedlichen sozialen und rechtlichen Umgang mit dieser Einwanderung. Nach welchem Modell sollten die Prozesse der Neugründung der Nationalstaaten ablaufen, wie sollten ihre Verfassungen begründet und geschrieben werden, und wie sollten sie sich selbst beschreiben? Worauf konnten sie ihre Einheit und ihr Recht auf Selbstbestimmung begründen? Erneut stellte sich in diesem Kontext die Bestimmung der Bevölkerung als aktuelle Frage: Wer gehört dazu? Und eine weitere Unterscheidung muß gemacht werden und wurde in neuen und alten Varianten aktuell: Wie wird das Problem alter und neuer nationaler Minderheiten gelöst? Welches politische und soziale Recht haben die Migranten? Die alten Texte wurden aktuell, weil sich die Frage der Definition der Nation erneut stellte und weil die Beantwortung dieser Frage Folgen für die Form der Realisierungen hat – auch unter Globalisierungsbedingungen, die zum Teil als Denationalisierung verstanden werden.

So berühmt der Renansche Text auch ist, es gab lange Zeit keine deutsche Übersetzung. Eine erste Fassung erschien tatsächlich erst 1993, schließlich wurde er 1994 auch in einer Tageszeitung abgedruckt.[122] Etwa zur gleichen Zeit, 1992, erschien in Frankreich eine neue Übersetzung der »Reden an die

---

121 Siehe hierzu die Einleitung von Joel Roman in der französischen Taschenbuchausgabe von Renans *Qu'est-ce qu'une nation?*, der ebendieses Paradox hervorhebt. Renan ist nicht der erste, der das Willenskonzept der Nation formuliert. Schon Sieyès beschrieb die Nation als »legitime, das heißt freiwillige und freie Vereinigung« (Qu'est-ce que le tiers état?, S. 9), konnte aber das Problem dieser Assoziation nicht lösen, das in ihrer Verallgemeinerung bestand. De Maistre antwortete mit guten Gründen: »Eine Vereinigung welcher Menschen auch immer kann keine Nation konstituieren« (Considération, VI, S. 63).

122 In: Jeismann/Ritter, Grenzfälle, S. 290–311. Der gekürzte Zeitungsabdruck in: *Frankfurter Allgemeine Zeitung* vom 27. 3. 1994. Zudem erschien eine öster-

Deutsche Nation« ebenso wie eine Taschenbuchausgabe des Renanschen Vortrags, dem weitere Texte Renans beigefügt wurden, so zum Beispiel sein Briefwechsel mit Gobineau, dem frühen Rassentheoretiker, mit David Friedrich Strauß während des Krieges von 1870/71, ferner Auszüge aus Fichtes »Reden« sowie je ein Text von Ernst Robert Curtius und Friedrich Sieburg.[123] Die Herausgabe der Schriften Renans verbunden mit Auszügen aus Fichtes Reden stand aber in einem weiteren, aktuellen nationalen Kontext. Eine vom damaligen Premierminister Jacques Chirac eingesetzte Kommission war damit beauftragt, Vorschläge zu einer Reform des »Code de la nationalité« auszuarbeiten. Die Regierung wollte insbesondere die Artikel 37/1 und 44 ändern. Der erste dieser beiden Artikel gibt dem Ehegatten einer Französin bzw. eines Franzosen das Recht auf den Erhalt der Staatsbürgerschaft durch einfache Beantragung; der zweite sollte das *jus soli* verändern, daß heißt die ›automatische‹ Verleihung der Staatsbürgerschaft durch Geburt im Land zu einer individuellen Willensentscheidung machen.[124] Da Proteste befürchtet wurden, wurde eine unabhängige Kommission damit beauftragt, Grundsätze der Reform zu formulieren. Die Präambel des schließlich 1988 in zwei Bänden veröffentlichten Berichts stand unter Renans berühmter Formel: »Das Dasein einer Nation ist [...] ein täglicher Plebiszit [...].«[125] Deutlich wurde an der französischen Debatte der Bezug, den die Frage nach der Nation nach 1945 in Europa bekommen hat. In den achtziger Jahren ging es vor allem um die eingewanderten Bevölkerungs-

---

reichische Ausgabe 1995, angereichert mit weiteren politischen Schriften. Zugänglich im deutschen Sprachraum war der Briefwechsel zwischen Renan und Strauß während des Krieges von 1870/71.

123 Fichte, Discours, übers. von Alain Renaut. Eine erste Übersetzung (Molitor) war 1923 erschienen. Die Übersetzungen unterscheiden sich durchaus in wichtigen Punkten. So übersetzt Renaut als »des allemands en tant que peuple originel«, wo Molitor »cette nation constitue une race primitive« benutzt (dt.: »Grundzüge der Deutschen, als eines Urvolks«, Fichte, Reden, S. 106). Die neue Übersetzung Renauts ist auszugsweise abgedruckt in Renan, Qu'est-ce qu'une nation?, S. 239 ff., der Hinweis auf die unterschiedliche Übersetzung findet sich in der Einleitung des Herausgebers zum selben Buch, S. 10, FN 1.

124 Es war gerade die französische Linke, die das *jus soli* in dieser Form 1973 und erneut 1981 heftig als Zwang kritisiert hatte und sich dann zunächst gegen eine Reform stellte. Die Rechte hingegen »nahm das Argument der Anerkennung des individuellen Willens wieder auf, das historisch eher mit der Tradition der Linken verbunden ist« (Schnapper, France de l'intégration, S. 11).

125 Renan, Was ist eine Nation?, S. 309. Siehe die unter dem Titel »Être française aujourd'hui et demain« veröffentlichten Berichte der Kommission. Ein Mitglied der Kommission, die Soziologin Dominique Schnapper, stellte nachher einen »ein wenig abenteuerlichen Bezug« des Berichts auf den berühmten Text von Renan fest. Proteste gegen den Bericht kamen von der Linken wie von der Rechten (siehe Schnapper, France de l'intégration).

schichten, deren rechtliche Anerkennung und soziale Integration. Dazu kam schließlich in den neunziger Jahren die erneute Aktualität des klassischen Themas der nationalen Selbstbestimmung, der Sezession und Gründung neuer Staaten im Gefolge der Auflösung der Sowjetunion und des Zerfalls des ehemaligen Jugoslawien.

Auch die Aktualität von Renans Sorbonner Vortrag, der elf Jahre nach Frankreichs Niederlage zur Zeit eines um sich greifenden Nationalismus gehalten wurde und erst 111 Jahre später ins Deutsche übersetzt wurde, stand in einem vergleichbaren, doppelten Kontext. Auch hier ging es um die Legitimation der politischen Formen der neuen Staatsgründungen, zusätzlich allerdings um das Eigene in einem doppelten Bezug. Die Problematik der Legitimation des vereinigten Deutschlands nach wiedererlangter Souveränität ging zusammen mit der Frage einer Reform des Staatsbürgerschaftsrechts als Folge der ›alten‹ Einwanderungen der Gastarbeiter und der neuen Probleme der Flüchtlinge.

Zunächst jedoch zurück zu Ernest Renan. Renan erforschte die hebräische Sprache, war Philologe und Professor am Collège de France und als Schriftsteller einer der einflußreichen Intellektuellen seiner Zeit.[126] Sein Vortrag *Was ist eine Nation?* wurde 1882 an der Sorbonne gehalten, während der noch jungen, krisengeschüttelten Dritten Republik, die aus der zehn Jahre zurückliegenden Niederlage entstanden war und sich neu begründen mußte. Das Schicksal des Textes ist, von heute aus gesehen, dennoch vergleichbar mit dem der Reden Fichtes. Denn er wurde gleichsam als identisch mit der französischen Realität wahrgenommen. So standen sich das ethnische, von Fichte formulierte, und das elektiv-voluntaristische Konzept nicht nur als konkurrierende begriffliche Fassungen gegenüber, im besten Fall also als Idealtypen, als begriffliche Verallgemeinerungen, die aus der Beschreibung der Realität gewonnen worden waren. Sie wurden darüber hinaus zu vorgestellten Realtypen, die sich in den tatsächlichen Unterschieden der Institutionen und den Vorstellungen der Menschen, vor allem zunächst der Intellektuellen und Mächtigen, in Deutschland und Frankreich verankerten. In diesem Prozeß der Reifizierung der Selbstthematisierung ging verloren, daß es sich um zwei unterschiedliche, aber in den Unterschieden nicht völlig gegensätzliche Begründungen der modernen Verfassung des Politischen, der Institutionen und der Legitimation von Macht und Herrschaft als nationaler handelte. Beide Redner sind Praktiker der rhetorischen Gemeinschaft der Nation, beteiligt an ihrer, wenn auch intern immer umstrittenen, Begründung und Herstellung. Es ist kein Zufall, daß die klassischen

---

126 Siehe eine neuere Biographie bei Lee, Renan, wie auch die ältere Arbeit von Cresson, Renan. Sa vie, son œuvre. Neuere Darstellungen bei Olender, Sprachen des Paradieses, S. 58–86; Todorov, Nous et les autres, S. 298–314, bezieht Renan und Barrès aufeinander.

Begründungen der beiden schließlich binär entgegengesetzten Fälle des Nationalen auf dem europäischen Kontinent als Reden gehalten wurden und diese Form auch im Druck beibehalten wurde. Die Form der Rede ist keine beliebige. Sie wendet sich an eine Öffentlichkeit und stellt diese gleichzeitig im Akt der Rede her. Beide Male geht es den Rednern um die Begründung eines Rechts, einmal um das Recht auf und die Pflicht zur Selbstbestimmung, das andere Mal um die Wiederherstellung der nationalen Einheit durch den Wiederanschluß Elsaß-Lothringens. Beide Reden beinhalteten, um ihre Positionen ›objektiv‹ zu begründen, mehr als den Bezug auf die aktuellen politischen Fragen. Sie mußten zur möglichen Durchsetzung ihrer Forderungen Begründungen entwickeln, die über die Aktualität hinausgingen. Interessant an diesen Begründungen ist, daß sie zu Modellen des Nationalen wurden, das heißt die beiden ›Fälle‹ Frankreich und Deutschland weit über den jeweiligen nationalen Bezug und die Verschränkungen beider ineinander, die Dumont als »Einschließung des Gegenteils« faßte, schließlich als Prototypen des Nationalen gehandelt wurden und Bedeutung erlangten: Frankreich als Willensnation und Nation der Menschenrechte, Deutschland als Gruppenmodell des Nationalen, als Modell der ethnischen Nation, bestimmt durch Geschichte, Sprache und schließlich Rasse.

Die Übertragung der theoretisch entwickelten Typen in Realtypen, ihre fast magisch anmutende Transformation in als tatsächlich vorhanden gedachte und vor allem: von vielen empfundene ›Nationalcharaktere‹, und schließlich deren Institutionalisierung in Recht (vor allem: Staatsbürgerschaftsrecht), Geschichte, Literatur und Kampf (Krieg) und ›Tat‹ ist das soziologisch Interessante. Sie realisierten sich in Deutschland unter Bezug auf den exemplarischen Entwurf Fichtes. In Frankreich, indem der zuvor so sehr an den Rassen, dem Unterschied von Ariern und Semiten interessierte, elitäre und germanophile Renan eine republikanische Begründung der Nation zu einer Zeit verfaßte, als sich beide als Nationalstaaten und als Machtstaaten tatsächlich gegenüberstanden und nun als Vertreter der Modelle eingesetzt werden konnten. Verdeckt wurden so die internen Trennungen, zum Beispiel die zwischen Französischer Revolution und katholischem Selbstverständnis, ausgedrückt schon von den Kritikern der Revolution und des Gedankens des abstrakten Individuums, zum Beispiel von Joseph de Maistre, und im anderen Falle die eigenen Traditionen der Aufklärung.[127] Die zwei Ideen der

---

127 Die Aufklärung hatte für de Maistre »den Zement, der die Menschen einigt, zerfressen, es gibt keine moralische Gemeinschaft [agrégation morales] mehr« (Considérations, S. 61). Es ist die Fragilität dieser neuen nationalen Welt ohne Bindung, die befürchtet wurde. Die Opposition zwischen organischer und vertraglicher Nation war in der politischen Theorie seit Locke längst ausgearbeitet worden. Sie erhielt in der Französischen Revolution auch und gerade intern ihre historische Konkretisierung und übertrug sich erst später auf die zwei ex-

Nation, in beiden Gesellschaften in unterschiedlicher Form und Zusammensetzung vorhanden, konnten beim jeweils anderen lokalisiert werden, und man konnte sich selbst durch diese Unterscheidung in gewünschter und immer schon bewerteter Abgrenzung thematisieren, schließlich die Vorstellungen als Nationalgefühl interiorisieren und sie in Form von Normen, Rechten und Ideologie institutionalisieren. So wurde zum Beispiel die laizistische Verfassung Frankreichs in der Dritten Republik kanonisiert, die protestantische Verfassung und Gründung des Deutschen Reichs durch den ›Kulturkampf‹ keineswegs nur symbolisiert.

Die beiden Entwürfe lösten sich von ihren Orten und unmittelbaren Bezügen, von der napoleonischen Besatzung und von der Annexion Elsaß-Lothringens. Es ist die spezifische Wirkungsgeschichte der Reden Fichtes und des Vortrags von Renan, die schließlich selbst die Texte vom Kontext lösen und die historisch gerechtfertigte Forderung der Kontextualisierung durch ihre Geschichte unterlaufen. Die Trennung von Text und Kontext ist in diesem Falle nicht nur eine (text)theoretische, hermeneutische Forderung, denn beide Texte enthalten und erhalten, losgelöst von ihrem zeitgenössischen Bezug – das heißt von Berlin und Deutschland während der napoleonischen Besatzung bzw. von dem Willen, Elsaß-Lothringen zurückzugewinnen –, Entwürfe des Nationalen und Legitimationen des Politischen, die unterschiedliche, dennoch anerkannte und trotz ihrer Unterschiede gleichzeitig angewandte, schließlich international gängige Formeln der Legitimation und Begründung kollektiver Selbstbestimmung darstellen. Sie drücken ebendie Spannung aus, die auch die soziologische Tradition prägte und die in dem berühmten Begriffspaar von »Gemeinschaft und Gesellschaft« (Tönnies) beziehungsweise von »Vergemeinschaftung und Vergesellschaftung« (Weber) erhalten blieb.

Zumindest im 19. Jahrhundert, aber auch darüber hinaus, war das Denken über die Gesellschaft geprägt von den Traditionalisten einerseits, die die Gemeinschaft, die durch sie vermittelten affektiven Bindungen und die Hierarchie auf Grundlage von Natur und Geschichte betonten, und den Modernen andererseits, deren Bezugspunkt das Individuum war und die die politische, rechtliche und manchmal auch soziale Gleichheit betonten.[128] Übernimmt man die Zuschreibung nicht, die durch die klassische Trennung von Kultur- und Staatsnation diesen der Moderne inhärenten Konfliktverlauf national verortet und konkreten Nationen zuschreibt, sondern sieht in Individualisierung und Kollektivierung der Menschen im Gegenteil den Prozeß der Modernisierung selbst, ist der Befund der Entkontextualisierung und der anschließenden Rekontextualisierung als Relokalisierung von In-

---

emplarischen Fälle als vorgestellter Realtypen der realisierten Modelle der Nationen.

128 Nachlesen kann man eine Rekonstruktion dieser soziologischen Traditionen bei Nisbet, Sociological tradition.

teresse. Denn in der Entkontextualisierung der vorgetragenen Argumente brauchten diese am Ende gar keinen Autor mehr (und in einem Fall eben: lange Zeit keine Übersetzung).[129] Sie waren selbst entkontextualisiert und als nicht wissenschaftlich geprägte, sondern gesellschaftlich zugängliche Idealtypen, als Wissensmuster zu Zwecken kollektiver Selbstthematisierung für alle jederzeit zugänglich, um schließlich nationalen Kollektiven als Charakter zugeschrieben zu werden.[130]

Man kann die Trennungen, die nationalisiert wurden, an Person und Werk Renans selbst aufzeigen. Einen Hinweis auf das Problem und dessen Aktualität kann man anhand zeitgenössischer Inanspruchnahmen Renans finden. Der elitäre, antidemokratische Renan findet sich in »La réforme intellectuelle et morale«, und es ist nicht zufällig, daß Alain de Benoist, der intellektuelle Ideologe und Theoretiker der Neuen Rechten in Frankreich, 1982 diesen Text mit einer Auswahl anderer erneut herausgibt und einleitet.[131] Renan wird hier zum Vorläufer des französischen nationalistischen Nationalismus stilisiert, das heißt von Maurice Barrès und Charles Maur-

---

129 Renan wurde selbstverständlich auch außerhalb Frankreichs rezipiert. Sein Briefwechsel mit David Friedrich Strauß während des Krieges 1870 wurde unmittelbar veröffentlicht (1870, siehe Strauß, Krieg und Friede), »Die Apostel« erschien schon 1866 auf deutsch, seine »Erinnerungen« liegen in einer deutschen Version von 1883 vor, seine fünfbändige »Geschichte des Volkes Israel« wurde publiziert (1894), und selbst sein Band über seine »Schwester Henriette« wurde übersetzt. Bruno Bauer veröffentlichte 1874 einen Kommentar zu »Strauß und Renan und das Urchristenthum«, und »Entwicklung und Weltanschauung« (Platzhoff) wurden dargestellt. Im nachhinein bleibt die Tatsache um so erstaunlicher, daß seine Rede nicht übersetzt wurde.

130 Aus diesem Grund ist der Verweis auf den doch nur zweckgebundenen Republikanismus des ›eigentlich‹ doch mit ethnischen und rassischen Begriffen arbeitenden Renan nicht überzeugend, wenn auch biographisch interessant. Von Interesse ist vielmehr zu beobachten, daß von einer bestimmten Person und in einer konkreten Situation eine Formulierung gefunden wurde, die dann eine überzeitliche Bedeutung erhielt, das heißt zu einem relevanten Muster der Selbstthematisierung wurde und in die kollektive Wissenstruktur der modernen Legitimation des Politischen und das heißt des Nationalen Eingang gefunden hat.

131 Siehe Benoist, Einleitung zu: Renan, La réforme, S. 7–21; zu Benoist siehe die kritische intellektuelle Biographie von Taguieff, Sur la nouvelle droite. Taguieff beschreibt einen intellektuellen Wandel Benoists. Der junge Rassist, der mit der Unterstützung Henri Costons seine Karriere beginnt, wird zum Ethnopluralisten. Seine weitere Entwicklung führt ihn schließlich, seit 1990, zum Bruch mit den Intellektuellen der Neuen Rechten, vereinigt in der GRECE (Groupement de recherche et d'études sur la civilisation européenne), mit dem Front National. Seine Interpretation war umstritten (siehe zum Beispiel die Besprechung von René Monzat, Les masques in Le Monde vom 19. 3. 1994).

ras.[132] Aber es gibt auch die andere Seite, wie sie schon in der symbolischen Bezugnahme der Kommission zur Reform des »Code de la nationalité« auf Renan deutlich wurde. Renan wird hier zum exemplarischen Theoretiker der republikanischen Doktrin.[133] Die komplizierte Geschichte, die man am Beispiel von Renans Schriften darstellen kann, setzt sich also fort.

»Die Völker existieren als solche nur, wenn sie natürliche Gruppen sind, geformt durch die approximative Gemeinschaft der Rasse und der Sprache, durch die historische Gemeinschaft und die Interessengemeinschaft«, schreibt Renan im Vorwort zu den »Questions contemporaines«.[134] Trotz dieser Überzeugung, die erhalten blieb, formulierte er dennoch auch schon vor seiner Rede in der Sorbonne einen Vorrang des Individualismus. Nach Renan ist es der Mensch als moralisches Wesen, der oberhalb von Sprache, Rasse, Geographie, aber auch von Religion und Überzeugungen steht.[135] Der Philologe aber, der hierunter die »exakte Wissenschaft von den geistigen Tatsachen«[136] verstand, hatte sich zeit seines Lebens am Unterschied von Ariern und Semiten abgearbeitet, das heißt am Ende an der skandalösen Tatsache, daß ein kleines Volk, »verloren in einem Winkel Asiens«, Träger des Monotheismus war.[137] Das Arische und das Semitische sind für Renan die beiden Pole der Menschheit, aus einem Ursprung stammend, sich aber danach vor allem unterscheidend, da das Semitische keine Entwicklung kennt und im Kindheitsstadium verharrt.[138] »Für Renan entstammt jede Sprache unveränderlich dem menschlichen Geist [...]. Und wie eine ›Prägeform‹ [...] bestimmt sie den Geist des Volkes, der sie verwendet.«[139] Die unveränderliche semitische Sprache bestimmt den ebenso unveränderlichen Charakter des hebräischen Volkes. Es findet keine Entwicklung statt,

---

132 Wie unabhängig eine solche nachträgliche Stilisierung von ›Ahnenreihen‹ von den zeitgenössischen Abgrenzungen ist, zeigt sich, wenn man berücksichtigt, daß sich der historische Maurras von Renan (nicht nur wegen dessen ›Germanophilie‹) tatsächlich abgrenzte.

133 Weitere Beispiele finden sich bei Agulhon gerade auch unter Bezug auf »La réforme«. Ein neues Beispiel auch Tanner, *Nation, Kommunikation und Gedächtnis*, der die unterschiedliche Rezeption Renans durchaus wahrnimmt.

134 Zit. nach Todorov, Nous et les autres, S. 297. Renans gesammelte Werke sind in zehn Bänden zwischen 1947 und 1961 erschienen. Die »Questions contemporaines« wurden zuerst 1868 veröffentlicht, »La réforme intellectuelle« erschien 1871. Beide sind in Bd. I der Ges. Werke abgedruckt.

135 Siehe hierzu seinen Vortrag: *Des services rendus aux sciences historiques par la philologie*. Der Text findet sich in Bd. 8 der Ges. Werke, Auszüge sind wiedergegeben in Renan, Qu'est-ce qu'une nation?, hrsg. von Joel Roman, S. 170–172.

136 Renan, L' Avenir, zit. nach Olender, Sprachen des Paradieses, S. 59.

137 Olender, Sprachen des Paradieses.

138 Die Menschheit umfaßt nicht alle Menschen; Indien, China, Japan und die wilden Völker sind ausgenommen.

139 Olender, Sprachen, S. 61.

daher kann sich das hebräische Volk nicht zur Anerkennung des Christentums als der endgültigen Religion entwickeln. Sprache und Religion fallen bei Renan ebenso zusammen wie bei Fichte Glauben und Moral und damit schließlich Individuum und Nation. Auch wenn Renan keine Stadientheorie entwickelt, bildet das Christentum den Schlußpunkt einer Entwicklung, die nicht von allen durchlaufen wurde.

Renan unterzieht Sprachen und Völker einer rassenkundlichen Sichtweise. Die Rassen sind die primären, aber auch die dauerhaften Verbände, in denen die Menschen leben. Sie lösen sich im Laufe der Entwicklung von ihrer natürlichen Konstitution und werden zu sprachlichen Rassen. Die natürlichen Rassen haben sich vermischt, was Renan keineswegs bedauert, und die Unterschiede der Menschen bilden sich nun in den »races linguistiques« ab. Auch hier sind Mischungen beobachtbar, was insbesondere für die französische Sprache gilt. In einem Brief an den Comte de Gobineau von 1856 – dieser hatte 1855 den dritten und vierten Band seiner »Essays über die Ungleichheit der Rassen« veröffentlicht – schreibt er dem wegen der unvermeidbaren Rassenmischungen eher melancholischen Autor, er habe ein wichtiges Werk geschrieben, das »nur wenig dazu gemacht sei, in Frankreich verstanden zu werden, oder vielmehr dazu, hier mißverstanden zu werden. Der französische Geist nähert sich ethnographischen Überlegungen nur zögerlich an: Frankreich glaubt nur sehr wenig an die Rasse, gerade weil das Faktum der Rasse fast aus seinem Inneren verschwunden ist. Ich treffe meinerseits auf die gleiche Schwierigkeit in der Linguistik: die französische Sprache, nichts als ein Abfall der vierten oder fünften Ordnung, ist sicher einer der Gründe, die dazu führen, daß der französische Geist überhaupt nicht befördert wurde und sich nur unter den größten Schwierigkeiten den wahren Prinzipien einer vergleichenden Philologie nähert.«[140] Eine solche konnte nur bei den Deutschen entstehen, die »noch an ihren primordialen Wurzeln festhalten und eine Sprache sprechen, die ihren Ursprung [ses causes] noch in sich selbst findet«.[141] Ist dies aber nun ein Vorteil oder ein Nachteil? In Fichtes Sprachgebrauch ist die ›reine Sprache‹, und nichts anderes beschreibt Renan hier, ein Weg zu richtiger, klarer und lebendiger Erkenntnis im Unterschied zu den gemischten und das heißt toten Sprachen. Das Deutsche, das Renan mit Herder und der Romantik, die er bewunderte und von der er sich dennoch distanzierte, verband, ist also dem Französischen überlegen.[142] Das Prinzip der Rasse und damit das der Reinheit steht aber für Renan nur am Anfang der Entwicklung. »Die Tatsache der Rasse

---

140 Renan, Brief an Gobineau vom 26. Juni 1856. Zu Gobineau und seiner Wirkungsgeschichte siehe Taguieff, La couleur et le sang, S. 21–58.
141 Renan, ebenda.
142 »Ich habe Deutschland studiert und glaubte einen Tempel zu betreten. Alles, was ich dort fand war rein, erhaben, schön und berührend. Bei meiner Seele,

ist zu Beginn ausgesprochen wichtig; aber sie verliert immer mehr an Bedeutung, und manchmal kommt es, wie in Frankreich, dazu, daß sie ganz verschwindet.« Gefährde dies auch die Stabilität der Institutionen und die Originalität des Charakters, eine gewisse Noblesse, so würden die Verluste doch kompensiert. Denn im Fall Frankreichs genügte schon ein wenig edles Blut, um die ganze Nation zu verbessern. »[...] auf diese Weise spielt Frankreich, die so ganz auf den Bürgerstand reduzierte Nation, in Wirklichkeit in der Welt die Rolle des Adligen.«[143] Auch wenn nicht abgestritten werden könne, daß eine gewisse Noblesse und Aristokratie durch Mischung verlorengehe, zögert Renan, der Meinung des Comte de Gobineau, dessen Werk er lobt, zuzustimmen, die neue Zeit sei gegenüber der alten in einem absoluten Sinne unterlegen. Bei Renan bleibt eine Ambivalenz erhalten, und man konnte so auf die Inkonsistenz seiner Argumentation verweisen. Vor allem kritisierte ihn schließlich die royalistisch-antigermanische Rechte am Ende des 19. Jahrhunderts wegen seiner Germanophilie und später vor allem wegen der Verwendung des ›deutschen‹ Rassenbegriffs, eine Kritik, die auch Gobineau als Rassentheoretiker traf und ihn retrospektiv zu einem ›pseudofranzösischen‹ Autor stempelte.[144] Man tritt an dieser Stelle unmittelbar in

---

ja, es ist eine Schatzkammer, es ist das Weiterleben jesus-Christus. Ihre Moral reißt mich hinweg. Ah, wie friedfertig und stark sie sind! Ich glaube, daß jesus von dort zu uns gekommen ist« (Renan, Brief an M. l'Abbé Cognat vom 24. August 1845).

143 Renan, ebenda. Hier ist die Argumentation ganz ähnlich wie schon bei Fichtes Mischungstheorie der Kulturentwicklung. Für die großen Kulturvölker genügte schon eine geringe Beimischung, um eine eigenständige Kulturentwicklung in Gang zu setzen.

144 Die Germanismen von Renan und Gobineau sind vielfältig belegt, zum Beispiel bei Digeon, Crise allemande, zu Renan auf den S. 179–215. Man findet bei Renan und Gobineau die bekannte Theorie der ›zwei Rassen‹, die gemeinsam, aber im Konflikt miteinander stehend, Frankreich bilden: hier eine Aristokratie germanischen oder fränkischen Ursprungs mit reinem Blut und da das gallisch-romanische Volk, die Nichtadeligen, gemischt und unrein. Vor allem während des Krieges und nach der Niederlage von 1870/71 wird die Überlegenheit der Deutschen betont. So berichten die Gebrüder Goncourt in ihrem berühmten Journal von einem Essen mit Renan, auf dem dieser sagte: »Bei allen Dingen, die ich studiert habe, war ich immer wieder überrascht von der Überlegenheit des deutschen Geistes und der deutschen Arbeit [...]. Ja, meine Herren, die Deutschen sind eine überlegene Rasse! [...] Ja, sie sind uns sehr überlegen« (Edmond et Jules de Goncourt, Journal, Bd. IV, 1870–1871, zit. nach Taguieff, La couleur et le sang, S. 176, FN 121). Auch Gobineaus Kommentare gehen in die gleiche Richtung. Zu einem ›Pseudo-Franzosen‹ wurde Gobineau aber vor allem sehr viel später, nämlich nach 1945. Die französische Rechte fand vor allem, aber nicht nur, während der Besatzung in ihm eine eigenständige französische Tradition des Rassismus (siehe hierzu weiter unten).

das wechselseitige Differenzierungsspiel ein. So schreibt Maurras 1921: »Wir sind [...] mit Fustel (de Coulanges) gegen Renan, ebenso wie gegen Gobineau, gegen die verrückte Bewunderung, die sie Deutschland erwiesen haben.«[145] Explizit wird in einer späteren Kritik auf Fichte als den Ursprung des mystischen Germanismus Bezug genommen: »Die Wahrheit ist, daß man den Nazismus nicht vom Germanismus trennen kann. Die anderen Komponenten des Nazismus sind sekundär. Die Historiker, Dichter, Anthropologen, Archäologen, die nach den Philosophen (Hegel eingeschlossen) kamen, wurden von Johann Gottlieb Fichte erzeugt und beseelt.«[146]

Es muß in der Tat gefragt werden, ob Renan, der schließlich den Individualismus als Freiheit des Einzelnen über das rassisch-kulturelle Kollektiv stellte und den exemplarischen Text für eine nichtsubstantialistische Begründung der Nation schrieb, die schließlich zur französischen wurde, sich aus pragmatischen Gründen, das heißt, um gegen die Annexion Elsaß-Lothringens zu argumentieren, selbst widersprach, oder ob es sich nicht vielmehr um die Ambivalenz des Nationalen als eines politischen Prinzips und einer gesellschaftlichen Organisation handelt. In der kurzen Einleitung zu der in drei Kapitel gegliederten Rede stellt er, nachdem er auf die unterschiedlichen Organisationsweisen menschlicher Gesellschaften, Reiche, Religionsgemeinschaften (genannt werden die Israeliten), Nationen, Staaten, hingewiesen hat, fest: »Zur Zeit der Französischen Revolution glaubte man, daß sich die Institutionen der kleinen unabhängigen Städte auf unsere großen Nationen von dreißig bis vierzig Millionen Menschen übertragen ließen. Heute begeht man einen noch schwerer wiegenden Fehler: Man verwechselt die Rasse mit der Nation und spricht den ethnischen oder besser den sprachlichen Gruppen eine Souveränität nach dem Muster der real existierenden Völker zu.«[147] Im ersten Abschnitt gibt Renan dann eine geschichtliche Rekonstruktion, betont, daß die Reiche keine Vaterländer waren, erzählt noch einmal die Geschichte der germanischen Invasion Frankreichs und betont die Entstehung der europäischen Staaten infolge der Verschmelzung. Das Vergessen wird zuerst eingeführt, in diesem Fall das Vergessen der Eroberer der eigenen Sprache. Aber nicht mehr das Frankreich der zwei Rassen begegnet einem hier, sondern dasjenige des Verwischens der ethnischen Unterschiede. »Das Vergessen – ich möchte fast sagen: der historische Irrtum – spielt bei der Erschaffung einer Nation eine wesentliche Rolle, und daher ist der Fortschritt der historischen Studien oft eine Gefahr für die Nation.«[148] Vergessen wird der tatsächliche Ursprung der Staates aus der Usurpation,

---

145 Maurras, Démocratie réligieuse, S. 493.
146 Maurras, Pour un jeune Français. Mémorial en réponse à un questionnaire, Paris 1949, S. 96, zit. nach Taguieff, La couleur et le sang, S. 57.
147 Renan, Nation, S. 290.
148 Ebenda, S. 294.

vergessen wird auch die Herkunft der Usurpatoren. Anders formuliert: Die Nation ist eine Gemeinschaft, die vergessen hat, daß sie keine Gemeinschaft ist. Sie entsteht nicht aus Trennungen, sondern aus kontrafaktischen Vergemeinschaftungen. »Es macht jedoch das Wesen einer Nation aus, daß alle Individuen etwas miteinander gemein haben, auch, daß sie viele Dinge vergessen haben.«[149] Haben sie etwas gemein oder eint sie, daß sie vieles vergessen haben? Der Anschluß des »auch« in der deutschen Übersetzung ließe die letzte Interpretation möglich erscheinen. Im Originaltext trennt das beides aber ein »und«. Das Gemeinsame ist durchaus unabhängig vom Vergessen. Beides, die Wohltat des Vergessens und das Gemeinsame, machen, Renan zufolge, das Wesen der Nation aus. Das Vergessen kann immer wieder gestört werden, zum Beispiel durch die Wissenschaft. Sie erhält daher bei Renan ein Praxisverbot und wird dadurch in ihrer Freiheit geschützt. Vergessen werden die Gewalt der Usurpatoren und die Differenz. So kann sich das Gemeinsame konstituieren, das im späteren Kapitel als Vergangenheit und Zukunft bestimmt wird.[150] Es sind keineswegs die Niederlagen, die vergessen werden. Ganz im Gegenteil können gerade die Siege – wie Renan es am Beispiel der Türkei ausführt – zerstören; die Niederlagen – Renan wählt hier Italien als Beispiel – können vereinen.

Die Geschichte als Geschichtswissenschaft ist wie die Philologie als positive Wissenschaft der Wahrheit verpflichtet. Hier ist das Thema der Rassen, der Ethnien, der Unterschiede zwischen Semiten und Ariern aufgehoben. Die Trennung von Geschichte und Erinnerung ist gemacht, aber die Nation ist hiervon getrennt. In diesem Kontext fällt der Satz Renans, der schon im ersten Kapitel zitiert wurde: »Es ist der Ruhm Frankreichs, durch die Französische Revolution verkündet zu haben, daß eine Nation aus sich selbst existiert.« Die politische Organisation der Moderne wird abgelöst von der Natur, den Sprachen, der Religion und der ›ursprünglichen‹ Gewalt und Differenz, die zum Thema der Wissenschaft wird. Die Konstitution der Nation vollzieht sich unabhängig als autonomes, selbstbezügliches und selbstreferentielles Produkt und Projekt und trennt sich von Rasse, von Sprache und von Religion. Sie beruht zumindest nicht nur auf Interessen und wird nicht durch die Geographie bestimmt. Für sie alle stimmt die Trennung, die Renan zwischen dem Wissen und der Wissenschaft und der politischen Praxis zieht. »Ihr Studium ist für den Gelehrten, der sich mit der Geschichte der Menschheit beschäftigt, von größter Bedeutung. Aber in der Politik hat die Rasse nichts zu suchen.«[151] Alle aufgeführten Momente unterschiedlicher

---

149 Ebenda, S. 295.

150 Das Original lautet: »Or l'essence d'une nation est que tous les individus aient beaucoup de choses en commun, *et* [Hervorhebung U. B.] aussi que tous aient oublié bien des choses« (Renan, Qu'est-ce que une nation?, S. 42).

151 Renan, Nation, S. 302.

Faktoren der Gemeinschaftsbildung können sich nicht auf die Nation als Großgruppe beziehen. Sie alle gibt es, und sie bilden unterschiedliche Gemeinschaften, die aber nicht das Spezifische der Nation als Großgruppe von Millionen, so das Argument in der Einleitung, ausmachen. Natur, Kultur und Geschichte, aber auch reine, nichtlegitime Herrschaft und Gewalt werden als traditionale Momente der Gemeinschaftsbildung bestimmt, die dem modernen Prinzip der Nation nicht entsprechen.

»Eine Nation ist eine Seele, ein geistiges Prinzip.« Die Seele bildet sich aus der Vergangenheit als Erinnerung (inklusive Vergessen), aber ohne Geschichte als objektiver wissenschaftlicher Form der Erinnerung und aus der Gegenwart als Einvernehmen. »Der Mensch improvisiert sich nicht.«[152] Die nationale Idee gründet sich, hier klingt Renans Formulierung ganz zeitgenössisch, auf ihr soziales Kapital. Dieses setzt sich aus all den bekannten Momenten der klassisch modernen Nation zusammen: Die Vergangenheit wird heroisch, die großen Männer erscheinen, kurz: Ruhm, bezogen aus der Vergangenheit, und Wollen, genommen aus der Gegenwart, bilden die tragenden Momente der Zukunft, auf die die Nation sich richten muß, dem »deutlich ausgesprochenen Wunsch, das gemeinsame Leben fortzusetzen«. Das »Dasein der Nation« selbst aber ist das vielzitierte »tägliche Plebiszit«, »wie das Dasein des einzelnen eine andauernde Behauptung des Lebens ist«.[153] Die Nation lebt aus der Erinnerung in der Gegenwart für die Zukunft. Die Nation irrt sich also, wie Karl W. Deutsch gesagt hat; für Renan irrt sie sich allerdings aus Prinzip über ihre Vergangenheit und ihre Herkunft; die Nation will sich in der Gegenwart und richtet sich auf die zukünftigen Projekte, die für ihn kein Endstadium bilden. Die Nation als historische, so Renan, wird verschwinden in einem Europa, das zu seiner Zeit (noch) keine Realität besaß. Als historisches ist dies ein wissenschaftliches Argument. Die Nation aber ist politische Einheit, als die sie erstmals von Sieyès formuliert und gesetzt wurde.

Der Fall Maurice Barrès: Die Nation – Friedhof und Lehrstuhl

Maurice Barrès war kein originärer Denker. Er fügte der Begründung der Nation nichts Neues hinzu, auch wenn er in Frankreich als Theoretiker des Regionalen gilt. Aber er war der einflußreichste literarische Vertreter eines ›neuen Nationalismus‹ in Frankreich, eines Nationalismus im Übergang zum 20. Jahrhundert. Sein Einfluß war groß, er war die intellektuelle Integrationsfigur des Übergangs, auf die sich praktisch alle bezogen, die am politischen und intellektuellen Leben teilnahmen und in bezug auf die alle sich

---

152 Beide Zitate ebenda, S. 308.
153 Ebenda, S. 309.

plazieren mußten.[154] Schon durch seine erste Trilogie über den »Culte du Moi« war Maurice Barrès mit 26 Jahren zu einer öffentlichen Figur geworden und beeinflußte große Teile der akademischen Jugend. Er war im doppelten Sinne ein »Prinz der Jugend«.[155] Der junge Mann stellte sich in eine Reihe mit den zeitgenössischen intellektuellen Größen Frankreichs. Er begründete selbst einen der »Erinnerungsorte« (Pierre Nora) des Nationalen, indem er den Besuch beim berühmten Schriftsteller zum Symbol der Größe und des Ruhms des Kollektivs wie seines eigenen machte. »Huit jours chez M. Renan« wird noch heute als ein Genre begründendes Meisterwerk angesehen.[156] Der imaginäre und eher respektlose Besuch wird zur sozialen Praxis der Begründung von Nachfolge und Distanz. Später wird Cocteau Barrès ›besuchen‹, andere werden ihm folgen und eine ganze Besuchsliteratur entstehen lassen. Bei aller kalkulierten Distanzierung vom Vorgänger wird eine Ahnenreihe geschaffen, der Schriftsteller wird zur nationalen Figur, zum Vertreter des Ruhms der Nation, auf den sich die anderen, die den Ruhm noch nicht erlangt haben, beziehen und von dem sie sich abgrenzen. Barrès wird, ich werde hierauf später zurückkommen, noch in anderer Form an Renan und seinen Begriff der Nation anknüpfen, um sich durch Übernahme einer Formulierung von ihm zu distanzieren. Der ersten Trilogie des Kultus des Ich folgte eine zweite mit dem alle Teile umfassenden Obertitel: »Le roman de l'énergie nationale«. Der Titel des ersten Bandes – »Les Déracinés« – ging in die Umgangssprache ein.[157] Der Titel des ersten Bandes der ersten

---

154 Für Winock ist das 20. Jahrhundert eines der Intellektuellen (siehe ders., Siècle des intellectuels). Er teilt die Geschichte der Intellektuellen Frankreichs in drei Perioden, eine jede jeweils durch eine zentrale Bezugsfigur bestimmt. Für die erste, das 19. und 20. Jahrhundert verbindend, stand, so Winock, Maurice Barrès. Er wurde von André Gide und dieser schließlich von Jean-Paul Sartre abgelöst. Eine Geschichte der Intellektuellen des 20. Jahrhunderts für Deutschland ließe sich kaum auf ähnliche Weise strukturieren.

155 Wie vergessen Barrès heute in Frankreich ist, ist umstritten. Vajda versucht in einer aktuellen Biographie, erschienen in der Reihe *Grandes Biographies* bei Flammarion (dies., Maurice Barrès), dem behaupteten Vergessen entgegenzuwirken. Alle auch noch so antisemitischen Texte würden, so die Biographin, ausgeglichen vom späten Text »Les Familles spirituelles de France«, in dem Barrès unter anderem das Lob der jüdischen Soldaten des Ersten Weltkrieges singt. (»Aus dem einfachen und einzigen Grund heraus, den jüdischen Heroismus und Patriotismus bezeugt zu haben [...], wiegt ›Les Familles spirituelles de France‹ all das philosophische und pseudohumanistische Geschwätz auf, mit dem die jüdische Frage behandelt wurde und noch behandelt wird« (ebenda, S. 26 f.). Zum »Prinz der Jugend« siehe neben vielen anderen Chiron, Barrès, le Prince de la Jeunesse.

156 Siehe Nora, La visite, S. 562.

157 »[...] die Entwurzelten«, so stellt Finkielkraut fest, »ist ein Wort der Umgangssprache geworden« (ders., Le mécontemporain, S. 62).

Trilogie sollte später selbst in Deutschland noch gebraucht werden – Carl Schmitt benutzte ihn in einer Variante: »Sous les œils des russes«.[158]

Barrès' zeitgenössischer Ruhm ist keineswegs nur durch seine literarische Arbeit zu erfassen. Er war politischer Aktivist, *militant*, Unterstützer des Generals Boulanger. 1889 wurde er zum Abgeordneten gewählt; nach einigen Wahlniederlagen war er schließlich von 1906 bis zu seinem Tod 1923 Mitglied der *Assemblée nationale*. Dennoch wurde ein antiparlamentarisches Theaterstück des Parlamentariers sogar verboten. Er war in der Dreyfus-Affäre einer der bekanntesten Anti-Dreyfusards, war Gründungsmitglied der *Ligue pour la patrie* und neben seinem Freund Déroulède deren zweiter Vorsitzender. Er beteiligte sich 1899 an Déroulèdes' eher operettenhaftem Umsturzversuch und blieb ihm freundschaftlich verbunden, organisierte und agitierte schließlich für die *Union sacrée*. Er wurde bewundert und geehrt, war Mitglied der *Académie française*. Schon früh mit Charles Maurras, dem Begründer der *Action française*, befreundet, hielt er dennoch eine, wenn man so will, unterstützende Distanz ein. Nie nur mit der Arbeit des Schriftstellers, Publizisten, Ideologen und nationalen Theoretikers zufrieden – fast täglich erschien einer seiner Artikel in teils von ihm selbst gegründeten Zeitungen –, blieb er ein politischer Aktivist, ohne sich ausschließlich an eine Organisation binden zu wollen. Vor allem Maurras' Monarchismus war ihm fremd.[159]

Mit Maurice Barrès änderte sich vieles. Beschrieb der Comte de Gobineau melancholisch die Unausweichlichkeit der Rassenmischung, glaubte er an die Überlegenheit der Arier und schließlich dennoch an deren kommenden Untergang. Ernest Renan trennte die Erkenntnisse der objektiven Wissenschaft über die anthropologischen und schließlich linguistischen Rassen scharf von der Politik, von der Freiheit und Moral des Menschen, er errichtete ein Politikverbot der für ihn dennoch als ›wahr‹ angesehenen Erkenntnis, um sie dennoch als geteilte Geschichte in seinen Begriff der Nation wieder einzufügen. Barrès löste sowohl die melancholische Perspektive der Unvermeidbarkeit des Zerfalls auf ebenso wie die Trennung von wissenschaftlicher, objektiver Erkenntnis und Politik. Er politisierte dazu das Kollektiv unmittelbar – das Kollektiv als Subjekt und das Kollektiv im Subjekt.

Betrachtet man die Vorstellungen und Konstruktionen des Maurice Barrès, so ist neben Renan ein weiterer zeitgenössischer Autor als Bezugsperson zu berücksichtigen: Hippolyte Taine mit seinen »Origines de la France con-

---

158 Carl Schmitt spielte mit dem Barrèsschen Titel, siehe ders., Zeitalter der Neutralisierungen, S. 79.

159 Barrès, der den Begriff des Nationalismus um 1890 in Frankreich wohl am stärksten propagiert, grenzt sich vom integralen Nationalismus Maurras' ab. Der moderne Nationalismus knüpft nicht mehr nur an die Konterrevolutionäre an, gerade dies ist sein moderner Aspekt.

temporaine«. Barrès läßt Taine in seinem Roman »Les Déracinés« auftreten. Taine gehörte mit Renan und Le Bon zu den einflußreichen Autoren, die eine Umformung der Rasse von einem »natürlichen« Konzept der Abstammung und der »Familien« in ein Konzept der Kultur vornahmen und das Rassenkonzept so als eine Form des Kulturalismus in den Zusammenhang der Nation, ablehnend oder zustimmend, stellten. Taine schrieb nur einige Seiten über Rassen, wie Renan zwischen einem Natur- und einem Kulturbegriff changierend, er sah den Menschen durch Rasse, Milieu und Situation determiniert. Sein Rassenbegriff überschneidet sich mit dem der Nation und wird meist synonym mit diesem benutzt. Alle drei Autoren, Renan, Taine und Le Bon, betrieben eine Kulturalisierung des Rassenbegriffs und eine Übertragung auf die Politik, das heißt: auf die Nation. Noch das Anwendungsverbot Renans bestätigt dies. Natur, Kultur und Politik werden zunächst in einen Zusammenhang gestellt. »Der moderne Rassismus, der besser ›Kulturalismus‹ genannt werden sollte, findet seinen Ursprung in den Schriften von Renan, Taine und Le Bon; er ersetzt die physische Rasse durch die linguistische, historische oder psychologische Rasse.«[160] In »Les origines de la France contemporaine« sieht Taine das Übel Frankreichs in der Konzeption des abstrakten Menschen, des Menschen an sich, der überall, unabhängig von den Bedingungen und Situationen, gleich sei. Die Zerstörung des Konkreten ist ein mit der französischen Nation als Rasse verbundenes Übel. Es ist daher als Problem unausweichlich. Aber es ist für Taine die geschichtlich entstandene Rasse als Nation, das heißt als politische Einheit, und als Geist, die die mit ihr verbundenen Vorstellungen schafft. Noch findet sich hier der Fatalismus der Rasse als ein Erbe Gobineaus, aber Taine macht einen entscheidenden Schritt – er gründet Rasse auf Geschichte und nicht auf Natur. Da die Rasse nicht von der Nation differenziert wird, gibt es bei Taine nicht die Renansche Trennung zwischen der Nation als geistigem Prinzip und der Natur, der Kultur und der tatsächlichen Geschichte von Gewalt und Differenz. Ohne daß Taine den Weg beschreiten würde, eröffnet er einen möglichen Übergang von der Rasse in eine politische Praxis. Als Nation und Geist in die Geschichte einbezogen, wird sie als veränderbar wahrgenommen. Wenn es die Geschichte ist, die die Rasse formt, dann kann man die Lebensbedingungen modifizieren und damit die Rasse verändern, auch wenn Taine schließlich melancholisch bleibt. Auf das Schicksal Frankreichs schauend, findet der Mediziner im Körper des Landes beides gemeinsam, das Konkrete und das Abstrakte.[161]

---

160 Todorov, Nous et les autres, S. 217.
161 Siehe zu Taine Todorov, Nous et les autres, S. 213–217. Eine massive Kritik formulierte Finkielkraut: »Es ist [daher] dumm, Taine unter die Vorläufer Hitlers zu rechnen, wie es Tzvetan Todorov in der guten Stimmung der sicherlich besten Absicht und mit verleumderischen Zuschreibungen macht. [...] Taine

Maurice Barrès nimmt nicht zufällig auf Renan und Taine Bezug. Denn wenn Taine den Übergang in die politische Praxis, den Renan versperren will, auch noch nicht vollzieht, so bahnt er doch schon einen Weg. Nicht »alles ändert sich mit Barrès«,[162] doch mit ihm wird eine entscheidende Veränderung sichtbar. Die junge Generation der 1890er – Barrès wurde 1862 geboren – legt die Melancholie ab, die zum Kennzeichen des sich schließenden 19. Jahrhunderts geworden war, und wird nicht nur, aber auch politisch aktiv.[163] Die Melancholie wird ersetzt durch den Rausch und schließlich durch die Aktion. Bei Barrès wird zweierlei sichtbar. Ohne daß er neue Ideen entwickeln müßte, schließt er sein Verständnis der Nation bis in die Formulierung hinein an Renan an, ändert es dennoch entscheidend und beschreitet den Weg in die Praxis, den Taine nur angedeutet hat. Mit »Huit jours chez Ernest Renan«, auch heute noch als ein Meisterwerk angesehen, ehrt Barrès den großen Intellektuellen, stellt sich mit ihm auf eine Stufe und verabschiedet ihn zugleich. Der Auftritt, den Barrès schließlich Taine in den »Déracinés« gibt, aber markiert den Übergang von der bloßen Feststellung eines Zustands zur herzustellenden Zukunft.[164] Egoistisch, auf die politische Aktion setzend, sensationssüchtig, realistisch, vital, autoritär und aktiv verlor Barrès zwar viele seiner unmittelbaren politischen Kämpfe – als boulangistischer Abgeordneter wurde er zunächst nicht wiedergewählt, auch den ideologisch und publizistisch geführten Kampf gegen Dreyfus verlor er trotz allen Engagements –, aber er beeinflußte nicht nur die Pariser Szene der Drit-

---

ist deshalb kein Rassist, weil für ihn, aus seiner medizinischen Perspektive, Frankreich und das Gegen-Frankreich eine einzige Person bilden, die Nation gemeinsam mit ihrer Krankheit einen Körper bildet« (ders., Le mécontemporain, S. 64).

162 »Alles ändert sich mit Barrès«, meint Finkielkraut, Le mécontemporain, S. 64.

163 Zur Melancholie siehe Lepenies, Melancholie und Gesellschaft. Barrès beendet eine Eloge auf die Melancholie mit den Versen: »Laßt uns glücklich sein, denn unsere Feinde sind melancholisch / wenn unsere Feinde melancholisch sind« (ders., Éloge de la mélancolie, S. 23).

164 Die ersten, später unter dem Titel »Huit jours chez M. Renan« veröffentlichten Artikel erschienen im Mai 1886 in der Zeitschrift Voltaire. In einer kleinen Revue, Les chroniques, erschien 1887 ein gefälschtes Interview mit Renan. Die Fälschung wurde zu einer kleinen Affäre (siehe das Vorwort zu: Journal de ma vie extérieure, S. 8). Ich benutze eine Ausgabe von 1913, in die zudem noch Trois station de psychothérapie und Toute licence sauf contre l'amour eingegliedert wurden. Zur Gattung der Besuchsliteratur und ihrer symbolischen Bedeutung als eines der ›Orte der Erinnerung‹ siehe Nora, La visite. »Man muß nur Schritt für Schritt der Ablösung der Generationen folgen, die von Barrès bei Renan – Huit jours chez M. Renan – zu Cocteau bei Barrès – La Noce massacrée – und schließlich zu Maurice Sachs bei Cocteau – La Décade de l'illusion – führt« (ebenda, S. 563).

ten Republik, sondern formulierte die nationalistische Doktrin um und erneuerte sie.

Barrès' Einfluß war nicht nur und auch nicht hauptsächlich literarisch. Als junges literarisches Genie gefeiert und von einer ganzen Generation bewundert, wurden seine literarischen Konzepte spätestens in der Dreyfus-Affäre politisch. Der junge, bekannte und schon berühmte Autor entschied sich nun für eine Seite. Als Eingeladener besuchte er die Degradierungszeremonie, er beschrieb sie ebenso ausführlich wie er später den Prozeß in Rennes beobachtete und kommentierte.[165] Der politische Kampf – die Beteiligung am eher dilettantischen Putschversuch des Ultranationalisten und Antisemiten Déroulède, die Polemik der Parlamentsdebatten, der Finanzskandal um den Panama-Kanal und vor allem die Affäre, anschließend der Kampf um die *Union sacrée*, deren Agitator er war und deren Inspirator er im Kampf gegen die deutschen Barbaren sein wollte – und die hochgestimmte Literatur, beides war seine Welt. Am Ende seines Lebens schließlich, er starb 1923, wollte er noch einmal seine Erfahrungen in einem literarischen Werk verdichten, von dem sich gerade die Rechte der *Action française* distanzierte.[166]

Mit Maurice Barrès beginnt die Modernisierung des Konservativismus in Frankreich, der radikale Bezug auf Gegenwart und Zukunft. Nichts wird mehr übriggelassen von der Melancholie der älteren Generation. In einem entscheidenden Moment der Entwicklung dessen, was man die ›französische Ideologie‹ nennen könnte, formuliert Maurice Barrès vor, was sich dann zwar nicht durchsetzen sollte, aber seitdem als eine realistische Position, das heißt als realisierbare Alternative vorhanden ist.[167] Vor, während und nach der Dreyfus-Affäre gibt Barrès Ton, Stil und Themen eines neuen, nationalen Konservativismus vor. Wie immer man ihn bezeichnet – als Nationalisten, Präfaschisten, Faschisten –, er hat eklektizistisch, aktivistisch, elitär und populistisch einen widersprüchlichen Einfluß ausgeübt. Allerdings ist dieser schwer zu messen, da sich der Barrèsismus nicht in einer dauerhaften Organisation niedergeschlagen hat und nicht zu einer einheitlichen Ideologie geronnen ist.[168] Seine Bedeutung für eine ganze Generation

---

165 Am 1. Dezember 1894 erscheint sein erster Zeitungsartikel zu Dreyfus in *La Cocarde* (*Dreyfus sera décoré*, in: Journal de ma vie extérieure, S. 177–178).
166 Barrès' »Un Jardin sur l'Oronte« erschien 1922.
167 Zum einhundertjährigen Jahrestag der Affäre 1994 erschienen dem Anlaß angemessen einige Bücher zur Affäre und damit zur Dritten Republik. Pierre Birnbaums erster Satz zur Einleitung seines Sammelbandes (La France de l'Affaire) lautet: »Man weiß alles über die Affäre.« Es bleibt dennoch wichtig zu verstehen, was passierte, denn die Affäre wurde nicht nur zu einem symbolischen Ereignis, sondern markiert »ebenso den Beginn einer anderen Beziehung zur Politik« (ebenda, S. 7).
168 Vgl. zu Barrès unter anderem Digeon, La crise allemande; Soucy, Fascism in France; vor allem aber die erste Arbeit des Ideengeschichtlers der französi-

junger, gebildeter und politisch interessierter Menschen aber war so maßgebend, daß noch die Trennung von ihm zum Ereignis wurde: Von André Breton und Louis Aragon inszeniert, eröffnete die Dada-Bewegung 1921 einen Schauprozeß gegen Barrès wegen »Verbrechens gegen die innere Sicherheit des menschlichen Geistes«.[169] Die Trennung vom Prinzen der Jugend fiel schwer und gelang keineswegs allen; für Louis Aragon blieb Barrès zeit seines Lebens ein Bezugspunkt.

Barrès' erste Trilogie, der »Kult des Ich«, ist eine Reisebeschreibung des jungen Philippe – stellvertretendes Ich des Autors und exemplarisches Ich auf der Suche.[170] Ziel seines Lebens ist es, »lebhafter zu empfinden und der seelischen Sterilität zu entkommen«, wie er schon 1887 in einem langen Zeitungs-

---

schen Rechten, Sternhell, Barrès; auch die schon erwähnte Arbeit Todorovs, Nous et les autres. Auf deutsch noch immer Curtius, Barrès, neuerdings eine Doktorarbeit von Syndram, Barrès und Jünger, sowie ein Aufsatz von Pütz (das ist Syndram) zum gleichen Thema. Zeitgenössisch war, wenn man so will, ein kleiner Essay von Hofmannsthal (Barrès) zur ersten Trilogie, in dem dieser Barrès als »gleichwertigen Führer« (S. 126) zur Erkenntnis des Zieles bezeichnet und ihn so neben Platon stellt.

169 Siehe hierzu die mittlerweile auch in deutscher Übersetzung vorliegenden Protokolle des Schauprozesses: Dada gegen Dada.

170 1888 erscheinen der erste Band der Trilogie des »Culte du Moi«, »Sous l'œil des barbares« und die »Huit jours chez Ernest Renan«; 1889 erscheint der zweite Band der Trilogie »Un homme libre« und 1891 »Le jardin de Bérénice«. »Im Garten der Bérénice« wird, die französische Klassik in Gestalt von Racine zitierend, zu einem Topos Frankreichs. 1892 schreibt er selbst eine Erläuterung zu den Bänden, »Examen des trois idéologies«, die in den verschiedenen Neuausgaben meist mitgedruckt wird. Vorher schon hatte er vier Bände einer Zeitschrift herausgegeben, »Les taches d'encre«. Seine zweite Trilogie, »Le Roman de l'énergie nationale«, schließt sich an: »Les Déracinés«, »L'appell au soldat«, »Leurs Figures«, schließlich schreibt er die Ostromane (»Les Bastions de l'Est: Au service de l'Allemagne«; »Colette Baudoche«; »Le Génie du Rhin«). 1902 veröffentlicht er seine »Theorie des Nationalismus«: »Scènes et doctrines du nationalisme«. Von 1965 bis 1969 erscheint eine Werkausgabe aller seiner Arbeiten; zusätzlich gibt es eine Vielzahl von Einzelausgaben und Taschenbuchausgaben. 1969 erscheint eine Neuauflage des »Culte du Moi« (Paris, Borda), 1980 eine weitere Ausgabe (Paris, Temps singulier), aus der ich zitieren werde. 1970 erscheint auch eine Neuausgabe seiner unveröffentlichten Korrespondenz, Auszüge aus seinen Tagebüchern erscheinen 1994 (»Mes Cahiers«), 2000 erscheint Sarah Vajdas Biographie. Es existiert eine ältere allgemeine Bibliographie von Alphonse Zarach, die Literaturhinweise bei Sternhell, Barrès, sind sehr ausführlich. Zusammen mit der neueren Literatur bei Vajda hat man einen ausreichenden Überblick. Auf deutsch ist immer noch auf Curtius (Geistige Grundlagen des französischen Nationalismus) zu verweisen, klassisch bleibt Bendas »Verrat der Intellektuellen«. Die wichtigste Einzelstudie zu Barrès bleibt Sternhells Barrès et le nationalisme français, gleichzeitig (1972) erschien

artikel über die »kosmopolitische Gesellschaft« schreibt.[171] Das Ich ist die einzige Möglichkeit, der Dekadenz zu entkommen. Die Barbaren, das sind zunächst alle anderen, umgeben und gefährden das schwache Ich, das stark sein will. Sie sind das Nicht-Ich, welches das Ich bedroht. Erst das einsame Ich – von den anderen getrennt, gereinigt – erfährt, daß es Gott sein will.

Jeder erfindet seine Legende. Im ersten Teil der Trilogie – »Unter den Augen der Barbaren« – schildert Barrès einen Wandlungsprozeß. Allein im abgedunkelten Zimmer, erfährt Philippe die Resurrektion seiner Seele als Lösung von allen Systemen, Ideologien, Theorien, als eine Hinwendung zur Unmittelbarkeit der Ideen, Assoziationen und Gedanken. »Alle Ideen dringen ein.« Der leidende, isolierte Philippe erfährt ekstatisch die Realität, die von Barrès immer wieder beanspruchte Wirklichkeit, als die seiner Ideen: Seine eigenen Gedanken werden als »Wirbeln des Denkens«, als »profunde Masse des Denkens« zum materialisierten Ausgangspunkt seines nun endlich als realistisch verstandenen Seins. Das große Ich wird in einer Szene geboren, die anfangs voller Angst und am Schluß voll erschauernder Freude ist: »Ich bin alle Vorstellungen und bin Prinz des Universums, das ich durch drei zusammenhängende Gedanken hervorrufen kann.«[172] Die überflutete Seele formt das Universum und ermöglicht es dem Ich, »wieder Gott zu werden«.

Am Ende des zweiten Bandes der Trilogie – »Un homme libre« – kommt Barrès auf die entscheidende Stelle seiner Konstruktion der Herstellung von Ich und Wir zurück: »In den Intrigen von Paris habe ich mich am Abend mittels Fichtes verwirrendem Rausch und Spinozas etwas trockenem Hochmut selbst befreit.«[173] Das Ich findet sich im Prozeß seiner Auflösung, die *sentiments* werden direkt, die Mechanismen des Kopfes werden ersetzt durch den Rausch, die Fülle, die Glut; Seele und Universum verschmelzen. Es sind nicht mehr einfach die Ideen, sondern der »Wunsch nach Ideen« oder auch die »émotions de comprendre«, die ihn erfassen.[174] Das Ich fühlt, daß es existiert, da es Schöpfer seiner selbst und der Welt ist: Es ist Gott, Prinzip und Universalität der Dinge, es ist die »Idee der Ideen«.

Diese absolute und rauschhafte Ich-Konstruktion, die an Fichtes absolutes und tätiges Ich anschließt und den Verweis auf Fichte selbst herstellt, will alles harmonisieren und assimilieren, »alles umarmen«.[175] Nichts und niemand darf sich dem widersetzen. Das Ich und die Welt sind im Ich zur Dek-

---

in englischer Sprache Soucy, Fascisme in France. Todorov geht in Nous et les autres auf Barrès ein, Birnbaum in La France au français, um einige zu nennen.

171 Den Hinweis auf den frühen Artikel findet man bei Sternhell, Barrès. Einen späteren Artikel zum Thema in Barrès, Journal de ma vie exterieure, S. 82–86.

172 Die beiden Zitate aus Sous l'œil des barbares, S. 134.

173 Barrès, Un homme libre, S. 241.

174 Barrès, Sous l'œil, S. 135.

175 Ebenda, S. 136. Fichte bleibt für Barrès ein wiederkehrender Bezugspunkt. Ende 1897 schreibt er in sein Tagebuch: »Ich wurde 1862 geboren und Fichte

kung gebracht. Die untergründige Angst, welche die Entdifferenzierung begleitet, ist die Angst vor der Differenz. In der Einsamkeit des alles ermöglichenden und daher abstrakten Rausches wird alles eins; so wird die Beherrschung des Selbst möglich, um die es Maurice Barrès geht. »Der äußeren Welt entfremdet, ja selbst meiner Vergangenheit und meinen Instinkten fremd geworden, ausschließlich die selbstgewählten raschen Gefühle anerkennend: ein wirklich freier Mann.«[176]

Das abstrakte Ich der absoluten Herrschaft über sich selbst ist aber ständig gefährdet, denn gleichzeitig braucht es die Anderen. Nur die Erfahrung ist es, nur das Erlebnis, die Realität, das wahre Leben, die das Ich existieren lassen. Den Barbaren, dem Nicht-Ich, steht nicht das kultivierte Ich gegenüber, das getrennt von der Realität lebt, sondern das Ich der Leidenschaften und Passionen mit dem Wunsch nach Anerkennung. In »Un homme libre« kehrt Philippe, Barrès' Alter ego, auf der Suche nach der Stabilität seines Ich nach Lothringen zurück. Trotz der Verachtung der Massen findet der Bohemien seine kollektive Seele: Es ist das Ich, das all die vielen Gefühle, die seine Vorfahren erlebt und erfahren haben, sammeln und zum Ausdruck bringen kann. Ich und Wir verschmelzen, läßt man dem Geist nur seinen Lauf. Ich und Wir leben »umzingelt von Fremden, die sie ängstigen, unter den Augen von Barbaren«.[177] Beide müssen um ihre Identität kämpfen. »Wenn ich die gleiche Energie, die gleiche Beharrlichkeit gegen Fremde, gegen die Barbaren aufbringe wie sie [die Lothringer, U. B.], werde ich ein freier Mann.«[178] Der zentrale Wunsch des ständig gefährdeten Ich ist nicht der Wunsch nach Freiheit – konstruiert als selbständige Realisierung des Vorbestimmten, denn noch die Vorbestimmung ist ein Produkt des absoluten Ich (»Frei unterwerfen wir uns dem, zu dem wir geboren sind«[179]) –, sondern der Wunsch nach Ewigkeit. Das bedrohte Ich sichert sich im beschädigten Wir: Gemeinsam suchen sie ihre Chance.

Das Wir unterliegt den gleichen Gefahren wie das Ich. Es ist durch Fremde an seiner Verwirklichung gehindert. Die Heilung kann nur in der Befreiung liegen, in einem Zusammenschluß des selbsterweckten Ich und des gefundenen Wir, das durch dieses Ich seine Sprache findet. Wenn das Ich

---

1762; es wäre mir recht wie er 1814 zu sterben, nach dem ich ein 1813 erlebt habe [...] Ich vermute nicht, daß seine Theorie des Ich ein soziales Werk verhinderte« (ders., Mes Cahiers, S. 101). 1919 kommt er nochmals auf Fichte zurück: »Was haben mir Fichte, Hegel und unmittelbarer Goethe gegeben? Von der Pflicht zu reden? Nein. Ich muß das Ich befreien und entwickeln. Die Nation hat sich am Recht auszurichten? Nein, sie muß ihr Schicksal, ihre Mission herausarbeiten und erfüllen« (ebenda, S. 820).

176 Barrès, Un homme libre, S. 235.
177 Ebenda, S. 108.
178 Ebenda, S. 124.
179 Barrès, Mes Cahiers, Bd. 3, S. 284.

wirklich fühlt, von Systemen und Ideologien befreit seinem Instinkt folgt, bemerkt es seinen fragmentarischen Charakter: »So perfekt man sich die einzelnen auch vorstellt, sind sie doch nur Teil des vollständigeren Systems der Rasse, welche selbst Teil Gottes ist.«[180]

Barrès formuliert den Kern eines individualistischen und dennoch substantialistischen Nationalismus: Das nationale Kollektiv ist keine Frage der Masse – diese stellt ein Problem politischer Organisation dar, folgt man den zeitgenössischen Massentheoretikern –, auch keine Frage der Geschichte – diese ist eine auf die Zukunft antwortende Konstruktion: »Le passé répond de l'avenir« –, sondern ein in jedem Einzelnen gleichermaßen vorhandenes Prinzip. Daher ist der exemplarische Weg zum Kollektiv, den er beschreibt, als eine seelische Reinigung konstruiert. Das reine Ich bemerkt, daß es nicht nur im Wir, sondern das Wir auch in ihm existiert. Exakt dies ist der Kern einer substantialistischen Gemeinschaftskonstruktion. Der ›freie Mann‹, könnte man sagen, ist das Kollektiv, indem er es schafft. Dies ist der konstruktivistisch-aktivistische Kern einer solchen Auffassung. Der freie Mann als das wahre Ich kann das Wir schaffen, weil er es ist. Barrès drückt dies ganz explizit aus: »Der Gott, den ich konstruiere.«[181] Konstruktivismus und Substantialismus widersprechen sich in dieser Variante des modernen, auf die Zukunft zielenden Nationalismus nicht, sie ergänzen sich. Modern ist dieser Nationalismus, weil er sich dessen bewußt ist, etwas zustande zu bringen, das es ohne ihn nicht gäbe. In Barrès' Sprache: Es ist die »chose à faire«, nicht die »chose faite«, die ihn interessiert. Mit dem Thema der Nation und des Kollektivs erobert er sich die Zukunft.

Nun ist die Hinwendung zum Ich in der Neuzeit nichts Besonderes. Im Gegenteil: Das moderne Denken läßt sich »als ein Denken aus der Einheit des Subjekts charakterisieren«.[182] Das Ich wurde in den Veränderungen der Wissens-, Sinn- und Lebensstrukturen gleichsam zum Rückzugspunkt und zur Quelle der Sicherheit. Norbert Elias hat dies aus soziologischer Perspektive beobachtet. Im Denken des Menschen über sich selbst werde »das geozentrische Weltbild weitgehend in einem egozentrischen aufgehoben. Im Mittelpunkt des Universums, so erschien es von nun an, steht jeder einzelne Mensch für sich als ein von allen anderen letztes Endes völlig unabhängiges Individuum.«[183] Auf die Ungewißheit, den Verlust von Bindungen und Deutungen mit Versuchen der Selbstsicherung und der Selbstvergewisserung zu antworten, scheint wenig überraschend. Barrès trennte nicht das reine vom empirischen Ich, wie Fichte es getan hatte, sondern fand im empirischen Ich das gereinigte, also das allgemeine Ich. Dieses war nicht mehr das Ich der

---

180 Barrès, Un homme libre, S. 202.
181 Ebenda, S. 165.
182 Frank, Neostrukturalismus, S. 248.
183 Elias, Prozeß der Zivilisation I, S. LIII.

Vernunft, sondern das Wir im Ich. In Barrès' Konstruktion ist es nicht mehr das Leiden an der fragmentarischen Moderne, das die Gemeinschaft oder das Wir suchen macht und es schließlich finden läßt. Daher handelt es sich bei ihm auch nicht um einen Konservativismus, der sich zurücksehnt in eine Welt, die noch Sinn machte, die man einordnen konnte, weil sie geordnet war, sondern um eine streng moderne Konstruktion des freien Ich, das als solches nur ist, wenn es nicht nur ein Wir hat, sondern ein Wir ist. Nicht einer verlorenen Gemeinschaft wird nachgetrauert; das Wir, schließlich das Wir der Nation und der Nation als Rasse, setzt sich und realisiert sich nach vorne, in die Zukunft. Das freie Ich versichert sich nicht des Wir, es ist das Wir. Das sich im Rausch findende Ich/Wir glaubt nicht, es weiß.[184]

Die erste Trilogie enthält bereits in nuce die – zunächst literarische – Modernisierung des Konservativismus in Frankreich, der sich das Thema der Revolution aneignet und es umformuliert: vom Bezug auf die Institutionen des Republikanismus auf die Ewigkeit der *sentiments*, bis er schließlich mit seiner Zukunftswendung kein Konservativismus mehr ist. Der nationalistische Nationalismus, der sich als Bewegung des politischen Katholizismus der *Action française* konstituierte, formiert sich mit Maurice Barrès gegen die Republik. Unter Einbeziehung der Revolution als ›energetisches Ereignis‹ unterläuft Barrès gleichzeitig die französische Gleichsetzung von Republik und Nation, bezieht sich auf die Zukunft – und gerät in Konflikt mit der *Action française*. Mit Barrès bekommt die französische Rechte die Möglichkeit, die Revolution als ein historisches Ereignis, ja als Beispiel für die Größe Frankreichs in ihr Denken einzubeziehen und nicht mehr nur restaurativ auf die vorrevolutionäre Zeit zu verweisen. Diese ›antirepublikanische‹ Versöhnung mit der Revolution bot noch nach 1945 die Möglichkeit, an Maurice Barrès anzuknüpfen.

Maurice Barrès' literarisches und politisches Leben lassen sich nicht voneinander trennen. Der ›individualistische Nationalismus‹ ist in der literarisierten Ich-Erfahrung der Trilogie des »Culte du Moi« angelegt. »Im Garten der Bérénice«, dem dritten Band der Kultus-des-Ich-Trilogie, werden Natur und Instinkt zu den wahren Erkenntnismitteln, die das große, aber schwache Ich nicht nur zum Wir führen, sondern es das Wir in sich selbst entdecken lassen, also Ich und Wir endlich zur Deckung bringen. Die junge Generation, deren Prototyp Barrès war, entdeckt das Wir in sich selbst und kann ihre exaltierte Ich-Erfahrung und -Bezogenheit mit einem ebenso überbe-

---

184 1897 schreibt Barrès in seine Tagebücher: »Führt die Vernunft zur Wahrheit? Und was ist die Wahrheit? Sie ist eine Sichtweise, auf die sich die Menschen einigen. Sie ist nichts als ein konsentiertes Einverständniß. Wir können nichts wahrnehmen [enregistrer] als unsere Gefühle. Eine Wahrheit ist wahr, wenn man sie wahr glaubt« (Barrès, Mes Cahiers, S. 77). Die relative Wahrheit verliert dennoch nichts von ihrem Absolutheitsanspruch.

tonten Wir zur Deckung bringen, indem der Unterschied zwischen beiden eingeebnet wird. Das Ich ist das Wir, sie sind unmittelbar miteinander verbunden. Dieses Ich/Wir kann die Melancholie überwinden und die Grenze verlagern. So bewundernswert die Welt des Nicht-Wir/Nicht-Ich auch war, die Barrès auf seinen Reisen – zum Beispiel in Venedig – fand, so wenig konnte er diese Welt schließlich verstehen und war auf sein Ich/Wir zurückgeworfen. Es gibt, so die Schlußfolgerung, keine Übersetzung, man ist, so die berühmt gewordene Formulierung, an seine Erde und seine Toten gebunden. Dieses Bild steht für Natur und Geschichte beziehungsweise für Geographie und Erinnerung.

Barrès ist nicht nur ein Schriftsteller, der den Übergang vom 19. ins 20. Jahrhundert markiert. Die hochgestimmte Literatur des Ich/Wir allein konnte die Melancholie und das beschriebene Politikverbot Renans nicht überwinden. Barrès ist von Beginn an nicht nur Schriftsteller, sondern Journalist, politischer Kommentator und boulangistischer Aktivist, der noch den Nationalismus des Generals als traditionell kritisieren und überwinden wollte. In seinem Wahlkampf vor der Abgeordnetenwahl in Nancy verbindet er die Themen des Nationalen und der Zugehörigkeit beziehungsweise Nichtzugehörigkeit unter den Überschriften von Sozialismus und Antisemitismus. Die Arbeiterschaft muß zur einheitlichen Nation gehören, sie ist an Natur und Erinnerung, die auf die Zukunft antwortet, gebunden. Die abstrakten Prinzipien des ungebundenen Kapitals und der Menschenrechte sind die Kennzeichen der »Entwurzelten«, die der »Energie des Nationalen« entgegenstehen. In »Leurs affaires«, dem dritten Band des »Romans der nationalen Energie«, in dem die Lebensgeschichten sieben junger Leute erzählt werden, die vom fremden Denken eines kantianischen Philosophielehrers vergiftet werden, der schließlich als Minister in die Panama-Affäre verwikkelt ist, verknüpfen sich Literatur und Politik: Die Literatur wird endgültig Programmliteratur. Das Fremde führt, wie schon dargestellt, zur Entwurzelung und treibt das Ich, das das Wir verloren hat, in den Tod, in den Selbstmord.[185] Die Frage der Identität von Ich und Wir wird zu einer Frage von Leben und Tod stilisiert, zu einer existentiellen Frage gemacht. Einheit wird zu einer Frage des Lebens und Überlebens.

In der Mitte des Jahres 1894 beginnt das Verfahren gegen Dreyfus. Ende September wird Dreyfus unter Arrest gestellt, vom 19. bis 22. Dezember wird ihm vor dem *Conseil de guerre* in Paris der Prozeß gemacht, in dem er des Verrats für schuldig befunden wird. Im Dezember 1894 veröffentlicht Barrès seinen ersten Artikel zur Affäre: *Dreyfus sera décoré*.[186] Am 5. Januar

---

185 Der Selbstmord ist ein Thema, auf das ich bei der Darstellung Durkheims zurückkommen werde.

186 Der Artikel erscheint am 1. Dezember 1894 in *La Cocarde*, abgedruckt in: Vie extérieure, S. 177–178.

findet die Degradationszeremonie statt, zu der Barrès geladen ist und die er in einem ausführlichen Artikel beschreibt.[187] Seine Stellungnahme kann, aus der Retrospektive gelesen, kaum verwundern, zu sehr ist sie mit den Themen seines Werkes verbunden. Sie tut es zeitgenössisch dennoch. Schon 1893 hatte Barrès eine kleine Broschüre mit dem Titel »Gegen die Fremden« publiziert, die er schließlich in seine bekannte theoretisch-ideologische Schrift »Scènes et doctrines du nationalisme«, die seine Reaktion auf die Dreyfus-Affäre ist, aufnimmt.[188] Es handelt sich um einen alarmistischen Text, in dem die Bedrohung durch eine Welle, die von außen über das Wir hereinbricht, ausgemalt wird. Barrès beklagt »die Höhe der Welle, die sich uns nähert, um unsere Rasse zu überrollen«.[189] Die Fremden vergiften das Eigene wie Parasiten.[190] Auch heute noch klassische Thematisierungen werden benutzt. Jene Fremden, die der Öffentlichkeit zur Last fallen, so Barrès, sollten ausgewiesen werden, diejenigen, die dennoch bleiben, müßten daran gehindert werden, sich einzubürgern, diejenigen, denen das gelingt, dürften nicht die gleichen Rechte wie die Bürger erhalten. Das Thema der Nation ist eines der Ungleichheit für die Anderen und der Gleichheit für die Zugehörigen. Daher kann sich der Nationalismus mit dem Sozialismus verbinden. Ohne nationalistische Ideologisierung handelt es sich um Mitgliederschutz, das heißt um eine Entscheidung zur Privilegierung der Zugehörigen. Barrès spielt auf die Zeit der Revolution und auf den Erlaß der ersten Ausländergesetze an, die die Ausländer verpflichteten, ein Armband mit der Aufschrift *Hospitalité* und mit dem Namen ihrer Herkunftsnation zu tragen: »Das gastfreundliche Frankreich, das ist ein schönes Wort, aber kümmern wir uns zuerst um die Unsrigen.«[191] Ausgrenzung und Markierung der Fremden reichten ihm nicht aus, es ging um das ›zuerst die Unseren‹.

Die Juden sind keine Fremden wie die Italiener. Ihr Status wird existentialisiert, sie werden zu existentiellen Fremden gemacht, da ihr Fremdsein an ihnen haftet und kein vorübergehender Status ist. Wo sie auch sind, sie bleiben Kosmopoliten, das heißt, sie sind nicht nur nicht bei sich, sondern sie haben keinen Ort, kein Vaterland. In der Barrèsschen Konzeption sind sie daher substantiell *nichts*. »Die Juden haben kein Vaterland in dem Sinne, wie wir dies verstehen. Für uns ist das Vaterland der Boden und unsere Vor-

---

187 Barrès, *La parade de Judas*, in: Vie extérieure, S. 179–181.
188 Die »Scènes et doctrines« sind, wie spätere Bände auch, im Prinzip eine Sammlung von zuvor veröffentlichten (Zeitungs-)Artikeln. Dies gilt auch für Barrès' »Chronique de la Guerre«, eine interpretativ noch immer ungehobene Sammlung von Artikeln zum Ersten Weltkrieg.
189 Barrès, Scènes, S. 189.
190 Ebenda, S. 161.
191 Ebenda, S. 188 (da es französisch nicht besser ist, aber schöner klingt: »La France hospitalitère, c'est un beau mot, mais hospitalisons d'abord les nôtres«).

fahren, es ist die Erde unserer Toten. Für sie ist es der Ort, an dem sie ihre größten Gewinne verwirklichen können.«[192] Der den Juden in der Moderne zugewiesene Ort ist der unbegrenzte der Börse, der für Barrès gar kein Ort ist. Die spezifische Ortlosigkeit der Börse überträgt Barrès auf das Verhältnis der Juden zur Nation. Sie haben nicht teil an Ort und Geschichte, sie haben nur ein Gewinnverhältnis zur Nation, die ihnen schließlich die Emanzipation brachte. Sie sind die Gewinner der Nationalisierung und können mit der Nation nicht anders verbunden sein als durch ebendiesen Gewinn, da es weder ihre Toten sind noch ihre Erde ist, in der diese begraben sind. Sie gehören nicht zur Natur und nicht zur Geschichte der Nation – keiner Nation –, nicht zu ihrer Landschaft, nicht zu ihrer Erinnerung und damit nicht zu ihrer Zukunft.

Das spezifische Konzept der Nation als das zur Deckung gebrachte Ich/Wir bestimmt die Stellung Barrès' zu den Fremden und den Juden. Barrès akzeptierte, anders als die klassischen konservativen Kritiker der Revolution, diese als Ereignis samt ihrer universalistischen Begründung. Seine Konzeption des Ich/Wir ermöglichte, die Menschenrechte zu kollektivieren. Die Deklaration der Menschen- und Bürgerrechte wurde von den Menschen auf das Volk übertragen, die Revolution hatte für ihn »das Prinzip des Rechts der Völker, sich selbst zu regieren, gesetzt«.[193] Es ist das Recht auf kollektive Selbstbestimmung, das durch die Gleichsetzung von Ich und Wir als Menschenrecht begründet wird, ein sich auf ein wie immer definiertes Volk beziehendes Recht, ein letztlich ›völkisches‹ Menschenrecht. Die Kollektive bestimmen sich durch Differenzierung von den anderen Nationen und von den anderen, die keine Nation bilden. Die Fremden sollen dort bleiben, wo sie sind, oder dorthin zurückkehren, wo sie waren. Die Juden aber sind ein Problem besonderer Art, die mit der Nation nicht durch Bindungen, sondern durch Interessen verbunden sind – und sei es auch nur durch das Interesse an ihrer Emanzipation –, die keinen eigenen Ort haben und sich daher ›nur‹ auf die Welt beziehen können. Die Nation ist nicht mehr die politische Organisationsform von Gleichen, die durch einen rechtlichen Akt konstituiert wird, sich als solche anerkennen und einen gemeinsamen Willen haben, den sie dann wiederum – wie in Renans Konzeption – mit einer gemeinsamen Geschichte verbinden können, sondern sie wird in der Form politischer Selbstbestimmung als Selbstregierung eines natürlichen und geschichtlichen Volkes vorgestellt. »La terre et les morts«, die berühmte Barrèssche Formel,

---

192 Ebenda, Bd. I, S. 67. (Da es sich um eine der berühmten »Die-Erde-und-die-Toten-Stelle« handelt, auch hier das Original: »Les juifs non pas de patrie au sens où nous entendons. Pour nous, la patrie, c'est le sol et les ancêtres, c'est la terre de nos morts. Pour eux, c'est l'endroit où ils trouvent leur plus grand intérêt.«)

193 Ebenda, Bd. II, S. 53.

fließen dabei wie Ich und Wir ineinander. Die Nation wird zu »la terre des morts«, dem Boden der Toten, wo Natur und Geschichte eine undifferenzierte Einheit bilden. Der Mensch der Menschenrechte selbst wird kollektiviert. Er ist Mensch, da er zu einer Gruppe gehört, da das Ich und das Wir ineinandergeschmolzen sind. Nicht der Partikularismus wird universalistisch begründet, sondern von der anderen Seite her wird der Universalismus partikularisiert. Man trifft sich am gleichen Ort, der kollektivierten, das heißt naturalisierten und historisierten, auf die Zukunft gerichteten Nation.[194]

Fichte entwarf einen in seiner Theorie der Entwicklung begründeten Antisemitismus, den man als einen frühen ›Antisemitismus der Vernunft‹ bezeichnen könnte, einen Antisemitismus, der nicht auf persönliche Vorurteile abzielte und im Einzelfall, so zum Beispiel in seiner Funktion als Rektor der Universität, ein engagiertes Eintreten für einen Juden erlaubte. Der Antisemitismus bei Barrès ist unmittelbar auf die Einigung der Nation bezogen, das heißt, es handelt sich um einen politischen Antisemitismus zur Organisation und Integration der Gesellschaft. An General Boulanger kritisiert Barrès, diese Funktion des Antisemitismus nicht erkannt zu haben. Jahre vor der Dreyfus-Affäre ist seine antijüdische und antisemitische Haltung eindeutig ausgeprägt. Barrès will den klerikalen Antisemitismus überwinden und betont den republikanischen Charakter seines Antisemitismus. »Für Barrès ist der Antisemitismus ein politisches Konzept und nicht nur ein einfacher Judenhaß, er hat eine Funktion bezogen auf den Sozialismus zu erfüllen: es handelt sich um ein fortschrittliches Konzept, das als Plattform für eine Massenbewegung dienen soll und nicht einer klerikalen Reaktion.«[195] Barrès richtet sich an Republikaner und Demokraten, er will die Massen erreichen. Antiparlamentarismus, nationaler Sozialismus und Antisemitismus sind die drei Pfeiler seines politischen Denkens.

In der Dreyfus-Affäre, eine Situation, in der man Position beziehen mußte, verhielt Barrès sich eindeutig. Er, der bewunderte Literat einer ganzen Generation, der »Prinz der Jugend«, der das unabhängige Ich im unabhängigen Wir feierte und gerade dadurch zum Vorbild aller wurde, wurde nun zum Katalysator.[196] Waren Instinkt, Rausch und Gefühl zum Medium der Erkenntnis geworden und an die Stelle der Rationalität getreten, so wurden diese Kriterien nun zum Unterscheidungsmerkmal zwischen den Dreyfu-

---

194 Etienne Balibar hat noch den Rassismus als eine Spielart des Universalismus interpretiert (ders., Der Rassismus, noch ein Universalismus).
195 Sternhell, Barrès, S. 231.
196 Curtius' (Barrès) Analyse des Barrèsschen Denkens klammert die Dreyfus-Affäre zu stark aus. Für ihn ist es nicht der Antisemitismus, nicht die Konstruktion eines absoluten inneren Feindes, sondern die kindliche Erfahrung der Besatzung und der Niederlage, die den Barrèsschen Nationalismus und seine schließliche ›Deutschen-Feindlichkeit‹ erklären. Sternhell weist in seiner Bar-

sards als ›Intellektuellen‹ und den ›Anti-Dreyfusards‹ stilisiert. Um die Differenzierungsregeln entspann sich ein Kampf. Zum einen wurde die Nation als gefährdet angesehen, weil »Fremde« als Funktionäre in ihrem Innersten, der Armee, arbeiteten – und daher kam es, wie Barrès exemplarisch und in dieser Klarheit erstmalig argumentierte, gar nicht auf die Wahrheit der Anschuldigungen, sondern auf eine Verurteilung unabhängig von der Schuld der Angeklagten an –, zum anderen war die Nation gerade deshalb gefährdet, weil die Institutionen den unschuldigen Angeklagten nicht schützten oder schützen konnten.

Doch nicht Barrès hat das große Erfolgsbuch des Antisemitismus in Frankreich geschrieben. Den zweifelhaften Ruf, dies getan zu haben, erwarb sich Edouard Drumont mit »La France Juive« und auch mit seiner Zeitung La libre parole. Drumont war, wie groß sein Erfolg auch zunächst war und am Ende der zwanziger und zu Beginn der dreißiger Jahre erneut werden sollte, ein ›bloßer‹ Antisemit, Barrès hingegen war der »Dichtervater, unter dessen Zitat alle den Kultus des eigenen Ich gestellt hatten«.[197] Seine Position irritierte, und der junge Léon Blum besuchte den berühmten Schriftsteller sogar, um doch noch seine Unterschrift unter ein Memorandum der Dreyfusards zu bekommen. Jules Renard zitiert später einen Satz Léon Blums: »Angesichts der derzeitigen Einstellung von Barrès wird einem bange, wieder zu lesen, was er geschrieben hat. Es kann unmöglich so gut sein, wie wir geglaubt haben. Wir müssen uns getäuscht haben.«[198]

Man hatte sich getäuscht, und einige täuschten sich noch für eine gewisse Zeit zumindest über die Bedeutung des Barrès zugeschriebenen ›individualistischen Anarchismus‹. Viele aber standen auf seiner Seite. Die Dreyfus-Affäre war nicht nur die Geburtsstunde der Intellektuellen, die sich in einer in der Revue blanche abgedruckten »Protestation«, die später meist als Manifest der Intellektuellen bezeichnet wurde, entweder als Schriftsteller oder als Mitglieder akademischer Institutionen unter Nennung ihres Titels, ihrer Funktion und ihrer Institution an die Öffentlichkeit wandten, sondern eine Spaltung des Feldes der Intellektuellen.[199] Jede Rolle, die Barrès spielte, die des Erfolgsschriftstellers, des Publizisten und politischen Aktivisten, war

---

rès-Studie darauf hin, daß die Niederlage in den frühen Arbeiten von Barrès keine Rolle spielt. Er sei zu sehr damit beschäftigt gewesen, sich von Symbolismus und Naturalismus abzusetzen und sich selbst zu kreieren. Das Ich wie das Wir brauchen Feinde, um sich selbst schaffen zu können. Die Deutschen sind hierfür ebenso willkommene äußere Feinde wie die Juden für den inneren Feind stehen.

197 Ory, Présentation, S. 20.
198 Ebenda, S. 21.
199 Siehe hierzu Charle, Naissance des »intellectuels«. Die spätere Übernahme des Kampfbegriffs als positiven Begriff für sich öffentlich einsetzende Schriftstel-

geradezu paradigmatisch für eine auf Öffentlichkeit zielende und mit ihr verbundene Strategie, die sowohl den Intellektuellen als einflußreiche und fordernde Figur der Öffentlichkeit als auch die Öffentlichkeit selbst in ebendiesem Prozeß der Inszenierung/Selbstinszenierung schuf. Mit dem Streit um die Intellektuellen und der Intellektuellen veränderte die Affäre die Politik.

Im Rückblick erscheint die Überraschung einiger ehemaliger Freunde und Bewunderer über Barrès' Position während der Dreyfus-Affäre schwer verständlich. Sie ist ein Hinweis auf geteilte Vorstellungen und Perspektiven. Diese betreffen auch einen Begriff der Nation als Gemeinschaft und weisen darauf hin, zumindest eine gewisse Portion Antisemitismus nicht als problematisch empfunden zu haben. Denn noch während Barrès am zweiten Band seiner Trilogie des Kultus des Ich, »Un homme libre«, arbeitete, in dem er auch sein politisches Engagement für Genertal Boulanger zu erklären versuchte (1889), führte er nicht nur einen boulangistischen Wahlkampf in Nancy, sondern gründete eine Zeitung, *Le Courrier de l'Est*, die auf lokaler Ebene die gleiche Funktion erfüllte wie Drumonts Zeitung *La libre parole* auf nationaler. Augenscheinlich wurde Barrès dieses Engagement, das sich nach den verlorenen Wahlen noch verstärkte, nicht vorgeworfen. Die Juden wurden in dieser Zeitung für den sozialen Niedergang verantwortlich gemacht, dienten dazu, Antikapitalismus und Nationalismus zu versöhnen und eine Integration der Arbeiterschaft zu fordern, deren Elend mit der ökonomischen Rezession und den Finanzschwierigkeiten erklärt werden konnte. Der sozial begründete Antisemitismus diente unmittelbar der Existentialisierung des Kollektivs der Nation. Auch für die beunruhigende Zunahme der Selbstmorde, die Barrès mit dem zunehmenden Elend erklärt, macht er die über Deutschland eingewanderten Juden verant-

---

ler, Gelehrte und Professoren transportiert die Spaltung des Feldes, die selbst zur sozialen Struktur und Wirkungsmöglichkeit der Schriftsteller, Gelehrten und Publizisten gehört. Weder mit Kritik noch mit Kampf und Polemik hatte Barrès irgendeine Schwierigkeit, sie gehörten für ihn zur Auseinandersetzung unverzichtbar dazu. Er gehörte 1894 sogar selbst zu den Unterzeichnern einer »protestation pour Jean Grave«. Grave, Anarchist, war Herausgeber einer Zeitschrift mit dem Titel *Die Revolte*. Er druckte darin Texte von Schriftstellern ab, ohne die Rechte daran erworben zu haben. 1893 erschien sein Buch »La société mourante et l'anarchie«, eine zweite, billige Ausgabe sollte 1894 folgen, wurde verboten, und es kam zu einem Prozeß. Die aufgeregte Reaktion der Regierung stand im Zusammenhang mit anarchistischen Attentaten und traf auch Barrès, dessen polemisch-antiparlamentarisches Stück »Une journée parlementaire« in diesem Zusammenhang ebenfalls verboten wurde. Das Feld, wie es Charle in bourdieuscher Diktion schreibt, hatte sich noch nicht getrennt. Dies geschah vier Jahre später. Siehe zur näheren Darstellung des Falles Jean Grave Charle, Naissance des »intellectuels«, S. 126–133.

wortlich. Wenn man »heute in Frankreich buchstäblich Hungers stirbt«, dann liege dies »an der schnellen Absorption des nationalen Kapitals durch die gleichen Ausbeuter«.[200] Die Juden sind für Elend und Tod verantwortlich und natürlich auch für die Wahlniederlage Boulangers, die die verbale Gewalt noch steigern sollte. Wo es um Niederlage und Tod geht, da muß eine Lösung gefunden werden, die rasch, einfach und wirksam ist. »Schlag ohne zu zögern zu und vernichte das Ungeziefer, das dich zerfrißt«,[201] schreibt ein unbekannter Autor (l'Anti-Youtre) in Barrès' Zeitung – und das war keineswegs ein einzelner »Ausrutscher«. Denn es geht um den ›Staat im Staate‹, die unsichtbare Herrschaft einer Gruppe als Rasse. »[...] die semitische Rasse« könne, »wenn sie weiterhin die gallische Rasse bekämpft, des einen oder anderen Tages in schrecklichen Unruhen untergehen«.[202] Die Drohung ist unmißverständlich, die der Literat in seiner Zeitung schreiben läßt, die »zarte, leidende Seele eines großen Poeten«, aus der »die Lehre des Nationalismus geboren« sein sollte, ist nicht zu entdekken.[203] Der Rausch des Ich scheint vielmehr unmittelbar in den abgrenzenden Haß des Wir überzugehen. Barrès wird dies in einem Beitrag im *Figaro* mit dem Titel *Die antijüdische Lösung* selbst formulieren, in »einem Text, der schon zur Ideologie der extremen Rechten des 20. Jahrhunderts zu gehören scheint«.[204]

»Es ist der Haß, der einfache Haß, den man zunächst in dieser antijüdischen Lösung sieht [...]. Der Haß ist eines der kraftvollsten Gefühle, den unsere Zivilisation, unsere großen Städte produzieren. Unsere gewaltigen Gegensätze zwischen dem größten Luxus und dem Elend schaffen und verstärken ihn von Stunde zu Stunde: er wird den Parteien, die ihn nutzen wollen, niemals fehlen. [...] Hören Sie die Masse, die auf den Versammlungen schreit: ›Nieder mit den Juden‹, was man verstehen muß als ›Nieder mit den sozialen Ungleichheiten‹. [...] Der Staatssozialismus ist das unverzichtbare Korrektiv der antijüdischen Lösung [...]. Der Staatssozialismus ist unsere ganze Hoffnung. Ein auf seiner Position bestätigter Führer, eine starke Macht könnte ihren Willen durchsetzen, könnte die Mauern für die Benachteiligten öffnen.«[205]

---

200 Die Zitate stammen aus einem Artikel aus dem *Courrier de l'est*, *Les Pères de 89* vom 10. August 1890, zit. nach Sternhell, Barrès, S. 234.
201 Ebenda.
202 Unbekannter Autor, *Le Courrier de l'Est* vom 26. Januar 1890, zit. nach Sternhell, Barrès, S. 236.
203 Lion, *Betrachtungen*. Das Zitat lautet vollständig: »Diese aus der zartesten, leidenden Seele eines großen Poeten geborene Lehre des Nationalismus, die in der Boulanger- und dann in der Dreyfus-Affäre ihre ersten Proben lieferte, wurde von allen freien Geistern gehaßt, bis Péguy, getrieben von der Not des Moments, zu der Lehre überging« (ebenda, S. 1223).
204 Sternhell, Barrès, S. 236.
205 Barrès, *La formule antijuive*, *Le Figaro* vom 22. Februar 1890, zit. nach Sternhell, Barrès, S. 236 f.

Das zur Deckung mit dem Wir gebrachte Ich, der Antiparlamentarismus und der Aktivismus als Wille, in Zukunft die Einheit herzustellen, lassen den Boulangisten Barrès, der seine persönliche Wahl in Nancy gewinnt (auch wenn der Boulangismus als Bewegung verliert), den alten General, der sich bald in Brüssel umbringen wird, kritisieren. Dieser war nicht fähig, die Bedeutung des Antisemitismus als Propagandamittel zu erkennen, als Mittel, die Arbeiterschaft und schließlich das Kleinbürgertum, die beide als Opfer der modernen Gesellschaft und des Judentums hingestellt werden, zu gewinnen. Der Antisemitismus, so radikal er verbal ist, ist noch kein Zweck geworden, sondern ein einsetzbares Mittel zur Herstellung der vorgestellten Einheit. In diesem Prozeß wird der Antisemitismus zum Heilmittel, zu einer allgemeinen Medizin gegen die Folgen der Moderne, die doch durch eine noch radikalere Modernisierung aufgefangen werden sollen. Das Mittel muß einfach sein, schnell wirken und universell einsetzbar sein. Der Antisemitismus erfüllt diese Kriterien. Aber er verliert im Einsatz schon bei Barrès mehr und mehr seinen funktionalen Bezug zur Herstellung der politischen Einheit von Proletariat und Kleinbürgertum, das heißt der Gewinnung von Zustimmung und der Produktion von Bindung. Der häufig beschriebene politische Antisemitismus schlägt um.[206] Diesen Umschlag kann man zunächst in der Radikalisierung der Formulierungen entdecken. Zwar besteht keine zwingende Logik, die zu diesem Umschlag führt. Der Antisemitismus kann bloß ›funktional‹ bleiben. Aber man kann doch eine inhärente Struktur entdecken, die den Umschlag begünstigt, vielleicht wahrscheinlich, zumindest aber wahrscheinlicher macht. Denn da das angewandte Mittel einfach und universal sein soll, universalisiert sich auch der Feind. Dessen Bekämpfung kann sich so schließlich vom zuvor genannten Zweck lösen – dem Zweck der Realisierung der vorgestellten, behaupteten und durchzusetzenden Einheit der Nation. Die Dramatisierung, der Kampf auf Leben und Tod verselbständigen sich mehr und mehr. Der funktionale Antisemitismus, der sich schon von einem Antisemitismus des Vorurteils unterscheidet und sich auf die Inklusionsfunktion des Nationalen bei aufrechterhaltener Ungleichheit bezieht, also Einheit bei Ungleichheit herstellen will, löst sich von den Zwecken, die er erfüllen sollte, wird unabhängig – und wirkt als verselbständigter auf das Konzept der Nation selbst zurück.

Barrès kann seinen eigenen Anfängen, die er in der Feier des Kultus des Ich dargelegt hatte, folgen und seinen Ansatz radikalisieren, indem er ihn naturalisiert.[207] So wie die Juden zu den ganz Anderen werden, unfähig zur

---

206 Siehe zur Darstellung des politischen Antisemitismus in Frankreich Birnbaum, La France de l'Affaire.

207 Sein Lehrmeister, dessen Seminare er besuchte, wird nun Jules Soury, Professor für psychologische Physiologie an der École des hautes études, dessen Haupt-

Entwicklung, so wird nun auch das Eigene konzipiert. Die Nation als ein Konzept der Form und Organisation des Politischen, das sich von den unmittelbaren Gruppen und Einheiten, Familie, Sippe und Rasse gelöst hatte, konnte sich nun wieder ›rassisieren‹. Mit der Rassisierung der Juden als Naturalisierung der Kultur konnte nun das Konzept der Nation selbst zu einer, wenn man so will, sekundären Rasse werden. Wurde das Ich des »Culte du Moi« von allen äußeren Einflüssen gereinigt, so gibt es nun gar keine Ideen mehr, die vom Einzelnen kommen, die der Einzelne selbst gebiert, sondern das Ich ruht im Kollektiv und kann nur verwirklichen, was vorausgesetzt, was ihm gegeben ist. Vater und Mutter, die ganze Genealogie der Ahnen, bestimmen, aufgehoben in der Metapher des Friedhofs als Ort der Bedeutung, die Möglichkeiten des Denkens und Handelns, nicht nur vermittelt über Bildung, sondern unmittelbar.

Der Antisemitismus verliert dabei nicht seine politische Funktion der Vereinheitlichung, sondern erhält noch dazu einen Wert aus sich selbst heraus. In der Dreyfus-Affäre stehen sich keineswegs nur die Partei des Rechts und die der unantastbaren, natürlichen Nation gegenüber. Vielmehr gefährden die Juden die Nation in einem doppelten Sinn: als Gruppe, der durch ihre Form der Bindung an die Nation über (Gewinn-)Interessen statt über natürliche und historische Bindungen mißtraut werden muß, und als Rasse, die als solche zum Verrat fähig ist. Unfähigkeit zur Bindung an die Nation und Fähigkeit zum Verrat sind natürlich vermittelt, sind Kennzeichen eines kulturalistischen Rassismus, das heißt einer naturalisierten Kultur. Die Juden haben keine ›Wurzeln‹, das heißt keine lokale und regionale Bindung und daher kein Ich, das sich mit einem Wir verbinden könnte; als Rasse, als Gattungsbegriff aber bilden die Juden eine ›natürliche Gruppe‹, die von ihrer eigenen natürlichen Bestimmung nicht loskommt – von den Interessen und dem Verrat. Sie sind ein Fremdkörper, der die nun sekundär selbst als organisch gedachte Nation gefährdet. Die Juden sind nur an den abstrakten Staat des Rechts gebunden.

---

werk eine große Arbeit über das zentrale Nervensystem war. Soury führte Barrès in die Themen der Ethnologie, des Krieges der Rassen und des historischen Relativismus ein. Sein Einfluß läßt sich vor allem in Barrès' Cahiers verfolgen, die er ab 1896 führt, das heißt die Zeit der Affäre nicht nur einschließen, sondern zwei Jahre vor 1898, dem Revisionsprozeß und dem Engagement Barrès' beginnen. Jules Soury war ein damals bekannter Professor der Naturwissenschaft, »Erfinder der extremen Rechten in Frankreich, eines biologischen Rassismus mit unbestreitbar präfaschistischem Beigeschmack, der, man erinnere sich, genauestens über seine lange intellektuelle und affektive Nähe zu seinem Lehrmeister Renan berichtete« (Birnbaum, La France aux Français, S. 137). Im Mai 1894 veröffentlicht Barrès einen langen Artikel über Soury (in *Le Journal*, siehe ders., Vie extérieure, S. 446–449).

Barrès läßt in seinen Tagebüchern zur Zeit des Prozesses in Rennes Jules Soury auftreten, der ihn dort besuchte, um, so Barrès, »ihm folgendes zu sagen«:

»Ich bin zu einer Zeit gekommen, in der die Situation noch genauso ist wie damals, als Sie mir sagten: Ich verspreche mir nicht mehr viel von der Tradition, und es gibt keine Ordnung und Würde mehr in der Armee. [...] Frankreich ist verloren, aber was bedeutet das für uns, die doch einer vollkommenen Ordnung angehören? Wir überlassen ihnen den Platz, dem Institut; ›Es lebe die Armee‹, ›Es lebe Frankreich‹ rufend, sterben wir anständig! Das hier in Rennes aber ist ein wunderbares Schlachtfeld. Russland, Deutschland haben ein solches nicht entdeckt; es ist hier. Wie Sie sehr richtig gesagt haben, handelt es sich nicht um einen armen jüdischen Kapitän, sondern um den ewigen Kampf zwischen Semiten und Ariern.«[208]

Ordnung und Würde sind dahin, selbst in der Armee. Der Kampf ist verloren. Man kann die Situation aber auch umkehren. Denn es ist das glückliche Frankreich, das den Kampf austragen kann, das überhaupt ein Schlachtfeld hat, auf dem es zur notwendigen und offenen Auseinandersetzung zwischen Ariern und Semiten kommt, auf dem der ewige Kampf also praktisch wird. Diese Praxis, die Möglichkeit des Kampfes, ist die Hoffnung Frankreichs. Barrès läßt Soury weiterreden:

»Der Semitismus sagt in der ganzen Welt: Ich glaube, während der Arier sagt: Ich weiß, und die Wissenschaft begründet. Der Semitismus hat der Wissenschaft immer ein Hindernis in den Weg gestellt. [...] Sie sagen, daß Dreyfus kein Verräter sei. Ich weiß, daß er ein Verräter ist, weil ich die Seiten von Mercier, von Roget gelesen habe – wunderbare Arbeiten. Aber Sie haben recht, ein Jude ist niemals ein Verräter, er gehört nicht zu unserer Nation, wie soll er sie dann verraten? Alle sind Verräter: sie gehören zu dem Vaterland, in dem sie ihre größten Gewinne machen können.«[209]

Die Juden glauben, ebenso wie ihre Verteidiger im ›Institut‹, die Wissenschaftler, die mit Angabe ihres Titels und der Nennung ihres Instituts Dreyfus verteidigen.[210] Die Juden sind nicht in das Stadium der Wissenschaft eingetreten, sie leben in einem anderen, niederen Wissenssystem, im Glauben. Das Wissen wiederum ist selbst keineswegs ein Erfahrungswissen, es ist nicht an die Empirie, an die beobachtbaren Dinge gebunden. Mit Fichte müßte man sagen: Es ist ein ›deutsches‹ Wissen, das hier angewandt wird, ein Wissen, das sich von der Erfahrung gelöst hat und auf der Idee gründet. Es ist in diesem Fall das Wissen der Wahrheit, das in den Texten (hier in

---

208 Barrès, Mes Cahiers, S. 124.
209 Ebenda, S. 124 und 125.
210 Das ›Institut‹ meint die École normale supérieure in der Rue d'ulm, wo Lucien Herr der einflußreiche Bibliothekar war, der sich in einem offenen Brief gegen Barrès stellte.

denen von Mercier und Roget) steckt. Das Wissen ist der Glaube an die Wahrheit der Idee, nicht das faktische Wissen über irgendeinen Verrat, kein Wissen, das bestätigt oder nicht bestätigt werden könnte. Es ist auch kein Vorurteil, denn es ist ein Urteil aus einer Weltanschauungsstruktur heraus. Dieses kann faktisch identisch sein mit einem Vorurteil, zum Beispiel über »typisch« jüdisches Verhalten. Weltanschauung gegründet im – geglaubten – Wissen ist aber mehr. Weltanschauung überführt unsicheres in sicheres Wissen mit einer als richtig angesehenen Begründung, sie ist ein geglaubtes Wissen. Barrès läßt Soury fortfahren:

> »Ich glaube, daß die Juden eine Rasse sind, ja mehr, eine Gattung [...] Ich glaube wirklich, daß der Jude von einem besonderen Anthropoiden abstammt, wie die Schwarzen, die Gelben, die Roten. Als Broca noch seine Kurse machte, hätte man diese Probleme studieren können: damals hätte man sie angehen können. Heute sind sie zu gefährlich, als daß man sie tolerieren könnte.«[211]

Diese Abschnitte sind in der hier wiedergegebenen Reihenfolge in den Tagebüchern zu lesen. Glaubt oder weiß Soury/Barrès? Die ›Theorie der Wahrheit‹ muß noch ein Stück weiter geklärt werden. Sie ergibt sich nicht nur aus dieser Stelle. Die wahre Wahrheit kommt nicht aus der Vernunft, sie kommt, wie oben schon ausgeführt, aus den *sentiments*. »Eine Wahrheit ist wahr, wenn man sie wahr glaubt.«[212] Die geglaubte Wahrheit, und deshalb kann der Anschluß in der Formulierung des »Ich glaube« gemacht werden, ist die wahre Wahrheit. Man kann sie im Moment nicht weiter studieren, die Gefahr ist zu groß, es muß nach dem wahren Glauben als geglaubter Wahrheit gehandelt werden. Mit der Naturalisierung der *sentiments* und der Wahrheit wird ein Handlungskonzept als Handlungsnotwendigkeit ausgearbeitet. Man kann die Juden heute nicht mehr tolerieren, da die Gefahr zu groß ist. Hier zeigt sich der Unterschied zu Renans Schriften über Arier und Semiten. Folgende Stelle schließt sich an:

> »Man muß die ›Langue sémitique‹ von Renan lesen. Er hat seine Verachtung dieser Gattung klar ausgedrückt. Er hat gesagt, daß der Jude eine niedere Kombination der menschlichen Gattung repräsentiere. Dann hat er sich zum Tischgenossen von Herrn von Rothschild gemacht. Wir können über Renan reden, wir haben ihn gut gekannt.«

Die Inferiorität der Juden als Gattung stand für Renan außer Frage. Ganze Seiten in Renans »Semitischer Sprache« lesen sich nicht anders, als es in Edouard Drumonts »La France Juive« zu finden ist. Diese Seiten sind es, die man nach Soury, dem langjährigen Freund Renans, immer wieder von neuem lesen soll. Aber man darf Renans Politikverbot nicht beachten, auf

---

211 Barrès, Mes Cahiers, S. 124 und 125.
212 Ebenda, S. 77.

dem seine Theorie der Einheit der Nation beruht. Die Auflösung dieses Verbots soll nun durchgesetzt werden. In den Zusammenhang der Dreyfus-Affäre und des Antisemitismus übersetzt, bedeutet dies: Es genügt nicht, die Juden zu verachten, man muß auch danach handeln. Naturalisierung, Historisierung und die geforderte Handlungskonsequenz – konkret: die Verurteilung Dreyfus', unabhängig von einer nachgewiesenen Schuld, abstrakt: die Schuld aller Juden, die zum Verrat fähig sind – sind das Neue bei dieser Form des Antisemitismus, der auf Handlung als Ausschluß zielt. Das inklusive Konzept der Nation wird systematisch an Exklusion gekoppelt.

»Er [Renan, U. B.] hatte kaum Fehler, aber er hatte jenen, sensibel auf die Bedürfnisse der Stimmbänder zu reagieren [Il n'avait guère de défauts, mais il avait celui d'être sensible aux appétences glottiques]. Das ist ein großer Fehler. Wie hätte er am Tisch von Rothschild wiederholen können, daß der Jude eine niedere Gattung sei? Er ist daher so weit gegangen zu sagen, daß die russischen Juden keine Semiten seien, sondern Konvertiten.«[213]

Wenn man mit jemandem am Tisch sitzt, muß man mit ihm reden, und Renan, so Soury/Barrès, redete gern. Kann man einem Juden, an dessen Tisch man sitzt, sagen, was man über ihn denkt? Nein, auch wenn man das Verhältnis von Ariern und Semiten ›richtig‹ erkannt und beschrieben hat, wie Renan in seinen »Langues sémitiques«, wenn man also an die ›wahre Wahrheit glaubt‹, so ist diese Erkenntnis, wenn sie keine Handlungsfolgen hat, unnütz. Weder Vorurteil noch Wahrheit reichen aus, wenn sie folgenlos bleiben. Das Handlungsverbot soll nun fallen. Es wird an eine unangenehme persönliche Eigenschaft Renans, der seine »appétance glottique«, seine Redewut, nicht beherrsche, gebunden. Das Tischtuch soll zerschnitten, die Kommensualität aufgehoben werden. Mit Juden setzt man sich nicht an einen Tisch, schon gar nicht an den ihren. Das sich auf Freiheit und Recht, das heißt auf individuelle Anerkennung stützende Nationenmodell Renans muß geändert werden.[214]

Barrès beendet den Bericht über das, was sein neuer Lehrer Soury ihm in Rennes gesagt habe, mit dem folgenden Satz: »Er hat mich dann gebeten, das laut aufschreiende Monster [gemeint ist Dreyfus, U. B.] zu sehen. Ich habe ihn in den ›conseil de guerre‹ eingeführt.«[215] Dies ist die zentrale Di-

---

213 Ebenda, S. 125.
214 Verfolgt man die Eingaben und Aktivitäten Barrès' im Parlament, fällt auf, daß er sich besonders um Unterstützung der Wissenschaft bemüht. Hier mag ein Zusammenhang bestehen. Man findet eine Auflistung seiner Eingaben und Aktivitäten vor den jeweiligen Jahresabschnitten in seinen Tagebüchern (ebenda, S. 31–46; S. 269–280; S. 721–734).
215 Ebenda, S. 125. In Rennes fand vor dem *Conseil de guerre* vom 7. bis 9. September 1899 der Revisionsprozeß statt. Dreyfus wurde zwar erneut schuldig gesprochen, aber am 19. September begnadigt.

mension des neuen französischen Nationalismus. Er hat ein politisches Feld gefunden, das in ein Schlachtfeld verwandelt werden konnte, auf dem ein gefährlicher, aber bekämpfbarer, ein manchmal unsichtbarer, aber benennbarer Feind angegriffen werden konnte. Die geglaubte Wahrheit kann an diesem Ort in Handlung umgesetzt werden. Dabei findet keine offene Auseinandersetzung zweier Armeen statt. Ein »Monster« wird besichtigt, und weitere werden – »alle sind Verräter« – aufgespürt. Es geht nicht um Dreyfus, es geht um den Juden, der nicht zur Nation als natürlicher und historischer Gruppe gehört.

Barrès teilte mit Taine oder auch Renan zunächst die Ansicht, daß Frankreich keine Rasse mehr sei, sondern eine Nation.[216] Im Gegensatz zu den beiden Genannten bedauerte er dies. Aber die Nation kann nun, vermittelt über die jüdische Gefahr und die Konstruktion des Juden als Rasse, selbst wieder zur Rasse werden. Durch den Antisemitismus soll nicht nur die Einheit der Nation hergestellt werden, sondern die Einheit in einer spezifischen Form: Einheit als rassisch-kulturelle Homogenität. Weiter: Die Logik der Nation als Zusammenhang des politischen Volkes und des Volkes als Gruppe (Volk 1 und 2) kann einseitig aufgelöst, die rechtliche Konstruktion und Setzung der Nation kann unterlaufen werden. Denn die rechtliche Konstruktion wird, da sie nicht auf Bindungen, sondern auf (Zins-)Interessen, das heißt auf Vorteilsnahme beruht, implizit zu einer jüdischen. Die Nation des Ich/Wir wird zu Natur und Geschichte, die *beide* im Rassenbegriff aufgehen, sie wird zum neuen Außen, zum Vorausgesetzten des Kollektivsingulars. Das selbstbestimmte Kollektiv, das sich als politisches setzt, kennt keine selbstbestimmten Individuen mehr. Sie werden zu Produkten der Natur und der Geschichte. Freiheit, Selbstbestimmung, Entwicklung, all die emanzipativen, individuellen Begriffe der Aufklärung, sind nun kollektiviert. Renan zitierend und umformulierend schreibt Barrès: »Eine Nation ist der gemeinsame Besitz eines alten Friedhofes und der Wille, dieses unteilbare Erbe hochzuhalten.« Renan schrieb: »Eine Nation ist eine Seele, ein geistiges Prinzip. Zwei Dinge, die in Wahrheit nur eins sind, machen diese Seele, dieses geistige Prinzip aus. Das eine gehört der Vergangenheit an, das andere der Gegenwart. Das eine ist der *gemeinsame Besitz* eines reichen Erbes an Erinnerungen, das andere ist das gegenwärtige Einvernehmen, der Wunsch zusammenzuleben, der *Wille*, das Erbe hochzuhalten, welches man ungeteilt empfangen hat.«[217] Der Friedhof ist das zusammenfassende Bild für die Erde und die Toten, für Natur und Geschichte, die einzig die Nation bestimmen und gemeinsam zur Rasse werden. Die Nation ist zur politischen Realisierung von Natur und Geschichte geworden, die gemeinsam wieder die Möglichkeit bieten, zur Rasse zurückzufinden.

---

216 So schreibt er: »Wir sind weniger eine Rasse als eine Nation« (Barrès, Scènes, I, S. 20).

217 Renan, Was ist eine Nation?, S. 308 (Herv. U. B.).

Renan, der vom Kollektiv als natürlicher und sprachlicher Rasse ausging und vor allem zwischen Semiten und Ariern unterschied, mußte ein Politikverbot aussprechen, um zu verhindern, daß dieses Konzept der starken Gruppe die Politik bestimmte. Barrès versuchte, die errichtete Grenze zu stürmen. Das republikanische Programm der Nation wurde nun im nationalistischen aufgelöst, ohne hinter die Republik zurückzufallen.[218] Auch deshalb scheint Barrès' Anlehnung an und die Differenzierung von Renan symbolisch. Homogenität bedeutete in einem ›republikanischen‹ Sinne die Zustimmung zu den (revolutionären) Institutionen. Da Zustimmung an das Individuum gebunden war und nicht durch Zugehörigkeit zu einer Gruppe vorausgesetzt wurde, mußten die subjektiven Motive überprüft werden. Die Revolutionsgerichte ließen private Briefe öffnen, um diese Motive aufzudecken.[219] Es ist diese moderne, nichtchristliche Verrätervariante, die nun vor dem Hintergrund christlicher Vorurteile den Juden als Gattung zum kollektiven Verräter macht. Mit ihm kann zugleich die emanzipatorische Gründung der Nation als moderne Organisationsform des Politischen von sich gegenseitig anerkennenden Individuen unterlaufen werden und die andere Seite, die Gruppe als Natur und Geschichte, unmittelbar politisch werden. Über diese Konstruktion des Verräters, von demjenigen, der den neuen Institutionen nicht zustimmt, obwohl sie doch im Sinne des Naturrechts vernünftig begründet wurden, zur Verräterrasse als einem organischen Antisemitismus kann die Natur des Körpers der eigenen Nation wieder eingeführt und bestätigt werden. Frankreich kann wieder zu einer Nation als Volk werden, wenn es sich reinigt, seine Wurzeln findet und seinen Körper schützt. Und die Französische Revolution zeigte die Energien und die Fähigkeiten dieses Volkes.

Damit ist das »Schlachtfeld« aber noch nicht ausreichend rekonstruiert. Auf ihm begegnet man nicht nur dem Verräterkollektiv, das durch einen anderen Begriff der Nation gekennzeichnet ist, sondern noch einer weiteren Gruppe. Bekanntermaßen wurde mit der Dreyfus-Affäre der Begriff des Intellektuellen eingeführt und zum Kampfbegriff erklärt. Über Intellektuelle zu schreiben heißt seitdem geradezu, mit einem Hinweis auf diese Affäre zu beginnen. Wie immer der Begriff schon vorher gebraucht wurde, in der Debatte um die Affäre gestaltete sich das öffentliche Feld aus, auf dem Intellektuelle agieren. An der Affäre waren noch andere Gruppen beteiligt, selbstverständlich das Militär, Journalisten – darunter auch einige Intellektuelle, allen voran Zola und Barrès selbst –, Richter, aber auch politische Gruppen wie die Anarchisten und die Sozialisten.[220] Die Vernunft des Instinkts, so

---

218 Hierin liegt der Unterschied zu Maurras und zur *Action française*, die sich deshalb in den sich radikalisierenden dreißiger Jahren selbst verändern mußte. Barrès wurde nicht zum Monarchisten. Er war darin moderner als Maurras, der dafür im organisatorischen Sinne politischer war.
219 Siehe hierzu Hesse, *Revolutionstribunal*.
220 Keineswegs standen beide Gruppen selbstverständlich auf der Seite von

Barrès, und die bloße Vernunft standen sich als zwei Varianten der nationalen Selbstthematisierung gegenüber.[221] Die unmittelbare Verbindung, ja die Schaffung des Intellektuellen als eines öffentlichen Typus, der sich in die allgemeinen politischen Angelegenheiten einmischt, und dies keineswegs nur als Spezialist, auch nicht nur als Bürger, sondern unter Berufung auf seine privilegierte Stellung, ist von Barrès als Schriftsteller selbst mit ausgearbeitet worden. Mit dem Begriff Intellektueller, mit dem Barrès schließlich verächtlich die Dreyfusards bezeichnete, bemängelte er weder Kritik als solche noch den öffentlichen Auftritt, das öffentliche Engagement[222] – in seiner sehr bewußten Selbstinszenierung verkörperte er geradezu beides. Er zielte vielmehr auf eine unterstellte Realitäts- und Lebensfremdheit der Intellektuellen, die sich an rationale Argumentation banden und die *sentiments* vernachlässigten. Gefühle und Unmittelbarkeit waren bei dem Bohemien Barrès ein stilisiertes Konstrukt der Überlegenheit des durch den Einzelnen sich realisierenden und ans Kollektiv gebundenen Instinkts. Barrès endet nicht einfach bei der Tradition.[223] Er inszenierte den Kampf der Intellektuellen,

---

Dreyfus, auch wenn Jean Jaurès auf dieser Seite kämpfte. Aber Jean Guesde, Parlamentarier der Parti ouvrier français, zögerte lange, ehe er schließlich 1898 im Manifest vom 24. Juli proklamierte: »Die Proletarier haben nichts zu tun mit einem Kampf, der nicht der ihre ist« (zit. nach Rébérioux, Anarchistes et socialistes, S. 140). Die Anarchisten kämpften für die Befreiung des Gefangenen, aber für einige gab es zu viele Bürgerliche in diesem Kampf, und sie hätten lieber einen »Dreyfusisme« ohne Dreyfus gesehen. Jaurès bestand darauf, daß die Arbeiter die Intellektuellen und die Intellektuellen die Arbeiter bräuchten. Er prägte den Begriff »Klasse der Intellektuellen« (ebenda).

221 Winock bezeichnet sie als offene und geschlossene Nationalismen (ders., Nationalisme). Zwar wird dann auch in dieser Beschreibung deutlich, daß es sich nicht um einen deutschen und einen französischen Nationalismus handelt, aber es wird nicht deutlich, daß es sich auch im Falle des offenen durchaus um einen spezifischen Schließungsmechanismus handelt. Nora betont: »Die zwei französischen Konzeptionen, das Frankreich der Republik und der Menschenrechte, das Frankreich der Erde und der Toten, [...] erscheinen uns im nachhinein eher als komplementär, denn als einander widersprechend« (ders., Les lieux de mémoire, III/1, S. 29).

222 Der Begriff Intellektueller wurde ab 1870 mehr und mehr in verschiedenen Abwandlungen gebraucht. Am 23. Januar 1898 benutzte ihn schließlich Clemenceau als Sammelbezeichnung für die Unterzeichner des Manifests. Am 1. Februar schrieb Barrès einen Artikel mit dem Titel *La protestation des intellectuels*, darin heißt es: »Die vermeintlichen Intellektuellen sind ein fatales Abfallprodukt der gesellschaftlichen Anstrengung, eine Elite zu schaffen. Bei jedem Unternehmen gibt es einen Anteil, den man opfern muß.«

223 Curtius nennt ihn in einem Beitrag für die Zeitschrift *La table ronde* in einem Barrès gewidmeten Heft, den schaffenden, kreativen Kritiker (»critique créateur«), stellt ihn in die auch hier schon genannte Ahnenreihe von Renan und

die dem Volk fremd gegenüberstanden, weil sie, wie Zola, als Fremde (Zola war italienischer Abstammung) nicht dazugehören konnten, weil sie als Juden ein anderes Konzept der Nation vertraten oder als Intellektuelle, wie etwa Lucien Herr, in ihrer abstrakten Welt den Bezug zum eigenen Vernunftinstinkt, zur ›Vernunft des Herzens‹, verloren hatten.

Die ›Intellektuellen‹ waren an die Öffentlichkeit getreten. Als Schriftsteller, öffentliche Figuren oder Fachvertreter versuchten sie, die Jugend und die Meinung unter Berufung auf ihre besondere Qualifikation, ihre besondere, öffentlich oder institutionell abgesicherte Anerkennung als berühmte Literaten oder als Vertreter der großen nationalen Institutionen, wie zum Beispiel der École normale, zu beeinflussen. Viele unter ihnen waren, wie Léon Blum, Bewunderer von Barrès. Besondere Bedeutung kam einer Zeitschrift zu, die gerade unter Berufung auf den von Blum bewunderten Maurice Barrès gegründet wurde: *La Revue blanche*. Die Zeitschrift, die im Dezember 1899[224] erstmals erschien, konnte dank der Interessen und des Geldes der Brüder Natanson die wichtigsten jungen Autoren gewinnen. War es möglich, daß Barrès, der bewunderte Literat und Analytiker des Ich, sich wirklich gegen Dreyfus stellte? Barrès verweigerte tatsächlich die Unterschrift und betrieb konsequent weiter, was er längst zuvor begonnen hatte. Wie Léon Blum sagte, mußte man sich in ihm getäuscht haben.

Nach der Dreyfus-Affäre widmete sich Barrès dem deutsch-französischen Kampf, woraus sein Werk, sein Denken und sein politischer Aktivismus aber nicht zu verstehen sind. Barrès hatte eine neue Wahrheit gefunden, die man in seinen frühen Arbeiten vergeblich sucht. Der kleine Junge, der die fremden Truppen einmarschieren sieht und nicht mehr anders kann, als gegen diese zu kämpfen, ist eine ›Wahrheit‹ für den Kampf, eine relativ späte Entdeckung, die sich erst nach den inneren Kämpfen des Ich/Wir vollzieht. Hierfür braucht es die innere Einheit, und Barrès entdeckt die unterschiedlichen geistigen Familien Frankreichs, die, wie die Regionen, gemeinsam das Ganze bilden. Zur Not können für Barrès nun auch Juden und Protestanten

---

Taine und bindet diesen Typus an die französische Situation, die genügend Raum für Kritik gelassen habe. Er schließt allerdings eine Beobachtung an: Barrès habe mit einer Revolte des emanzipierten Individuums begonnen, um zum Herold des Traditionalismus zu werden. Die ›schaffenden Kritiker‹ in Frankreich, so die Verallgemeinerung, enden bei der Tradition. Auch das Denken von Barrès sei nicht durch die Sache bestimmt, sondern auf Selbstinszenierung, eine »stylisation de sa personalité«, bezogen. Curtius sieht nicht den Zusammenhang zwischen der Ich- und der Wir-Konstruktion. Das Ergebnis endet daher implizit erneut bei der Zuweisung der klassischen Differenz zwischen Frankreich und Deutschland, Esprit und Geist, Oberfläche und Tiefe (siehe Curtius, *Barrès – »critique créateur«*).

224 Eine ausgewählte und kommentierte Ausgabe der *Revue blanche* erschien 1994, hrsg. von Barrot und Ory.

dazugehören, es kommt auf die Betonung der Gefahr an. Die geistigen Familien schließen an seinen Regionalismus an. Es sind die verschiedenen Regionen und die mit ihnen verbundenen unterschiedlichen Formen der Charaktere, des Denkens und Glaubens, die das Ganze bilden. Die Juden aber behalten eine Sonderstellung, auch wenn er diese nicht mehr hervorhebt. Sie sind für ihn nicht nur die Begründer des Monotheismus, eine historische Tatsache, die ihnen meist, auch von Fichte und Renan, als Leistung, auch wenn es sich nur um einen ersten, inferior bleibenden Schritt handelt, zugerechnet wird. Für Barrès aber liegt genau hier der Sündenfall der Juden. Es ist die Vereinheitlichung der Kultur, der Wille, alles nur einem Gott zuzuordnen, die er ihnen vorwirft.

»Der Semitismus und nur der Semitismus ist monotheistisch. Das Christentum ist ein ganz anderer Fall. Es handelt sich um eine arische Konzeption. Die Arier waren immer Polytheisten […]. Dabei ist es ganz sicher, daß es im Christentum viel von der Religion Israels gibt. Ganz schnell aber modifiziert, da man hier den Sohn des Einen Gottes anbetet. Und die Jungfrau. Und die lokalen Heiligen. Polytheismus also. *Die Erde und die Toten.* – Meine Götter, das heißt meine Rasse, wie kann ich diese hören? Man sagte mir, wie es Thoas machte: ›Nicht ein Gott spricht zu Dir, es ist Dein eigenes Herz.‹ Ich antwortete mit Iphigenie: ›Nur durch unser Herz sprechen die Götter zu uns.‹«[225]

Der Barrèssche Determinismus verbindet sich so mit einem Relativismus der unterschiedlichen Wahrheiten der Regionen, der Völker und der Zeiten; schließlich kann man alles als von der Eigengruppe bestimmt betrachten: »Jede Situation, jedes Individuum, jede Handlung, jede Krise muß aus einer Beobachtung der ganzen Nation interpretiert werden.«[226] Seine »Theorie der Entwurzelung« zeigt die Ursachen des Leidens auf – und liefert das Heilmittel, die Befreiung vom Fremden und Nichtzugehörigen.

1921, zwei Jahre vor seinem Tod, wurde dem Schriftsteller, Abgeordnetem und Akademie-Mitglied Barrès von der kleinen Gruppe der Pariser Dadaisten ein öffentlicher Schauprozeß gemacht.[227] Es ging, wie auf den Bekanntmachungen stand, um nichts weniger als um einen »Verrat an der Sicherheit des menschlichen Geistes«.[228] Es handelte sich auch für diese Akteure um einen inszenierten Bruch mit dem bewunderten Vorbild.

Der virtuelle »riesige Schauprozeß«, wie ihn Maurice Nadeau in seiner Geschichte des Surrealismus bezeichnete, wurde vor allem von André Breton, der ihn selbst als »Revolutionstribunal« bezeichnete, und von Louis

---

225 Barrès, Mes Cahiers, S. 161.
226 Ebenda, S. 163.
227 Vgl. hierzu eine kommentierte Quellenausgabe bei Hörner/Kiepe, Dada gegen Dada.
228 Siehe die faksimilierten Plakate ebenda, S. 13 und 14.

184

Aragon betrieben; andere, beispielweise der Züricher Dada-Gründer Tristan Tzara, unterstützten ihn, wenn auch unter Bedenken. Auf Plakaten angekündigt, unter Bretons ›Präsidentschaft‹ inszeniert nach dem Ablauf tatsächlicher Prozesse, steht der Schauprozeß als gespieltes Revolutionstribunal am Übergang von Dada zum Surrealismus. Und dies ist nicht nur ein kunsthistorisch interessanter Aspekt der kleinen Geschichte des ›riesigen Prozesses‹. Denn der Verrat, den man dem begabten Schriftsteller Maurice Barrès, so Nadeau, vorwirft, ist einer an dessen eigenen Idealen, den Idealen des frühen Barrès, der Trilogie des Kultus des Ich. Der junge Breton und auch Aragon teilten die Ideale, wie viele andere mit ihnen, die sie in Barrès' Büchern, dem »Ennemie des lois«, aber auch noch in den »Entwurzelten« vermeintlich fanden und verehrt hatten. In der »Anklageschrift«, gelesen vom Gerichtspräsidenten André Breton, heißt es: »Wenn man den Gegenstand seiner ersten Bücher etwas näher untersucht als seine Lobredner es taten, so findet man darin nichts, was sich mit seiner gegenwärtigen Meinung vertrüge.«[229] Es war der Ton der Revolte, den man an den frühen Werken schätzte, die Absolutheit des Ich, das aber schon in »Ein freier Mann« ins Wir überging und schließlich »Im Garten der Bérénice« entdeckt wurde. In einem späteren Interview nennt Breton nochmals die Fragen, die geklärt werden sollten (und die allein hierdurch die Veranstaltung von früheren Dada-Veranstaltungen unterschied): »Es geht um das Problem, herauszufinden, in welchem Maße ein Mann für schuldig befunden werden kann, den der Machtwillen dazu treibt, sich zum Vorkämpfer konformistischer Ideen zu machen, die denen seiner Jugend nicht entgegengesetzter sein können. Nebenfragen: Wie hat der Autor von ›Ein freier Mann‹ [...] zum Propagandisten des *Écho de Paris* werden können? Wenn es sich um Verrat handelt, worin konnte sein Einsatz bestehen? [...] Diese Fragen werden den Surrealismus auch über den Fall Barrès hinaus noch lange bewegen.«[230] Erneut werden wir mit einer Verratskonstruktion konfrontiert. Die neue Generation, die bei der Lektüre von Barrès ihr Ich und ihre Entwurzelungen entdeckt hatte, machte ihn nun selbst zum Verräter (einige allerdings mit gemischten Gefühlen). Verehrt hatten sie einzelne Sätze und die unbedingten Leidenschaften des jungen Philippe der Trilogie, dem Wünsche, Leidenschaften, Verlangen alles, die Ziele aber nichts bedeuteten. Ihre Bewunderung war so groß, daß auch die symbolische Trennung, ja der symbolische Tod des Schriftstellers nicht ausreichten. Aragon blieb, obwohl er die vom ›Staatsanwalt‹ geforderte Strafe noch für gering erklärte, gleichwohl ›Barrèsien‹. Er schreibt 1954:

»Barrès, Nationalist und Chauvinist, ist Ausdruck der Bourgeoisie seiner Zeit, aber er kann nicht von der heutigen Bourgeoisie für sich reklamiert werden, da diese den

---

229 Breton, Anklageschrift, ebenda, S. 23.
230 Breton, Gespräch mit A. Parinaud, ebenda, S. 91.

nationalen Sinn verloren hat und, um ihre Privilegien und ihren Besitz zu verteidigen, aus der nationalen Unabhängigkeit billige Münze macht. [...] So engstirnig es erscheint, bedaure ich, sagen zu müssen, daß der Nationalismus von Barrès näher an dem ist, was ich empfinde, und ohne Zweifel auch an dem, was heute die Avantgarde der Arbeiter in unserem Lande empfindet [...] denn wie Barrès beabsichtigen die Menschen unseres Volkes nicht, das, was national ist, einem zum Beispiel von Blum und Churchill hergestellten und von Marshall finanzierten Europa zu überlassen.«[231]

Barrès hatte viele Bewunderer und Schüler.[232] Nicht nur Aragon, auch de Gaulle gehörte zu ihnen. De Gaulles erster Satz in seinen Kriegserinnerungen lautet: »Je me suis toujours fait une certaine idée de la France.« Dies war, unbewußt oder nicht, eine typisch Barrèssche Formel. Barrès schreibt in seinen Tagebüchern: »Donner de la France une certain idée, c'est nous permettre de jouer un certain rôle.«[233] Barrès arbeitete vor allem an der Produktion, aber auch an der Realisierung dieser Vorstellung. Die Barrèssche Idee war nicht am Gründungsakt der französischen Nation beteiligt, doch sie war existent und hatte ihren ›Prinzen‹.

Die Ära Barrès war mit dem symbolischen Akt des Dada-Prozesses beendet. Ein französischer ›neuer Nationalismus‹ war entstanden und hatte zumindest zu Beginn in Barrès einen Typus gefunden, der ihn mit der Moderne in Übereinstimmung bringen konnte, auch wenn er sich in seiner erfolgreichen organisatorischen Form mit Charles Maurras noch einige Jahre auf die Monarchie beziehen sollte. Es war das Kollektiv, das unmittelbar, unvermittelt durch das Recht, zum Politischen und zum Subjekt des Menschenrechts geworden war. Die Inklusionsregeln sollten geändert werden und damit die Formen der Exklusion. Sie blieben in Frankreich umstritten. Die Auflösung des Volkes im als unmittelbar real gedachten politischen Kollektiv konnte sich nicht allein durchsetzen. Es gab andere Ideen.

---

231 Aragon, Lumière, S. 265.
232 »Von Massis bis Aragon, von Maurras bis Mauriac, die Bewunderer und Schüler von Barrès waren Legion«, schreibt zum Beispiel Winock, Siècle, S. 152.
233 Das Zitat de Gaulles bei Winock, Siècle, S. 152, der einem Hinweis Alain Peyrefittes aus C'était de Gaulle folgt. Die Übersetzung lautet: »Ich habe mir immer eine bestimmte Idee von Frankreich gemacht.« Bei Barrès heißt es: »Eine bestimmte Idee von Frankreich zu entwerfen, erlaubt uns, eine bestimmte Rolle zu spielen« (Mes Cahiers, S. 881).

II: Idee und Wert, Herrschaft und Moral.
Émile Durkheim und Max Weber

Durkheim und Weber, die Väter der Soziologie, waren in unterschiedlicher Form an den Kriegsgemeinschaften des Ersten Weltkrieges beteiligt. Émile Durkheim schrieb am Beispiel von Treitschke über den deutschen Nationalismus und gab zusammen mit Ernest Lavisse die »Briefe an alle Franzosen« heraus, von denen er mehrere selbst verfaßte.[1] Max Weber zog selbst freiwillig die Uniform an, arbeitete bei der Reservelazarettkommission und organisierte und leitete bis September 1915 mehrere Lazarette in Heidelberg, ehe er dann selbst um seine Entlassung ersuchte. Weber, der sich immer wieder leidenschaftlich zur Politik hingezogen fühlte, beteiligte sich auch an der Diskussion um die Führung des Krieges und die Herstellung eines Friedens bei Wahrung der deutschen Interessen. Alles dies ist bekannt.[2]

Das Eintreten für ihr Land findet sich in unterschiedlicher Form auch in Durkheim und Webers wissenschaftlichen Arbeiten wieder, keineswegs wurden sie jedoch erst durch den Krieg zu Nationalisten. Auch die Bindung an ihr jeweiliges Land ist bekannt und für die Frage nach den Formen der Selbstthematisierung von geringem Interesse. Häufig wurde beobachtet, daß sich in der Wahl ihrer Themen ihre ›Vaterlandsliebe‹, ihr Bezug zur Nation und auch die Sorge um die Nation, um deren Integration oder eine ihr angemessene Herrschaftsstruktur, um ihr Schicksal im Verhältnis zu den

---

1 Durkheim/Lavisse, Lettres. Durkheim war der Sekretär des *Comité de publication* der Briefe, als deren Präsident Lavisse fungierte. Den 1., 5. und 11. Brief verfaßte er selbst, den 10. zusammen mit Antoine Meillet. Die meisten Briefe können, wie es Michel Maffesoli im Vorwort der Neuausgabe 1992 schreibt, als von Durkheim inspiriert gelten. Durkheim ist begeistert von der Auflage von drei Millionen; öffentliches Engagement, Erfolg und sein Wunsch zur Erziehung fließen hier zusammen. Um energisch zu handeln, schreibt er, müsse man an den Erfolg glauben (ebenda, S. 28). Diesen Glauben seiner Landsleute will er mit rationalen Argumenten stärken. Siehe als weitere Kriegsschrift: Durkheim, Deutschland über alles; dazu auch Gipper/Schultheis, Durkheim und Deutschland. Ebenso können die entsprechenden Abschnitte der Durkheim-Biographie von Lukes zu Rate gezogen werden.
2 Dirk Kaesler hat eine ausführliche und übersichtliche Zeittafel zu Max Weber erstellt, die er mir vor ihrer Veröffentlichung zur Verfügung stellte (mittlerweile erschienen in: Max Weber. Schriften 1894–1922, S. 743–767). Hierfür den angemessenen Dank. Man kann sie immer heranziehen, zumal eine Weber-Biographie bis heute fehlt. Marianne Webers »Lebensbild« ist unverzichtbar, ersetzt aber nicht eine Biographie. Auch bei Guenther Roths »Deutsch-englischer Familiengeschichte«, die weit zurück- und ebenso weit vorgreift – sie umfaßt die Zeit von 1800 bis 1950 –, handelt es sich nicht um eine Weber-Biographie.

anderen Nationen wiederfinden. Dies gilt bereits für Durkheims Arbeitsteilungsbuch, spätestens seit dem zweiten Vorwort direkt, wird noch deutli-
cher mit dem Selbstmordbuch, den Vorlesungen zu Moral und Gesellschaft
und dann in der sich entwickelnden Religionssoziologie. Bei Weber findet
sich diese Thematik in den ganzen neunziger Jahren des 19. Jahrhunderts,
zum Beispiel in seiner Antrittsvorlesung, die im Kontext der politischen
Auseinandersetzungen zwischen Agrar- und Industrieinteressen steht, dann
aber auch in der spezifischen Ausgestaltung der Herrschaftssoziologie, vor
allem aber in seinem politischen Engagement, das für ihn insgesamt enttäu-
schend war.[3]

Die wissenschaftliche Thematisierung der Gesellschaft aber schien besonders wichtig, zum einen bei der Institutionalisierung der Soziologie als
einem auszudifferenzierenden Fach selbst, die insbesondere von Durkheim
bewußt betrieben wurde, während Weber sich eher durch die Ernennungs-
urkunde zum Soziologen gemacht sah, zum anderen für die spezifische
Form der Selbstthematisierung moderner Gesellschaften.[4] Nicht zuletzt deshalb mußte die Soziologie als eigenständige, das heißt sich von anderen abgrenzende Wissenschaft bestimmt werden, die der Objektivität verpflichtet
war, ob sich dies nun in der Nachfolge Comtes in einer zunächst positivisti-
schen Orientierung oder, im Fall Webers, in einer Trennung zwischen den
Wertsphären und der Forderung der Wertfreiheit für die Wissenschaft ausdrückte. Wie verschieden ihre Entwürfe der Soziologie trotz aller konver-
genztheoretischen Deutungen auch waren, sie machten Gesellschaft oder
Vergesellschaftung zum Thema, wobei die Nation sich eher vermittelt als
eine moderne Form der politischen Organisation von Herrschaft (als Problem von Integration, Bindung oder Solidarität, der Sitten oder der Moral)
wiederfindet oder zu einer Wertentscheidung wird.[5] Nur in einigen Schrif-

---

3 Durkheim und Weber trennten in unterschiedlicher Weise Wissenschaft und Politik. Dies erklärt Durkheims eindeutiges, aber m. E. verhaltenes Engagement während der Dreyfus-Affäre, das nicht inhaltlich, sondern strategisch bestimmt war.
Durkheim sah die Aufgabe der Soziologie darin, die Integration der Gesellschaft zu
stärken. Unmittelbar politische Aktivitäten waren für ihn eine Ablenkung von
dieser Aufgabe. Er beteiligte sich durch die Soziologie am Aufbau der laizistischen
Gesellschaft (siehe zum Beispiel seine Vorlesung über *Die laiische Moral*).

4 Im Kontext der im Rahmen der Gesamtausgabe zugänglichen Briefe der Jahre
1909/1910 erkennt man Webers Engagement bei der Gründung der DGS, die
zwar nicht von ihm ausging und von der er sich (nach einem Streit über die Wert-
urteilsproblematik) bald wieder fernhielt. Solange er sich beteiligte, tat er dies
mit aller Kraft und wollte auch selbst ein großes Projekt über das Zeitungswesen
durchführen.

5 Weber und Durkheim wurden immer wieder einander gegenübergestellt und verglichen, oder es wurde nach Gemeinsamkeiten gefragt. Der bekannteste, die
Klassiker deutende, sie dadurch mit erschaffende und selbst zum Klassiker ge-

ten, an einigen Stellen wird Nation als besondere Form der politischen Gesellschaft oder als spezifische Form der Vergemeinschaftung von Großkollektiven unter dem Begriff selbst zum Thema der wissenschaftlichen Anstrengung und Auseinandersetzung. Historisch jung und dennoch schon selbstverständlich, das heißt zu einer fast ›natürlichen Weltanschauung‹ geworden, wurden Krisen zwar als Krisen der Einheit der Nation oder als Probleme der Träger von Macht und Herrschaft wahrgenommen, ohne die Krisen jedoch zum Anlaß zu nehmen, Nation als Einheitskategorie moderner Gesellschaften selbst in den Blick zu nehmen.[6] Da die Soziologie sich viel eher mit der anderen Seite der Moderne, ihrer wirtschaftlich-industriellen Organisation und deren Folgen, dem sich verschärfenden Klassenkonflikt oder der zunehmenden Verstädterung, beschäftigte als unmittelbar mit der politischen und politisch-sozialen Form als Nation, tritt uns die Nation schließlich verallgemeinert als Gesellschaft oder als Prozeß der Vergesellschaftung gegenüber. Anders ausgedrückt: Die klassische Soziologie konnte Nation und Gesellschaft nicht auseinanderhalten. Sie teilte dies in weniger

------

wordene Text ist Parsons' Structure of Social Action. Weitere unmittelbare Gegenüberstellungen finden sich in jüngerer Zeit unter anderem bei Boudon, *Weber and Durkheim*; Müller, *Gesellschaftliche Moral*, Giddens, *Divergierende Zeitgenossen*. Münch läßt die Gründerväter, die sich gegenseitig nicht wahrnahmen und sich nie aufeinander bezogen, ein posthumes Gespräch führen (siehe ders., Weber und Durkheim im Dialog) und bietet die Klassik der Soziologie als gemeinsame Sprache an, um die komplexen Prozesse der europäischen Integration und der globalen Vergesellschaftung analysieren und verstehen zu können. Der die Gemeinsamkeiten betonende Text bleibt Parsons' Structure of Social Action. Dessen Wert- und Integrationstheorie ist eher von Durkheim als von Weber geprägt, so auch der spätere Begriff der Zivilreligion bei Bellah. Erdely (Weber in Amerika) kennzeichnet den Parsonsschen Umgang mit Weber allerdings eher als eine Art ›Abwicklung‹. Im Kontext dieser Arbeit kommt es auf Konvergenzen oder Divergenzen an sich nicht an. Sie können sich ergeben oder auch nicht, sind jedenfalls nicht schon durch die Themenwahl gegeben und bestimmen nicht den Blick.

6 Wird die Krise der Wende zum 20. Jahrhundert als Kulturkrise beschrieben (siehe zum Beispiel eine Interpretation der entstehenden Soziologie in Deutschland in ebendiesem Zusammenhang bei Lichtblau, Kulturkrise und Soziologie), so ist es möglich, den Aspekt des Nationalen praktisch vollständig auszuklammern. Zwar kann die Erfahrung der Fragmentierung betont und können die unterschiedlichen Erlösungsvorstellungen dargestellt werden, aber der implizite und explizite Zusammenhang mit der nationalen Einheitsvorstellung auch der intellektuellen Selbstbeschreibungen und Selbstthematisierungen geht dann verloren. Selbstthematisierung als nationale Einheit ist nicht alles, aber sie ist in der ersten Hälfte des 20. Jahrhunderts dominierend, auch in der entstehenden Soziologie. In Deutschland zeigt sich dies zum Beispiel bei den Themen des ersten und zweiten Soziologentages, Nation und Rasse finden sich als Themen.

extremer Form mit der anderen modernen Selbstthematisierungswissenschaft, der Geschichte, die geradezu auf der Voraussetzung der Nation beruhte. Soziologie konnte die politische Gesellschaft als Nation ausblenden, indem sie die Differenzierung von bürgerlicher Gesellschaft und Staat übernahm (von Hegel) oder einführte (eine Unterscheidung, die sich heute im Begriff der Zivilgesellschaft wiederfindet).

Es kann daher gefragt werden, ob nicht nur von Fall zu Fall und nicht nur in unmittelbar politischen Texten und Kontexten, sondern auch in – einigen oder mehreren – anderen Texten, Konzepten und theoretischen Entwürfen, in denen von Gesellschaft oder Vergesellschaftung die Rede war, Nation oder Nationalisierung gemeint war. Mit anderen Worten: Wenn Selbstthematisierung eine der spezifischen Anforderungen der modernen Gesellschaft darstellt, dann kann sich die auf die Gegenwart bezogene und Gegenwart nicht aus der Geschichte unmittelbar ableitende, sich gerade institutionalisierende und ausdifferenzierende Selbstthematisierungswissenschaft par excellence der Nationalisierung auch in ihren theoretischen Entwürfen kaum entziehen. Daß nationale Differenzierung und nationales Selbstbewußtsein für beide Autoren bedeutend waren, steht außer Frage. Wie aber Nation, nationales Selbstbewußtsein, nationale Identität, Ethnizität etc. sich in ihren theoretischen Konzepten und nicht nur in ihren unmittelbar auf die Nation beziehenden Schriften niederschlagen, soll überprüft werden. Auch hier ist es Bekanntes, das in Kombination mit Bekanntem im günstigen Fall Neues erbringt.[7] Nur zugängliche, aber meist nicht auf unsere Fragestellung bezogene Texte und Darstellungen werden herangezogen.

Gilt Durkheim als der Theoretiker der sozialen Tatsachen und des auch methodologischen Holismus, steht Weber für methodologischen Individualismus und subjektiv gemeinten Sinn. Durkheim geht von der Gesellschaft und ihren Repräsentationen aus, findet aber im Individualismus die Integrationsform der modernen Gesellschaft; Weber hingegen, ein Handlungstheoretiker, der nach den Kulturbedeutungen fragt, entdeckt in Bürokratie und Herrschaft ein »stählernes Gehäuse«. Fehlt bei Durkheim eine ausdifferenzierte Staats- und Herrschaftstheorie, so vernachlässigt Weber die nicht nur herrschaftlichen Integrationsformen.

Mit pauschalen Aussagen über das Verhältnis der beiden frühen Gesell-

---

7 Weber benutzt die Unterscheidung zwischen »Stoffhubern« und »Sinnhubern«. »Der tatsachengierige Schlund der ersteren ist nur durch Aktenmaterial, statistische Folianten und Enquêten zu stopfen, für die Feinheit des neuen Gedankens ist er unempfindlich. Die Gourmandise des letzteren verdirbt sich den Geschmack an den Tatsachen durch immer neue Gedankendestillate. Jene echte Künstlerschaft [...] pflegt sich gerade darin zu destillieren, daß sie durch Beziehung *bekannter* Tatsachen auf *bekannte* Gesichtspunkte dennoch ein Neues zu schaffen weiß« (Objektivität, S. 214).

schaftstheoretiker zur Nation ist nicht viel erreicht. Darum werden wir den impliziten und expliziten Begriffen der Nation im Zusammenhang mit dem Begriff der Gesellschaft (oder der Vergesellschaftung) bei Durkheim und bei Weber nachgehen müssen. Steht der eine für einen sich entwickelnden neuen Nationalismus im Übergang vom 19. zum 20. Jahrhundert und prägte er mehr als andere dessen Vorstellungen und Begriffe, so steht der andere für die Dritte Republik und formulierte deren Theorie keineswegs nur in allgemeinen Begriffen.[8] Émile Durkheim war nicht nur Landsmann, sondern Generationsgenosse und politischer Gegner von Maurice Barrès. Es bietet sich daher an, nun am Beispiel von Durkheim die soziologische Selbstthematisierung zu betrachten.

Émile Durkheim und die Nation: Die Realität der Repräsentation

Einige der von Barrès beschriebenen »Entwurzelten« wurden im gleichnamigen Erfolgsroman, dessen Titel in die Umgangssprache einging, in den Selbstmord getrieben. Nach Barrès waren dafür Fremde, Juden und fremde Ideen – zum Beispiel deutsche, kantianische – und schließlich der Mangel an Religion – weniger als Glaube denn als Liebe zum Eigenen – verantwortlich. Das Thema Selbstmord aber war kein rein literarisches. Neben und zusammen mit der Melancholie, die schließlich durch den Aktivismus einer neuen Generation überwunden wurde, war der Selbstmord Gegenstand vieler Diskussionen des 19. Jahrhunderts und der Jahrhundertwende. 1909 kam es aus Anlaß des Selbstmords eines Schülers zu einer kleinen politischen Auseinandersetzung in der *Assemblée nationale*, die Barrès als Abgeordneter verfolgte. Einige Wochen später nahm er an der Beerdigung seines Neffen teil, der sich erschossen hatte. In der Trauerrede bezog er sich ein weiteres Mal auf den Selbstmord als Indikator der Desintegration der Gesellschaft. Zwölf Jahre zuvor, 1897, mitten in den Auseinandersetzungen um die Dreyfus-Affäre und im selben Jahr wie der Publikation des, so Aragon, ersten modernen politischen Romans, »Les Déracinés«, veröffentlichte der Gründer der französischen Soziologie, Émile Durkheim, sein berühmtes Buch über den Selbstmord.[9] Schon in seinem Arbeitsteilungsbuch hatte er einen Begriff in die Diskussion eingeführt, der, auf den ersten Blick zumindest in der Problemstellung, auf den zweiten Blick auch bei der Beantwortung, nicht weit entfernt ist vom Bild der Entwurzelung: die Anomie. Barrès und Durkheim teilten einen weiteren Ausgangspunkt. Für beide stand das Kol-

---

8 Nicolet bezeichnet die Durkheimsche Soziologie als »einzigen Versuch zur offiziell-amtlichen Bildung einer Wissenschaft durch und für die Republik« (ders., L'idée républicaine, S. 312).
9 Durkheim, Selbstmord.

lektiv an erster Stelle. Das eingebürgerte Bild der *deux France*, das der gro-ßen historischen Erzählung zugrunde liegt, die das Frankreich der ›zwei Rassen‹, der fränkischen Elite und des gallischen Volkes, thematisierte und in der Dritten Republik auf einen internen ›Kulturkampf‹ übertragen wur-de, muß zumindest teilweise revidiert werden. Bei den Auseinandersetzun-gen über die Form der Neugründung der Republik nach der Niederlage 1870/71 standen sich zwar schließlich ein republikanisch-laizistisches und ein nationalistisch-katholisches, mit Charles Maurras auch ein monarchisti-sches Frankreich gegenüber. Trotz aller Unterschiede aber läßt sich eine Komplementarität zwischen dem rechtsnationalistischen Literaten und Po-litiker Barrès und dem Laizisten, Jaurès-Unterstützer (und Freund) und Theoretiker der Solidarität und deren Herstellung, Durkheim, zeigen.[10] Die-ser analysierte die Gesellschaft schließlich selbst nach dem Muster der Reli-gion.[11]

---

10 Auf Noras Bemerkung der Komplementarität beider wurde schon hingewiesen (vgl. S. 182, FN 221). Gallissot (*La nation*) macht für die unmittelbare Zeit der Dreyfus-Affäre auf die Nationalismen aufmerksam, die auf beiden Seiten des sich auftuenden gesellschaftlichen und ideologischen Grabens zu beobachten sind.

11 Daß Durkheims Schriften zur Erziehung unmittelbar im Kontext der Grün-dungskrise der Dritten Republik, des wachsenden Nationalismus einerseits und der Laiisierungspolitik andererseits stehen, ist häufig bemerkt worden. Durk-heims Gegenstrategie zur konservativ-integristischen Gesellschaft war eine *Sakralisierung der Gesellschaft*, so der Titel eines Aufsatzes von Firsching, der Durkheims Moraltheorie und Religionsbegriff in die ideenpolitische Auseinan-dersetzung der Dritten Republik einordnet. Tiryakian zeigt die Verbindung Durkheims zu den Ritualisierungsversuchen der Französischen Revolution (ders., *Durkheim, Mathiez*). Dennoch gilt Strenskis Beobachtung: »Im allge-meinen haben Kommentatoren Durkheims den nationalen oder nationalisti-schen Inhalt von Durkheims Schriften mit Ausnahme der expliziten Schriften während des Krieges und seiner Schriften an die Nation wenig beachtet. [...] Im Gegenteil, jenseits von Durkheims Einbindung in das Geschäft der Dritten Re-publik könnte das Wiederaufleben des Nationalismus am Ende des 19. und zu Beginn des 20. Jahrhunderts Durkheims Interessen in einer Weise geformt ha-ben, die weder unmittelbar evident noch unmittelbar explizit sein muß« (Stren-ski, Durkheim and the Jews, S. 154). So verzichtet zum Beispiel Habermas in seiner Durkheim-Rekonstruktion, bei der es gerade um die Bedeutung und Ent-wicklung der symbolisch vermittelten Kollektivvorstellungen geht, ganz darauf, diese möglichen Verbindungen zu thematisieren. Es ist aber gerade interessant, wie sich in republikanischem Kontext die kulturelle Integration über die Vor-stellung des selbstbestimmten Subjekts legt und der Einzelne über das Ritual und die Symbolik durch Pflicht – und in Krisenzeiten vor allem: durch Liebe – an die Gemeinschaft gebunden wird. Das ambivalente Verhältnis Durkheims zur integrierten Nation, ja die Kongruenz mit nationalistischen Ansätzen wird ausgeblendet (siehe Habermas, Kommunikatives Handeln 2, S. 75–97).

Wie kam es aber dazu, daß der frühere »Prinz der Jugend«, der das Individuum zunächst entsozialisiert hatte, um es dann unmittelbar ans Kollektiv zu binden, den Dreyfusard Durkheim zitierte? Durkheim hatte sich während der Dreyfus-Affäre eindeutig, aber dennoch eher vorsichtig und verhalten geäußert. So vermied er es, in seiner Antwort auf Brunetières »Après le procès« zum Antisemitismus Stellung zu nehmen. Ihm ging es in der Antwort um die Stellung der Intellektuellen und deren Bedeutung für ein auf Individualisierung beruhendes Modell der nationalen Integration. Im Gegensatz zu den Nationalisten, die die traditionalen Institutionen, Armee und Kirche, stärken wollten und die Unterordnung der Individuen unter die Institutionen forderten, verwies Durkheim auf die einer modernen Gesellschaft angemessene Integrationsform. Diese wird, so läßt sich seine Antwort zusammenfassen, durch die gesellschaftliche Konstruktion des Einzelnen als Individuum integriert und nicht durch Unterordnung.[12] Um den Zusammenhang zu verstehen, warum Barrès auf Durkheim zurückgreift, können wir zu den Selbstmordfällen des Jahres 1909 zurückkehren. Ein fünfzehnjähriger Jugendlicher hatte sich in Clermont-Ferrand das Leben genommen. Der Fall ging durch die Presse. Der Jugendliche war einer von dreien, die sich entschlossen hatten, sich nacheinander in ihrer Klasse, vor den Augen von Mitschülern und Lehrern, selbst zu töten. Nur einem gelang es, sich umzubringen, die anderen konnten daran gehindert werden.[13]

Am 21. Juni 1909 meldete sich Barrès, seit 1906 erneut Abgeordneter,

---

12 Lukes (Durkheim, S. 320 ff.) hebt vor allem das Engagement Durkheims während der Affäre hervor und beschreibt es detailliert. Dennoch meine ich, daß seine Reaktion eher vorsichtig und verhalten war, da er weder Dreyfus und die Affäre selbst zum Thema machte noch auf den Antisemitismus Brunetières einging (Durkheim, Individualismus).

13 Barrès geht in »Mes Cahiers« auf einigen Seiten auf den Fall ein (S. 458–467) und gibt seinen Beitrag in Form eines Protokolls der Debatte wieder. Er druckt auch einen Text Célestine Bouglés, erschienen in der *Dépêche de Toulouse* vom 1. Juli 1909, vollständig ab, in dem dieser als Vertreter des Durkheim-Kreises auf die Äußerungen Barrès' antwortete. In der mir bekannten Literatur geht Winock auf diesen Vorfall ein (ders., *Barrès, Durkheim*). Ein weiterer Artikel (Diani, *Metamorphosis of Nationalism*), der allerdings den direkten Bezug der beiden so unterschiedlichen Autoren und ebenso unterschiedlichen Politiker nicht aufnimmt, vergleicht Barrès und Durkheim auf der konzeptuellen Ebene. Diani gibt der Dreyfus-Affäre für beide Autoren zu Recht eine prominente Stellung, nimmt aber, wie ich glaube, zuwenig Bezug auf die systematische Stellung der Nation in Durkheims Theoriebildung. Er schließt sich einem älteren Urteil von Mitchell von 1931 (*Durkheim and the Philosophy*) an: »Ihre neuen Disziplinen, die die totale Unterordnung des Individuums unter die Gesellschaft einschlossen, scheinen die faschistische Bewegung des beginnenden 20. Jahrhunderts vorweggenommen zu haben« (Diani, *Metamorphosis of Nationalism*, S. 91).

der aber eher selten in die Parlamentsdebatten eingriff, im Abgeordnetenhaus zu Wort. Außer dem genannten Fall führte er fünf weitere im Monat
Juni an. Wegen der Außerordentlichkeit des einen Falls, der eine pathologi-
sche Erklärung ausschließe, und der Häufung brauche es, so Barrès, eine
allgemeine Erklärung. Eine vielleicht vorhandene Prädisposition reiche
nicht aus, da sie den Übergang zur Handlung nicht erklären könne, denn
auch »ein zum Selbstmord Prädisponierter ist nicht notwendigerweise ein
dazu Verurteilter«.[14] Damit hatte er sich einem Durkheimschen Erklärungs-
modell angeschlossen, und er bezog sich schließlich auch unmittelbar auf
ihn. Allerdings benannte er auch die Bedingungen, die zur Handlung führten. Hier trennten sich die (Denk-)Wege, um allerdings sofort wieder zu-
sammenzulaufen. Da an Schulen und Universitäten die moralischen Traditionen nicht mehr gelehrt würden, könnten sie auch das notwendige
psychische Gleichgewicht nicht herstellen. Die jungen Lehrer aus den reformierten Universitäten, die noch vor dreißig Jahren Orte der Ruhe, Besin-
nung und Sicherheit gewesen seien, könnten den Schülern nicht mehr »über
die Heimat der Familie, vom Grab ihrer Vorfahren, der Ehre ihres Namens,
der Religion, all den verehrungswürdigen Dingen Frankreichs«[15] erzählen.
Kurz, Werte, ewige und nationale, würden in den Schulen zugunsten des
Intellekts vernachlässigt. An die Stelle der alten Werte würden keine neuen
gesetzt, Vaterland, Familie und Religion hätten keine Bedeutung mehr.
Barrès, der die Religion wegen ihrer Bindungskraft, ihrer sozialen Kohäsion
liebt, ohne zu glauben und hierin mit Charles Maurras und der entstehenden *Action française* übereinstimmt, benutzt die gleichen Begriffe und ein
gleiches Argumentationsmuster wie Durkheim und zitiert schließlich, an die
protestierende Linke gewandt, den Soziologen und Dreyfusard: »Protestie-
ren Sie nicht. Nicht ich, sondern einer der Ihren, M. Durkheim, sagt Ihnen
in seinem Buch über den Selbstmord: ›La religion a incontestablement sur le
suicide une action prophylactique.‹«[16]

---

14 Barrès, Mes Cahiers, S. 459.
15 So Barrès vor dem Abgeordnetenhaus, Mes Cahiers, S. 461.
16 Ebenda. Das Zitat, das Barrès benutzt, ist weitgehend korrekt wiedergegeben.
    Bei Durkheim heißt es: »En second lieu, nous voyons pourquoi, d'une manière
    générale, la religion a sur le suicide une action prophylactique« (Le suicide,
    S. 172). »So sehen wir, warum, allgemein gesprochen, die Religion auf den
    Selbstmord sozusagen prophylaktisch wirkt« (Selbstmord, S. 184). Eine neue
    Übersetzung wäre notwendig. Es heißt nicht »allgemein gesprochen hat Reli-
    gion [...]«, sondern: »Zweitens hat Religion, wir werden sehen, warum, auf
    allgemeine Art und Weise einen prophylaktischen Einfluß auf den Selbstmord.«
    Weder gibt es also das ›sozusagen‹ der deutschen Übersetzung noch das ›unbe-
    zweifelbar‹ des Maurice Barrès. Die erste Wirkung auf die Selbstmordrate, die
    Durkheim besprach, war die der Bildung, der zweite Zusammenhang, den er
    nun anspricht, ist der zwischen Selbstmord und Religion. Dieser ist nicht spezi-

Der Unterschied scheint gering zu sein. Man teilt die gleichen Beobachtungen einer sich ausdifferenzierenden Gesellschaft mit sich in Auflösung befindenden traditionalen Bindungen und kritisiert gemeinsam die Folgen der entstehenden Unsicherheit auf individueller Ebene. Es ist die Auflösung der Moral, die moralische Verantwortungslosigkeit der laizistischen Gesellschaft, die für Barrès die Ursache der Selbstmorde abgibt.[17] Es sind vor allem die Heilmittel, die die beiden Kritiker der Moderne vorschlagen, die den Unterschied markieren. Will der eine, wo sich das Neue noch nicht erkennen läßt, das Alte wieder an seine gewohnte Stelle setzen, so sucht der andere nach dem Neuen, das die Leistung der alten Bindungskräfte übernehmen könnte. Repräsentieren dem einen die Ahnen, die Familie, die Regionen, die Kirche und die Armee die Energie der Nation, so begibt sich der andere auf eine, wenn man so will, unmittelbarere Suche nach der Repräsentation des Gemeinsamen. Religion wird für ihn zum Symbol der Gesellschaft als Nation. Dem älteren Barrès aber fällt es 1921, Jahre nach dem Sieg Frankreichs im Ersten Weltkrieg, nicht schwer, das Neue in Durkheimschen Begriffen zu beschreiben: »Je mehr man in der Laizität versinkt, um so mehr wird alles zum Ritus. Wir sind eine rituelle Gesellschaft: der unbekannte Soldat, die Hundertjahrfeiern.«[18]

Auch Durkheim wollte in seiner Studie zeigen, daß es sich beim Selbstmord nicht um einzelne, individuelle und aus der individuellen Situation zu erklärende Fälle handele. Selbstmorde waren für ihn individuelle Auswirkungen eines allgemeinen gesellschaftlichen Zustands. Die Durkheimsche Soziologie teilte mit Barrès einen allgemeinen Ausgangspunkt des Denkens:

---

fisch, wie zum Beispiel ein Selbstmordverbot durch die Religion, sondern die Wirkung ist allgemeiner Art. Sie schützt, weil sie eine Gesellschaft (société, frz. Ausgabe S. 173, nicht »Gemeinschaft«, wie in der deutschen Ausgabe, S. 184) ist. In der modernen Gesellschaft hat die Religion die Funktion, uns vor dem Selbstmord zu schützen, verloren (Selbstmord, S. 446). Man könnte hinzufügen: weil sie nicht mehr selbst ›Gesellschaft‹ ist, sondern Subsystem.

17 Die Trennung von Kirche und Staat wurde 1905 im loi de séparation geregelt. Religion wird nun privatrechtlich behandelt und damit rechtlich aus dem öffentlichen Raum herausgenommen. Begrifflich spiegelt sich dies in einer Änderung der Bezeichnung wider. Religionen werden nicht mehr als associations culturelles, wie noch im »Recht« von 1901, sondern als associations cultuelles bezeichnet (zur rechtlichen Ebene und den zeitgenössischen Debatten siehe Baubérot, Vers un nouveau pacte laïque?) – eine Namensänderung im Durkheimschen Sinne. Nicolet (L'idée républicaine) beschreibt die zweite Dimension der Laizität, die auf der Unterscheidung von Gewissensfreiheit (liberté de conscience) und Gedankenfreiheit (liberté de penser) beruht. Auf dieser Ebene geht es um einen andauernden Interpretationskonflikt: Geht es um Freiheit der Religion oder Freiheit von Religion?

18 Barrès, Mes Cahiers, S. 910.

das Kollektiv und die kollektiven Bindungen als höhere, wenn nicht einzige Moral.[19] In der modernen, sich differenzierenden Gesellschaft war es der moralische Individualismus, der durch das Kollektiv vermittelt und gefördert werden sollte. Gerade das zur damaligen Zeit gut erforschte und vor allem vieldiskutierte Problem des Selbstmords, einer vermeintlich oft einsamen und individuellen Entscheidung (eher der Pathologie eines Einzelnen geschuldet als gesellschaftlich verursacht), sollte Durkheim die Möglichkeit geben, die Erklärungskraft der neuen Wissenschaft der Soziologie an einem der umstrittenen sozialen Probleme des 19. Jahrhunderts zu zeigen.[20] Mit Hilfe vergleichender Statistiken, der Veränderungen der Daten in der Zeit sollte vergleichend – Nationen, Religionen und Schichten differenzierend – gezeigt werden, daß die moralische Konstitution der Gesellschaft zu jedem Zeitpunkt die Höhe der Selbstmordrate bestimme, oder, wie Durkheim formulierte: »Jede Gesellschaft hat in jedem Augenblick eine bestimmte Neigung zum Selbstmord.«[21] Hieraus entwickelte er seine berühmte Typologie, keine Typologie der Selbstmorde, sondern der sozialen Ursachen des Selbstmords. Er unterschied den egoistischen, den altruistischen, den anomischen und, der Vollständigkeit wegen und als Randphänomen, den fatalistischen Selbstmord. Eine Erhöhung der Selbstmordrate lasse sich unter anderem dort, wo die Religion ihre Bindungskraft verlor und der Einzelne als Einzelner nicht durch andere Formen der Bindung einbezogen wurde, in weniger religiösen, gebildeteren Schichten und bei individualisierteren Formen der Religion feststellen.

Barrès' Bezug auf Durkheim war also keineswegs unberechtigt, wenn er auch in polemischer Absicht erfolgte und Barrès nicht die ganze Argumentation Durkheims vortrug. Und der Bezug endet keineswegs bei der Empirie, bei geteilten Beobachtungen. Für den Durkheim der Selbstmordstudie ist es schon nicht mehr nur die Korporation als Bindeglied zwischen dem Einzelnen und dem Ganzen als Staat, die für die Bindung sorgt, sondern die

---

19 Um so mehr Grund gab es, so kann man annehmen, sich von Barrès zu distanzieren. Durkheim antwortete nicht selbst, diese Aufgabe übernahm Célestine Bouglé, der mit Marcel Mauss, Maurice Halbwachs und anderen zur Gruppe um Durkheim gehörte. Er antwortete in einer den Radikalen nahestehenden Zeitung (*La Dépêche de Toulouse* vom 1. Juli 1909) eher, wie Winock feststellt, auf ideologischer denn auf soziologischer Ebene. Er kritisiert die Gegner des laizistischen Systems und erinnert an die »Entwurzelten« von Barrès und die dort enthaltene Kritik am Kantianismus (Winock, *Barrès, Durkheim*, S. 42; Barrès druckt den Beitrag Bouglés in seinen Tagebüchern ab [S. 465–467]).

20 So zum Beispiel Giddens: »Durch den Einsatz von Durkheim [...] wurde die Analyse des Selbstmords zu einem kritischen Gegenstand im Kampf um die Etablierung der Soziologie als anerkannte akademische Disziplin in Frankreich« (ders., *Suicide problem*, S. 59).

21 Durkheim, Selbstmord, S. 32.

symbolische kulturelle Integration, die nur durch das Kollektiv geleistet wird und dieses zusammenhält. »Die Macht, [...] das ist die Gesellschaft, die in den Göttern nur ihre hypostasierte Form fand. Letzten Endes also ist die Religion das System der Symbole, durch die die Gesellschaft ihrer selbst bewußt wird. Es ist die dem Kollektiv eigene Denkweise.«[22] Der Unterschied zum politischen Katholizismus ist auf dieser Ebene der, daß die Wahl einer bestimmten Religion, des Katholizismus, als Mittel zur Integration nicht geteilt wird, sondern Gesellschaft selbst an die Stelle der Religion gesetzt wird. Charles Péguy hat genau dieses Verhältnis, das umgeformt und auf einer anderen Ebene auch bei Durkheim zu finden ist, auf die kürzeste Formel gebracht: »Der Modernismus besteht genau daraus, nicht zu glauben, was man glaubt.«[23] Er bezog diese Kritik eben auf den neuen Nationalismus Frankreichs, vertreten durch die *Action française*.[24] Die Religion der Moderne, die der Kritik verfiel, war kein Glauben mehr, sondern eine politische Ordnungsmacht. Man glaubt der Ordnung halber, also für die und wegen der Ordnung. Man glaubt nicht, sondern man muß an etwas glauben, das schließlich mit der Ordnung der Gesellschaft selbst zusammenfällt. Glauben und Funktion des Glaubens fallen zusammen (und heißen: politischer Katholizismus), nur die Funktion bleibt erhalten.[25]

Der nichtgeglaubte Glauben als Kennzeichen der Moderne ermöglicht es

---

22 Ebenda, S. 363. Die Frage, wie und ob sich Durkheims Problemstellung verlagert hat, soll hier nicht interessieren (vgl. dazu unter anderen Meier, *Gibt es einen »Bruch«?*).

23 Péguy, L'argent, S. 821. Péguy fährt fort: »Die Freiheit besteht darin zu glauben, was man glaubt und anzunehmen [...], daß der Nachbar ebenso glaubt, was er glaubt.« In weiteren fünf Punkten vergleicht Péguy die als Modernismus kritisierte Moderne mit der Freiheit, die für ihn die erst kurze Zeit zurückliegende traditionale Gesellschaft ist. Die Moderne glaube nicht an sich selbst (wieder: im Vergleich mit dem alten Glauben); sie sei ein System der Gefälligkeiten (gegenüber der Achtung); eines der Höflichkeit (im Unterschied zum Respekt); der Feigheit (der natürlich der Mut gegenübersteht); schließlich sei der Modernismus »die Tugend der Leute von Welt«, der er die »Tugend der Armut« (S. 821) gegenüberstellt. Es ist die *laïcisation*, die die ganze Gesellschaft, also auch die Leute um Charles Maurras und die *Action française*, erfaßt, die für ihn das Symbol der Moderne ist. Es ist die Unsicherheit einer auf Selbstthematisierung umgestellten Gesellschaft, die Péguy nicht erträgt und der er Religiosität und nicht, wie die Nationalmonarchisten, Religion gegenüberstellt.

24 Péguy war ein junger Dreyfusard, der auch als späterer katholischer Nationalist sein Engagement nicht zurücknahm. Charles Maurras kritisierte ihn deshalb heftig, im Gegensatz zu Barrès.

25 Die an sich die Kontingenz betonende Formel lautet: Man muß ja an etwas glauben. Hierbei handelt es sich um eine keineswegs selbst religiös begründbare Aussage. In abgemilderter Form wird gesagt, daß man nicht glaubt, was man glaubt (oder zu glauben vorgibt).

auch, einen anderen Weg zu gehen und den Begriff der Religion selbst abstrakter zu fassen. Es wird dann nicht mehr an einer Religion festgehalten, an die man nicht glaubt, sondern die man braucht. Religion wird als Möglichkeit des Glaubens überhaupt verallgemeinert. Man kann dann an alles mögliche glauben, und es schließt sich die Frage an, wie dies geschieht und ob diese Formen etwas gemeinsam haben. Diesen Weg beschreitet Durkheim dann. An die Stelle unterschiedlicher Religionen oder der Religion als Ordnung tritt der Zusammenhang von Meinen und Handeln.[26] Für Durkheim war es schließlich die Gesellschaft, die sich durch ihre Symbole als kollektive Moral selbst repräsentierte. Nicht die Kirche als eine Form gesellschaftlich-religiöser Institutionalisierung wurde verallgemeinert, sondern Gesellschaft als spezifische soziale Gruppe, als Nation, wurde als höchste realisierbare Form vorgestellt und eben dadurch selbst ›geheiligt‹.[27] Es gab nichts über der Nation.

Durkheim teilte mit Barrès nicht nur die gleiche Frage und eine zumindest strukturell vergleichbare Antwort darauf, wie der die Integration gefährdende Individualismus als Egoismus aufzuheben sei, sondern auch eine praktische Perspektive – die Einschätzung der großen Bedeutung des Erziehungssystems. Nach Barrès brauchte man einen »Friedhof«, also Natur und Geschichte, und einen »Lehrstuhl«, also einen Ort der Erziehung, wo die Bedeutung des Friedhofs, der Geschichte und der Traditionen an die Nachkommen weitergereicht werden konnte, um eine Nation zu bilden. Für Durkheim war es nicht die traditionelle, sondern moralische Erziehung, die für die Produktion sozialer Kohäsion und für die Ausbildung organischer Solidarität verantwortlich war. Die moralische Erziehung stellte Durkheim neben die intermediären Institutionen, die allerdings, anders als für Barrès, nicht in den Regionen, sondern den Korporationen angesiedelt wurden.[28]

---

26 Daß dabei dann Religiosität als individuelle Handlung, als Praxis ausgeklammert wird, ist eine Folge dieser Vorgehensweise. Daß man auch nach den Folgen von Formen der Religiosität für die Gesellschaft fragen kann, hat Max Weber gezeigt. Eine solche Analyseperspektive könnte man auch für den nichtgeglaubten Glauben einnehmen. Die oben genannte Unterscheidung trifft Durkheim schon 1899 in *Définition des phénomènes religieux*. (Von diesem Aufsatz liegt in deutscher Übersetzung nur eine unzureichende Fassung unter dem Titel *Zur Definition religiöser Phänomene* vor.)

27 Kirche hat für Durkheim keine Bedeutung als Organisation, sondern bezeichnet den Vergemeinschaftungsaspekt als solchen. Auch wenn Durkheim mit dem Vorschlag der Bildung von Berufsgruppen eine Bildung von Organisationen vorschlägt, ist er nicht an diesem Aspekt interessiert, sondern an dem der Gemeinschaftsbildung.

28 »Statt daß die Erziehung das Individuum und sein Interesse als einziges und hauptsächliches Ziel hat, ist sie vor allem das Mittel, mit dem die Gesellschaft immer wieder die Bedingungen ihrer eigenen Existenz erneuert. Die Gesell-

Der wachsende Individualismus beschäftigte beide, und beide schrieben der Religion nicht als Glauben, sondern als konkreter, institutioneller oder als mentaler und ritueller Bindungskraft der Gesellschaft eine wesentliche Bedeutung und der Erziehung als Vermittlung religiöser oder auch laiischer Moral den bestimmenden Einfluß zu.

Tatsächlich hatte Durkheim schon 1897 im Selbstmordbuch beobachtet, daß es eine Erhöhung der Selbstmordrate in den gebildeten Schichten gab, und hatte eine Schwächung des traditionellen Glaubens und den sich daraus ergebenden Zustand eines spezifischen moralischen Individualismus, des Egoismus, dafür verantwortlich gemacht. Aus dieser Perspektive ist es wenig überraschend, daß in der Antwort auf Barrès' Intervention im Parlament, zu der Durkheim sich gezwungen sah und die Célestine Bouglé als Vertreter der Durkheim-Gruppe verfaßte, eine inhaltliche Auseinandersetzung ausblieb. Es ging viel weniger um das Was, die Herstellung sozialer Kohäsion, als um das Wie. Hier sind die Differenzen zu finden, die schließlich den politischen Kampf als Krise der Dritten Republik mitbestimmten.[29]

Durkheim und Barrès teilten einen kollektivistischen Ausgangspunkt und auch die Sorge um die Integration der Dritten Republik. Sie standen sich dennoch in den jeweiligen politischen Lagern gegenüber. Durkheims Moralsoziologie ist so als Teil der Auseinandersetzungen der Dritten Republik zu verstehen.[30] Seine Karriere als Soziologe der Erziehung und allgemei-

---

schaft kann nur leben, wenn unter ihren Mitgliedern ein genügender Zusammenhalt besteht. Die Erziehung erhält und bestärkt diesen Zusammenhalt, indem sie von vornherein in der Seele des Kindes die wesentlichen Ähnlichkeiten fixiert, die das gesellschaftliche Leben voraussetzt« (Durkheim, Erziehung, S. 45 f.). Im Selbstmordbuch wird die Bedeutung der Korporationen zumindest formal noch sehr hoch eingeschätzt. Das Schlußkapitel hebt ihre praktische Bedeutung als mögliches Heilmittel hervor. Zuvor wird allerdings auf die Bedeutung der Religion verwiesen.

29 Siehe zur Krise der Dritten Republik im Zusammenhang der politischen Schriften Durkheims Müller, Wertkrise und Gesellschaftsreform.

30 Jones, anknüpfend an Quentin Skinner, diskutiert Durkheim im Rahmen der anderen intellektuellen und theoretischen Entwürfe seiner Zeit, interpretiert die Texte also im Kontext anderer Texte (so auch Turner und Vogt). Tiryakian (L'école durkheimienne) stellt ihn in den Kontext der künstlerischen Avantgarde seiner Zeit, also des Symbolismus, eine scheinbar naheliegende These, beachtet man die Bedeutung des Symbolbegriffs und der Repräsentationen. Durkheim aber war nicht nur ein Gleichgewichtstheoretiker, er sah sich als Vertreter der Dritten Republik, der Mitte, keineswegs der Avantgarde, und sein Symbolbegriff hatte wenig mit dem Symbolismus der Kunsttheorie zu tun. Strenski (Durkheim and the Jews), methodologisch an Skinner anknüpfend, untersucht die weitreichende Diskussion inklusive der jüdischen Diskussion im zeitgenössischen Frankreich unter dem Stichwort des Solidarismus, er beobachtet die weitgehende Identität von Durkheims Gesellschafts- und Nationbegriff. Ich glau-

ner die Bedeutung des Themas der Erziehung innerhalb der laizistischen Bewegung gehören in diesen Kontext. Das Kollektiv als Ausgangspunkt, seine Bedeutung und die Notwendigkeit seiner Erhaltung und Herstellung, die Hervorhebung des nationalen Kollektivs als höchster Form einer existierenden sozialen Gruppe, all dies steht im Zusammenhang der nationalen Bewegung nach 1870/71 und insbesondere ab 1880. Hier erhalten sie ihre Virulenz, aber auch ihre Selbstverständlichkeit. Die vorgeschlagene Lösung des Problems der Integration über die Herstellung einer ›laiischen Moral‹ durch Erziehung, konkret: eine Reform des Ausbildungssystems, um die allgemein beklagte Bindungslosigkeit, den Ich-Kult und Egoismus zu bekämpfen, gehört unmittelbar in die Auseinandersetzungen der jungen Republik. Die Ausgestaltung dieses Systems war umstritten. Barrès hatte schon in den »Entwurzelten« das Versagen des Erziehungssystems angeprangert, und daher ist es im politischen Kampf verständlich, daß Célestine Bouglé für die Durkheimianer eine politische Antwort gab: Nur eine laizistische Erziehung könne die erwünschte Bindung schaffen, antwortete er dem Traditionalisten. Problemdefinition, die desintegrierte Gesellschaft, das Ziel, die Wiederherstellung des Zusammenhalts als nationalem und die Mittel, Erziehung und moralische Bindung, waren nicht umstritten. Erst das Verständnis des Nationalen und die konkrete Bestimmung der Mittel, der Inhalt der Erziehung, waren dies. Selbst die Bedeutung der Religion für die Gesellschaft stand nicht in Frage. Sie wurde einmal als Glaube funktionalisiert, das andere Mal zu einem gesellschaftlichen Integrationsmedium verallgemeinert.

Durkheim band die Soziologie an einen Begriff und an eine Theorie der Gesellschaft, zu deren Grundlagen eine Theorie der Moral und der Religion gehörte. Gerade die Durkheimsche Religionssoziologie, die schließlich verdeutlichte, wie über die Interpretation der Religion Gesellschaft selbst geheiligt wurde, ist im Zusammenhang einer nationalen und auch nationalistischen Konzeption von Bedeutung.[31] Anders formuliert: Die Durkheimsche Soziologie muß in den Debatten und Thematiken der Dritten Republik verortet werden, in ihren Kriseninterpretationen und Heilungsvorstellungen. Die beiden von Barrès zur Deckung gebrachten Themen des Individualismus und Nationalismus, des Einzelnen und der Nation, begegnen uns als grund-

---

be, daß man an dieser impliziten Gleichsetzung zeigen kann, daß Durkheim zeitgebunden schreibt, in und für die Dritte Republik. Am Ende des 19. Jahrhunderts finden sich zwar je spezifische, aber doch auch Gemeinsames aufweisende Verabsolutierungen des Nationalen als Tradition oder Solidarität. Es reicht nicht, auf das Spezifische zu verweisen (Firsching, *Sakralisierung,* beschreibt die Bindung an die Dritte Republik und deren politische Debatten), wenn sich dieses verallgemeinert.

31 Es sind nicht die unmittelbaren Kriegsschriften, die hier ins Zentrum gestellt werden.

legende Themen bei Durkheim. Die ›politische Religion‹, die den Katholizismus als Ordnungsmacht schätzte, findet sich nun in einer abstrakten Variante, das heißt gelöst nicht nur vom Glauben, sondern auch von der Kirche als Institution, bei Durkheim wieder. Durkheim argumentiert gegen die nationalistische Rechte Frankreichs, indem er ihre Fragen und Sorgen aufnimmt und sie schließlich anders beantwortet. Wiederum wird eine Komplementarität zwischen den Richtungen sichtbar. Abstrahiert die französische Rechte den Katholizismus vom Glauben, so Durkheim die Religion.[32]

Das Kollektiv und der Einzelne

Die These vom »Ursprung der Soziologie aus dem Geist der Restauration« läßt sich weniger spektakulär, weniger schön und weniger Widerspruch herausfordernd formulieren.[33] Es handelt sich um nichts anderes als darum, die Gesellschaft an den Beginn der Überlegungen über die individuelle und soziale Welt zu setzen. An die Stelle des schließlich als ›abstrakt‹ entdeckten Subjekts der Aufklärung tritt das Vorurteil oder, vorsichtiger, die Annahme oder Behauptung des Kollektivs als Zentrum und Ursprung. Und es ist das Kollektiv, das zum Ausgangspunkt der Soziologie wird. De Bonald, dessen Schriften der junge Robert Spaemann analysiert, hatte zu Beginn des 19. Jahrhunderts eine Voraussage gewagt: »Diese sublimen Betrachtungen über die Gesellschaftsordnung – Gegenstand einer entsprechenden Theorie der Macht – werden die Beschäftigung des Jahrhunderts sein, das anbricht.«[34] Eine soziologische Perspektive kündigt sich an, auch wenn sie noch metaphysisch konnotiert bleibt. Schon bei de Bonald wird der Begriff Gottes von seiner gesellschaftlichen Funktion her gewonnen. Er spricht von der Reproduktion Gottes durch die Gesellschaft, wodurch sich die Gesellschaft selbst produziert. Von dieser Sicht ist der Schritt nicht mehr groß zur Definition Gottes durch Durkheim: »die verklärte und symbolisch gedachte Gesell-

---

32 Diese Bewegung ist gleichzeitig der Beginn einer Religionssoziologie, gerade weil es nicht mehr um einen spezifischen Glauben und eine bestimmte Institution geht. Religion wird zum Allgemeinbegriff für Religionen oder auch säkularisierte Glaubensformen. Abstrahierungen können den Vorteil haben, daß man jetzt gemeinsam über etwas reden kann, hier also generell: über Religion. In der Durkheimschen Variante trifft dies auch für die Nation zu. Als Symbolisierung der Gesellschaft unterscheidet sie sich nicht mehr in der Form, sondern nur im Inhalt von Religion (siehe zum Thema Religion als Allgemeinbegriff für Religionen Tenbruck, *Religion im Maelstrom*).

33 So der Titel von Spaemanns zunächst 1959 erschienenen Studien zu de Bonald, die 1998 erneut aufgelegt wurden.

34 De Bonald, Werke, Bd. III, S. 448, zit. nach Spaemann, Ursprung der Soziologie, S. 183.

schaft«.[35] Die konservative Kritik der Revolution betont das Konzept der sozialen Gruppe als Grundlage auch der politischen Organisationsform der Gesellschaft, das auch den soziologischen Blick prägen wird.[36]

Durkheim teilte den Ausgangspunkt, und er betonte die Abhängigkeit des Einzelnen von der Gesellschaft. »Der Mensch ist eben zum größten Teil das Ergebnis der Gesellschaft. Von ihr kommt alles, was am besten an uns ist, vor allem alle höheren Formen unserer Tätigkeit.«[37] Der Egoismus ist keine Moral. Es gibt keine individuelle Moral. Moral ist Pflicht und Obligation, sie ist Moral der Autorität, angeschlossen an die soziale Gruppe als Höheres und daher auch als Gutes. »Aber je nachdem, wie wir uns die Gesellschaft als unter dem einen oder anderen Gesichtspunkt [der Pflicht und des Guten, U. B.] vorstellen, erscheint sie uns als eine Macht, die uns gebietet, oder als ein geliebtes Wesen, dem wir uns hingeben.«[38] Weder das eine noch das andere aber tritt in reiner Form auf, weder die bloße Pflicht noch die pure Liebe. »Obwohl [...] die Gesellschaft in uns liegt und wir uns teilweise mit ihr vermischen, sind die Kollektivziele, die wir verfolgen, wenn wir moralisch handeln, so sehr über uns, daß wir, um ihre Höhe zu erreichen, und um uns derart selbst zu übertreffen, im allgemeinen eine Anstrengung machen müßten, deren wir unfähig wären, wenn die Idee der Pflicht [...] nicht unseren Bund mit der Kollektivität verstärken und die Wirkung stützen würde.«[39] Wir haben eine affektive Beziehung zur Gesellschaft in uns und eine der Verpflichtung. Beide treten zusammen auf und sind dennoch äußerst unterschiedlich und bei Individuen und Völkern ungleich verteilt. Die einen haben »Selbstbeherrschung«, die anderen »aktive und schöpferische Energie«,[40] die Quelle der Moralenergie kommt aus der Gesellschaft.[41]

---

35 Ebenda, S. 183 f.
36 Siehe hierzu schon Nisbet, *De Bonald*. Vor Spaemann hatte Nisbet, zum Beispiel in *Conservatism and Sociology*, diesen Zusammenhang betont.
37 Durkheim, Erziehung, S. 118.
38 Ebenda, S. 146.
39 Ebenda.
40 Ebenda, S. 147. Die ungleiche Verteilung dieser beiden bei den Völkern meint hier nur ein wenig verdeckt die Zuordnung der Unterscheidung zu konkreten Nationen, die selbstbeherrschte Gesellschaft der Pflicht, das preußisch-protestantische Deutschland, und das Land der schöpferischen Liebe, Frankreich. Die Bewertung, die in der Differenz steckt, kann, gerade in Krisenzeiten, zum eigenen Vorteil genutzt werden.
41 Die zweite Trilogie von Barrès, deren erster Band die »Entwurzelten« bildeten, trug den Obertitel »Roman der nationalen Energie«. Ist die Quelle der Moral bei Barrès die Nation, so bei Durkheim die Gesellschaft, die sich aber in ihrer höchsten Form ebenso in der Nation realisiert. Selbst der Begriff »Kultus des Ich« taucht bei Durkheim auf, worauf ich später noch eingehen werde.

Ganze Gesellschaften schwanken in unterschiedlichen Phasen zwischen diesen beiden Polen. In Zeiten des Wandels sind gerade Pflicht, Autorität und Disziplin geschwächt. Es gilt dann, das andere Element der Moralität zu betonen: die Liebe zu einem Ideal, »dem man sich opfern kann«.[42] Und dies ist Durkheims Zeitdiagnose: »Nun [...] durchqueren wir gerade jetzt eine dieser kritischen Phasen.«[43] Die kritische Phase währt schon seit einem Jahrhundert, das heißt, sie existiert für die europäischen Gesellschaften seit der Revolution (die Vorlesungen sind aus dem Jahre 1902/03). Keineswegs knüpft Durkheim seine Zeitdiagnose also ausschließlich an aktuelle Erscheinungen, an den verlorenen Krieg, die anschließenden politischen Krisen, die Skandale und den zur Zeit der Vorlesungen noch nicht beigelegten, aber ein wenig beruhigten Streit um die Dreyfus-Affäre. Seine Diagnose reicht über die Zeit der Dritten Republik hinaus, sie führt in Vergangenheit und Zukunft und stellt die Frage nach der Bedingung von Einheit. »Denn wenn die Gesellschaft nicht jene Einheit besitzt, die die Folge ist, daß die Beziehungen geregelt sind und daß eine gute Disziplin die Harmonie der Funktionen sichert, noch jene Einheit, die daher kommt, daß alle Willensanstrengungen auf ein gemeinsames Ziel gerichtet sind, dann ist sie nur mehr eine Sandburg, die der geringste Stoß oder der kleinste Wind über den Haufen wirft.«[44] Entweder müssen die beiden Erscheinungsformen der Moral, und das heißt der ausbalancierten, sich im Gleichgewicht befindenden Gesellschaft, Pflicht und Liebe, in einem ausgeglichenen Verhältnis stehen (hier kommt Durkheims Vorstellung des Equilibriums zum Tragen), oder eines von ihnen muß den Part des anderen übernehmen. Kann es in Zeiten der Krise nicht die Pflicht sein, da die Krise gerade als Krise der Verpflichtung angesehen wird, so muß, obwohl die Disziplin nicht vernachlässigt werden darf, die Liebe als affektive Ausrichtung auf ein gemeinsames Ziel den Mangel ausgleichen.[45] Nur dann verfällt die Nation nicht in einen Schwächezustand, der ihre Existenz gefährdet. Der Gleichgewichtszustand muß dann durch ein Mehr des Anderen, das heißt der Liebe als affektiver Bindung, erreicht werden. Der Erziehung fällt die Aufgabe zu, diese Einheit als Gleichgewicht durch die affektive Ausrichtung auf ein gemeinsames Ziel herzustellen. Erst an dieser Stelle unterscheidet sich Durkheims Entwurf im wesentlichen vom autoritär-traditionellem. Denn es sind nicht der Boden und die Ahnen, Natur und Geschichte, Geographie und Kultur, die das Gemeinsame instinktiv und schließlich auch durch Erziehung definieren, son-

---

42 Durkheim, Erziehung, S. 148.
43 Ebenda.
44 Ebenda, S. 149.
45 Im Definitionsaufsatz von 1899 wurde von Durkheim die Obligation hervorgehoben. Diese Hervorhebung sollte sich in den »Elementaren Formen« ändern.

dern es ist einerseits die Disziplin und andererseits die Liebe zu einem Ideal, das es in der Zukunft zu verwirklichen gilt und das sich durch Erziehung in den Einzelnen entwickeln soll, die die Einheit herstellen.

Das Individuum bildet sich als moralisches Wesen erst in und mittels der Gesellschaft. Die Gesellschaft als Nation ist eine der moralischen, das heißt durch Pflicht und Liebe gebundenen Individuen. Das moralische Individuum ist nicht der Einzelne, sondern es stellt die widersprüchliche Einheit von Gemeinschaft und Einzelnem in der Nation der moralischen Individuen dar. Das absolut egoistische Individuum, der vereinzelte Einzelne des Maurice Barrès', der die Zugehörigkeit zur Gemeinschaft im isolierten Rausch erfährt, stellt sich als eine Abstraktion dar, das tatsächlich existente, relativ egoistische Individuum als ein Zeichen mangelnder Integration. Die Moral schließt ab, sie umgrenzt den Raum des Möglichen. »Daher sind Epochen, wo die desintegrierte Gesellschaft infolge ihres Verfalls weniger stark den freien Willen der einzelnen Bürger anzieht, und wo folglich der Egoismus sich frei ausleben kann, traurige Epochen. Der Ichkult und das Gefühl der Unendlichkeit kommen oft gleichzeitig vor.«[46] Die Konzeption einer Nation der moralischen Individuen ist Durkheims Antwort auf die Nation des Ich/ Wir, der unmittelbaren Verschmelzung und Gleichsetzung von Einzelnem und Kollektiv. Er bezieht seine Konzeption direkt auf die Barrèssche Konzeption des Ich-Kultus, des Zusammenhangs von Ich und Wir als unmittelbarer Gleichsetzung.

Barrès und Durkheim arbeiten am gleichen Problem. Für Durkheim finden Individuum und Moral ihre Quelle in der Gesellschaft, in den sozialen Gruppen. Er nennt drei solcher Gruppen: Familie, Vaterland und Menschheit. »Darf man ihn [den Menschen] einer Gruppe anschließen und ihn von allen anderen ausschließen? [...] Was auch einige Vereinfacher gesagt haben, unter den drei Kollektivgefühlen gibt es keinen notwendigen Antagonismus, als ob man seinem Vaterland nur in dem Maß angehören könnte, in dem man sich von der Familie trennt, als ob man seine Pflichten als Mensch nur erfüllen könnte, wenn man seine Pflichten als Bürger vergißt.«[47] Die drei Gruppen stellen für Durkheim gleichwohl verschiedene Phasen der sozialen und moralischen Entwicklung dar, die auseinander hervorgegangen sind, daher auch gemeinsam existieren und sich ineinander ergänzen können. »Der Mensch ist nur moralisch vollständig, wenn er der dreifachen Wirkung unterworfen

---

46 Durkheim, Erziehung, S. 122. Durkheim benutzt hier den Barrèsschen Begriff des Kultus des Ich. Im Original heißt es: »Le culte du moi et le sentiment de l'infini sont fréquemment contemporains« (Durkheim, L'éducation morale, S. 61). Durkheim bezieht sich hier, wie auch der weitere Kontext dieser Stelle nahelegt, unmittelbar auf Barrès. Der Gebrauch des Begriffs »culte du moi« zeigt dies in aller Deutlichkeit.

47 Durkheim, Erziehung, S. 123.

ist.«[48] Keineswegs aber haben die unterschiedenen Gruppen die je gleiche Bedeutung für die Individuen. Allen drei Gruppen kommt ein unterschiedlicher Wert zu: je unpersönlicher, um so höher der Wert, ja, die moralische Bedeutung der Familie nimmt ab zugunsten des Staates. Bei aller Bedeutung also ist die Familie zu klein, sie umfaßt einen zu kleinen sozialen Kreis.

Wie steht es aber mit dem Verhältnis der Menschheit zur Nation? Die Nationen haben unterschiedliche Stämme integriert und bilden große soziale Organismen, die von ethnischen und geographischen Besonderheiten mehr und mehr unabhängig werden, Unterschiedlichstes integrieren. Die menschlichen Ziele aber sind noch höhere, gebiert ihnen also der Vorrang? Die Menschheit bildet nach Durkheim keine Gesellschaft, da Gesellschaften durch selbstbewußte soziale Organismen »mit eigener Individualität und eigener Organisation«[49] bestimmt sind. Die Menschheit ist ein abstrakter Begriff; sie umfaßt alle Staaten, Nationen, Stämme. Sie kann aber keine Individualität und Organisation ausbilden, kann sich nicht differenzieren. Auch wenn die Staaten größer werden, wird wohl niemals ein einziger Weltstaat existieren. Die Menschheit ist keine konstituierte Gruppe. Eine existierende Gruppe sollte nicht einem Wunschtraum untergeordnet werden. Soziologisch gibt es die Menschheit nicht, da sie keine der Merkmale aufweist, die Gesellschaft, Staat, Nation, Gruppe – die Begriffe werden hier alle gleichbedeutend benutzt – kennzeichnen. Die Nation ist der höchste moralische Wert, die Quelle der höchsten Moral, da sie die höchste existierende Entwicklungsstufe der menschlichen Organisation ist.

Durkheim zieht diese Konsequenz an dieser Stelle nicht explizit. Er fragt vielmehr, was mit dem abstrakten Wert der Menschheit geschieht, die zwar keine gesellschaftliche Organisation hat, aber prinzipiell höher zu bewerten ist als der Wert der Nation. Mangels der Möglichkeit der Ausdifferenzierung einer Menschheitsgesellschaft (nicht: einer Weltgesellschaft) müssen die ›höchsten bekannten Gruppen‹ deren Aufgabe übernehmen, ohne sie jedoch schon zu ›verkörpern‹. Praktisch: Man lasse seine Nachbarn in Frieden leben und wünsche nicht, überlegen und reicher als sie zu sein. Im Schoße der im Staat verwirklichten Nation sollen sich die Interessen der Menschheit verwirklichen. Hier erst ist eine markante Differenz zu den ›nationalistischen Nationalisten‹ erreicht. Bei diesen dient Nation und Staat der Selbstverwirklichung und Selbstbestimmung einer als natürlich *und* historisch bestimmten Gruppe, die sich im meist autoritär gedachten und gewollten Staat verwirklicht und sich von der abstrakt gesetzten Menschheit unterscheidet. Mit der Verwirklichung der Selbstbestimmung der Gruppe ist auch die des Individuums geleistet. Die Gruppe und der Einzelne realisieren sich gemeinsam und unterscheiden sich von der Menschheit durch die

---

48 Ebenda, S. 124.
49 Ebenda, S. 125.

Selbstbestimmung. Bei Durkheim aber übernimmt die Gesellschaft als Nation die Verwirklichung der Menschheit, die selbst keine Gruppe darstellen und daher keine Moral entwickeln kann.

Indem Durkheim Familie und Nation als soziale Gruppen versteht und den Begriff der Menschheit als denjenigen der höchsten vorstellbaren Ordnung anschließt, kann er diese, kaum genannt, wieder ausschließen, da die Menschheit keinen Gruppencharakter besitzt. Er selbst aber hat die Reihen- und Rangfolge gesetzt und einen Begriff an den Schluß gesetzt, der die Logik der beiden anderen durchbricht. Denn der Familie und der Gesellschaft als Nation, die als Form der höchsten Moral die niedere Moral der Familie integriert, schließt sich nicht der Begriff der Menschheit als ein umfassender an, sondern derjenige der Gesellschaft als Gesellschaft, das heißt der Weltgesellschaft. Dies aber scheint (noch) nicht denkbar gewesen zu sein – unter anderem, weil die höchste vorstellbare Form der Gesellschaft als Nation gedacht wurde, anders formuliert: da Nation Gesellschaft war.

Durkheim, der Soziologe der laiischen Moral, braucht, da er Ausgangspunkt und Problemdefinition des zeitgenössischen politischen Diskurses teilt, aber zu anderen Lösungen kommt als die modernistischen Nationalisten des Ich/Wir und des Glaubens ohne Glauben, selbst einen Begriff des Individuums. Er griff 1898 mit einem berühmten Text in die Debatte um die Dreyfus-Affäre ein. »Der Individualismus und die Intellektuellen« war eine Antwort auf einen Beitrag zur Dreyfus-Affäre von Ferdinand Brunetière, eines Spezialisten für französische Literatur des 17. und 18. Jahrhunderts, der an der École normale supérieure und der Sorbonne lehrte, 1894 Mitglied der Akademie wurde und die Polemik liebte.[50] Im März 1898 veröffentlichte Brunetière seinen Artikel *Après le procès*, womit der Prozeß gegen Zola nach *J'accuse* gemeint war.[51] Er beschrieb den Antisemitismus als Reaktion auf Entwicklungen und Theorien einer multirassischen Gesellschaft und verteidigte die Institutionen, Kirche und Armee, als Garanten der sozialen Bindung, die sich gegen den wachsenden, für die Gesellschaft bedrohlichen Individualismus stellten. Durkheim fand hier einen angemessenen Anlaß, in die Debatte einzugreifen. Die Polemik gegen Zola wurde von

---

50 George Sorel schrieb über Brunetière: »Nach dem Tod von Renan und Taine war er der unbestrittene Führer des zeitgenössischen Denkens« (zit. nach Netter, *Brunetière*, S. 194).

51 Brunetière gehörte auf seiten der Anti-Dreyfusard mit Barrès und Frédéric Lemaitre zu jenen ›Intellektuellen‹, denen die Zeitungen offenstanden und die sie nutzten, um ihre Artikel zu lancieren. Sie waren nie Journalisten im klassischen Sinne, aber es entstand eine spezifische Verbindung zwischen den ›Intellektuellen‹, den Schriftstellern und Wissenschaftlern und der französischen Publizistik. »Indem sie die Zeitungen nutzten, mit denen sie zusammenarbeiteten, wurden Brunetière, Frédéric Lemaitre oder Barrès die Meister der Anti-Dreyfusards« (Martin, *Les journalistes*, S. 119).

einer Person vorgetragen, mit der der Streit lohnte, und er konnte einen doppelten Kampf führen: für das Recht der Intellektuellen auf Kritik, aber auch für die Stärke der neuen Wissenschaft der Soziologie und damit der reformierten Universitäten. Auf das Problem des Antisemitismus, von Brunetière im Text gegen Zola gerechtfertigt, ging er nicht ein. Vielmehr nutzte er die Möglichkeit, seinen Begriff des Individualismus zu erläutern. In modernen Gesellschaften der organischen Solidarität, basierend auf Arbeitsteilung und Differenzierung der Funktionen, sei es gerade der Individualismus, der die soziale Bindung begründen könne. Gleichheit garantiere nicht mehr die soziale Kohäsion, wie es in Gesellschaften mit mechanischer Solidarität gewesen sei. Die Kritiker des Individualismus, so Durkheim, gefährdeten die Integration der modernen Gesellschaft.

Der Individualismus wurde von Durkheim nicht mit der Auflösung von Normen und tendenzieller Anarchie gleichgesetzt, sondern es war nun im Gegenteil der Individualismus, der, trotz der Erfahrung der Anomie, als Religion des Individuums die einzig mögliche Form der Herstellung von sozialer Bindung darstellte. Die Gesellschaft macht den Menschen zum Menschen, und die moderne, differenzierte Gesellschaft macht ihn zum Individuum. Die Verteidigung des Menschen als Individuum wurde nach Durkheim zur Aufgabe der Intellektuellen, der sie mittels ihrer professionellen Tätigkeit des Prüfens, Kritisierens und Belegens nachkamen. Mit dem Individuum verteidigten sie die spezifische Form der Integration und der Bindung moderner Gesellschaften. Brunetière und mit ihm viele andere Mitglieder der *Academie française* vertraten, so Durkheim, eine nicht mehr gültige, veraltete Form der Integration. Sie hatten die moderne Form der Gesellschaft nicht verstanden und gefährdeten damit selbst das Ziel, das sie und auch Durkheim zu erreichen suchten. Ihre Kritik des Individuums als die Gesellschaft gefährdende, ungebundene Einzelne, die nur ihren eigenen Interessen folgten, liefe nicht nur ins Leere, sondern das gepriesene Heilmittel, die exemplarische Stärkung traditionaler Institutionen, die ihre Funktion aber verloren haben, gefährdete gerade die Integration der Gesellschaft. Der kritisierte Individualismus wurde von Durkheim in einer spezifischen Variante zum Heilmittel der zu integrierenden Gesellschaft erklärt.

Der Einzelne stand in Durkheims Konzept der Gesellschaft keineswegs gegenüber, er lebte nicht »unter den Augen von Barbaren«, sondern war als Individuum Produkt und Garant der Gesellschaft, die, als existierende Organisation und als bestehender Organismus in ihrer höchsten vorstellbaren Form, Nation war. Durkheim ›heiligte‹ das gesellschaftliche Individuum aus den gleichen Gründen, aus denen Brunetière die Institutionen (Kirche und Armee) lobte.[52] Es ging bei diesem französischen Kulturkampf um die

---

52 Es sei hier nur angemerkt, daß Freuds Wahl von Kirche und Armee als Beispiele für organisierte Massen in seinem Aufsatz über Massenpsychologie, in dem er

Formen der gesellschaftlichen Integration, die von beiden Seiten als Kampf um die Definition dieser Wirklichkeit, das heißt als Kampf um die Definition des Nationalen geführt wurde.[53] Durkheim feierte das gesellschaftliche, und das hieß für ihn, das moralische Individuum als die französische Form der nationalen Integration. Da Gesellschaft in ihrer höchsten Form Nation war, wurde die Nation zur Quelle der Moral und des moralischen Individualismus. Der Gesellschaftsbegriff Durkheims kann nicht von dem der Nation unterschieden werden. Die Durkheimsche Soziologie ist eine der nationalen Integration und der Heiligung des Nationalen. Ja, man kann weitergehen. In einem Band über die französische Wissenschaft für die Weltausstellung von 1915 in San Francisco schreibt Durkheim:»Den Anteil, der Frankreich bei der Gründung und Entwicklung der Soziologie zukommt, zu bestimmen, heißt fast die Geschichte dieser Wissenschaft zu betreiben; denn [...] sie ist vor allem eine französische Wissenschaft.«[54] Die Soziologie war nicht nur eine Wissenschaft der Nation, sondern eine nationale Wissenschaft.

---

theoretisch Überlegungen von Le Bon aufnahm und weiterführte, die zeitgenössische französische Thematisierung der die Gesellschaft tragenden oder sie tragen sollenden Institutionen aufnimmt. Einerseits waren Kirche und Heer für Freud »künstliche Massen«, da sie Zwang anwenden mußten, um nicht auseinanderzufallen. In einem Zusatz von 1923 schreibt er:»Die Eigenschaften ›stabil‹ und ›künstlich‹ scheinen bei den Massen zusammenzufallen oder wenigstens intim zusammenzuhängen« (Freud, *Massenpsychologie*, S. 88, FN 1). Freud erkennt zweierlei: die Ultrastabilität konstruierter Gruppen und ihren Zwangscharakter. Künstliche Gruppen sind stabil und vom Zerfall bedroht. Die libidinöse Bindung, auf der sie nach Freud beruhen, führt zu krasser Exklusion der Nichtzugehörigen, zur Panik bei Auflösung der »Gefühlsbindung«. An der Freudschen Erkenntnis der Stabilität und gleichzeitigen Auflösungstendenz künstlicher, also konstruierter Gruppen gilt es festzuhalten. Die Auswahl der Gruppen Kirche und Heer sind zeitgenössisch.

53 Dies ist keine neue Erkenntnis. Schon Bellah hat in seiner Einleitung zur englischen Ausgabe von Durkheims Texten über Moral und Gesellschaft diesen als »halboffiziellen Ideologen der Dritten Republik« bezeichnet, und Krech/Tyrell haben ihn in die Tradition der konservativ-gegenrevolutionären Anfänge der Soziologie in Frankreich eingeordnet (vgl. dies., Religionssoziologie, S. 48).

54 Der Band *La Science française* wurde vom Ministère de l'Instruction publique et des Beaux-Arts herausgegeben. Neben Durkheim schrieb unter anderem Bergson für die Philosophie (siehe hierzu Prochasson/Rasmussen, Au nom de la Patrie, dort auch das Zitat, S. 211). Im Original wird die Soziologie als »une science essentiellement française« bezeichnet. Statt mit ›vor allem‹ könnte man auch mit ›ihrem Wesen nach‹ übersetzen. Durkheim war dabei die deutsche Soziologie durchaus teilweise bekannt. Er hatte 1898 für den ersten Band der *Année sociologique* mit Simmel zusammengearbeitet, er war sogar unter den Herausgebern dieses Bandes zu finden (siehe Rammstedt, *Das Durkheim-*

Der Wille zur Herstellung der nationalen Integration als geteilte Basis macht verständlich, was Prochasson deutlich formulierte und auch für den Soziologen Durkheim gilt: »Man konnte aus den exakt gleichen Gründen Dreyfusard oder Anti-Dreyfusard werden.«[55] Da man die Nation retten wollte, konnte man die Juden als ›Verräter, die nicht verraten haben‹, bekämpfen, nur um die nationale Institution der Armee zu stabilisieren, die zusammen mit der Kirche als der Vertreterin eines Glaubens, an den man nicht glaubte, Frankreich war. Man konnte zwecks Integration der Nation die Gesellschaft selbst zur Religion machen. Die Nation fand sich dann im Glauben und Handeln der Individuen und im Eintreten für deren Rechte. Aufgabe der Intellektuellen wurde es, Kritik zu äußern und eine rationale Erziehung zu gewährleisten, um Disziplin und Liebe zu erzeugen. Dann waren es gerade die Vorstellungen der Individuen als Repräsentationen des Ganzen, die erst die Einheit garantierten und die ihren symbolischen Ausdruck finden mußten. Es gilt daher, die empirische Feststellung theoretisch ernst zu nehmen, daß man aus den gleichen Gründen – um die Nation zu retten, um die Liebe der Einzelnen zum Ganzen zu wecken etc. – auf der einen oder anderen Seite stehen konnte.

Das Konzept der Nation kann aus den gleichen Gründen inklusiv oder exklusiv formuliert werden, und das heißt: aus den gleichen Gründen sehr unterschiedliche Folgen haben.[56] Im exklusiven Fall steht das Individuum außerhalb der Gesellschaft, und seine Zugehörigkeit ist ganz unabhängig von dieser konzipiert. Im radikalen, aber exemplarischen Fall muß es sich von den störenden Umwelteinflüssen, wie dies beispielhaft von Barrès beschrieben wurde, reinigen, um im unstrukturierten Ich der Natur und Geschichte die Rettung im Wir zu entdecken. Nur diejenigen, die das gleiche Wir in ihrem Inneren entdecken, den nach innen gelegten Friedhof der Na-

---

Simmelsche Projekt). Durkheim und Weber aber kannten sich nicht und haben sich niemals zitiert. Man kann aber fragen, ob es einen vermittelten Kontakt gab (so Rammstedt, *Durkheim, Weber et, furtivement, Simmel*).

55 Prochasson, *Intellectuels*, S. 108.
56 Nation ist zunächst immer ein Inklusionsprinzip. Erst aus dem Dazugehören bestimmt sich das Nichtdazugehören. Ist die Inklusion gesetzt, kann man sich um so ausgiebiger der Exklusion widmen. Ist die Inklusion aber als Projekt definiert, bleibt die Inklusionsleistung im Mittelpunkt der Aufmerksamkeit. Exklusion kann dann als Folge, zum Beispiel des »Glücks, Franzose zu sein«, das andere leider nicht teilen oder teilen können, unter Umständen sogar nur: nebenbei, thematisiert werden. Diese unterschiedliche soziale Logik verschiedener Formen des Ausschlusses und Einschlusses geht verloren, wenn ein systemtheoretischer Formbegriff auf den Begriff der Nation übertragen wird (siehe hierzu Richter, Form der Nation). Folgen unterschiedlicher Modelle des Nationalen, unterschiedlicher Wertungen von Inklusion und Exklusion werden nicht mehr sichtbar.

tur und Geschichte teilen, gehören zum großen Wir dieser Konstruktion. Durkheim benutzte für diesen Fall den Begriff der mechanischen Solidarität, der eine als unmittelbare vorgestellte Zugehörigkeit zum Ganzen bezeichnen sollte. Als stabiler sollte sich die andere Konstruktion erweisen, die die Individuen als moralische an das Ganze zu binden suchte.

Im inklusiven Fall der organischen Solidarität, der durch Differenzierung und Individualisierung vermittelten Einheit mußte die letztere symbolisch werden. Der Ort der Einheit wurde – theoretisch von Durkheim und praktisch in der Dritten Republik – in die Repräsentation selbst verlegt. Die Liebe als gemeinsames Ideal der Zukunft – um es in den Begriffen Durkheims von 1902/03 zu sagen – mußte sich in den Symbolen und den Repräsentationen finden. Es fand sie tatsächlich in den feierlichen Selbstinszenierungen der Republik. Auf der einen Seite müssen die Organisationen der Nation erhalten bleiben, da sie fürs Ganze stehen, ohne daß man an sie glaubt. Dies ist der Hintersinn des politischen Katholizismus, der nicht an den Glauben glaubt, und des Festhaltens an der Ehre der Armee als nationaler Organisation, auch wenn sie diese gerade verloren hat (faktisch: in der Dreyfus-Affäre). Sie ist eine Institution nationaler Ehre, nicht weil sie sich ehrenhaft verhält, sondern weil sie so definiert wird. Aber eine ganz ähnliche Konstruktion steht hinter der über das Individuum integrierten Nation, die sich in ihrer Repräsentation ihrer selbst versichern muß und sich in den Symbolen realisiert. Die symbolische Selbstvergewisserung des Nationalen wird in der Repräsentation real, auch wenn man weiß, daß sich das Gefühl der Gemeinsamkeit wieder im profanen Alltag verlieren wird.[57]

---

57 Beschreibt man das Problem in dieser Form, reicht es nicht aus, das Verhältnis Durkheims zur nationalen Frage anhand der Schriften zu analysieren, die die Nation und den Nationalismus direkt zum Thema machen, wie es Llobera (*Durkheim*) tut. Allerdings wird deutlich, daß noch Durkheims Kriegsschrift über Treitschke (*Deutschland über alles*) durchaus einer Durkheimschen Logik folgt und auch als Kriegspamphlet keinen Ausreißer darstellt. Schon in den dreißiger Jahren wurden zwei Texte publiziert, die Durkheim unmittelbar dem Nationalismus zuordneten (Mitchell, *Philosophy of Nationalism,* und Ranulf, *Scholarly Forerunners of Fascism*). Mitchell kommt zu dem Schluß: »Der Kern des Durkheimschen Nationalismus war seine Konzeption der Nation als das erhabenste ›kollektive Wesen‹, das es gäbe« (Mitchell, *Philosophy of Nationalism*, S. 106). Durkheim wird von Mitchell unmittelbar als Vorläufer des integralen Nationalismus gesehen. »Durkheim nahm in einem sehr realen Sinn vorweg, was Charles Maurras gerne den ›integralen Nationalismus‹ nannte. Es ist kein großer Schritt von einer Konzeption der Nation als höherer Realität und der Humanität als höchstem Ideal zu einer, in der die Nation beide Anforderungen erfüllt« (ebenda, S. 106).

Das Symbol und das Ganze

Die Soziologie des Symbols und der Repräsentation ist Bestandteil der religionssoziologischen Studien Durkheims. Die symbolisch-kulturelle Integration der Gesellschaft wird in diesen Studien unmittelbar thematisiert. Durkheims Interesse an der Religion aber ist älter als die konkreten Studien über die »Elementaren Formen der Religion«. Explizit wurde es im ersten Heft der Zeitschrift des Durkheim-Kreises deutlich, der *Année sociologique*. Es ist im Zusammenhang mit Durkheims wachsendem Interesse am Subjekt zu sehen, das sich schon in der Selbstmordstudie niederschlug, in der auch die Bedeutung, die Leistung religiöser Bindungen aufgezeigt wurde.[58] Dabei war nicht nur das Erscheinungsjahr von Durkheims Selbstmordstudie und der »Entwurzelten« von Barrès das gleiche, sondern sie teilten eine besorgte Diagnose: Die Bindungen, die Moral, der Zusammenhalt des Ganzen schienen ihnen nicht mehr gewährleistet zu sein. Die Beschäftigung mit der Religion stand bei Durkheim in diesem ganz unmittelbar praktischen und politischen Zusammenhang.

Die Antwort auf das tatsächliche und behauptete Problem der Desintegration der ›nationalistischen Nationalisten‹ und die meist selbstgestellte Frage, wie dieses Problem zu lösen sei, war eindeutig. Die Institutionen und Organisationen des Staates sollten gestärkt und die Betonung des Eigenen über die Vermittlung von Natur und Geschichte sollte verstärkt werden. Für eine soziologische Betrachtung, die eine wissenschaftliche Diagnose der Gegenwartsgesellschaft und deren Institutionalisierung anstrebte, war diese

---

58 Schon Parsons unterschied bei Durkheim eine positivistische Phase, bei der dieser soziales Handeln als rationale Reaktion auf objektive Bedingungen interpretiert habe (ders., Arbeitsteilung), und eine idealistische Phase, das heißt die der Religionssoziologie. Nach Parsons handelt es sich um einen kompletten Bruch, da Religion nicht mehr auf einer empirischen Ebene faßbar sei. Die Diskussion über einen Bruch in Durkheims Soziologie wurde immer wieder geführt (siehe zum Beispiel Meier, *Gibt es einen »Bruch«?*). Sie ist von Interesse, wenn es um die immanente Theorieentwicklung Durkheims selbst geht, also die Frage nach einer ›reinen‹ Theorie (so zum Beispiel Schmaus, *Durkheim's Philosophy of Science*) gestellt wird, sie kann aber auch gestellt werden, wenn Durkheims Arbeiten kontextualisiert werden (siehe hierzu unter anderem die Aufsätze von Jones, *Sociological Classic*; Firsching, *Sakralisierung der Gesellschaft*; aber auch die Monographie von Strenski, *Durkheim and the Jews*). In dieser Arbeit wird die Frage nach Konzepten der Nation und nach Selbstthematisierungen in schließlich dafür ausdifferenzierten gesellschaftlichen Bereichen gestellt. Durkheim wie die anderen Autoren werden so zu Fallbeispielen. Es geht dann nicht um die Frage nach einer kohärenten Wissenschaftsphilosophie oder darum, wie die Arbeit aus dem Kontext verständlich wird, sondern darum, die Arbeiten als Formen der spezifischen Selbstthematisierung zu analysieren.

Antwort jedoch einerseits zuwenig, andererseits ein Rückfall in vormoderne, mechanische Solidaritätsformen, die in einer arbeitsteiligen, sich differenzierenden Gesellschaft eben nicht mehr die Leistung erbringen konnte, die von ihr gefordert wurde. Die Problemstellung konnte soziologisch akzeptiert, die Lösung aber mußte woanders gesucht werden. Durkheim ging noch weiter: Wenn die Pflicht die soziale Kohäsion nicht mehr ausreichend garantieren könne, dann, so Durkheim, müsse die Liebe gestärkt werden. Das nicht mehr naturgegebene, mechanisch vorhandene Ganze könne nicht durch den autoritären Akt des Festhaltens oder gar des Zurückgehens auf die alten Institutionen legitimiert werden, wie es die Nationalmonarchisten wollten. Eine Kirche ohne Glauben, aber mit Strukturen, oder auch die Vorstellung einer natürlichen kulturellen Integration des Volkes könne die verlorene Einheit nicht wiederherstellen. Durkheims Antwort auf dieses Problem lautete in knappster Form: Wenn das Ganze in der sich differenzierenden Gesellschaft nicht mehr zu bekommen ist, wenn also das »Paradies des Kollektivbewußtseins« (Célestine Bouglé) verschwunden ist, dann muß man sich die Grundlagen der Entwicklung und die Bedingungen der Entstehung dieser Vorstellungen ansehen, sich Kenntnisse über die Formen und Logiken der Repräsentationen des Ganzen erarbeiten, um unter den neuen Bedingungen der differenzierten Gesellschaft eingesetzt werden zu können. Daß die an die Differenzierung gebundene organische Solidarität einen eigenen Standard der Moralität entwickelt, war das Thema des Arbeitsteilungsbuches. Schon hier wurde die Durkheim letztlich interessierende Frage, ob die organische Solidarität auch eine ausreichende gesellschaftliche Integration vermittele, nicht eindeutig beantwortet. Der schließlich gemachte Vorschlag, Berufskorporationen als intermediäre Institutionen zwischen Staat/ Nation und dem Einzelnen einzurichten, war praktisch schwierig und theoretisch wenig plausibel. Auch wenn er diesen Vorschlag am Schluß der Selbstmordstudie wiederholte, war ihm dies doch bewußt. Wenn er auch die Modernität des Vorschlags beteuerte, waren die Zünfte, an welche die Idee anschloß und von der sie sich abgrenzen mußte, doch selbst zu sehr mit einer vergangenen traditionalen Gesellschaft verbunden, um tatsächlich zum organisatorischen Paten einer neuen Solidarität werden zu können. Die bindenden Kräfte der Religion aber hatten sich gerade in der Selbstmordstudie als empirisch wirksam erwiesen, denn der egoistische Typus des Selbstmords konnte vor allem dort gehäuft festgestellt werden, wo die traditionellen religiösen Bindungen gelockert, zumindest, wie im Protestantismus, individualisiert worden waren.

»Mit einem Wort, wir sind vor dem egoistischen Selbstmord nur in dem Maße sicher, wie wir sozialisiert sind; die Religionen können uns aber nur insofern sozialisieren, als sie uns das Recht zur ungebundenen Kritik entziehen. Und sie haben nicht mehr die Autorität, und werden sie aller Wahrscheinlichkeit nach auch nie wieder bekommen, von uns ein solches Opfer zu verlangen. Man kann also nicht auf sie bauen, wenn man sich die Aufgabe stellt, die Flut des Selbstmordes einzudämmen. Wenn übrigens diejenigen, die in einer Wiederkehr der religiösen Gewalt das einzige Heilmittel sehen, konsequent weiter dächten, dann müßten sie gerade die archaistischen Religionen wieder auf ihren Thron heben. Denn das Judentum gewährt einen besseren Schutz gegen den Selbstmord als der Katholizismus, und der Katholizismus einen besseren als der Protestantismus. Und gerade die protestantische Religion hat sich des Beiwerks materieller Gebräuche am meisten entledigt und ist folglich die idealistischste.«[59]

Durkheim antwortet auf das Dilemma, daß die Religion gerade in ihren traditionellen Formen die wirksamsten Bindungskräfte aufweist, daß sie dies aber mit einem Mechanismus erreicht, dem der Autorität, der in dieser Form nicht mehr zur Verfügung steht, mit einem klassisch gewordenen soziologischen Mittel. Er faßt den Begriff der Religion abstrakter. Schon um Religionen vergleichen zu können, braucht man einen allgemeinen Begriff der Religion. Es wird dann danach gefragt, was allen gemeinsam ist und wovon und wie sie sich unterscheiden. Es ist die Abstraktionsleistung des Religionsbegriffs von Durkheim, die es schließlich ermöglicht, Gesellschaft, das heißt in ihrer fortgeschrittensten Form: Nation, die den Menschheitsbegriff integriert, selbst als religiöse Gesellschaft zu interpretieren. Wenn sich ein allen Religionen gemeinsames Prinzip finden läßt, erhält man ein Prinzip der Vergemeinschaftung. Durkheim sucht dies schließlich bei den einfachen, frühen Formen der Religion.[60]

Religion besteht, so Durkheim, aus Glaubensüberzeugungen und Riten, das heißt aus Meinungen und Handlungen.[61] Die religiösen Handlungen und Riten leiten sich aus dem Glauben, also von den Meinungen als kollektiven Repräsentationen ab. Diese bestehen als Glaubensüberzeugungen aus einem Akt der »Klassifizierung der realen oder idealen Dinge«.[62] Es wird binär klassifiziert, heilig und profan werden unterschieden, und es ist diese Unterscheidung, die Durkheim nun, in Erweiterung der schon früher getroffenen Differenz von Glauben und Riten, Meinen und Handeln, zum Merkmal der Religion macht. Religion ist nicht mehr durch die Anwesenheit von Göttern oder eines Gottes bestimmt, sondern durch eine spezifische kategoriale Aufteilung der Welt in die beiden gegensätzlichen Welten des Heiligen und des Profanen. Der Ort der Religion findet sich in den Beziehungen der heiligen Dinge untereinander. Die Gesamtheit der Meinungen als der kollektiven Repräsentationen und der Riten als der verbindlichen Handlungen bilden eine Religion, die sich dann als solche institutionalisiert, wenn sie

---

59 Durkheim, Selbstmord, S. 446.
60 Siehe Durkheim, Elementare Formen. Dazu zusammenfassend Jones/Kibbee, Durkheim, S. 115–155.
61 Vgl. Durkheim, Elementare Formen, S. 61 ff. Die erste Unterscheidung trifft Durkheim schon 1899 (De la définition), er ergänzt sie nun.
62 Ebenda, S. 62.

eine moralische Gemeinschaft, im Durkheimschen Sinne: eine Kirche, bildet.[63] Die Religion ist eine »kollektive Angelegenheit«.[64] Der Bezug auf die Gemeinschaft ist der zweite definitorische Aspekt, der ein System von kollektiven Repräsentationen und verbindlichen Handlungsnormen zur Religion macht. Es sind die kollektiven Repräsentationen (Glauben), aus denen die verbindlichen Riten als verpflichtende Handlungen entstehen und eine moralische Gemeinschaft als Kirche bestimmen.

Durkheim verstand das religiöse Ritual, am Beispiel des Totemismus analysiert, als ein Modell, mit dem sich soziales Leben verstehen ließ. Vermittelt über die Glaubensvorstellungen erhielten die Symbole eine eigene, autonome Form. Die psychische Energie, die sich in Interaktion entfaltete, konnte an die Symbole geheftet werden, und die mit symbolischer Kraft versehenen Dinge und Ideen selbst wurden zu sozialen Tatsachen. »Genauso wie Menschen heiligt die Gesellschaft Dinge und besonders Ideen.«[65] Die Repräsentationen und Symbole werden im gemeinsamen und verpflichtenden rituellen Handeln immer wieder als solche hergestellt und durch Unterscheidung in heilig und profan mit einer besonderen Wertung versehen. Aus dem alltäglichen Zusammenhang herausgenommen, konnten die geheiligten Symbole, das heißt die heiligen Dinge und Ideen, die Struktur des Sozialen nicht nur herstellen, sondern kontrollieren. Das Totem war für Durkheim die äußere, sinnhafte Form des Totemprinzips oder Totemgottes und Symbol einer spezifischen Gesellschaft, des Klans. »Es ist die Klansfahne; das Zeichen, mit dem sich die Klane voneinander unterscheiden; das sichtbare Zeichen ihrer Persönlichkeit; das Zeichen, das alle tragen, die zum Klan gehören: Menschen, Tiere und Dinge. Wenn es also sowohl das Symbol des Totems wie der Gesellschaft ist, bilden dann nicht Gott und die Gesellschaft eins? Wie hätte das Wappen der Gruppe das Zeichen für diese Quasigottheit werden können, wenn die Gruppe und die Gottheit zwei unterschiedliche Realitäten gewesen wären?«[66] Die abgesonderten, vereinzelten sakralen Dinge und Ideen, strikt getrennt vom Profanen, gehen über das Individuelle, über Interessen und Selbstbezogenheit hinaus. Vollzieht sich die Auflösung des Individuellen in die Gemeinschaft im Ritus, im Fest, also bei außerordentlichen, wenn auch wiederkehrenden gemeinsamen Handlungen, so symbolisiert das Wappen die alltägliche Gültigkeit des an sich außeralltäglichen Vergemeinschaftungsprozesses.

Das Wappen ist zunächst ein brauchbares Erkennungszeichen. Die Grup-

---

63 Es ist das Charakteristikum der Gemeinschaftsbildung, das nach Durkheim eine Religion von der Magie unterscheidet (ebenda, S. 69 ff.).
64 Ebenda, S. 75.
65 Ebenda, S. 294. Bei Weber ist die gleiche Unterscheidung handlungstheoretisch als Differenz von materiellen und ideellen Interessen konstruiert.
66 Ebenda, S. 284.

pe muß bezeichnet werden. Es funktioniert also wie ein Eigenname und hat den unmittelbaren Vorteil, daß kein Beteiligter nachfragen muß, was gemeint ist.[67] Diese Kraft kann es entfalten, weil das Symbol nicht nur *für* etwas steht, Symbol der Gruppe ist, sondern diese konstituiert. In diesem Sinne stellt es nicht nur das Ganze dar, sondern es *ist* das Ganze. Die sozialen Gefühle sind an die konkrete Situation der Vergemeinschaftung gebunden und schwinden im Alltag. Das Symbol sichert »die Fortdauer dieses Bewußtseins«,[68] es steht für und schafft die Gemeinschaftsgefühle, mit ihnen die Bindung an die Gemeinschaft und mit der Bindung auch die Gemeinschaft selbst. »So ist das soziale Leben unter allen seinen Aspekten und zu allen Augenblicken seiner Geschichte nur dank eines umfangreichen Symbolismus möglich.«[69] Dies können die Symbole nur leisten, da sie selbst zur Bildung der Gemeinschaft beigetragen haben. Sie kommen zur unmittelbaren Realität hinzu, nicht indem sie als bloße Zeichen für etwas anderes stehen, Ausdruck *von* sind oder sich aus einer Sache heraus entwickeln, sondern die Gemeinschaft als Besonderes herstellen. Die moralische Kraft existiert als Macht der Gesellschaft, die im symbolischen Begriffssystem vorstellbar und damit real wird.[70]

Die sakralisierte Gesellschaft selbst kann Menschen, Dinge und Ideen heiligen. Durkheim nennt als Beispiel die ersten Jahre der Französischen Revolution. »Unter dem Einfluß der allgemeinen Begeisterung wurden sei-

---

67 Durkheim war allerdings der Ansicht, daß dem geschriebenen Zeichen zentralere Bedeutung zukommt als dem gesprochenen (siehe ebenda, S. 319). Anders ist dies beim Versammlungsredner, also bei einem inszenierten, periodisch wiederkehrenden Ritual der Vergemeinschaftung: »Seine Sprache wird großsprecherisch, was unter gewöhnlichen Umständen lächerlich wäre; seine Gesten haben etwas Herrisches; selbst seine Gedanken werden maßlos und lassen sich leicht zu allen möglichen Arten von Übertreibungen verleiten. Er fühlt eben ein ungewöhnliches Übermaß an Kräften, die ausufern und nach außen drängen. Manchmal hat er sogar das Gefühl, daß er von einer moralischen Macht besessen ist, die ihn übersteigt und deren Interpret er ist. [...] Nun ist aber dieses ungewöhnliche Übermaß an Kräften höchst wirklich: Es wächst dem Redner aus der Gruppe zu, an die er sich wendet. [...] Die leidenschaftlichen Energien, die er entfacht, hallen in ihm wider und steigern seine Stimme. Es spricht nicht mehr der einzelne, sondern die verkörperte und personifizierte Gruppe« (ebenda, S. 290).
68 Ebenda, S. 316.
69 Ebenda, S. 317.
70 Habermas bezieht sich auf das symbolische Begriffssystem, um das – bei Durkheim nicht ausreichend beachtete – kommunikative Handeln einzuführen. Durkheim, so Habermas, unterscheide nicht zwischen dem rituell vollzogenen normativen Konsens und der sprachlich erzeugten Intersubjektivität des Wissens. Gerade diese Unterscheidung aber sei eine »Verzweigungsstelle für die Energien gesellschaftlicher Solidarität« (Kommunikatives Handeln 2, S. 90).

nerzeit rein profane Dinge durch die öffentliche Meinung vergöttlicht: das Vaterland, die Freiheit, die Vernunft. Sogar eine Religion wurde geschaffen, die ihre Dogmen, ihre Symbole, ihre Altäre und ihre Feste hatte. Diesen spontanen Drang versuchte der Kult der Vernunft und des höchsten Wesens offiziell zu befriedigen. [...] Obwohl diese Erfahrung nur kurz war, behält sie doch ihr soziologisches Interesse. In einem spezifischen Fall hat man gesehen, wie die Gesellschaft und ihre wesentlichen Ideale direkt und ohne irgendwelche Änderungen das Objekt eines wahrhaften Kultus geworden sind.«[71] Es ist die Gesellschaft, die zum Gegenstand des Kultus gemacht wird, die sich in einem Kultus des Wir nicht nur findet, sondern schafft und realisiert. Die Repräsentationen müssen sich in sich wiederholenden Handlungen realisieren. Der Kult ist die Gesellschaft in Aktion, die die kollektiven Ideen und Gefühle in der Symbolisierung und der äußeren Bewegung ausdrückt. Die Rituale sind keine bloßen manuellen Operationen, sondern »äußere Hülle, unter der sich die geistigen Operationen verbergen«.[72] Die Ideen, die Vorstellungen, die kollektiven Repräsentationen realisieren sich in Symbol und Tat. Eine Gesellschaft existiert nur als doppelte, als wirkliche des Profanen und als vorgestellte. Gesellschaft gibt es nicht in anderer Form. »Diese Schöpfung [des Idealen] ist für sie nicht irgendeine Ersatzhandlung, mit der sie sich ergänzt, wenn sie einmal gebildet ist, es ist der Akt, mit dem sie sich bildet und periodisch erneuert.«[73] Die vorgestellte, ideale Gesellschaft ist Teil der wirklichen Gesellschaft, und damit besteht Gesellschaft nicht nur aus der »Masse von Individuen, aus denen sie sich zusammensetzt, aus dem Boden, den sie besetzen, aus den Dingen, deren sie sich bedienen, aus den Bewegungen, die sie ausführen, sondern vor allem aus der Idee, die sie sich von sich selbst macht«.[74] Erst die ideelle und symbolische Selbstthematisierung schafft also die wirkliche Gesellschaft, macht sie zu einer sozialen Tatsache. Selbstthematisierungen aber sind unsicher, es kann zu Auseinandersetzungen über die richtige Form der Gesellschaft kommen, alte und neue Ideale können miteinander in Konflikt geraten. Die Formen der Selbstthematisierung als unterschiedliche Formen der Realisierung von Gesellschaft stehen dann in Konflikt, nicht die Ideen und die Wirklichkeit. Der moderne Konflikt ist zwischen der »Autorität der Tradition [...] und dem, was erst werden will«, angesiedelt.[75] Am Schluß seiner Religionssoziologie kommt Durkheim zurück zum Kommentar der Gegenwartsgesellschaft. Auf diese zielten seine Überlegungen. Er fand die Grundlage der Stabilität des Gesellschaftlichen nicht in den Praktiken, sondern in

---

71 Durkheim, Elementare Formen, S. 294/295.
72 Ebenda, S. 562.
73 Ebenda, S. 565.
74 Ebenda, S. 566.
75 Ebenda.

216

den Vorstellungen, den Idealen. Der Kult, die Feste, das heißt also die gemeinschaftsstiftenden Praktiken, können sich nur auf Dauer erhalten, wenn an sie geglaubt wird, wie man es am Beispiel der Französischen Revolution beobachten konnte. Religion aber, und das heißt nach Durkheim auch: die selbstsakralisierte Gesellschaft als Nation, ausgedrückt unter anderem in ihrem Wappen, der Fahne, besteht nicht nur aus Festen und Riten, einem »System von Praktiken; sie ist auch ein System von Ideen, deren Ziel es ist, die Welt auszudrücken«.[76] Tätigkeit und Denken, die beiden unterschiedlichen Ebenen der religiösen, gesellschaftlichen, nationalen Vergemeinschaftung – ein Begriff, den Durkheim nicht benutzt –, werden durch Symbole und Repräsentationen zusammengehalten.

Religion, die die Welt erklärte, wurde im Prozeß der gesellschaftlichen Entwicklung selbst zum Gegenstand der Analyse. Auch wenn Religion ihre spekulative Funktion verloren hat, blieben Kult und Glaube bestehen. Um einen Glauben aber zu stabilisieren, bedarf er der Rechtfertigung. Diese ist, so Durkheim, in modernen Gesellschaften Aufgabe der Wissenschaften der Soziologie und Psychologie und auch der Naturwissenschaft. Wissenschaft allein aber kann gesellschaftlich wirksame Rechtfertigung nicht leisten. Eine neue Religion müsse sich an die Wissenschaft anschließen. Sie gehe von deren Erkenntnissen aus, aber aus praktischen Gründen, das heißt aus der Notwendigkeit zum Handeln heraus, auch über sie hinaus. Erst der über das wissenschaftliche Wissen hinausgehende Glaube ermöglicht es, in unsicheren Situationen zu handeln, das im Alltag Auseinanderfallende zu binden. Die sakralisierte Gesellschaft ist die sakralisierte Nation, an die man mit guten Gründen glaubt, und eben dazu braucht man die Wissenschaft. Die Rituale, Feste, Repräsentationen und Symbole erinnern daran, daß es die Gesellschaft gibt. Mehr: Sie stellen sie damit erst her.

Die Ideale und Symbole, der Teil des Realen also, der für die Stabilisierung der Gesellschaft sorgt, sind nicht ein individuelles Gut, sondern ein gesellschaftliches Produkt. Die Gesellschaft nötigt die Individuen, die unmittelbare Erfahrungsebene zu verlassen, die Welt zu begreifen, zu klassifizieren, zu kategorisieren, zu symbolisieren und an sie zu glauben. Der wirkliche Kampf, der Konflikt in der Gesellschaft wird auf der Ebene der Ideale, der Repräsentationen und Symbole ausgefochten. Die Fähigkeit, Ideale auszubilden, ist eine existentielle Voraussetzung des Menschen als eines sozialen Wesens und der Gemeinschaft, die die Ideale voraussetzt und schafft. Individualisierung bis hin zum Kult des Ich (als eine frühe Form der Entwicklung vereinzelter Riten) und Universalismus als höchste, da ideell und materiell reale Form nationaler Kultur, sind in der Religion als symbolischer Gesellschaft als Möglichkeit angelegt.

Es lassen sich noch Durkheims Kriegsschriften, die Briefe an die Franzo-

---

76 Ebenda, S. 573.

sen sowie seine Treitschke-Kritik in die Analyse der Selbstthematisierung mit einbeziehen. Ein zentraler Vorwurf an Treitschke ist es, keine höhere Form als den Staat zu akzeptieren. Der Staat, das heißt die Macht, stehe über der Gesellschaft. Der Staat bei Durkheim aber ist in seine Gesellschaftstheorie einbezogen. Die Institutionen des Staates haben die Pflicht, den Universalismus der höchsten Stufe, den der Menschheit, einzubeziehen und zu verwirklichen. Im ersten *Brief an alle Franzosen*, den Durkheim verfaßt, ist es der Glaube an die Fähigkeit zum Sieg, den Durkheim stärken will. Die Legitimation dieses Glaubens ist die höhere Moral, die die Nation als Verwirklicherin der Menschenrechte gegenüber dem bloßen Machtstaat, der keine Idee von sich selbst hat, besitze.[77] Es ist der Glaube, es ist die Idee, die den Unterschied ausmachen. Da die Idee erst die Gesellschaft stabilisiert, sind die Erfolgschancen im Krieg gegenüber den Vertretern des reinen Prinzips des Staates, der bloßen Macht ohne Idee, äußerst gut. Auch in den polemischen Kriegsschriften finden wir nicht nur den Aufruf zu Patriotismus und Kämpfertum, sondern die Konzeption der Gesellschaft als der in und mittels ihrer Vorstellung, des Glaubens, realisierten Nation wieder. Das Besondere der französischen Nation, der Nation des moralischen Individualismus als kollektiv-nationale Betonung und Prämierung der Individuen, die sich in einer politischen Gesellschaft modernen Typs zusammenfinden, ist ihre Idee.[78] Schon im Arbeitsteilungsbuch handelt es sich weniger um Arbeitsteilung als um Solidarität, die häufig schon hier begrifflich durch Moral, Integration oder Kohäsion ersetzt wird. Arbeitsteilung ist Differenzierung inklusive sozialer Bindung, also, wenn man so will, Differenzierung ohne Selbstmordrisiko.[79] Bloße Differenzierung ist für Durkheim verbunden mit dem Auseinanderfallen der Teilsysteme. Sie scheint nicht immer vermeidbar zu sein. Die Verbindung zu Moral, Kohäsion und Solidarität ist nicht bei jeder Differenzierung zu finden. Auch das *sentiment collectif* ist nicht immer auf der Höhe der Leidenschaften zu halten. Das Symbol, die Repräsentation des Ganzen nicht nur als Name, als Bezeichnung, sondern als Mittel seiner Herstellung, scheint diese Schwäche der organischen Solidarität als moralische Bindung der Differenzierung, die hierdurch eben Arbeitsteilung wird, auszugleichen. Die Moral wird symbolisch verdoppelt, und die Gesellschaft, das heißt die Nation, wird stabilisiert.

---

77 Zu Durkheims Kriegsschriften vgl. Gephart, *Französische Soziologie und der Erste Weltkrieg.*

78 Zum Begriff der »politischen Gesellschaft« als einer aus verschiedenen sozialen Gruppen zusammengesetzten, einer Autorität unterworfenen Gesellschaft siehe Durkheim, Physik der Sitten, S. 64 ff.

79 Das Arbeitsteilungsbuch bleibt industrie- oder organisationssoziologisch wenig ergiebig. Durkheim hatte ein anderes Thema, es ging ihm um die sozialen beziehungsweise nationalen Bindungen.

Max Weber: Nation, Herrschaft, die Moral der Lebensführung und die Realität der fiktiven Gemeinschaft

Die Soziologie institutionalisiert sich mit Durkheim als Selbstthematisierungswissenschaft. Sie erhält die Aufgabe, die unsicher gewordene Stabilität der Gesellschaft, die nicht an sich glaubt, sich aber selbst schafft und ein Bewußtsein davon gerade in Form der Soziologie entwickelt, zu sichern. Der nichtgeglaubte Glaube muß stabilisiert werden. Aber die ›künstliche‹, heute würde man sagen: konstruierte Institution und Gruppe erweist sich als stabiler, als die einen befürchteten und die anderen wünschten. Die Idee aber muß gestärkt werden, und es ist die symbolische Gesellschaft des moralischen Individuums, das, so die Durkheimsche Konstruktion, die Idee stützt. Die rationale, empirische Wissenschaft der Gesellschaft versucht diese Idee praktisch zu stützen.[80] Ihr Wissen aber ist zuwenig handlungsbezogen und zu unsicher. Die Gesellschaft, die von sich weiß, das heißt, durch die Wissenschaft über sich selbst aufgeklärt ist, muß an sich glauben. Das unsichere Wissen aber kann den sicheren Glauben nur unterstützen, nicht ersetzen. Durkheim ist dabei trotz aller empirischen Orientierung wenig an historischen Detailforschungen interessiert. Von Weber trennt ihn vieles, die Methodologie, die er in seinem zweiten Buch, den »Regeln der soziologischen Methode«, darstellte und das ein methodologisches Manifest zur Gründung einer neuen Wissenschaft beschreiben sollte,[81] der Kollektivitätsbegriff, der strukturell und nicht handlungstheoretisch gefaßt wurde, sein Begriff des Staates, der als politische Gesellschaft weder primär auf einem Territorium noch auf der Anwendung von Machtmitteln, dem Monopol

---

80 Daß dieser Versuch auch kritisch betrachtet wurde, muß in den Konflikten und Debatten der Dritten Republik, die man durchaus als französischen Kulturkampf bezeichnen kann, nicht betont werden. Péguy hatte so zum Beispiel nur Spott für den Positivismus Durkheims: er bezeichnete ihn als »patron contre la philosophie« (L'Argent suite, S. 873). In einer längeren Kritik hatte Péguy über M(aître) Langlois als M. L. geschrieben. Es gab, so Péguy, weitere »Maitres«, die ebenso mit dem Buchstaben »L« und sogar mit »La« begännen, M(aître) Lanson und M(aître) Lavisse. Wie konnte man das erklären? »Wir stehen vor großen Schwierigkeiten. Es muß hier ein soziologisches Gesetz vorliegen. Daß alle unsere Meister, die unsere Aufmerksamkeit erfordern, mit *La* beginnen. Noch ein Gegenstand, Monsieur Durkheim, für eine ergänzende Abhandlung« (ebenda, S. 873).

81 So zum Beispiel Giddens, *Weber und Durkheim*, S. 276; siehe Durkheim, Regeln. Boudon sieht eine methodologische Konvergenz der beiden alten europäischen Meister. Die von Durkheim tatsächlich angewandten Methoden, zum Beispiel in seiner Theorie der Magie, seien denen Webers näher als denen seiner eigenen ›Regeln‹ (Beyond the Differences).

legitimer Gewaltsamkeit, beruht.[82] Das *sentiment collectif*, das es, Durkheim zufolge, einer Gemeinschaft erlaubte, auf sich zu vertrauen, das ein Selbstbewußtsein oberhalb der Einzelnen schuf und so die Gemeinschaft gleichzeitig voraussetzte und als besondere Form herstellte und durch symbolische Repräsentation stabilisierte, findet bei Weber nicht nur kein Pendant, sondern wäre auf seine heftige Kritik gestoßen.

Aber gerade Weber war eher noch mehr als Durkheim – und trotz der schließlich deutlichen Trennung von Wissenschaft und Politik – in die Politik seiner Gesellschaft verstrickt.[83] Seine bekannte politische und soziologisch-analytische Stellungnahme in der Freiburger Antrittsvorlesung machte dies überaus deutlich.[84] Sie stand im Kontext seiner Beschäftigung mit der Landarbeiterfrage im Osten, die als eine unmittelbar gesellschaftliche, politische und ökonomische Zukunftsfrage des jungen Nationalstaates galt, war doch mit der Landarbeiterfrage diejenige nach dem Charakter des Staates und der Zukunft der Nation in mehrfacher Weise berührt. Sollte es ein auf Export und Import, auf Außenhandel angewiesener und angelegter Industriestaat sein, der sich für jeden unübersehbar entwickelte? Verloren dadurch die Junker mit dem ökonomischen Einfluß auch die Stellung als politische Träger der Nation? Sollte die »Leutenot«, das zeitgenössische Wort für den Arbeitskräftemangel, zu einer Integration der Polen und Masuren führen, die den in die Industrie abwandernden Deutschen nachfolgten? Sollte man mit einem Konzept der internen Kolonisation die, in zeitgenössischer Sprache, »deutsche Art«, so der Philosoph Eduard von Hartmann (dem Maurice Barrès, zusammen mit Fichte, eine Widmung zu Beginn seines »Culte du moi« zugedacht hatte), zu retten versuchen?[85] War das

---

82 Nach Müller (*Gesellschaftliche Moral*) werden so vor allem die Divergenzen zwischen beiden Autoren festgestellt und weniger, Parsons folgend, die Konvergenzen. Auch Giddens (*Weber und Durkheim*) betont bei thematischen Konvergenzen die Unterschiede zwischen beiden. Sie lassen sich in binären Begriffspaaren gegenüberstellen: Holismus – Individualismus; Historizismus – Historismus; System – Handlung; Positivismus – Hermeneutik; Erklären – Verstehen (siehe Müller, *Gesellschaftliche Moral*, S. 50). Boudon arbeitet Konvergenzen auf der methodologischen Ebene heraus, während Müller (*Gesellschaftliche Moral*) sich um eine Spezifizierung des Konvergenztheorems bemüht. Er sieht eine »sachliche Konvergenz«.

83 Vgl. hierzu die klassische Studie Wolfgang Mommsens, Weber und die deutsche Politik. Mommsen betont Webers »vulkanisches Temperament«, aber eben auch seine Kritik der »Niederungen der Politik« der Demokratie, die er nicht ausgehalten habe. Er beschreibt die Gründe, bedauert aber den politischen Rückzug Webers (siehe ders., Weber und die deutsche Politik, hier S. 140 ff.).

84 Weber, *Nationalstaat*.

85 Hartmann meinte, die deutsche Art müsse erhalten werden, »wenn nicht der Einfluß des Deutschtums innerhalb der Geschichte der Naturvölker beträcht-

schließlich als Kulturnation bezeichnete Konzept der Nation durch die Einwanderung gefährdet?

Die nachholende Industrialisierung veränderte die junge nationale Gesellschaft, und obwohl sie, im Zeichen des Sieges gegen Frankreich in Versailles gegründet, in einem nicht lange zurückliegenden ›heroischen‹ Selbstgründungsakt also, erfolgreich war, war sie im Innern keineswegs gefestigt. Nur kurze Zeit nach der Gründung des deutschen Nationalstaates veränderte sich dessen ökonomische Struktur. In diesem Prozeß entstand die Frage nach der politischen Trägerschaft der Nation. Auch wenn Weber dies nicht so formulierte, stellte er praktisch doch die Frage nach der nationalen Einheit, die aus seiner Perspektive aktuell durch die entstehenden Klassenkonflikte, vor allem durch die Landarbeiterfrage in Gefahr geriet, das heißt konkret, durch die Abwanderung gerade der Bauern und Landarbeiter, denen es relativ gutging, nach Westen. 1890, nach Bismarcks Entlassung, wurden polnische Wanderarbeiter erneut zugelassen. Schließlich war die Einheit von Beginn an durch den nun allerdings an Heftigkeit verlierenden Kulturkampf unter Druck, in dem sich der junge Weber ebenfalls klar positioniert hatte. Zwar wollte er nicht die individuelle Religiosität der Katholiken, wohl aber ihre Bindung an die katholische Kirche als nichtnationale Institution lösen.

Politisch aktuell aber wurde für ihn die Frage nach der ethnischen, nationalen Struktur der Bevölkerung im Osten. Er formulierte das Problem in der Gegenüberstellung von nationaler Einheit und Polonisierung.[86] Kurz: Die Frage nach der Definition der nationalen Interessen und deren Vertreter stand für Weber auf der Tagesordnung und wurde von ihm auch und vor allem als Minderheiten- und Bevölkerungsproblem definiert.

Waren die nationalen Interessen ökonomisch-industriell zu formulieren? Wie war das Verhältnis von Industrie und Landwirtschaft, das heißt der neuen Produktivkraft und der adeligen Großlandwirtschaft, dem Junkertum im Osten? Und wie war das ›Deutschsein‹, das ›Deutschtum‹ mit diesen nationalen Interessen verwoben? Konfligierten die nationalen und die wirtschaftlichen Interessen, wie war ein Ausgleich zu schaffen, oder welchen Interessen war Priorität zuzumessen?

---

lich sinken soll« (zit. nach der Einleitung zu MWG, I/4, 1. Halbband, Landarbeiterfrage, S. 10).

86 Weber beschäftigte sich, ohne dies so zu formulieren, mit der Frage von Minderheit und Mehrheit. Er setzte sich immer wieder mit Fragen des Deutschtums, der Nation, der Rasse, der nationalen Minderheiten auseinander. In der »Religionssoziologie« zeigt sich dieses Interesse in der Beschäftigung mit der Pariakaste. Weber überträgt den Begriff auf die Stellung der Juden in der Moderne (siehe hierzu: Abraham, Weber and the Jewish Question, zur Frage der Pariavölker insbesondere S. 228 ff.).

Weber beteiligte sich auf der ökonomischen und politischen Seite der Debatte, er analysierte die ökonomischen Bedingungen und zog die aus seiner Sicht daraus folgenden politischen Konsequenzen: daß die politischen, nationalen Interessen die ökonomischen bestimmen müßten. Er nahm Stellung zu den Vorschlägen der Börsenenquête-Kommission und führte die Privatenquêten und die Erhebung des Vereins für Socialpolitik durch.[87] Zwanzig Jahre nach Gründung der Nation als Staat ging es um eine entscheidende Frage: Sollten die bestehenden Agrarverhältnisse und damit die ökonomische Basis der Großgrundbesitzes erhalten werden, oder sollte eine konsequente industriestaatliche Entwicklung bewußt gefördert werden? Webers Stellungnahme war eindeutig. Der unaufhaltsame Zerfall der patriarchalischen Strukturen der Arbeitsverfassung führe zur Abwanderung der Landarbeiter, da die Interessengemeinschaft zwischen ihnen und dem Großgrundbesitz zerbrochen sei, die persönliche Herrschaft in eine unpersönliche übergegangen sei. Weber zog daraus die politischen Konsequenzen, die er auch in seiner Antrittsvorlesung vertrat: Die Entwicklung gehe über den Großgrundbesitz hinweg; um das Staatsinteresse an einer Erhaltung der deutschen Nationalität im Osten zu gewährleisten, das eben nicht mehr vom Großgrundbesitz vertreten werde, müsse ein weiteres Abwandern der deutschen Landarbeiter verhindert werden. 1895 schließlich beschreibt er diesen Prozeß als einen negativen »Ausleseprozeß«: »Der polnische Kleinbauer gewinnt an Boden, weil er gewissermaßen das Gras vom Boden frißt, nicht *trotz*, sondern *wegen* seinen tiefstehenden physischen und geistigen Lebensgewohnheiten.«[88] Die niedriger entwickelte Nationalität scheint in diesem Fall zu siegen. Der »emporgezüchtete« Rübenbau bringe die polnischen Saisonarbeiter ins Land, die Unrentabilität des Getreideanbaus die polnischen Kleinbauern. Die deutsche Nation im Osten werde, so Webers Analyse, durch die ökonomischen Interessen des Großgrundbesitzers gefährdet.[89] Zwei politische Forderungen ließen sich anschließen: zum einen

---

87 Siehe hierzu den 1895 veröffentlichten Bericht über »Das Börsenwesen« (jetzt in: MWG I/5) und die Arbeiten zur Landarbeiterfrage in MWG I/4, 1. Halbband.

88 Weber, *Nationalstaat*, S. 553. Die Formulierung ist keineswegs eine Ausnahme. An anderer Stelle heißt es: »Ein Arbeiter aus Pommern leistet das Doppelte wie ein Arbeiter aus Schlesien, das Dreifache wie ein Russe« (Deutsche Landarbeiter, S. 335), fünf Seiten weiter spricht Weber vom »polnischen Tier«.

89 Die Folgen der Auflösung der patriarchalischen Struktur sah Weber eben auch darin, daß der alte Landadel sich in normale, das heißt kapitalistische »ländliche Gewerbetreibende« transformierte. Die Grundbesitzer haben sich verändert. In einem Koreferat auf dem 5. Evangelisch-sozialen Kongreß am 16. 5. 1894 führte er aus: »Auf ihrer Stirn wechselt die Zornesröte der Leidenschaft mit der Blässe des Gedankens; agrarische Grübler sind es, eine Mischung von Stubengelehrten und Edelleuten, eine Klasse vollständig anderer Art, als wir sie

222

die Wiedereinführung der unter Bismarck realisierten Schließung der Grenzen, die 1890 durch die Zulassung von Wanderarbeitern beseitigt worden waren, zum anderen die innere Kolonisation durch Bodenankauf des Staates und Ansiedlung von deutschen Kleinbauern.

In der Antrittsvorlesung ging es Weber aber um mehr als um die Frage der konkreten Ost- und Agrarpolitik. Diese verdeutlichte nur die Problemstellung, zu der es einer Stellungnahme bedurfte: das Auseinanderfallen ökonomischer und politischer Interessen. »Ich möchte vielmehr an die Tatsache anknüpfen, daß eine solche Frage bei uns Allen überhaupt entsteht, daß wir das Deutschtum des Ostens als solches für etwas halten, das geschützt werden und für dessen Schutz auch die Wirtschaftspolitik des Staates in die Schranken treten soll. Es ist der Umstand, daß unser Staatswesen ein *Nationalstaat* ist, welcher uns das Recht zu dieser Forderung empfinden läßt.«[90] Die ökonomischen Interessen stehen in diesem Fall den nationalen entgegen. Ökonomisch gesehen mache die landwirtschaftliche Produktion im Osten keinen Sinn. »Brot« liefern die ausländischen Konkurrenten billiger. Das Interesse an der Erhaltung des Deutschtums im Osten ist nicht ökonomisch. »Es ist für die Zukunft der Nation nicht gleichgültig, wie sich die Bevölkerung zwischen landwirtschaftlicher und industrieller Thätigkeit, zwischen der Stadt und dem Lande verteilt. Für uns ist die Landbevölkerung etwas ganz anderes als eine Bevölkerung, die dazu bestimmt ist, sich selbst und andre mit Getreide und Kartoffeln zu versorgen. Sie ist die physische Reserve, nicht nur der Stadtbevölkerung, sondern der Nation überhaupt.«[91] Dieses nationale bevölkerungspolitische Interesse wurde zuvor vom Gutsbesitz erfüllt. Gutsbesitzer stellten die herrschende Klasse und produzierten aus ihren eigenen Interessen heraus eine »physisch kräftige Landbevölkerung«. Es existierten »soziale Anschlußpunkte« für diese Struktur zu den Garnisonen, aber auch mit den Ostbeamten, und es kam so ein agrarisches Moment gegen die bürgerliche politische Intelligenz ins Spiel. All diese Interessen und Strukturen gab es nun nicht mehr. Um eine deutsche Landbevölkerung zu erhalten, keineswegs aus ökonomischen oder sozialpolitischen Gründen, mußte Ostkolonisation betrieben werden. Es ging um die physische Reserve der Nation. »Wir wollen, soweit es in unserer Macht steht, die äußeren Verhältnisse so gestalten, nicht: daß die Menschen sich so wohl fühlen, sondern daß unter der Not des unvermeidlichen Existenz-

---

im Osten gewohnt waren. Wir sehen hier die Entwicklung einer gewerblichen Unternehmerklasse vor uns; das ist eine Funktion, die so gut von irgend einem technisch-landwirtschaftlich vorgebildeten Geschäftsmann versehen werden kann wie von Nachkommen unseres alten Adels« (Weber, Deutsche Landarbeiter, S. 326).

90 Weber, *Nationalstaat*, S. 557 f.
91 Weber, Deutsche Landarbeiter, S. 334.

kampfes das beste in ihnen, die Eigenschaften – physische und seelische – welche wir der Nation erhalten möchten, bewahrt bleiben.«[92] Sozialpolitik ist nationale soziale Politik als Bevölkerungspolitik.

Für die Wissenschaft, auf die er in seiner Antrittsrede einging, bedeutete dies, daß auch die Volkswirtschaftspolitik keinen rein ökonomischen Bezug hat, sondern daß sie sich den wie immer definierten nationalen Interessen unterzuordnen hat. Sind die nationalistischen Werturteile für die Wissenschaft Vorurteile? Weber ist hier eindeutig. Die Volkswirtschaft ist eine politische Wissenschaft. Sie dient der Nation. »Die Volkswirtschaftspolitik eines deutschen Staatswesens, ebenso wie der Wertmaßstab des deutschen volkswirtschaftlichen Theoretikers können deshalb nur deutsche sein.«[93] Weber beschwört den ewigen »Kampf der Nationalitäten«,[94] höherstehender und niederer, wo der Sieger nicht feststeht und sich auch das physisch und kulturell Niedere sich je nach den Bedingungen durchsetzen kann. Das Ziel der Volkswirtschaftspolitik sei nicht das Glück der größten Zahl, nicht die »›Lustbilanz‹ des Menschendaseins«, schon der »dunkle Ernst des Bevölkerungsproblems«[95] verhindere dies.

Es braucht ein positives Ziel. Dieses findet sich in der Zukunft der Nachfahren. Auch für diese aber geht es nicht um ihre Befindlichkeit, um ihr Wohlergehen, sondern um ihr Sein. »Emporgezüchtet« – die Formulierung ist analog zum Rübenbau – soll werden, was wir als menschliche Größe und Adel der Natur empfinden. »Die Volkswirtschaftslehre als erklärende und analysierende Wissenschaft ist *international*, allein sobald sie *Werturteile* fällt, ist sie gebunden an diejenige Ausprägung des Menschentums, die wir in unserem eigenen Wesen finden.«[96] Die Volkswirtschaftspolitik steht im »*ewigen Kampf* um die Erhaltung und Emporzüchtung unserer nationalen Art«.[97] Der Nationalstaat ist die »weltliche Machtorganisation der Nation«, und damit ist der außerwissenschaftliche, verbindliche Wertmaßstab der volkswirtschaftlichen Betrachtung gegeben. Die Ökonomie produziert aus sich selbst heraus keine Ideale, keinen Bewertungsmaßstab; ökonomische und politische Interessen können auseinanderfallen.

Wer aber kann nach der Herstellung der äußeren Einheit die innere Einheit als den »politischen Instinkt« des Nationalbewußtseins aufrechterhal-

---

92 Ebenda, S. 340.
93 Weber, *Nationalstaat*, S. 560.
94 Ebenda, S. 558. Darwinistische Formulierungen dieser Art müssen auch im Zeitkontext gelesen werden, sie finden sich ebenso bei Georg Simmel und anderen. Sie hinderten Weber nicht an einer soziologischen Theorie der Gemeinschaftsbildung.
95 Beide Zitate ebenda.
96 Ebenda, S. 559.
97 Ebenda, S. 560.

ten und herstellen, einen Instinkt, der in Friedenszeiten zu schwinden droht? Mit dieser Frage beginnt die Verknüpfung der soziologischen Analyse mit den politischen Interessen der Staatsräson des nationalen Staates und des nationalistischen Werturteils als Ausgangs- und Zielpunkt Webers. Die Leidenschaft der nationalen Gefühle ist es, die auch für Weber, der hier ganz ähnlich wie Durkheim argumentiert, im Alltag schwindet. Träger der Nation aber sind für ihn die Eliten, nicht die moralischen Individuen. Deren Funktion und Legitimation wird als die Aufrechterhaltung ebendes nationalen Instinkts bestimmt. Wo aber finden sich die Eliten, die dazu in der Lage sind und damit zu Vertretern des Politischen werden? Nach innen ist die Nation mehrfach gespalten. Adeligen und Junkertum, dem Grundbesitz also, stehen Bürgertum und Arbeiterklasse als der sozialen Klasse gegenüber, zudem ist das Land ökonomisch in Ost und West und das heißt in Großlandwirtschafts- und Industrieinteressen geteilt. Die Klasse, die die äußere Einheit herstellte, garantiert zwanzig Jahre später nicht mehr die innere. Das Junkertum ist nicht mehr fähig, die nationale Einheit zu garantieren. Für das Bürgertum aber ist die Gegenwart schon die Erfüllung der Geschichte, es gibt sich mit politischem Epigonentum zufrieden, sehnt sich nach einem Führer oder wird zum Spießbürgertum.[98] Die unpolitische Vergangenheit des deutschen Bürgertums ist nicht durch ökonomische Interessen auszugleichen. Das Bürgertum wird seiner Aufgabe, die nationale Leidenschaft aufrechtzuerhalten, nicht gerecht. Und auch die Arbeiterklasse ist politisch noch zu unreif, sie wird von Weber zum Teil selbst als spießbürgerlich, als nur noch an ökonomischen Interessen orientiert, angesehen, obwohl »das Interesse an der Macht des nationalen Staates [...] für niemand ein größeres [ist] als für das Proletariat, wenn es weiter denkt als bis zum nächsten Tage«.[99] Die Krise des Nationalen als Krise der inneren Einheit wird als eine der Trägergruppen des nationalen Instinktes, der nationalen Leidenschaft, bestimmt.[100]

---

98 Das Bürgertum, so Weber ein Jahr vor seiner Antrittsrede, habe seine politische Qualifikation »leider bis heute noch nicht nachgewiesen«. Und er fügt hinzu: »Ich als klassenbewußter Bourgeois kann das ohne Verdacht der Befangenheit konstatieren« (Deutsche Landarbeiter, S. 335). Dem zum Spießbürgertum herabgesunkenem Bürgertum aber fehlen »die großen nationalen Machtinstinkte« (ebenda, S. 341).

99 Ebenda.

100 Die Klassenanalyse Webers ist kaum von der Marxschen zu unterscheiden. Weber spricht nicht von sozialen Klassen im Sinne der späteren Soziologie, also von sozialen im Unterschied zu ökonomischen Klassen. Vielmehr unterscheidet er die Klassen nach ihrer ökonomischen Lage und bezeichnet dann die Landarbeiter und Arbeiter mit dem Sammelbegriff der sozialen Klassen. Klassen stehen für Weber für die Entpersonalisierung von Herrschaftsbeziehungen. Keineswegs ist ihm der Klassenkampf fremd. Er vergleicht ihn mit den

Die politische Radikalität der Analyse Webers lag in seiner Zeit darin, dem Junkertum die Möglichkeit abzusprechen, die Interessen der Nation zu vertreten. Die Vertreter der Gründerklasse und der Gründergeneration würden dem nationalen Interesse schaden, indem sie einer »Entkulturalisierung deutschen Bodens« strukturell Vorschub leisteten. Die Schwierigkeit lag darin, daß sich noch keine andere Trägergruppe abzeichnete, die in der Lage war, die Aufgabe der inneren Einheitsbildung zu übernehmen. »Das *Drohende* unserer Situation aber ist: daß die bürgerlichen Klassen als Träger der *Macht*interessen der Nation zu verwelken scheinen und noch keine Anzeichen dafür vorhanden sind, daß die Arbeiterschaft reif zu werden beginnt, an ihre Stelle zu treten.«[101] Die herrschenden und die aufstrebenden Klassen bedürfen einer politischen Qualifikation, politischer Erziehung, die es ihnen erlaubt, eine Politik nationaler Interessen des Großmachtstaates zu verwirklichen. Dies ist, neben der Kritik des Junkertums, Webers zweite These. Eine bürgerliche und eine proletarische Elite könnten sich die Hand reichen, wenn sie ein »genügendes Maß des Ernstes und der Gewalt ihrer Ideale« entwickeln,[102] wenn sie den in normalen, das heißt friedlichen, Zeiten schwindenden nationalen Instinkt nicht für sich selbst verlieren und ihn von anderen fordern.[103] Gefordert ist eine harte und klare Politik, »durchweht [...] von der ernsten Herrlichkeit des nationalen Empfindens« – so der markant pathetische Schlußsatz der Antrittsvorlesung.[104]

Max Weber vertrat gerade (aber nicht nur) in den 1890er Jahren einen chauvinistischen Nationalismus. Diese Feststellung erscheint heute als müßig, so klar liegt sie auf der Hand. Sie ist aber dennoch in der späten Entdeckung Max Webers als Gründervater der Soziologie, die erst im nachhinein, nach 1945, geschah, aus zeitgenössisch vielleicht verständlichen Gründen

---

Kämpfen zwischen Nationen. »Wie der Erbfeind gehaßt wird, nicht als Person, sondern als Angehöriger seiner Nation, so der Unternehmer als Angehöriger seiner Klasse [...]« (Deutsche Landarbeiter, S. 328). Und ganz deutlich: »Der Klassenkampf innerhalb der Nation ist psychologisch und sittlich – verhehlen wir es uns nicht – ein Analogon zu den Kämpfen unter Nationen« (ebenda, S. 330). Bekanntlich wollte Weber den Ernst der Klassenkämpfe mindern, indem Arbeiter Aufstiegschancen erhielten. Auch hier galt für ihn: Sozialpolitik solle nicht Gutes tun, sondern die Einheit der Nation stützen.

101 Weber, *Nationalstaat*, S. 572.
102 Weber, Deutsche Landarbeiter, S. 341.
103 Hier ist nun der Unterschied zu Marx anzumerken. Der Klassenkampf führt nicht zum Sieg der einen über die andere Klasse. Die Möglichkeit des Aufstiegs der Arbeiter, die Durchlässigkeit der Klassengrenzen ermöglicht eine politische Zusammenarbeit bezogen auf die Stärkung der Nation. Es gibt ein gemeinsames Interesse des Bürgertums und des sozialen Klassen, das Interesse am Weltmachtstaat.
104 Weber, *Nationalstaat*, S. 574.

oft unterblieben.[105] Zudem haben schon Wolfgang J. Mommsen und Wilhelm Hennis auf die zentrale Stellung der Antrittsvorlesung hingewiesen.[106] Selbst wenn man Mommsens Urteil nicht teilt, daß Weber alles in allem doch nur einen Nationalismus in kulturnationalistischer (also zu rechtfertigender) Form vertreten habe, erbringt die erneute, unter Hinweis auf die Antrittsvorlesung gemachte Feststellung, Weber sei ein Nationalist gewesen, nichts ein. Interessant ist erst die Beantwortung der Frage, ob und wie der Wert der Nation, dem noch die Wissenschaft zu dienen hatte, in seinen weiteren Arbeiten enthalten war und erhalten blieb. Seine Trennung von Analyse und Wertung und seine ebenso vehemente Verpflichtung der Wissenschaft auf den von außen an sie herangetragenen Wert des Nationalen als des Deutschtums und des Nationalstaates als des Machtinstruments der Nation passen kaum zusammen, und so kann diese Trennung auch von ihm selbst, der mehr und mehr zum Soziologen wird, nicht in der Schärfe aufrechterhalten werden. Der Werturteilsstreit, der auf der Wiener Tagung des Vereins für Socialpolitik ausbrach, sollte erst in 14 Jahren ausbrechen.[107]

---

105 Hierauf verweist Schöllgen (ders., Weber, S. 105–114), m. E. zu Recht, auch wenn man feststellen muß, daß vor allem die Herrschaftssoziologie und auch Webers politische Schriften immer wieder Anlaß gaben, über seinen politischen Standort zu debattieren. Der »deutsche Machiavelli« stand dann dem »Idealisten von Heidelberg« gegenüber. Interessant bei dieser Debatte aber war, daß der Begriff der Nation theoretisch weitgehend ausgeklammert blieb, obwohl sie doch eine von Webers zentralen Wertbeziehungen war. (Eine kurze Darstellung dieser Diskussion findet sich bei Käsler, Max Weber, S. 20–27.) Auch die bei ihrer Erstveröffentlichung (1959) umstrittene Arbeit Mommsens, »Weber und die deutsche Politik«, der vor allem Webers politischen Nationalismus zu Recht betont und eine Ahnenreihe zum Nationalsozialismus als Übergang vom liberalen Verfassungsstaat zur plebiszitären Führerdemokratie nahelegt (siehe auch Mommsens längeres Nachwort in der Ausgabe von 1974, ebenda, S. 442–477), stellt sich nicht dem Problem, Webers Nationbegriff innerhalb seiner soziologischen Arbeiten nachzugehen.

106 Mommsen, dessen Besprechung der Antrittsrede immer noch anregend ist, sieht allerdings ein Paradox, wo keines ist. Er wundert sich darüber, daß in der Antrittsrede die Wertfreiheitsproblematik erörtert wird, während es andererseits zu ›starken Wertungen‹ kommt. Damit geht er am Kern der Weberschen Wertfreiheitsproblematik vorbei. Hennis betrachtet hingegen den Weberschen Nationalismus als unbedeutend und verfehlt damit die Webersche Wertbeziehungsproblematik von der anderen Seite. Er sieht nicht den unbedingten wertrationalen Bezug auf den »ausgemünzten« Wert der Nation, den Weber nie aufgibt. Dieser unbedingte Wertbezug begründet noch seine demokratische Wende und seine Wende in der Polenfrage, die den neudefinierten nationalen Interessen folgt (siehe Weber, Bismarcks Außenpolitik; ders., Polenpolitik).

107 Siehe hierzu: Der Werturteilsstreit, hrsg. von Heino H. Nau.

Auch dort nahm er keineswegs eine methodologische, aber ebensowenig eine ideologische Haltung ein. Er entschied sich zu einer pragmatischen und forderte nicht mehr, einem bestimmten Wert bedingungslos zu folgen, sondern die Voraussetzungen offenzulegen. Der in der Antrittsrede als außerwissenschaftlich bestimmte Wertbezug des Nationalen war ein solcher unbedingter Wert, dem er, wie er später formulierte, die »Geltung des absolut gültigen Erschlossenen« zuschrieb und den Weber für sich weiterhin voraussetzte. Der Glaube an die Nation war nun einerseits als wertrationaler Glaube nur noch ein Fall unter anderen.[108] Er war nicht mehr der einzig gültige und Legalität mittels positiver Satzung für moderne Herrschaft unverzichtbar. In dieser Relativierung aber blieb er als »absolut und endgültig erschlossen« erhalten. Die Nation, die sich im Staat und in der Staatsräson realisierte, stand nicht zur Wahl, nicht als individuelles Schicksal des Einzelnen, der in sie hineingeboren war, und nicht als vorausgesetzter und alternativloser Wert.

Trotz der Unbedingtheit sind schon in der Antrittsrede einige Wendungen enthalten, die eine spätere soziologische Fragestellung, auch bezogen auf den unbedingten Wert der Nation, andeuten.[109] Als Hüter der Nation sollen die Eliten auftreten. Auch in Webers Konzeption schwindet bei der Bevölkerung die Bedeutung des Nationalen im Alltagsleben, in der Situation des Friedens. Normativ und unbedingt vorausgesetzt, muß die Nation doch immer wieder von neuem gemacht, das heißt behauptet, gefordert und realisiert werden. Noch die Unbedingtheit des Wertbezugs enthält die Aufforderung, das empirisch sich auflösende, in den Routinen des Alltags schwindende nationale Bewußtsein immer wieder erneut herzustellen. Dieser Herstellungsprozeß des Nationalen wird zur Aufgabe der politischen und wissenschaftlichen Eliten der bürgerlichen und proletarischen Klassen erklärt. Das Bürgertum und eine noch zu bildende Aristokratie der Arbeiterklasse sollen nach Weber diese Aufgabe übernehmen und den deutschen Staat, in dem sich die Nation verwirklicht, in die Konkurrenz der Weltmachtstaaten und der Weltmachtpolitik, der Weltpolitik als imperialisti-

---

108 Die Formulierung findet sich in den Grundbegriffen von »Wirtschaft und Gesellschaft«: Stabile Ordnungen stellen sich ein, wenn an ihre Legitimität geglaubt wird. Es gibt vier idealtypische Gründe: »a) kraft *Tradition*: Geltung des immer gewesenen; b) kraft affektuellen (insbesondere: emotionalen) Glaubens; c) kraft *wertrationalen* Glaubens: Geltung des als absolut gültigen Erschlossenen; d) kraft positiver Satzung, an deren Legalität geglaubt wird« (WuG, S. 19).

109 Ich schließe mich der Interpretation von Hennis an, der keinen Bruch, sondern eine Entwicklung vom nationalistischen Weber der Antrittsrede zum späteren ›kritischen‹ Weber sieht. Die Entwicklungsthese gilt auch für den Wertbegriff zwischen der Antrittsrede und dem Objektivitätsaufsatz von 1904 (siehe Hennis, Wissenschaft vom Menschen; Weber, »Objektivität«).

scher stellen. Im Kampf der Weltpolitik, aufgenommen von den Eliten, die so den nationalen Instinkt wachhalten können, kann die Auflösung verhindert werden.

In der Antrittsrede, deren unmittelbar nationalistischer und rassistischer Charakter lange genug überlesen wurde,[110] auch wenn man den relativierenden Satz: Im Kontext der Zeit zu lesen, hinzufügen kann und auch sollte, zeigt sich eine weiter zu verfolgende Struktur der Thematisierung des Nationalen bei Weber. Wenn die Nation zum höchsten Wert erklärt wird, muß auch Webers Werttheorie unter diesem Gesichtspunkt gelesen werden. Werttheorie, Herrschaftssoziologie unter besonderer Berücksichtigung der Kategorie des Einverständnishandelns als einer besonderen Form der Vergemeinschaftung unterhalb der gesatzten Ordnung und Webers kurzen Ausführungen zu den Begriffen Nation und ethnischer Vergemeinschaftung erlauben es erst gemeinsam, den vorsoziologischen ›Einheitsbegriff‹ Webers herauszuarbeiten. Der Theoretiker der kulturellen Differenzierung der Lebensordnungen hat keinen Begriff von Gesellschaft und das heißt keinen soziologischen Begriff der Einheit entwickelt. Differenzierung wurde von ihm so nicht als das Auseinanderfallen eines vorausgesetzten Ganzen begriffen.[111] Formulieren wir es als These vorweg: Webers Begriff der Einheit ist die Nation, ohne daß er diese als Gesellschaft bestimmen und als höchste Form der Organisation verallgemeinern würde. An die Stelle der Gesellschaft setzt er die Kultur und die Kulturbedeutungen, ohne deshalb, wie Wolfgang Mommsen meint, zum »Kulturnationalisten« zu werden. Die Auseinandersetzung findet bei Weber wie bei Durkheim zwischen den Ideen, den Vorstellungen, den Idealen (Durkheim) statt. Durkheim stellte eine Rangfolge der Moralentwicklung auf. Die Nation stand für die höchste Stufe der Entwicklung. Wie wir gesehen haben, unterschied er sich von den konservativen Kritikern der Moderne nicht in der Diagnose der sich differenzierenden Moderne, sondern in den vorgeschlagenen Heilmitteln. Weber stellte eine andere Diagnose auf. Sein vielgenannter Pessimismus und seine

---

110 Der nationalistische, imperialistische und schließlich, aber erst im Kontext der Ersten Weltkrieges, antiannexionistische Weber ist keineswegs auf die Ausführungen der Antrittsrede beschränkt. Radikal ist Weber in bezug auf die Frage der Träger einer nationalen Politik und der Integration. Er hofft auf die Sozialdemokratie. Daran aber, daß er selbst im bürgerlichen Lager stand, ließ er nie Zweifel. Auch die Integration bezieht sich auf den unbedingten und höchsten Wert, den der Nation. Da Weber keinen Gesellschaftsbegriff hatte (siehe hierzu Tyrell, *Webers Soziologie*), sondern einen der Vergesellschaftung und Vergemeinschaftung, ist Nation eine spezifische Form der politischen Vergemeinschaftung, immer aber unbestritten die wertmäßig höchste Form.

111 Die letzteren, kurzen Passagen aus »Wirtschaft und Gesellschaft«, die im Fall des Begriffs der Nation praktisch im Satz abbrechen, sind im Kontext der Wert- und Kategorienlehre sowie der Herrschaftssoziologie zu lesen.

düstere Prophetie haben einen anderen Ursprung. Er hat kein Konzept der Integration von Gesellschaft entwickelt, sondern eine Theorie der Differenz von Lebensordnungen. Diese sind doppelt bedroht, durch das berühmte »stählerne Gehäuse« und einer Art sozialdarwinistischer Selbstauflösung. Die ›letzten Werte‹ stehen im ewigen Kampf.[112]

Die Nation als Wert und als Form politischer Vergesellschaftung und Vergemeinschaftung

Weber war der Theoretiker der Rationalisierung und des zweckrationalen Handelns. Rationalisierung, in unterschiedlichen Bereichen und in verschiedenen Verlaufsformen, beginnend als Handlungsrationalisierung schon bei den die Magie bekämpfenden Propheten des alttestamentarischen Judentums und sich bis zum Puritanismus als innerweltliche Rationalisierung des Handelns entwickelnd, war schließlich als Zweckrationalität das Kennzeichen der Moderne. Wissenschaft war die der Moderne angemessene und spezifische Wissens- und Erkenntnisform, die als Sozialwissenschaft oder als Kulturwissenschaft dem zweckrationalen Handlungstyp als methodologisch-wissenschaftliche Form und als der Moderne angemessenes Verstehensprogramm verpflichtet war.

Wertungen waren der Wissenschaft vorgeschaltet, bestimmten ihre Interessen und Fragen, nicht aber unmittelbar ihr Tun. Aber auch die methodologischen Frage- und Problemstellungen Webers lassen sich keineswegs nur als solche verstehen, auch wenn sie später unter dem Oberbegriff einer Wissenschaftslehre veröffentlicht wurden. Die Auseinandersetzung mit »Roschers ›historischer Methode‹« war eine Diskussion um Kollektivbegriffe als Realbegriffe.[113] Trotz aller logischen Probleme des Verhältnisses von Gesetz und Wirklichkeit diskutiert Weber vor allem einen allgemeinen Begriff, den des Volkes, der Volksseele, die in Roschers Nationalökonomie zum metaphysischen Realgrund hypostasiert werde.

Webers Kritik an der historischen Nationalökonomie seiner Zeit ist markant. Er kritisiert ihr Begriffssystem und das in ihr unterstellte Verhältnis von Begriff und Wirklichkeit. Auf der inhaltlich konkreten Ebene aber grenzt Weber sich von einem organischen Begriff des Volkes ab, der auf Fichte und Adam Müller zurückgeht. Der deutsche Nationalist Weber kritisiert den romantisch-organischen Begriff des Volkes, der doch gerade der ›deutsche‹ sein sollte. Denn dieser, im Kampf gegen die Begriffe der Aufklärung entwickelt, stelle, so zum Beispiel für die deutsche historische Juristen-

---

112 Die Diskussion um Webers Gesellschaftsbegriff möchte ich hier nicht noch einmal aufgreifen.

113 Weber, Roscher und Knies, S. 3 ff.

schule, den allgemeinen, nicht deduzierbaren Charakter der Volksgemeinschaft und der in dieser entstandenen kulturellen Artefakte wie etwa des Rechts, der Sprache und anderer fest. Es werde eine Ganzheit unterstellt, in der alles einen Zusammenhang mit allen Teilen des Ganzen, des Volkslebens, erhält, und jedes Ganze, das heißt jedes Volk, einen individuellen Charakter besitze. Alles, Recht, Sprache etc., so Weber, werde nicht als Folge unterschiedlichster »Kultureinwirkungen« gesehen, sondern »emaniere« aus dem als »Realgrund« gesetzten Volk.[114]

Es ist die Tradition Fichtes und Adam Müllers, die Weber beide erwähnt, mit der Roscher sich »gegenüber der ›atomistischen‹ Auffassung der Nation als eines ›Haufens von Individuen‹« unterscheiden will. Zwar benutze er den Begriff des Organismus nicht ohne Vorbehalt, »allein das eine geht aus diesen Äußerungen jedenfalls hervor, daß ihm die rein rationalistische Betrachtung des ›Volks‹ als der jeweiligen Gesamtheit der politisch geeinten Staatsbürger nicht genügt«.[115] Der durch Abstraktion gewonnene Gattungsbegriff (das heißt das Volk, verstanden als alle politisch geeinten Staatsbürger) wird ersetzt durch ein »als Kulturträger bedeutungsvolles Gesamtwesen«.[116]

Weber, der kommende Soziologe einer objektiven und verstehenden Soziologie, teilt, trotz seiner Kritik am Kollektivbegriff des Volkes, die dahinterstehende Absicht, den politischen Begriff des Volkes zu vermeiden. Auch er will historische und nicht durch Abstraktion entleerte Begriffe. Auch der Idealtypus betont schließlich das Spezifische, nicht das Abstrakte. Das Volk und die Nation, die Begriffe werden nicht unterschieden, sind als Gesamtheit der nur politisch geeinten Staatsbürger leere, das heißt falsche abstrakte Begriffe. Der Begriff der politischen Nation ist daher keineswegs geeignet, den des ganzen Volkes zu ersetzen. Dabei ist es gar nicht nötig, den konkreten, mit dieser Kritik gemeinten Fall, Frankreich, zu benennen. Die komplexe Wirklichkeit jedenfalls soll auch für Weber nicht ins Gattungsmäßige aufgelöst, sondern ins historisch Wesentliche konkretisiert werden. Weber unterstützt den Versuch, ›leere‹ durch ›konkrete‹ Begriffe zu ersetzen. Er kritisiert jedoch dessen Ausführung, denn an die Stelle der Abstraktion trete bei Roscher die biologische Analogie – »wie bei so vielen modernen ›Soziologen‹«.[117] »Die Völker werden für Roscher zu ›biologischen Gattungswesen‹.«[118] An die Stelle der leeren Abstraktion trete die naturwissenschaftliche Analogie, selbst nichts anderes als ein metaphysischer Determinismus, der das Handeln der Personen erneut zum Rätsel werden lasse.

---

114 Vgl. hierzu ebenda, S. 10.
115 Ebenda.
116 Ebenda, S. 11.
117 Ebenda.
118 Ebenda, S. 23.

Nicht Emanation aus dem hypostasierten Ganzen führt zur rationalen Deutung der Wirklichkeit, sondern die rationale Deutung erschließt »objektiv mögliche« Zusammenhänge.[119] Das rationale Deutungsschema, der Idealtypus des zweckrationalen Handelns also, wird gerade an dieser Stelle eingesetzt – als Möglichkeit, die leere Abstraktion des Gattungsbegriffs und des abstrakten politischen Begriffs des Volkes zu vermeiden. »Jene Schemata sind aber ›idealtypische Begriffsbildungen‹. Weil die Kategorien ›Zweck‹ und ›Mittel‹ bei ihrer Anwendung auf die empirische Wirklichkeit deren Rationalisierung bedingen, deshalb und nur deshalb ist die Konstruktion solcher Schemata möglich.«[120] Weber verweist an dieser Stelle in einer Fußnote auf den Objektivitätsaufsatz. In diesem dient ihm der Markt, der im Gegensatz zum genetischen Begriff der mittelalterlichen Stadtwirtschaft stehe, zur Veranschaulichung des Idealtypus von Zweckrationalität.[121] Deutlich wird, daß das Moderne der modernen Gesellschaft ihre zweckrationale Organisation ist, für die die Funktionsweise des Marktes als Veranschaulichungsbeispiel steht. Die Wissenschaft, gerade die Sozial- oder Kulturwissenschaft, deren Deutung nach ebendem gleichen Muster der Zweckrationalität geschieht, stellt ihre adäquate Erkenntnisform dar. Diese moderne Problemstellung ist es, die durch die organischen Modelle nicht erfaßt wird. Weder das Wesen der Persönlichkeit noch dasjenige des nach diesem Modell gedachten Volkes ist durch Einheitlichkeit gekennzeichnet. Gattungsbegriff als auch die Vorstellung eines bedeutungsvollen Gesamtwesens fallen nicht mit dem realen Kollektiv zusammen. Die Wissenschaft gehört der entzauberten Welt an, die sich keinen Emanatismus mehr leisten kann und deren verschiedene Lebensordnungen keinem unterstellten Ganzen folgen. Kurz: Methodologisch und soziologisch lösen sich als gegeben gedacht abstrakte und als konkret vorgestellte Einheitsvorstellungen auf. Der Methodologe und Soziologe Weber, dessen Wertbezug auf die unhintergehbare und absolute Nation außer Frage steht, löst den Volksbegriff wie jeden anderen vorgegebenen Einheitsbegriff auf. Die einheitliche Entwicklung, die Weber mit der Moderne entdeckt, ist die der Rationalisierung, der schließlich die Formen der Vergesellschaftung und der Vergemeinschaftung bestimmt.

Weber verzichtet auf jeden Begriff von Gesellschaft. Er will den subjektiv gemeinten Sinn des Handelnden, im Grunde des frei handelnden Einzelnen, erfassen. Die unterstellte Illusion freien Handelns schließt dabei philosophisch und rechtlich-juristisch eher an Fichtes Bestimmung des Menschen als an Kant an. Es handelt sich grundlegend um einen nichtsoziologischen

---

119 Ebenda, S. 130.
120 Ebenda, S. 131.
121 Das interessanteste Beispiel eines idealtypischen Begriffs ist für Weber aber der Staat. Ich komme darauf zurück.

232

Handlungsbegriff.[122] Insofern hebt Weber die Freiheit des Handelnden und damit auch den subjektiv gemeinten Sinn sofort im Typus des zweckrationalen Handelns auf, der in der Moderne, so Weber, auch das tatsächliche Handeln immer genauer umschreiben würde. Webers Begriff des »freien Handelns« entspricht tendenziell seinem Begriff des zweckrationalen Handelns – das Wort »frei« wird daher in Anführungsstrichen gebraucht.

»Je ›freier‹, d. h. je mehr auf Grund ›eigener‹, durch ›äußeren‹ Zwang oder unwiderstehliche ›Affekte‹ nicht getrübter ›Erwägungen‹, der ›Entschluß‹ des Handelnden einsetzt, desto restloser ordnet sich die Motivation ceteris paribus den Kategorien ›Zweck‹ und ›Mittel‹ ein, desto vollkommener vermag also ihre rationale Analyse und gegebenenfalls ihre Einordnung in ein Schema rationalen Handelns zu gelingen, desto größer aber ist infolgedessen auch die Rolle, welche – beim Handelnden einerseits, beim analysierenden Forscher andrerseits – das nomologische Wissen spielt, desto ›determinierter‹ ist ersterer in bezug auf die ›Mittel‹.«[123]

Die später in düsteren Formeln beschriebene Rationalisierung wird durch ein immer freier werdendes Handeln, das, da es ›frei‹ ist, zur Zweckrationalität tendiert, durch die Zunahme nomologischen Wissens bei den Handelnden und den Analytikern dieses Handelns verstärkt. Die Freiheit tendiert zur Unfreiheit. Und auch die Werte, die letzten Werte, sind von dieser Entwicklung berührt. Weber fährt an der gleichen Stelle fort:

»Und nicht nur das. Sondern je ›freier‹ in dem hier in Rede stehenden Sinn das ›Handeln‹ ist, d. h. je weniger es den Charakter des ›naturhaften Geschehens‹ an sich trägt, desto mehr tritt damit endlich auch derjenige Begriff der ›Persönlichkeit‹ in Kraft, welcher ihr ›Wesen‹ in der Konstanz ihres inneren Verhältnisses zu bestimmten letzten ›Werten‹ und Lebens-›Bedeutungen‹ findet, die sich in ihrem Tun zu Zwecken ausmünzen und so in teleologisch-rationales Handeln umsetzen.«[124]

---

122 Jacobsen (Weber und Lange) zeigt den bisher verschütteten Zusammenhang auf, indem Fichte bedeutend wird. Weber studierte in jungen Jahren Langes »Geschichte des Materialismus« sehr genau und bezog von ihm die Zwei-Welten-Lehre der Werte und des Seins, aber auch des Nationalen und des Sozialen. Schließlich führt diese Spur auch auf Fichtes Persönlichkeitstheorie zurück (siehe Jacobsen, a.a.O., S. 167–171; 188–193). Die Arbeit Marianne Webers über Fichte (dies., Fichtes Sozialismus) kann als ein weiterer Hinweis dienen. Das »Ich« Fichtes steht, wie wir gesehen haben, in Zusammenhang mit dem Wir und einer Verabsolutierung des Ich/Wir. Diesen Zusammenhang möchte ich für Weber nicht zu sehr betonen. Es ist eher die Trennung von Wert und Welt (Natur), die den Wert/Zweck ›Nation‹ absolut setzt.

123 Weber, Roscher und Knies, S. 132.

124 Ebenda.

Nun, da dem Handeln selbst und der Analyse des Handelns die ›Irrationalität‹ genommen wurde, lockert sich der Bezug auf die ›letzten Werte‹ nicht. Das Gegenteil ist der Fall: Unter der Voraussetzung des von äußeren Zwängen ›freier‹ werdenden Handelns wird zweckrationales Handeln erst möglich, werden die Werte schließlich zu den Zwecken, auf die hin sich die Mittel orientieren können. Es ist gerade das ›freier‹, also zweckrationaler werdende Handeln, das sich immer mehr schließt und damit verläßlich wird. Das des Organischen entkleidete Volk, die entzauberte Volksseele, die Nation als Wert kann selbst die Stelle des Wertes einnehmen, kann zu einem zum Zweck ›ausgemünzten‹ Wert werden, auf den sich nun das Handeln als zweckrationales ebenso wie die Analyse dieses Handelns bezieht. Das Handeln ist nicht mehr an die Irrationalität des ›Natürlichen‹ gebunden, sondern an die Rationalität des als absolut gültig Erschlossenen.

Setzt man die Nation als möglichen letzten Wert ein, wird in dieser den Weberschen Konstruktivismus schon formulierenden Passage deutlich, daß es nicht die organologischen Konstruktionen sind, die die Nation als stabilen Bezugsrahmen etablieren, sondern im Gegenteil: Das als freies Handeln interpretierte zweckrationale Handeln, das nicht nur die Perspektive des Analytikers bestimmt, sondern immer mehr auch die des Handelnden, erweist sich als eine ganz besondere Stabilitätsbedingung. Die Nation als Wert wird nicht mehr als Ganzes (voraus)gesetzt, sondern im Handeln produziert und mit der Herstellung stabilisiert. Das freiere, das heißt das zweckrationaler gewordene und immer zweckrationaler werdende Handeln bezieht sich auf den zum Zweck umformulierten Wert. Einer dieser letzten Werte, keineswegs der einzige, ist der der Nation, der als (wert)rationaler auch absolut geworden ist.[125]

Geht man zurück auf die Vorlesung *Nationalstaat und Volkswirtschaftspolitik*, so ist es dieser zum Zweck gewordene Wert, auf den die Volkswirtschaftspolitik verpflichtet wird. Ökonomische Interessen einer bestimmten Gruppe, im konkreten Fall also die der Grundbesitzer, erweisen sich ihm gegenüber als unangemessen. Noch die anschließende Sozialstrukturanalyse fragt danach, welche Gruppe diesem letzten zum Zweck gewordenen Wert am besten dient. Denn dies ist Webers Forderung. Bei gegebenem Wert/Zweck muß die Wissenschaft eine rationale Untersuchung durchfüh-

---

125 Gänzlich unhaltbar scheinen mir, wie auch Anter (Webers Theorie des Staates, S. 124–128), der die Diskussion zusammenfaßt, Prewos Einteilung in einen unkritischen (nationalistischen) und einen (ab 1904, also dem Objektivitätsaufsatz) kritischen Weber (ders., Wissenschaftsprogramm) oder Willms Objektivierung des Nationbegriffs zur Denk- und Sachnotwendigkeit, die dem Interesse des Autors an einem neuen Nationalismus geschuldet ist (siehe ders., Nation). Ich möchte die soziologische Bedeutung der methodologischen Operation hervorheben.

ren, um die Bedingungen nennen zu können, unter denen man das Ziel – hier also: die Erhaltung und Stärkung der Nation und die Teilnahme an ›Weltpolitik‹ (das heißt: imperialistische Großmachtstaatpolitik) – erreichen kann. Es ist die ›kalte Analyse‹ bei gegebenem und aufrechterhaltenem Zweck, die den selbstbewußten Bourgeois Weber die Notwendigkeit sehen läßt, das Proletariat und die Sozialdemokratie zu integrieren, eine Elite des Bürgertums und der Arbeiterschaft zu bilden, die sich als Elite über ihre Funktion legitimiert, den »nationalen Instinkt« im alltäglich keineswegs von nationalen Leidenschaften bestimmten Alltag am Leben zu erhalten. Ebendieses Interesse machte ihn schließlich politisch zum Demokraten, da es um die Integration der Arbeiterschaft und der Sozialdemokratie als deren politischer Organisation ging. In der Theorie wurde er zum Analytiker der Werte und der Wertbeziehungen auf der einen, der Herrschaft und des Staates auf der anderen Seite.

Die charismatische Herrschaft bekommt für den Nationalstaat als organisatorische Form des Wertes der Nation eine besondere Bedeutung. Denn sie ist genau auf die Schnittstelle des Außeralltäglichen und Alltäglichen ausgerichtet. Es ist die der charismatischen Herrschaft zugeschriebene Fähigkeit, den zunächst den Eliten zugewiesenen Auftrag, in Friedenszeiten die Leidenschaften, den Instinkt des Nationalen aufrechtzuerhalten, in besonderem Maße erfüllen kann. Das Einverständnishandeln als alltägliche Routine der Vergemeinschaftung reicht nicht in allen Situationen aus, um Bindungen zu garantieren. Bedroht von der Veralltäglichung, vom Zerfall der nichtreflektierten, routinisierten, alltäglichen, nichtdiskursiven Zustimmung, muß auch für Weber eine Verkoppelung beider Bereiche, des Alltäglichen und des Außeralltäglichen, hergestellt werden.

Die Analysen Durkheims und Webers korrespondieren gerade an dieser Stelle. Sakralisiert Durkheim die Gesellschaft als Nation, indem er sie an die Stelle der Religion setzt, so trennt Weber die Nation von der Gesellschaft und setzt sie als Wert voraus. Beide aber integrieren die Gesellschaft gleich Nation oder den subjektiv gleich sozial gemeinten Sinn schließlich individualistisch, der eine, indem er den moralischen Individualismus als integrative Kraft der Moderne bestimmt, der andere, indem er das freie Handeln – welches tendenziell zweckrational ist – als besonders stabiles unterstellt. Ihre konkreten Lösungen aber bleiben sehr unterschiedlich. Ist es bei Durkheim das Symbol und die symbolische Repräsentation, die den Bereich des Heiligen in den Alltag tragen, eine alltäglich sichtbare Verbindung zwischen Heiligem und Profanem herstellen, so ist es bei Weber neben dem Legitimitätsglauben insbesondere der charismatische Herrscher, der Außeralltägliches und Alltägliches, Krieg und Frieden überbrückt.[126] Die bestehende und

---

126 Die »plebiszitäre Führerdemokratie« wurde schließlich als ein Vorläufer nationalsozialistischer Herrschaftsformen gedeutet (siehe zum Beispiel die Dis-

zu vermeidende Gefahr aber ist in beiden Fällen die gleiche: das Verschwinden des Ganzen, der Nation und der nationalen Bindungen im Alltag des normalen Lebens und der alltäglichen Lebensprobleme. Die binären Entgegensetzungen erweisen sich als unzureichend. Sie passen nicht zum uneindeutigen Alltag, die klaren Grenzen müssen hergestellt, aufrechterhalten und stabilisiert werden. Auf dieser Ebene kann eine ›sachliche Konvergenz‹ zwischen Durkheim und Weber festgestellt werden. Sie arbeiten an einem gemeinsamen Problem, der Erklärung und dem Verstehen der Herstellung politischer Vergemeinschaftungen auf gesellschaftlicher Grundlage, von politischen Gemeinschaften als Großkollektiven. Diese Gruppen erhalten erst Stabilität, so läßt sich die Antwort zusammenfassen, indem sie sich selbst repräsentieren, sich selbst als Idee, als Wert, als Symbol ›verdoppeln‹.[127] Beide Autoren beschreiben, transformiert man es in die hier verwandten Begriffe, bestimmte Formen der Selbstthematisierung und deren besondere Stabilität. In dieser Perspektive unterscheiden sich beide von den konservativen Kritikern der Moderne, die die Moderne wegen ihrer besonderen Unsicherheit, der Auflösung traditionaler Sicherheiten kritisierten. Der soziologische Blick auf das ›soziale Handeln‹ beziehungsweise auf die ›sozialen Tatbestände‹ läßt nicht von einer Wiederkehr traditionaler Gesellschaftsformen und Bindungen träumen. Noch wenn sie, wie Durkheim, ›einfache‹ Formen der Gesellschaft in den Blick nehmen, suchen sie entweder die spezifischen Bindungsformen sich differenzierender, moderner Gesellschaften zu erhellen oder, wie Weber, in einer vergleichenden Perspektive die spezifischen Bedingungen der Modernisierung zu erarbeiten.[128] Max Weber sieht

---

kussionen auf dem Soziologentag von 1964, zum 100. Geburtstag Webers). Zumindest handelt es sich dabei um eine Demokratie mit undemokratischen Elementen. Im nachhinein ist es interessant zu beobachten, daß sowohl Webers Konzept der charismatischen Herrschaft, prominent bei Ian Kershaw und auch bei Lepsius, als auch das der symbolischen Praktiken und Riten in der Nachfolge der Durkheim-Schule (so zum Beispiel in der Beschreibung von Todeskulten, Aufmärschen, Parteitagsinszenierungen etc.) in der Analyse des Nationalsozialismus Anwendung finden.

127 Auch die Erinnerungs- und Gedächtnisliteratur hat keine andere Funktion als die, eine Großgruppe durch Selbstthematisierung erst zu dieser zu machen. Man könnte hiervon ausgehend die Vermutung formulieren, daß Gruppen, die sich selbst in einer dieser Formen, das heißt in nichtsubstantialistisch oder essentialistisch gedachten Formen begreifen, höhere Stabilität haben als andere. Umgekehrt heißt dies: Als ›natürlich‹ gedachte Gruppen sind weniger stabil, das heißt leichter veränderbar. Soziale Konstruktionen, zumal selbstreflexive, zeichnen sich durch eine besonders hohe Stabilität aus.

128 Nisbets (Sociological tradition) und auch Spaemanns (Geist der Restauration) These der Entstehung der Soziologie aus der Restauration ist daher zu eindimensional. Obwohl wir die jeweilige große Bedeutung des politischen Kollek-

236

die Gefahren der Moderne schließlich darin, daß der Einzelne in der freien, das heißt sich rationalisierenden, Welt drohe, eben in der Rationalisierung der verschiedenen Lebensordnungen unterzugehen. Vom subjektiv gemeinten Sinn und vom sozialen Handeln ausgehend, droht der Handelnde in seiner von ihm selbst gemachten Welt zu verschwinden. Durkheims Gesellschaft droht sich eher nach unten aufzulösen, in der immer weitergehenden Differenzierung, die durch Korporationen, Recht, moralische Bindung und kollektive Repräsentation aufgefangen werden muß.

Ethnischer Gemeinsamkeitsglaube und politische Gemeinschaft

Weber beschreibt Gesellschaften vor allem als herrschaftlich integrierte.[129] Anders formuliert: Herrschaft ist für ihn ein universelles Mittel der Vergemeinschaftung, das »alle Gebiete des Gemeinschaftshandelns« umfaßt.[130] Der Nationalist Weber sucht in seiner Soziologie schließlich die Wertbeziehungen aufzudecken. Gegenüber dem Begriff des Werturteils, den er von seinem Freund Heinrich Rickert übernahm, ist dies der soziologisch interessantere Begriff.[131] Es ist der subjektiv gemeinte Sinn, die Bedeutung, die der Einzelne seinem Handeln zugrunde legt, der aus dem Fluß des Geschehens Wirklichkeit hervorbringt, in das Kontinuum durch Bedeutungszuschreibung Strukturen und Unterscheidungen einschreibt, das für uns Bedeutungsvolle heraushebt. Webers subjektiv gemeinter Sinn wird im sozialen Handeln entwickelt und kann mit der Hilfe idealtypischer Begriffe beschrieben werden. Die Bedeutungszuschreibungen und Wertbeziehungen lassen sich so noch im subjektiv gemeinten Sinn als soziale entschlüsseln.

Die Wertsphären aber unterscheiden sich. Bezieht sich die Wissenschaft – und der Wissenschaftler – auf Wahrheit, so stehen daneben andere Werte

---

tivs für beide feststellen konnten und man gerade die Durkheimsche Betonung der Gruppe mit konservativen Vorläufern vergleichen kann (siehe zum Beispiel Nisbet, *De Bonald*), so sind ihre Lösungen und auch ihre Analysen der Gegenwartsgesellschaft deutlich von den konservativen Kritikern der Moderne zu unterscheiden.

129 Die Religion tritt hinzu, und beide, Herrschaft und Religion, können auch desintegrierende Wirkungen haben. Diesen Aspekt hervorzuheben ist gerade in einem Vergleich mit Durkheim notwendig.

130 Weber, WuG, S. 541.

131 Mit dem Begriff der Werte befindet sich Weber am Ende des 19. und zu Beginn des 20. Jahrhunderts im Mainstream. Es handelte sich keineswegs um einen nur in der Wissenschaft und in der Philosophie des Neukantianismus benutzten Begriff. Er wurde in der zeitgenössischen politischen Debatte wie in der ökonomischen Theorie gebraucht. Es war, wie Martin Albrow schreibt, ein Schlüsselbegriff der Zeit (Albrow, Weber's Construction, S. 227 f.).

wie Pflicht, Loyalität, Ehre, Schönheit, Liebe, schließlich die religiösen und politischen Werte.[132] Webers Differenzierungstheorie ist eine der Wertsphären, die miteinander in Konflikt geraten können. Handeln ist an Voraussetzungen gebunden, an die man glauben muß. Die Stabilität der Gemeinschafts- und Gesellschaftsbildungen ist von den Wertbeziehungen abhängig. Die soziologische Form der Selbstthematisierung beginnt, so kann man sagen, mit der Differenzierungstheorie als der Erkenntnis dessen, daß der Einzelne an mehreren, unterschiedlichen und zum Teil widersprüchliche Anforderungen stellenden Formen von Vergesellschaftung und Vergemeinschaftung beteiligt ist.[133] Die »rationale gesellschaftliche Differenzierung« nimmt zu, je größer der »Verkehrskreis« (Simmel) wird. Die »rationale gesellschaftliche Organisation« nimmt zu, je mehr sich Vergesellschaftungsprozesse verfestigen.[134] Organisatorisch findet die Nation, wie wir schon sahen, ihre Realisierung im Nationalstaat. Dies ist ihr Vergesellschaftungsaspekt. Ihr Vergemeinschaftungsaspekt aber findet sich in der gleichzeitigen Zunahme gesellschaftlicher Differenzierung, der Steigerung der Beteiligung an unterschiedlichen »Umkreisen«, Wert- und Subsystemen. Die Nation ist nicht die segmentäre Differenzierung, die den Prozessen funktionaler Differenzierung übergestülpt wird, um ein Auseinanderfallen zu verhindern. Sie wäre am Ende dann doch ein zwar – zumindest für eine Zeit, die heute vielleicht zu Ende gegangen ist – notwendiger, aber traditionaler Rest inmitten einer funktional differenzierten Welt. Vielmehr ist sie grundlegend durch den Doppelaspekt von Vergemeinschaftung und Vergesellschaftung gekennzeichnet. Der Begriff der Vergemeinschaftung umfaßt bei Weber gerade die Prozesse der Differenzierung, des Angeschlossenseins des Einzelnen an unterschiedliche Subsysteme, an Familie und Sippe, an die größere Gruppe der Ethnie, an religiöse und politische Gemeinschaften und schließlich an den Markt als »Als ob-Vergesellschaftung«.[135] Vergesellschaftung als Orientierung an der Ordnung, für die politische Gesellschaft also schließlich der anstaltsförmige Staat mit seiner rationalen Verwaltung, bezieht sich auf den Aspekt der Herstellung von Einheit als

---

132 Webers klassische Beschreibung der Wertsphären findet sich in seiner berühmten »Zwischenbetrachtung«.

133 Im Kategorienaufsatz formuliert Weber: »Der einzelne Mensch ist nun bei seinem Handeln fortwährend an zahlreichem und immer anderem Gemeinschaftshandeln, Einverständnishandeln und Gesellschaftshandeln beteiligt. Sein Gemeinschaftshandeln kann denkbarerweise in jedem einzelnen Akt auf einen anderen Umkreis fremden Handelns und auf andere Einverständnisse und Vergesellschaftungen sinnhaft bezogen sein« (Kategorien, S. 461).

134 Beide Begriffe ebenda.

135 Markt und Sprachgemeinschaft stellen für Weber Beispiele für Als-ob-Vergesellschaftungen dar. Ich werde später am Beispiel der Sprachgemeinschaft darauf eingehen.

gleichförmiger Orientierung an der gleichen gesatzten Ordnung. Beide, Vergemeinschaftung und Vergesellschaftung, unterliegen Rationalisierungsprozessen, dies macht ihren umfassenden Charakter aus, sie betreffen die Liebe wie die Musik.[136] Unter dem Aspekt der Rationalität bezieht sich Gesellschaft als (national)staatliche auf die Herstellung von Ordnung, Gemeinschaft auf die Herstellung von Differenz; die »Als-ob-Vergesellschaftung« des Marktes überschreitet die Grenzen beider. Sinnhaft orientiert auf den Tausch, setzt sie doch einen allgemeinen Dritten voraus, als ob die Beteiligten sich an einer Ordnung orientierten, die doch nur in der Situation vorausgesetzt wird.

So klar und eindeutig für Weber der vorausgesetzte Wert, die Nation, war und blieb, bedurfte ihre Verwirklichung mit der Zeit und den sich verändernden Umständen auch sich ändernder Mittel. Seine veränderten politischen Stellungnahmen, die man unter dem Stichwort einer mehr oder weniger eindeutigen Wendung zur Demokratie zusammenfassen kann, sind keine Änderungen des Wertes oder des Zweckes, sondern der eingesetzten Mittel. Dennoch war Weber auch wegen seiner methodologisch-soziologischen Konzeption des sozialen Handelns gezwungen, Nation als besondere Form der Gemeinschaftsbildung, als Quelle des Gemeinschaftshandelns und als Vergesellschaftung, das heißt als spezifische Form der politischen Gemeinschaft und der politischen Gesellschaft, zu analysieren. Er reduzierte sie daher weder auf das eine noch auf das andere. Keineswegs also verwechselte Weber Nation mit einer wie immer bestimmten Gemeinschaft, sicherlich auch nicht mit einer ethnischen. Häufig wird in der aktuellen Debatte über Ethnizität nur in kursorischer Form auf Webers wenige Seiten über die »ethnischen Gemeinsamkeitsgefühle« Bezug genommen.[137] Ethnische Vergemeinschaftung aber steht im Kontext anderer Vergemeinschaftungs- und

---

136 Eine der besten und interessantesten Darstellungen des Weberschen Denkens findet sich nicht zufällig in einer Darstellung seiner Musiktheorie (Braun, Webers »Musiksoziologie«). Anter (Webers Theorie des Staates) hat eine äußerst gelungene Zusammenfassung der bei Weber typischerweise nicht systematisierten Staatssoziologie geschrieben. Es wird umstritten bleiben, wie sinnvoll die nachträglichen Systematisierungen sind, wie sie unter anderen Breuer (Herrschaftssoziologie) vorgelegt hat. Wird der systematische Aspekt nicht überbetont, halte ich sie für ein Verständnis Webers für äußerst hilfreich.

137 Siehe hingegen einen Weber in die neuere Debatte zu integrierenden Vorschlag bei Sarasin, Wirklichkeit der Fiktion. Mit »Ethnischen Gemeinschaftsbeziehungen« ist Kapitel IV von »Wirtschaft und Gesellschaft« überschrieben, das unvollendet ist und insgesamt nur zehn Seiten umfaßt. Es ist in einen weiteren Kontext sowohl der Vergemeinschaftungs- und Vergesellschaftungsformen als auch des zum Zusammenhang der Soziologie der Herrschaft zählenden Kapitels über die »Politischen Gemeinschaften« (Kapitel VIII, WuG, S. 514–540) zu stellen.

auch Vergesellschaftungsformen. Ihr gleichsam vorgeordnet sind Hausgemeinschaft, Sexualbeziehungen, Nachbarschaft und Sippe. Der ethnischen Vergemeinschaftung nachgeordnet sind die religiösen Gemeinschaften und die Marktvergesellschaftung.[138] Wird der Begriff der Nationalität bei Weber innerhalb der Thematisierung ethnischer Gemeinsamkeitsbeziehungen behandelt und gleicht dieser dem heutigen Gebrauch des Begriffs der Ethnizität, so stehen die theoretisch nur kursorischen Bemerkungen zur Nation im Kapitel über die politischen Gemeinschaften. Sie sind schon hierdurch von den anderen getrennt.[139]

Im Kategorienaufsatz unterscheidet Weber Gemeinschafts- und Gesellschaftshandeln, Vergemeinschaftung und Vergesellschaftung klar voneinander, ohne die begrifflich scharfe Trennung schließlich selbst durchzuhalten. Sie gehen ineinander über. Unter Gemeinschaftshandeln ist ein subjektiv sinnhaft auf andere bezogenes Verhalten zu verstehen; Gesellschaftshandeln bezieht sich auf die Orientierung an Ordnungen, spezifischer an gesatzten Ordnungen bei subjektiv zweckrationaler Orientierung. Zwar bezeichnet Weber das Gemeinschaftshandeln als »das primäre Objekt einer ›verstehenden‹ Soziologie«,[140] doch wird abermals deutlich, wie sehr die Rationalisierungsperspektive die Grundkategorien beeinflußt. Denn schließlich sind es die Rationalisierungsprozesse des Handelns, die den zweckrationalen Typus wenn auch nicht zum Realtypus, so aber doch zu dem der Moderne angemessenen Typus machen und so auch die »verstehende« Soziologie auf diesen verpflichten. Rationaler Idealtypus des Gesellschaftshandelns ist der »Zweckverein« vor allem als zeitlich stabil bleibendes »soziales Gebilde«, das über Gelegenheitsvergesellschaftungen (Beispiel: Kartelle) hinausgeht und schließlich zur besonderen Vergesellschaftungskategorie der »Anstalt« führt, »insbesondere der des Staates«.[141] Dessen Keimzelle, so Weber, finde sich in zwei Typen der Gelegenheitsvergesellschaftung, des Zusammenschlusses unter einem Führer zum Beutezug und im Zusammenschluß der Bedrohten. Keineswegs

---

138 Diese Vor- und Nachordnungsbeziehungen entsprechen der Gliederung in »Wirtschaft und Gesellschaft«, man sollte sie nicht zu hierarchisch lesen. Keineswegs aber sind es einander ablösende Gruppenbeziehungen.

139 Ich lasse hier die exegetische Problematik beiseite, wer wann welche Kapiteleinteilungen und Überschriften eingeführt hat, und rekonstruiere die mich interessierenden Aspekte des Nationbegriffs bei Weber aus den vorliegenden Texten. Die Weber-Forschung als spezialistischer Detailbetrieb ist kaum überschaubar und macht selbst den Eindruck einer ›geschlossenen‹ Gemeinschaft mit vielen dankenswerten Arbeiten. Soweit ich es überblicke, ist der Nationbegriff eher im Kontext von Webers politischen Einstellungen, Schriften und des entsprechenden Engagements analysiert worden. Mich interessieren die konzeptionellen Konsequenzen.

140 Weber, Kategorien, S. 441.

141 Ebenda, S. 448.

handelt es sich schon um eine »Dauervergesellschaftung der Kriegerschaft«. Diese aber führt zu verwaltendem Gesellschaftshandeln und schließlich zum anstaltsförmigen Staat als politischer Vergesellschaftung. Die Webersche Staatssoziologie ist als Beschreibung und Analyse der politischen Vergesellschaftung für den Begriff der Nation zu berücksichtigen.

Nation aber ist nicht nur Vergesellschaftung, nicht nur Staat, sondern auch Vergemeinschaftung. Dabei ist zu berücksichtigen, daß es nicht nur Formen des Gesellschaftshandelns gibt, die nur »Als-ob-Vergesellschaftungen« darstellen, sondern auch eine ›Als-ob-Vergemeinschaftung‹, ohne daß Weber diesen Begriff benutzte. Sachlich aber machte er genau diese Beobachtung an einer interessanten Stelle. Eine reine Gleichartigkeit sei kein Gemeinschaftshandeln und noch keine Form der Vergemeinschaftung. Weber nimmt das Beispiel der Rasse, die noch nicht dadurch zur »Rassengemeinschaft« werde, daß irgendein Verhalten oder Merkmal der als zugehörig Angesehenen gleichartig sei. Es ist der sinnhafte Bezug, der diesem Verhalten fehlt und der erst gegeben ist, »wenn z. B., um das absolute Minimum zu nennen, Rassezugehörige in irgendeiner Hinsicht sich von der ›rassefremden‹ Umwelt ›absondern‹ mit Bezug darauf, daß andere Rassezugehörige es auch tun (gleichviel ob in gleicher Art und Umfang)«.[142] Rasse, festgemacht an irgendwelchen äußeren Merkmalen oder auch an ähnlichen Verhaltensweisen, ist kein soziologisch relevanter Begriff.[143] Soziologisch interessant wird er erst, wenn mit ihm ein subjektiv gemeinter Sinn verbunden wird, wenn Rasse, anders formuliert, zur sozialen Kategorie wird, das Gemeinschaftshandeln anleitet oder dessen Teil wird und dann selbst zum Gesellschaftshandeln werden kann, sei es als Einverständnis oder als tatsächliche Orientierung an gesatzter (dann also: rassistischer) Ordnung.

An die Möglichkeit einer tatsächlichen, gesatzten rassistischen Ordnung hat Max Weber kaum denken können. Anders ist dies beim auch für Weber völlig unbestimmten Begriff der Ethnie, die keine tatsächliche Gemein-

---

142 Ebenda, S. 454.

143 Der Kategorienaufsatz stammt aus dem Jahre 1913. Rasse ist in Webers Arbeiten ein immer wieder auftauchender Begriff. Bekannt ist sein Diskussionsbeitrag auf dem 2. Soziologentag. Verstreut kommt Weber immer wieder auf dieses Thema zurück, ebenso auf die Diskussion um Nation und Nationalität. Nicht nur das politische Denken und Handeln, auch die gerade gegründete Soziologie in Deutschland wurde von diesen zeitgenössischen Thematisierungen geprägt. Es ist beeindruckend, daß Weber, der in einem späten Bekenntnis darauf hinwies, daß die persönliche Bedeutung, die er dem Begriff zumesse, durchaus groß sei, ihm seine wissenschaftliche Bedeutung für die Soziologie und das heißt für die Analyse von Vergemeinschaftung und Vergesellschaftung absprach. So schreibt Weber in der spät entstandenen Vorbemerkung: »Der Verfasser bekennt: daß er persönlich und subjektiv die Bedeutung des biologischen Erbgutes hoch einzuschätzen geneigt ist« (Religionssoziologie I, S. 15).

schaft wie etwa die Hausgemeinschaft darstellt, sondern »geglaubte Gemeinsamkeit« ist, der das Wissen über die tatsächlichen Ursprünge der Unterschiede abhanden gekommen ist, die zur Konvention geworden ist und zu der kein reales Gemeinschaftshandeln gehört. »Der Inhalt«, schreibt er, »des auf ›ethnischer‹ Basis möglichen Gemeinschaftshandelns bleibt unbestimmt.«[144] Gemeinsamer und gegensätzlicher Habitus und Erinnerung, ein Begriff, der bei Weber im Kontext von Wanderung und Kolonisation eingeführt wird, bilden den Anlaß für einen »subjektiven Glauben an eine Abstammungsgemeinsamkeit«.[145] Subjektiver Glaube an eine Abstammungsgemeinsamkeit ohne ein zugehöriges Gemeinschaftshandeln, der aber für die »Propagierung von Vergemeinschaftung« Bedeutung erhält, dieses ist der spezifische Charakter derjenigen Gruppen, die Weber als ethnische bezeichnet. Es handelt sich also um eine vorgestellte, behauptete und in der Propagierung realisierte Vergemeinschaftung, die durch ebendiesen Charakter als propagierte Vergemeinschaftungen einen unmittelbaren Zusammenhang zur politischen Vergemeinschaftung haben. Bloße, ausschließlich ethnische Gemeinsamkeitsvorstellungen, solche, die sich nicht mit anderen verbinden und vor allem: die sich nicht ›vergesellschaften‹, keine Ordnungen entwickeln, haben allerdings nur geringe Stabilität. Sie fördern die politische Vergemeinschaftung, aber sie erhalten sich nicht aus sich selbst heraus. Es ist daher eher andersherum: Politische Gemeinschaften wecken den ethnischen Gemeinsamkeitsglauben, um sich selbst nach dem Schema der Umdeutung rationaler Vergesellschaftung in persönliche Gemeinschaftsbeziehungen zu stabilisieren, und die so geweckten Gemeinsamkeitsvorstellungen können sich schließlich zeitlich selbst bei Verschwinden des politischen Gebildes erhalten. Es macht so vor allem Sinn, unter Ethnien und auch dem heute meist verwandten Begriff der Ethnizität sekundäre politische Vergemeinschaftungen zu verstehen, die sich über die realen Vergesellschaftungsprozesse täuschen. Ethnizität ist eine Ressource der Stabilisierung politischer Gesellschaften als Gemeinschaften und der Propagierung sich politisierender Gemeinschaften.

Vor allem an die politische Gemeinschaft gebunden, wird Durchsetzung und Propagierung durch gemeinsame Sprache, geteilte politische Erinnerung und das Fortbestehen einer alten Kultgemeinschaft erleichtert. Sieht man von diesen, also Sprache, Erinnerung und Religion, ab, bleiben als ethnische Differenzen Unterschiede des Habitus und der Lebensführung. Bei diesen spielen vor allem das Ehr- und Würdegefühl, mithin eher ständische Unterschiede eine Rolle. Diese haben den unmittelbaren Vorteil, in modernen Ge-

---

144 Weber, WuG, S. 222.
145 Ebenda, S. 219. Auch hier wird die Begrifflichkeit nicht immer durchgehalten. Geglaubte Abstammungsgemeinsamkeit ist etwas anderes als Abstammungsgemeinschaft.

sellschaften nicht als knappe Güter zu gelten. In modernen Gesellschaften sind sie wohlfeil.[146] Ehre, dieses ursprünglich persönliche, vor allem aber an den spezifischen Stand gebundene Gut, wird zur Massenehre.»›Ethnische Ehre‹ ist die spezifische Massenehre, weil sie jedem, der der subjektiv geglaubten Abstammungsgemeinschaft angehört, zugänglich ist.«[147] Die feinen Unterschiede werden durch die bloße Ehre der Zugehörigkeit zu drastischen Differenzen von Großgruppen gemacht, moralisch aufgeladen. Durch Konventionalisierung werden die geglaubten ethnischen Differenzen zu ethischen Indifferenzen. Alle denkbaren vorgestellten und tatsächlichen Unterschiede eignen sich dazu: Kleider, Haut, Haarfarbe, Glaube, Namen etc. Die ethnische Zugehörigkeit löst sich in ihren Symbolen auf, und diese werden dennoch zum Mittel drastischer Differenz, gerade weil sie unbestimmt sind.

Bleibt der Inhalt des Gemeinschaftshandelns auf ethnischer Basis unbestimmt, so gilt dies auch für die Begriffe von Stamm und Volk.

»Ganz regelmäßig wird, wenn diese Ausdrücke gebraucht werden, entweder eine, sei es noch so lose, gegenwärtige politische Gemeinschaft oder Erinnerungen an eine früher einmal gewesene, wie sie die gemeinsame Heldensage aufbewahrt, oder Sprach- bzw. Dialektgemeinschaft oder endlich eine Kultgemeinschaft, mit hinzugedacht. [...] Aber wenn diesem eine politische, gegenwärtige oder vergangene, Gemeinschaft gänzlich fehlte, so war schon die äußere Abgrenzung des Gemeinschaftsumfangs meist ziemlich unbestimmt.«[148]

Die ethnische – vergangene, gegenwärtige und, so muß man hinzufügen, zukünftige – Pseudogemeinschaft bleibt unbestimmt, wird sie nicht durch Propagierung als eine politische Gemeinschaft, die sich als Minimalbestimmung auf ein Gebiet und das soziale Handeln der Menschen auf diesem Gebiet bezieht, begrenzt und hierdurch realisiert. Die politische Gemein-

---

146 Das heißt gerade nicht, daß sie in modernen Gesellschaften keine Rolle spielen. Siehe hierzu ausführlich Vogt, Logik der Ehre. Allerdings resümiert Vogt Webers Ehrbegriff insgesamt als Medium sozialer Differenzierung. Dagegen ist zu sagen, daß Weber Differenzierung und Vereinheitlichung nicht gegeneinandersetzt. Ein Mittel kann in der Binnenperspektive zur Differenzierung dienen und dennoch gleichzeitig vereinheitlichen. In besonderem Maße gilt dies für solche symbolische Güter, die nicht an den feinen, sondern an den groben Unterschieden arbeiten, zum Beispiel die drastische Differenzierung der Ethnie. Die Differenzierungen, fast könnte man dies als ein Gesetz formulieren, fallen um so drastischer aus, je ›schwächer‹ Unterschiede ›sind‹, je symbolischer sie also werden. Ein Name, ein Wappen hat eine andere Wirkung als symbolisches Gut wie das Hören einer bestimmten Musik, ein Kleidungsstil etc. Hinter dem Symbol steht gar kein Gut, es muß ›nur‹ verkörpern und hält einer Nachfrage kaum stand. Um so eindeutiger fällt die Grenzziehung aus.
147 Weber, WuG, S. 221.
148 Ebenda, S. 222.

schaft kann sich mittels und in der Propagierung der ethnischen Gemeinsamkeitsvorstellung stabilisieren, die ethnische Gemeinsamkeitsvorstellung braucht die vergangene, gegenwärtige oder zukünftige politische Gemeinschaft. Ansonsten bleibt sie Gemeinsamkeitsvorstellung und wird nicht, wie es die nachträglich eingefügten Überschriften in »Wirtschaft und Gesellschaft« suggerieren, in Gemeinschaft oder Gemeinschaftsbeziehungen überführt.[149] Der ethnische Gemeinsamkeitsglaube bleibt, was er ist, Glaube, wird er nicht in einer wie immer gearteten politischen Gemeinschaft realisiert. Als Glaube aber stabilisiert er schließlich die politische Gemeinschaft und kann sie selbst in Form der Erinnerung noch überleben.

Hinter den unklaren Begriffen von Stamm, Volk und Ethnie steckt die politische Gemeinschaft. Es sind Begriffe, die sich auflösen, sich verflüchtigen, schaut man genau hin. Gleiches gilt für den »mit pathetischen Empfindungen für uns am meisten beschwerten Begriff: denjenigen der ›Nation‹, sobald wir ihn soziologisch zu fassen suchen«.[150] Auch hinter diesem Begriff steht nichts Eindeutiges. Er bezieht sich meist nur direkter auf Staat und Macht, so daß der Begriff des Nationalstaates für Weber identisch geworden war mit dem des Staates. Die Nation kann Sprachgemeinschaft sein, muß es aber nicht. Typisch ist hingegen, daß ihr die Sprachgemeinschaft folgt, sie also nicht Voraussetzung, sondern Folge der nationalstaatlichen Organisation ist. Sie kann Kulturgemeinschaft sein, muß es aber nicht. Die Kultur kann »einigendes Band« sein, aber auch hier meist eher als Folge der politischen Gemeinschaft. Der Nationalstaat ist aus soziologischer Perspektive eine der Voraussetzungen der Entstehung sprachlicher und kultureller Gemeinsamkeiten, deren Bedeutung mit der Demokratisierung von Staat, Gesellschaft und Kultur zunimmt.[151]

---

149 In der Ausgabe von 1972 ist das Kapitel IV überschrieben mit »Ethnische Gemeinschaftsbeziehungen«, während die Ausgabe von 1922 schlicht und noch irreführender unter Kapitel III von »Ethnischen Gemeinschaften« spricht. Auch die Paragraphenbezeichnungen unterscheiden sich: § 1: 1922, Die »Rasse«; 1972, Die »Rassen«zugehörigkeit; § 2: 1922: Entstehung der »Rassen«merkmale; 1972, Entstehung ethnischen Gemeinsamkeitsglaubens. Sprach- und Kultgemeinschaft; § 3: 1922, Verhältnis zur politischen Gemeinschaft; 1972, Verhältnis zur politischen Gemeinschaft. »Stamm« und »Volk«; § 4: 1922, »Nation« und »Volk«; 1972, Nationalität und Kulturprestige. Weber spricht im Text von ethnischem Gemeinschaftsglauben und selten von ethnischen Gemeinsamkeitsbeziehungen, nicht von ethnischen Gemeinschaften oder ethnischen Gemeinschaftsbeziehungen. Es gibt für Weber keine ethnischen Gemeinschaften im Gegensatz zum Beispiel zu Hausgemeinschaften.
150 Weber, WuG, S. 224.
151 Siehe hierzu Weber, Diskussionsrede auf dem 2. Soziologentag 1912 zum Vortrag von Barth über *Die Nationalität in ihrer soziologischen Bedeutung*, in: Weber, SP, S. 485.

Der Begriff Nation verweist immer wieder auf den der Macht. Das einzig Gemeinsame, das Weber im Begriff Nation oder national findet, ist »eine spezifische Art von Pathos, welches sich in einer durch Sprach-, Konfessions-, Sitten- oder Schicksalsgemeinschaft verbundenen Menschengruppe mit dem Gedanken einer ihr eigenen, schon bestehenden oder von ihr ersehnten politischen Machtgebildeorganisation verbindet, und zwar je mehr der Nachdruck auf ›Macht‹ gelegt wird, desto spezifischer«.[152] Er ist keineswegs durch größere Klarheit und Eindeutigkeit von dem der Ethnie zu unterscheiden.

Die beiden vollständig unklaren Begriffe unterscheiden sich dadurch, daß die Ethnie sich auf Vergemeinschaftung, die Nation sich auf einen Vergesellschaftungsprozeß bezieht. Es handelt sich um geglaubte Ordnungen. Sie stehen keineswegs in einem einfachen Verhältnis der Entwicklung, aus Ethnisierung folgt also nicht Nationalisierung. In der Kasuistik läßt sich ganz im Gegenteil beobachten, wie es zu Prozessen kommt, die ich in Anlehnung an Weber als sekundäre Ethnisierungsprozesse bezeichne. Rationale Vergesellschaftung wird in Vergemeinschaftung umgedeutet. Die sekundäre Verbrüderungsgemeinschaft der Nation – in Analogie zur »Als-ob-Vergesellschaftung« könnte man auch von ›Als-ob-Vergemeinschaftungen‹ sprechen – entsteht auf dieser Grundlage. Hier lassen sich dann die Vergemeinschaftungsformen einordnen, die Weber in der Religionssoziologie beschreibt. Zunächst aber soll näher auf die nationale Vergesellschaftung eingegangen werden, auf die Orientierung an der gesatzten Ordnung, über die sich das mit sehr unterschiedlichen Interessen verbundene Pathos der Leidenschaften legt.

Nation, Herrschaft und Staat

Die Grundbesitzer, die Junker, mußten, obwohl sie Gründer des Nationalstaates waren, abgelöst werden, weil sie nicht mehr Träger des Nationalen sein konnten.[153] Schon in der Antrittsrede tritt uns damit ein Argumentationsmuster entgegen, das auch später erhalten bleibt. Will man dem Werk der Gründer der Nation weiterhin Sinn verleihen, so muß diese Gründerschicht als Träger des Nationalen abgelöst werden. Der Wert ›Nation‹ muß mit anderen Mitteln realisiert werden, andere Trägerschichten müssen realisieren, was gegründet wurde. Später, ab 1915, war nicht mehr die Ostkolonisation das vorrangige Interesse der Nation, sondern, im Gegenteil, die Anerkennung der kleinen, sich um den nationalen Großmachtstaat gruppie-

---

152 Weber, WuG, S. 226.
153 Siehe ausführlich zu Max Webers Verhältnis zum Junkertum Torp, Weber und die preußischen Junker.

renden Nationen und Nationalitäten. Der Staat selbst konnte sich als Nationalstaat nur erhalten, wenn es ihm gelang, unterschiedliche Nationalitäten auf seinem Gebiet zu integrieren. Nicht der Wert der Nation als wertrationaler Bezugspunkt hatte sich geändert, sondern die Mittel, dieses Ziel zu erreichen, mußten neuen Situationen angepaßt werden. Weber blieb gerade durch die Anpassung der Mittel, hier also durch Änderung der ›Polenpolitik‹, seiner Wertsetzung treu. So wie er die Junker nicht mehr als Träger des Nationalen sah, so mußte nun die Politik des »Deutschtums«, wenn man diesen von Weber in den 1890er Jahren benutzten, aber nie bestimmten Begriff verwenden will, geändert werden.

Der Webersche Nationbegriff ist in den Beziehungen von Wert/Zweck/Mittel, von Macht und Herrschaft sowie von politischem Verband und Staat zu rekonstruieren.[154] Herrschaft ist Mittel jeder Vergemeinschaftung. Weber rekonstruiert die politische Vergemeinschaftung in einer großen historischen Erzählung der Institutionalisierung von Herrschaft, bezogen auf ein Gebiet und der dort zumindest eine Zeit verweilenden Menschen. Bevölkerung und Gebiet, durch Bereitschaft zur physischen Gewalt geordnet, sind die Grundlagen, Gebietsherrschaft und Gewaltsamkeit sind die definierenden Minimalmerkmale der politischen Gemeinschaft. Die Gewalt bezieht sich keineswegs vorrangig auf äußere Feinde, sondern zielt vor allem auf die Sicherung der Bereitschaft der Zwangsbeteiligten, ihre Leistung zu erbringen. Politische Gemeinschaft fordert Solidarität nicht nur, sie kann sie erzwingen, auch durch die »Vernichtung von Leben«. Politische Gemeinschaft ist nicht Solidarität, sondern ihre Zumutung.

»Es ist der Ernst des Todes, den eventuell für die Gemeinschaftsinteressen zu bestehen, dem Einzelnen hier zugemutet wird. Er trägt der politischen Gemeinschaft ihr spezifisches Pathos ein. Er stiftet auch ihre dauernden Gefühlsgrundlagen. Gemeinsame politische Schicksale, d. h. in erster Linie gemeinsame politische Kämpfe auf Leben und Tod, knüpfen Erinnerungsgemeinschaften, welche oft stärker wirken als Bande der Kultur-, Sprach- oder Abstammungsgemeinschaft. Sie sind es, welche – wie wir sehen werden – dem ›Nationalitätsbewußtsein‹ erst die letzte entscheidende Note geben.«[155]

---

154 Die Religionssoziologie spielt im Kontext des Weberschen Nationbegriffs, anders als bei Durkheim, keine besondere Rolle.

155 Weber, WuG, S. 515 (614). Es ist interessant anzumerken, daß auch die aktuelle Debatte über Erinnerungsgemeinschaften den Aspekt des Todes betont und sich ebenfalls gegen eine ›substantialistische‹ Auffassung des Kollektivs wendet. Während aber für Weber die Wertbeziehung zum Thema wird, wird die Erinnerungsgemeinschaft selbst zu einer Art Zwangsgemeinschaft mit Zwangsbeteiligten. Auch bei der Unterstellung der Arbeitsteilung von Erinnerung und der Ausdifferenzierung spezifischer Institutionen wird unterstellt, daß Nichterinnerung nicht möglich sei. So wird der konstruktive Aspekt zwar

Die Gemeinschaftsinteressen sind sehr unterschiedlich. Fürchtet der König die verlorene Schlacht, so fürchten die »Machthaber und Interessenten einer ›Republikanischen Verfassung‹« den siegreichen General, das Besitzbürgertum in seiner Mehrheit ökonomische Verluste, Honoratiorenschichten politische Umwälzung. Nur die ›Masse‹, die Leute, hat wenig zu verlieren außer dem Leben, »eine Gefährdung, deren Einschätzung und Wirkung eine gerade in ihrer Vorstellung stark schwankende Größe darstellt und durch emotionale Beeinflussung im ganzen leicht auf Null reduzierbar ist«.[156] Die ökonomischen Interessen stehen keineswegs im Vordergrund. Es sind vor allem die Interessen der unmittelbaren Machthaber und derjenigen, die sich durch die bloße Existenz des politischen Gebildes Vorteile versprechen oder solche haben, die eine Rolle spielen. Im Falle bürokratischer Herrschaft sind es vor allem die Beamten, allgemeiner auch diejenigen, die nun als Teilhaber einer Kultur gelten und einen Prestigegewinn erzielen können, die Machtprestige in die »Idee der ›Nation‹« umformen.[157] Hinter dem Pathos des Nationalen stehen Prestigeinteressen; die Gewinne, die hier erzielt werden können, sind ideell und materiell.

Die Nation wird von den Kulturinteressenten als überlegen und unersetzbar thematisiert. Die Mächtigen evozieren die Staatsidee, diejenigen, die die Führung der Kultur ›usurpieren‹, die Intellektuellen, die nationale Idee. Beides, die Idee des Staates und der Nation, werden im Nationalstaat zusammengeführt. Der Nationalstaat ist dann die institutionalisierte Herrschaft der Träger politischer und kultureller Macht, in der Demokratie also die der gewählten Vertreter des Bürgertums und der Arbeiterschaft als Eliten der neuen Klassen, unterstützt von den ideellen und materiellen Interessenten an der Kultur, den Interessenten des Allgemeinen als Besonderem und schließlich eben: als Nationalem. Beide zusammen erhalten und produzieren die legitime Geltung »kraft wertrationalen Glaubens«, also des »als absolut gültig Erschlossenen« und »kraft positiver Satzung«, also als Glauben an die Legalität mittels Vereinbarung oder Oktroyierung.[158]

---

betont, aber die Konstruktion selbst wird zum nicht entrinnbaren Gehäuse. Durch die Hintertür entsteht die politische Gemeinschaft und insbesondere die Nation erneut als Zwangsgemeinschaft. Das bei Durkheim wie Weber vorhandene Wissen davon, daß symbolische Repräsentation oder der Glaube besondere Stabilitätsbedingungen sind, am Ende also Hyperstabilität, eine zwar ›konstruierte‹, aber unauflösbar erscheinende Gemeinschaft erzeugen, fast ein Gemeinplatz der traditionellen Soziologie, ist verlorengegangen.

156 Ebenda, S. 527.
157 Ebenda, S. 528.
158 So die Definitionen in den Grundbegriffen, WuG, S. 19. Weber gibt als reinsten Typen der Wertrationalität das Naturrecht an. Wie oben ausgeführt, meine ich, daß auch sein Begriff der Nation als Wert insbesondere unter diese Form der legitimen Geltung einer Ordnung untergeordnet werden kann.

Der Staat aber ist in seiner idealtypischen Bestimmung vom Zweck, auch vom Wert/Zweck der Nation, getrennt.[159] Den Staat gab es nicht nur als Nationalstaat, auch wenn er heute trotz Globalisierung und vermuteter, behaupteter oder tatsächlicher Denationalisierung die einzig bestehende legitime Form staatlicher Existenz geworden ist. Die Trennung aber ist bei Weber nicht nur Folge historischer, sondern auch methodologischer Überlegungen.[160] Denn der Staat ist das interessanteste Beispiel eines idealtypischen Begriffs, der weder Gattungs- noch Wesensbegriff sein kann, sondern das Spezifische (eines Bordells oder einer Religion, wie Weber hinzufügt), das für alle Staaten Spezifische hervorheben muß. Die Staatszwecke aber sind gerade nicht spezifisch, sondern zeigen eine unüberschaubare Vielfalt in den unterschiedlichsten historischen Gestaltungen, vom Raubstaat bis zum Wohlfahrtsstaat. Obwohl für Weber Nationalstaat und Staat schließlich identisch waren, ist der Staat nicht durch den zum Zweck ausgemünzten Wert der Nation idealtypisch zu definieren. Es sind die Mittel, die den Staat kennzeichnen, in heutiger Sprache also seine Funktionen: Rechtsetzung, Schutz der Ordnung, Erziehung und Hygiene, Sozial- und Kulturpolitik sowie der Schutz nach außen. Das spezifischste Mittel aber ist die Monopolisierung legitimer physischer Gewalt. Dieses ist das idealtypische Merkmal des Staates, gefolgt von der Souveränität.[161] Kann der Staat aber Souveräni-

159 Vgl. zum Folgenden vor allem die hervorragende Darstellung bei Anter, Webers Theorie des Staates.

160 Anter, ebenda, hier vor allem S. 24–35. Da Weber die Staatszweckfrage auch methodologisch löst, das heißt feststellt, daß, orientiert an den Zwecken, kein idealtypischer Begriff des Staates entwickelt werden kann, handelt es sich nicht um eine Blankovollmacht. Der Staat, der kann, was er will, und sich schließlich nur noch durch scheinbar dezisionistische Freund/Feind-Unterscheidungen ›selbstbestimmen‹ kann, stimmt keinesfalls mit Webers Soziologie des Staates überein. Den Unterschied zu Carl Schmitt stellt auch Anter fest (ebenda, S. 33), und er betont die historisch-empirischen und methodischen Motive Webers, den Zweck aus der Staatsdefinition herauszulassen. Erst später (ebenda, S. 133) stellt Anter fest, daß Webers letzter Wert über alle Veränderungen hinweg gleich geblieben ist: die Nation, und daß schließlich »seine Werturteilslehre [...] gewissermaßen zum Katalysator seines Staatsdenkens« (ebenda, S. 146) geworden ist. Dieser bleibt durch die beobachteten Verschiebungen hindurch konstant. Die Nation soll bestehenbleiben und erfordert deshalb Änderungen der Nationalitätenpolitik, konkret: das Zusammenleben verschiedener Nationalitäten in einem in seiner Struktur zwar veränderten, aber gerade durch diese notwendigen Veränderungen erhaltenen Nationalstaat.

161 Hier läßt sich ein Unterschied zur klassischen Staatslehre feststellen, die sich beginnend mit Jean Bodin über Grotius zu Pufendorf als Souveränitätslehre entwickelt hat. Der Unterschied zwischen beiden besteht darin, daß Souveränität teilweise, zum Beispiel in zwischenstaatlichen Verträgen, abtretbar ist,

tätsrechte abtreten und ist Souveränität für Weber zwar ein wesentliches, aber nicht ebenso spezifisches Kennzeichen des Staates, so ist der Anspruch auf das Gewaltmonopol unbedingt und als Anspruch unveränderlich. Die Nation bezieht sich auf Macht und realisiert diese im Staat. Sie kennzeichnet damit nicht den Staat.

Im Verlauf des Ersten Weltkrieges beobachtet Max Weber eine Veränderung. Der Staat werde nicht mehr durch Einwanderung (der Polen in den Osten) gefährdet. Ganz im Gegenteil sei es nun sein Interesse, andere Gruppen auf seinem Gebiet nicht nur zu dulden, sondern anzuerkennen. Weber sieht eine Ablösung des Begriffs der Nation von dem des Staates. Er führt eine Differenzierung ein. Der Großmachtstaat habe andere Interessen und müsse zu seiner Erhaltung andere Strategien verfolgen als die kleinen Staaten, die sich um ihn gruppieren und an deren Erhaltung der Großmachtstaat nun selbst ein Interesse hätte. So seien die Polen einerseits selbst zu einer Gruppe mit nationalen Interessen als Selbstbestimmungsinteressen geworden, sie hätten eine Literatenschicht als Interessenten an der Kultur ausgebildet, und die politischen Machthaber verfolgten eine Staatsidee. In ihren Gebieten hätten sie das Recht auf einen eigenen Staat, während die Polen auf deutschem Gebiet nationalisiert werden sollten. Der nationale Großmachtstaat bleibt auch dann an der Idee der Nation und dem Wert der Nation orientiert, wenn er nicht mehr ausschließlich ein Staat des Deutschtums ist. Ganz im Gegenteil, er kann sich nun nur dadurch als Großmachtstaat behaupten, wenn er seine Politik verändert. Die Erhaltung des Deutschtums ist nicht mehr ausschließliches und unmittelbares nationales Interesse. Der ›letzte‹ Wert, die Nation, hat sich für Weber nicht verändert, es sind die Mittel, die angepaßt werden müssen, um die Interessen der Nation verwirklichen zu können.

Die Nation bleibt als Gefühl und Pathos unbestimmt, sie kann sich nur bezogen auf den Staat als politische Vergesellschaftung realisieren. Es gibt sie nicht ohne einen Bezug auf den Wert. Er erst verschafft ihr die unbedingte und absolute Geltung. Der Staat aber bestimmt sich nicht durch seine Wertbeziehung, sondern durch seine ihm spezifischen Mittel. Weder Staat noch Nation beziehen sich auf vorgegebene, ethnische oder rassische Ge-

---

während das Gewaltmonopol zumindest für Weber nicht aufgegeben werden kann. Dieses bedeutet nicht, daß es empirisch-faktisch immer absolut durchgesetzt ist. Da Gewalt jederzeit möglich ist, Körper prinzipiell verletzbar sind, gleicht die Vorstellung einer tatsächlich realisierten Durchsetzung des Gewaltmonopols eher einem totalitären Alptraum. Die Durchsetzung zum Kriterium des Begriffs selbst zu machen aber verfehlt die Ebene des idealtypischen Begriffs. Es handelt sich immer um eine relative Durchsetzung, die über Rechtsetzung bis zum Zwangsapparat reicht und notwendig die legitime Möglichkeit physischer Gewalt und die Monopolisierung der Gewaltmittel einschließt.

meinschaften. Der Begriff des ethnischen Gemeinsamkeitsglaubens umfaßt kein konkretes Gemeinschaftshandeln. Er muß sich auf eine politische Vergesellschaftung beziehen. Erst durch diesen Bezug – indem eine politische Gesellschaft als ethnische Gemeinschaft reinterpretiert wird oder indem eine Gemeinschaft behauptet und ihre Realisierung gefordert wird – erhält der ethnische Gemeinsamkeitsglaube gesellschaftliche Relevanz. Weder Nation noch ethnischer Gemeinsamkeitsglaube sind genetische Begriffe, die aus sich selbst heraus politische Vergemeinschaftung oder Vergesellschaftung entwickeln. Alle politischen Gemeinschaften, Verbände und rationale Vergesellschaftungen (wie der Anstaltsstaat) aber können auf die Nation als wertrationale und damit als absolut geglaubte Geltung und auf einen ethnischen Gemeinsamkeitsglauben als vergemeinschaftende Umdeutung rationaler Vergesellschaftung zurückgreifen.

Die ethnische Gemeinsamkeitsbeziehung fördert und stabilisiert die politische Vergesellschaftung. Politisch-herrschaftlicher, auf Zwang *und* Einverständnis beruhender Vergesellschaftung gibt sie so eine Stabilität, die sie aus sich selbst heraus, als ›bloßer‹ Herrschaftsverband, nicht erreichen könnte. Der Übergang zu Nation und anstaltsförmiger Vergesellschaftung, also zum Staat, wird sichtbar, die Übergänge jedoch sind fließend, vielfältig und manchmal kaum bemerkbar. Gerade für Formen politischer Vergesellschaftung verstärkt sich der Unterschied zwischen der Struktur der Legitimität gesatzter Ordnung und der Thematisierung ebendieser Struktur in Form persönlicher Beziehungen, geteilter Erfahrungen, gemeinsamer Bezüge.

Zu einer Soziologie der Nation im Anschluß an Weber und Durkheim

Der soziologische Blick auf die Prozesse der Vergesellschaftung ist gespalten: einerseits zerfallen ihm Großkollektive wie zum Beispiel das »Volk« theoretisch und empirisch in Gruppen, andererseits betont die soziologische Theorie gerade das Problem der Einheit der Gesellschaft und ihrer Herstellung.[162] War und ist es Bestandteil des Nationalismus, anstelle von Gesellschaft oder Klasse Nation oder Volk zu sagen, das heißt, Begriffe der Differenzierung durch solche der Vereinheitlichung zu ersetzen, so waren es die nationalstaatliche Verfaßtheit von Gesellschaft und ihre Organisationsform, die von Gesellschafts- und Klassentheoretikern wenig thematisiert wurden. Max Weber setzte Nation voraus, und sie kam daher nur selten in den analytischen Blick. Émile Durkheim setzte Gesellschaft und Nation implizit gleich. Der kühle Machtstaatnationalist und pathetische Nationalist

---

162 Das gilt auch für die Tradition der deutschen Soziologie, die seit Ferdinand Tönnies den Gemeinschaftsbegriff mit sich herumträgt (vgl. hierzu jüngst Breuer, *Von Tönnies zu Weber*).

Max Weber, in dessen späten soziologischen Schriften kaum etwas vom kulturellen Nationalismus der Freiburger Antrittsrede anklingt, läßt der Nation keinerlei substantiellen Rest. Er versteht sie weder als Sprach- oder Kultur- noch als ethnische Gemeinschaft. Sie ist reduziert auf Herrschaft und Pathos, allerdings ein Pathos auf Leben und Tod. Nation ist für ihn politisch eine unhinterfragte Voraussetzung, theoretisch löst sie sich bei ihm jedoch auf.[163] Einheit ist Fiktion, findet sich nur im Extrem, symbolisiert im charismatischen Herrscher – keineswegs eine Verlegenheitskategorie Webers.[164] Sie existiert als systemisch-bürokratischer Zwang im »stählernen Gehäuse« und ist im machttheoretisch definierten demokratischen Parlamentarismus technokratisch aufgelöst.

Soziologie bezieht sich auf Gesellschaft. Deren Form als Nation hat sie durchaus nicht zufällig vernachlässigt.[165] Gleichwohl ist die Nation soziologisch aus einem doppelten Grund von Interesse. Zum einen bestimmt die Form der Nation die Verhältnisse der Menschen untereinander mit, innerhalb ihrer Organisation werden Beteiligungs- und Zugehörigkeitsrechte definiert. Zum anderen legt die Bestimmung der Nation die Form der Einheit und das Thema der Einheit moderner Gesellschaften überhaupt fest. Geht man von einer doppelten Konstituierung moderner Gesellschaften als kapitalistisch-industrielle und als nationalstaatliche aus, so hat die Soziologie meist die nationalstaatliche Verfaßtheit moderner Gesellschaften vorausgesetzt. Max Weber verdeutlicht allerdings im Begriff des Charismas eine Herrschaftsform, die einen spezifischen Mechanismus politischer Vergesellschaftung der Massen beinhaltet. Der Träger des Charismas wird bewundert. Enthusiasmus, das heißt Leidenschaft, Begeisterung und Faszination des Einzelnen und der vielen, ist das Komplement des Charismas. Weber aber bildet keinen Typus, der die spezifische ›Genossenschaft‹ des Nationalen erklären könnte. Er untersucht die ethischen Regeln des Nationalismus nicht auf ihre praktische Seite hin, ihre Verhaltensrelevanz. Der »Fachmensch ohne Geist« und der »Genußmensch ohne Herz« waren die von ihm gefürchteten Entwicklungen. Der Typus des Volksgenossen kam ihm

---

163 Dies hat schon Mommsen, Max Weber, gezeigt. Er versteht Webers wilhelminischen Nationalismus als zeitgenössisches Phänomen. Das ist sicher richtig. Webers Analyse aber, der die Substanzlosigkeit der Nation nicht entgeht, steht nicht nur zeitlich, sondern auch theoretisch an der Schwelle zum 20. Jahrhundert. Denn gerade die Substanzlosigkeit der Nation wird sie als besonders brauchbar erweisen. Sie ist nichts und kann deshalb zu allem gemacht werden. Zum Kontext der Weberschen Arbeit im Klima der Jahrhundertwende und den darauf folgenden »Ideen von 1914« siehe neuerdings Lichtblau, Kulturkrise und Soziologie.
164 Hierauf verwies jüngst wieder Hennis, Max Webers Wissenschaft vom Menschen.
165 Siehe hierzu neuerdings Richter, Nation als Form.

nicht in den Sinn – und die seinerzeit gehandelten hierarchisierten Groß-
typologien, sei es der Rassen oder des Nationalen, der »Deutschen« etc.,
machten für ihn keinen Sinn. Diese Großkollektive waren im Gegensatz
zum Weberschen Idealtypus ideologische Typen, die keineswegs empirische
Zusammenhänge verdeutlichten. Sie hatten keinen heuristischen Wert, sondern sie hierarchisierten die Welt und das heißt die Gruppen – ästhetisch,
biologisch, kulturell, ethisch, psychologisch, kosmisch etc.[166] Der Bezug auf
die ideologischen Typen wechselte, grob skizziert, vom 19. zum 20. Jahrhundert. Eine frühe, aus dem Rückblick historisch-nostalgisch anmutende
Epoche legte einen Schwerpunkt auf die »Urtypen«, beginnend mit Fichtes
empirisch gewendeter »Urvolk«-These und bis hin zu romantisch anmuten-
den Gemeinschaftsvorstellungen. Die futuristische Umformulierung vollzog
sich als eine heroisch-optimistische Bejahung der Fähigkeit zur Herstellung.
Ideologische Typenbildung war nicht Beschreibung und Analyse existierender Formen, sondern vor allem eine Aufforderung zur Herstellung künftiger
Gestalten, dessen exemplarische Formulierung Ernst Jünger im Begriff der
»organischen Konstruktion« fand. Eine empirisch geleitete Typologie der
politischen Vergesellschaftungen und ihrer Lebensführungsmodelle – des
anderen Teils der Moderne – fehlt im ideologisierten Kontext essentialisier-
ter Typen.

Für Weber bleibt Nation als Großmacht Voraussetzung, ohne daß er sich
ihres Ortes vergewissert.[167] Er wollte vor allem verstehen, warum und wie
der moderne Kapitalismus sich entfaltet hatte und wie sich eine ihm angemessene Lebensführung ausbilden konnte. Hierauf sind seine vergleichenden und typologischen religionssoziologischen Arbeiten gerichtet. Auf welches ethische Verhalten wurden, so die Frage, »Prämien ausgesetzt«?[168] Ein
Sektenmitglied mußte Qualitäten besonderer Art aufweisen. Diese wurden
»in ihm gezüchtet«: »Ein stärkeres Anzüchtungsmittel als eine solche Notwendigkeit der sozialen Selbstbehauptung im Kreise der Genossen gibt es

---

166 Die Freiburger Antrittsrede, die politisch die Aufgabe der Generation der
1890er definieren sollte und sie in der Großmachtpolitik fand, argumentierte
zwar einerseits mit den deutschen und polnischen Landarbeitern als kulturell
hierarchisierten Gruppen, zeigte aber andererseits die Webersche analytische
Differenzierungsfähigkeit. Im Zentrum stand nicht die Hierarchisierung der
Gruppen, sondern ein dynamischer sozialer Prozeß (der allerdings die kulturell »höher«stehenden nach Weber gefährden sollte).

167 Der Machtstaatnationalist Max Weber hat sich immer wieder politisch geäußert. Theoretisch hat er der Nation knappe vier Seiten, die mitten in einem
Satz abbrechen, gewidmet (ders., Wirtschaft und Gesellschaft, S. 527–530).
An diesem Ort kann ich nur einige hier interessante Aspekte zu Webers nicht
existierender Theorie der Nation herausarbeiten.

168 Vgl. hierzu *Die protestantischen Sekten und der Geist des Kapitalismus*, insbesondere S. 233–236.

nach aller Erfahrung nicht, und die kontinuierliche und unauffällige ethische Zucht der Sekten verhielt sich zur autoritären Kirchenzucht wie rationale Züchtung und Auslese zu Befehl und Arrest.«[169] Prämiert wurde bekanntermaßen unter den Glaubensgenossen ein bürgerlich-kapitalistisches, individuelles Ethos. Formuliert man die Webersche Frage auf das Problem des Nationalen um, dann lautet sie: Gibt es ein vorherrschendes nationalistisches Ethos, und wenn, wie sieht es aus?

Weber war nicht primär daran interessiert, was die Träger der Nation ausmachte. Was bewog die Menschen, von denen er sagte, je weniger sie vom Leben zu erwarten hätten, um so eher seien sie bereit, ihr Leben für die Nation (das heißt: für eine bestimmte Pathos-Formel) zu geben? Für den Großmachttheoretiker war Krieg ein machtpolitisches Mittel; die leichte Mobilisierbarkeit der Bürger schien ihm unproblematisch, und 1914 ließ auch er sich vom nationalen Strudel mitreißen. Sosehr Weber ein imperialistisch-machtpolitischer, ›progressiver‹ Nationalist war, so wenig Gespür zeigte er für jenen Typus, der doch in der ersten Hälfte des Jahrhunderts gerade in Deutschland, aber nicht nur hier, zum Träger eines neuen, auf die Zukunft gerichteten Nationalismus wurde. Der neue Typus entstand mit der Mobilisierung zum Ersten Weltkrieg, die die Differenzierung von Genossen und Volksgenossen aufhob, er verfestigte sich in den Gräben, nahm in der Verklärung des Frontkämpfers Form an und politisierte sich in der Weimarer Republik und gegen sie.[170] Max Weber fand für solche Sozial- und Herrschaftstypen nach 1918 in Deutschland kein legitimes Modell mehr vor. Er setzte weder auf Nation noch auf Gemeinschaft oder Charisma, sondern auf das politische Vergesellschaftungsmodell des »amerikanischen Clubwesens«, das heißt auf eine spezifische Form der »inneren Bildung« und »kollektiven Bewährung«: eine Mehrzahl von Clubs mit kollektiver Prämierung des Individuellen. Weber präferierte den westlichen Weg und damit einen Verhaltenstypus, der sich, wie sich herausstellen sollte, in Deutschland vorerst nicht durchsetzte.

Im 20. Jahrhundert erst wird die Nation radikal in die Zukunft gelegt. Sie bekommt ihre Anziehungskraft durch ihr ›Nochnicht‹, dessen machtvolle Zukunft sie historisch absichert und mythologisch festigt. Was aber ist

---

169 Ebenda, S. 234.
170 Es liegen einige zeitgenössische literarische Thematisierungen dieses Zusammenhangs vor. Ernst von Salomon beschreibt zum Beispiel sein Zusammentreffen mit einem Genossen im Gefängnis, der sich (in seiner Beschreibung) durch die gleiche konsequente Ablehnung des Bürgertums und eine Hinnahme der existentiellen Konsequenzen dieser Haltung auszeichnet. Genosse und Volksgenosse, beide sind, auch wenn ihr Kampf in eine andere Richtung weist, »Auserwählte«, und ihre Persönlichkeitsstrukturen sind ähnlich. Beide haben einen Lebensentwurf, dem die Zukunft alles gilt und der Einzelne nichts.

die Bewährung des Nationalisten? Wie kann er sich des säkularisierten nationalistischen ›Nochnicht‹ in seinem tatsächlichen Leben bemächtigen? »Eine soziologische Kasuistik müßte, dem empirisch gänzlich vieldeutigen Wertbegriff ›Idee der Nation‹ gegenüber, alle einzelnen Arten von Gemeinsamkeits- und Solidaritätsempfindungen in ihren Entstehungsbedingungen und ihren Konsequenzen für das Gemeinschaftshandeln der Beteiligten entwickeln.«[171] Max Weber hat dies selbst nicht durchgeführt. Ich versuche im folgenden einen Typus herauszuarbeiten, der für die erste Hälfte des 20. Jahrhunderts von nicht geringer Bedeutung war. Ich interessiere mich für eine bestimmte Form der politischen Vergesellschaftung und ein ihr korrespondierendes Lebensführungsmodell und ihre Selbstthematisierung. Es handelt sich um eine Form, die zu Beginn des 20. Jahrhunderts im Typus des Genossen und vor allem des Volksgenossen Gestalt annahm und an der sich insbesondere nach 1918 politische Kämpfe orientierten. Wer waren die Träger der ›nationalistischen Nation‹? Wie sah die radikalisierte Form ihrer Selbstthematisierung aus?

---

171 Weber, Wirtschaft und Gesellschaft, S. 530.

III: Die Auflösung der Nation.
Ernst von Salomon und Louis Ferdinand Céline

Der nationalistische Nationalismus und die Auflösung der Nation

Für Émile Durkheim wie für Max Weber stand die eigene Nation im Mittelpunkt. Gesellschaft hieß für beide in erster Linie nationale Gesellschaft. Die Nation ging der Gesellschaft als Selbstthematisierungsbegriff voraus. Doch weder Durkheim noch Weber erlebten das neue Jahrhundert nach Beendigung des von beiden begrüßten Ersten Weltkrieges. Durkheim starb während des Krieges, kurz nachdem sein Sohn gefallen war, Weber im Sommer 1920, als er gerade seine Lehrtätigkeit wiederaufgenommen und extensiv an den Wahlkämpfen teilgenommen hatte. Durkheim erlebte den Sieg nicht, Weber nur kurz die beginnende Radikalisierung nach der Niederlage. Beide lassen sich als Übergangstypen beschreiben, die die Gefahr von Auflösung und Radikalisierung sahen und, jeder auf seine Weise, versuchten, politische Konzepte rational begründet durchzusetzen. Wie sehr sie dennoch eingebunden waren, konnte man im vorangegangenen Kapitel sehen, auch, wie sehr die unhinterfragte Nation in ihre wissenschaftliche Analyse der Gesellschaft eingegangen ist. Die Nation als moralische Einheit der Individuen und die Nation als Wert war ihr Bezugspunkt.

Selbstthematisierung ist nicht auf Wissenschaft beschränkt. Auch wenn die Soziologie neben der Geschichte eine typisch moderne, das heißt ausdifferenzierte und schließlich professionalisierte Form der Selbstthematisierung ist, findet sie gerade hierin auch ihre Beschränkung. Diese kann sie selbst in ihre Reflexion einbeziehen. Für Durkheim war das wissenschaftliche Wissen zu uneindeutig und es sollte durch die Religion der Gesellschaft ergänzt werden; für Weber konnte die Wissenschaft die Wertbeziehung nicht klären. Wissenschaft, auch Selbstthematisierungswissenschaft, kann, so sahen es beide, von ihrem Standort aus nicht das Ganze reflektieren, sosehr sie es versuchen und auch beanspruchen mag. Durkheim hatte im Selbstmordbuch exemplarisch gezeigt, daß die Selbstmordraten nicht geographisch, klimatisch oder (psycho)pathologisch zu erklären waren, Weber hatte die organologischen Ganzheitsbegriffe und Erklärungen als wenig tauglich ausgewiesen und den Bezug zur politischen Gemeinschaft des ethnischen Gemeinsamkeitsglaubens diskutiert. Beide, Weber und Durkheim, haben die Beschränkung der wissenschaftlichen Thematisierung mehr oder weniger deutlich gesehen und in ihre Praxis einbezogen. Der eine, Durkheim, hielt sich von unmittelbar politischer Arbeit fern und machte die Erziehung zu seinem konkreten Beitrag der Herstellung der politischen Gesellschaft, der andere trennte Politik und Wissenschaft streng und sah, daß eine wissenschaftliche Sinnstiftung nicht möglich war. Beide aber konnten die Prozesse der Fragmentierung und der Vereinheitlichung, der Individualisierung und Kollektivierung (noch) nicht zusammendenken und aufeinander beziehen. Weber band die ausdifferenzierte Wissenschaft im Begriff der Wertbeziehung nicht nur, aber auch an den ›letzten Wert‹ der Nation zurück, Durkheim suchte im Begriff des moralischen Individuums, der Repräsentation und der politischen Gesellschaft eine moderne Form der Einheit herzustellen. Beide gehörten zu den von Isaiah Berlin beschriebenen Intellektuellen des 19. Jahrhunderts, die die Dynamik des Nationalismus nicht sehen konnten, auch wenn sie seine Zeitzeugen waren. Setzte sich der eine für die Dritte Republik ein, so der andere für den nationalen Großmachtstaat. Dieses Engagement stand nie in Frage und bestimmte auch ihre analytischen Arbeiten. In diesem Sinne kann man davon reden, daß die Nation ihre Weltanschauung als ein implizit immer vorhandenes, nur manchmal explizites, das heißt reflexives Programm war. Beide gehörten zu einer Generation, die den nach 1871 gegründeten beziehungsweise reorganisierten Staaten ›Sinn‹ verleihen wollten.

Nach 1918 hatte sich die Welt verändert. In beiden Ländern bildete sich eine radikalisierte Generation, die allerdings an die Grundlagen der Selbstthematisierung, wie sie in der zweiten Hälfte des 19. Jahrhunderts gelegt wurden, anknüpfen konnte. Die Konzepte des Nationalen besaßen die paradoxe Struktur, sich gleichermaßen für ein partikulares und universalistisches Selbstverständnis als brauchbar zu erweisen. Fichtes Konzept des großen Ich, das sich ins große Wir transformierte, war in diesem Sinne keineswegs ›deutsch‹. Im Prinzip konnte sich jede Gruppe – die sich als solche nur realisieren konnte, wenn sie sich als politische Gemeinschaft konstituierte, das heißt eine symbolische Repräsentation des Ganzen ausbildete und so die je eigene Gesellschaft als Ganzes sakralisierte – an jene Stelle setzen, die Fichte für die deutsche Freiheit reserviert wähnte.[1] Barrès entdeckte, sich im abgedunkelten Zimmer an Fichtes absolutem Ich berauschend, die Identität des von aller Erfahrung gereinigten großen Ich mit dem ebenso abstrakten Wir, das in der Region und in der Nation konkretisiert werden mußte. Das republikanische Modell versuchte, die sich fragmentarisierende Gesellschaft in der Moral und im Symbol einzuholen und schuf als Freiheitsmodell der sich gegenseitig anerkennenden Bürger die Nation in den großen Gesten – den Staatsbegräbnissen von Ernest Renan bis zu Émile Zola – und in der Republik als sich selbst darstellender Nation. Die Nation war auch hier als letzter Wert ausdifferenziert und mußte im Pathos zurückgeholt werden. Sie drohte zu schwinden und wurde zur Erziehungsaufgabe einer unsicheren Elite, des sich selbst mißtrauenden, manchmal sich selbst hassenden Bürgertums und der Elite einer Arbeiterklasse, die sich vom Na-

---

1 In diesem Sinne war Fichtes Konzept tatsächlich, wie weiter oben schon gezeigt, universal einsetzbar: Jede beliebige Nation konnte sich bei nur kleinen Veränderungen auf ihn beziehen. Im Prinzip genügte der Austausch des Namens.

tionalen nicht lösen konnte und schließlich in die ›heiligen Gemeinschaften‹ zu Beginn des Ersten Weltkrieges eingegangen war.[2]

So groß schließlich nach dem Ersten Weltkrieg die Unterschiede in der Gesellschaft der Sieger und der Verlierer waren, zum Beispiel die häufig genannte eher ›pazifistische‹ Entwicklung in Frankreich, die latent und manifest militante Reaktion gegen den Versailler Vertrag in Deutschland, es lassen sich dennoch Gemeinsamkeiten in den Formen der Selbstthematisierung feststellen. Die Diskurse des Nationalen, sakralisiert und/oder zum letzten Wert ausdifferenziert, ließen Anknüpfungspunkte finden, um die neuen Gemeinschaften gründen und begründen zu helfen. Diese Konzepte des »Neuen Nationalismus« oder der »Konservativen Revolution« lagen vorformuliert vor, nicht nur in eher ephemeren, von Außenseitern formulierten Texten, Broschüren und Pamphleten, sondern auch und gerade in Fassungen der selbst national ›geheiligten‹ Institutionen der Literatur, der Philosophie und der Wissenschaft.[3] Gerade die nationalen Intellektuellen waren gleichzeitig Kosmopoliten, die reisten, um, wie Barrès, in Venedig oder Athen zu entdekken, daß man den anderen nicht wirklich verstehen konnte; um, wie Durkheim, in Deutschland die Organisation der Universitäten zu studieren oder mit einem Beitrag zur Weltausstellung die Soziologie an sich als französisch zu erklären. Max Weber, aus einer Unternehmer- und Politikerfamilie stammend, reiste viel, liebte Italien, besuchte die USA. Sein Kosmopolitismus aber war gepaart mit einem großmachtstaatlichen und vor allem in seinen jungen Jahren ausgeprägtem ethnozentristischen Nationalismus.[4]

---

2 Siehe zum antibürgerlichen Denken den Band von Meuter/Otten, Aufstand gegen den Bürger. Die Intellektuellen sind deshalb eine wichtige Gruppe in der modernen Gesellschaft, da sie entscheidenden Anteil an der Selbstthematisierung haben. Daher macht es keinen Sinn, sie in Anlehnung an Donoso Cortés als ›diskutierende Klasse‹ zu diffamieren. Diskussion und Kritik als Formen der Selbstthematisierung erfüllen ganz im Gegenteil eine zentrale Aufgabe. So macht der Satz Lepenies' Sinn: »In diesem Sinne ist der Intellektuelle, der doch seit dem achtzehnten Jahrhundert seine Berufung auch darin sieht, das Bürgertum, dem er seinen Aufstieg verdankt, ausdauernd zu verhöhnen, der Bourgeois par excellence« (Aufstieg und Fall, S. 12).

3 Der neue Nationalismus ist eine Selbstbezeichnung innerhalb des deutschen Nationalismus der zwanziger und dreißiger Jahre. Breuer (Anatomie der konservativen Revolution) schlägt vor, diesen Begriff zur Kennzeichnung der Entwicklung in Deutschland zu übernehmen, den Begriff der Konservativen Revolution als Genrebegriff zu ersetzen. Die entscheidende historische Frage ist, ob Breuers Diskontinuitätsthese berechtigt ist, wonach die Beziehungen des rechten Nationalismus zum Nationalsozialismus zumindest weniger direkt und nicht unmittelbar gewesen seien, als man annimmt, daß man also den neuen Nationalismus vom Nationalsozialismus deutlich trennen müsse.

4 Für Max Weber zeigt dies Guenther Roth im ersten Kapitel seiner Familien-

Die Nationen hatten sich zum jeweiligen »Vaterland der Feinde« entwikkelt, die groben Unterschiede wurden betont und im »Tanz über den Gräben« realisiert.[5] Das »Augusterlebnis«, der »Geist von 1914« oder, auf der anderen Seite des Rheins, die *Union sacrée* wurden noch nachträglich als große Einheit gefeiert. Daß das Pathos auf der einen, Alltags- und Kriegsrealität auf der anderen Seite wenig zueinander passen, ist kaum verwunderlich.[6] Dies gilt besonders für das sich im Krieg nochmals steigernde Pathos, wofür die intellektuellen Schriften der Zeit ein guter Beleg sind, und ebenso für die großen Leidenschaften, denen alltägliche Angst und Sorge gegenüberstehen. Das Pathos der Volksgemeinschaft wurde nach 1918 in Deutschland über alle Parteien hinweg beschworen. Es war nach der Erfahrung der Gewalt, der durch die Gewalt geformten Gemeinschaft und trotz der Niederlage stärker als zuvor. Die Beschreibung der Gewalterfahrung, wie sie zum Beispiel Ernst Jünger in Deutschland vorlegte,[7] war jedoch nicht nur an die Erfahrung in den Schützengräben gebunden, sondern an eine ästhetische Konzeption. Jünger orientierte sich auch an den Konzeptionen des Rausches und der Unmittelbarkeit der Gefühle eines Maurice Barrès.[8] Gerade Gewalterfahrung kann zum Mythos gemacht werden, wie wir es schließlich auch an den Kriegserfahrungen Célines sehen werden. Die »Krise Europas« verschärft sich, das »Jahrhundert der Extreme« beginnt.[9]

Die Bedingungen hatten sich geändert, die Landkarten wurden neu gezeichnet. Das Selbstbestimmungsrecht der Völker wurde zwar nicht Be-

---

geschichte auf. Danach stand Weber zwischen einem multiethnischen Kapitalismus und einem nationalpolitischen Ethnozentrismus. Weber reiste nicht nur selbst viel, ins geliebte Italien, im Jahr der Weltausstellung 1904 in die Vereinigten Staaten, über die verschiedenen Familienzweige mütterlicher wie väterlicherseits öffnet sich auch eine deutsch-englische Familiengeschichte. Weltmarktbezogener, ›globaler‹ und globalisierter Kapitalismus und Nationalismus traten nicht in Widerspruch, sondern konnten sich unter bestimmten Bedingungen ergänzen (siehe Roth, Familiengeschichte, hier insbesondere S. 45–50).

5 Jeismann beschreibt das »Vaterland der Feinde«, Ekstein den »Tanz über den Gräben«.
6 Dies ist auch gut belegt, zum Beispiel für Frankreich bei Becker, 1914, für Deutschland in einigen Lokalstudien und zusammenfassend bei Verhey, Geist von 1914.
7 Jünger, Stahlgewitter.
8 Zu Ernst Jüngers Verhältnis zu Barrès siehe Syndram, Rhetorik des Mythos. Hinweise, daß Jünger Barrès schon als Gymnasiast las, bei Mohler, Konservative Revolution, Bd. 2, S. 42, und ders., Faschistischer Stil, S. 193. 1986 bezieht sich Jünger zudem in einem Interview selbst auf das ältere Vorbild (siehe Hervier, Entretiens, S. 23). Barrès selbst hat eine vierzehnbändige, weithin unausgewertete Chronik des Krieges verfaßt.
9 So die Titel von Bracher, Krise Europas, und von Hobsbawm, Zeitalter der Extreme.

standteil des Versailler Vertrages, war aber mit Woodrow Wilson in die internationale Politik eingeführt und mit dem Völkerbund institutionalisiert worden. Der nationale Staat war nun zur internationalen politischen Organisationsform geworden, und damit verschärfte sich noch einmal die Frage nach der Definition des ›Volkes‹ und der ›natürlichen‹ und inneren Grenzen. Neue Staaten entstanden. Die neuen Grenzziehungen und Staatsgründungen gingen mit der Entstehung von Minderheiten und mit Vertreibungen einher, die zu dieser Zeit zumeist eher positiv, als Lösung vorliegender Probleme angesehen wurden. Auf den Karten wurden neue Linien gezogen, die als Grenzen institutionalisiert und realisiert wurden, aber keineswegs mit den ungenauen Begriffen, Vorstellungen und Behauptungen und noch weniger den tatsächlichen Kulturen, Ethnizitäten und Nationalitäten übereinstimmten.

Das Konzept der Republik, das selbst uneinheitlich war, schien eher für die schon existierenden Staaten, das Konzept der Kultur für die zu gründenden und entstehenden Nationen brauchbar zu sein. Vor allem ging es nun um die Bestimmung dessen, was das ›Selbst‹ sei, das sich selbst bestimmen können sollte oder wollte, weniger galt die Aufmerksamkeit dem, was unter Bestimmung gefaßt werden sollte. Wenn Herrschaft als Selbstherrschaft bestimmt wurde, wenn sich das Volk regieren sollte, dann mußte man wissen, was unter diesem zu verstehen sei. Dadurch aber, daß Selbstbestimmung zwar kein positives Recht, doch aber eine allgemein akzeptierte Norm geworden war, kontrafaktisch zum Normalfall gemacht und schließlich zum einzigen Weg ernannt wurde, sich als anerkannte politische Gemeinschaft zu institutionalisieren, wurde keineswegs klarer, was genauer gemeint sein könnte. Im Fall extremer Unsicherheit aber reicht es nicht aus, einen Namen zu führen oder sich zuzulegen und davon auszugehen, daß alle zumindest unterstellen zu wissen, was damit gemeint sei, aber vorsichtshalber nicht genauer nachfragen. Es entstand ein Explikationszwang, der vor allem auf das unsichere Selbst bezogen wurde. Bald begannen viele zu klären, was sie ›sind‹, um sich dazu machen zu können.[10]

---

10 Breuer (Grundpositionen) beginnt mit der Vermutung, daß es in Frankreich deutlich weniger konservative Revolutionäre oder neue Nationalisten, Neoaristokraten, Hybride, Planetarier und Fundamentalisten, so seine Bezeichnungen, gegeben habe. »Die geistige Hauptstadt der europäischen Rechten, so hat Zeev Sternhell einmal gemeint, sei das Paris des ausgehenden Jahrhunderts gewesen [...]. Vielleicht ist das so. Aber wenn Frankreich in bezug auf die Rechte den Vorzug der zeitlichen Priorität besitzt, so Deutschland den der größeren Breite« (ebenda, S. 7). Dies ist eine schwierige und kaum zu beantwortende Frage nach der Anzahl von neuen Bünden und Organisationen, Autoren, die sich den Ideen verpflichtet fühlen, Journalen und deren Lesern, öffentlichen Aktionen. Breuer beantwortet sie mit dem Hinweis auf die von Sirinelli herausgegebene dreibändige Geschichte der Rechten in Frankreich

Es waren keineswegs allein Identitätskonzepte, die überprüft und neu institutionalisiert wurden, um die Frage zu beantworten, wovon man Teil sein sollte oder wollte. Selbstbestimmung, das nun endgültig kollektivierte und als solches im Prozeß seiner Institutionalisierung virulent werdende Thema der Aufklärung, geht weiter. Mit ihr wird die Erwartung formuliert, das eigene Leben kontrollieren zu können und schließlich seinen Anspruch auf Selbstbestimmung realisieren zu wollen. Wird Selbstbestimmung vom Einzelnen auf Kollektive übertragen, dramatisiert sich das Identitätsproblem als schlichte Frage danach, wovon man Teil ist oder sein will. Mit der Forderung nach kollektiver Selbstbestimmung als Realisierung eines eigenen Staates ist nur die Frage nach der Form der ›Bestimmung‹ als Selbstregierung basal beantwortet, während die nach dem Selbst offenbleibt. Wie auch immer das Kollektiv definiert wird, das Selbstbestimmung beansprucht und als selbstbestimmt gelten und anerkannt werden will, es ist immer, sobald es den Wunsch nach Selbstbestimmung formuliert, ein politisches Kollektiv, ob es sich als Nation, als Klasse, als Kultur, als Ethnie, als Minderheit oder schließlich auch als Rasse versteht. Die Form der Differenzierung als jeweils unterschiedlich bewertete Differenz zum anerkannten Anderen und zum nichtanerkannten Anderen, wie sie schon bei Fichte zu finden war, bleibt gleich, welche Definition des Selbst auch eingesetzt wird, welche sich auch immer durchsetzen mag. Es ist daher nicht die Form der Differenzierung, die über die virulenten Folgen der Unterscheidung entscheidet, sondern die mit den jeweiligen kollektiven Identifikationsbegriffen gegebenen Vorstellungen und Bewertungen der schließlich getroffenen Differenz. Es macht einen Unterschied, ob Nation, Kultur, Volk, Volksgemeinschaft oder auch Rasse als Differenzbegriffe eingesetzt werden.

Mit der Forderung nach Selbstbestimmung und dem Versuch ihrer Durchsetzung werden die Hindernisse, die den Weg säumen, deutlich. Ob vorgestellt oder real, das napoleonische Frankreich behinderte den deutschen Freiheitsdrang, die Kapitalisten das Proletariat, die Juden die Arier. Ist Selbstbestimmung schließlich verwirklicht, das heißt, haben die meist selbsternannten Vertreter – mit Weber: die Interessenten der Macht die Idee

---

(Sirinelli, Histoire des Droites). Sicher ist, daß die Unsicherheit in Deutschland größer war und die Definitionsanstrengungen deshalb vielleicht radikaler. Eine vergleichende Studie, Wirschings »Vom Weltkrieg zum Bürgerkrieg«, zeigt für Berlin und Paris, das heißt konkrete Orte und nicht einfach ›Nationen‹ vergleichend, eine stärkere Radikalisierung auf der Rechten wie der Linken in der deutschen Hauptstadt. Auch Eckert, allerdings für eine nur auf Frankreich bezogene Studie, stellt die Frage nach einer Konservativen Revolution in Frankreich in einer Untersuchung über die *Jeune Droite* und den *Ordre Nouveau*. Aus der Tatsache, daß die französische Rechte nicht durch eigene Kraft an die Macht gekommen ist, läßt sich Breuers Schluß, daß die Bewegung weniger breit gewesen sei, nicht ziehen.

des Staates und die Interessenten der Kultur die Idee der Nation – die Idee
der Einheit tatsächlich definiert, erobert und durchgesetzt, werden die Reste
des Anderen und der Anderen im gerade geschaffenen, endlich selbstbestimmten Land unmittelbar sichtbar. Die emanzipative Idee der Selbstbestimmung zeigt sich dann in all ihrer Ambivalenz, wenn sie auf ein Kollektiv, das sich noch selbst schaffen muß, dessen Grenzen unklar sind oder erst
fixiert werden müssen und gerade deshalb ins Unendliche erweitert werden
können, übertragen wird.[11] Im historischen Fall war es äußerst konsequent,
daß Minderheitenpolitik als andere Seite der Selbstbestimmung zum Kern-
punkt und Menetekel des Völkerbundes wurde.

Nationales Pathos scheint nur auf den ersten Blick nach einer Niederlage
unangebracht. Es ging aber keineswegs verloren, es formte sich um und steigerte sich mit der Zeit. Auf beiden Seiten ging es darum, den hier bestätig-
ten, dort enttäuschten, jeweils durchaus vergleichbaren triumphalen Nationalismus der Vorkriegszeit und der ersten Kriegsmonate zu ersetzen.
Neudefinitionen wurden gebraucht. Dies gilt durchaus auch für die Gewin-
nergesellschaft, wenn auch in anderer Form und unter anderen Bedingungen. Ökonomische und finanzpolitische Probleme, die ihren Ausdruck in
Arbeitslosigkeit und Inflation fanden, waren in beiden Staaten durchaus
vergleichbar. Die kommunistische Revolution in Rußland hatte zudem für
viele Hoffnungen auf eine konkrete Alternative genährt. Der Kommunismus als volksdemokratische Variante war machbar, wie sich zeigte, auch
wenn die Hoffnungen zum Teil und für einige schnell enttäuscht wurden. In
Deutschland kamen Niederlage, Besatzung und die Skandalisierung der
Versailler Verträge hinzu.[12]

---

11 Diese Beschreibung trifft keineswegs nur auf die Zeit nach 1918 zu, sondern gilt
allgemein dann, wenn Landkarten neu gezeichnet werden. Dies geschieht weit
häufiger, als von den meisten nach dem Zweiten Weltkrieg in Westeuropa wahrgenommen wird. Im gleichen Zeitraum aber, als die Grenzen in Europa geklärt
schienen, wurde Selbstbestimmung, nun mehr und mehr im Rahmen der Vereinten Nationen als Recht fixiert, in der Entkolonialisierung erneut praktisch,
diesmal formal angewandt auf das Selbstbestimmungsrecht von Staaten, deren
Grenzen meist die Administrationsgrenzen der kolonialen Verwaltungen waren.
12 Da es hier nicht um eine historische Arbeit, auch nicht um eine historische Soziologie geht, die vor allem den zeitgenössischen Zusammenhang darstellen will
und zu verstehen sucht, hierzu nur ein zeitgenössisches Zitat: »Der imperialistische Krieg, der eine Nation der anderen entgegenstellte, ging und geht in den
Bürgerkrieg über, der eine Klasse der anderen entgegenstellt. Das Gezeter der
bürgerlichen Welt gegen den Bürgerkrieg und den roten Terror ist die ungeheu-
erlichste Heuchelei, die die Geschichte der politischen Kämpfe bisher aufzuwei-
sen hat. Es würde keinen Bürgerkrieg geben, wenn nicht die Cliquen der Ausbeuter, die die Menschheit an den Rand des Verderbens gebracht haben, jedem

Die Konzepte, die umformuliert wurden, konnten auf bestehende Vorlagen zurückgreifen. Allerdings gingen nun die in dieser Absolutheit zuvor unbekannte Erfahrung von Feindschaft und Gewalt in die vorliegenden Kollektivkonzepte in ihren unterschiedlichen, immer aber auf die politische Gemeinschaft zielenden Ausformungen ein. Die theoretisch und polemisch schärfste Formulierung fand diese Situation bekanntlich bei Carl Schmitts Bestimmung des Politischen durch das Freund/Feind-Schema und seiner Definition des Bürgerkrieges, in dem noch der Unterschied zwischen Feind und Verbrecher verwischt wurde.[13] Eine Verschärfung im Vergleich zu Frankreich trat in Deutschland durch den sogenannten Abwehrkampf im Osten und die Besatzung Rheinhessens ein, die bis 1930, also weit über die Ruhrbesetzung hinaus, andauerte, sowie die dortigen separatistischen Versuche, die in der Bevölkerung keinen Rückhalt besaßen.[14] Das ganze Pathos des Nationalen konnte hier anknüpfen, es konnte als unmittelbar gefährdet dargestellt werden, und die Begriffe des Volkes, des Volkstums und der Volksgemeinschaft konnten unmittelbar mit dem Sinn des ›Abwehrkampfes‹ im Osten, aber auch im Westen aufgefüllt werden. Die Nation war in Gefahr, das Volk aber konnte im Kampf seine Existenz beweisen – wenngleich die meisten Leute andere Interessen hatten. An die Stelle der Nation mit ihrem Bezug auf den Staat, der schließlich gerade untergegangen war, und auf ein Gebiet, in dem seine Regeln gelten sollten, trat das Volk. Es war unabhängig von Staat und Grenzen konzipiert und konnte noch als empirisch gedacht werden, als es den Staat des triumphalistischen Nationalismus nicht mehr gab.

In dieser Situation wuchs eine in ihrer Selbststilisierung voraussetzungs- und bindungslose Generation heran, wie es Ernst Niekisch als zeitgenössischer Beobachter und Akteur beschrieb.[15] Die Werte der Eltern waren in der

---

Vorwärtsschreiten der arbeitenden Massen entgegengewirkt hätten, wenn sie nicht Verschwörungen und Morde angezettelt und bewaffnete Hilfe von außen angerufen hätten, um ihre räuberischen Vorrechte aufrechtzuerhalten und wiederherzustellen. Der Bürgerkrieg wird der Arbeiterklasse von ihren Erzfeinden aufgezwungen. Die Arbeiterklasse muß Schlag mit Schlag beantworten, wenn sie sich nicht von sich selbst und von ihrer Zukunft, die zugleich die Zukunft der ganzen Menschheit ist, lossagen will« (Dokumente und Materialien zur Geschichte der deutschen Arbeiterbewegung, S. 243).

13 »Die Feindschaft wird so absolut, daß selbst die uralte sakrale Unterscheidung von Feind und Verbrecher im Paroxysmus der Selbstgerechtigkeit zergeht« (Schmitt, Ex Captivitate Salus, S. 57).

14 Wirsching (Vom Weltkrieg zum Bürgerkrieg) vergleicht die Berliner und Pariser Situation der rechten und linken Vereinigungen und Aktivistengruppen und ihr Verhältnis zueinander. Es zeigt sich kein absoluter, sondern ein relativer Unterschied. Es ist die erreichte Radikalisierung der Gruppen, die den kleinen, aber wichtigen Unterschied ausmachen.

15 Niekisch, Tragödie deutscher Jugend, zitiert nach Herbert, Best, S. 57.

Niederlage untergegangen, nicht nur der triumphalistische Nationalismus, der keinen Sinn mehr machte, die Monarchie und der Bezug auf die Traditionen, sondern auch die Nation als ›Idee‹ und als ›letzter Wert‹ zusammen mit der dazugehörigen Symbolik, die nun neu bestimmt und erarbeitet werden mußten. Zumindest die studentische Jugend knüpfte an einen umgedeuteten Fichte als eine ihrer Bezugspersonen an. Der Begriff des Volkes ersetzte den Begriff der Nation aber nicht vollständig.[16] Letzterer besaß eine enge Beziehung zum Staat; er bezog sich auf einen Staat, dessen Grenzen sich gerade verändert hatten, dessen Ansehen beschädigt und dessen Symbole untergegangen waren. Zugleich bezog sich der Begriff der Nation damit auch auf den Begriff des Staatsbürgers oder des Staatsangehörigen.[17] Die Nation war im doppelten Sinne an Grenzen gebunden: an die Grenzen des Gebietes und an die Begrenzungen der Zugehörigkeitsdefinition, das heißt jene Staatsbürger, die nicht zum nun politisch virulent werdenden ›Volk‹, dessen Begriff immer mehr die Verbindung zur rechtlich-politischen Konstitution löste, gehörten.

Der halbierte Volksbegriff schien für einige angemessener zu sein, da er einerseits mehr, andererseits weniger umfassen konnte. Für bestimmte Menschen, ›Deutsche‹ – wie immer dieser Begriff bestimmt werden und mit welchem Kollektiv er identisch gesetzt werden sollte –, wurden die Grenzen erweitert und das Gebiet zum Raum umdefiniert. Für die Realisierung des Volkes schien alles erlaubt zu sein. In all seiner immanenten Unklarheit, die keineswegs definitorisch behoben werden konnte, da die Unbestimmtheit wie bei anderen Kollektivitätsbegriffen auch zu seiner Charakteristik zählt, schien der Volksbegriff der Situation besonders angemessen zu sein. Einerseits behauptete er klare, aber nicht mehr auf ein Gebiet bezogene Grenzen und versprach damit vermeintlich eindeutige Inklusions- und Exklusionsregeln, andererseits wurden diese Grenzen eher beliebig und standen Bestimmungs- und Definitionsversuchen offen.

Der von seiner politischen Konstitution gelöste Begriff des Volkes konnte sekundär repolitisiert werden. Er besaß den Vorteil, an eine vorhandene

---

16 Siehe hierzu zusammenfassend Herbert, Best, S. 57 ff.

17 Zur Unterscheidung beider siehe Gosewinkel, Einbürgern und Ausschließen. In seiner Arbeit verdeutlicht Gosewinkel, daß sich der Begriff der Staatsangehörigkeit als eine deutsche Variante der Staatsbürgerschaft entwickelt. Er entsteht als Rechtsbegriff, um die Leute den neuen deutschen Staaten zuzuordnen, aber auch, um bestimmte Gruppen, Polen und Juden, fernzuhalten. Gosewinkel verdeutlicht, daß die Einführung des Volks- und Rassebegriffs während der nationalsozialistischen Herrschaft einen Bruch mit den bisherigen Angehörigkeitsregelungen bedeutet. Auch hier zeigt sich, daß es nicht nur um Differenz und deren Form, sondern um deren Bestimmung geht. Die Folgen gehen von der Fragmentierung der Staatsbürgerschaft bis zu ihrer Auflösung im Rassekrieg (ebenda, Kapitel VIII, S. 369 ff.).

Tradition anknüpfen zu können und gleichzeitig eine Differenz zum alten, bürgerlich-triumphalistischen Nationalismus einzuführen. Die Inklusions- und Exklusionsverhältnisse wurden anders definiert. Sie machten nicht an den neuen Grenzen halt, waren nicht auf ein klares Innen/Außen-Verhältnis auf der Basis des Ortes oder eines bestimmten Gebietes bezogen und schlossen nach innen tendenziell nicht alle ein.[18] Die Basis dieses Volksbegriffs war die Metapher des Körpers, der völkisch-organisch gedacht wurde. Daher war ein biologisch verstandener Rassenbegriff, der selbst in seiner scheinbaren Naturwissenschaftlichkeit eine Metapher war und unmittelbar antisemitisch gewendet werden konnte, nicht nur leicht anschließbar, sondern bereits in ihm enthalten.[19]

Der Begriff der Nation begann sich aufzulösen, ohne daß auf ihn verzichtet werden konnte. Denn der Auflösungsprozeß vollzog sich gleichzeitig mit einer flächendeckenden Durchsetzung nationaler Staaten in Europa. Schon Hannah Arendt und auch Franz Neumann haben früh darauf hingewiesen, daß die Nation keine tragende Idee des Nationalsozialismus gewesen ist.[20] Dennoch sind wir es alltäglich, aber auch in den Wissenschaften, gewohnt,

---

18 Es ist nicht zufällig, daß der Begriff des Raumes und schließlich des Lebensraumes an die Stelle von Gebiet und Ort tritt. Raum ist eine fast unbegrenzte Kategorie, der Raum erstreckt sich und kann gleichsam nach Bedarf geöffnet oder geschlossen werden.

19 Nach Sternhell (Geburt des Faschismus) unterscheidet der Begriff der Rasse den französischen Faschismus vom Nationalsozialismus. Auch für Breuer (Anatomie, hier S. 78 ff.) ist es in seiner Untersuchung zur Konservativen Revolution der bei den betreffenden Autoren (Ernst Jünger, Wilhelm Stapel, Ernst Niekisch, Arthur Moeller van den Bruck) zwar verbreitete, aber nicht biologistisch gewendete Rassenbegriff, der einen Unterschied ums Ganze bei der Unterscheidung von Neuem Nationalismus und Nationalsozialismus ausmacht. Das Volk, so Breuer, müsse nach den Vorstellungen des Neuen Nationalismus gemacht werden, es sei keine gegebene Größe und müsse geformt werden. Ebendieser Formungsaspekt wird mit Recht als das Moderne der Bewegung festgehalten. Sowohl für Sternhell wie für Breuer, die je nationale Entwicklungen untersuchen, auch wenn sie dies, wie im Falle Breuers, beklagen beziehungsweise, wie Sternhell, den französischen Einfluß auf den italienischen Faschismus einbeziehen, aber wird die Grenze, die mit dem Rassenbegriff bestimmt wird, absolut gesetzt. Übersehen wird zum Beispiel von Breuer, daß Natur, und das heißt: daß auch Rasse gemacht werden kann, ja, daß die Moderne gerade durch den Herstellungsaspekt der Natur, des Natürlichen und damit auch der Rasse gekennzeichnet ist.

20 »Die Nazis haben ihre ursprüngliche Verachtung des Nationalismus, ihre Geringschätzung des Nationalstaates, der ihnen eng und provinziell erschien, niemals widerrufen« (Arendt, Elemente und Ursprünge, S. 30). Neumann benutzte ein anderes Argument: Die Nazis hätten den Begriff vermieden, der Rassismus habe den Nationalismus verdrängt (Behemoth, S. 131 f.).

den Nationalsozialismus, die nationalsozialistische Politik und ebenso die Rassenpolitik als Vernichtungspolitik zumindest auch unter dem Begriff eines ins Extreme gesteigerten Nationalismus zu fassen. Eine der wenigen bundesrepublikanischen soziologischen Studien zum Nationalsozialismus wurde unter dem Titel »Extremer Nationalismus« veröffentlicht.[21] Eine neuere Studie zur Wissenssoziologie des Antisemitismus von Klaus Holz stellt die Nation als Differenzierungsbegriff ins Zentrum, verzichtet jedoch auf einen systematischen Begriff der Nation. Die Nation wird vielmehr als allgemeiner triadischer Differenzbegriff eingeführt, der neben der Unterscheidung Nation/andere Nation auch diejenige zwischen Nation/Nichtnation prozessiert. Trotz der Komplexität der Studie, der das Verdienst zukommt, Nationalismus und Antisemitismus systematisch aufeinander zu beziehen, wird in ihr nicht sichtbar, wie der Begriff der Nation im Prozeß seiner Umdefinitionen bis zur Unkenntlichkeit verändert wird. Ohne inhaltlich bestimmt zu werden, wird er formal vorausgesetzt und in Semantik aufgelöst.[22] Eine ›nationale Semantik‹ ist dann eine Kommunikation, in der »die Zugehörigkeit einer Personengruppe zu einer ›Nation‹ ein wesentliches Kriterium ist, an dem das Selbstverständnis von der politischen, sozialen und/oder kulturellen Lebensführung dieser Personengruppe ausgerichtet wird. [...] Ob dabei unter ›Nation‹ eine politische, sprachliche, ethnische und/oder kulturelle Gemeinschaft vorgestellt wird und welche Form(en) der sozialen Lebensführung und welche personalen Eigenschaften der Zugehörigen damit verbunden werden, soll nicht vorentschieden werden. Die Definition soll in dieser Hinsicht einleitend gerade offenbleiben, um dies empirisch erfragen zu können.«[23]

Holz verzichtet auf einen Begriff der Nation, um alle jene Begriffe ›empirisch‹ erfassen zu können, die die Autoren, deren Texte er untersucht, einführen. Der notwendig implizit bleibende Begriff der Nation bleibt so schließlich klassisch ›ethnisch‹ auf Gemeinschaft eingeschränkt. Der Bezug des Begriffs auf den Staat, auf die politische Nation, auf ein Herrschaftsgebiet und auf Regeln geht verloren. Es gibt politische, ethnische, sprachliche oder kulturelle Gemeinschaftsvorstellungen, deren Wahl und ausdifferenzierte Kombination man an den Texten darstellen kann. Dem scheinbar voraussetzungslosen Blick entgeht dabei die eigene Setzung auf das klassische Format eines Nationbegriffs, der nicht berücksichtigt, schon immer über

---

21 Siehe Lepsius, Extremer Nationalismus.
22 Auch Breuer stellt fest: »Entgegen der von Franz Neumann vertretenen Ansicht, die Nazis hätten ostentativ den Gebrauch des Wortes Nation vermieden, ist festzustellen, daß es sich um einen der Schlüsselbegriffe in Hitlers Vokabular handelt, der überdies im Verlauf der Wahlkämpfe immer stärker in den Vordergrund tritt« (Grundpositionen, S. 167).
23 Holz, Nationaler Antisemitismus, S. 16.

politische Vergesellschaftung zu reden, die sich in unterschiedlichen Gemeinschaftsvorstellungen nur symbolisiert. Ethnische, sprachliche, kulturelle und auch rassische Gemeinsamkeitsvorstellungen realisieren sich alle in politischen Vergesellschaftungen oder reinterpretieren politische Gesellschaft als Gemeinschaft, wie bereits Max Weber gezeigt hatte. Sie haben keine andere Form als diese. Ein Schützenverein, eine Folkloregruppe, auch eine Erinnerungsgemeinschaft allein sind noch keine Nation. Schon die Vorstellung spezifischer Gruppen als nationaler beinhaltet die wie immer gut oder schlecht begründete Behauptung, ein Recht auf Selbstbestimmung zu besitzen, und den damit verbundenen Wunsch danach, dieses Recht in einer als genügend selbständig angesehenen politischen Gemeinschaft zu realisieren oder die politische Gesellschaft in Gemeinschaftsbegriffen zu formulieren. Ohne diesen Bezug bleiben die Gruppen Folklore-, Erinnerungs- oder sonstige Gemeinschaften.

Es ist daher unzureichend, die Nation als segmentäre Differenzierung inmitten moderner funktionaler Differenzierungen zu beschreiben. Nation kann sich auf Nationalität als Ethnizität beziehen, sie kann sich politisch-rechtlich bestimmen oder aber als natürlich-organisch ansehen. Alle drei Formen der Selbstthematisierung beziehen sich auf die Nation als politische Gesellschaft, die sich nicht nur vorstellt und behauptet, sondern sich realisieren muß und mit unterschiedlichen Grenzziehungen verbunden ist, die ineinander verwoben sind. Es kommt dabei darauf an, ob diese an der Nation als rechtlich-konstituierter, an Nationalität/Ethnizität oder schließlich an Volksgemeinschaft und/oder Rasse orientiert sind. Eine Gleichsetzung einer auf ethnische Zugehörigkeit halbierten Nation mit dem Konzept der Nation scheint mir ein grundsätzlicher Fehler zu sein, der durch den Verzicht auf einen Begriff der Nation bedingt ist. »Die Verkennung des Zusammenspiels der ethnisch-rassischen und nationalen Konstruktion bei Neumann wie bei Arendt beruht auf dem grundsätzlichen Fehler, einen spezifischen Begriff von ›Nation‹ vorzugeben, so daß alles, was diesem empirisch nicht entspricht, aus dem wissenschaftlichen Begriff des Nationalismus ausgeklammert und einem vermeintlich nicht-nationalistischen Rassismus zugeschlagen werden muß.«[24] Die »Selbstaussage der Quellen«, auf die sich Holz in Anlehnung an Koselleck beruft, ergibt sich allerdings keineswegs so selbstverständlich, wie dies eine ›objektive Sinndeutung‹ für sich beansprucht, die alle möglichen Sinnstrukturen eines Textes zu erfassen sucht. Die faktische Auflösung des Nationbegriffs durch seine Entgrenzung und Entleerung gerät systematisch aus dem Blickfeld des Beobachters. Wo Hannah Arendt und auch Franz Neumann einen politischen Nationbegriff voraussetzten, ohne eine Differenzierung zwischen den sich ineinander verwebenden drei Selbstthematisierungsformen vorzunehmen, muß die sich als

---

24 Ebenda, S. 409.

›voraussetzungslos‹ verstehende Analyse jeden Begriff der Nation als solchen akzeptieren, übernimmt also die Selbstbezeichnung.

Der unbestimmt bleibende Begriff erhält sich jedoch in reduzierter Form. Es ist der ›Gemeinschaftsbegriff‹ der Nation, eine spezifische Hälfte des Nationbegriffs also, die ethnisch bestimmte Nation, die uns im nationalen Antisemitismus begegnet. Dies läßt sich an einem innerfranzösischen Beispiel zeigen. Edouard Drumonts Schriften, vor allem »La France Juive« und seine Zeitung *Le libre parole,* können fraglos in die französische Tradition eingeordnet werden. So war es Drumont möglich, sich ohne jede Mühe auf Schriften Ernest Renans zu beziehen und – wie andere neben ihm – ganze Passagen ohne wesentliche Änderungen zu übernehmen.[25] Dieser Bezug schuf auch eine Verbindung zur deutschen Tradition, denn Renan verstand sich als Schüler Herders, ganz ähnlich wie zum Beispiel Paul de Lagarde auf der anderen Seite des Rheins.[26] Der rechtlich konstituierte Begriff des Volkes fand keinen Eingang in diese Form des Nationalismus. Der Begriff des ›nationalen Antisemitismus‹ ist ein auf einen spezifischen Teil der Nation eingeschränkter Begriff und bekommt eben hierdurch seine Virulenz der spezifischen Differenzierung, nicht durch deren allgemeine triadische Form. Diese spezifische Form aber, dies zeigt die Studie überaus deutlich, ist nicht auf eine Nation eingeschränkt, ist selbst kein ›nationales‹ Merkmal.

Es ist wichtig, Texte ernst zu nehmen und nicht sofort in Kontexten aufgehen zu lassen, ihren Inhalt also in Situierung aufzulösen. Wissensordnungen als notwendige und reflexiv werdende Selbstthematisierungen sind konstitutiver Bestandteil der Wirklichkeit. Sie werden um so bedeutungsvoller, je stärker der Herstellungsaspekt gesellschaftlich betont wird, da sie nun die Praxis begründen sollen, auch wenn dies manchmal nur im nachhinein geschieht. Klaus Holz kann in seiner Auswahl bekannter antisemitischer Texte von Treitschke über Stoecker und Drumont zu Hitler, ergänzt durch den Slánský-Prozeß und die Waldheim-Affäre, zeigen, daß es sich nicht um ein deutsches, sondern um ein strukturell europäisches Problem handelt, das nach 1945 keineswegs ein Ende gefunden hat. Ebenso wird deutlich, daß ein Radikalisierungsprozeß stattgefunden hat, der von der ›Weltanschau-

---

25 »Man findet seine [Renans, U. B.] Ideen oft wortwörtlich in der ganzen antisemitischen Literatur des Jahrhunderts, die nach seiner Arbeit veröffentlicht wird«, schreibt so zum Beispiel Sternhell (Droite révolutionnaire, S. 19, gemeint ist Renans »Histoire générale et système comparé des langues sémitiques«).

26 Bekannt ist die auf Herder bezogene Bemerkung Renans in seinem Briefwechsel mit Strauß: »Ich dachte, in einen Tempel einzutreten.« Hier konnte man anknüpfen, aber die neue Generation mußte sich auch unterscheiden. Schließlich war Renan aus nationalistischen Gründen zum Demokraten geworden, so wie Nietzsche, wie es Sternhell schreibt, »aus Schrecken vor der Demokratie den Nationalismus verachtete« (Sternhell, a.a.O., S. 20). Der Renan von 1882 konnte nicht in diese Tradition einbezogen werden.

ung‹ zur Realisierung, zur Vorstellbarkeit der Tat – noch nicht gleichzusetzen mit der Tat selbst – verläuft. Das heißt, Sprechen, Schreiben und Handeln werden gerade in der radikalisierten nationalsozialistischen Variante ineinander verwoben und schließlich nur in Deutschland, besser: unter deutscher Herrschaft, in Praxis überführt.

Alle modernen Antisemitismen aber sind nationale Antisemitismen, lautet die in den Titel übernommene These. In nationalen Gesellschaften, in Gesellschaften also, die sich symbolisch und organisatorisch über die Nation integrieren, die sie als Wert ausdifferenzieren, zum Zweck machen und ihre politische Organisation und Legitimation hierauf abstellen, ist dies notwendigerweise der Fall. Alle modernen Gesellschaften sind nationale Gesellschaften, sie sind sonst nicht modern, das heißt, die Nation ist zur modernen Organisationsform des Politischen geworden. Es macht aus dieser Perspektive keinen großen Unterschied, ob vom modernen oder vom nationalen Antisemitismus gesprochen wird, die Betonung ändert sich ein wenig, einen spezifischen oder spezifizierbaren Unterschied aber gibt es nicht.

Es ist die Vorstellung der ›Tat‹ als Lösungsperspektive, der Notwendigkeit zum Handeln, eine nochmalige radikale Modernisierung, wenn man so will, die in Holz' Analyse der Rede Hitlers von 1920 als entscheidender Unterschied hinzukommt. Diese Radikalisierung aber ist nicht an die Nation gebunden. Ganz traditionell formuliert: Die Gobineausche Rassenmelancholie wird überwunden, indem man die gewünschte, aber nicht erreichbare Reinheit zunächst als herstellbar vorstellt, um anschließend daran die Forderung nach Realisierung zu koppeln.[27] Das als ›gegeben‹ Vorgestellte muß

---

27 Ohne weiter auf Gobineau eingehen zu wollen, ist der Hinweis dennoch angebracht, daß die Vorstellung, den Schriften des Comte de Gobineau käme in Frankreich erst eine Bedeutung nach dem Reimport aus Deutschland zu, kaum aufrechtzuerhalten ist (siehe zu Gobineau Taguieff, Couleur et sang, S. 21–57). Geulen (Nation als Wille und Wirklichkeit) verweist auf die Trennung von Politik und Rassengeschichte bei Gobineau: »Also Mischung, Mischung überall, Mischung immerdar« – dies ist der Ausruf Gobineaus und wurde von ihm als »Lebenselixier und zugleich Todesursache großer Zivilisationen« angesehen (Gobineau, hier zit. nach Geulen, S. 72, der Kommentar ist von Geulen, S. 73). Während der Zeit der Okkupation bietet die Tradition Gobineaus die absurde Möglichkeit, die ideologische Vaterschaft für Rassismus und antisemitischen Rassismus einzufordern. Was bei Gobineau beginnt, führt zum nun zum Meister ernannten Drumont und schließlich zum neuen Propheten Céline (siehe Taguieff, L'Antisémitisme à l'époque de Vichy, S. 122–143). Hierfür steht zum Beispiel George Montandon, der während der Okkupation die Zeitschrift L'Ethnie français herausgab (zur französischen Vaterschaft zum Beispiel Nr. 2, April 1941, S. 1–6). Montandon veröffentlichte im Dezember 1940, ein halbes Jahr nach Beginn der Okkupation, »Comment reconnaître et expliquer le Juif?« (zu Montandons Ethnorassismus, in Frankreich nur von sehr wenigen vertreten,

›gemacht‹ werden. Es kommt zu einer interessanten, weil scheinbar gegensätzlichen Mischung von Substantialismus und Konstruktivismus. Das Gegebene als der Kern des vorgestellten Selbst liegt in Vergangenheit und Zukunft. Es zwingt dazu, es herzustellen. Aber nicht die Nation ist das Gegebene, die Massen müssen nationalisiert werden. Nation ist nicht mehr ›letzter Wert‹, nicht mehr symbolische Repräsentation von Einheit und auch nicht mehr die traditionelle Kombination von Friedhof und Lehrstuhl wie noch bei Barrès. Die Unterscheidung liegt an anderer Stelle: in der Vorstellung und in der Herstellung der Bereitschaft, kognitive Klarheit nicht nur als sozial-kulturelle Eindeutigkeit, sondern als sozial-rassische Reinheit zuerst zu fordern, die Möglichkeit und Notwendigkeit ihrer Herstellbarkeit sodann zu behaupten und diese nicht nur symbolisch, sondern schließlich auch faktisch herstellen zu wollen. Die politische Gesellschaft der Nation ist hierfür keine Bedingung, weder theoretisch noch praktisch. Vielmehr ist es deren vorgestellte, behauptete, manchmal auch befürchtete und schließlich begrifflich und auch tatsächlich durchgeführte Auflösung, die anderes an deren Stelle treten läßt: die Herstellung des reinen Volkes.

Zunächst müssen die Vorstellungen entwickelt werden, das heißt, kognitive Klarheit in wie immer vorläufiger, tatsächlich uneindeutiger Form muß hergestellt werden. Auch wenn sich hierfür die Erfahrung des Ersten Weltkrieges besonders in Deutschland als Katalysator erweist, so kann auf vorformulierte Vorstellungen zurückgegriffen werden. In Frankreich hatte schon die Dreyfus-Affäre die Rolle gespielt, einen beachtlichen Teil der Intellektuellen gegen Demokratie, Aufklärung und Menschenrechte zu mobilisieren (die Affäre war keineswegs nur die Geburtsstunde der ›kritischen‹ Intellektuellen). Barrès, der Theoretiker der Anti-Dreyfusards, aber hatte im Antigermanismus zur Nation zurückgefunden, wenn auch kritisiert von einigen seiner engen Freunde der *Action française*. Er bezog nun auch die Juden wieder in die ›geistigen Familien‹ Frankreichs ein.[28] Die Radikalisie-

---

seiner Rolle während der Okkupation, zum Beispiel der Erstellung rassischer Gutachten, siehe Knobel, *Montandon*).

28 Barrès, *Familles spirituelles*. Barrès formulierte in seinen Tagebüchern: »Meine Freunde M... [Maurras, U. B.] und B... [Bourget, U. B.] sind eher die Freunde ihrer Systeme als die Freunde Frankreichs« (hier zit. nach Vajda, Barrès, S. 185). Dennoch bleibt festzuhalten, daß er Charles Maurras, der den Kontakt nach der Veröffentlichung von *Sous l'œils des barbares* selbst hergestellt hatte, sehr bewunderte und die Freundschaft trotz einiger Differenzen anhielt. Für Barrès war es die Nation, die gemeinsam gegen den Feind stehen sollte und alle ihre Kräfte aufbieten mußte; Maurras war an diesem Punkt der Antisemitismus wichtiger als die Nation, deren Grenzen Barrès schließlich am Rhein ziehen wollte, da Frankreich nur so vor Deutschland sicher sein könnte. Barrès' Ostromane, das heißt also seine letzte Trilogie, mit Vajda (Barrès, vor allem S. 294–297) als Vorwegnahme Hitlers und des Dritten Reiches zu bezeichnen, erscheint

rung der Rechten in Frankreich geschah, indem der Antigermanismus mehr und mehr zurückgedrängt wurde.

Die Nation war nicht nur Differenzierungs-, sondern auch Begrenzungsbegriff, so, wie sie für Durkheim und Weber Idee, Wert und symbolische Form der Gesellschaft war und an staatliche Herrschaft gebunden blieb. Die formal hervorgehobene Stellung, die sie in diesen Definitionsprozessen gewann, blieb erhalten, als ihr Begriff sich auflöste und ersetzt wurde. Ihr Wert war absolut gesetzt, ihre Form als höchste vorstellbare Entwicklungsstufe bestimmt worden. Sie selbst wurde, zum Teil noch bevor sie sich politisch konstituieren konnte, zum Teil auch, nachdem sie sich konstituiert hatte, mit als empirisch, als gegeben vorgestellter und geforderter sozialkultureller Eindeutigkeit vermischt.[29] Kognitive Klarheit und soziale Eindeutigkeit wurden verbunden und in einen Zusammenhang mit politischer Einheit gestellt. In Frankreich war es der integrale Nationalismus, der sich nach der Niederlage von 1871 zwar intensiv mit dem deutschen Kulturnationalismus beschäftigte, aber durchaus an als französisch angesehene Traditionen anknüpfen konnte. Nach der durch Gambetta erfolgten Gründung der Dritten Republik lag es nicht fern zu versuchen, die drei Ebenen der Klarheit, der Eindeutigkeit und der Einheit zur Deckung zu bringen. Man kann Zeev Sternhell nur zustimmen, der schreibt, daß »die intellektuelle Struktur des Faschismus deutlich vor dem August 1914 geformt wur-

---

als vollständig unangemessen und eher dem Versuch zu dienen, einen Mythos Maurice Barrès zu schaffen.

29 Meist werden diese zwei Fälle als der wesentliche Unterschied zwischen Frankreich und Deutschland genannt (so zum Beispiel Alter, Nationalismus, S. 19 ff., oder Dumont, Idéologie allemande, S. 15 ff.). Einmal wird die gemeinsame Kultur als Ergebnis, das andere Mal als Voraussetzung behandelt. Es liegt dann nahe, den französischen ›integralen Nationalismus‹, der sich nach der Niederlage von 1871 entwickelte, als eine Art Import eines an sich nichtfranzösischen Modells zu behandeln (siehe als eine ältere Arbeit Digeon, Crise allemande, S. 48 ff.; vergleichende Überlegungen finden sich auch bei Birnbaum, France aux Français, S. 300–311. Für Birnbaum entwickelt sich der jeweilige Nationalismus nicht, wie etwa für Gellner, ausgehend vom Staat, sondern gegen den jeweiligen Staat). Dem Versuch, einen antisemitischen Rassismus als ›französisch‹ zu interpretieren, wird die spiegelbildliche Gegenthese gegenübergestellt. Vorstellungen einer organischen Volksgemeinschaft aber mußten keineswegs von Deutschland nach Frankreich importiert werden, und auch ›Wurzel‹- und Körpervorstellungen existierten vor 1871. Wie man die als vorausgesetzt vorgestellte Kultur erst schaffen mußte, war auch die Suche nach dem Volk als Ergebnis der politischen Konstitution des Volkes notwendig. Barrès war eben auch Schüler von Renan, dem Bewunderer Herders, und noch der Regionalismus ließ sich zum Beispiel mit Mirabeau verbinden. Es ist die Selbstthematisierung, die sich sowohl auf die empirische wie die politische Konstitution der modernen, nationalen Gesellschaft bezieht.

de«.[30] Ihre – durchaus unterschiedliche – Dynamik erhielt sie in Frankreich und Deutschland vor allem durch die Verbindung mit sozialen Bewegungen nach 1918.[31] War die Entstehung des Faschismus in Frankreich ein theoretischer und praktischer Prozeß des Zusammenhangs und des Wechsels von links nach rechts, blieb dies in Deutschland die Ausnahme.[32]

Diesen hier kurz zusammengefaßten Transformationsprozeß möchte ich im folgenden am Beispiel zweier Autoren darstellen: Ernst von Salomon und Louis Ferdinand Céline. Beide waren bekannte und erfolgreiche zeitgenössische Autoren, deren Arbeiten auch im jeweils anderen Land wahrgenommen und übersetzt wurden.[33] Ernst von Salomon wurde 1902 geboren, war also zu jung, um selbst in den Krieg zu ziehen.[34] Doch er gehörte zu jenen jungen Leuten, die nach dem Krieg nicht nur auf die Suche nach dem Verlorenen gingen, sondern es handelnd und erneuernd herstellen wollten. Céline wurde noch im 19. Jahrhundert geboren (1894). Er war als junger

---

30 Sternhell, Droite révolutionnaire, S. 9. Allerdings, so eine notwendige Erweiterung, geschah dies nicht nur in Frankreich.

31 Siehe hierzu Wirsching, Vom Weltkrieg zum Bürgerkrieg.

32 Schon Barrès versuchte, die Arbeiter in die soziale Bewegung zu integrieren, und nannte dies einen nationalen Sozialismus. Die Scharnierfigur aber war, wie Sternhell gezeigt hat, theoretisch Sorel, aktiv schließlich Mussolini. Der Soziologe Robert Michels, der in Deutschland trotz der Unterstützung seines Freundes Max Weber keine Professur erhielt und nach Italien ging, ist eine deutsche Figur, die vom Syndikalismus zur – italienischen – faschistischen Rechten wechselte (lediglich pragmatische Gründe, unter anderem meine mangelnden Sprachkenntnisse, selbstverständlich auch die Beherrschbarkeit des Materials, bringen es mit sich, daß die andere ›verspätete Nation‹ Europas unberücksichtigt bleibt. Siehe zu Italien aber einige informative Beiträge in Dipper/Hudemann/Petersen, Faschismus und Faschismen).

33 »Die Geächteten«, Salomons erstes Buch, erschien schon 1931 in französischer Übersetzung (unter dem Titel: Les Réprouvés. Feux Croisés), »Die Stadt« wurde ebenso übersetzt und erschien 1933. Salomon war in Frankreich als Autor und Aktivist geschätzt. Man wußte dennoch wenig über ihn. Roger Stéphane, der 1950 eine Arbeit mit dem Titel »Portrait de l'aventurier. T. E. Lawrence, Malraux, von Salomon« vorlegte, kannte nur diese beiden Arbeiten und wußte auch nicht mehr über ihn. Jean-Paul Sartre schrieb das Vorwort zu Stéphanes Buch. Er verglich den Abenteurer, den er lieber *l'homme d'action* nennen wollte, mit dem *militant,* um herauszufinden,was die entgegengesetzten Typen gemeinsam haben. Er plädierte schließlich für den *militant* als *l'homme d'action,* den Parteigänger als Aktivisten, die Mischung von Disziplin und Aktion (siehe Sartre, Vorwort zu Stéphane, S. 9–29). Von Céline gibt es nicht nur von der »Reise«, sondern auch von »Semmelweiß« und natürlich den »Bagatelles« zeitgenössische Übersetzungen.

34 Siehe zu dieser Generation den zeitgenössischen Roman von Glaeser, Jahrgang 1902.

Mann kurze Zeit Soldat, wurde verletzt und lebte nach seiner Gesundung zunächst als Botschaftsangestellter in London, schließlich in den Kolonien. Jahre später faßte er die Gewalterfahrung des gerade begonnenen Jahrhunderts, die keineswegs auf den Krieg begrenzt war, in einem Erfolgsroman zusammen, der berühmten »Reise ans Ende der Nacht«. Salomon fand im Gefängnis, in dem er wegen seiner Beteiligung am Rathenau-Attentat eine Haftstrafe verbüßte, zum Schreiben. Das Buch »Die Geächteten« faßte seine Erfahrungen in der Nachkriegszeit und in der jungen rechten Bewegung zusammen. Beide, Salomon und Céline, fühlten sich schließlich einer rechten Avantgarde zugehörig, auf die sie als Aktivisten und Intellektuelle Einfluß nahmen. Beide waren Ausnahmegestalten, die schreibend, handelnd und agitierend in ihre Zeit einzugreifen suchten.

Ernst von Salomon und das »angedrehte Wir« des Volkes[35]

Nation ist der erste Selbstthematisierungsbegriff der Moderne, die, gekennzeichnet durch Differenzierung, diese noch nicht reflexiv in ihr Selbstbild übernehmen, sich noch nicht unmittelbar als Gesellschaft thematisieren kann. Nation ist daher kein Ersatz für Gesellschaft oder Klasse – jenen liberalen *und* sozialistischen Begriffen, vor denen Nationalisten und Völkische aller Couleur so viel Angst hatten.[36] Sie ist, wie wir gesehen haben, auch nicht gleichzusetzen mit dem politischen System, ebensowenig wie sie einer Geschichtslogik folgt oder – rekonstruktiv – in den Archiven aufzufinden wäre. Ihr gleichzeitiger Unterscheidungs- und Existentialisierungscharakter erlaubt es, fast grenzenlos mit ihr zu mobilisieren. Nation aber ist nicht nur an die doppelte Bedeutung des Volkes gekoppelt, sie ist immer auch selbst begrenzt, das heißt, sie muß definieren, wo und für wen ihre Regeln gelten sollen. In diesem Sinne ist sie an ein Gebiet und an eine Moral gebunden. Nation aber ist nicht identisch mit dem politischen System als ausdifferenziertem Träger der Macht, obwohl sie darauf bezogen bleibt.[37]

---

35 Im folgenden benutze ich überarbeitete Teile aus meinem Aufsatz *Geheimnis der Nation* und führe sie fort. Dieser Aufsatz, in einer Vorbereitungsphase zur vorliegenden Arbeit verfaßt, war noch nicht ganz aus der jetzigen Perspektive konzipiert. Zwar wurde die Auflösung des Begriffs der Nation beschrieben, aber die Folgen dieser Auflösung in der Ersetzung des Nationbegriffs durch das ›Volk‹, die ›Volksgemeinschaft‹ oder die ›Rasse‹ wurden in anderer Form thematisiert.

36 Vgl. als ein Beispiel Boehm, Das eigenständige Volk, und ders., Volkstheorie und Volkstumspolitik.

37 Eine funktionale Differenzierungstheorie kann daher Nation nicht ausreichend erfassen. Sie ist irritiert davon, daß sie nicht eindeutig einem Subsystem zuzuordnen ist.

›Volksgemeinschaft‹, auch den einzelnen Zugehörigen als ›Volksgenossen‹ gab es nicht einfach, sie mußten gemacht, das heißt vorgestellt und realisiert werden. Nach den Erfahrungen von Mobilisierung und Schützengräben zu Beginn des 20. Jahrhunderts, nach der Niederlage und der sogenannten Schmach von Versailles war es vor allem die Generation derer, die, zu jung, um eingezogen zu werden, aber alt genug, um die Niederlage als Kränkung ihrer Väter und ihrer selbst zu erleben, sich dafür als agitierbar und als kommende Agitatoren oder, wie ich sie nennen will, als ›kalte Enthusiasten‹ erwiesen.[38] Sie konnten auf die ambivalente Institutionalisierung des Volksbegriffs zurückgreifen und produzierten einen »angedrehten« Begriff des »Volkes«, wie Theodor W. Adorno bei Stefan George beobachtete.[39]

Das Volk wurde zum Freiheitsbegriff – unabhängig davon, ob er in einer liberal-republikanischen (inklusive sozialistischen) oder einer konservativ-substantialistischen Fassung verwandt wurde. Das Konzept des Volkes, besser: das konzeptuelle Volk, wurde in beiden Fassungen zur Voraussetzung und zum letzten Bezugspunkt.[40] Das politische Konzept des Volkes stand so außerhalb des Legitimationsdiskurses. Wie immer der Ausgang des Ersten Weltkrieges beurteilt wurde, mit den vierzehn Punkten Wilsons, mit der Schaffung des Völkerbundes – der von der Rechten bekämpft wurde –, mit den Begründungen für die neuentstandenen Staaten war Volk institutionalisiert und praktisch geworden. Das Selbstbestimmungsrecht der Völker war inthronisiert – und keiner wußte, was das Volk war. Der Kampf ums Volk war nochmals, und auf einer anderen, konkreteren Ebene als hundert Jahre früher, eröffnet, und jeder versuchte, es sich so auszumalen und zu »erfin-

---

38 Siehe in diesem Zusammenhang auch die exemplarische Darstellung der Biographie eines führenden SS-Mannes bei Ulrich Herbert, Best; vgl. auch die autobiographischen (manchmal schwer erträglichen) Darstellungen in Glasers »Geheimnis und Gewalt«, wobei unklar bleibt, was das Geheimnis sein soll.

39 »Georges bündische Liturgien paßten trotz oder wegen des Pathos der Distanz zu den Sonnenwendfeiern und Lagerfeuern jugendbewegter Horden und ihrer furchtbaren Nachfolger. Das angedrehte Wir der hier beheimateten Gedichte ist so fiktiv, und darum so verderblich wie die Art von Volk, die den Völkischen vor Augen stand« (Adorno, George, S. 524).

40 Der Begriff des konzeptuellen Volkes wird in Anlehnung an Zygmunt Baumans Begriff des konzeptuellen Juden formuliert (siehe ders., Modernity and the Holocaust). Die deutsche Übersetzung spricht vom »typisierten Juden« (siehe Dialektik der Ordnung, S. 53), wo Bauman »conceptual Jew« schreibt. Es handelt sich beim Begriff einer konzeptuellen Gruppe um ein ererbtes Bild von dieser, welches sich von den tatsächlichen Leuten unterscheidet. »Das moderne Zeitalter erbte ein Bild ›des Juden‹ schlechthin, das sich grundsätzlich von den jüdischen Männern und Frauen in der Nachbarschaft unterschied« (Bauman, Dialektik, S. 53).

den« (B. Anderson), wie es seinen Interessen, Ideologien und politischen Zielen entsprach. Das Volk, gedacht als eine vorreale Entität, und auch der Volksgenosse, der Einzelne also, der sich dieser Realität und seiner handlungsbestimmenden Bedeutung für ihn bewußt war, mußten erst hergestellt werden. Sosehr auch das Volk als politisches Konzept unhinterfragt war, so wenig existierte es als Ganzes und das heißt in den Einzelnen. Einige Intellektuelle, einige Kämpfer und einige ehemalige Soldaten gingen daran, dieses »geheime Deutschland«, wie es unter anderem Ernst Jünger 1930 nannte, das sich weder auf das Territorium noch auf den Staat bezog, herzustellen.[41] Und es entstand in ihnen selbst, als sie, wie zum Beispiel Ernst von Salomon, erkannten: »Denn wir fühlten uns selber Deutschland.«[42] Die »Nationalisten«, die »Völkischen«, die »Fichteaner« und »Deutschen« – die Konservative Revolution mußte noch geboren werden –, das ganze ideologisch uneinheitliche Konglomerat dessen, was sich später selbst als Neuen Nationalismus bezeichnen sollte, konnte sich in diesem Satz finden, was immer er in seiner eigentümlichen Form, die auch schon Klaus Theweleit irritierte, bedeuten sollte.[43] Für Ernst von Salomon, den jungen Rathenau-Attentäter, der in, mit und von der rechten Szene lebte, Grenzgänger zwischen Intellektuellen und Aktivisten war, im Gefängnis seinen autobiographischen Rechtfertigungsroman »Die Geächteten« (1930/1962) schrieb, war das ›geheime Deutschland‹ die Rechtfertigung des Kampfes im Baltikum im »deutschen Nachkrieg«, aber auch seiner Beteiligung an der Ermordung Rathenaus. Der Typus des Aktivisten wie des Intellektuellen, von denen er sich äußerst polemisch distanzieren konnte, obwohl er durch seinen Roman in Frankfurt und Berlin Zugang zu ihnen gefunden hatte, war nicht mit dem Volk als den ›normalen Leuten‹ verbunden. Sich verraten fühlend, weder von der Bevölkerung noch von der Regierung unterstützt, bedeuteten ihm schließlich die von ihm auf 8000 Mann geschätzten Freikorps in Deutschland – die nichts repräsentierten, für nichts außer für sich selbst standen – alles. Salomon ist als Typus interessant, da er Aktion und Diskurs verband, die Radikalität seiner Forderungen in seine Handlungen einfloß. Er war »ein guter Attentäter und ein guter Schriftsteller«.[44]

---

41 Jünger, *Die totale Mobilmachung*, S. 28.
42 Salomon, Die Geächteten, S. 111.
43 Theweleit, Männerphantasien, Bd. 2, S. 100 ff.
44 So schrieb es Alfred Polgar in einer Rezension des »Fragebogens« im *Monat* (3. Jg., September 1951, S. 654–656). In Salomons Schriften und seiner umfangreichen publizistischen Tätigkeit mischen sich immer wieder Rechtfertigung, Wahrheit und Fiktion. Zu Salomons Beteiligung am Rathenau-Mord, den Fememorden und seiner tatsächlichen umfangreichen Mitarbeit bei der Organisation Consul siehe die Arbeiten von Sabrow, Rathenaumord; ders., Verdrängte Verschwörung, und ders., *Mord und Mythos*. Eine ausführliche, aber proble-

»Bewaffnet bis an die Zähne und gerüstet bis ans Herz«[45]

Das ›geheime Deutschland‹ ist ein elitärer Entwurf. Er hat nichts mit der Volkstümelei einiger Völkischer zu tun.[46] Salomon zählt sich zur elitären rechten Avantgarde. Sie darf alles, nicht weil sie sich aufs Volk beruft oder es repräsentiert, sondern weil sie es ist. Daher kommt es auf das Volk an. Aus ihm heraus begründet und rechtfertigt sich alles. Der Einzelne wird zum Volksgenossen, ein gleichermaßen umfassender und ausschließender Begriff, bei dem es keine Trennung des »an sich« und »für sich« gibt. Hieraus gewinnt er gegenüber dem »Genossen«, der ihm als Begriff und Typus vorausgeht, einen strategischen Vorteil. Der Volksgenosse vergemeinschaftet nach oben. Zwar ließe sich der Volksgenosse auch vom Parteigänger unterscheiden, allerdings ist diese Differenz unscharf, da es Parteigänger sowohl bei den Genossen als auch bei den Volksgenossen gab. Die Konstruktion des imaginären Volksgenossen aber hatte den Vorteil, noch die Nichtparteigänger zu Genossen zu machen. Der Genosse kann sich nur als Parteigänger realisieren, der Volksgenosse hingegen ist, wenngleich irreal, immer schon existent. Er kann sich der Zuordnung nicht verwehren. Man konnte sich daher auch zu ihm ernennen, da das Wegfallen der Repräsentation, des Symbolischen eine unmittelbare Gleichsetzung erlaubte. Anders formuliert: Da es ihn nicht gab, konnte man es sein. Als allgemeinen ›gab‹ es ihn erst, nachdem die Volksgemeinschaft den kurzen Augenblick ihrer Existenz erreicht hatte: den Moment ihres eigenen Untergangs. Darin zeigt sich die Ambivalenz des Typus des Volksgenossen. Selbstverwirklichung in der als Substanz imaginierten Gemeinschaft geschieht erst in einer doppelten Auflösung: der des Selbst im unmittelbaren Wir und der des Wir im Untergang. Das »angedrehte Wir« kann schließlich nur erfahren, daß es nicht existiert.

Um so mehr muß es versuchen, sich zu realisieren; ebendeshalb ist der Typus höchst voraussetzungsvoll. Denn das als substantiell imaginierte Volk muß zur unhinterfragten Voraussetzung des Ganzen werden, das heißt des Staates, seiner Kultur und auch der Ökonomie als Volkswirtschaft. Und nicht nur das. Das imaginierte Volk als politisches Konzept und »Pathos-Kategorie« muß erfahrbar gemacht werden. Paul de Lagarde, einer der populären frühen konservativen Nationalisten, die an der Umformung des

---

matische Biographie mit einer umfangreichen Erfassung seiner Schriften, seiner Drehbücher und seiner publizistischen Arbeiten findet sich bei Klein, Ernst von Salomon (mit einem Vorwort von Armin Mohler).

45 Salomon, Die Geächteten, S. 101.
46 Salomon ist kurze Zeit Assistent von Othmar Spann in Wien. Er kann mit dem Typus des Lederhosen- und Trachtenträgers nichts anfangen und verläßt Wien nach einem halben Jahr.

konservativen Volksbegriffs beteiligt waren, drückte dies unmißverständlich aus. Erst wenn das Volk (die Volkheit schreibt er) »in den Individuen zum Ausdruck kommt: das heißt, wenn das Bewußtsein der allen einzelnen gemeinsamen Grund- und Stammnatur wach, und sich über ihr Verhältnis zu den großen Tatsachen der Geschichte klar wird«, kann es seiner eigentlichen Bedeutung gerecht werden: die Grundlage des Ganzen zu sein.[47] Das intellektuelle Konzept des 19. Jahrhunderts hierzu hieß (Volks-)Bildung (bei Pestalozzi und Fichte gleichermaßen: Gedichte lernen) – es verfiel am Ende des Jahrhunderts der nietzscheanischen Kritik des Bildungsphilisters.[48] Ein politisches Konzept hieß auch hier Symbolisierung (unter anderm in der Denkmalsbewegung). Die klassischen nationalen Institutionen sind Schule und Militär, Emanzipation und Konskription.[49] In die nationale Gemeinschaft als Volk und in die Gemeinschaft der Nation als Mythos geht das Emanzipationsversprechen der Moderne ein – verbunden mit dem Verschwinden des Einzelnen entweder in der »Masse« des Volkes oder des Heeres.

Die nationale Gemeinschaft aber beansprucht das Leben des Einzelnen. Sie erscheint daher als Verbindung einer modernen Option mit einem nur scheinbar traditionellen Bezug auf die Wurzeln. Die Entdeckung der »Wurzeln«, des »Volkes« als Ursprung und von »Blut und Boden« ist radikal modern, da sie den Riß, der für den modernen Staat als Nation konstitutiv ist, zuzudecken versucht. Die Herrschaft des Volkes gibt es nur als Repräsentation, das Volk nur in seiner Repräsentation; Volk und Nation konstituieren sich im Akt des Rechts und der Repräsentation. Andersherum heißt dies: Im Versuch der Substantialisierung des definitorisch Rechtlichen und Symbolischen löst sich die Nation auf, um im unmittelbar als empirisch gedachten Volk verändert zurückzukehren. Der Versuch zu entdecken, was dahinterstecken könnte – hinter Recht, Repräsentation, Symbolen, Idee und Wert –, ist gleichsam unter Strafe gestellt. Man würde nur entdecken, daß es nichts zu entdecken gibt. Der Furor dieser Entdeckung ist der Wahn desjenigen Nationalen, das sich als völkisch – organisch – existent imaginiert. Das schließlich als substantiell konstruierte Nationale als Volk, sei es als »deutsches Volk« oder als gegen den sogenannten Westen gerichtete »deutsche

---

47 De Lagarde, Gegenwärtige Lage, S. 28.
48 Wie Aleida Assmann (Arbeit am nationalen Gedächtnis) herausarbeitet, entsteht in diesem Prozeß die doppelte Semantik von wahrer und falscher Bildung und darin die »Wiedergeburt des deutschen Mythus« (Nietzsche) und des Schriftstellers als Heros, zwei Ebenen des Heroischen, die auch für Salomon von Bedeutung waren.
49 Emanzipation und allgemeine Wehrpflicht werden von Dominique Schnapper (Communauté des citoyens) als gleichzeitige Konzepte der Individualisierung und der Kollektivierung herausgearbeitet. Beide waren an den Nationalstaat gebunden als Emanzipation im Kollektiv und des Kollektivs.

Staatsauffassung«, kann sich nur als Geheimnis darstellen. Charisma, Geheimnis und Enthusiasmus aber teilen ein Charakteristikum: Sie sind außeralltäglich und müssen doch immer wieder den Zusammenhang mit dem Alltag herstellen, der sie tendenziell mit Auflösung bedroht. Die Nation mit ihrem Bezug zum Staat hingegen bezieht sich auf Organisation, auf ein Gebiet und eine gemeinsame Moral. Diese beanspruchen Dauer; die individualisierte Nation als pathetisches Geheimnis aber ist strukturell episodisch. Verhängnisvoll wird die Verbindung von Organisation und Pathos, von Herrschaft und Begeisterung.[50]

Wirkte schon zu Beginn des modernen Nationalstaates das *levée en masse* gemeinschaftsstiftend, war es 1914 wiederum die Mobilisierungserfahrung, die das Volk, diese immer als konkret behauptete abstrakte Kategorie des Imaginären, kurzfristig erfahrbar zu machen schien. In »Die Geächteten« beschreibt Ernst von Salomon seine noch immer glorreichen Erwartungen, als er – 16jährig – die Rückkehr der geschlagenen, seiner Meinung nach aber nicht besiegten Soldaten herbeisehnt. Auch nach der nicht akzeptierten Niederlage erwartet er einen triumphalistischen Einzug – und man ahnt nicht nur den bekannten wilhelminischen Nationalismus, dessen Überreste sich in dieser Erwartung finden. Doch Salomon sieht sich getäuscht: Geschlagene, zerlumpte Gestalten schleppen sich ungeordnet zurück. Dennoch wird ihm dieses Heer zum Rettungsanker. Zwar spiegelt sich die aufgelöste Masse im aufgelösten Heer. Nation läßt sich nicht mehr im Triumphalismus der Masseninszenierung finden. Sie wird in den Einzelnen verlegt – den »besten« Einzelnen, in dessen Augen man, sieht man nur tief genug hinein, die wahre Erfahrung des Gemeinsamen aufblitzen sehen kann. Geschlagen, entdeckt die Jugend den Heros. »Denn was sich nun aus der Wirre anbot, konnte nicht anders bezwungen werden als durch die Unbeirrbarkeit einer Haltung. [...] Haltung! Haltung!«[51] In der Stunde der Niederlage ist es nicht irgendeine Haltung, sondern die Haltung des Kampfes selbst, die zählt. Der Kampf ist nie beendet, er geht immer weiter, ist Prinzip, das heißt nicht beendbar. Die aufgelöste Nation findet sich in den

---

50 Diese These muß allerdings ausdifferenziert werden. Die Organisation von Begeisterung ließ sich gerade vor dem Ersten Weltkrieg nicht nur in Deutschland beobachten. Die Herstellung der *Union sacrée* in Frankreich und eine keineswegs auf die Republik und die Werte der Revolution beschränkte Mobilisierung der Bevölkerung zeigen die komplexe Beziehungsstruktur, die soziologisch als zwei prinzipielle Vergesellschaftungsmechanismen begriffen werden kann. Und schon Max Weber machte deutlich, daß die sog. »deutsche Staatsauffassung« nicht auf Deutschland begrenzt war (siehe hierzu die Aufzeichnung seines Diskussionsbeitrags auf der Lauensteiner Kulturtagung 1917, in: MWG I/15, S. 707).
51 Salomon, Die Geächteten, S. 11 und 12.

Kämpfern, bei denen, die für sie kämpfen. Die aufgelöste Nation ist dort, wo die letzten selbsternannten Krieger sind.

Hier wird der völkische Nationalismus des 20. Jahrhunderts in seiner deutschen Variante geboren. Er ist nicht mehr nur pathetisch, sondern futuristisch; er ist nicht auf die Massen bezogen, nicht mehr auf jeden Einzelnen, sondern auf die Krieger. »Heimat, Vaterland, Volk, Nation! Da die großen Worte – wenn wir sie aussprachen, dann war es nicht echt.«[52] Die vergangene Erfahrung und die vorgestellte und gewünschte Inszenierung des triumphalistischen Nationalismus mit Fahnen, Musik und Volksfeststimmung gingen mit dem Ende des Ersten Weltkrieges unter. Sie wurden zu einer »unechten« Erfahrung. »Denn die Heimat war bei ihnen [den vereinzelten Kriegern im verlorenen Haufen, U. B.]. Bei ihnen war die Nation [...] Die Front war deren Heimat, war das Vaterland, die Nation. [...] Der Krieg ist zu Ende. Die Krieger marschieren immer noch.«[53] Der Ort und die Formen des Nationalen haben gewechselt. Träger sind nicht mehr die Massen, seine Form ist nicht mehr die Inszenierung, die sich dennoch als unverzichtbar erweisen wird. In der Niederlage kehrt die Nation in den Einzelnen zurück, dahin, wo sie einer substantialistischen Konstruktion nach immer schon lag. Der Rausch der Auserwählten kann beginnen und das Nationale auf seinen radikalen Punkt gebracht werden, an dem sich die Nation schließlich selbst auflöst: Sie ist nur noch die Gemeinschaft der Verschworenen. Die Nation entfernt sich so von ihrem Ausgangspunkt als symbolische, vertraglich konstruierte, künstliche Gemeinschaft und wird real, das heißt, sie erhält eine andere Realitätsebene als das Symbolische, das Rechtlich-Organisatorische. Sie ist auch kein Wert mehr. Vielmehr geschieht die Verwirklichung des Nationalen nun als Geheimbund der Verschworenen.[54]

Die zuvor triumphalistisch sich entäußernde Nation kehrt als Geheimnis zurück, das sich in der Tat ausdrückt, aber keineswegs schon zu erkennen gibt. Die Nation hatte sich zurückgezogen in eine Nische. Wie jedes Geheimnis schien sie dunkel und drängte ans Licht. Die Frage war, wer sie wann und wie entdecken konnte.

»Und plötzlich begriff ich: Dies, dies waren ja gar nicht Arbeiter, Bauern, Studenten, nein, dies waren nicht Handwerker, Angestellte, Kaufleute, Beamte, dies waren Soldaten. Nicht Verkleidete, nicht Befohlene, nicht Entsandte, dies waren Männer, die

---

52 Ebenda, S. 28.
53 Ebenda, S. 28 f.
54 Daher ist der Verrat die andere Seite des substantialistischen Volkes. Der Verräter des Volkes ist der Andere, der ›verschworene‹ Fremde, der Verräter des geheimen Prinzips der geheiligten Gemeinschaft. Daher wird der Antisemitismus im Kontext einer völkischen Konstruktion so äußerst virulent. Die unterstellte Struktur aber ist die gleiche wie die der eigenen ›verschworenen‹ und ›auserwählten‹ Gemeinschaft.

dem Anruf gehorchten, dem geheimen Anruf des Blutes, des Geistes, Freiwillige, so oder so, Männer, die eine harte Gemeinsamkeit erfahren und die Dinge hinter den Dingen – und die im Kriege eine Heimat fanden. Heimat, Vaterland, Volk, Nation. [...] In tiefer Dumpfe eingehüllt stand das Wort, verwittert, lockend, geheimnisreich, magische Kräfte ausstrahlend, gespürt und doch nicht erkannt, geliebt und doch nicht geboten. Das Wort aber hieß Deutschland [...] Deutschland brannte dunkel in verwegenen Gehirnen. Deutschland war dort, wo um es gerungen wurde, es zeigte sich, wo bewehrte Hände nach seinem Bestande griffen, es strahlte grell, wo die Besessenen seines Geistes um Deutschland willen den letzten Einsatz wagten.«[55]

Paradigmatisch wird hier das alte konservative und auch das demokratische Bild des Volkes umgebildet, ja radikal verändert. Das Volk besteht nicht mehr aus herrschaftlich, durch Führung und Verwaltung vereinten oder sich vertraglich selbst konstituierenden Gruppen, es handelt sich auch nicht mehr um einen autoritär-traditionalen Gegenentwurf zum Gleichheitsmodell. Die neuen Nationalisten, die in ihrer Jugend sich selbst feiernden deutschen Nachkriegskrieger, fanden die Einheit in sich. Sie machten sich selbst zum Maß.[56] Die Nation war nun nicht mehr nur Pathos, der Wille zur Macht verkörperte sich im aktiven, verwegenen, rücksichtslosen Krieger. Der »letzte Einsatz« ist die von allen Regeln befreite Tat. In ihr zeigte sich das Pathos des triumphalistischen Nationalismus, des hohlen Scheins entledigt, als ›Wirklichkeit‹, nämlich als Kampf. Erst die »bewehrten Hände« konnten das Geheimnis ergreifen, erst »Ströme von Blut« konnten die Muttererde befruchten. Chaos, nicht Ordnung bildete die Voraussetzung der Modernisierung als Radikalisierung des Nationalismus im 20. Jahrhundert. Es ist nicht mehr das von Georg Simmel in den Rembrandt-Bildern gefundene Ich/Wir, die sich im Ich und aus dem Ich ausdrückende Gemeinschaft. Das Ich des kalten Enthusiasten ist von jedem Wir befreit, ungebunden. Das Ich imaginiert sich als Wir, unmittelbar. Der Einzelne der Volksgemeinschaft, der Volksgenosse wurde zunächst als kalter Enthusiast geboren.[57]

---

55 Salomon, Die Geächteten, S. 48 f.
56 »Er [der Nationalismus, U. B.] ist keine Idee unter anderen Ideen. Er sucht nicht das Meßbare, sondern das Maß« (Ernst Jünger, *Nationalismus und Nationalsozialismus*, S. 582).
57 Lethens »Kältelehren«, die mit einer Besprechung und Interpretation von Plessners Grenzenaufsatz beginnen, nehmen nur, dies aber auf beeindruckende Weise, den von Plessner mit dem Lob der Distanz vorgegebenen Pol der Kälte in den Blick. Ich glaube, daß zur Entfaltung eines Verhaltenstypus – im Gegensatz zu Verhaltenslehren – die Seite der Begeisterung berücksichtigt werden muß. Sie waren ja nicht nur kalt, die jungen heroischen und auch sehr eingebildeten Intellektuellen der Nachkriegszeit. Sie waren auch begeistert bis zum Wahn, suchten eine sehr spezifische Form des Rausches, gaben sich ihm hin. Neben die Kälte treten Begeisterung, Hingabe und Aufopferung. Der Opferbegriff ist Komplement des Geheimnisses.

Der kalte Enthusiast zieht sich zurück auf das, was er als die elementaren Bestandteile des Lebens zu erkennen glaubt – am Ende Blut und Kampf. Er entdeckt das Mystischste und Unklarste, etwas, das er sich noch nicht einmal vorstellen kann: die Nation, Deutschland als Geheimnis, und er verbindet das vermeintlich Konkreteste mit dem tatsächlich Abstraktesten. So abstrakt, daß man es nicht formulieren kann. Die Nation realisiert sich in der Entscheidung: Die kleine Elite der Aktivisten wird ›Deutschland‹. In ihr gibt sich das Geheimnis zu erkennen. Es ist das, was man nur unter bestimmten Bedingungen ungestraft offen bekennen kann: unmittelbares Eigeninteresse und die Rechtfertigung von Mord und Totschlag. »Dazwischenknallen. Vernichten, kalt und systematisch.«[58] Sie waren »Vollstrecker«,[59] der »Wille zur Gestaltung« machte die »Vernichtung« möglich und gestattete es erst, »den Sinn der Sendung« zu suchen. Nation ist nichts als Bewegung, ist »Kraft«, die sich »im Sieg der Deutschheit über die Erde« erfüllt.[60] So sehen die »brauchbaren Ausdruckstrümmer für unser Wollen« aus. Gleichzeitig aber wußten die Aktivisten, »daß es uns vergönnt war, entschiedener zu leben, und so zeigten sich uns auch die Verwandlungen des Lebens entschiedener an. Wir hatten Teil an den tiefsten Energien, die nun zum Durchbruch drängten, und fühlten uns durchbraust von ihren Wirbeln und wurden so zum Tode mehr noch als zum Leben reif.«[61] Die neuen Bünde und Verbände waren »wie geheimnisvolle Strudel«, spielerisch wurde das Neue ausprobiert; »das, was wir das Neue nannten«, sollte aufsteigen. Das Erlebnis zählt.[62] Nur in diesem konnte das Geheimnis konkret und faßbar werden.

Das ist die Darstellung eines sich rechtfertigenden »Avantgardisten«, eines »heroischen Jünglings«, der mordend und brandschatzend durchs Baltikum zog. Seine Gruppe (die »Hamburger«) war so bekannt, daß »die Juden und Krämer ihre Läden bedachtsam schlossen«, wenn sie durch ein Dorf zog. Von den Bürgern verachtet, stellte er sich selbst außerhalb. Der kalte Enthusiast scheint nicht verallgemeinerbar, zu extrem ist sein existentieller Entwurf, zu rigoros seine Moral, zu elitär sein Gehabe. Er ist ein vir-

---

58 Salomon, Die Geächteten, S. 233.
59 Ebenda, S. 206.
60 Ebenda, S. 209.
61 Ebenda, S. 176.
62 Selbst der Begriff »Volkserlebnis« wurde geprägt. Die »erlebte Ganzheit« kann ein Volk nicht vergessen. »So wird es zum politischen Volk« (Boehm, Das eigenständige Volk, S. 80). Allerdings steht der Erlebnisbegriff auch im Zentrum der ästhetischen und literarischen Moderne der Jahrhundertwende, mit Baudelaire als zentralem Autor. Das Erlebnis ist an den flüchtigen Augenblick gebunden und ein Merkmal des nervösen Stadtlebens. Die Kritik des städtischen Lebens findet sich auch bei Ernst von Salomon, dessen Arbeit »Die Stadt« als sein zweites Buch 1932 erschien. Der Erlebnisbegriff aber ändert sich, er wird aus der ästhetischen Erfahrung in die Tat *und* den Mythos gelegt.

tuoser Außenseiter. Und doch wartet dieser Typus auf den, der »das Wort bieten« konnte, der den Weg aufzeigte und sagte, was zu tun sei.

Die Nation aber kann nicht mehr benannt werden. Am Ende bleiben pathetische Beschreibungen. Daher kommt es auf die Symbole an, gerade weil der Entwurf eine direkte Identität behauptet. Der triumphalistischen Nation reicht der Sieg, um sich in einer Endlosschleife feiern zu können. Scheitert sie, kann sie sich auf mindestens zwei Wegen erhalten – indem sie in die Tiefe des Einzelnen oder des Wir gelegt wird. Beide Strategien ergänzen sich und radikalisieren den Nationalismus, der schließlich den Begriff der Nation selbst auflöst. Sie machen etwas zur Grundlage der Gesellschaft, das es nicht gibt. Das Wort, sich »aus der Dumpfe« meldend, bedeutet nichts. Deshalb werden sie ins Chaos und/oder in die Tiefe oder ins ganzheitliche Volk als vormetaphysischer, vorideologischer, ja schließlich vorontologischer Tatsache hineinverlegt. Nicht Nation, sondern die »Teilhaberschaft am innersten Wesen eines Volkstums« steht dann im Vordergrund.[63] Für den kalten Enthusiasten, den wir in seiner idealtypischen Ausformung im Lebensentwurf Ernst von Salomons vorfinden, ist es schließlich die »Tat« als Tat des Kriegers, die dem Geheimnis Realität verschafft.[64]

Die Grenze der Nation wird dabei aufgehoben: »Es gibt wenig Grenzen, die notwendig so verlaufen müssen, wie sie verlaufen, die eine geographische Einheit umschließen, eine wirtschaftliche, eine strategische, eine sprachliche, eine völkische. Es gibt wenig ideale Grenzen, viele, über deren Brauchbarkeit sich diskutieren ließe. Deutschland besitzt nicht eine Grenze, die notwendig so verlaufen müßte, wie sie verläuft. Keine deutsche Grenze ist denkbar, die, wenn sie vorverlegt oder zurückgedrängt werde, nicht sofort dem selben Dilemma unterläge wie die bestehenden. Keine Grenze der Deutschen ist denkbar, die nicht einzig gebildet werden muß durch das Bewußtsein der Deutschen: bis hierher und nicht weiter.«[65] Die Deutschen definieren, wo Deutschland ist. Die Deutschen aber sind nichts anderes als die Krieger selbst. Der Staat ist Gewalt; wo Gewalt ist, ist Staat, und der Staat ist das Recht. Weder König noch Staat, noch Nation – in dieser Form der Selbstthematisierung können ›die Deutschen‹ tun, was sie wollen. Da, wo ›wir‹ sind, also da, wo Deutschland ›ist‹, hat Salomon sich von der Na-

---

63 Für diese Strategie steht die völkische Rechte, zum Beispiel Edgar J. Jung. Er grenzt sich in der überarbeiteten zweiten Auflage vom Begriff des Neuen Nationalismus ab und ersetzt die Nation durch das Volk als »stärkste metaphysische Gebundenheit des Einzelmenschen« (1930, S. 118).

64 Die Bedeutung des Krieger-Begriffs wird für Salomon noch an seinem Einsatz in der Anti-Atom-Bewegung der fünfziger Jahre deutlich: Er lehnt die Atombombe ab, weil der Typus des Kriegers durch die Entwicklung der Waffentechnik selbst obsolet wird und mit ihm, so muß man hinzufügen, auch der Träger des Volkes.

65 Salomon, *Gestalt des deutschen Freikorpskämpfers*, S. 11 f.

tion als souveräner, aber begrenzter staatlicher Herrschaft vollständig verabschiedet. Schon 1929 hatte er unter dem Pseudonym Ernst Friedrich in den *Nationalsozialistischen Monatsheften* geschrieben:

»Damals war es, da wir Untertanen und gute Steuerzahler waren, da ein jeder das Bild seines Kaisers in der guten Stube hängen hatte, da wir Krieger- und Schützenvereinsfeste feierten mit getreuem Hoch auf den Landesfürsten, da wir national waren, national unter jeder Bedingung, mal liberal dabei, mal konservativ und mal christlich. [...] Ja, wir waren patriotisch und es erschien uns als selbstverständlich, daß wir es waren.«

»Bis auch wir, auch wir anfingen, über die großen Worte von ›Vaterland‹ und ›Kaisertreue‹ zu spötteln, bis wir, auch wir und gerade wir uns abwandten vom Fahnenrauschen und Blechmusik und Heldenmut und Feld der Ehre. [...] Schon hatte das Wort ›Vaterland‹ für uns einen tieferen Sinn, schon ahnten wir, daß es bei uns war und nur bei uns. Als dann die Revolution kam, als die deutliche Scheidung zwischen international und national, da glaubten wir an eine Scheidung zwischen Patriotisch und Unpatriotisch.«[66]

»Der patriotische Mensch, das ist der unpolitische Mensch, das ist der, welcher die Entscheidungen vermeidet und die Unterscheidungen.«

»Es gibt ›nationale‹ Deutsche und es gibt ›wahrhaft‹ nationale Deutsche, und beide sind uns ein Greuel, und beide sind ein Greuel denen, die einen Willen haben und nicht nur einen Wunsch. [...] Der Patriotismus erzieht zum engen Blick. Er vermag nicht über die Grenzen des Landes herauszusehen und nicht über die Grenzen des Heute.«[67]

Es geht um Bewegung und Gestaltung, es geht um Zukunft, die keine Grenzen kennt, um die Öffnung von Räumen, um Entscheidung und Unterscheidung und um die Überwindung des patriotisch-nationalen Pathos, in dem »die Form des Wahren [...] unwahr verzerrt zum Vorschein kommt«.[68] Das Wahre ist bei der kleinen Elite derer, die es definieren, die die Richtung vorgeben und die Grenzen des engen Gebietes der Nation überschreiten, des Gebietes, das in die weiten Räume der Welt zerdehnt wird und die die Begrenzungen durch die anderen auflösen, die dem entgrenzten Wir entgegenstehen. Die Auflösung des Gebietes entspricht der Auflösung der Setzungen und Rücksichtnahmen, der Normen und Rechte und der Notwendigkeit von Kompromissen. Kurz: Es ist die Auflösung der Politik des Aushandelns, des Interessenausgleichs und der Berücksichtigung des Rechts, es ist die Auflösung des Geltungsbereichs von Regeln, von Erwartungen und Erwartungserwartungen, und es ist auch die Auflösung des Gebietes als morali-

---

66 Friedrich (das ist Salomon), *Patriotismus*, S. 67.
67 Alle Zitate ebenda, S. 68.
68 Ebenda.

scher Raum. Die Auflösung des Gebietes in den Raum reicht weiter als die Beanspruchung von Lebensraum.[69]

»Jeder Schuß fällt entweder für eine glasklare Idee oder er fällt umsonst« (Ernst Jünger). Diese Idee ist nichts anderes als die aufgelöste und entgrenzte Nation, die in ihrer aufgelösten Form zugleich als absolutes Maß gesetzt wird. In den extremsten Situationen, solchen, die andere zum Wahn treiben würden, muß die Idee als innere Haltung die Aufrechterhaltung der äußeren ermöglichen. Sosehr sie absolutiert wird, bleibt sie dennoch einerseits aufgelöst, andererseits wiederum erhalten. Zukunft ist auch hier eine Frage der Erziehung. »Die Revolutionierung der Seelen ist die Aufgabe unserer nationalistischen Generation. Diese Aufgabe wird zunichte, wenn wir den Nationalismus als gesteigerten Patriotismus ansehen.«[70] Der extreme Nationalismus beruht auf der Nationalisierung unter der paradoxen Bedingung der Auflösung der Nation durch Entgrenzung im doppelten Sinne: der Entgrenzung von Moral und der Umformulierung des Gebietes in Raum. Der Praxisbezug, den die Theoretiker des Nationalismus und die Praktiker des Entscheidungskampfs dem Nationalsozialismus zu bieten haben und mit dem die ›Praxis‹, wie immer, nur begrenzt etwas anfangen kann, ist einer der Umdefinition der Begriffe und der Öffnung der Vorstellungen. Diese treiben, wie es Ernst Jünger ausdrückte, »zu den Polen, zu jenen äußersten Punkten im ewigen Eis, deren Bedeutung eine rein magische ist«.[71] Realisieren kann sich diese nur in der Ausdehnung der Grenzüberschreitung, nicht in der begrenzten Souveränität der Nation. Das ›Wir‹ meint ›Ich‹, ein Ich, das tun und lassen kann, was es will, und im Tod die Menschenwürde findet.[72]

Die politische Praxis kann am Ende mit dem »glasklaren Geheimnis« und der Magie, dem ständig als konkret bezeichneten Abstrakten nicht viel anfangen. Es muß in Massenpsychologie umgesetzt werden, das heißt in Be-

---

69 Bei Salomon finden wir in ideologisch-literarischer Form, was Best in einer rechtlich-theoretischen Auseinandersetzung mit Carl Schmitt formulierte: die Aufhebung des Völkerrechts in eine reine Politik der Stärke. Alles ist legitim, solange man es tun kann (siehe Herbert, Best, S. 271–279).

70 Friedrich (Salomon), *Patriotismus*, S. 68.

71 Jünger, *Wir und die Moderne*, S. 2.

72 Die Jüngerschen Arbeiter als »Millionenobjekte«, die nur ihrer Aufgabe dienen, werden »in Sekunden geopfert für Dinge, die man nicht wissen, sondern an die man glauben kann, glühend, zerschossen, mit wehenden Flaggen versinkend, eingehend in den ewigen Sinn in Augenblicken, in denen das Schicksal selbst das Blut zu berauschen scheint, unter dem Hurra von Sterbenden, in fernstem Meere einem Vaterland dargebracht, das vielleicht schon morgen der Geschichte angehört, aber doch unter einem Hurra, das jeden, wo er auch stehen möge, bis in das tiefste Herz erschüttern muß. [...] Hierbei handelt es sich um die ›Menschenwürde‹ schlechthin« (Jünger, ebenda).

geisterung einerseits, in Macht, Institution und Inszenierung andererseits. Die innere Bildung des ›Volksgenossen‹ kann nicht episodisch, außeralltäglich bleiben. Sosehr der Nationalsozialismus den Jugend- und Körperkult übernommen hat, so sehr er in seiner Organisation als Ordensorganisation die Gesellschaft gleichsam um das Geheimnis herumbaute und den Todeskult etwa in den inflationär zunehmenden Staatsbegräbnissen veralltäglichte, so sehr mußte er die Betonung des Geheimnisses als Geheimnis scheuen. Die ideologische Bestimmung des Volksgenossen aber knüpfte an die Figur des kalten Enthusiasten an, er erwies sich als anschlußfähig. Im ausgebildeten Körper, der »nur mehr in den Soldaten verwandelt« werden müsse, sollte er sich als jemand ausformen, der »bei Recht und Unrecht schweigt« und gelernt hat, zu gehorchen und zu befehlen, um schließlich das Staatsbürgerdiplom verliehen zu bekommen.[73] Der kalte Enthusiast als Individualist wird hier in einer ideologischen Typenbildung durch einen kalten Enthusiasmus ersetzt.

Der Volksgenosse war weder in seinem Vorläufertypus – dem kalten Enthusiasten als individualistischem Virtuosen und intellektuellem Heroen – noch in seiner versuchten Realisierung ein Mensch der Gemeinschaft. Er ist auch kein Bürger, dessen Fähigkeit in der politischen Beteiligung und das heißt in der sprachlichen Auseinandersetzung von Rede und Gegenrede liegt und an Öffentlichkeit gebunden ist. Ebensowenig aber ist er Untertan – hierzu ist er zu sehr als wenn auch schweigender Träger der Macht konzipiert und nicht nur als ihr Objekt. Es gab ihn nicht, aber im Kontext der Institutionen konnte er sich entwickeln, ohne daß es im Einzelfall des Zwangs bedurfte. Der Volksgenosse als Typus war weder die Realisierung eines Gemeinschaftstypus als Gegensatz zur Gesellschaft, noch verkörperte er eine Zwangsgemeinschaft. Vielmehr wurde das Episodische organisatorisch, zum Systemischen gemacht, das Unbenennbare wurde benannt und das Geheimnis gelüftet. In diesem Prozeß realisierte sich der Volksgenosse. Die ›konsensuelle Diktatur‹ verwischte die Grenzen der unterschiedlichen Ebenen des Wirklichen, das heißt des Imaginären, des Symbolischen und des realen Alltags. Der reale Schein des Bürgerlichen, das ›Geheimnis‹ hinter der Repräsentation, die Antwort auf die Frage, was denn dahinterstecke, und die ernüchternde Antwort: nichts als die Repräsentation selbst, wurden nicht ausgehalten. Der deutsche radikale Nationalismus des 20. Jahrhunderts konstruierte das Volk als Mythos, als Antwort auf das Begehren, das Geheimnis zu lüften, und das so »angedrehte Wir« tanzte um sich selbst. Dabei löste es die Nation auf, zuerst in das Geheimnis, schließlich in die Rasse und in die Volksgemeinschaft, die eine Gemeinschaft der Tat und des Schweigens war.

---

73 So die – nie realisierte – Staatsbürger-Konzeption in Hitlers Mein Kampf, S. 488–491.

Die geheime Nation im Film: Carl Peters

Ernst von Salomon war kein Parteigänger, kannte aber die Herrschenden. So erhielt er Mittel, um ein Archiv über die Nachkriegskrieger anzulegen, er verherrlichte die »Reiter gen Osten«, in denen sich die geheime Nation als Volk der Krieger offenbarte.[74] Sosehr er sich selbst und das »Volk« später im »Fragebogen«, dem ersten Erfolgsroman der Bundesrepublik, der anhand des Fragebogens der Alliierten zurückblickte, erläuterte und rechtfertigte, auch als zynischen Widerstandskämpfer darzustellen suchte, er war einer der intellektuellen Träger des Regimes, der es nie schaffte, sich zu distanzieren, selbst wenn er später seine neue Tätigkeit als Drehbuchautor als Rückzug beschreiben sollte.

Ernst von Salomon führte auch im Dritten Reich und noch während des Krieges das Leben eines Bohemiens. Er besaß ein Landhaus am Chiemsee, bewegte sich in Münchener Filmkreisen (und auf den Nachpremierefeiern im kleinen Kreise etwa bei Eva Braun) und hatte Kontakt zu den Herrschenden, von denen er sich, wie er jedenfalls im »Fragebogen« schreiben sollte, auf dem Heimweg eher zynisch abgrenzte. Salomon fand seinen Platz nicht als Angehöriger einer Funktionselite, wie beispielsweise Werner Best, mit dem er im Frankfurt des ersten Nachkriegs in rechten Zirkeln verkehrte und der ebenfalls zum Kreis um Ernst Jünger gehörte. Der Attentäter und Autor Salomon suchte keine unmittelbar politische Funktion, ging nicht, obwohl Angehöriger der Organisation Consul, mit dieser in die SS ein, auch wenn er der Zeremonie beiwohnte.[75] Zwar erfolgte die im »Fragebogen« geschilderte Distanzierung im nachhinein, dennoch trifft zu, daß die Deutungselite des Reichs, zu der ich Salomon zähle, auch wenn er alles andere als ein systematischer Interpret war, eine andere, indirektere Beziehung als die Funktionselite zur Macht hatte.

Für ihn selbst galt, was er als Agitator der Bewegung über die Intellektuellen geschrieben hatte, von denen er sich mit Pathos distanzierte, denn sie zerstörten »durch ihre Absonderung für sich das ›Wir‹ und stellten das ›Ich‹ vornean«.[76] Ihre Arbeit stehe »in keinem Zusammenhang mit dem Boden

---

74 Salomon gab die gleichnamige Zeitschrift *Reiter gen Osten* heraus. 1938 veröffentlichte er den Sammelband »Das Buch vom deutschen Freikorpskämpfer«, in den sein kleiner Aufsatz über *Die Gestalt des deutschen Freikorpskämpfers* einführte. Den von Ernst Jünger herausgegebenen Band »Der Kampf um das Reich« eröffnete er mit einem Beitrag über den *Hexenkessel Deutschland* und trug zwei weitere bei.

75 Siehe zu Salomons Beteiligung am Rathenau-Attentat seine Bemühungen, die Organisation Consul zu decken, aber auch die Beteiligung an den Fememorden Sabrow, *Verdrängte Verschwörung*. Salomon wurde wegen Beihilfe zu fünf Jahren Zuchthaus verurteilt.

76 In einem Artikel für die Wochenschrift *Die Kommenden*, im selben Heft vom

und dem Volke, welches seine Kraft aus der steten Berührung mit dem Boden holte. Diese Arbeit stand selbst in keinem Zusammenhang mit der Arbeit der Entwurzelten im deutschen Volke [...] Die Fremdstämmigen, händlerisch eingestellt durch Rasse und Art, nutzten ihren Intellekt auch händlerisch, und zwar in jener besonderen Weise, die dem Deutschen eine Unmöglichkeit ist.«[77] Salomon, der hier den Typus des konzeptuellen Juden beschreibt, thematisiert das Selbst als das ›Volkhafte‹. Dort jedoch findet Salomon sein ›Wir‹ nicht, mag er auch die Landvolkbewegung in Schleswig-Holstein unterstützt haben und das Landleben, den Typus des Selbständigen, des allein entscheidenden, unabhängigen Bauern gefeiert haben. Nicht das Volk als die Leute sind Salomons Wir. Sosehr er das Wir feiert und vom Volkhaften redet, er meint damit anderes. Die Intellektuellen hält er für diejenigen, die sich aus dem Volk entfernen, diejenigen mit dem lauten Wort, die als fremdstämmige Händler, also als Juden, gezeichnet werden und sich mit der Betonung des Ich aus dem Wir zurückziehen, obwohl sie nie dazugehörten. Was aber ist das Wir, das, je mehr es ihm entgleitet, um so radikaler und beliebiger bestimmt werden kann?

»Das ›Wir‹ des jungen nationalistischen Geschlechts erfolgt bewußt. Wir, das ist die noch kleine Schar von Männern und im besten Sinne männlicher Jugend, die über die bloße Absage hinaus bereits neue Werte an Stelle der alten oder in den leeren Raum setzen. Wir haben keine Intellektuellen. [...] Das Geistige im Nationalismus ist anderer Art als das geistige des vergangenen Zeitabschnitts. Es ist blutsverbunden. Es kennt keine Dialektik. [...] Wir kennen ein Gemeinsames, aus dem wir die Kraft saugen, und dies Gemeinsame wurzelt nicht im Wort, sondern in der Tat und in der Tatbereitschaft. [...] Das liberale System kennt kein Führertum. Statt Führer hat es Intellektuelle. [...] Die Struktur unserer Bewegung ist eine besondere. Sie wurzelt im Volkhaften. [...] Aber wir ziehen aus unserem Bekenntnis zum Volkhaften Folgerungen, die erstmalig sind. Daß zum deutschen Volke nur derjenige gehören kann, der sich seines Volkstums bewußt ist, das ist eine Folgerung. Daß alle Ideen, denen einer lebt, wiederum nur dem Volkstum dienen dürfen, das ist eine andere. Daß alle Erscheinungen vielfältigen Lebens zu erkennen, sie zu prüfen und sie anzuerkennen oder zu verwerfen sind, je nachdem sie Wert oder Unwert haben für das, dem wir leben, das ist eine dritte.«[78]

Die kleine Gruppe des Wir ist nicht das Volk, die unbewußte Masse, es ist die kleine, ausgewählte und sich selbst auserwählende Gruppe von Aktivisten und Intellektuellen, die keine sein wollen, deren Ich unmittelbar zum Wir erklärt wird, welches sich als Ganzes setzt und über Wert und Unwert

---

Mai 1930, in dem Ernst Jünger über *Wir und die Moderne* schrieb, wurde direkt hinter Jüngers Beitrag ein Artikel von Salomon abgedruckt: *Wir und die Intellektuellen* (das Zitat ebenda).

77 Salomon, ebenda.
78 Salomon, ebenda.

entscheidet. Das Wir ist das Wir einer kleinen Gruppe von Radikalen und Terroristen. Sie sind das Führertum, und sie wollen den Führer. 1930 gab es vor allem einen, der diesen Anspruch stellte.[79] Die kleine Gruppe der Tatmenschen wähnt sich als Volk und darf alles. Ihr Wollen ist gleich mit dem Dienen. Was dieses große, zum Wir aufgeplusterte Ich will, ›ist‹ das Volk. Was dieses Ich=Wir als nochmalige Radikalisierung des Ich/Wir will, ist identisch gesetzt mit dem, was das Volk will. Ich und Volk werden als unmittelbare Einheit gesetzt. Die, die hier das Maß geben, sind keine Intellektuellen mehr, die mit den Juden gleichgesetzt werden, sondern sie sind selbst Führer und verkörpern das Führertum. Es ist das unmittelbar ins Ich verlegte Wir, das Ich=Wir, das sie von den traditionellen Völkischen trennt. Es gibt kein Volk, dieses ist eine Frage des ›Telos‹, der ›Sinngebung‹ und der Zukunft, die man aus der Gegenwart machen kann und muß.

Sie nennen sich Nationalisten, aber der Begriff der Nation ist radikal verändert. Der Nationalismus bezieht sich nicht mehr auf die begrenzte und im Wert oder der Idee vorausgesetzte Nation. Sie wurde entgrenzt und ist keine mehr. Der Begriff bezieht sich nun auf dieses große Ich, welches das Wir sein will und sich als dieses Ich=Wir zum Herrn über Wert und Unwert macht. Die Nation ist weder Wert noch Symbol, sie ist nicht Staat und nicht Organisation, sie bezieht sich weder auf ein Gebiet noch auf eine Form. Sie wird zur Handlung, zur ›Tat‹ derjenigen, die ihr Selbst, ihren Rausch, ihr ›Wollen‹ zum Ganzen erklären. Sie sind als Führer die Nation, die sich in ihnen aufgelöst hat. Ebenso aufgelöst und dennoch zum Ziel erklärt war der Begriff des Staates, was sich am Beispiel des den Freikorps zugeschriebenen Bewußtseins zeigen läßt: »Es war das Bewußtsein des Staates. Sie waren der Staat und sonst niemand. Wo sie standen, war der Staat. [...] Sie waren Gewalt, weil der Staat Gewalt ist. Sie handelten im Recht, weil der Staat im Recht handelt.«[80] Der Staat ist das Handeln derer, die ihr Ich dem Wir gleichgesetzt hatten, die das ›Wir‹ waren. Und sie forderten die »Allmacht des Staates« – dieses so verstandenen Staates, der nichts anderes als eben ihre Allmacht bedeutete.[81]

1933 zog sich der zum Schriftsteller gewordene Attentäter Salomon keineswegs zurück, auch wenn bei der Veröffentlichung des »Fragebogens« darauf hingewiesen wurde, daß es sich nach fünfzehn Jahren um das erste Buch handelte. Tatsächlich hatte Salomon während der zwölf Jahre viel publiziert. Er wurde zum »Historiker« der Freikorpsbewegung, immer wieder zum politischen Publizisten, der noch am 8. April 1945 in einer Wochenzeitung, *Das Reich*, einen Beitrag veröffentlichte, und zum Drehbuch-

---

79 Salomon gehörte durchaus zu dieser Bewegung. Er schrieb zum Beispiel für die *Nationalsozialistischen Briefe* (ders., *Über den Patriotismus*).
80 Salomon, *Gestalt des deutschen Freikorpskämpfers*, S. 11.
81 Ebenda, S. 12.

autor.[82] Er gehörte zu denen, die das Dritte Reich unterhielten.[83] Zwei dieser Filme, *Der unendliche Weg*, eine Biographie von Friedrich List, und *Carl Peters*, ein Film über den deutschen Ostafrika-Kolonisator, erhielten die damaligen Prädikate »staatspolitisch und künstlerisch besonders wertvoll«. Nach 1945 wurden zwei Filme mit einem Aufführungsverbot versehen: *Menschen ohne Vaterland*,[84] die Verfilmung eines Freikorpsromans, erzählt die Geschichte eines lettischen Barons, der schließlich doch auf die ›richtige‹ Seite wechselt, und *Carl Peters*, eine sehr spezifische Darstellung der Geschichte des Kolonialisten und frühen Alldeutschen Carl Peters. Der Film hebt, unter Aussparung jeglicher Gewalt, die Gerechtigkeit der Deutschen im Umgang mit den Schwarzen hervor und zeigt Peters als einen zu früh gekommenen Führer; indirekt aber weist er auf die Bedeutung des Führers

---

82 Salomon, *Erfahrung mit England*. Noch am 8. April 1945 bezieht er sich erneut auf Carl Peters und dessen ›schriftstellerisches Werk‹. Für Salomon ging es am Ende des Krieges darum, ein neues Verhältnis zu England, das für ihn den eigentlichen nationalen Feind dargestellt hatte, aufzubauen. Er nutzt hierzu den ›Englandkenner‹ Peters und gab gleichzeitig zu verstehen, daß sein Interesse dem für ihn anerkannten Politiker galt. In einer Besprechung von Carl Peters' »Gesammelten Schriften« vom 16. 4. 1944 schrieb er, daß er Peters »zu den wenigen großen Politikern deutscher Zunge« rechne, und betonte: »[...] – ich wüßte sogar bis zu seiner Zeit keinen neben ihm zu nennen [...]« (Salomon, *Kolonialgedanke*). Salomon verfaßte von 1937 bis 1944 zehn Drehbücher, beginnend mit dem Freikorpsfilm *Menschen ohne Vaterland* bis zum Film *Münchnerinnen*, 1944/45 gedreht und erst 1949 uraufgeführt. Im »Fragebogen« beschreibt Salomon die Studios: »[...] das Zauberland Film war neutrales Ausland« (Fragebogen, S. 292, er wiederholt die Aussage S. 294). Ganz so war es nicht. Er kannte Goebbels, dessen Interesse gerade an den beiden ›historischen‹ Filmen (neben *Carl Peters* noch *Der unendliche Weg*) groß war, persönlich. Goebbels – »ein dicker, gemütlicher, mit klirrendem Schmuck behangen, selber eine Art Filmfigur« – griff ein, schrieb um: »Der grüne Stift des Ministers fuhr in jede Planung, in jedes Drehbuch [...]« (beide Zitate Fragebogen, S. 295). Es gab kein »neutrales Ausland«, sondern nur eine Strategie Salomons zu behaupten, sich dort aufgehalten zu haben.

83 Siehe allgemein zum Film im Dritten Reich Schulte-Sasse, Entertaining the Third Reich. Der Film *Carl Peters* wird hier allerdings nicht besprochen. Zum Film *Carl Peters* neuerdings auch Klotz, Epistemological Ambiguity and the Fascist Text; zur historischen Figur Carl Peters die Dissertation von Krätschell, Carl Peters, auch Wehler, Bismarck, und knapp ders., Gesellschaftsgeschichte, Bd. 3, S. 1071–1075. Dort schreibt er: »Das Banner des Pangermanismus, der auch im Ideenkonglomerat eines Lagarde, Langbehn, Chamberlain herumschwebte, wurde von pathologischen Wirrköpfen wie Carl Peters hochgezogen« (S. 1073).

84 *Menschen ohne Vaterland* (1937) beruhte auf einem Roman von Gertrud von Brockdorff, Der Mann ohne Vaterland. Es war Salomons erstes Drehbuch.

und die Basis seiner Macht hin.[85] Carl Peters, gespielt von Hans Albers, tritt als jemand auf, der den kommenden Führer ankündigt. In der Schlußszene des Films geht er, mit der Siegessäule und dem Kilimandscharo verschmelzend, der glorreichen Zukunft des Führers entgegen.

Carl Peters, von dem Hannah Arendt vermutet, daß er Joseph Conrad in »Herz der Finsternis« als Vorlage für die Figur des Herrn Kurtz diente, leitete die Emin-Pascha-Expedition und war maßgebend an der »Einführung der deutschen Herrschaft am Kilimandscharo« beteiligt.[86] Außer bei Historikern fast vollständig in Vergessenheit geraten, war Peters einer der umstrittensten und dennoch verehrten, schon vor und besonders nach seinem Tod 1918 verherrlichten Gründerfiguren eines deutschen Nationalismus, der um sich selbst kreiste. Seine Geschichte war ganz nach Salomons Geschmack, eine Mischung aus Abenteuerlust, Exotik, Heroen- und Deutschtum, gepaart mit Angeberei und Großmannssucht, Gewalt und Sexualität.[87]

---

85 Die Erstaufführung war am 20.3.1941. Das Buch hatte Salomon zusammen mit dem Regisseur Herbert Selpin und mit Walter Zerlett-Olfenius geschrieben. Hans Albers spielte den Carl Peters (Angaben aus: Lexikon des Internationalen Films [CD-ROM], München 1996). Wahrscheinlich diente ein Roman von Balder Olden als Grundlage des Drehbuchs: Ich bin Ich. Der Roman Carl Peters. Zur Ostafrika-Politik Bismarcks und dessen kritischem Verhältnis zu Carl Peters siehe auch Wehler, Bismarck, S. 333–367. Trotz dieses kritischen Verhältnisses konnte die Ostafrika-Gesellschaft dank Bismarcks Hilfe konsolidiert werden (siehe Krätschell, Carl Peters, S. 24–26).

86 So Wilhelm von Kardorff in der Einleitung zu »Bebel oder Peters«, S. 3. Hannah Arendt schreibt: »Denn die einzigen Begabungen, die unter diesen Umständen [den überflüssigen Bohemien, U. B.] gedeihen konnten, waren die des Demagogen, des ›Führers extremistischer Parteien‹, Ressentimentsbegabungen im weitesten Sinne wie die von Carl Peters, der vermutlich Conrad für ›Herrn Kurtz‹ Modell gestanden hatte und der selbst freimütig die Motive für sein koloniales Wollen in den Satz gefaßt hatte: ›Ich hatte es satt, unter die Parias gerechnet zu werden, und wollte einem Herrenvolk angehören‹« (Arendt, Elemente, S. 292). Emin-Pascha war ein deutscher Abenteurer (eigentlich: Eduard Schnitzer), der die südlichste, nach einem Aufstand 1883 abgeschnittene Provinz Ägyptens verwaltete. England und Belgien starteten sofort eine Hilfsexpedition. Erst 1888 startete Peters die Propagierung einer eigenen Emin-Pascha-Expedition (siehe hierzu Krätschell, Carl Peters, S. 41–54; Peters selbst schrieb ein Buch über »Die Deutsche Emin-Pascha-Expedition«, die in seinen 1943 von Walter Frank herausgegebenen »Gesammelten Schriften«, die nicht alle Schriften umfassen, in Band 2 abgedruckt sind. Salomon rezensiert die Bände 1944 *Der Vorkämpfer des Kolonialgedankens*).

87 Salomon selbst wurde von Stéphane neben T. E. Lawrence und Malraux als Typus des Abenteurers dargestellt. Zu diesem Buch schrieb Jean-Paul Sartre das Vorwort, der den Begriff des *l'homme d'action* vorgezogen hätte (siehe Stéphane, L'Aventurier, dort Sartres Hinweis auf S. 9).

Liest man seine Schriften und seine Autobiographie, kann man Ernest Renans Bemerkung, daß wir nicht umhinkönnten, Personen, die sich so prahlerisch und angeberisch verhalten, wie es Nationen häufig tun, als ziemlich unerträglich zu empfinden, nur zustimmen. Die Geschichte des Carl Peters ist mit einem öffentlichen und parlamentarischen Skandal verbunden. Dieser wurde ausgelöst durch einen anonymen Brief, der Zitate aus Peters' Schriften über die Notwendigkeit direkter und ungezügelter Gewalt bei der Kolonisierung enthielt und der von August Bebel 1896 während einer Etatdebatte im Parlament vorgelesen wurde. Peters, so die Anschuldigung, habe ohne jedes Verfahren einen Liebhaber einer seiner schwarzen Sexsklavinnen zusammen mit dieser erschießen lassen.[88] Die Debatte wurde zum öffentlichen Skandal; alle Zeitungen berichteten ausführlich, die Reden wurden gedruckt. Ein Disziplinarverfahren wurde eingeleitet, am 24. April 1897 wurde Peters aus dem Reichsdienst entlassen und mußte auch die Kosten des Verfahrens tragen. Einige Politiker setzten sich weiter für ihn ein. 1905 erhielt er den Titel des Reichskommissars a. D. zurück, durch einen Gnadenerlaß 1914 auch seine Pension, und schließlich wurden 1937 durch Hitler alle Rechtsfolgen aufgehoben.

Peters und der Skandal sind nur eine Randnotiz der deutschen Kolonialgeschichte und der symbolischen Politik des Nationalsozialismus. Seine Figur aber stand für die Weltmachtwünsche Deutschlands, die er rücksichtslos durchgesetzt sehen wollte, für ungezügelte Polemik und für den sich gegen Widerstände durchsetzenden, mit aller Gewalt seinen Willen verfolgenden Deutschen. Seine symbolische Rehabilitierung erhielt er als eine Art Vorläuferfigur eines Nationalsozialisten, das heißt, er wurde zu einem Nationalsozialisten gemacht und, im Film, zu einem Führer *avant la lettre* stilisiert.

Der Film beginnt mit der Rückkehr des Studenten Peters, der gerade seine Promotion abgeschlossen hat, und seines Freundes Juhlke in sein norddeutsches Dorf. Er freut sich, mit großem Bahnhof empfangen zu werden, muß aber feststellen, daß die Feierlichkeiten nicht der Rückkehr des erfolgreichen Sohnes gelten, sondern der Verabschiedung deutscher Auswanderer. Schon hier wird das Thema gesetzt: Deutsche müssen ihr Land verlas-

---

88 Diese Vorfälle ereigneten sich schon 1891, waren also durchaus bekannt und auch im Parlament schon vorgetragen worden. Seit 1895 versuchte Peters aber, in die Politik zurückzukehren, und sein Name tauchte immer mehr bei der Debatte um die Flottenpolitik auf. Bebel zitierte zudem aus einem ihm zugespielten Brief, der von Peters selber stammen sollte und in dem ausgeführt wurde, »er habe das Negermädchen nach afrikanischem Recht wegen Ehebruchs hinrichten können, da er mit ihr nach einheimischem Brauch verheiratet gewesen sei« (Krätschell, S. 59). Im Verfahren stellte sich der Brief als Fälschung heraus, die belastenden Vorwürfe aber erwiesen sich als schwerwiegend.

sen, in dem sie keine Chancen mehr haben. Das Vaterland verabschiedet sie, anstatt sich um einen anderen Platz für sie zu kümmern. Peters geht zu seiner wartenden Mutter, erzählt vom notwendigen Kampf und vom noch ungewissen Weg. Er geht nach England zu einem Onkel, dessen Firma er übernehmen kann. Hier lernt er den englischen Reichtum kennen, der auf den Kolonien beruht. Der junge Mann aber entscheidet sich für Deutschland statt für individuellen Reichtum und will mit Freunden für sein Land Kolonien erwerben. Er fährt nach Sansibar und bereitet dort eine Expedition vor. Er vertreibt die von den Engländern unterstützten Sklavenhändler, schließt Verträge für Deutschland ab und gründet Kolonien. Die dem Skandal zugrunde liegende Geschichte wird zu einem von den Engländern inszenierten Spionagefall. Die Spione und Unruhestifter, die im Film seinen Freund Juhlke umbringen, werden nach einem standgerichtlichen Verfahren hingerichtet. In Deutschland wird der Skandal von seinem jüdischen Vorgesetzen Ministerialdirektor Kayser und dessen Bruder, einem sozialdemokratisch-jüdischen Journalisten, in Szene gesetzt, das Parlament ist ein Haufen grölender Nichtsnutze. Peters hält eine tapfere Rede, aber noch kann der Führer nicht gewinnen.

Soweit ist der Film eine dramaturgisch eher langweilige Inszenierung des nationalsozialistisch-offiziellen Peters-Bildes. Er zeigt, wie das nichtexistente Volk des Ich = Wir sich im Führer finden kann.[89] Interessant wird der Film erst durch das, was er nicht zeigt. Wenn er auch verdeutlicht, wie sich durch den Willen und die entschlossene Handlung eines Einzelnen das Volk und die Zukunft des Volkes realisieren, so spart er doch die Taten aus, in denen es sich symbolisch im Führer realisiert. Der Führer bleibt sauber und unberührt, dies auch im konkreten sexuellen Sinn. Die öffentlich bekannte Figur des Carl Peters war jedoch noch zu dieser Zeit mit den Themen verbunden, mit denen er die Schlagzeilen gefüllt hatte: offener Gewalt, die er in seinem Emin-Pascha-Buch keineswegs verhehlt hatte, der Hinrichtung seiner schwarzen Sexsklavin und ihres Freundes. Doch im Film ist Gewalt tabu. Schwarze Frauen kommen nur kurz als Tänzerinnen in den Blick, die Peters aus weiter Entfernung durch das Fernglas betrachtet. Der Führer ist sauber und unberührt, er kann nicht beschmutzt werden, egal, was er tut.

Marcia Klotz verweist darauf, daß die Zuschauer des Films die Geschichte von Carl Peters schon kannten, bevor die Lichter im Saal verloschen.[90] Denn auch wenn die Beschuldigung eher gering war, betrachtet man die Gewalt der Kolonisierung, die Peters selbst anwandte, so war der Peters-Skandal dennoch *der* öffentliche Skandal der deutschen Kolonialgeschichte. Der Name, den die Afrikaner Peters gaben, hieß übersetzt »Mann mit den bluti-

---

89 Es ist interessant, noch einmal darauf hinzuweisen, daß der Roman über Carl Peters von Olden den Titel hatte: Ich bin Ich.
90 Klotz, Epistemological Ambiguity, S. 103.

gen Händen«.[91] Diese Momente, die am ehesten von Peters im Gedächtnis waren, seine äußerste Gewaltbereitschaft und seine sexuellen Vorlieben, spart der Film aber gerade aus und läßt nur die – stark libidinös gefärbte – Beziehung zur Mutter gelten. Mit ihr beginnt und endet der Film, ohne daß sie zwischenzeitlich irgendeine Rolle spielt. Der Film verneint nicht die bekannte Geschichte, er thematisiert sie anders. Wenn wir unterstellen, daß allen, Zuschauern wie Machern des Films, die Geschichte bekannt war, nicht als ›objektive Geschichte‹, sondern als Erinnerung an die Themen des Skandals: Gewalt und Sex, dann gibt der Film vor, wie man mit der Gewalt und den nicht nur tabuisierten, sondern verbotenen rassischen Mischungswünschen zu verfahren hat.[92] Er thematisiert sie in seinem Verschweigen.

Der Film *Carl Peters* wird von der Filmgeschichte meist deshalb kritisiert, weil er die tatsächliche Geschichte verfälsche. Er geht allerdings noch viel weiter, indem er vorgibt, wie mit der bekannten Geschichte umgegangen werden kann. Denn er setzt das Wissen über die Ereignisse voraus, thematisiert es im Film aber nicht. Das im Führer realisierte Volk beruht auf Gewalt, die geschieht oder geschehen ist, über die aber nicht gesprochen wird. Die Person Carl Peters und die Geschichte der Kolonisierung stehen für Gewalt und Unterdrückung – der Film jedoch derealisiert sie.

Ernst von Salomon und die Bundesrepublik nach 1945

Betrachtet man die Welt in Generationen, waren es die um 1900 Geborenen, die in der frühen Bundesrepublik ihre zweite Chance bekamen. Eng verbunden mit dem nationalsozialistischen System, in das sie nicht hineingeboren oder sozialisiert wurden, sondern dessen Wegbereiter und Geburtshelfer sie in einigen Fällen waren, hatten sie einen Teil ihrer aktiven Jahre in diesem Herrschaftssystem verbracht. Sie waren ihre Träger als Funktionselite und auch ihre Vorbereiter und Träger als Deutungs- und Weltanschauungselite.

Deutungseliten schreiben und debattieren. Die etwas Älteren hatten aktiv am Ersten Weltkrieg teilgenommen. Einige verklärten diese Erfahrung, wie

---

91 Drewniak, Der deutsche Film 1938–1945, S. 298.
92 Ich folge hier nur bedingt Marcia Klotz, die schreibt: »Nochmals, der Film *rechtfertigt* nicht, was Carl Peters getan hat, er *leugnet* schlicht, daß es je stattgefunden hat, indem er sich nur deshalb auf den historischen Vorläufer bezieht, um einen anderen narrativen Weg zu beschreiten« (Epistemological Ambiguity, S. 107). Klotz stellt durchaus die richtige Frage: »Aber was wird aus dieser anderen Geschichte – derjenigen, die die Leute erwarten zu sehen, wenn sie das Kino betreten, aber daß nicht erscheint?« (ebenda). Diese Geschichte wird nicht unbedingt geleugnet, sondern sie wird im Prozeß der Umformulierung derealisiert.

etwa Ernst Jünger. Andere, die nicht teilnehmen konnten, beobachteten wie Ernst von Salomon die zurückkehrenden geschlagenen Krieger. Der triumphalistische Nationalismus, wie er sich im geordneten Heer, seinen Symbolen und seiner Musik ausdrückte, war verschwunden. Die Nation sah der Sechzehnjährige nur noch in den Augen einiger weniger blitzen, die sich vom zerlumpten Haufen unterschieden. Seine politische Sozialisation vollzog sich in den Wirren des Nachkrieges, in den Kämpfen der Freikorps im Baltikum und setzte sich in der Agitation des Ruhrkampfes, in kleinen, sich avantgardistisch und antibürgerlich verstehenden Zirkeln in Frankfurt, in der Organisation Consul um Kapitän Ehrhardt, der Beteiligung am Rathenau-Attentat, den Fememorden und auch in der schleswig-holsteinischen Landvolkbewegung fort.

Während Best ein Intellektueller und nationalistischer Aktivist war, der sich früh der Partei anschloß und eine steile Funktionärskarriere machte, wurde Ernst von Salomon zum Schriftsteller und Publizisten, zum Historiker der Freikorpsbewegung und Aktivisten, der der Partei nicht angehörte. Beide gehörten zum Kreis um Ernst Jünger und sind in dem von Jünger 1930 herausgegebenen Band »Krieg und Krieger« vertreten. Der Jurist Best schreibt über den *Krieg und das Recht*, Salomon über den *Verlorenen Haufen*; für den ebenfalls von Jünger herausgegebenen »Kampf um das Reich« (o. J.) schreibt Salomon drei Beiträge.

Ernst von Salomon war nicht nur militanter Aktivist, sondern begleitete die Bewegung aus ihrem aktivistischen und intellektuellen Zentrum heraus. Er suchte sowohl nach der Rechtfertigung seiner persönlichen Tat (»Die Geächteten«) – besser würde man sagen: Taten – als auch nach der Begründung der Bewegung, die er mit anderen in einem als konkret behaupteten Mythos, dem »Geheimnis der Nation«, fand. Die (Un-)Taten legitimierten sich in dem zehrenden Wunsch, das als konkret behauptete Abstrakte zu realisieren, die Wirklichkeit, die man gefunden zu haben glaubte, auch herzustellen.

Die um 1900 geborenen Weltanschauungs- und Funktionseliten des Nationalsozialismus waren 1945 zu jung, um einfach abzutreten. Außerdem widersprach es ihrem Selbstbild. Sie verstanden sich als Elite des neu zu gründenden Staates und waren es zum Teil auch. Aufgewachsen in einer Gesellschaft der Klassen und des Nationalen, einer einfachen Welt klarer Aufteilungen, Zugehörigkeiten und Bekenntnisse, war es der Kampf, den sie im Typus der Kriegers gefeiert hatten und den sie nun in einer neuen Gestalt aktivieren konnten. Meist waren sie zu sehr desavouiert, um die höchsten Machtstellen zu besetzen, die schließlich jene innehatten, die aus der inneren oder äußeren Emigration oder gar aus den Lagern zurückkehrten. Doch vermochten sie schon bald die mittleren und auch oberen Stellen der Funktionselite zu besetzen. Die Deutungselite konnte sich, gerade in der Ausprägung eines ihrer aktivistischen Vertreter, die »die Tat« (Hans Zehrer, einer der Herausgeber der gleichnamigen Zeitschrift, war schon bald bei der

Welt wiederzufinden) nicht nur verklärten und forderten, sondern vollzogen, ihrer neuen Aufgabe stellen: Selbstverteidigung und die Rettung des Nationalen standen für sie im Zusammenhang des Wiederaufbaus der Nation.

Salomon, der an keinem der Kriege teilgenommen hatte – da er für den einen zu früh, für den anderen, dessen Soldatenjahrgänge hauptsächlich den Jahren 1910 bis 1925 entnommen wurden, zu spät geboren war – und der Partei nicht angehört hatte, mußte sich als Attentäter, Aktivist und Literat der Bewegung, nach 1933 als Autor, Historiker der Freikorps und schließlich Drehbuchautor rechtfertigen. Er gab sich nicht damit zufrieden, den »Fragebogen« nur zu beantworten. Vor dem Schweigen und den »Gesprächen in der Sicherheit des Schweigens« standen Reden und Schreiben.[93]

Die Deutungselite konnte nach 1945 vielfach ihre Arbeit fortsetzen. Gehörte es nicht, mit wenigen Ausnahmen, zu ihr, Distanz zur Masse und zur Macht zu halten? Lebte sie nicht aus dieser Distanz selbst dann, wenn sie wie der Aktivist und Agitator Salomon sich auf das Volk bezog, um es zu ›sein‹, und die Mächtigen persönlich kannte, Distanzierung also schwieriger wurde?

Zu einem tatsächlichen Rückzug konnten sich nur wenige entschließen. Sie mußten schon dazu gezwungen sein, wie etwa Carl Schmitt. Man konnte das Verbrechen, um es zu vermeiden, groß – »planetarisch«, zum Weltbürgerkrieg – machen oder es durch Relativierungen zu verringern suchen. Eine »Ästhetisierung des Schreckens«, wie sie Karl Heinz Bohrer für das Frühwerk Ernst Jüngers feststellte, aber mußte jetzt, wie man in Jüngers »Strahlungen« unschwer nachlesen kann, scheitern.[94]

War man keineswegs nur »Barometer«, wie Ernst Jünger meinte, das nun für das Unwetter verantwortlich gemacht wurde, gab es den Weg, die intellektuelle Bewegung des »Neuen Nationalismus« der Weimarer Republik durch Differenzierung von der nationalsozialistischen zu trennen.[95] Hitler,

---

93 Siehe van Laak, Gespräche in der Sicherheit des Schweigens.

94 Detailliert beschreibt Jünger in den »Strahlungen« eine Hinrichtungsszene (Eintrag vom 29. Mai 1941, S. 39–42). Kein vergleichbarer Blick fällt auf Gewaltszenen in den ›kaukasischen Aufzeichnungen‹.

95 »Nach dem Sturm schlägt man auf die Barometer ein [...]« – dieses Zitat nutzt Dirk van Laak als Haupttitel zu einem Essay über rechtsintellektuelle Reaktionen auf das Ende des Dritten Reiches. Die Trennung wurde von Breuer (Anatomie) meines Erachtens zu stark betont, er hat sie allerdings später relativiert (Grundpositionen). In dem von Jünger herausgegebenen Band zur Geschichte der Freikorps fehlt ein Bild des kommenden Führers nicht. Sicher aber sind die im nachhinein festgestellten Differenzen von denen zu unterscheiden, die vor 1933 und während der nationalsozialistischen Herrschaft zu beobachten waren.

dem man vor 1933 »das Maß« geben wollte, wurde so zum »Verräter« der Bewegung, der aus einer Bekenntnisfrage eine Rassenfrage gemacht hatte. »Es kann nicht eindringlich genug beteuert werden«, schreibt Ernst von Salomon im »Fragebogen«, also im nachhinein, »daß die geistigen Emotionen der streitbaren Mannschaft des ›Neuen Nationalismus‹ sich in aller Stille vollzogen.«[96] Doch war man mit Hitler nicht nur in der »Arbeitsgemeinschaft der vaterländischen Verbände«, gerade die Intellektuellen bewarben sich vor und während der Machtergreifung und wurden teil- und zeitweise selbst umworben, ob sie nun meinten, den »Führer führen« zu können – wie Schmitt und Heidegger dachten – oder nicht.

Die Weimarer Rechtsintellektuellen gingen 1933 nur selten in die innere Emigration und noch weniger in die äußere. Ebensowenig taten sie dies 1945. Weder benutzten sie die sogenannte »Rattenlinie«, denn sie waren nicht immer Teil der Funktionselite geworden, so daß sie wenig zu befürchten hatten, noch schwiegen sie. Sie änderten vereinzelt ihre Namen, wie es der Fall Schneider-Schwerte zeigte.[97] Dafür durfte man aber nicht zu prominent gewesen sein. Vor allem stand dieser Weg nur im Einzelfall und nur Jüngeren offen, jenen also, die noch Zeit für eine neue Karriere, eine tatsächliche zweite Chance hatten.

Salomon mußte sich nach 1945 erneut rechtfertigen, seine Teilnahme erklären, seine Distanz vergrößern. Vor 1933 seien es »Just-Zeiten«, »sinnvolle Zufälle« gewesen, die ihn jeweils zur rechten Zeit an die »rechten« Orte führten, etwa nach seiner Entlassung aus dem Gefängnis 1928 unmittelbar in die rechtsintellektuelle »jeunesse dorée« Berlins. Nach 1933 ging es um anderes.[98] So taucht im »Fragebogen« am Beispiel der Pogromnacht die Schuldfrage auf. »Etwa Ich? Doch, ich auch! Wir alle! […] Das ist es ja, das ist ihre Kunst, sie machen jeden schuldig. Sie haben immer nur einen Auftrag des Volkes vollstreckt. Volk, das bist auch du und bin auch ich. Aber ich habe, verdammt nochmal, keinen Auftrag gegeben. Was ich geglaubt hatte, es müßte getan werden, habe ich selber getan.«[99] Später im Text, zeitlich vier Jahre zuvor, hört er gemeinsam mit ausländischen Korrespondenten die Hitler-Rede über die Ereignisse um Röhm und andere vom 30. Juni 1934 im Radio. In diesem Zusammenhang ist von »schauriger Rechtfertigung einer unverzeihlich schaurigen Gewalttat« die Rede.[100] Salomon benutzt hier eine Sprache, die er für andere Gewalttaten nicht verwendet, dennoch aber hatte er das »wütende Gefühl […], daß diese Leute [die Korrespondenten, U. B.] da meine Feinde waren, daß mir ihnen gegenüber

---

96 Salomon, Fragebogen, S. 246.
97 Siehe hierzu Leggewie, Schneider-Schwerte.
98 Salomon, Fragebogen S. 211 und 215.
99 Ebenda, S. 324.
100 Ebenda, S. 367 f.

keine Wahl blieb, daß ich mich trotzdem und alledem zu meinem Land bekennen mußte [...]«.[101]

Ernst von Salomon gehört zu einer Art ungebundenen Deutungselite des Nationalen, aber auch des Nationalsozialismus. Er gehörte dazu und auch wieder nicht dazu, ist einer der früh Bewegten, aber sieht sich nicht ausschließlich so, wie er die liberalen und national-liberalen Intellektuellen und auch noch die »Teestunden-Intellektuellen« des »Neuen Nationalismus«, die sich für Salomon im Feld der Ideen bewegten, einschätzt, die für ihn weder im Staat noch im Volk verwurzelt waren. Er war zu aktivistisch, um sich zu dieser Gruppe zu zählen, nahm aber dennoch an ihr teil.[102] Im 1938 erschienenen »Buch vom deutschen Freikorpskämpfer«, das er herausgab, stand er zu Staat und Bewegung. Er teilte den antiinstitutionellen Staatsbegriff des Nationalsozialismus, der für ihn mit dem Marsch auf die Feldherrnhalle den Nachkrieg beendet hatte und schließlich »das Volk willig machte für den Staat«.[103] Wie die Krieger in den »Geächteten« Deutschland waren, so waren sie 1938 »der Staat und sonst niemand. Wo sie standen, war der Staat. [...] Sie waren Gewalt, weil der Staat Gewalt ist. Sie handelten im Recht, weil der Staat im Recht handelt.« Ab jetzt hieß es nicht mehr Demokratie oder Absolutismus, Fortschritt oder Reaktion, sondern »Sieg oder Untergang der Nation«. Dies war der Staat, zu dem das Volk »willig gemacht wurde«.[104]

Wo stand ein individualistischer Kollektivist, ein distanziert-zynischer Weltanschauungsträger wie Ernst von Salomon nach 1945? Er war kein Mitglied der bürokratischen Funktionselite, war schon 1933 nicht darauf angewiesen, innerhalb der Organisationen des Staates, an dessen Entstehung er mitgearbeitet hatte, eine Karriere zu machen. Mit 31 Jahren war er ein bekannter Autor, befreundet mit seinem Verleger Ernst Rowohlt, für

---

101 Ebenda, S. 367.
102 Siehe hierzu aus seinen vielen Beiträgen zu den Zeitschriften der nationalen Bewegung den Artikel: *Wir und die Intellektuellen*, in: *Die Kommenden. Überbündische Wochenschrift der deutschen Jugend*, hrsg. von Ernst Jünger und Werner Laß, 5. Jg., 18. Folge vom 2. Mai 1930, S. 206 f.
103 Im nachhinein liest sich dies anders. Nun wirft er dem Nationalsozialismus vor, die Begriffe umgekehrt zu haben (siehe Fragebogen, S. 632–634). Wo er früher gleichsetzte, trennt er nun und verlagert die Einsicht in die Trennung noch in die Zeit vor Hitler. »Für jede historische Einsicht konnte es keine Brücke geben zwischen der völkischen Auffassung vom Wesen der Nation und der staatlichen, eine Tatsache, die zu allem Unglück noch verdeckt wurde durch den verwirrenden Umstand, daß die völkische Diktion sich des gleichen Vokabulars bediente und sich damit sozusagen als die erneuerte Staatsauffassung pries« (Fragebogen, S. 634). Im Klartext: Man konnte den Unterschied nicht bemerken.
104 Salomon, *Gestalt des deutschen Freikorpskämpfers*, S. 12, 11 und 14.

dessen Verlag er schließlich arbeitete, verkehrte mit den wichtigsten Intellektuellen und weiterhin mit seinen Freunden aus der Organisation Consul. Er brauchte die Organisationen und Bürokratien nicht für seine Karriere, und er blieb antibürgerlich im Habitus.

So stand er außerhalb des Staates, den er doch gewollt hatte und dessen Ende er bedauerte. Dennoch konnte er es als Irrtum ansehen, von den Amerikanern interniert zu werden. Was hatte er getan, außer gut zu leben? Gleichzeitig wußte er, daß es komplizierter war. Für sich selbst konnte er nicht erwarten, als unauffälliger Mitläufer eingestuft zu werden. Dennoch war es gerade seine Generation, die erneut gestalten mußte. Doch Krieger, auch solche, die am Krieg nicht teilgenommen hatten, waren kaum mehr gefragt. Um nach vorne gehen zu können, mußte man gleichzeitig nach hinten schauen. Auch bei Salomon findet man zwei verbreitete Strategien: Aufrechnung und Ablenkung zum einen sowie Pragmatismus und Leistung zum anderen.[105] Zum ersten gehört der Hinweis auf die Bombardierungen der Alliierten, zum zweiten der Hinweis darauf, was man schon alles getan hätte und daß man die Zukunft nicht blockieren dürfe.[106] Beide Strategien erkennen das Geschehene, manchmal auch eine Schuld an. Meist lassen sie Scham vermissen. Salomon aber geht weiter. Für ihn war es kein Verlust wie für viele andere, »nur noch zur Deutungs- und nicht mehr zur Funktionselite zu gehören«.[107] Der »gute Attentäter und gute Schriftsteller« tut das, was er getan hatte: schreiben und, zunächst versteckt, dann offener, agitieren.[108] Und auch seine Hoffnung auf den konkreten Kampf wird, allerdings später, wieder sichtbar werden.

Auch nach 1945 kommt Salomon gut zurecht. Zunächst allerdings wird er interniert. Im dokumentarischen Roman »Der Fragebogen« kann er die seit den »Geächteten« erprobte Form fortsetzen.[109] Es ist kein Roman, in dem durch die Erzählung von Unwahrem, nicht Erlebtem und nicht Gesche-

---

105 Siehe zu den beiden Strategien van Laak, Barometer.

106 Bei Salomon liest sich dies so: »Sicherlich war es der Mangel an Phantasie, der es dem einen ermöglichte, auf Befehl Feuer auf Städte regnen zu lassen, und dem anderen, auf Befehl Reihen von Menschen durch Schuß und Schuß auf Leichenhügel stürzen zu machen – sicherlich aber ließ auch der gleiche Mangel an Phantasie Tag für Tag die Nachricht ertragen von dem, was Tag für Tag geschah« (Fragebogen, S. 417).

107 Ebenda, S. 27.

108 Die Formulierung stammt von Alfred Polgar aus seiner Rezension des »Fragebogens«, *Eine gespenstische Erscheinung*, S. 654–656. Salomon publiziert ab 1950 wieder, zunächst im *Sonntagsblatt*, ab 1952 im *Stern*, dann auch in der *Zeit*, in der *Welt* und in anderen Publikationen.

109 Die Ausgabe des Bertelsmann-Leserings erhält die Genrebezeichnung »Dokumentarischer Roman« als Untertitel. Die Rowohlt-Ausgaben führen diesen Titel nicht.

henem, die Erfahrungen in eine erfundene Geschichte packend, Wahrheit erreicht wird; es ist kein Dokument, in dem es auf Wahrheit ankommt.[110] Es ist eine Mischung, die mit dem Wahren falsche Fährten legt und mit dem Erfundenen, Unwahren Richtiges zu erkennen gibt. Die Genrecharakterisierung, die als Untertitel dient, ist daher gut gewählt. Die Wahl ist bezeichnend. Er weiß, was er tut, und er kokettiert damit – wie mit seiner »Jugendsünde« – »ach, die goldene Jugendzeit« –, dem Mord an Rathenau.[111] Salomon scheint für einen großen Teil des lesenden Publikums der frühen Bundesrepublik eine Thematisierungsform des Vergangenen vorzugeben, die schon Alfred Polgar erkannte: »Das ungeratene Dritte Reich wird zurechtgewiesen wie ein ungeratener Sohn vom Vater, dem hierbei der Stolz über den Teufelsjungen im Auge blinkt.«[112] Aufrechnung und Pragmatismus genügen hierfür nicht, und auch eine pathetische Erhöhung, die vor dem negativ Erhabenen zum Schweigen zwingt, ist unangemessen. Gleiches muß mit Gleichem vergolten werden. Salomon ist sowohl in der individuellen wie sozialen Position, dies zu tun. War er im Dritten Reich noch mit der Macht, wenn auch unter Wahrung der Distanz, liiert, so war er nun unabhängig von Volk und Macht. Es blitzt wieder in seinen Augen, es gibt nichts, woran er sich halten muß. Nun gilt nicht mehr, was er im Dritten Reich für sich in Anspruch nahm: »Nichtstun sei Leiden, Nichtstun sei Reife und die eigentliche, produktive Verantwortlichkeit.«[113] Salomon ist kein Organisator; er ist ein hinterlistiger, aber ein weder systematischer noch wirklich ästhetischer Deuter.

Die Amerikaner kommen. Ein Panzer fährt über ein Viadukt. Er schießt auf alles, was sich bewegt. »Das einzige, was sich auf der Straße bewegte, war der Wagen von Taddäus [einem polnischen Zwangsarbeiter, U. B.]. Der Wagen kippte um, Taddäus war sofort tot. Das waren die Schüsse, von deren Hall ich erwacht war. [...] Die führen sich ja gut ein, dachte ich, als hätten die Amerikaner etwas durchaus Ungehöriges begangen und es müßte nun die Polizei einschreiten. So sehr also hatte sich auch mir schon die Vorstellung von den Amerikanern mit der des Friedens und der Gesetzlichkeit gleichgesetzt; und nun schossen sie als erstes unseren Taddäus tot, einen Polen, und den besten dazu.«[114]

Die Amerikaner sind da. Salomon befindet sich auf seinem Landsitz am Chiemsee. Bis zum Schluß hat er an Filmproduktionen gearbeitet, schließ-

---

110 Siehe allgemein zu den autobiographischen Romanen dieser Generation Prümm, *Jugend ohne Väter*.
111 Michael Sabrow hat die falschen Fährten, die Salomon in bezug auf den Rathenau-Mord und den Zusammenhang mit der Organisation Consul legt, minutiös entziffert.
112 Polgar, *Eine gespenstische Erscheinung*, S. 654.
113 Salomon, Fragebogen, S. 401.
114 Ebenda, S. 462.

lich hat er geholfen, die Landwehr zu organisieren, was er distanziert als ein Spiel darstellt. Nun aber sind sie auf der Brücke und bald im Dorf. Uniformträger entledigen sich dieser im Wald. Es ist der Beginn von Ungerechtigkeit und Ungesetzlichkeit – und wieder kann Salomon sein Spiel eines »geächteten Geächteten« spielen. Die letzten hundert Seiten des »Fragebogens« sind seiner Internierung im Lager gewidmet. Und selbst seine Frau Ille, die im dokumentarischen Roman die Rolle der manchmal naiven, manchmal konkreten Fragestellerin spielt, die es dann aber doch nicht so genau wissen will und deren jüdische Herkunft nun genannt wird, muß, obwohl sie die Ankunft der Amerikaner begrüßt, ins Lager. Im Lager stößt Salomon auf ungerechte, korrupte und folternde Amerikaner. Die Ordnungskräfte dort sind ehemalige SS-Leute, aufrechte und ruhige, klar blickende Menschen. Der Aufrechteste, Moralischste unter ihnen war Hans Ludin, der in der Tschechei den Massenmord organisiert hatte. Das »amerikanische Jahrhundert«, in das er schon bei seiner Haftentlassung 1928 – »aus dem Mittelalter« heraus – getreten war, konnte sich nun realisieren.[115] Und es zeigte seine ganze »Unehrenhaftigkeit«: Das Spiel war beendet, und dennoch taten die Amerikaner so, als ob es weiterginge. Sie setzten die Lager fort, obwohl Deutschland nun nicht mehr mitspielen konnte.

Salomon vergleicht und sieht Gleiches, aber unter anderen Bedingungen. Die Amerikaner waren keine Krieger, keine Männer der Ehre, nicht dem »Gesetz« verpflichtet. Er läßt Ludin sagen: »Es war darum, weil ich glaubte, bis zuletzt, daß das, was ich tat, wirklich getan werden mußte, nicht um der Größe des Führers willen, sondern um des deutschen Volkes willen.«[116] Und weiter: »Wenn ich schuldig wurde, wenn wir alle schuldig wurden, so wurden wir aus Liebe schuldig.«[117] Es bleibt nicht beim gleichmachenden Vergleich. Es handelt sich nicht nur um eine Aufrechnung, sondern um eine Differenz, und das heißt auch um eine Bewertung. Die Schuld ist nicht gleich, Lager stehen nicht nur gegen Lager, sondern die Gewalt aus Liebe und aus dem Gesetz heraus steht der Gewalt des »amerikanischen Jahrhunderts« entgegen, der Gewalt aus Niedertracht, Haß und Unehrenhaftigkeit. Gut und böse werden durch den gleichmachenden Vergleich der Lager, die nun aber, nach dem Krieg, nach Beendigung des Spiels, keine Legitimation mehr haben, verteilt.[118]

---

115 Ebenda, S. 209.
116 Ebenda, S. 660.
117 Ebenda, S. 662.
118 Es sei in diesem Zusammenhang nur am Rande vermerkt, daß es sich hier auch um ein antisemitisches Motiv handelt: Gerade den angepaßten Juden wird vorgeworfen, ihr Gesetz verraten zu haben, die Religion des Gesetzes eben, die sich selbst vom »gerechten Recht« unterscheidet. Sie fallen in jedem Fall durch die Kriterien hindurch, sind Verräter des Eigenen oder Fremde als Feinde.

Salomon ist kein Relativist, der nur ausruft: Die anderen auch! Er bewertet und bleibt bei der Bewertung im Schema. Allerdings kann der Vergleich noch gesteigert werden – und hier wird die Sache verwickelt. Die neue Ordnung kann nicht mehr die alte sein. Der Grund hierfür ist nicht Auschwitz, das als Kriegsereignis zur alten Ordnung zählt, sondern die Welt nach der Erfahrung von Hiroshima und Nagasaki. 1961 fährt Salomon als nationaler Delegierter auf den 7. Anti-Atom-Kongreß nach Hiroshima und beendet seine Rede mit dem dort üblichen und angemessenen Ausruf: »Nie wieder Krieg! Nie wieder Atombomben!«[119] Ernst von Salomon ist zum Pazifisten geworden, zum Krieger für den Frieden. Ganz so ist es allerdings nicht, auch wenn er sich nun selbst so bezeichnet.[120] Und um die Sache noch weiter zu verkomplizieren: In der – nun linken – Zeitung *Die Tat* erscheint zum 60. Geburtstag eine Laudatio, die diesen Namen wirklich verdient: »Ein Mann mit Vergangenheit«. Die Vergangenheit wird in diesem Artikel nur als »dokumentierter dunkler Punkt« gestreift. Das Schlimmste, was ihm angelastet wird, ist, daß er schlechte Drehbücher für billige Filme geschrieben hat. Aber: »Ohne sich an eine Partei gebunden zu fühlen, hat er heute eine entschieden linke Position bezogen.«[121] Diese bestand für den Autor darin, daß Salomon Antisemitismus und Antikommunismus gleichsetzte, da beide politische Einsicht verhinderten und auf Irrwege der Moral führen würden.[122] Dies mag durchaus so sein, aber auch hier wird wieder die Vermischungsstrategie des Autors deutlich. Er vergleicht Ebenen, die in diesem Falle eher nebensächlich sind, und desavouiert den Antikommunismus so auf einer Ebene, die ihm unangemessen ist.

Wie aber kam Salomon auf diese Seite? Konversion ist möglich – ein klassisches Modell liefert das Christentum. Dort ist es die *Confessio*, das Bekenntnis als Eingeständnis der falschen Vergangenheit und als Glaube an das Neue, das den Wechsel glaubwürdig macht. Eine irgendwie geartete

---

119 Salomon, *Nie wieder Atombomben!*
120 So zum Beispiel in einem Gespräch mit Dominique Auclères in einer Serie des *Figaro litteraire* über die Vorstellungen deutscher Schriftsteller von der Freundschaft mit Frankreich: »Ich bin Pazifist geworden, und ich sage Ihnen, ohne Chruschtschow ist die okzidentale Welt verloren. Sie können sich nicht vorstellen, was Asien vorbereitet. Es wird Afrika verschlucken, es wird Südamerika verzaubern. Nur eine Allianz mit Chruschtschow kann unseren Kontinent retten« (Salomon, in Auclères, *Que pensent les écrivains allemands*). Es ist die gelbe Gefahr, die nun auftritt.
121 Von Fred Distel, in: *Die Tat,* Nr. 39 vom 29. September 1962, S. 9.
122 Vgl. Salomon, *Auf der Asche von 10 000 Menschen*, Bericht von der 7. Weltkonferenz gegen A- und H-Bomben für vollständige Abrüstung in Tokio, hrsg. vom »Ständigen Kongreß gegen die atomare Bewaffnung in der Bundesrepublik Deutschland« (Sonderdruck), Hamburg, S. 3. Enthalten ist auch ein »japanisches Tagebuch« Salomons.

Confessio aber sucht man hier vergebens. Was er getan habe, dafür stehe er ein, lautet Salomons betont verantwortungsbewußtes, aber auch soldatisches Selbstverständnis. Doch was hat er, der immer hier ruft, wenn nach Deutschland gefragt wird, schon getan? Für seinen Mord stand er ein. Die Fememorde? Notwendig für die Sache! Und 1929, ein erster obskurer Anschlagsversuch oder die Vortäuschung eines solchen auf den Reichstag? Salomon wurde kurz verhaftet; läßt aber alles ungeklärt. Hat er für den *Stürmer* geschrieben? Wie kann man eine solche Frage stellen, die nur etwas über die Unwissenheit des Fragenden aussagt! Salomon hat nicht im *Stürmer* publiziert, aber in vielen anderen Heften der ›nationalen‹ Bewegung und auch – unter Pseudonym – in den *Nationalsozialistischen Briefen*. Er übernimmt nur dort Verantwortung, wo er nicht anders kann, und legt auch da falsche Fährten. Schließlich war er selbst im amerikanischen Lager, zu Unrecht, wie er meint, und berichtet darüber, nicht klagend, sondern hintergründig anklagend. Der dokumentarische Roman läßt ihm diese Möglichkeit. Er erzählt die Geschichte aus der Perspektive des großen, zu großen Ich. Dieses Ich ist es, dessen Geschichte zur wirklichen Geschichte wird.

Das Stichwort Hiroshima wird erst später, Ende der fünfziger Jahre, von entscheidender Bedeutung.[123] Salomon hatte sich schon früher wieder engagiert, etwa zu Beginn der fünfziger Jahre für das Kriegsverbrecherproblem.[124] Er bezeichnet sich als Pazifisten und war ein kriegerischer Pazifist. Mit dem Atombombenabwurf über Hiroshima und Nagasaki ist nicht nur das Ereignis mit der größten Relativierungskraft des Holocaust benannt. Das »Unrecht« dort geschah im Krieg, jetzt aber ist der Krieg selbst unmöglich geworden. Der Typus des Kriegers, dessen Ich das Volk, die Nation war, wird dadurch hinfällig. »Überflüssig also der Adel der Gesinnung, die Bereitschaft, mit dem Leben einzustehen für mein Vaterland, die innere Verpflichtung zur Verteidigung, der Verzicht auf Ehre und Freiheit des Dienens also, aller Dinge, die aus zwingendem Gebot und strenger Forderung einst bestimmend waren und im Wort gültig.« Die »letzte Entscheidung« wird nun auf Knopfdruck möglich.[125] Die Bombe hatte der »Ausgeburt eines

---

123 Salomon gehörte von Beginn bis Ende 1961 dem im Juni 1958 gegründeten Kongreß an.

124 Er berichtet im *Stern*, Heft 39 vom 28. 9. 1952 und Heft 40 vom 5. 10. 1952, über die Geschichte des aus dem Werler Gefängnis geflohenen Feldwebels Hans Kühn. Er befragte diesen einige Tage lang in seinem Haus auf Sylt, das heißt, er hatte ihn dort versteckt. Seinem Bericht über die Gespräche gab er den Titel: *Feldwebel Hans Kühn: Ich floh aus Werl*. Es ging um die Kampagne für eine Generalamnestie. In Heft 41 vom 12. 10. 1952 schreibt Salomon einen Diskussionsbeitrag: *Nehmt den Topf vom Feuer*. Die Deutschen haben ihr Unrecht eingestanden, jetzt sollten die Alliierten dies tun.

125 Salomon, Kette der tausend Kraniche, S. 243.

Krieges das gleichwertige Ende gesetzt«.[126] Auch hier wird das Unehrenhafte der Amerikaner sichtbar, das schon im Lager, in der Fortsetzung der Lager nach dem Kriege deutlich wurde: Ohne Zwang, ohne Grund, als bloßes Machtmittel angewandt, vernichtete diese Waffe, ohne zu differenzieren, alles und alle und nicht nur das: sie setzte dem Typus des Kriegers ein Ende. Deshalb haßte Salomon die Amerikaner.

»Als ich auf dem Friedenskongreß in Japan war, wurde ich gefragt, was das ›von‹ in meinem Namen zu bedeuten habe. Zu erklären, daß ich aus einer geadelten preußischen Offiziersfamilie stamme, wäre zu kompliziert gewesen. Ich antwortete: ›Ich komme aus einer Samurai-Familie.‹ Ein junger Japaner mir gegenüber murmelte ›Ich auch‹ und lächelte mich an [...]. Samurai sind adelige Krieger wie die Preußen. Wir ließen uns nicht aus den Augen. ›Das ist zu Ende‹, murmelte er mit einer kaum wahrnehmbaren Stimme. ›Das ist zu Ende‹, echote ich. Wir waren auf einem Friedenskongreß. Nach der Sitzung suchte er mich auf: ›Stimmt es nicht, daß Sie die Amerikaner genauso hassen wie ich?‹ ›Ja, ich hasse sie!‹ Und wir fielen uns auf Grund des gemeinsamen Hasses in die Arme.«[127]

Die Atombombe stellt die Existenz des Typus des Kriegers in Frage. Sosehr dieser das Gesetz, den antiinstitutionellen Staat, das Volk, die Nation Deutschland – nicht nur verkörpert hatte, sondern ›war‹ – unter den neuen Bedingungen der zweiten industriellen Revolution konnte er es nicht mehr sein.[128]

Die Interpretation aber muß weitergeführt werden. Es ist die unehrenhafte Gewalt der Amerikaner, die schon im Lager der ›Gewalt aus Liebe‹, aus Liebe zum eigenen, das heißt also einer im höchsten Maße aus dem Inneren heraus bewerteten Differenz gegenübergestellt wurde. Dem Lob der Gewalt aus Differenz, so kann man sagen, wird eine Kritik der Gewalt aus Indifferenz gegenübergestellt. Diese ist die Gewalt des amerikanischen Jahrhunderts. Sie ist beliebig und trifft jeden; die ›alte‹ Gewalt aber war bedingt, gezielt und traf nur bestimmte Gruppen.

Man muß diese implizit stark bewertete Gegenüberstellung, die nie direkt ausgesprochen wird, aus den Texten rekonstruieren. Sie macht Salomons Engagement in der Anti-Atom-Bewegung verständlicher. Die Motivation Salomons, den man als einen ›kriegerischen‹ Pazifisten bezeichnen kann, ist sicher nicht einfach auf die gesamte Bewegung zu übertragen. Der Zusammenhang von Auschwitz und Hiroshima aber, so, wie er sich in den sechziger Jahren darstellte, ist ein Kennzeichen der Bewegung und sicherlich ein Grund ihres Erfolgs in Deutschland.[129]

---

126 Ebenda, S. 71.
127 Zit. nach Auclères, *Que pensent les écrivains allemands.*
128 Zur zweiten Industrialisierung siehe Salomon, *Gegen den Zustand der Lethargie.*
129 Jörg Lau hat dies im sechsten Kapitel seiner Buches über Enzensberger anhand einer Auseinandersetzung zwischen Hannah Arendt und Hans Magnus Enzens-

Salomon lebt aus der Differenz. Sie ist die ›Substanz‹ und verschwindet nicht, sondern wird umgeformt. Der »ewige Kampf der Völker« hat sich verlagert, ist in sein ökonomisches Stadium eingetreten. Das Atomzeitalter wertet die Nationen nicht mehr in Begriffen der Grenzen, sondern ihrer Potentiale. Die neue Weltordnung ist die alte mit einem neu definierten Kriterium zur Bestimmung ihres Wertes. Für diese neue Aufgabe, eine fast postmodern anmutende Mission des Volkes in einer postnationalen Zeit, muß das Volk und müssen die Völker stark sein, ihr natürliches Potential entfalten können.[130] An dieser Stelle tritt der Antikolonialismus neben die Wiedervereinigung eines Großdeutschland, das heißt inklusive der damaligen DDR und Österreich. Denn »bei Deutschland [aber] handele es sich schließlich um eines der letzten Kolonialgebiete der Welt [...]«.[131] Der Kampf durfte nicht verzerrt werden, jedes Volk sollte nach seinen Möglichkeiten und nur nach diesen beteiligt sein. Und so ist Salomon antikolonialistisch und gegen Hilfe von außen. Das postnationale Potential erweist sich als die alte völkische Substanz, die erst im Kampf zu sich selbst kommt. Nicht die Chancen sollten gleich sein, sondern die gerechten Ausgangsbedingungen. Diese waren und blieben völkisch definiert.

Diese Position findet sich auch in einer Grußadresse an einen Wahlkongreß der Deutschen Friedens Union.[132] Die Stellung wandelte sich, der Inhalt nur an der Oberfläche. Der »Friedenskampf« ist der Kampf der Völker mit anderen Mitteln, Hiroshima die böse Tat, hinter der alles verblaßt. Aber auch der Pazifismus hat seine Grenzen. Die Beschreibung der kubanischen Delegation, die er in Tokio trifft, ist die Beschreibung von jungen Kriegern. Es gibt sie noch, die Krieger, die unmittelbar Identifizierten. Che Guevara beschreibt Salomon später als jemanden, der »alles das vertreten hatte, wessen ich mich einst bemühte: er war ein echter Vertreter des Gedankens, daß Revolutionen überhaupt nur auf nationaler Basis zu einer wirklichen Befrei-

---

berger deutlich herausgearbeitet (siehe ders., Enzensberger, S. 161–198). Der zentrale Satz Enzensbergers in seinem Aufsatz *Reflexionen vor einem Glaskasten* lautet: »Dies Gerät [die Atombombe] aber ist die Gegenwart und die Zukunft von Auschwitz. Wie will den Genozid von gestern verurteilen oder gar ›bewältigen‹, wer den Genozid von morgen plant und ihn sorgfältig, mit allen wissenschaftlichen und industriellen Mitteln, die uns zu Gebote stehen, vorbereitet?« (zit. nach Lau, S. 192). Arendt aber hielt die Parallele »für einen Kurzschluß, der allerdings sehr naheliegt« (ebenda, S. 195). Heute scheint dies deutlich sichtbarer zu sein als in den sechziger Jahren.

130 Lau sieht diesen deutschen Postnationalismus auch bei Enzensberger. Doch fehlt bei ihm die ›völkische‹ Begründung. Salomon schreibt: »Das Zeitalter der Kernenergie vermag die Völker nicht mehr nach ihren Grenzen zu werten, sondern nach ihren Potenzen« (ders., *Gegen den Zustand der Lethargie*).

131 Salomon, *Nehmt den Topf vom Feuer*, S. 6.

132 Salomon, *Gegen den Zustand der Lethargie*.

ung führen konnten, er war ein Freikorpsguerilla, ein Partisan im Dschungel der Wälder, wie ich es einst im Dschungel der Großstädte für möglich hielt, er war sich bewußt, daß nur eine eigene Gerichtsbarkeit, die der Femegerichte, die Disziplin in der Guerillaformation aufrechterhalten konnte, und schließlich, daß der echte Nationalrevolutionär notwendig mit einem echten Sozialismus strengster Observanz zu einer echten wirtschaftlichen Befreiung von internationalem Kapital führen konnte und daß dieser Kampf weltweit geführt werden mußte«.[133] Der Krieger, der durch den Akt selbst die Ordnung schuf und der bloßen Existenz einen Sinn gab, war wieder da.

Auch in der Bundesrepublik findet sich eine Gelegenheit. Vier Zeitschriften machten 1963 eine Umfrage zu den umstrittenen Notstandsgesetzen. Auch Salomon wird gefragt, doch nur eine Zeitschrift, die frühe *Konkret*, druckt den letzten Punkt seiner Antwort ab. Das Notstandsgesetz gilt für ihn der unbewältigten Zukunft. Sein letztes Argument ist: »In der Konsequenz des Gesetzes wird jeder Einzelne jetzt schon vor die Frage gestellt, ob er im entscheidenden Augenblick und in Verteidigung gesamtdeutscher Interessen vielleicht doch nicht eher auf zurückgehende Amerikaner und Engländer als auf vorrückende Mecklenburger schießt.«[134] Schließlich gibt es eine letzte Hoffnung, die er jedoch bald begräbt. Aus Anlaß eines Artikels von Hans Magnus Enzensberger im *Times Literary Supplement* druckte der *Spiegel* im April 1968 die Ergebnisse einer Umfrage bei deutschen Intellektuellen zu der Frage: »Ist eine Revolution unvermeidlich?« Salomon antwortet wenig überraschend: Es sei die Empörung, die der Jugend zustehe, so, wie sie ihm zugestanden habe. Aber »[...] zu einem revolutionären Signal würde dieser Protest erst reifen, wenn er den Willen zu einem Bürgerkrieg in sich schlösse. Das ist nach Lage der Dinge ausgeschlossen [...].«[135]

Ernst von Salomon gehört zur Geschichte des »Neuen Nationalismus« der Weimarer Republik wie zu der des Nationalsozialismus und reicht in die Bundesrepublik Deutschland hinein. Mit dem Scheitern der 68er-Generation, nicht im »Marsch durch die Institutionen«, sondern in ihrem Selbstverständnis und ihrem Verhältnis zur Gewalt, in dem die Kälte der Eltern mit einem jetzt andersgerichteten Enthusiasmus zurückkehrte, ist auch das Interesse an Salomon als Typus zu Ende. Der in seiner Extremität exemplarische Vertreter einer Generation verliert immer mehr an Bedeutung. Er bestritt nicht die Tatsache des Mordes an den Juden und anderen, sondern verwischt den Unterschied zwischen Tatsachen und Meinungen in anderer

---

133 Salomon, Kette der tausend Kraniche, S. 181.
134 Salomon, *Warum ich gegen ein Notstandsgesetz bin.* Die weiteren beteiligten Zeitschriften neben *Konkret* waren: *Junge Kirche, Stimme der Gemeinde* und *Werkhefte.*
135 Salomon, *Ist Revolution unvermeidlich?*

Form. Aus der Tatsache des Holocaust macht er keine Meinung, rückt aber andere Tatsachen an die erste Stelle und spricht ihnen eine größere Bedeutung zu. Er wertet die Tatsachen nicht, indem er sie in ein zeitliches Schema, sondern in einen moralischen Zusammenhang einordnet. Er differenziert Gewalt aus Liebe und Gewalt aus Haß, Gewalt der Differenz und der Indifferenz. Die Anerkennung wird so zwar von einer Strategie der Vermeidung begleitet, aber es geht, obwohl die klassischen Themen der Aufrechnung alle exemplarisch vorhanden sind, um Bewertung. Diese vermischt sich mit einem Spiel der Verwirrung der Begriffe, der Ebenen des Wahren und Unwahren. Das Ergebnis ist nicht Negation, sondern eine Derealisierung des Holocaust, faktisch und moralisch.

Louis Ferdinand Céline: Der »kalte Enthusiast«, zweite Ausprägung

Ernst von Salomon gehört zum Jahrgang 1902, ist mit Ernst Jünger, Friedrich Wilhelm Heinz, Franz Schauwecker und Friedrich Hilscher einer der »fünf Apostel des Neuen Nationalismus«.[136] Louis Ferdinand Destouches, genannt Céline, ist acht Jahre älter. Für die erste Hälfte des vergangenen Jahrhunderts gilt er als der antisemitische französische Schriftsteller par excellence: Er schließt sich der französischen Tradition an und überschreitet sie. »Tu veux faire ton petit Barrès?« läßt er seinen Kumpel Popol in seinem ersten antisemitischen Pamphlet, »Bagatelles pour un massacre«, fragen.[137] Céline will es und tut es, auch unter Hinweis auf den anderen prototypischen antisemitischen Autor im Frankreich der zweiten Hälfte des 19. Jahrhunderts, Edouard Drumont, den er Drummont nennt. »Alle Arier sollten Drummont gelesen haben«,[138] schreibt er und markiert mit seinem berühmt

---

136 So wurden sie in einer Schrift von Hans Jäger, Die Nationalrevolutionäre, bezeichnet. Zitiert nach Meinl, Nationalsozialisten gegen Hitler, S. 98.

137 Siehe Céline, Bagatelles. Ich benutze das Original, da die deutsche Übersetzung weder vollständig noch genau ist.

138 Céline, L'École, S. 35. Céline zählt weitere Namen auf: »Aktueller: De Vries, De Poncins, Sombart, Stanley Chamberlain; noch näher: Montandon, Darquier de Pellepoix, Boissel, H.-R. Petit, Dasté, H. Coston, des Essards, Alex, Santo etc. [...]« (ebenda), er nennt die Adresse des *Centre Documentaire* und die Zeitungen, auf die er sich bezieht. Er verortet sich, nennt die Bezüge, in denen er steht, in denen er aktiv und anerkannt ist. »L'École« aber unterscheidet sich von den »Bagatelles«. Denn obwohl sich die Kollaborateure als Sieger und nicht als Besiegte fühlen konnten, ist es nun die Verschärfung, an der Céline arbeitet. Der kleinen Gruppe derer, die für die Sache arbeiten, steht nach Céline eine große Gruppe einer immer noch jüdisch beherrschten Öffentlichkeit gegenüber. Jetzt geht es nicht mehr um Durchsetzung, sondern um Durchführung, die sich aus seiner Perspektive als mangelhaft erweist.

gewordenen Stil zugleich ironisch die Anknüpfung und die Differenz. Drumont hatte die nationale Identität über das Bild des Juden definiert. Französisch zu sein hieß, nicht Jude zu sein.[139] Die Repräsentation des Juden blieb traditionell, die bekannten Bilder, Vorurteile und ›Fakten‹ wurden beibehalten, ohne daß etwas neu erfunden wurde.[140] Céline berief sich auf diese Tradition. Er ging von ihr aus, dynamisierte und veränderte sie. Doch so sehr auch er die altbekannten Bilder benutzte und wiederholte, seine Quellen in den Pamphleten waren nicht mehr ausschließlich die des Antisemitismus der Dreyfus-Affäre.[141]

Céline, einer der »Ultra-Kollaborateure« im besetzten Paris,[142] kehrte – nach der Flucht und nach dem Krieg im dänischen Gefängnis und damit der von ihm zu Recht gefürchteten *épuration* entkommen – 1951 nach Frankreich zurück und konnte sich erfolgreich als bloßer Schriftsteller, der um nichts als um seinen Stil, seine »kleine Musik«, bemüht war und als einsames Opfer, als nun Geächteter, reinszenieren.[143] »Stets noch hinken unsere Diskurse, Institutionen, Universitäten, Parteien hinter der Musik, dem Lachen Célines her – er zerstäubt sie durch den Stil.«[144] Nach 1957, das heißt nach seiner medialen Rückkehr in Verbindung mit dem Erscheinen von »D'un château l'autre«, setzte eine umfangreiche Céline-Rezeption ein, er wurde mehr und mehr zum »grand Céline« – nicht nur in Frankreich.[145]

---

139 Siehe hierzu die Darstellungen bei Winock, Nationalisme.
140 Siehe hierzu Carroll, French Literary Fascism, S. 171 ff. Carroll macht keinen Unterschied zwischen der ersten und zweiten antisemitischen Welle. »Die antisemitische Literatur Frankreichs des späten 19. Jahrhunderts bis zu den 1930er und 1940er Jahren zu lesen heißt nicht nur vor ihrer Boshaftigkeit und Ungeschminktheit zurückzuschrecken, sondern auch durch ihre schreckliche Repetitivität, durch die Art, in der Schriftsteller nach Schriftsteller wie in einer Litanei die gleichen Klischees und Mythen wiederholten, und durch die Art und Weise, wie das Porträt des Juden immer wieder so konstruiert wurde, daß es mit dem ›nationalen Typus‹ kontrastiert werden konnte« (ders., S. 172 f.).
141 Siehe Kaplan, *Sources*.
142 Duraffour, *Céline, un antijuif fanatique*, S. 148.
143 Von der vielfältigen Literatur zur Säuberung in Frankreich nach 1945 will ich nur auf den auch in deutscher Sprache zugänglichen Aufsatz von Rousso, *L'Épuration*, hinweisen. Wichtig ist die Unterscheidung von vier Typen der Kollaboration: Staatskollaboration, ideologische Kollaboration, ökonomische Kollaboration und die Kollaboration von Einzelnen (wozu unter anderem die sogenannte *collaboration horizontale*, aber auch die einzelnen Denunziationen gehörten). Aktuell hat Kaplan den Fall des bekannten Schriftstellers und Kollaborateurs Brasillach rekonstruiert (dies., Intelligence avec l'ennemi).
144 Kristeva, *Aktualität Célines*, S. 67.
145 Der schon erwähnte Cousteau, einer seiner journalistischen Bewunderer auch während der Okkupation, schrieb 1957: »Zu dieser Zeit glaubte niemand, daß L.-F. Céline KEIN Antisemit sei. Es gab sogar die Tendenz – die Leute sind

Noch immer sind Bewunderer, die Céliniens, und Kritiker gespalten. Von Fall zu Fall findet sich selbst in der bundesrepublikanischen Gegenwartsdebatte über den aktuellen Rechtsextremismus und die mit ihm verbundenen Gewalttaten in Deutschland ein Hinweis auf ihn.[146] Seine Arbeiten, mit Ausnahme der Pamphlete, haben längst Eingang in die Ausgabe der französischen Klassiker gefunden, die noble Dünndruckausgabe der »Pléiade«.[147] Die avancierteste Schreibweise habe sich bei ihm mit dem archaischsten Mythos verbunden.[148]

Trennte die Céline-Rezeption die antisemitischen Werke zunächst vom Romanwerk ab, um den Erneuerer der Literatur, das Sprachgenie des *argot* und dessen künstlerische Reinszenierung und Bearbeitung zu feiern, so wurden diese anschließend reintegriert.[149] Dennoch wurde Céline für die Geschichte des Antisemitismus eher unterschätzt. Hannah Arendt beispielsweise räumte ihm einen herausragenden, ja fast einzigartigen Platz als derjenige französische Antisemit ein, der wie keiner sonst die Radikalität des nationalsozialistischen Antisemitismus verstanden und mitgetragen habe.[150] Julia Kristeva wiederum, die die Trennung zwischen den Romanen und den Pamphleten vermeidet, verbindet Faschismus und Antisemitismus als privilegierten Zugang zur poetischen Sprache. Céline jedoch ist eine zwar besondere, doch keineswegs völlig isolierte und singuläre Gestalt der zweiten antisemitischen Welle im Frankreich der dreißiger Jahre, die anders akzentuiert war als diejenige zu Zeiten der Dreyfus-Affäre.

---

so bösartig –, ihn als Papst des Antisemitismus anzusehen« (Cousteau, Fantôme à vendre, zit. nach Durrafour, *Céline, un antijuif fanatique*, S. 148).

146 »Vielmehr ist mir auffällig geworden, daß die meisten großen Künstler [...] mit Verlaub: Charakterschweine waren. [...] Doderers Dämonen strotzen nur so von faschistoiden Gewaltszenen, in denen ein Trupp Bürger auszieht, um Leute zu verprügeln, bloß weil sie schlecht aussehen. Niemand wird dennoch den literarischen Rang dieses österreichischen Sympathisanten bestreiten wollen. Und was tun sie mit Céline?« (Herbst, *Der Haß hilft nicht*).

147 Alle Schriften außer den antisemitischen Pamphleten finden sich in dieser auf vier Bände angewachsenen kritischen Ausgabe.

148 Diese gängige Darstellung zum Beispiel bei Betz, *Céline im Dritten Reich*.

149 Siehe zum Beispiel die um die Zeitschrift *Tel Quel* ab 1960 beginnende Debatte und schließlich die Arbeit von Kristeva, Pouvoir de l'horreur, auch Hewitt, The Golden Age, in deutscher Sprache Schmidt-Grassee, Les écrits maudits. Schmidt-Grasse nimmt zwar den berühmten Begriff der »jüdischen Leere« (*vide juif*) nicht auf, er entdeckt aber in seiner strukturalistischen Textanalyse einen »ästhetischen Antisemitismus«.

150 »Céline [...] war der einzige Antisemit Frankreichs, der die Tragweite und Radikalität der neuen politischen Waffe voll begriffen hatte« (Arendt, Elemente und Ursprünge, S. 100) oder, aus anderer Perspektive: »Für die nationalsozialistische Kritik des französischen Antisemitismus, von der nur Céline ausgenommen wird [...]« (ebenda, S. 169).

Die ironische Anknüpfung an Drum(m)ont hatte gute Gründe.[151] Denn dem Drumontschen Antisemitismus war insgesamt kein Erfolg beschieden. Zwar erlangte er durch seinen Populismus weite Verbreitung, konnte sich aber dennoch programmatisch nicht durchsetzen. Schon Barrès hatte 1920 beobachtet, daß Drumont den Glauben an seine Mission und dadurch sein Schreibtalent verloren habe.[152] Georges Bernanos aber brachte die Tradition Drumonts zu Beginn der dreißiger Jahre wieder ins Zentrum zurück. »Die große Angst der Gutdenkenden«, eine Biographie Drumonts, war der Versuch, den Mythos des Antisemitismus erneut in die Politik einzuführen, ihn an die Stelle des Sorelschen Mythos der Gewalt zu setzen.[153] Bernanos aber trennte sich nur ein Jahr später von der antigermanischen und antisemitischen *Action française*. Die Nation blieb für ihn Idee und Wert, schließlich kämpfte er aus dem Exil gemeinsam mit de Gaulle gegen die Besatzer. Der Antisemitismus hatte sich nicht verselbständigt, er blieb bei Bernanos auf die Nation als höchste Idee und als höchsten Wert bezogen.

In dieser Arbeit geht es nicht um eine Ideengeschichte der Nation – in der weder Barrès, Salomon oder Céline eine so herausragende Rolle spielen würden – und auch nicht um eine Geschichte der Kollaboration von Schriftstellern in Frankreich. Es gab Autoren, die sich vor der Besatzung als Faschisten verstanden – neben Céline zum Beispiel Pierre Drieu la Rochelle oder Robert Brasillach; es gab andere, die als Pazifisten jeden Krieg vermeiden wollten und denen jede Art des Lebens wichtiger war als zu sterben – sie konnten sich mit den ersteren mischen; und es gab die Opportunisten, die sich den neuen Gelegenheitsstrukturen anpaßten, ohne große Sympathien für den Nationalsozialismus zu empfinden, schließlich existierte eine »journalistische Unterwelt«.[154] Die große Beachtung aber, die gerade die intellektuelle

---

151 Hewitt verweist auf diese Differenzierung (Golden Age, S. 190–200).

152 Barrès, Mes Cahiers, S. 883.

153 Bernanos, La grande peur, 1931 erschienen, war sehr erfolgreich. Bernanos war schon in jungen Jahren Mitglied der *Action française*. »Die große Angst der Gutdenkenden« schließt die Phase des ›Maurrasien‹ mehr oder weniger ab. Es handelt sich um eine Polemik gegen das konservative Bürgertum, das zur Aufrechterhaltung des Wohlstands jedem Prinzip untreu werde. Von 1934 bis 1940 geht er in die Opposition zur französischen Rechten, verurteilt Mussolinis Krieg und Massaker in Abessinien, das Münchener Abkommen und eine antikommunistische Politik, die Hitler akzeptiert. Er verteidigt die Ehre der Nation als politischen Realismus. Wenn man so will: Der ›alte Drumont‹, der die Nation betont, wird gegen die neue Spielart eines Antisemitismus verteidigt, der die Nation nicht mehr kennt. An seinem Beispiel ließe sich zeigen, wie das Festhalten oder auch die teilweise Rückgewinnung des Nationbegriffs den entscheidenden Punkt markiert, nicht zu einem ›kalten Enthusiasten‹ zu werden (siehe zu Bernanos Winock, *Bernanos ou l'anti-Maurras*).

154 Diese vier Typen unterscheidet Verdès-Leroux, Refus et violences, S. 11–15,

Kooperation und Kollaboration im Vergleich zu anderen Formen gefunden hat, ist dem tatsächlichen Mitmachen gegenüber wohl eher zu hoch.[155]

Wenn nach der systematischen Stellung von Selbstthematisierungen und deren Veränderungen gefragt wird, ändert sich die Perspektive. Es handelt sich nicht darum, einen französischen Nationalsozialisten vorzuführen, um so etwa den wesentlichen Unterschied zu verwischen, der darin besteht, daß die französische extreme Rechte nicht aus eigener Kraft die Stelle der Macht besetzen konnte. Vielmehr geht es um die systematische Frage, ob und wie sich an diesem Fall die Auflösung des Begriffs der Nation nachzeichnen läßt und ob man so einen Zugang zur sich vollziehenden extremen Radikalisierung findet. Die Radikalisierung ist dann nicht mehr nur an Gelegenheitsstrukturen zu binden, sondern auch an die spezifische Form der Selbstthematisierung.

Céline, eine extreme, gleichwohl einflußreiche Figur, ist in mehrfacher Hinsicht interessant. Anders als bei von Salomon gibt es eine weitverzweigte Auseinandersetzung mit dem Autor als literarischem Erneuerer des 20. Jahrhunderts und als antisemitischem Rassisten. Seine Biographie ist bis in Einzelheiten erforscht, es existiert nicht nur eine französische, sondern eine internationale Diskussion und Rezeption seines Falles. Dies erleichtert und erschwert die Aufgabe. Eindeutige Bewunderer und Gegner sind leicht auseinanderzuhalten. Schwieriger wird es, wenn man die naheliegende Trennung zwischen Literat und Pamphletist aufgibt und die drei antisemitischen Pamphlete als literarische Texte reintegriert, das heißt gleichzeitig dem Literaten von Rang und dem wüsten Antisemiten gegenübersteht. Célines Biographie wurde einer Reihe von Fragen unterzogen: Gab es eine Kontinuität, gab es einen Bruch oder Brüche? Wie stehen Biographie und fiktive Autobiographie zueinander?[156]

Einem Kollaborateur, zumindest im nachhinein: einem ›Verräter‹, zu unterstellen, die Sache der eigenen Nation mißachtet zu haben, scheint so sehr

---

die Formulierung »une pègre journalistique« ebenda, S. 14; zum Pazifismus vgl. als zeitgenössische Lektüre Bloch, L'étrange Défaite (1940; dt.: Seltsame Niederlage); zu den Journalisten vgl. den Aufsatz von Lenoire, *Association des journalistes antijuifs*.

155 So schreibt Verdès-Laroux zusammenfassend: »Die systematische Lektüre der Publikationen der Jahre 1940–1944 zeigt, daß die Schriftsteller sich in ihrer großen Mehrheit der Kollaboration tatsächlich entzogen haben« (Refus et violences, S. 11).

156 Hierzu gehört zum Beispiel die beständig erzählte Geschichte seiner nicht nur kleinbürgerlichen, sondern ›armen‹ Herkunft. Die meist kritische Biographie von Alméras (Entre haines et passions) rückt hier einiges in ein anderes Licht. Kein Großbürger gewesen zu sein bedeutete keineswegs Armut (zur Biographie siehe umfangreich, mit vielen Quellen, aber im Zweifel meist zu Célines Gunsten, Gilbaut, Céline, Bd. 1–3).

auf der Hand zu liegen, daß man sich damit kaum weiter befassen muß. Célines Antisemitismus ist zudem so bekannt, seine Pamphlete sind so radikal und – bis in ihre Quellen hinein – so gut erforscht, daß es kaum lohnenswert erscheint, noch einmal einen Blick auf sie zu werfen und sie erneut zu skandalisieren.[157] Céline selbst wehrte sich im nachhinein dagegen, je eine »Idee« gehabt zu haben, er sei kein Denker und habe nichts mitzuteilen.[158] Nach dem Krieg war er damit beschäftigt, seinen Ruf wiederherzustellen. Auch er legte keine *Confessio* ab. Er wurde, so seine Darstellung, selbst zum ›Juden‹, der gelitten hatte. Er war im Lager der Negationisten zu finden, mit denen er korrespondierte, ohne je seinen Revisionismus konkret zu machen, ihn deutlich auszusprechen.[159]

Festzustellen bleibt: Céline ist als Judenhasser, Kollaborateur und Schriftsteller berühmt und berüchtigt, und es gab immer wieder Anlaß, über ihn zu reden, zu schreiben und zu forschen.[160] Im Kontext dieser Arbeit geht es nicht darum, wie Céline als Literat einzuschätzen ist. Es wird gefragt, wie in seinen Erzählungen und Konstruktionen das Thema der Nation auftaucht, wie Gesellschaft konzipiert wird. Es ist seine bekannte negative Anthropologie, seine Konzeption des Lebens mit dem Tod im Zentrum, die an die Stelle von Nation *und* Gesellschaft tritt und eine radikale Weiterentwicklung des modernen Antisemitismus Drum(m)onts bedeutet. Löste sich in der Form der Selbstthematisierung, die wir am Fall Salomons analysiert haben, die Nation im Geheimnis auf und wurde das Ich unmittelbar zum Wir, so daß das aktivistische Ich nun theoretisch überall setzen konnte, wo und was das Wir sei, wurde das Wir mit der Auflösung der Nation in Handlung aufgelöst, so kommt mit dem Fall Céline zum großen Ich=Wir die Rasse hinzu. Die in Ereignisse und Handlungen aufgelöste Welt des allmächtig phantasierten Ich/Wir muß auch die Natur herstellen. Der Rassismus muß die Rasse machen. Handeln und Fiktion werden zur Wahrheit.

---

157 Siehe zu den zeitgenössischen Quellen der »Bagatelles« Kaplan, Sources.

158 Céline, Professor Y (»… ich habe keine Ideen, ich! Keine einzige! Und ich finde nichts vulgärer, nichts gewöhnlicher, nichts ekliger als Ideen! Die Bibliotheken sind voll davon! Und die Kaffeehausterrassen! … alle Ohnmächtigen besitzen Ideen in Hülle und Fülle! Und die Philosophen! … die Ideen, das ist ihre Industrie!« – »j'ai pas d'idées, moi! aucune! et je trouve rien de plus vulgaire, de plus commun, de plus dégoûtant que les idées! les bibliothèques en sont plaines! et les terrasses des cafés! … tous les impuissants regorgent des idées! … et les philosophes! … c'est leurs industrie les idées!« [ebenda, S. 497]).

159 Vgl. hierzu als Quellen den Briefwechsel mit Albert Paraz, in: Cahiers Céline: Lettres à Albert Paraz; siehe auch Brayard, Comment l'idée vint à M. Rassinier, Kapitel IV, S. 115 ff.

160 So 1994 zu seinem 100. Geburtstag auch in den deutschen Zeitungen, zum Beispiel Korn, *Eines Lebens Reise.*

Biographische Fiktion: Erfindung, Erfahrung und Wahrheit

Zunächst lassen sich zwei wichtige Unterschiede zu Ernst von Salomon festhalten. Der Schriftsteller und Kollaborateur Céline wird in der Nachkriegszeit, vor allem ab 1957, zum »grand Céline«, zu einem Erneuerer, einem der Erfinder des Romans des 20. Jahrhunderts. Der »große Stilist«, der Schöpfer der »kleinen Musik«, wird den kanonisierten Klassikern seines Landes gleichgestellt und weit über Frankreich hinaus be- und gerühmt. Salomon hingegen verliert seine literarische Bedeutung in der Bundesrepublik. Er wird mehr in Frankreich als in Deutschland gelesen, schreibt aber dennoch den ersten Erfolgsroman der neuen Republik, ohne jedoch einen bleibenden Platz in der Nachkriegsliteratur einzunehmen. Salomon werden keine Kapitel in den literaturwissenschaftlichen Arbeiten und den Darstellungen der Literatur der frühen Bundesrepublik gewidmet, allenfalls findet er kurze Erwähnung. Zwar taucht er in den Besprechungen der Literatur des Jahrgangs 1902 auf, er gehört zur Geschichte vor allem des Rathenau-Attentats und der ›Nationalsozialisten gegen Hitler‹, aber schon die einsetzende zeitgeschichtliche Verarbeitung der frühen Bundesrepublik widmet ihm nur Fußnoten.[161] Céline hingegen festigte ab 1957 seine Stellung.

Sein erster Erfolgsroman, »Voyage au bout de la nuit« (»Reise ans Ende der Nacht«), erzählt eine Auflösungsgeschichte der Welt. Krieg, Kolonialerfahrung, medizinische Praxis, seine Amerikareise und seine Arbeit als Arzt in den schmutzigen Vororten werden als zu einer Welt gehörig dargestellt, die sich verlorengegangen ist und nur noch taumelnd erfahren werden kann. Es ist eine Welt, in der sich beständig Abgründe auftun. Und obwohl die »Reise ans Ende der Nacht«, die keineswegs nur im Krieg stattfindet, oft als Antikriegsroman betrachtet wird, Céline bekanntlich auch von der zeitgenössischen Linken umworben wurde, gab es dort weit mehr als Andeutungen seiner Weltsicht. Bereits ganz zu Anfang des Romans zeigt er diese deutlich an und bestimmt sein Thema:

»›Siehst du, das ist eine Musterzeitung, der *Temps*‹, neckt mich Arthur Ganate. ›Gibt keine andere, die die französische Rasse so gut verteidigt!‹ – ›Hat die französische Rasse auch nötig in Anbetracht dessen, daß sie nicht existiert!‹ antwortete ich prompt, um zu zeigen, daß ich auf dem laufenden war. ›Aber ja! Sie existiert, und wie! Und wie fein sie ist!‹ beharrte er. ›Die schönste Rasse auf der Welt, und nur ein Esel wird das leugnen!‹ Jetzt war er im besten Zug und schimpfte auf mich ein. Natürlich habe ich ihm standgehalten. ›Das ist nicht wahr! Das, was du Rasse

---

161 Siehe zu den Literaturdarstellungen der frühen Bundesrepublik zum Beispiel Reich-Ranicki, Deutsche Literatur; siehe zur Literatur des Jahrgangs 1902 Vondung, Apokalyptische Erwartung; zur Geschichte der frühen Bundesrepublik Frei, Vergangenheitspolitik.

nennst, ist nichts weiter als ein großer Kehrichthaufen armer Leute meines Schlages, Triefäugiger, Lausiger, Erstarrter, die hier gestrandet sind, von Hunger, Pest, Geschwüren und Kälte verfolgt, die Besiegten von allen Enden der Welt. Weiter konnten sie nicht mehr wegen des Meeres. Das ist Frankreich, und das sind die Franzosen.‹«[162]

Frankreich ist nur noch eine Mischung von Gestrandeten aus allen Ecken der Welt, die nicht mehr weiterkamen. Aller Beteuerungen zum Trotz gibt es die »schöne Rasse« nicht mehr. Céline wird die Auflösung darstellen, zunächst als eine Beschreibung des Ungültigwerdens des alten Patriotismus, der Begeisterung und der Leidenschaft, mit der man in den Krieg gezogen war, der kein Ende nehmen wollte. Was waren die Soldaten in Wirklichkeit? Waren sie Angestellte, Koch oder Berufssoldaten? Es waren normale Leute, von denen Begeisterung verlangt wurde, Begeisterung, die keinen Sinn (mehr) machte. »Die Pferde haben's gut. Sie müssen den Krieg zwar ebenso erdulden wie wir, aber man verlangt wenigstens nicht von ihnen, daß sie sich dafür erklären und so tun, als ob sie daran glaubten. Unglückselige Pferde – aber sie sind frei! Diese Hure von Begeisterung gibt sich leider nur uns.«[163]

Es ist nicht die Niederlage, wie im Falle Salomons, die den triumphalistischen Nationalismus fragwürdig macht, sondern der moderne Krieg der Begeisterung und Freiwilligkeit selbst und mit ihm der Bürgersoldat, die in die Kritik geraten. Es waren die Philosophen, die den Weg der Freiheit zeigten; der Autor nennt die Klassiker Diderot und Voltaire. Man brauchte keine Analphabeten mehr, sondern Zeitungsleser: Bürger und Soldaten, »begeisterte Befreite« (*émancipés frénétiques*), erste »wählende und flaggentolle Trottel«. Der freiwillige Soldat war neu.[164]

»So neu, daß Goethe, obgleich er Goethe war, ganz davon geblendet wurde. [...] Als er diese zerlumpten und leidenschaftlichen Kohorten sah, die einer plötzlichen Eingebung folgten und gekommen waren, um sich vom Preußenkönig als Verteidiger der neu erschienenen patriotischen Fiktion die Därme aus dem Bauch reißen zu lassen, da wurde Goethe sich bewußt, daß er noch viel dazuzulernen hatte. ›Von hier und heute‹, rief er großartig aus, nach den Gewohnheiten seines Genies, ›geht eine neue Epoche in die Weltgeschichte aus.‹ Nicht mehr und nicht weniger! Da es ein ausgezeichnetes System war, fing man dann an, Helden serienweise herzustellen, und infolge der Vervollkommnung des Systems sind sie immer billiger geworden. Alle Welt hat sich wohl dabei befunden. Bismarck ebenso wohl wie die beiden Na-

---

162 Céline, Reise, S. 10. Ich werde im folgenden in zwei Fällen den französischen Text in den Fußnoten wiedergeben: wenn ich glaube, daß die vorhandene Übersetzung unzureichend ist; wenn ich die Übersetzung selbst gemacht habe. Ich weiche damit von der bisherigen Vorgehensweise, Übersetzungen einfach vorzunehmen, ab.
163 Ebenda, S. 43.
164 Ebenda, S. 78.

poleons, Barrès und die Reiterin Elsa [ein Buch des französischen Schriftstellers Pierre Mac Olan, Anm. d. Ü.].«[165]

Die Freien und die Begeisterten werden immer mehr und immer billiger produziert. Leidenschaft ist nicht mehr eine Frage der wenigen, des Virtuosentums eines Einzelnen. Jetzt sind die Massen berufen, versehen »mit einem Stückchen Schatten des von Staat und Gemeinde errichteten Ehrenmals«.[166] Die krepierenden Massen sind Ergebnis der Emanzipation und eines fadenscheinig gewordenen triumphalistischen Nationalismus. Das direkt anschließende nächste Kapitel thematisiert im ersten Satz den »trüben Frieden«.

»Noch im Kriege streute der trübe Frieden seine Saat aus. [Absatz in der französischen Ausgabe] Man konnte diesen Hysteriker [*cette hystérique rien*, i. O.] vorausahnen, wenn man ihn in der Olympia-Taverne herumwirtschaften sah. Unten in dem langen, aus hundert Spiegeln schielenden Saal des Keller-Dancing stampfte er im Staub und in völliger Trostlosigkeit zu negerisch-jüdisch-angelsächsischer Musik herum. Engländer und Schwarze durcheinander. Levantiner und Russen, rauchend, lärmend, melancholisch, martialisch, die purpurnen Sofas entlang. Diese Uniformen, an die man sich heute kaum mehr erinnert, waren der Keim des Heute, dieses Dinges, das noch immer wächst und erst später, mit der Zeit, gänzlich zu Jauche werden wird.«[167]

Der spätere antisemitische Pazifist, der den Volkskrieg als Ergebnis der Emanzipation bezeichnet, denunziert den sich schon im Krieg abzeichnen-

---

165 Ebenda, S. 79.
166 Ebenda, S. 80.
167 Ebenda, S. 81. Den Soziologen, der zunächst die Arbeiten Célines und erst danach die weite Sekundärliteratur las und, bedingt durch ein spezifisches Erkenntnisinteresse, diese Stelle nicht überlesen konnte, erstaunte die ungenaue Übersetzung und folgende Anmerkung des kritischen Céline-Biographen Alméras: »So glaube ich zum Beispiel der erste gewesen zu sein, der auf drei Worte hinwies, die mehr als einige Leser des ersten Romans Célines beständig überlesen haben. Diese Stelle findet sich schon zu Beginn der Geschichte« (Alméras, Céline's Masquerade, S. 65). Es waren die drei Worte »negerisch-jüdisch-angelsächsisch«, der ich die drei Worte »dieses hysterische Nichts« hinzufügen möchte, denen ich eine systematische Bedeutung zuschreibe. Die französische Stelle lautet: »Déjà notre paix hargneuse faisait dans la guerre même ses semences. [i. O. folgt Absatz] On pouvait deviner ce qu'elle serait, *cette hystérique rien* [Hervorhebung U. B.] qu'à la voir s'agiter déjà dans la taverne de l'Olympia. En bas dans la longue cave-dancing louchante aux cent glaces, elle trépignait dans la poussière et le grand désespoir en musique négro-judéo-saxonne. Britanniques et Noirs mêlés. Levantins et Russes, on en trouvait partout, fumants, braillants, mélancoliques et militaires, tout du long des sofas cramoisis. Ces uniformes dont on commence à ne plus se souvenir qu'avec bien de la peine furent les semences de l'aujourd'hui, cette chose qui pousse encore et qui ne sera tout à fait devenue fumier qu'un peu plus tard, à la longue« (Voyage, S. 72).

313

den Frieden als »hysterisches Nichts«. Der zweite Satz der zitierten Stelle kann folgendermaßen übersetzt werden: »Man konnte schon ahnen, was aus ihm werden würde, diesem hysterischen Nichts, wenn man ihn schon in der Olympia-Taverne herummachen sah.« Dieses Nichts ist in den Kellern zu finden, und der Frieden als »hysterisches Nichts« wird als schwarz, jüdisch und angelsächsisch charakterisiert. Es ist die Melange der Leute, die sich im Keller-Dancing vermischen: Briten und Schwarze, Russen und Levantiner. Im hysterischen Frieden hat sich das Falsche durchgesetzt, in der vibrierenden schwarzen, das heißt angelsächsischen Musik, dem sich nach dem Ersten Weltkrieg auch in Europa mehr und mehr durchsetzenden Jazz, zeigt sich die gefährliche Vermischung. Die zunächst überraschende Reihenfolge – schwarz, jüdisch, angelsächsisch – enthüllt ihren Sinn, betont man die Mittelstellung des Jüdischen als Heraushebung und verbindet man diese Aussage mit der Anfangspassage der »Reise ans Ende der Nacht«: Frankreich, die Franzosen als Rasse existieren nicht mehr, sie haben sich mit allen Gestrandeten dieser Welt vermischt. In diesem jüdischen, hysterischen Nichts des Friedens, in dem die ›jüdische Leere‹ der »Bagatelles pour un massacre« vorweggenommen ist, beginnt die Reise des Protagonisten Bardamu, der noch nicht wie in den späteren Schriften mit dem Autor identisch wird – eine Reise, die er allein antreten mußte.

Die »Reise ans Ende der Nacht« war ein Überraschungserfolg. Der Autor wurde mit seinem Erstling berühmt und war aufgrund seines Sprachstils sofort umstritten. Wer war dieser Autor? Céline gibt Interviews, erzählt wenig Richtiges und viel Falsches über seine Herkunft. Eine dieser falschen Geschichten betrifft seine Anstellung bei Ford in Amerika. Er hatte die Ford-Werke als Mitglied einer Delegation des Völkerbundes besucht und in der »Reise« verarbeitet. Doch hat er dort nicht vier Jahre als Arzt gearbeitet. Er identifiziert sich mit dem Fordschen Rassismus, der unter anderem den Jazz als von New Yorker Juden inszenierte und gemanagte Niggermusik ansah. Es ist die nordische Reinheit, die durch Alkohol und Jazz gefährdet ist. Bereits in Célines erster Veröffentlichung findet sich eine Reihe von Anzeichen für seinen später vertretenen biologischen Antisemitismus.

Schon in der »Reise ans Ende der Nacht« beginnt Célines Schreiben bei sich selbst. Dort allerdings bezeichnet er sich noch versteckt als Bardamu. Im ersten antisemitischen Pamphlet, den »Bagatelles pour un massacre«, werden das Ich des Textes und der Autor dann vollständig zur Deckung gebracht. Alles wird autoreferentiell, Selbstbeschreibung und Beschreibung der Welt durch das Ich werden zur ›Wahrheit‹ und beanspruchen Gültigkeit. Daher ist es nötig, seine Biographie zu erforschen.[168] Die konstruierte, ›wah-

---

168 Gibault, Céline (Bd. 1–3) ist äußerst akribisch, bleibt in seiner Deutung aber meist von Sympathie getragen; die Darstellung Alméras (Céline) gleicht dies zum Teil aus.

re‹ Biographie steht der rekonstruierbaren, ›wirklichen‹ Biographie gegenüber, wie sie einem widersprüchlich in Célines Schriften, Interviews und Briefen entgegentritt. Am Ende sollte Erfahrung gegen Geschichte gestellt und das Ich die einzige Instanz werden, die über die Gültigkeit der Erfahrungen zu urteilen vermochte. Die Emotionen wurden zu Erfahrungen gemacht und diese als einzige Wahrheit zugelassen. Es galt, alles sagen zu können, »tout dire«. Da aber die Wahrheit nicht mehr unmittelbar, direkt ausgesprochen werden konnte, mußte sie den Weg über die körperlichen Empfindungen nehmen. »Wenn unsere Musik ins Tragische umschlägt, dann deshalb, weil sie ihre Gründe hat. Die Worte von heute, wie auch unsere Musik, reichen weiter als zur Zeit Zolas. Wir arbeiten jetzt mit der Sensibilität und nicht mehr mit der Analyse, insgesamt gesehen ›von innen heraus‹.«[169]

Wer war Céline, dieser *Inconnue de la Seine*? Der so plötzlich berühmt gewordene Autor wuchs in kleinbürgerlichen Verhältnissen in Paris, genauer in den Passagen des Viertels um das Palais Royal, wo seine Mutter mit edlen Spitzen handelte, auf. Einkommen und eine Erbschaft ermöglichten es den Eltern, ihren Sohn auf eine Privatschule wechseln zu lassen und zum Erlernen der Sprachen zu Aufenthalten nach Deutschland und England zu schicken, wobei Vater und Mutter oder auch nur der Vater den Jungen jeweils für längere Zeit begleiteten. Céline lernte Klavierspielen und absolvierte Praktika bei verschiedenen größeren Händlern seiner Gegend. Er sollte Schmuckhändler werden, einen Beruf, den er auch im September 1912 angab, als er zum 12. Kürassier-Regiment in Rambouillet ging, um seine dreijährige Militärzeit zu absolvieren. Céline war kein Kriegsfreiwilliger. Er nahm für kurze Zeit, genau drei Monate lang, als Soldat am Ersten Weltkrieg teil und wurde bald am Arm verwundet – eine Verwundung, aus der er einen Kult machen sollte. So erschien in der Zeitschrift *L'illustré national* ein Bild, auf dem der Kürassier im Galopp auf zwei Deutsche zureitet. Die Legende nennt den Logiermeister (*maréchal des logis*) Destouches, der unter heftigem Feuer einen Befehl überbringt und danach schwer verletzt wurde.[170] Immer wieder wird er auf diese Szene verweisen, auf seine Verletzung und seine Erwerbsunfähigkeit.

Im Mai 1915 wurde Céline zum Botschaftsdelegierten in London er-

---

169 Der schnell berühmt gewordene Autor Céline wird 1933 eingeladen, die Ansprache zum Todestag Émile Zolas zu halten (*Hommage à Zola*). 1932 erst war die »Reise« erschienen. Statt des Prix Goncourt erhält Céline den Prix Théophraste Renaudot, für ihn ein schlechter Ersatz. Die Einladung zur Rede ist zwar eine Anerkennung, die er aber nur widerstrebend annimmt, da er Zola nicht mag. Er wird nur eine Arbeit von ihm erwähnen, den Roman »Der Totschläger«.

170 Diese zweifelhafte Anekdote findet man bei Alméras, Céline, S. 42 f.

nannt, genoß als Zwanzigjähriger die Freiheit des Bohemelebens in Zeiten des Krieges. Er trifft in seiner Funktion als Konsulatsangehöriger unter anderem Mata Hari, lernt Künstler und Schauspieler kennen, besucht die englischen Music Halls mit ihrer Mischung aus Musik und Tanz. »Es ist ein Ball unterhalb des Terrors.«[171] Allerdings war es für ihn kein »Tanz über den Gräben«, diese hatte Céline längst verlassen.[172] Anfang 1916 kehrt er nach Paris zurück und fährt kurz darauf für sechs Monate als Kolonialverwalter nach Afrika. Er nutzt die Zeit als Plantagenverwalter zum Lesen und Schreiben, nebenbei macht er Geschäfte auf eigene Rechnung.

Im Juni 1916 kehrt er nach Paris zurück. Célines Freund aus Londoner Tagen, Edouard Benedictus, gibt dort eine Zeitschrift mit dem Titel *Eureka* heraus, für die Céline nun als Sekretär, Redakteur und Übersetzer arbeitet. Er lernt das Milieu kennen, schließt Freundschaften. In einer von der Rockefeller Foundation finanzierten Anti-Tuberkulose-Kampagne – Frankreich hatte zu dieser Zeit die niedrigste Geburten- und die höchste Sterberate innerhalb Europas – nimmt er mit zwei Freunden als Conferencier am Aufklärungskampf gegen diesen inneren Feind teil, der mit dem Ruf »Vivent les Alliés! Vive la France! Vive l'Amérique!« endet. Der Kampf im Inneren ist mit dem gegen den äußeren Feind verbunden, der Virus trägt einen deutschen Namen, es ist ein patriotischer Kampf. Louis Ferdinand Destouches kommt mit der Medizin und mit Medizinern in Berührung, er trägt eine amerikanische Uniform, spricht bald zwei Sprachen, ist dekorierter Soldat und lernt in Rennes seine Frau Edith Folles kennen, die Tochter eines Klinikdirektors. Schließlich holt er 1919 unter Sonderbedingungen das Abitur nach und studiert in Rennes an der medizinischen Fakultät. Er gehört zur Gesellschaft, wohnt in einer eigenen Wohnung im Haus der Schwiegereltern, die zudem eine monatliche Summe von 2000 Francs zahlen. Seinen Namen braucht er nun nicht mehr zu »veradeln« (des Touches) – was er vorher getan hatte – und nennt sich nun wieder Destouches: »Je suis né peuple.«

Ende 1922 kehrt er nach Paris zurück. Er arbeitet in einem Klinikum und schließt dort sein Studium ab. In den Ardennen tritt er seine erste Arztstelle an. Er promoviert über ein Thema aus der Hygiene: *Das Leben und Wirken des Arztes Ph. J. Semmelweis,* »un roman hugolien à sujet médical«, wie Alméras schreibt.[173] Die Arbeit, auch sein erstes literarisches Werk, wird nach Korrekturen zur Publikation freigegeben. Die Wochenbettsterblichkeit in der Klinik von Semmelweis lag nicht, wie von Céline angegeben, bei 96 Prozent, sondern, wie ein ungarischer Mediziner in einem Gutachten klar-

---

171 Alméras, Céline, S. 45.
172 Siehe in diesem Zusammenhang die Studie von Ekstein, Tanz über den Gräben.
173 Alméras, Céline, S. 77; Céline, Semmelweis.

stelle, bei 31 Prozent. Louis Ferdinand Destouches hatte seinen Stoff auch
an anderen Stellen dramatisiert, sah sich aber nicht zu Änderungen genö-
tigt, auch nicht in der späteren Veröffentlichung der Doktorarbeit zusammen mit »Mea Culpa«, seinem ersten, antikommunistischen Pamphlet.[174]
   Außer der Beschäftigung mit der Hygiene und der Dramatisierung des
Lebens von Semmelweis enthielt die Arbeit eine eher klassisch-konservative
Kritik des republikanischen Frankreichs. »Von seinen Illusionen geblendet
[er spricht über einen Freund von Semmelweis, der dessen Entdeckung in
Paris bekanntmachen sollte, U. B.], sieht er in Frankreich nicht nur eine Republik des Gesetzes, sondern auch des Geistes. Hatten das nicht schon zwei
Revolutionen erwiesen?« Frankreich war für Céline das Land der »Legisten«, rechtlich integriert, ohne wahren Geist und das heißt ohne völkische
und rassische Homogenität.[175] Ein anderer Satz kann als ein vorweggenommenes Motto gelesen werden: »In der Geschichte aller Zeiten ist das Leben
nichts als ein Rausch, die Wahrheit der Tod.«[176] Zwei Kernbegriffe Célines
werden schon hier genannt. Céline bindet sich nicht an einen Begriff von
Gesellschaft und Nation, sondern an die Begriffe Leben und Tod. Der
»Rausch« wird noch nicht zum persönlichen »délire« gesteigert, ein Begriff,
den er während der Arbeit an der »Reise« entwickelt. Die Gespenster des

---

174 Die Publikationsstrategie Célines wird schon hier deutlich. Der Erfolg des
   Newcomers auf dem literarischen Markt mußte fortgeführt werden. Nach der
   »Reise« wurde ein früher geschriebenes Stück, »L'Église«, eine Vorarbeit zur
   »Reise«, veröffentlicht. Sein antikommunistisches Pamphlet aber war zu kurz,
   um alleine veröffentlicht zu werden. Die Lösung bestand darin, die Doktorarbeit über Semmelweis anzuhängen. Céline war kein typischer Fellow-Travel-
   ler, er fuhr nach Leningrad, um seine Autorenhonorare der russischen Übersetzung der »Reise« abzuholen (die Übersetzung stammte von Aragons Frau).
175 1942 veröffentlicht Carl Schmitt in der Vierteljahresschrift des Deutschen Instituts Paris seinen Aufsatz *Die Formung des französischen Geistes durch den
   Legisten*. Er stellt dort die weitgehende »Assimilierungstendenz« der Franzosen heraus. Die Homogenitätsdefinition ergäbe sich aus dem *droit civil*. »Die
   Homogenität, ohne die es kein Gemeinwesen gibt, ist hier weder von der Religion noch von der Rasse bestimmt; sie liegt in einem juristisch bestimmten
   régime civil« (ebenda, S. 26). Das *droit civil* aber solle zum »Gesetz eines Welt-
   staates« (ebenda, S. 28) gemacht werden und diene dadurch englischen Welt-
   marktinteressen. Die Tragik des französisch-legistischen Geistes liege in seinem Erfolg, den ersten zentralen Staat in Europa geschaffen zu haben. Diese
   Größe aber bedinge das Scheitern, die Franzosen seien auf die Enge des Staates
   begrenzt. »In einem mächtigen Wandel aller geschichtlichen Begriffe entstehen
   neue Inhalte und neue Proportionen, steigen neue Raumbegriffe auf und bildet
   sich ein neues Recht in neuen Ordnungen. Dieses Mal wird die Ordnung von
   Deutschland und vom Reich her gewonnen« (ebenda, S. 30).
176 Ich zitiere in diesem Fall aus der deutschen Übersetzung, die auch in Deutschland zusammen mit »Mea Culpa« erschien (Céline, »Mea Culpa«, S. 104).

Todes aber sind allgegenwärtig, die negative Anthropologie als eine seiner Grundlagen ist schon vorhanden. Der Satz »Die Wahrheit ist der Tod« aber ist in seiner doppelten Bedeutung zu lesen, zum einen in seinem konkreten, zum anderen in seinem latenten Sinn, daß nämlich die Orientierung an der Wahrheit, zum Beispiel an den tatsächlichen Sterbeziffern, zum Untergang führt. Céline jedenfalls wird sich an *diese* Wahrheit nicht halten.

Durch seine Verbindungen bekommt Céline eine, wiederum von der Rokkefeller Foundation finanzierte, Stelle beim Völkerbund in Genf als *technical officer*. Sein Vorgesetzter, nicht sein Arbeitgeber, ist ein polnischer Jude, Dr. Rajchman, dem wir im dritten Akt des Stückes »L'Église« wiederbegegnen. Céline arbeitet drei Jahre beim Völkerbund, reist als Hygienefachmann um die Welt, fährt erneut nach Afrika, dann nach Amerika, und reist innerhalb Europas. In Genf lernt er die Tänzerin Elizabeth Craig kennen und trennt sich von Frau und Kind. Im Tanz und in den Tänzerinnen als Typus entdeckt er sein Ideal, findet den unmittelbaren körperlichen Ausdruck.[177] Nach seiner Rückkehr nach Paris arbeitet er stundenweise als Arzt, reist immer wieder für den Völkerbund und schreibt darüber Berichte, bis er mit der »Reise« zum Erfolgsautor wird.

Seine Erfahrungen beim Völkerbund hatte er schon in seinem Stück »L'Église« dargestellt, das 1926/27 entstanden war, aber erst nach dem Erfolg von »Voyage« 1933 veröffentlicht wurde. Im dritten Akt dieses Stückes diffamiert er den Völkerbund als jüdisch und läßt seinen Vorgesetzten als »Yudenzweck« auftreten. »Die Kirche« und ihre Themen gehen, mit Ausnahme des dritten Aktes, in die »Reise« ein. Nach dem Erfolg der »Reise« veröffentlicht Céline das Stück. »Yudenzweck« wird als traditioneller, polnischer Jude gezeichnet, klein, mit einer krummen Nase, gerissen und vorsichtig, einer, der Schecks verteilt und die Konflikte schürt, die er befrieden sollte. Vor allem aber wird der Völkerbund in Célines Schilderung von den Juden beherrscht.[178]

Sein zweiter Roman, an dem er wiederum vier Jahre arbeitete, »Tod auf Kredit«, beschreibt den – vermeintlichen – Niedergang des französischen Kleinbürgertums vor 1914. Er führt in die Zeit vor dem Ersten Weltkrieg, in die Belle Époque zurück. Der Untergang der kleinen Händler wird als

---

177 Meier, Emanzipation als Herausforderung, geht dem Verhältnis einiger neuer Rechter in der ersten Hälfte des 20. Jahrhunderts, unter anderem Céline, zum Körper und zu den Frauen nach.
178 Die zeitgenössische Kritik in Frankreich nimmt das Stück wohlwollend auf, auch die linke. So begrüßt *Le canard enchaîné* insbesondere den Humor des dritten Aktes. »Es existiert eine solide Tradition eines linken Antisemitismus«, so Alméras (Haines et passions, S. 139). Aragon schreibt Céline einen offenen Brief, nicht um ihn zu tadeln, sondern um ihn zu umwerben, trotz »seiner kleinen Ideen über die Juden« (zit. ebenda, S. 149).

Untergang der Welt, das heißt der Welt seiner Eltern, beschrieben. Das Datum 1900 und die Weltausstellung, auf die er schon in seiner Zola-Rede hingewiesen hatte, werden für Céline zum symbolischen Jahr. Seinen Vater läßt er sagen: »... Das ganze Zeug von Teufeleien ... Das Schicksal ... Die Juden ... Das Pech ... Die Ausstellung ... Die Vorsehung ... Die Freimaurer ...«[179] Wie komplex der Roman auch ist, es ist die Beschreibung des Untergangs einer als ›golden‹ wahrgenommenen Zeit genau zu dem Zeitpunkt, an dem die Unsicherheit wahrnehmbar und am Beispiel der Familie Célines (seine Mutter war Händlerin in den Passagen, sein Vater Versicherungsangestellter) beschrieben wird.[180] Die Halluzination der Kindheit findet sich im Bild der Weltausstellung als großem Schwindel wieder, der die Erosion einer Klasse, des Kleinbürgertums, und einer Lebensform verdecken soll. Zeit und Geld sind die Themen, die der ›Proust der kleinen Leute‹, denen der Ausweg einer Ästhetisierung nicht möglich ist, als ›jüdische‹ vorgibt.[181]

Auch wenn »Tod auf Kredit« nicht so erfolgreich ist wie die »Reise«, so festigt er doch den Ruf als Erfolgsautor und Stilist. Die Methode der fiktionalen Biographie,[182] die Fiktion betonend und die Biographie konstruierend, wird immer weiterentwickelt und schließlich bis zum Gebrauch des Ich und des Eigennamens vorangetrieben.[183] Céline bedient sich einer Methode, die dem dokumentarischen Roman Salomons verwandt ist, aber weitergetrieben wird. Er muß sich nicht für Handlungen rechtfertigen. Wird dem einen der Roman zur Dokumentation und die Dokumentation zum Roman, um mit der Darstellung der eigenen Geschichte über die ganze Geschichte zu verfügen und so die Grenzen von Dokumentation, Erleb-

---

179 Céline, Tod auf Kredit, S. 149.
180 Siehe zur Analyse des Romans Hewitt, The Golden Age.
181 Proust wird von Céline schon in der »Reise« erwähnt. Er sei »selbst ein halbes Gespenst, verliert sich beharrlich im Unendlichen [...]« (Reise, S. 83). Céline stellt ihm die Menschen aus dem Volk gegenüber, derb, simpel und klar, mit beiden Füßen fest auf dem Boden stehend. Céline hat sein Ziel durchaus erreicht. »Heute stellen die Franzosen Louis Ferdinand Céline neben Marcel Proust und feiern ihn als einen der größten Dichter des Jahrhunderts« (Korn, *Eines Lebens Reise*). Zeit und Geld als Themen des Romans arbeitet Hewitt, Golden Age, heraus.
182 Vgl. hierzu Jurt, *Autobiographische Fiktion.*
183 Siehe zum Zusammenhang von Fiktion und Biographie Jurt, *Autobiographische Fiktion.* Die Céline-Forschung ist mittlerweile soweit möglich der Biographie und der Selbstdarstellung des Autoren detailliert nachgegangen. Im Kontext dieser Arbeit geht es nicht darum, Wahrheit und Selbstdarstellung/Selbstthematisierung gegenüberzustellen. Der Selbstthematisierung Célines geht es nicht um Darstellung seiner tatsächlichen Biographie, sondern ständig um eine Selbstverortung zwischen Politik, literarischem Markt und Person.

nisbericht und Erfindung aufzuheben, so historisiert Céline die Fiktion unmittelbar. Die Fiktion wird schließlich selbst zu einer Theorie der Geschichte als erlebte Geschichte. Zug um Zug wird die Fiktion, die als Sensibilität die Analyse ersetzen soll, zur selbststilisierten Form und kann als bloßes Stilmittel behauptet werden, um dann aber doch darin die einzige Wahrheit zu sehen. Erfindungen und Stilisierungen sind einem Roman nicht vorzuwerfen, er lebt davon. Der sozialkritische Roman »Tod auf Kredit« erzählt keine wahren Situationen. Er beschreibt nicht die tatsächliche Lage des Pariser Kleinbürgertums, schon gar nicht das tatsächliche Schicksal seiner Familie. Das Kleinbürgertum geriet in die Krise, aber es ist nicht untergegangen. Die großen Kaufhäuser bedeuteten ebensowenig dessen Ende wie die Weltausstellung; Célines Familie verarmte nicht. Dennoch ist der Roman »Tod auf Kredit« eine bemerkenswerte Darstellung der Krise des Kleinbürgertums um die Jahrhundertwende.[184] Céline erzählt keine falsche, aber eine verzerrte und dramatisierte Geschichte dieser Krise. Zusammen mit der »Reise ans Ende der Nacht« ist »Tod auf Kredit« die Beschreibung des Untergangs der Welt zwischen 1890 und 1930. Geblieben war Céline der Haß, den er in »Tod auf Kredit« als eine Form des Selbsthasses des Kleinbürgertums – auf den schimpfenden Vater und die ewig arbeitende Mutter, die stinkenden Passagen, die eher als Kloaken dargestellt werden – thematisiert.

Das Verschwinden der Nation

Schon am Anfang der »Reise« hatte Céline den Kontext genannt, in dem er seinen Roman ansiedelte. Die »schöne Rasse«, schreibt er, existiert nicht mehr. Er schildert die Auflösungen und kann dabei – er war ein exzellenter Erzähler und Polemiker – mit Leichtigkeit »aus einem Schneeball eine Lawine« machen.[185] Céline ist bekannt, verdient gut und reist viel. Nach der Rückkehr aus St. Petersburg, wo er sich die Tantiemen der russischen Ausgabe holen wollte, schreibt er »Mea Culpa«, einen kurzen zwanzigseitigen Text, dem für die Veröffentlichung seine Doktorarbeit über Semmelweis angehängt wird. Auch dieses Werk wird ein Erfolg, der ›linke‹ Céline wechselt auf die rechte Seite. Im Dezember 1937 erscheint das erste antisemitische Pamphlet, »Bagatelles pour un massacre«. Sein Erfolg übertrifft alles, die Schrift ist in jeder Bahnhofsbuchhandlung erhältlich. Die »Bagatelles« stehen im Kontext eines verschärften Diskurses und zunehmender Polemiken gegen den *Front populaire* nach 1936. Die antisemitische Rechte begrüßt den Text. Célines Stellung ist nun klar, er ist befreit.

---

184 Siehe zum Beispiel Hewitt, Golden Age, S. 103.
185 So Korn, *Eines Lebens Reise*.

Céline wird zum ›intellektuell-propagandistischen‹ Bezugspunkt einer kleinen, aber nicht unwichtigen Gruppe von Extremisten in Paris und bleibt dies auch während der Okkupationszeit. Er wird, wie es Pierre-Antoine Cousteau, ein späterer Kollaborateur und Journalist, beschreibt, für »eine ganze Generation junger Soldaten, die schließlich ›feldgrau‹ wurden«, zum Vorbild.[186] Ernst Nolte sieht die Problematik, in die die *Action française* und der in der Dreyfus-Affäre geborene integrale Nationalismus mit seiner Mischung aus Nationalismus (»déesse France« war der Begriff Maurras' für Frankreich) und Ichbesessenheit, die auf ein zu beherrschendes Kollektiv übertragen wurde, in den dreißiger Jahren geraten war: »Inmitten dieser jungen und neuen Welt [der neuen rechten Gruppen wie Jacques Doriots *Parti Populaire Français*, der *Jeunesses Patriotes*, den *Francisten* und anderen, U. B.] stand die *Action française* wie ein erratischer Block aus Urzeiten. [...] [Aber] sie nahm nicht mehr die äußerste Rechte der politischen Welt ein und hatte längst nicht mehr das Monopol heftiger Reden und entschiedener Gesten.«[187] Die neue, radikal moderne Rechte aber war auch in Frankreich nicht nur eine von »Turbulenz, Uniform, Geländespiel und ein[em] entschlossenen Gesicht des dynamischen Führers nach dem Muster Mussolinis«.[188] Charles Maurras und mit ihm die meisten der alten Generation der antigermanischen *und* antisemitischen Nationalisten, die der Jahrhundertwende und den ersten Jahren der Dritten Republik entstammten, mußten sich zwischen den Polen des Antigermanismus und des Antisemitismus entscheiden, damit auseinanderhalten, was sie im internen Kampf vermischt hatten. Und obwohl Maurras den Nachnamen Léon Blums als »fleur« übersetzt hatte und damit einen deutschen Ursprung Blums ebenso wie die absurde Gleichung deutsch gleich jüdisch suggerierte, war seine Entscheidung während der Okkupation eindeutig: »la déesse France« realisierte sich für ihn besser mit Pétain und vor allem durch den Antisemitismus, wie es Ernst Nolte richtig beschreibt.[189] Es handelte sich aber noch um eine Entscheidung, die widerrufen werden konnte. Anders formuliert: In der sich selbst

---

186 Cousteau, Fantôme à vendre, zit. nach Durrafour, *Céline, un antijuif fanatique*, S. 148; siehe eine Biographie zu Cousteau in Taguieff, Antisémitisme de plume, S. 389–395.
187 Nolte, Faschismus in seiner Epoche, S. 117.
188 Ebenda.
189 Es sind die vergebenen Namen, die auf eine nichtautochthone Herkunft verweisen sollen. Das Spiel der Namen und mit den Namen ist zwar nicht auf den ersten Blick kohärent: Beispielsweise wird Léon Blum zu »Leon Karfunkelstein, bekannt als Blum«, dann wieder wird ihm vorgeworfen, Frankreich »türkifiziert« zu haben. Die Namensgebungsprozesse aber haben eine andere Funktion. Sie sollen den Bezeichneten als jemanden kennzeichnen, der nicht ist, was er vorgibt zu sein, der etwas zu verbergen hat, der eigentlich für etwas anderes steht.

rechtfertigenden Berufung auf die kleine, aber für Maurras entscheidende Differenz zwischen »antisémitisme d'état« und »antisémitisme de peau«, die für ihn den wichtigen Unterschied zwischen der französischen und der deutschen Rechten ausmachen sollte, steckte noch ein Körnchen Wahrheit, auch wenn diese taktisch eingesetzt werden konnte.

Es läßt sich so eine enge Verknüpfung zwischen der alten und der neuen Generation feststellen.[190] Dennoch waren die Anhänger der *Action française* nicht nur durch den Bezug auf eine gemeinsame Doktrin gekennzeichnet; das alphabetisch geordnete, fünfbändige »Dictionnaire politique et critique« von Maurras einte sie keineswegs. Sie bezogen sich auf etwas anderes. Maurras »war ein Mann der Verweigerung«.[191] Man konnte die gegenwärtige Gesellschaft und alles Neue ablehnen, aber man konnte auch in einer rebellisch-avantgardistischen Attitüde die Ablehnung selbst zum Prinzip machen und ein nie präzisiertes Anderes fordern. Man konnte, wie es Jeanne Verdès-Leroux schreibt, ein Anhänger Maurras und ein »Bruder der ›Geächteten‹ Ernst von Salomons« sein. Aus dieser Gruppe entsprang die Mischung, die schließlich den Maurrassismus überwand. Der integrale Nationalismus der *Action française* war aus der Niederlage entsprungen, war noch in seinem Aktionismus reaktiv und mit seinem Klassizismus auch ästhetisch anachronistisch geworden. Kurz, für die neue Generation, die sich ab 1930 von der alten mehr und mehr abhob und die, auch wenn ihre Bedeutung nicht überschätzt werden darf, einige mehr oder weniger bekannte Intellektuelle, Schriftsteller und Journalisten erzeugte oder überzeugte, galten andere Orientierungen. So sind etwa für den schon erwähnten Pierre-Antoine Cousteau, einem antisemitisch-faschistischen Schreiber, zunächst Edouard Drumont und dann Georges Sorel, die als Personen und als Autoren Antisemitismus und den Begriff der Gewalt verknüpfen sollen, die bevorzugten Denker. Seine Vorbilder jedoch, die die neue Generation verkörpern, seine Handlungs- und Denkmodelle, die für ihn eine erwünschte und benötigte Mischung aus Aktivismus und Haß ausdrückten, sind

---

190 Der Generationsbegriff wurde zur Selbstbeschreibung benutzt. »Das Wort Generation ist in Mode, Herr Clément Vautel benutzt es manchmal, im Konzert mit Herrn Montherlant [...]. Machen wir also in Generation. Also gut, unsere Generation hat nichts zu sagen, nichts« (Bernanos, La grande peur, S. 406). Bernanos, der während der Okkupation auswanderte und sich dem »Freien Frankreich« de Gaulles anschloß, schrieb mit der »Großen Angst«, das 1931 erschien, dennoch einen Klassiker der »neuen« Generation und führte den »Mythos des Antisemitismus« der zweiten antisemitischen Welle in Frankreich ein. Er selbst aber verließ bald nach Erscheinen des Buches die alte Rechte in Gestalt der *Action française*, ohne sich den neuen rechten Gruppen anzuschließen.

191 Verdès-Leroux, Refus et violences, S. 6.

Ernst von Salomon und Céline.[192] Aus den Trümmern heraus bekämpften die Geächteten, so Cousteau, den siegreichen Konformismus. Ohne noch zu wissen, was das Neue sein sollte, blieb nur der Kampf, um es hervorzubringen.[193] Die rechten Nonkonformisten waren die »Freiwilligen des unsichtbaren Kampfes«, denen es nicht um das Glück, sondern um das Schicksal geht. Die Angehörigen der neuen Generation verstehen sich als Heroen, denen die Tragödie allemal nähersteht. Das Bestehende ist das Schlechte, und das nicht näher bestimmte Neue muß hergestellt werden.

Cousteau steht damit nicht allein. In einer »Einführung in die Geschichte der faschistischen Literatur« schreibt Jean Turlais: »Es ist bezeichnend, daß die jungen französischen Faschisten damit beginnen, sich als Geächtete anzusehen und ihre drohende Isolierung zu betonen. Wir wollen dabei gerne die ersten Stücke von Anouilh hinzufügen und das phantastische Buch Ernst von Salomons [...].«[194] Die neue Generation, deren extreme Typen als herausragender ›Propagandist‹ Céline darstellen sollte und als deren ›Aktivist‹ Ernst von Salomon exemplarisch gelten konnte, löste sich mehr und mehr vom Antigermanismus und steigerte den Antisemitismus als erste und allgemeine Gefahr.[195] Im völkisch-rassischen Modell, in der Unmittelbarkeit der Emotionen und des Körpers als Erkenntnismodell (und, im Célineschen Fall, als Grundlage der »kleinen Musik« des Stils), im damit verbundenen Handlungsmodell des Hasses lag eine Weltanschauungsstruktur vor, die die kognitive und die emotionale Ebene gleichstellte und schließlich die Handlungen

---

192 Siehe hierzu Cousteaus Artikel *Les Réprouvés*, in: *Je suis partout*, 27. November 1942. Costeau wuchs in Frankreich und Amerika auf, arbeitet bis 1939 für das *Journal*, eine moderate Zeitung. Von 1932 an aber arbeitet er bis zur ihrer Einstellung für *Je suis partout*, Zeitung der *Action française*, deren Aktionär er 1936 wird. Den Sommer desselben Jahres verbringt er mit mit Robert Brasillach und Georges Blond in Deutschland. Im September 1937 nimmt er am Parteitag in Nürnberg teil, trifft Hitler und Ribbentrop. »Um ihn herum gruppiert sich der harte Kern, diejenigen, die intellektuell dem Nationalsozialismus am nächsten sind« (Lenoir, *P.-A. Costeau*, S. 392). Über Céline schreibt er öfter, so noch am 16. Juni 1944 (ebenda): »Pour une acceptation totalitaire de Céline.« »Die Geächteten« von Salomon lagen schon 1931 in Übersetzung vor, wurden viel gelesen und beachtet.

193 »Keiner der ›Geächteten‹ konnte sich übrigens vorstellen, was dieses Deutschland sein sollte, da die wechselnden Führer nur ungenaue Vorstellungen hatten und Hitler seine Stellung noch nicht gefestigt hatte« (Cousteau, *Les Reprouvés*, a.a.O.).

194 Turlais, Introduction à l'histoire de la littérature fasciste, zit. nach Verdès-Leroux, Refus et violence, S. 355.

195 Wirsching stellt in seiner Studie »Vom Weltkrieg zum Bürgerkrieg?« die neue junge Rechte und die Linke in Frankreich dar und weist auch auf die Radikalisierung der »Jung-Maurrassianer« (S. 498) hin.

selbst einbezog. Die Nation, reduziert auf Reinheit und Homogenität, existierte nicht mehr einfach. Sie mußte geschaffen werden. Das Célinesche »la France est à refaire« bestimmte ihr Bewußtsein. Maurice Blanchot formulierte die Voraussetzung dafür: Frankreich existiere nicht mehr, »weder in der Regierung, noch im Staat, noch in den Sitten«.[196] Und die jungen Redakteure der 1930 gegründeten Zeitschrift *Je suis partout* bekannten sich schließlich zu einer nationalistischen Union, die sie klar von einer nationalen unterschieden.[197] Die Nationalisten, so ist der paradoxe Befund, hatten sich von der Nation gelöst. Sie bezogen sich nicht auf ihre Geschichte und schon gar nicht auf ihre Gegenwart. Ende 1937 begrüßten sie Célines »Meisterwerk«, die »Bagatelles«, und waren damit nicht allein. Die NRF, *Nouvelle Revue de la France*, hatte schon Bernanos' Drumont-Biographie wohlwollend kommentiert und tat dies auch mit Célines neuem Werk.

Der moderne, nationale, politische Antisemitismus reichte nicht mehr aus. Vorurteile allein führten und führen aus einer inneren Dynamik heraus noch nicht zu Handlungen. Eine solche Vorstellung über die Wirkung des Vorurteils kann als Vorurteil über Vorurteile bezeichnet werden. Dies galt auch für den verbreiteten Antisemitismus in Frankreich. Zwischen Vorurteilen und Handlungen sind Gelegenheits- und Weltanschauungsstrukturen zu finden. Vorurteile präferieren bestimmte Deutungen, so daß bei sich bietenden Gelegenheiten dann vorhandene Chancen eher genutzt werden. Vorurteile werden in Deutungsstrukturen integriert, die in bestimmten Formen der Selbstthematisierung enthalten sind. Sie können selbst als Handlungen aufgefaßt werden, zum Beispiel eingesetzt als Propaganda. Sie sind dann allerdings noch nicht die Tat selbst, sondern die Aufforderung dazu.

Céline hatte seine Ideen als konkrete Aufforderungen, als zur Tat aufrufende Propaganda formuliert und publiziert. Wir finden eine spezifische Veränderung einer Weltanschauungsstruktur vor, die eine Gleichschaltung dreier Ebenen versucht: der Ebene des Denkens als instinktiver Emotionalität des Hasses, der Ebene der Kälte als Entscheidung und/oder Wissenschaftlichkeit (Biologie) und der Ebene der Handlung als zukunftsgerichteter Herstellung und Realisierung des Gewollten. Die Nation ist längst verloren und aufgelöst. Damit sie neu gestaltet werden konnte, mußte sie erst vollends zerstört werden, um dann als homogenes Gebilde in einem ›arischen‹ Europa aufgebaut zu werden. Die neue Generation hatte sich entschieden, beziehungsweise sie stellte sich als immer schon entschieden dar. In einer wirren Mischung aus Pazifismus, Antibürgerlichkeit und Antikapitalismus, Biologismus, ästhetischem Weltentwurf und Aktivismus inklusive Gewaltbereitschaft radikalisierte sie die Ästhetik und den Narzißmus, die

---

196 Blanchot, *La France*.
197 Siehe hierzu Verdès-Laroux, S. 89 f. Von 1930–1937 war Costeau Chefredakteur, er wurde von Robert Brasillach abgelöst.

den Nationalismus der *Action française* geprägt hatten. Dessen Metaphysik ersetzte sie durch einen Mythos der Biologie und Hygiene und formte so den Reaktivismus – der sich in der Ablehnung ausdrückte – in einen Aktivismus nicht nur der Straße (wie er auch noch die *Action française* der dreißiger Jahre geprägt hatte), sondern in einen Aktivismus der Gestaltung um. Die neue Generation war überzeugt, die Welt nach ihrem Bild formen, die Wirklichkeit ihrer Wahrheit unterordnen zu können.[198] Céline war dabei keine vereinzelte Stimme, er war einer ihrer Propheten.

Eine solche Umbildung einer nationalen Selbstthematisierung, die am nationalen Feindbild, im Fall der *Action française* am Antigermanismus und am Antisemitismus, orientiert war, ist aufwendig und vollzieht sich keineswegs einheitlich, zielgerichtet und planvoll. So gewöhnlich der Antisemitismus war, so klar war der nationale Feind historisch und aktuell bezeichnet.[199] Die Stelle des Antigermanismus konnte daher nicht leer bleiben. Sie wurde durch den Antibolschewismus besetzt, der sich einfach mit dem Antisemitismus verbinden ließ. Von Célines Schriften aus betrachtet, ist es daher nicht zufällig, daß sein erstes Pamphlet, »Mea Culpa«, antikommunistisch war. Die kurze, zwanzigseitige Schrift eröffnete ihm nicht nur einen neuen Markt, sondern besetzte eine logische Stelle vor den drei antisemitischen Pamphleten.[200] Vor allem aber mußte der Antisemitismus in seiner neuen Variante begründet und verbreitet werden. Auf den Antisemitismus konnte man sich als auf eine französische Tradition berufen. Beim Faschismus aber handelte es sich um eine generationelle, eine transnationale europäische Bewegung, die allerdings jeweils national konnotiert und auch unterschiedlich stark ausgeprägt war.

Da es um eine Umstellung von der Reaktion auf Aktion ging, reichte es keineswegs aus, sich auf den vorhandenen populären Antisemitismus zu stützen. Auf ihn konnte man rekurrieren, ihn voraussetzen, um ihn zu radikalisieren. Der kulturelle Code des Antisemitismus aber wurde verändert.[201] Der erste Schritt zur Entstehung des modernen Antisemitismus, der ein poli-

---

198 »Maurras' Nationalismus ist also nicht nur ästhetisch, metaphysisch und narzißtisch, sondern vor allem auf prononcierte Weise re-aktiv«, faßt Nolte (Faschismus in seiner Epoche, S. 149) den klassischen »integralen« Nationalismus zusammen.

199 Der nationalistische Code ist nicht mit der Konzeption des nationalen Codes Giesens (Die Intellektuellen und die Nation) zu verwechseln. Der radikale nationalistische Code ist durchaus kein »nationaler Code« im Sinne eines typischen, also durchgesetzten Codes. Er kann sich nur mit diesem verbinden und versucht dies zu tun – bis dahin, daß er sich als nationaler Code darzustellen versucht.

200 Schmitt-Grasse, Les écrits maudits, hat daher recht, von vier und nicht von drei Pamphleten zu reden.

201 Siehe zum Antisemitismus als kulturellem Code die gleichnamige Arbeit von Volkov.

tischer Antisemitismus war, war seine Nationalisierung. Auf dieser Grundlage vollzog sich eine Bewegung, die man als eine auf diesem ersten Schritt zwar aufbauende, aber entgegengesetzte Weiterentwicklung fassen kann: Der moderne politische Antisemitismus zweiter Ordnung der ersten Hälfte des 20. Jahrhunderts entwickelte sich in seiner Entnationalisierung. Noch für Maurice Barrès war der Antisemitismus, wie er im »L'Appel au soldat« schrieb, eine »populäre Formel«, ein polemisch-demagogisches Mittel, um Politik auf eine einfache Wahl zwischen gut und böse zurückzuführen und neben der Liebe zum Eigenen den Haß einzuführen. »Der Antisemitismus war nichts als eine ein wenig verschämte Tradition des alten Frankreichs, als Drumont ihn im Frühjahr 1886 mit einem lauten Krach wieder verjüngte.«[202] Der populäre traditionelle Antisemitismus wurde zunächst mit einem doktrinären Nationalismus verschmolzen.

Dies war eine intellektuelle Aufgabe, da man auf dauerhafte Leidenschaften, auf einen Haß, der sich erhielt, nicht einfach zurückgreifen konnte. Im Rahmen der Panama- und der Dreyfus-Affäre aber konnte diese Gefühlsqualität erzeugt werden. War der Drumontsche Antisemitismus noch katholisch und national und besaß eine traditionelle Bindung, war er doch gleichzeitig schon antikapitalistisch und verlor die depressive Grundstimmung des fatalistischen Rassismus des Comte de Gobineau, der die Mischung als unabänderlichen Untergang geradezu beschwor, das heißt Geschichte als fortlaufende Dekadenz konstruierte.[203] Der Drumontsche Antisemitismus war auf Massenbildung und auf Erlösung gerichtet, das heißt, er war schon in »La France Juive«, das moderne Philosophie sein wollte, vor allem aber in seiner Zeitung *La libre parole* propagandistisch ausgerichtet. Die Massen sollten durch ihre Beherrschung in und mit Hilfe einer kommenden Führerfigur selbst ihren Schrecken verlieren. Der moderne Antisemitismus verband sich mit der spezifischen Form nationaler Inklusion/Exklusion, die in diesem Fall nicht an relativ eindeutig zu ziehenden und verteidigten Grenzlinien des Staates, der Kultur, der Sprache, der Wurzeln oder des Ortes bestimmt werden konnte. Der Fall Dreyfus steht exemplarisch für eine Konstruktion des Juden als Verräters, als Verräter der Nation. Daran ließ sich anknüpfen, doch für eine Nation, die als nicht existent thematisiert wurde, reichte dies nicht aus.

Die Juden wurden kategorial zu Stellvertretern eines Prinzips der Moderne als Prinzip der Auflösung selbst und standen gleichzeitig für die Leugnung des anderen Teils dieser Moderne.[204] Als Kapitalisten und als Antika-

---

202 Barrès, *La formule antijuive*, in: *Le Figaro*, 22. Februar 1890, zit. nach Taguieff (Hg.), L'Antisémitisme de plume, S. 40.
203 Zu Gobineau siehe unter anderen Taguieff, La Couleur et le sang.
204 Bauman (Modernity and the Holocaust) hat hierfür den Begriff des »conceptual Jew« geprägt (vgl. S. 273, FN 40).

pitalisten, als ›zerstreutes Volk‹, das als ›auserwähltes‹ und sich ›rein‹ haltendes Volk dennoch exemplarisch das Prinzip des Nationalen vertrat, wurden sie zum lebenden Hinweis auf die Auflösung als Prinzip der Moderne. Die Juden wurden daher nicht nur als bloße Verkörperung des Nichtidentischen, sondern gleichzeitig als identisch (Kapitalismus/Antikapitalismus) und nichtidentisch (Nation) angesehen.[205] Der moderne Antisemitismus war zunächst auf das ›große Wir‹ des imaginären Großkollektivs der Nation bezogen – »La France aux français« war der Drumontsche Wahlspruch hierfür, der noch heute in unterschiedlichen nationalen Konstellationen (zum Beispiel: Deutschland den Deutschen) nur zu bekannt ist. Er kannte als Lösungen der ›Judenfrage‹ das Aufgehen auch der jüdischen Minderheit in diesem Wir, war also assimilativ. Neben die Assimilation konnte die Segregation gesetzt werden – wenn die erste Möglichkeit scheiterte beziehungsweise Assimilation gleichzeitig gefordert und für unmöglich erklärt wurde. Exklusion durch Ausweisung ergänzte als letzte Möglichkeit die zwei vorherigen. In diesem klassisch-modernen Antisemitismus, einem Antisemitismus der politischen Mobilisierung bezogen auf das große Wir, war es möglich, aus nationalen Gründen, das heißt gegenüber dem nationalen Feind (im Fall der ersten antisemitischen Welle in Frankreich: Deutschland), den Verräter erneut in die Nation als »Familie« zu reintegrieren. Daher konnte sich Maurice Barrès im Kampf um die französische Einheit als *Union sacrée* erneut auf alle »geistigen Familien« Frankreichs beziehen, inklusive der nun als französisch erklärten jüdischen Tradition.[206] Der Nationalismus Barrès', den wir in seinen Ostromanen und seinem Einigungskampf Frankreichs finden wie auch in der alten, in der Affäre gegen die Juden und gegen die Deutschen entstandenen *Action française*, war neben seinem Antisemitismus vor allem antigermanisch.

Genau an diesem Punkt vollzog sich in der zweiten antisemitischen Welle zu Beginn der dreißiger Jahre auch bei einigen ›rechten‹ Intellektuellen Frankreichs ein Wandel. Der Antisemitismus rückte an die erste Stelle. Deutschland, nach 1933 auch Hitlers Deutschland, konnte innerhalb dieses neuen Kontexts eine andere Funktion erhalten. Mit Georges Bernanos' »La grande peur des bien-pensants« erschien 1931 ein Werk, das den Antisemitismus unter Bezug auf den »großen Drumont« zum Erbe einer neuen Generation machen wollte und so diesen und nicht den Generalstreik, wie es Sorel vorschwebte, zum Mythos der ersten Hälfte des 20. Jahrhunderts

---

205 Siehe zum Verhältnis von Identität und Nichtidentität sowie die Juden als Kategorie des dritten Holz, Nationaler Antisemitismus. Für das von mir beschriebene Verhältnis hat Bauman das Bild der Juden als »rittlings auf den Barrikaden« sitzend geprägt, siehe ders., Dialektik der Ordnung, auch Moderne und Ambivalenz.
206 Siehe Barrès, Familles spirituelles.

erklärte.[207] Der ›zweite moderne Antisemitismus‹ einer ›hypermodernen‹ Rechten löste sich danach mehr und mehr von der als Regime, als Staat und als Kultur, wie es Blanchot beschrieben hatte, aufgelösten Nation. Der Antisemitismus blieb als einziges übrig, um jene, die für die Auflösung verantwortlich gemacht wurden, zur Verantwortung zu ziehen.

Die Generation der alten Rechten, der »génération du feu«, wie sie Bernanos nannte, wurde in diesem Prozeß abgelöst. Ihre Leitfigur, Charles Maurras, und mit ihm die *Action française* hatten nach dem Ersten Weltkrieg und der im Sieg über Deutschland entstandenen Euphorie an Einfluß verloren. In den zwanziger Jahren war die Spaltung des Landes, wie sie in der Dreyfus-Affäre deutlich geworden war, zwar nicht aufgelöst, durch einen »antisémitisme de bonne compagnie« aber überdeckt worden, der zwar die alten Vorurteile gegen die »Verräterrasse« nicht vergaß, diese als Mitglieder der nationalen Gemeinschaft jedoch anerkannte, wie es Maurice Barrès vorgeführt hatte. Doch die Ägide des Maurice Barrès war mit dem Krieg zu Ende gegangen. Sie wurde nicht von der *Action française* und auch nicht von Charles Maurras weitergeführt.[208] Krieg, institutioneller Katholizismus und Nation waren die Grundbegriffe, in denen Maurras dachte. Und auch wenn er, worauf Ernst Nolte hinweist, während der Okkupation nicht nur keine Schwierigkeiten hat, die Pétain-Regierung und schließlich auch Lavalle und die Judenpolitik zu unterstützen und seine Verteidigung, er habe einen französischen »antisémitisme d'état« und keinen deutschen »antisémitisme de peau« vertreten, daher vor allem Rechtfertigung war, ist Maurras dennoch nicht als prototypischer Vertreter der zweiten antisemitischen Welle im Frankreich der dreißiger Jahre des letzten Jahrhunderts anzusehen.[209] Allerdings bricht Nolte in seinem Buch über den Faschismus die

---

207 Siehe Mehlman, Legacies of Anti-Semitism, S. 7 ff. Mehlman zieht eine Verbindung von Bernanos zu Blanchots »La Grande Passion des modérnés« bis zu Glucksmanns »Meisterdenkern« und Foucaults Kommentar in einem Artikel *La Grande Colère des faits*. Ist es in »La grande peur« der Antisemitismus, durch den der Einzelne sich gegen den Monolith des Staates, gegen das moderne, postrevolutionäre staatliche Frankreich auflehnt und daher seine Tradition in Drumont findet, so sei bei Glucksmann und Foucault der Jude einer der vier Renegaten gegen den Staat. Aus der gleichen Struktur heraus werde er einmal zum Feind, das andere Mal zum Erlöser gemacht.

208 Für Winock, Analytiker der französischen Rechten von den Zeiten Drumonts an, wurde die intellektuelle Ägide des Maurice Barrès von der André Gides' abgelöst, dem nach dem Zweiten Weltkrieg Jean-Paul Sartre folgte. Nach Winock ist es für eine französische Geschichte der Intellektuellen im 20. Jahrhundert möglich, sie am Status von Personen entlangzuschreiben, auf die sich alle, Gegner und Befürworter, implizit oder explizit beziehen mußten (siehe ders., Le siècle des intellectuels).

209 Siehe hierzu Nolte, Faschismus in seiner Epoche.

Analyse zu früh ab. Zwar sind Maurras, die *Action française* wie Drumont und die Dreyfus-Affäre als zentrale Vorläufer und als der Beginn des Faschismus anzusehen, ragen mit einigen Theoremen und Personen durchaus mit in den Faschismus hinein, doch bilden sie im Kontext der Generation der dreißiger Jahre eher eine Tradition, auf die sich diese neue Generation zwar berufen kann, von der sie sich aber auch unterscheidet und abgrenzt. Der moderne Antisemitismus mußte nicht neu erfunden werden. Aber er wurde umformuliert. Unter anderen Vorzeichen als in Deutschland vollzog sich im Frankreich der dreißiger Jahre ein Prozeß der Umbildung einer Rechten, die in der sie bestimmenden Tendenz zu einem transnationalen europäischen Prozeß gehörte und eine zusätzliche Handlungsperspektive eröffnete.

Die nationale Ausprägung dieses generationellen Prozesses läßt sich von der deutschen unterscheiden. Das Deutschland der Niederlage von 1918 prägte eine rechte Avantgarde, die gleichsam im Trotz am Typus des Kriegers orientiert blieb und schließlich einem entleerten Deutschlandbegriff huldigte, der gerade durch diese Leere dynamisiert werden konnte: Wo wir sind, ist Deutschland. Die Tat, die Gewaltbereitschaft sollten realisieren, was nicht bestimmbar war. In der Siegergesellschaft Frankreich, die im Bild des deutschen Barbaren ihre heilige Gemeinschaft gegründet hatte, entstand hingegen eine mehr und mehr sich verbreiternde pazifistische Grundstimmung. Der Kampf war immer weniger bestimmendes »inneres Erlebnis« wie etwa bei Ernst Jünger, der sich selbst zum Mittelpunkt des Krieges stilisiert hatte und daraus den Willen zum heroischen Leben gebar, eine Konzeption, mit der man noch nach der Niederlage im Typus des Kriegers die Verkörperung des Nationalen sehen konnte.[210] Die Auflösung der Nation geschah unter anderen Bedingungen. Wurde, wie am Beispiel Ernst von Salomons gezeigt, die Nation in Deutschland zum inneren Geheimnis der Aktivisten, die die Grenzen der Nation durch Erweiterung verwischten, so wurde im siegreichen Frankreich der Antigermanismus durch einen Antibolschewismus ersetzt. Eine kleine Gruppe radikaler Kollaborateure *avant la lettre* band den unbedingt aufrechtzuerhaltenden Frieden an ein gemeinsames Europa unter deutscher Hitlerscher Führung. Das heißt, ein Teil der französischen Rechten gab nicht nur den Begriff der Nation, sondern diese

---

210 Auch bei Ernst Jünger handelt es sich keineswegs um eine einfache Verarbeitung seiner Kriegserfahrungen. Vielmehr würde ich es in einem anderen Kontext für lohnenswert erachten, Jüngers eigenem Verweis auf Maurice Barrès nachzugehen. Es handelt sich, so glaube ich, um ein spezifisches Modell der Erfahrungsverarbeitung, das sich mit dem Begriff des Rausches bei Barrès verbinden läßt. Kershaw (Hitler) hat die biographische Bedeutung der Kriegserfahrung für Hitler dargestellt. Für Hitler wurde der Krieg zur Heimaterfahrung.

selbst als ›Idee‹ und ›Wert‹ und in ihrer konkreten Form auf.[211] Zu beobachten ist eine Transformation eines Teils der rechten Nationalisten, die, unter ganz anderen Bedingungen als in Deutschland, ihren zentralen Bezugspunkt ersetzten.[212]

Der Antisemitismus, der übrigblieb, wurde in den dreißiger Jahren in Frankreich zu einer tatsächlichen »Kriegsmaschine, die gegen eine perfekt assimilierte Gemeinschaft« gerichtet wurde, die Juden.[213] Wenn der ›Frieden‹ nur gemeinsam mit Deutschland verwirklicht werden konnte, dann mußte das alte Feindbild aufgegeben werden. Auch wenn die Royalisten um Charles Maurras dazu zu germanophob waren, viele Extremisten einer jüngeren Generation konnten diesen Schritt tun. Céline kommentiert Maurras und mit ihm die alte Garde: »Und der Stil! Der berühmte Stil! Klebrig, tendenziös, meineidig, jüdisch.«[214] Nach 1936, nachdem der *Front populaire* mit Léon Blum die Regierung übernommen hatte, fiel einigen die Entscheidung leicht. Nun wurde man von einer anderen Nation regiert, von einer Nation, die den Krieg wollte: »Der Krieg, Israel will ihn, Israel bereitet ihn vor.«[215] Oder: »Wer schützt uns vor dem Krieg? Hitler.«[216] Céline ist überdeutlich, »raciste 100 pour 100«. Es gibt keine Ausrede mehr. »Man muß wählen, man muß sich für eine Art Perversion entscheiden, es reicht nicht mehr, sich als böse zu bezeichnen, man muß einen schrecklichen Glauben, eine grausame Intoleranz haben, es gibt keine große Wahl mehr, es heißt Arier oder Freimaurer, Jude oder Anti-Jude.«[217] Es ist ein tödlicher Friede, der auf Gewalt und Haß baut.

Céline ist, wie dies auch für Ernst von Salomon gilt, kein Opportunist oder Konformist. Er mußte sich auch zur Zeit der Okkupation nicht anpassen. Konnte seine Gewaltfaszination, die bereits in der »Reise ans Ende der Nacht« zum Ausdruck kommt, zunächst als deren Ablehnung gelesen wer-

---

211 Die Aktivsten übernahmen den Begriff des Nationalsozialismus. »Trotz allem, das Wort ›national‹ behagte ihnen nicht. Selbst wenn sie eine emphatisch nationalistische Sprache hochhielten, wie sollte man einem Nationalisten glauben, der die Niederlage akzeptierte und manchmal sogar wünschte?« (Verdès-Leroux, Refus et violence, S. 254). Für Céline waren es noch die Juden, die den Patriotismus erfunden haben (ders., Bagatelles, S. 323).

212 Es sei nochmals darauf hingewiesen, daß die Trennungslinie zwischen denen, die an der Nation festhielten, so zum Beispiel Bernanos, und denen, die sie preisgaben, genau an dieser Stelle verläuft.

213 Schor, L'Antisémitisme en France, S. 15.

214 Céline, L'École, S. 189. Ich will die Zitatstelle angeben, da ich »ânanoant« nicht übersetzen kann: »Et le style! Le fameux style! Liquoreux, ânanoant, tendancieux, faux-temoin, juif.«

215 So Henry-Robert Petit, zit. nach Schor, S. 165.

216 Céline, L'École, S. 140.

217 Ebenda, S. 199.

den, so war es sein Antisemitismus, ein Antisemitismus, der von Salomon als selbstverständlich hingenommen wurde, der die andere Seite dieser rechten Avantgarde, geprägt von Gewaltfaszination und Friedenssehnsucht, gleichzeitig von klaren Feindbestimmungen und vom Gefühl der Auflösung, bestimmte.[218] Beides, die paradoxe Beziehung zu Gewalt und Frieden und die eindeutige Bestimmung des einzigen Feindes, paarten sich mit einem nach 1930 stetig steigenden Pazifismus. Weder der Bezug auf Gewalt noch der Antisemitismus, die bei Céline in unterschiedlichen Gewichtungen auftraten, waren isolierte Phänomene. Und die Ausprägung eines pazifistischen Antisemitismus, wie wir ihn bei Céline finden, schließt die Gewalt mit ein.[219]

Der Unterschied zur ersten antisemitischen Welle läßt sich exemplarisch anhand der Pamphlete Célines verdeutlichen. Kann man einem doktrinalen Antisemitismus und Rassismus leichter eine Rationalisierung irrationaler Motive und eine Vermischung diverser Vorurteile nachweisen und vorwerfen, so ändert sich dies für einen Antisemitismus der Leidenschaft, der Emotionen, der sich zwar auf ›Tatsachen‹, ›Daten‹ und ›Statistiken‹ immer wieder berufen mag, der aber seine Grundlage in den Emotionen selbst und ihrer Erweckung sieht. Céline hatte keine systematische Begründung im Sinn. Seine Mischung aus Sozialdarwinismus, Biologismus und Leidenschaft schließt vielmehr an die literarisch rauschhaften Traditionen eines Maurice Barrès an, mit dem er stilistisch allerdings keinerlei Ähnlichkeiten hat. Der Rausch (*ivresse*) des Ich-Kultus ist bei Céline zum konstruierten Delirium (*délire*) geworden, dem man in gesteigerter Form in den »Bagatelles pour un massacre« wiederbegegnet: »Mais tu délires Ferdinand!« läßt er Dr. Gutman sagen.[220] Das Delirium konnte später als individueller Wahn von einem Teil der Kritik zu einer ebenso persönlichen Dummheit gemacht werden.[221] Es muß jedoch in seiner systematischen Stellung beachtet wer-

---

218 Céline war zwar ein besonderer Typus des Rechtsintellektuellen, aber wie Salomon zur Gruppe Kern, der Organisation Consul und den Rechtsintellektuellen der Weimarer Republik gehörte, war auch Céline weder als Intellektueller noch als Agitator allein. Allerdings waren Armut und Einsamkeit Bestandteil seiner fiktionalen Biographie.

219 Die klassische Beschreibung dieses Pazifismus findet sich bei Bloch, Seltsame Niederlage.

220 Céline, Bagatelle, S. 321. Wir finden zum Beispiel Auflistungen des Besitzes der Juden, das drei Viertel des französischen Gesamtvermögens darstellen soll (ebenda, S. 291–293).

221 Die vor allem literarische Analyse der Texte weist oft auf dieses »délire célinienne« hin, um es damit für das Gesamtwerk als irrelevant beiseite lassen zu können. Im Gegensatz zu Schmidt-Grasse, Écrits maudits, und ders., *Die Pamphlete Célines*, der zum einen die Einheit der vier Pamphlete betont und sie in ihrer poetologischen Funktion, ihrem Charakter als Stil- und Ideenlaborato-

den. Schon in den Pamphleten und nicht erst in den Romanen ab 1944, die immer auch Rechtfertigungen des eigenen Tuns enthalten, wird die Stimme des Erzählers mit dem Ich des Autors identisch, was die Besonderheit dieses Schreibens als Erinnerung, als Erfindung und als Wahrheit ausmacht. Mit dem ›Ich‹ wird die Stunde der von der Wirklichkeit getrennten ›Wahrheit‹ eingeläutet, die Stunde der fixen Idee eines offenen biologischen Antisemitismus als absoluter Realität.

Céline selbst übertrifft in den »Bagatelles« die bekannten Formulierungen des Judenhasses. Nichts bleibt über von den »kleinen Ideen über die Juden«. Alle klassisch antisemitischen Vorurteile gehen ein – die Juden sind überall, bei der Weltausstellung, in der Presse, im Film, in den Verlagshäusern. Vor allem zerstören sie die Sprache; nur Ferdinand ist dieser Zerstörung durch einen Zufall, der ihn nicht in die Gymnasien und die École normale brachte, entkommen. Er schreibt, wie es andere nicht wagen und nicht können, er, der keltisch-germanische Ferdinand, ist der sprachlichen und ästhetischen Dekadenz entkommen. Der hier zu beobachtende Antisemitismus ist nicht ästhetisch, er wird nur auch für ästhetische Zwecke benutzt. Der später noch gesteigerte Stil versucht, die Erfahrung des Lesens selbst zur körperlichen Erfahrung werden zu lassen.[222] Céline will den Leser die Gefahr, die von den Juden ausgeht, spüren lassen, das Gefühl soll sich mit der Sprache verbinden, damit es sich wieder unmittelbar rückbinden läßt.[223]

Dem Buch liegt eine politische Absicht zugrunde. Der Autor wünscht, daß in Frankreich derselbe Kampf geführt wird wie in Deutschland. Um Frankreich, das nicht mehr existiert, da es als Rasse gedacht wird, erneut zu begründen, muß es Frieden mit Hitlers Deutschland machen. Der Kampf gegen die Juden, die den Weltkrieg wollen, kann für Céline nur auf diese

---

rium und als Entwicklung eines »ästhetischen Antisemitismus« in das Gesamtwerk integriert sehen will, der zum anderen dennoch ganz in klassischer »célinien«-Manier den Meister von den gewöhnlichen Antisemiten unterscheiden will. Er wird so nicht als Faschist, sondern als Rechtsanarchist bezeichnet. Nicht überprüft wird, wie Rechtsanarchismus mit modernem Antisemitismus einhergeht und dieser in den Faschismus eingeht.

222 So schreibt Gumbrecht: »Immer aber setzt sich jenes erstaunliche Prinzip durch, daß über die Rhythmen der gedruckten Prosa die Körper des Lesers affiziert werden« (ders., *Zauberer Merlin*).

223 »Wer sich soweit auf den Sprachzauberer Céline einläßt, der muß für die Zeitspanne des Lesens die politischen Verstrickungen und die Ideologie des Autors vergessen haben [...]«, schreibt Gumbrecht (ebenda). Es sei also davor gewarnt und zugleich auch beruhigt: Der Zauber gelingt nicht immer, sicher nicht bei den Pamphleten, da in ihnen das Prinzip dieses Schreibens zu sehr deutlich wird. Das Ich des Autors will das Ich des Lesers nehmen; dazu muß dieser aber auch bereit sein.

Weise erfolgreich geführt werden. Alle sind Opfer der Juden, auch er selbst. Seine Ballett-Librettos, die er für die Ausstellung 1937 geschrieben hatte und in die »Bagatelles« einfügt, seien von ›diesen‹ abgelehnt worden (was nicht stimmt, sie wurden nur abgelehnt), seine Bücher werden von ihnen kritisiert, der Verkauf verhindert. Das Pamphlet will erziehen, überzeugen, enthüllt in endlosen Wiederholungen seine propagandistische Absicht. Céline kann sich des existierenden propagandistischen Materials bedienen, ordnet es und spitzt es zu. Kennzeichen seiner Aussagen ist nicht Neues, sondern ihre Dynamisierung, ihr absoluter Bezug auf die Notwendigkeit des Handelns und auf die Gefühle des Einzelnen, die durch die Sprache erweckt werden sollen. Der alltägliche Antisemitismus reicht nicht mehr hin, die Gefahr ist zu groß. Er läßt dabei kein noch so abgeschmacktes Bild aus. Hier nur ein fast beliebig vermehrbares Beispiel: »Die Juden sind wie die Wanzen, hat man eine einzige im Kissen, hat man Tausend auf der Etage.«[224] Daten und Fakten spielen keine Rolle, sie sind Dramatisierungsmittel und können daher beliebig benutzt werden wie das Material, das er aus allen existierenden aktuellen Quellen des Antisemitismus benutzt. Céline, der Hygienespezialist und sprachmächtige Polemiker, übernimmt gängige antisemitische Bilder und steigert sie bis hin zum Begriff der »jüdischen Leere«. Diese steht für den totalen Zusammenbruch der weißen, arischen Welt.[225] Napoleon noch habe alles versucht, aber seit Waterloo seien die Würfel gefallen. Seit dieser Zeit seien die Juden nicht mehr bei uns, sondern wir bei den Juden. »Seit dem Regierungsantritt der Rothschild-Bank haben die Juden wieder das Sagen übernommen. [...] Gerade sie pissen auf die Worte. Überall sein. Alles kaufen, alles besitzen, alles zerstören, und den Weißen zuallererst! Ein konsistentes Programm!«[226] Die Juden zerstören mit den Worten die Welt. »Die jüdische Leidenschaft [...] ist eine des Ameisenhaufens. Beim Vorrücken des Ungeziefers werden alle Hindernisse zerstört, verdünnt, langsam durchtränkt, bis in die letzten Fasern hinein [...] niederträchtig aufgelöst im schlimmsten, verschissenen Magma aus Saft

---

224 Céline, Bagatelles, S. 57. Einige Zeilen später fällt dann der Satz: »Willst Du deinen kleinen Barrès machen?«

225 Neger, Gelbe, Juden und ihre Mischungen werden beliebig gebraucht. Es ist ein Antisemitismus, der beständig die Kolonialerfahrung einbezieht, die Juden nach Afrika verweist und als schlimmstes Produkt einer Mischung bezeichnet. Da es um den Ausdruck der auch körperlich verstandenen Emotionen geht, werden Widersprüche in sachlichen Aussagen nebensächlich. Man muß alles sagen, in einer adäquaten Sprache – einer Mischung aus Diffamierung, immer ernstem Scherz und haltlosem Schimpfen – zum Ausdruck bringen. Ferdinand deliriert tatsächlich. Er tut es kontrolliert, um alles sagen und schreiben zu können.

226 Céline, Bagatelles, S. 60.

und Oberkiefern [...] bis zur totalen Katastrophe, dem endgültigen Zusammenbruch, der jüdischen Leere.«[227]

Das hysterische Nichts, die stampfenden Wiederholungen des Jazz, die »jüdische Leere«, all dies sind Bezeichnungen für die aufgelöste Welt, für die Wirklichkeit gewordene Fiktion, die real existierende Wüste.[228] Jeder, der die Wüste nicht sieht, nicht empfindet, gehört schon dazu. Es ist daher sogar konsequent, selbst in einem Text, in dem es nicht auf ›Wahrheit‹ ankommt, wenn er jeden beliebigen anderen zum Juden machen kann. Die Fasern sind durchtränkt, die Wüste ist die Hinterlassenschaft der Juden und der *enjuivés*, des Auflösungsprozesses also, den Céline in seinen zwei Romanen beschrieben hatte. Wo Juden sind, gibt es nichts mehr. Sie sind überall, eine Million, mit den *enjuivés* zwei Millionen. Ihnen gehört alles, es gibt keine Opposition mehr.

»Die ›Doriotisten‹, ... das sind schlichte Unterhalter ... nicht seriös ... das ist wie ein betäubter Terreur ... sie sind in der Tragödie nichts als momentane Komparsen ... [...] Die, die nicht von den Juden sprechen, die es nicht im Programm haben, sie an die Luft zu setzen ... die reden um zu reden ... [...] Frankreich ist eine jüdische Kolonie, ohne einen möglichen Aufstand, ohne Diskussion, selbst ohne ein Gemurmel ... Es bräuchte, um uns zu befreien, eine wirkliche Sinn-Fein ... einen unversöhnlichen Rasseninstinkt ...«[229]

Frankreich ist Kolonie, es existiert nicht mehr als selbständiges Land. Und noch die extremste Rechte, Doriot ist der Führer der PPF (*Parti Populaire Français*), verfehlt mit ihrem Nationalismus die eigentliche Aufgabe: die Juden an die Luft zu setzen. Céline fordert einen Befreiungskampf, in dem man zu allen Mitteln greifen muß. In seiner Darstellung existiert die Nation nicht mehr, weder ihre Geschichte noch ihre Institutionen zählen. Das schon vermischte Frankreich wurde 1936 von Léon Blum und der *Front populaire* besetzt. Statt der zwei Millionen Juden kann man eher die gleiche Anzahl *boches* ertragen.[230] Der Kampf ist nur zusammen mit Deutschland und mit Hitler zu gewinnen, Frankreich hat sich mit den Deutschen gegen die Juden

---

227 Ebenda. In der deutschen Ausgabe, Jüdische Verschwörung, findet sich die Stelle auf S. 49, allerdings ohne Célines Polemik und Schärfe zu erreichen. Da es sich um eine besondere Stelle handelt, hier der französische Text: »La passion juif, si unanime, si térébrante, est une passion de termitière. Dans la progression des vermines, tous les obstacles sont délabrés, dilués, englués peu à peu, jusqu'aux fibres ... ignoblement résolus dans le pire, fienteux magma de jus pourri et de mandibules ... jusqu'aux calamités totales, à l'écroulement définitif, au vide juif.«
228 Zwei Seiten später, S. 62, benutzt er den Begriff der Wüste, um den der Leere zu illustrieren. Die Juden machen die Wüste.
229 Céline, Bagatelles, S. 310 f.
230 Ebenda, S. 318.

zu wehren. Man muß gegen die eigene Nation und Geschichte kämpfen, wozu die traditionelle Rechte nicht fähig ist, da der Antisemitismus für sie nicht an erster Stelle steht.

Mit den »Bagatelles« wurde Céline zum Propheten einer kleinen, aber durchaus bedeutenden Gruppe der extremen Rechten, einer neuen Generation, die den Antigermanismus fallenließ und einen paradoxen Kampf führte.[231] Die Nation mußte aufgegeben werden, um sie anders und neu aufbauen zu können: rassisch rein, arisch, nordisch. Der Propagandist Céline, der Schreiber der Invektive, der Schimpftiraden und des – körperlichen – Gefühls, der grenzenlose Dramaturg, der in ebendieser Grenzenlosigkeit die Wahrheit sieht, will nicht nur die Leser allgemein überzeugen, sondern auch die Aktivisten. In »L'École des cadavres«, seinem zweiten Pamphlet, kommt er nochmals auf letztere zurück.

»Unsere nationalen Weltverbesserer, Leute wie Rocque, wie Doriot, Maurras, Bailby, Marin und alle anderen [...] sie verbessern gar nichts, weil sie vor allem nie darüber reden, die Juden hinauszuwerfen. Sie reden tatsächlich, um nichts zu sagen. Das sind Plauderer, Harmlose. Sie taugen zu nichts anderem, als den Fisch zu ertränken. Sie betäuben die Vereiterung, sie machen Umschläge, versuchen Tricks, erweichen sie. Sie zerstechen niemals irgendetwas, nicht den kleinsten Abszeß. Alles in allem sind sie Komplizen der Juden, Nervensägen, Verräter. Sie lassen sie infiltrieren, lassen das Böse sich ergießen und immer mehr an Tiefe gewinnen.«[232]

Die Nationalisten verfehlen das Thema. Die Nation ist nicht gefährdet, sie existiert nicht mehr. Der Antisemitismus als Praxis, die Juden hinauszuwerfen, ist die einzig verbliebene Handlungsmöglichkeit. Auch die antisemitische Praxis aber bleibt nicht mehr bei den drei oben schon genannten Strategien stehen. Assimilation, Segregation und Exklusion werden ergänzt. Bereits in den »Bagatelles« ließ Céline fragen, ob er die Juden töten wolle. Die Antwort war kein eindeutiges, aber ein implizites »Ja«. In »L'École des cadavres« kommt Céline unter dem Stichwort der Dejudaisierung auf das Problem zurück. Es reicht nicht aus, den Antisemitismus an die erste Stelle zu setzen. Eine angemessene Praxis müsse entwickelt werden. Den drei Möglichkeiten wird eine vierte hinzugefügt: die physische Vernichtung. Die

---

231 Robert Brasillach, der »Tod auf Kredit« noch kritisiert hatte, äußert sich nun begeistert über die »Bagatelles«. Selbst Gide kann nichts Schlimmes daran finden. Für ihn mußte das alles ein großer Scherz sein, der Autor konnte es nicht ernst gemeint haben. Sein Sekretär von 1937/38, Lucien Combelle, »findet in Céline seinen Propheten, denjenigen, der ihn aussöhnt mit seiner sich hervorhebenden Position in den Milieus, die ihn adaptiert haben (und denen er die Verantwortung seiner politischen Entwicklung hin zum Faschismus geben wird)« (Sapiro, Guerre des écrivains, S. 85).
232 Céline, L'École, S. 174.

Umformung des modernen Antisemitismus in einen auf die praktische Herstellung rassischer Reinheit zielenden Antisemitismus löste nicht nur den Begriff der Nation auf, indem er mit rassischer Homogenität gleichgesetzt wurde, sondern schuf noch dazu eine Idee, eine Vorstellung einer angemessenen Praxis.

Diese Theorie und die vorgestellte Praxis gehen systematisch über den christlichen und nationalen Antijudaismus eines Drumont hinaus, den dieser zur Zeit des Boulangismus und der Dreyfus-Affäre durchaus mit selektionistischen Vorstellungen einer reinen Ethnie verband. Céline bezieht sich in diesem Kontext auf den alten Meister (Drum[m]ont). Man darf, so schreibt er, diesen nicht mißverstehen, besser, man muß ihn radikalisieren. Die Unterscheidung zwischen guten, weil patriotisch-nationalen, und schlechten, weil nichtnationalen Juden muß aufgegeben werden. »Die Juden haben nur vor dem Rassismus Angst.«[233]

Wie, so muß zum Schluß beantwortet werden, definiert sich dieser Rassismus? Nach Céline, dem Hygieniker, sind Juden ebenso geheimnisvoll wie Mikroben. Gestern noch harmlos, können sie schon heute gefährlich werden. Doch handelt es sich immer um die gleichen Mikroben, die gleichen Juden. Auch Pasteurs Methode der Sterilisation mußte sich erst durchsetzen. Es genügte nicht, die Instrumente vor der Operation drei Minuten lang zu sterilisieren, die ganze Methode, alle Anweisungen mußten befolgt werden. Sie nur ungefähr zu beachten, also das Besteck nur kurz aufkochen zu lassen, war das gleiche, wie es nicht zu tun. Aber der Akademie der Medizin reichte das Wort Sterilisation:

»Sie glauben an Wörter, an nichts als an Wörter. Sie denken, die Welt sei ein Wort, der Jude sei ein Wort, die Sterilisation sei ein Wort, daß sich alles mit Wörtern arrangieren ließe, mit einem Wort, einem passenden Wort, einem glücklichen Wort. Sie sind vernarrt in verbale, sogenannte glückliche Lösungen, sie erkennen nichts anderes an. Wenn Ereignisse wie in München ihre kleinen verbalen Lösungen erschüttern, seht ihr sie lange und lange betreten, unglücklich, sie erkennen die Welt nicht mehr, ihre Welt, die essentiell eine der Worte ist.«[234]

Das vorgegebene Ziel – »Désinfection! Nettoyage! Une seule race en France: l'Aryenne« – konnte nicht durch Worte erreicht werden. Ein wenn auch noch so extremer verbaler rassistischer Antisemitismus reichte nicht aus. Denn es gilt: »Die Rassen existieren nicht, sie werden.«[235] Die Nation ist ersetzt, es kommt nur auf die herzustellende rassische Reinheit an.[236] Der

---

233 Ebenda, S. 264.
234 Ebenda, S. 263.
235 Das erste Zitat L'École, S. 215, das zweite ebenda, S. 109.
236 Im Kontext dieser Arbeit kommt es nicht darauf an aufzuzeigen, wieviel Zustimmung eine solche Position erhielt. Die »Bagatelles« waren außerordent-

Antisemitismus muß über den Rassismus in Praxis überführt werden. Nostalgie und Melancholie angesichts der sich ergebenden Mischung müssen abgestreift werden. »Rassismus! Rassismus! Rassismus! Und nicht ein kleines bißchen, widerwillig, sondern vollständig! absolut! unerbittlich, wie eine perfekte Pasteursche Sterilisierung.«[237] Célines rassistischer Antisemitismus ist nicht ästhetisch, ist kein schwarzer Humor, und die Juden werden auch nicht nur als ein ›negatives‹ Thema eingeführt. Es handelt sich vielmehr um eine gezielte Überführung und Umformung eines auf das ›nationale Wir‹ bezogenen in einen auf die Rasse bezogenen Antisemitismus. Die Rassentheorie erweist sich dabei als ›biologische Handlungstheorie‹. Die Rasse muß gemacht werden. Die Gelben werden immer gelber, die Weißen immer weißer, die hybride Rasse der Juden muß verschwinden – »stérilisation Pasteur parfaite«.

Flucht, Gefängnis, Lager, Säuberung und Stil

In seinem letzten Pamphlet – »Les beaux draps« (1942) – beklagt Céline noch immer die Vorherrschaft der Juden. Tatsächlich jedoch hatten diese auch in Frankreich ihre zivilen Rechte verloren, wurden verhaftet und deportiert (allerdings wurden trotz Kollaboration viele versteckt und gerettet). Céline gingen die Maßnahmen zur Verfolgung der Juden nicht weit genug. Die Deutschen unternahmen seiner Meinung nach zuwenig und erhielten zuwenig Unterstützung, wie es Ernst Jünger in der anfangs erwähnten Szene im Deutschen Institut darstellt. Am 16. November 1943 trifft Jünger Céline noch einmal, am selben Ort. Auch Drieu la Rochelle ist anwesend, den Jünger sympathisch findet. »Dazu dann gekaufte Federn, Subjekte, die man nicht mit der Feuerzange anfassen mag. Das alles schmort

---

lich erfolgreich. Die nochmalige Zuspitzung in »L'École« konnte den Erfolg nicht ganz wiederholen, verkaufte sich aber auch gut. Durch beide Arbeiten wurde Céline zum Propheten der extremen Rechten. Georges Montandon berief sich auf ihn (in der Zeitschrift *L'Ethnie française*); Lucien Rebatet nannte Céline »notre grand Céline« und »L'École« »sa plus magnifique prophétie« (in ders., Les Décombres, S. 145). Costeau schreibt noch am 16. Juni 1944 einen Artikel mit der Überschrift *Pour une acceptation totalitaire de Céline* (in: *Je suis partout*). Er unterscheidet diejenigen, die ihn mißachten, die, die seinen Stil bewundern (schon 1944!), und diejenigen, die seine Aussagen verstehen: »Céline weiß die Dinge zu sagen. Aber er weiß auch, was er sagt.« Zum sozialen Feld und den Auseinandersetzungen der Schriftsteller vgl. neben Verdès-Laroux, Refus et violences, auch Sapiro, Guerre des écrivains.

237 Céline, L'École, S. 264. Der französische Text lautet: »Racisme! Racisme! Racisme! Et pas qu'un petit peu, du bout des lèvres, mais intégralement! absolument! inexorablement! comme la stérilisation Pasteur parfaite.«

in einer Mischung aus Interesse, Haß und Furcht zusammen, und manche tragen schon das Stigma des grausigen Todes auf der Stirn. Céline, mit drekkigen Fingernägeln – ich trete jetzt in ein Stadium, in dem der Anblick der Nihilisten mir körperlich unerträglich wird.«[238]

Céline muß schließlich tatsächlich um sein Leben fürchten. Und er verläßt als einer der ersten Paris. Karl Epting, sein Bewunderer, unterstützt ihn und ermöglicht auch seine weitere Flucht durch Deutschland, über Berlin und Baden-Baden nach Sigmaringen, wo die Vertreter der Vichy-Regierung und andere Kollaborateure Unterschlupf gefunden hatten, schließlich nach Dänemark, dorthin, wo er schon vor dem Krieg sein Geld – seine »Kinder«, nach denen er sich in Briefen erkundigt – verstecken ließ. Er sieht das zerstörte Deutschland, Berlin, Hamburg und andere Orte. Das Exil der Vichy-Regierung in Sigmaringen beschreibt er als Operette, versucht, mit Hilfe seiner Nachkriegsbiographie seinen literarischen Ruf zu retten. Zusammen mit Proust (»Prout-Proust«, wie er ihn nannte) wird er zum französischen Schriftsteller der 20. Jahrhunderts. Sich selbst stilisiert er immer mehr zu einer Figur, die er schon in »Tod auf Kredit« beschrieben hatte: »Aber ich bin weder Zizi, Metöke, Freimaurer, noch Absolvent der École Normale, ich verstehe nicht, mich zur Geltung zu bringen, ich pimpere zu viel, ich habe keinen guten Ruf ... Die schäbigsten Lausekerle nehmen sich mir gegenüber alles heraus, verachten mich tief [...].«[239]

In Dänemark wird Céline dann verhaftet. Wie sehr er sich auch beklagt, im dänischen Gefängnis ist er sicher, wird nicht zum Tode verurteilt wie Brasillach und muß sich nicht umbringen wie Drieu la Rochelle. Anders als Salomon in Deutschland aber muß er sich verantworten, Stellung beziehen. Im dänischen Gefängnis bereitet er seine Verteidigung vor, entwickelt seine Strategie. Er wird sich als Literat und Stilist darstellen, darauf drängen, daß er als solcher und nur als solcher gelesen und wahrgenommen wird, und wird verhindern, daß seine Pamphlete weiter zugänglich sind.[240] In Frankreich hätte Céline zunächst tatsächlich mit einem Todesurteil rechnen müssen, wäre er nach Paragraph 75 als Verräter verurteilt worden. Doch dann

---

238 Jünger, Strahlungen, S. 448. Jünger scheint hier auf die Gruppe anzuspielen, die Verdès-Laroux als »journalistische Unterwelt« bezeichnet. Doch macht er durchaus feine Unterschiede und bezieht sich positiv auf den kultivierten Faschisten Drieu la Rochelle, der ebenfalls zu den extremen Kollaborateuren zählte. Es war keineswegs nur der Untergrund, der die Sache mittrug. Die Reise nach Weimar im Oktober 1941 zu einem internationalen Schriftstellerkongreß wirft darauf ein Schlaglicht (siehe hierzu Dufay, Voyage d'automne, dt.: Die Herbstreise).
239 Céline, Tod auf Kredit, S. 11.
240 Es ist schwierig, sie in französischen Bibliotheken einzusehen (siehe auch die Bemerkung von Korn, *Eines Lebens Reise*). In Deutschland braucht man sie nur zu bestellen.

verliert er nur seine Ehrenrechte, sein Besitz wird konfisziert, und er wird zu einer Geldstrafe verurteilt. Seine Verteidigungsstrategie, unter anderem die Hinweise auf seine Kriegsverletzung und auf seine pazifistische Gesinnung, hatte Erfolg. 1951 kann Céline nach Frankreich zurückkehren, beklagt sich aber weiterhin. Ihm, der nur geschrieben hatte, nimmt man seine Bücher übel, hat ihm die »Reise« nicht verziehen.

Seine Nachkriegsromane – 1952 erscheint »Féerie pour une autre fois I«, 1954 »Féerie pour une autre fois II«, 1955 seine nach Aufforderung seines Verlegers verfaßten »Entretiens avec Professeur Y«, schließlich seine Trilogie über Deutschland, »D'un château l'autre«, »Norden« und »Rigodon« – erschließen sich dennoch keineswegs als bloße Literatur.[241] Die fiktive Autobiographie wird in ihnen zur historischen Wahrheit. Wahrheit wird mit Erfahrung, Erfahrung mit Fiktion vermengt. In der Tat ist es genau dieses Genre, eine Rhetorik der Insinuation und der Allusion, die Céline meisterhaft beherrscht und die er mit den Autoren des Negationismus, der französischen Variante der Leugnung des Holocaust, teilt. Die ›wahre Geschichte‹ muß erst noch geschrieben werden, lautet deren Forderung.

Die Frage des Genres ist besonders bei Céline, aber auch bei Salomon, nicht nur eine ästhetische Frage. Der Rückzug auf den Stil enthält eine Strategie der Wahrheit, die Eingang in die Formen findet und die das Ich des Autors ins Zentrum rückt. Das handelnde und beobachtende, erlebende und delirierende Ich wird zur Form, aber auch zum Kern einer Theorie der Geschichte und der Wahrheit, die rekonstruierend-konstruierend eigenes Handeln rechtfertigt und ausblendet. Es ist das beobachtende Ich, das die Wahrheit und damit die Ereignisse und die Geschichte konstituiert. Gewalt ist darin nicht nur als ästhetisches Mittel, als Form der Darstellung einbezogen, sondern als Möglichkeit des Tuns und des Geschehens, des Handelns und der Ereignisse. Was Henri Godard im Hinblick auf Céline den autobiographischen Roman nennt, vermischt in ein und demselben Text Roman, Autobiographie und Geschichte, das heißt Erfindung und Einfall, Konstruktion und Erinnerung, Dokument und Wahrheit, Pamphlet, Chronik und Lüge.[242] Es handelt sich um Romane, um fiktionale Biographien und um tatsächliche Ereignisse. Der Autor erzählt anhand seines eigenen Lebens, wie es ›tatsächlich‹ war, er erhebt einen Anspruch auf Wahrheit. Jean-Pierre Martin stellt für Céline in diesem Zusammenhang fest: »L'égographie célinienne va plus loin que l'autobiographie.«[243] Der Kultus des Ich gerät Céline direkt zum Kultus seiner selbst als genialem Schriftsteller und als Verfolgtem der Geschichte, der deshalb seine eigene Geschichte als wahre Geschichte anse-

---

241 »Von einem Schloß zum andern« und »Norden« liegen hiervon in Übersetzung vor.
242 Siehe Godard, Poétique de Céline.
243 Martin, Contre Céline, S. 29 f.

hen kann. Céline wird zum verfolgten Juden. Erinnerung, Fiktion, Polemik und lange Haßtiraden verschmelzen ununterscheidbar ineinander und bilden einen neuen Korpus der Wahrheit.[244] Die subjektiv-fiktive Wahrheit wird zur objektiven, das tatsächlich Erlebte und das fiktiv Erinnerte zur einzigen Geschichte, eingeschrieben in Célines eigenem, verletztem Körper.[245]

Célines Nachkriegsschriften beziehen sich zunächst auf die auch juristisch notwendige Rechtfertigung, auf seine Reetablierung als großer Schriftsteller und schließlich auf seine Geschichte. Während er in Dänemark »Féerie« schreibt, liest er die Arbeiten der bekannten Negationisten, Maurice Bardèche und Paul Rassinier, er korrespondiert mit Albert Paraz, dem Schriftsteller und Rechtsanarchisten. In einem Brief vom 13. Januar 1949 lobt er Rassinier und erwähnt die Zweifel, die an den »magischen Gaskammern« entstehen.[246] Céline bedient sich jener Strategien des Verdachts, der Zweifel und des Vergleichs, die typisch sind für die Leugnung des Holocaust.[247]

»Na, dann sagen Sie doch Augsburg [d. i. Auschwitz]! Das waren keine papelförmigen Flecken! das war das totale Niedermetzeln! die ganze Haut für die Lampenschirme der AA [d. i. SS]! [...]
Ich erkläre, daß ich hier für gar nichts bin! Weder für meine Vergangenheit noch für Augsburg [d. i. Auschwitz]! Ich habe den Krieg nicht erklärt, ich habe gar nichts erklärt außer ›Es lebe Frankreich und Courbevoie! Nieder mit dem Schlachthaus‹.«[248]

Céline kann man nicht verantwortlich machen. Er, der Kriegsveteran, der zu 75 Prozent erwerbsunfähig ist, wird dennoch ins Gefängnis geschickt. Über

---

244 Céline war an Körpern interessiert, hierfür steht seine Faszination an den Tänzerinnen. Nun ›gestaltet‹ er auch seinen eigenen Körper als verletzten. Seine Jahre im Gefängnis und im Exil in Dänemark haben sich seinem Körper eingeprägt, er magert ab. Watts (Allegories of the Purge, S. 144–146) verweist auf seine Auseinandersetzung mit Sartre, der Céline als Lohnschreiber der Nazis bezeichnet hatte (und, darauf sei hingewiesen, ihn zuvor sehr bewundert hatte). Sartre bekommt zwei Namen: »Artron« und »Taenia«. Artron setzt sich aus Sartre und »étron« (Kothaufen) zusammen, »Taenia« ist der Bandwurm. »Der Neologismus [...] transformiert den Säuberer, Sartre, eben in das Objekt, von dem Céline seinen Körper reinigt« (Watts, S. 145).
245 Watts (Allegories of the Purge) hat die Rolle des Körpers für die Poetik Célines herausgearbeitet.
246 Zit. nach Watts, S. 171.
247 Für den Fall Rassinier wurden diese von Brayard detailliert nachgezeichnet. Siehe auch Taguieff, La Logique du soupçon.
248 Céline, Féerie I, S. 31 (frz.: »Eh bien, dites donc alors Augsbourg! c'était pas des plaques papuleuses ! c'était l'échaperie totale! toutes les peaux pour lampions d'A. A.! [...] Je déclare j'y suis pour rien! ni de mon derrière, ni d'Augsbourg! J'ai pas déclaré la guerre, j'ai déclaré rien du tout, sauf ›Vive la France et Courbevoie! À bas l'Abattoir!‹«).

seiner Abteilung steht: »Zum Tode verurteilt«. Er erzählt von seinen Erfahrungen, von Krieg, Säuberung, Flucht, Gefängnis. Der imaginäre Leser, mit dem er sich unterhält, erwähnt »Kassel« [d. i. Dora]. Céline hält ihm vor, nicht dort gewesen zu sein – »reden Sie von Torturen, die Sie erfahren haben«.[249] Der Leser erwähnt »Lüneburg« [Buchenwald], in seiner Antwort verbindet Céline Buchenwald mit einem Bordell: »Es gab Puffs in Lünburg.«[250] Die eigene Erfahrung wird ihm zur gültigen Geschichte, die Geschichte der Lager verbindet er mit Vergnügungsstätten und normalisiert sie über Verweise auf andere Grausamkeiten der Geschichte.

Céline ist schließlich mit der Bombe und den Bombardierungen beschäftigt. Man kann ihm, dem »Historiker«, nicht verweigern, »alles verquer zu nähen«.[251] Das »Neue Europa« wird zwar ohne die alten Stoßtrupps entstehen; aber »mit der Bombe! mit der atomaren!«.[252] Das zerbombte Berlin beschreibt er als Kulissenstadt, »in Hiroshima ist's anscheinend sehr viel ordentlicher, sauberer, glatt geschoren [...] das Reinemachen durch Bombenangriffe ist auch eine Wissenschaft, sie war noch nicht ganz entwickelt [...]«.[253] Die Feststellung geht über in Analogie, sie zielt auf sie.

»Gebhardt ist als Kriegsverbrecher gehenkt! ... nicht wegen der Operation Bichelonnes! ... sondern für alle möglichen Massenmorde, kleine, intime Hiroshimas ... pah, nicht, daß dies Hiroshima mich bedrückte! ... Sehen Sie mal den Truman an, und wie der glücklich ist, mit sich selbst zufrieden, wenn er Cembalo spielt! ... das Idol von Millionen Wählern! ... der erträumte Witwer von tausend Witwen! ... ein kosmischer Landguru! ... wie er an Mozarts Cembalo sitzt! ... Sie brauchen nur etwas zu warten ... Man bringe 'ne Menge um und warte! Das genügt! Nicht nur Denoël! ... Marion ... Bichelonne ... Beria ... und morgen B... K... oder H...! 'ne ganze Schlange! Schlange von Zitternden, Trampelnden, die brüllen, um reinzukommen, um ranzukommen zum Galgen! ... verkrachte Mistbande! ... das ganze Palais Bourbon, die sechshundert!«[254]

Die Analogie macht den Holocaust zu kleinen Hiroshimas. Die kleinen Täter, die Verantwortlichen der kleinen Hiroshimas werden gehängt. Truman und die anderen Verantwortlichen für die tatsächliche Gewalt spielen Cem-

---

249 Ebenda, S. 32.
250 Ebenda, S. 66. Paul Rassinier war Buchenwaldhäftling. Auch »Claunau« (Dachau) wird erwähnt.
251 Céline, Norden, S. 18.
252 Ebenda, S. 29.
253 Ebenda, S. 31.
254 Céline, Von einem Schloß zum andern, S. 125. Denoël war sein Verleger, auch der Verleger der Pamphlete. Er wurde am 2. Dezember 1945 unter ungeklärten Umständen von hinten erschossen. Céline geht darauf ein: »[...] man hat Denoël am Esplanade des Invalides umgebracht, weil er zuviel veröffentlicht hatte [...] na gut, ich bin mit ihm gestorben [...]« (Entretiens avec professeur Y, S. 505).

balo, das heißt, sie bestimmen weiter die wirkliche Musik – dagegen ist die kleine Musik des Schreibers nichts, eine ›Bagatelle‹. Und daher gilt nun: »Nürnberg est à refaire«, so wie man vorher Frankreich neu machen mußte.[255] Die wirklichen Verantwortlichen sind erst noch zur Rechenschaft zu ziehen, so, wie die wirkliche Geschichte noch zu schreiben ist. Céline schreibt seine Geschichte, schimpfend und verzweifelt lachend.

---

255 Maurice Bardèche veröffentlichte 1948 »Nuremberg ou la Terre promise«. Céline schließt sich dem negationistischen Diskurs an.

Exkurs: Die Auflösung der Nation und die Herstellung der Volksgemeinschaft in der »Weltanschauung« des Nationalsozialismus

Die Nation, die sich zunächst im Geheimnis des kollektivierten Innen und schließlich im Rassenbegriff auflöst, kann sich dennoch realisieren. Allerdings setzt dies eine nicht unbeträchtliche Begriffsrochade voraus. Der im Innen und in der Natur zunächst entpolitisierte Begriff kann erneut politisiert werden. Dies geschieht durch die Auflösung von Differenzierungen, durch die Aufhebung der immanenten Ambivalenz. Die aufgelöste Nation tritt an die Stelle des Selbst und der Gesellschaft, und gerade in seiner Auflösung beginnt der Begriff nun, alles bedeuten zu können. Der Begriff der Nation entgrenzt sich, indem er sich in der Fiktion des empirischen Volkes als Rasse, die sich realisieren muß, auflöst und nicht mehr von diesem unterschieden werden kann. Die Nation wird zu einem Begriff, in dem die Rasse sich reflexiv versichert und aus dem Naturzustand erhebt, auf den sie dann doch immer wieder zurückfällt, indem sie als Natur realisiert werden soll. Rasse und die komplementär gebildete Rassenseele werden zur Voraussetzung von Nation und Staat, die sich in ihrem Begriff als Masse und Volkstum einerseits, als völkischer Führerstaat andererseits in einer Kreisbewegung wieder aufheben. Die Nation als Zuchtanstalt der Rasse hat sich von ihrem Bezug gelöst, nämlich dem Staat und seinem umgrenzten Gebiet sowie dem rechtlich und empirisch konstituierten Volk.

Der in sich aufgelöste Begriff verschwindet dennoch nicht. Es gilt die paradoxe Situation zu verstehen, daß gerade in den extremsten nationalen Selbstthematisierungen der Begriff der Nation aufgelöst wurde und sich auf den Willen einer Elite, die Reinheit einer Rasse oder eines Volkes und deren Verwirklichung sowie die tendenzielle Unendlichkeit des Raumes bezog, oder, wie es Hitler auf der ersten Seite von »Mein Kampf« (1925) betont: »Gleiches Blut gehört in ein gemeinsames Reich.«[1]

Hitler bezeichnet sich am Anfang von »Mein Kampf« als Nationalist. Das Ziel seiner Propaganda war die Nationalisierung der Massen.[2] Es ist jedoch kein Zufall, daß der Begriff der Nation im Vokabular des National-

---

1 Hitler, Mein Kampf, S. 1.
2 So faßt er das Ergebnis seiner Kindheit zusammen: »Erstens: ich wurde Nationalist. Zweitens: ich lernte Geschichte ihrem Sinne nach verstehen und begreifen« (Mein Kampf, S. 8). Stefan Breuer bezieht sich in seiner Feststellung, daß dieser vor allem als Nationalist zu verstehen sei, auf dieses Statement und auf die Reden Hitlers.

sozialismus nicht an prominenter Stelle steht.[3] Doch betont Hitler in seinen Reden die Bedeutung des Nationalen und der Nation, und er wendet sich vehement gegen den alten, bürgerlichen Nationalismus, der an Wirtschaft, Legitimität und äußere Erscheinungen gebunden worden sei.[4] Der bürgerliche Nationalismus wurde für die Krise, für den Zerfall der Nation als empirisches Volk, das hergestellt werden mußte, verantwortlich gemacht. Der Hitlersche Nationalismus war nicht an der Nation als Nationalstaat orientiert, sondern an der »Gesamtheit des eigenen Volkes«. Es ist ein Nationalismus, der sich vom Nationalstaat und seinen Interessen abwendet und die Ambivalenz des Volksbegriffs in Volksgemeinschaft und Rasse auflöst, das Gebiet der Nation auf den Raum ausweitet und die Moral auf die des Lebens als Überlebenskampf verengt. Mit dem Rassenbegriff wird Gesellschaft nicht als nationale thematisiert. Der Begriff des Lebens tritt an die Stelle von Nation und Gesellschaft.[5]

Es ist sinnvoll, die »Weltanschauung« des Nationalsozialismus, so die Selbstbezeichnung, als spezifische Form der Selbstthematisierung, die auf die Herstellung von Volksgemeinschaft und Rasse, deren Leben und Überleben gerichtet ist, zu betrachten. Bei der Weltanschauung als Selbstthematisierung aber handelt es sich nicht um ein oder gar *das* Programm des Nationalsozialismus. Selbstthematisierung als Weltanschauung gab nicht vor, was wann und wie zu tun war. Sie zeigte an, was vorstellbar wurde und das heißt zunächst als Vorstellung möglich wurde.[6]

---

3 Siehe Schmitz-Berning, Vokabular. Nation taucht in zusammengesetzten Begriffen auf. Es gab den Tag der nationalen Arbeit oder der nationalen Solidarität. Nationalisierung bezog sich auf die Herstellung des Volkes.

4 Hitler, Reden, Bd. I–III.

5 Der Lebensbegriff ist keineswegs nur an den Nationalsozialismus gebunden, die Aufwertung dieses Begriffs war allgemeiner. Ewald weist auf die Verbindung des Begriffs mit dem Vorsorgestaat hin: »Der Vorsorgestaat findet rund um den Gedanken des Schutzes alles Lebenden zu seiner Einheit« (ders., Vorsorgestaat, S. 488). Die Möglichkeit des Schutzes aber verweist auf die der Verletzung.

6 Eine Analyse der Weltanschauung als eines in sich geschlossenen Programms hat Jäckel in »Hitlers Weltanschauung« vorgelegt. Weltanschauung bezieht sich zwar auf Handeln, nicht aber in einem programmatischen Sinn, so daß man gleichsam faktisch überprüfen kann, was im einzelnen verwirklicht wurde und welche Forderungen Programm geblieben sind. In Einzelheiten konnte die nationalsozialistische Politik sehr flexibel sein, zumal das öffentliche Recht im völkischen Führerstaat fast aufgelöst wurde. Auch hier ist es die Volksgemeinschaft, die an die Stelle des Staatsbegriffs tritt (siehe hierzu Stolleis, Geschichte des öffentlichen Rechts, Bd. 3). Die weltanschaulichen Kernstücke der Rasse und der Volksgemeinschaft aber bestimmten das politische Handeln äußerst konsequent. Im Zusammenhang dieser Arbeit geht es ebensowenig um eine Analyse der Herkunft von Hitlers Weltanschauung (siehe zum Beispiel Hamann, Hitlers Wien),

Wie, so kann als Frage formuliert werden, sollte die behauptete und geforderte Gemeinschaft so realisiert werden, daß schließlich der Massenmord möglich wurde, ohne in seiner tatsächlichen Form geplant gewesen zu sein? Dabei soll der bekannte Streit zwischen ›Intentionalisten‹ und ›Funktionalisten‹ nicht erneut dargestellt, kommentiert oder zwischen den Positionen vermittelt werden, noch soll eine Gesamtrekonstruktion der Hitlerschen Weltanschauung an allen seinen Texten oder an seinem Hauptwerk »Mein Kampf« oder auch an einem Text oder einer Rede eine extensive, alle Sinnstrukturen erfassende Interpretation durchgeführt werden.[7] Ob ein Herrscher jemals zuvor so genau beschrieben hat, was er tun wollte, bevor er es tat, wie es Eberhard Jäckel in bezug auf das außenpolitische Programm, das heißt den Eroberungskrieg im Osten und damit die Lebensraumtheorie, sowie für die Vernichtung der Juden feststellt,[8] oder ob es sich um die »atavistische Struktur des NS-Herrschaftssystems, gekoppelt mit der Wirkungsmacht sekundärer bürokratischer Apparaturen« handelt, das heißt also um Planung oder »perfekte Improvisation«, jeweils erscheinen die zugrunde liegenden Handlungs-, Organisations- und Herrschaftsmodelle als relativ einfach.[9]

Weltanschauung als spezifische Form der Selbstthematisierung ist kein Programm, von dem ausgehend die vorgestellte, behauptete und, hat man die Macht dazu, schließlich realisierte Wirklichkeit als schrittweise Verwirklichung beschrieben werden könnte. Sie ist aber ebensowenig ein beliebiges Konzept, reduzierbar auf propagandistische Formeln ohne Zusammenhang mit Handlung und Handlungen. Weltanschauung hat einen Praxisbezug, auch wenn dieser nicht in Form eines Planes, dessen schrittweise Erfüllung überprüft werden könnte, vorliegt. Der mögliche Erfolg, das heißt also die Realisierung eines allgemeinen Entwurfs, ist nicht daran

---

um eine biographische Rekonstruktion (jüngst erneut und eindrucksvoll Kershaw, Hitler, Bd. 1 und 2) oder um bloße Propaganda und Rhetorik (zur letzteren siehe Burke, Rhetorik in Hitlers »Mein Kampf«). 1966 schrieb Broszat: »Man hat mit Recht von der Weltanschauung des Nationalsozialismus als von einem Mischkessel, einem Konglomerat, einem ›Ideenbrei‹ gesprochen« (ders., Der Nationalsozialismus, S. 21 f.), dennoch wird häufig auf Hitlers durchaus erschreckend konsequentes Denken hingewiesen (»Vielmehr war er meisterhaft als Propagandist *wie* als Ideologe«, Kershaw, Bd. 1, S. 329; siehe auch Holz, Nationaler Antisemitismus, S. 359 ff.), und auch Hitlers »Mein Kampf« ist einer immanenten Analyse unterzogen worden (jüngst Zehnpfennig, Hitlers Mein Kampf).

7 Manchmal ist es sinnvoll, Debatten nicht in gleicher Weise weiterzuführen, sondern die Fragen anders zu formulieren. Siehe zum Beispiel Browning, *Jenseits von »Intentionalismus« und »Funktionalismus«*.

8 Jäckel, Hitlers Weltanschauung, Vorwort zur Neuausgabe, S. 7.

9 Mommsen, Realisierung des Utopischen, S. 420.

gekoppelt, daß es sich um ein umzusetzendes Programm, um eine wenn auch nur allgemein gehaltene Beschreibung des ›Was‹ und ›Wie‹ handelt.[10] Sie ist keine Handlungsanweisung, sondern definiert Vorstellungs- und Möglichkeitsräume darüber, daß Grundsätze definiert werden, ohne im vorhinein zu bestimmen, was zu machen sei und wie ein bestimmtes Ziel zu erreichen wäre. Die »verschiedenen Grade der Erfüllbarkeit festzustellen«, dies sah Hitler sehr wohl, ist weder die Aufgabe einer Weltanschauung noch die eines Programms.[11]

Weltanschauung bildet vielmehr einen Interpretationsrahmen für vergangene, gegenwärtige und erwartete, zukünftige, zu machende oder zukünftig zu geschehende Ereignisse und Handlungen. Sie ist, ohne Zukunft selbst vorwegzunehmen oder zu planen, dafür zuständig, Vergangenes in ihrem Rahmen ›richtig‹ zu deuten, Gegenwärtiges auf Übereinstimmung zu prüfen und Zukünftiges erwartbar zu machen, nicht aber, dieses vorauszuplanen. Weltanschauung wird bei Hitler zum Kampfbegriff, da »nackte« oder »rohe Gewalt« allein nicht ausreiche, Zustimmung und Bindung zu erzielen. »Fanatische Weltanschauung« als »Idee« hatte für die Verstetigung, die »Beharrlichkeit« der Gewalt zu sorgen.[12] Neben der gewünschten Verstetigung der Gewalt ging es um deren Legitimation. Verfolgung, die »ohne geistige Voraussetzung stattfindet«, erscheint »als sittlich nicht berechtigt« und findet daher keine Zustimmung, so Hitler.[13] Der Kampf der Weltanschauungen kann nicht ohne eine »Idee« geführt werden. Fehlt diese, wachse die Anhängerschaft der Verfolgten mit zunehmender Repression. »Mithin wird die restlose Vernichtung der neuen Lehre [gemeint ist der jüdische Marxismus, U. B.] nur auf dem Wege einer so großen und sich immer steigernden Ausrottung durchzuführen sein, daß darüber endlich dem betreffenden Volke oder auch Staate alles wahrhaft wertvolle Blut überhaupt ent-

---

10 Dies gilt für »Mein Kampf« allerdings mit einer Einschränkung, die die Organisation von Partei und Bewegung betrifft. Da Hitler hier die Macht besaß, konnte er bestimmen, was wann und wie gemacht werden sollte. Dies geht bis in kleine Details, die im Gesamtkonzept wichtig waren, zum Beispiel der Wahl der Farbe der Plakate für die Versammlungen: Sie waren rot (siehe Mein Kampf, S. 541. Ich zitiere aus der 810.–814. Auflage von 1943). Zu den verschiedenen Ausgaben siehe Hammer, *Die deutschen Ausgaben,* und Maser, Hitlers Mein Kampf. Nach Maser wurden 2500 stilistische und 36 sachliche Änderungen vorgenommen. Inhaltlich gab es eine Änderung, die die Parteiführung betraf. 1930 wurde der Begriff »germanische Demokratie« durch »Führerautorität« ersetzt (Hitler, Mein Kampf, S. 379), siehe hierzu Lange, Hitlers unbeachtete Maximen.
11 Hitler, Mein Kampf, S. 229.
12 Siehe »Die Anwendung nackter Gewalt«, Mein Kampf, S. 186–189; die Formulierung der »Beharrlichkeit« findet sich auf S. 188.
13 Ebenda, S. 187.

zogen wird.«[14] Der Gewalt ohne Idee »fehlt die Stabilität, die nur in einer fanatischen Weltanschauung zu ruhen vermag«. Eine »neue geistige Idee« ist Grundlage einer erfolgreichen – »nackten« – Gewalt.[15] Die Funktion der »Idee« wird an dieser zunächst unverständlichen Stelle des Textes bestimmt. Sie ist als Trägerin einer Gewalt konzipiert, die auf die »restlose Vernichtung« einer Lehre gerichtet ist, denn der Erfolg der Gewalt hat Zustimmung der Bevölkerung zur Voraussetzung – nicht unbedingt und direkt zur Gewalt, die allein, als bloße pure Gewalt, Solidarität mit den Verfolgten auslösen würde, sondern vermittelt über die zugrunde liegende ›Idee‹.

Nach dieser Idee ist also zu fragen. Sie war, so will ich zeigen, nicht die der Nation, sondern die der in Rasse und Volksgemeinschaft aufgelösten Nation und eines propagandistischen Nationalismus zur notwendigen »Nationalisierung der Massen«, eines Nationalismus also, der sich auf die beiden Begriffe der Rasse und Volksgemeinschaft bezog.[16] Der völkische Staat »hat die Rasse in den Mittelpunkt des allgemeinen Lebens zu setzen«.[17] Der Rassenbegriff bezieht sich nicht auf Gesellschaft, die Prinzipien der Gesellschaft, Ökonomie, Klassen, Kommunikation, Lebensstile etc., gefährden die Rasse, drohen sie aufzulösen. Gesellschaft wird zum jüdischen Prinzip selbst ernannt, ebenso wie der alte Nationalismus, der der Fahnen und Schützenvereine, aber auch der der Ökonomie und des Großmachtstaates, zum bürgerlichen erklärt wurde. Rasse und Volksgemeinschaft beziehen sich nicht auf den Begriff der Gesellschaft, sie würden sich auf als ›jüdisch‹ Definiertes beziehen, sondern auf den Begriff des Lebens. Die lebensverhindernden Kräfte, Lehren und deren Träger müssen bekämpft werden. Die Wortwahl der »restlosen Vernichtung einer Lehre« wird so verständlich. Die Begriffe der Unbedingtheit, »ausrotten« ebenso wie »Vernichtung«, beziehen sich nicht auf Gesellschaft und/oder Nation, sondern auf das ›Leben‹. Der Staat als »Wahrer der tausendjährigen Zukunft« muß dieses garantieren. Auch er bezieht sich nicht auf Nation, sondern wiederum auf das Leben. Die andere Seite des Lebens aber ist der Tod. Gesellschaften, auch

---

14 Ebenda.

15 Ebenda, S. 188 und 189.

16 Eine andere Interpretation gibt Stefan Breuer, der den Nationalsozialismus einerseits vom »Neuen Nationalismus« abgrenzt, andererseits gegen Neumann (Behemot) betont, daß Nation ein »Schlüsselbegriff in Hitlers Vokabular« gewesen sei (Grundpositionen, S. 167). Der Bezug auf die Nation bedeute, so Breuer, ihr innenpolitisch die höchste Form der Loyalität zuzuerkennen, außenpolitisch den höchsten Wert. Er zitiert Hitler: »Es gibt kein Volk, das heute mehr Wert besitzt als das unsere. Wo ist das Volk, das der Welt in 2000 Jahren das gegeben hat, was unser Volk gab? [...]« (Hitler, Reden, Bd. III, 3, S. 354, zit. nach Breuer, ebenda). Dieser Nationalismus aber hatte sich von der Nation getrennt und bezog sich auf das Volk als Rasse.

17 Hitler, Mein Kampf, S. 446.

nationale Gesellschaften, sterben nicht, sie verändern oder transformieren sich. Gesellschaft, auch die Gesellschaft der nationalen Gesellschaften, steht nicht in einem ›Überlebenskampf‹. In den Veränderungs- und Transformationsprozessen entwickelt sich Gesellschaft weiter. Volksgemeinschaften aber als herzustellende Rasse sind nicht nur von Einflußverlusten, Machttransformationen und anderen Veränderungen betroffen, sie sind vom Aussterben bedroht. Statt sich zu transformieren, gehen sie unter, sterben. Die »fanatische Weltanschauung« als ideeller Träger der »nackten Gewalt« ist konzipiert, um der restlosen Vernichtung desjenigen Lebens, das das Leben bedroht, zu dienen.[18]

Nach der durchgeführten Massenvernichtung können und müssen wir Wörter wie »ausrotten« und »Vernichtung« nur im Kontext dieses historischen Ereignisses verstehen. Vorher allerdings, in diesem Fall Mitte der zwanziger Jahre des letzten Jahrhunderts, war keineswegs eindeutig, was diese Worte ›konkret‹, das heißt im Sinne von: ›was ist zu tun‹, ›wie ist es zu tun‹ und ›wer soll es tun‹, bedeuten sollten und wie die evozierte Vorstellung, die in einem anderen Sinne als dem der konkreten Handlungsanweisung ganz eindeutig ist, in Handlung umgesetzt werden könnte. Als sie gesagt oder geschrieben wurden, bezogen sich die Worte noch nicht auf die tatsächlichen späteren Handlungen. Begriffe bestimmen aber in der Zeit, in der sie formuliert, gesagt und gedruckt werden, Erwartungen und Erwartungserwartungen. Die Selbstthematisierung in Begriffen der absoluten Gewalt gegen andere ist ernst zu nehmen. Es ist, so meine These, die Gemeinschaft selbst, die sich in diesen Begriffen gründen sollte. Diese Gründung ist ihr konkreter Praxisbezug.

»Der Begriff der Endlösung«, so schreibt Gerlach, »war nicht von Anfang an deckungsgleich mit dem kurzfristigen Völkermord an den Juden, er wurde es erst später – vor allem nach dem Kriege.«[19] Eine Rekonstruktion einer frühen Hitlerrede (1920) zeigt dennoch, daß es um eine Realisierungsperspektive geht.[20] »Allerdings erwickelt Hitlers Rede nicht nur eine in der Fallstruktur konsistente Lösungsperspektive – die ›Entfernung aller Juden‹ –, sondern auch eine Strategie der Realisierung dieser Lösung.« Dies ist richtig in dem Sinne, daß es sich nicht um ein vorweggenommenes Programm der durchzuführenden Vernichtung handelt, sondern um die Begründung der Notwendigkeit, radikalste Maßnahmen ergreifen zu müssen, um das Problem, die ›Judenfrage‹, endgültig zu lösen und in dieser Lösung

---

18 Baumans plastischer Begriff des »Staates als Gärtner« steht in diesem Zusammenhang. Es gibt wertlose Pflanzen, Unkraut, und wertvolle, die durch diese bedroht und daher ausgerissen werden müssen (ders., Moderne und Ambivalenz, S. 43–46).

19 Gerlach, *Die Wannsee-Konferenz*, S. 112.

20 Holz, Nationaler Antisemitismus, S. 363 f.

die zentrale Aufgabenstellung für die Gründung und Erhaltung des Kollektivs zu sehen.

Sowohl die Reden als auch die Schrift hatten eine ganz spezifische Handlungsfunktion, die keineswegs unmittelbar auf das spätere tatsächliche ›ausrotten‹ oder ›vernichten‹ bezogen war. Beide, Reden und Schrift, sollten die behauptete Gemeinschaft des Volkes als Rasse zunächst in der Vorstellung herstellen. Bemerkenswert daran ist, auch wenn immer wieder taktische Rückzüge und Rücksichtnahmen Hitlers beschrieben werden, daß dieses, die Herstellung der Gemeinschaft, der konkreten Gemeinschaft im Saal und der abstrakten Gemeinschaft im Lande, immer wieder mit einer Vernichtungsrhetorik verbunden wurde.[21] Es ist nicht irgendeine Gemeinschaft, die im Prozeß der zunächst semantischen Konstruktion der »Ausrottung« hergestellt wird. Vielmehr soll dabei eine Gemeinschaft hergestellt werden, deren Überleben gefährdet ist und der, ergreift sie nur die richtigen Maßnahmen, eine tausendjährige Zukunft und ein tendenziell unendlicher Lebensraum offensteht. In diesem Sinne bestimmt sich die rassische Volksgemeinschaft radikal selbst in der Auflösung von Zeit und Raum. Die Verengung auf Leben und Rasse und die gleichzeitige Ausdehnung von Raum und Zeit stehen in einem direkten Zusammenhang.

Es ist die Radikalität der angestrebten Lösung, die in einem allgemeinen Sinne programmierend wirkt. Mit der Weltanschauung werden keine Handlungen realisiert, sondern spezifische Vorstellungsräume eröffnet, in diesem Falle: die Konstitution der Volksgemeinschaft im Kampf vor allem mit dem Feind, der gleichzeitig als Parasit und als Verkörperung der Weltherrschaft des Finanzkapitals und des Bolschewismus dargestellt wird. Die Radikalität der Vernichtungsvorstellung bezieht sich zunächst nicht auf die Tat, sondern auf die Herstellung einer Volksgemeinschaft unter dem Zeichen der Notwendigkeit einer radikalen Praxis der Ausrottung des Feindes und seiner Ideen.

Die Auftritte, die Reden, die Organisation der Partei sichern die Gemeinschaft nur in der Aktion selbst. Die Überlebensgemeinschaft besteht nur in ihrer Realisierung, das heißt im konkreten Fall als durch den Redner geschaffene und dann tatsächlich existierende Gemeinschaft im Saal, beim Auftritt der Partei in Coburg, beim Marsch auf die Feldherrnhalle, im Schreiben von »Mein Kampf« im Gefängnis, in der Inszenierung des ›Führers‹ etc. Die politische Überlebensgemeinschaft als kollektiver Akteur erfährt sich, anders als dies bei Personen der Fall ist, in der Aktion als solche (im Unterschied zu Personen, die ihr ›Ich‹ auch außerhalb aufrechterhalten). Das empirische ›Volk‹ als vorausgesetzte politische Gemeinschaft bezie-

---

21 Die Rücksichtnahmen, die zeitweilige Rücknahme des Themas der Juden in den Reden ebenso wie die verschiedenen Strömungen innerhalb der NSDAP, werden in dieser Arbeit nicht berücksichtigt.

hungsweise als natürliche Gemeinschaft, die sich politisch realisieren muß, um nicht unterzugehen, so die Konstruktion in »Mein Kampf«, die auf diese Weise ihre Modernität zeigt, muß sich daher immer wieder ihrer Existenz versichern, die sich tatsächlich auflöst, sobald der Einzelne wieder bei sich ist oder ›zu sich kommt‹.

Weltanschauung als Selbstthematisierungsform hat nicht den Charakter eines Planes, sondern einer das Weitere offenlassenden, aber die Richtung bestimmenden Programmierung.[22] Das heißt nicht, daß nichts festgelegt wird, sondern im Gegenteil, es werden Grundlagen bestimmt und Ziele definiert. Dies gilt noch für die Funktion des 25 Punkte umfassenden Programms der Partei. An diesen sollte, so Hitler, unbedingt festgehalten werden, auch dann, wenn sich einzelnes als falsch oder verbesserungswürdig herausstellen sollte. Die Programmierung sollte erhalten bleiben, auch wenn sich die Realisierungsmöglichkeiten änderten. Die Unbedingtheit selbst war ein Wert, auf dem es aus inhaltlichen, formalen und propagandistischen Gründen zu bestehen galt. Man ist geneigt, es in heutiger Managementsprache als *benchmarking* zu bezeichnen. Festgelegt wird ein allgemeines, zu erreichendes Ziel, etwa: Wir wollen die Stärksten werden, um zu überleben, eine im Grunde trivial-darwinistische Variante. Die Grundbedingungen werden genannt, unter denen dieses Ziel zu erreichen ist, innenpolitisch durch die Konstitution der Volksgemeinschaft und die Vernichtung der Juden (nicht: durch Vorlage eines Vernichtungs*programms,* indem Vorgehensweisen auch nur allgemein festgelegt würden, Pläne gefaßt, Ort und Zeit zumindest versuchsweise genannt werden); außenpolitisch durch die Gewinnung von Lebensraum, das heißt Ostpolitik und Krieg.[23] Innerhalb dieser Grundlagen werden später Entscheidungen getroffen, konkurrieren Organisationen um die Zielerfüllung, werden Vorschläge gemacht (etwa: der ältere Madagaskar-Plan, keineswegs nationalsozialistischen Ursprungs) und verworfen, entsteht die vielbeschriebene Polykratie. Auch wenn es in diesem Kontext historisch von großem Interesse ist, einen Führerbefehl mit vielen Mühen zu rekonstruieren, so ändert die Rekonstruktion einer Aussage, die, ob tatsächlich oder vermeintlich, schon in der Situation, von den damaligen Zuhörern, oder im nachhinein, von uns, die über indirekte Vermittlung auf eine solche Aussage stoßen, als »Befehl« oder eben: »Grundsatzbefehl« gewertet werden konnte beziehungsweise gewertet wer-

---

22 »Politische Parteien sind zu Kompromissen bereit, Weltanschauungen niemals. Politische Parteien rechnen mit Gegenspielern, Weltanschauungen proklamieren ihre Unfehlbarkeit« (Hitler, Mein Kampf, S. 507).

23 Dies sind die beiden Punkte, die Jäckel, Hitlers Weltanschauung, als »Programm« herausgearbeitet hat. Andere stimmen in diesem Punkt mit ihm überein, so etwa Berding, Moderner Antisemitismus, S. 194 f., oder Friedländer, *Vom Antisemitismus zur Ausrottung.*

den kann, nichts an dem beschriebenen Verhältnis von Weltanschauung und Praxis.[24]

Sinnvoll kann nach der Aufgabe gefragt werden, die die Hinweise auf Ausrottung und Vernichtung im Kontext der spezifischen nationalsozialistischen Selbstthematisierung vor der Machtergreifung erfüllen. Die Volksgemeinschaft wird als Einverständnisgemeinschaft und Unterwerfungsgemeinschaft konstruiert, das heißt, sie ist in Begriffen einer Herrschaftssoziologie rekonstruierbar. Einverständnis und Unterwerfung stehen in unmittelbarer Beziehung zur Herrschaft, Einverständnisgemeinschaften sind durch eine spezifische Herrschaftsform charakterisiert. Max Weber, der Herrschaft in ihrer Grundstruktur als Verhältnis von Befehl und Gehorsam faßte, wußte durchaus, daß dieses Verhältnis handlungstheoretisch komplexer gefaßt werden mußte. Schon bei Weber wird in das Herrschaftsverhältnis die Kategorie des Einverständnisses integriert.[25] »Weltanschauung« gibt in der Hitlerschen Konstruktion die Dimensionen vor, in denen Herrschaft sich ›von unten‹ als Einverständnishandeln vollzieht, das heißt als praktische Orientierung daran, daß auch andere dieses Verhalten als verbindlich betrachten werden. Die Chance, für einen Befehl Gehorsam zu finden, erhöht sich, wenn das Modell nicht im einfachen Sinn von Anweisung und Ausführung verstanden wird, sondern als Vorgabe einer verbindlichen, aber allgemeinen Zielvorstellung (Überleben), deren Form der Realisierung offen ist, die aber als Orientierungsmuster verbindlich unterstellt wird. Erst später, das heißt, als man die Macht hatte, durch faktische Handlungen, durch *trial and error*, Konkurrenz der Theoretiker und Praktiker, der Organisationen, der Ent-

---

24 Die Debatte um den Führerbefehl wurde erneuert durch die Arbeit von Gerlach, *Die Wannsee-Konferenz*. Er gibt auch die Wertung als »Grundsatzbefehl«.

25 Siehe zum Begriff des Einverständnishandelns Weber, *Über einige Kategorien*, S. 452–464. Gemeinschaftshandeln vollzieht sich nach Weber, ›als ob‹ es an einer vereinbarten Ordnung orientiert sei. Interessant ist, daß Weber dieses Handeln auch am Beispiel der »Rassengemeinschaft« erläutert (ebenda, S. 454). »Eine ›Rasse‹ wird, möge das Verhalten der ihr Zugehörigen in irgendeinem Punkt noch so gleichartig sein, zur ›Rassengemeinschaft‹ für uns erst da, wo ein Handeln der Rassezugehörigen in gegenseitiger sinnhafter Bezogenheit entsteht: wenn z. B., um das absolute Minimum zu nennen, Rassezugehörige in irgendeiner Hinsicht sich von der ›rassefremden‹ Umwelt ›absondern‹ mit Bezug darauf, daß andere Rassenzugehörige es auch tun (gleichviel ob in gleicher Art und Umfang)« (Kategorien, S. 454). Einverständnis ist nichts anderes als die Orientierung an der Erwartung des Verhaltens anderer. Als Einverständnishandeln gilt »die soziale Absonderung von Rassegenossen also z. B. dann, wenn in irgendeinem relevanten Grade darauf gezählt werden darf, daß die Beteiligten sie im Durchschnitt wie ein verbindliches Verhalten praktisch behandeln werden« (ebenda, S. 458).

wicklung des Krieges, der Verarbeitung von Erfahrungen, verengt sich das Handeln zur »Endlösung« als schließlich durchzuführender und dann durchgeführter Vernichtung, die sich auf die gemeinsame Orientierung berufen kann. Anweisung und Ausführung bleiben innerhalb dieses Modells erhalten, sowohl innerhalb der zu konstituierenden Einverständnisgemeinschaft der Deutschen, der Volksgemeinschaft der Volksgenossen als Rassegenossen, vor allem aber für diejenigen, die aus der Einverständnisgemeinschaft ausgeschlossen werden. Das exemplarische Mittel der Herrschaft ohne Einverständnis – als allgemeines ein äußerst prekäres Modell – findet auf die Ausgeschlossenen Anwendung. Es ist das Prinzip der »Bekanntmachung«: Alle Juden haben sich morgen einzufinden.

Einverständnis und Unterwerfung können nicht vorausgesetzt werden, auch können sie nicht im vorhinein als Handlungsmotivationen und Erklärungen für die konkrete Durchführung der »Endlösung«, für die Ermordung der Juden und anderer unterstellt werden. Noch bei der tatsächlichen Durchführung mußte man ein Geheimnis schaffen. Das Geheimnis ist nicht als Nichtwissen, sondern als spezifisches Kommunikationsmedium zu begreifen. Es kann es nur geben, wenn es dargestellt wird. Zunächst begründet es die besondere Gemeinschaft derjenigen, die das Geheimnis kennen und erkennen, wie es schon bei der Analyse des Begriffs der Nation bei Ernst von Salomon deutlich wurde. Die Träger des Geheimnisses kommunizieren zumindest die Tatsache, daß sie dazugehören, eine exklusive Gemeinschaft bilden, auch nach außen und symbolisieren ihre »Auserwähltheit« (zum Beispiel der Totenkopf der SS). So sehr ein Geheimnis kommuniziert werden muß, als vorhanden bekannt sein muß, so wenig können alle zu Trägern des Geheimnisses werden.

Die »Ausgelesenen«, diejenigen, die bei der »Menschenauslese« als Mitglieder auserwählt wurden, um es in der Sprache Hitlers auszudrücken, bilden eine Sondergemeinschaft der besonders Qualifizierten.[26] Das Geheimnis muß zum Teil nach außen offen, das heißt, als solches lesbar sein, es muß mit seiner Öffnung spielen, der Vorhang darf nicht ganz zugezogen sein. Es spielt mit dem Verbergen und der Offenbarung und zeigt hier einen Zusammenhang mit der charismatischen Herrschaft. Dennoch gilt, daß Geheimnisse, die man kennt, keine mehr sind. Geheimnisse aber, von denen man nichts weiß, können erst gar nicht zu einem werden. Die Logik, und das heißt insbesondere die Herrschaftslogik des Geheimnisses als Form der Kommunikation, liegt zwischen Wissen und Nichtwissen, im Zwischen-

---

26 Der »Grundsatzbefehl« zur Vernichtung wurde so in einer Situation erteilt, die nach Gerlach genau den Kriterien des Geheimnisses entspricht. Hitler versammelte seine »Ausgelesenen« in seinen Privaträumen, um die Ansprache zu halten, in der verkündet wurde, daß die Zeit gekommen sei, wie einige Teilnehmer nachher berichteten.

raum des offenen und geschlossenen Geheimnisses. So konnte man lesen, was das Ziel war, ›positiv‹ und ›negativ‹: »Die Nationalisierung unserer Masse wird nur gelingen, wenn bei allem positiven Kampf um die Seele unseres Volkes ihre internationalen Vergifter ausgerottet werden.«[27] Das zu schaffende Einverständnis, nicht als geteilte Überzeugung, sondern als Orientierung an der Erwartung der anderen, sorgt für die Öffnung des Möglichkeitsraumes, in dem die Vernichtung schließlich erfolgen konnte und in dem zuvor die Worte möglich wurden, möglich nicht nur im Sinne dessen, daß sie gesagt werden konnten, sondern daß sie selbst als gemeinschaftsstiftend benutzt werden konnten und nicht auf entrüstete Ablehnung, sondern auf zuviel Zustimmung stießen.

Einverständnis, auch wenn es sich nicht unmittelbar auf die Durchführung der Tat bezieht – in der Literatur wird immer wieder betont, daß meist niemand zur Teilnahme an Mordtaten gezwungen wurde –, betrifft die Schaffung eines Möglichkeitsraumes des Denkens und Handelns. Zur Herstellung dieses Raumes gehört die Weltanschauung. Hier wird praktisch gedacht und gedanklich erprobt, semantisch vorweggenommen, Taten, vor allem aber Gesinnung. Mehr noch: Weltanschauung ist praktisch in dem Sinne, daß sie die Blicke richtet und die Gemeinschaft, die sie behauptet, erst mit herstellt.[28] Mit der Gemeinschaft, die politisch erzeugt werden muß und keineswegs als gegeben vorgestellt wird, sondern im Gegenteil: als gefährdet, muß ebendiese Gefahr bestimmt werden. An dieser Stelle greift die Rassentheorie ein, die beides leistet: die Konstruktion der nordischen Rasse als überlegen und über die Bestimmung des Feindes als Feind des Prinzips von Gemeinschaft überhaupt als gefährdet. Der Jude als Gattungsbegriff füllt diese Leerstelle. Wie also wird Gemeinschaft als politische Volksgemeinschaft vorgestellt, behauptet und schließlich tatsächlich realisiert?

Im Kontext der Herrschaft des Volkes nicht als gegebener, sondern zu konstituierender Einverständnisgemeinschaft (der »Wiedergewinnung unseres politischen Selbsterhaltungswillens [...] durch die Nationalisierung der bewußt antinationalen Masse«, wie es Hitler ausdrückt) erhält »Welt-

---

27 Hitler, Mein Kampf, S. 379. Immer wieder wurde diskutiert, wer und wie viele es tatsächlich gelesen haben. Eine weite Verbreitung gilt als gesichert, die Einschätzungen über die tatsächliche Verarbeitung und Wirkung aber scheinen eher beliebig zu sein und gehen von einer größeren Bedeutung aus (Vondung, Magie und Manipulation, S. 95) oder davon, daß es auch nach 1933 kaum beachtet wurde (Steinert, Hitler, S. 336). Eine Klärung scheint kaum möglich, da eine Rezeptionsgeschichte von »Mein Kampf« nicht vorliegt.

28 Hitler und den Nationalsozialismus ohne diese Weltanschauung, die erst herstellt, was als gegeben vorausgesetzt wird und deshalb sein soll, und ohne die Vernichtungspolitik darzustellen, verfehlt ihren Gegenstand, keineswegs wird der Nationalsozialismus nur halbiert, er wird nicht verstanden (siehe als Beispiel Zitelmann, Hitler).

anschauung« als spezifische Form einer objektivierten Selbstthematisierung eine besondere Bedeutung, der sich Hitler als Trommler und Propagandist bewußt wurde.[29] »Ich konnte reden«, diese Bemerkung ist die Darstellung einer Erweckungserfahrung, der im Buch eine im historischen Sinne durchaus unzuverlässige ›Bildungsgeschichte‹ vorgeschaltet ist.[30] Der, der hier redet, vereinigt drei, nach eigener Darstellung seltene Fähigkeiten, die ihn zum kommenden Führer machen: Er hat eine Idee, das heißt, er bestimmt das Ziel, er ist Programmatiker und Propagandist, der die begrenzte Bedeutung des Programms kennt, und er hat eine Bildungsgeschichte und den unbedingten Willen, die ihn zum Führer befähigen. Drei Elemente, die persönliche Bildungsgeschichte, die Idee als Weltanschauung sowie Werbung und Propaganda als Kampf, sind in Hitlers »Mein Kampf« (ein treffender Titel, wenn auch keineswegs der ursprüngliche) beständig ineinander verwoben und wiederholen sich. Die Bildungsgeschichte ist die Bildungsgeschichte des Führers, des Auserwählten aus dem Volke, der Idee, Willen und Radikalität in sich vereinigt. Die Idee ist die Voraussetzung, um einen erfolgreichen Kampf der rohen Gewalt führen zu können, und Propaganda ist das Mittel, um die Gemeinschaft herstellen zu können. Die Bildungsgeschichte als Entwicklungsgeschichte, das heißt als Biographie, kann hier vernachlässigt werden. Denn die Führerkonzeption zeigt einen wichtigen Aspekt der Volksgemeinschaft als Einverständnisgemeinschaft: Sie war gleichzeitig Unterwerfungsgemeinschaft. Der Einzelne aus der ›breiten Masse‹, im Konzept nach dem Heeresdienst zum Staatsbürger geadelt, sollte lernen, bei Recht und Unrecht zu schweigen.[31] So laut einerseits die Stimme des Herrn war, so sehr er als Trommler die Stimmung im Saal benutzen wollte und tatsächlich auch benutzte, so still sollte es andererseits werden. Verschwiegenheit kam als Grundqualifikation zu Treue und Opferbereitschaft hinzu und steht in direktem Zusammenhang mit dem offenen Geheimnis. Die Auswahl der ›Führer‹ auf den verschiedenen Ebenen kam als »Menschenauslese« hinzu. So wiederholte sich die für die Organisation der Partei wichtige Unterscheidung zwischen »Anhängern« und »Mitgliedern« auf der Ebene der Gesellschaft.[32] Die Qualifikation der »Ausgelesenen«, der »Anhänger«, läßt sich

---

29 Hitler, Mein Kampf, S. 366.

30 Das vollständige Zitat lautet: »Ich sprach dreißig Minuten, und was ich früher, ohne es irgendwie zu wissen, einfach innerlich gefühlt hatte, wurde nun durch die Wirklichkeit bewiesen: ich konnte reden!« (Hitler, Mein Kampf, S. 390).

31 Im zweiten Band legt Hitler sein Erziehungskonzept dar: »Er [der Volksgenosse, der zum Staatsbürger ›gebildet‹ wird, U. B.] soll lernen zu schweigen, nicht nur, wenn er mit *Recht* getadelt wird, sondern soll auch lernen, wenn nötig, *Unrecht* schweigend zu ertragen« (ders., Mein Kampf, S. 459).

32 Die Ausführungen zu Anhängern und Mitgliedern finden sich in Kapitel 11 des 2. Buches, S. 649 ff.

als das Erreichen einer besonderen »ethischen« Stufe erfassen, einer Ethik höherer Ordnung, die die gegebene alltägliche Ethik aufhebt. Denn in der Erfassung der Idee, der Einsicht in den Grundzusammenhang der Welt, dem Glauben an die Notwendigkeit einer »Idealisierung des Menschentums« als »Voraussetzung für das Dasein der Menschheit« sieht »die Person« ihre Aufgabe und ihren Auftrag. »Allein sie [die Person, der Führer, der Ausgelesene, U. B.] kann auch einer ethischen Idee das Existenzrecht nicht zubilligen, sofern diese Idee eine Gefahr für das rassische Leben der Träger einer höheren Ethik darstellt [...].«[33] Volk, Rasse oder Nation, meist unterschiedslos gebraucht, werden zu Trägern einer höheren Ethik. Nur »die Besten« aber sehen die Notwendigkeit, Ethik aus Gründen einer höheren »Volksethik« als Überlebensethik aufzuheben. Die anderen haben zu schweigen. Einverständnisgemeinschaft und Unterwerfungsgemeinschaft werden im Schweigen und Handeln aneinandergekoppelt. An diesem Punkt liegt die systematische Bedeutung von Führerkonzeption und Persönlichkeitsbegriff, der analog zur Rassenkonzeption in Personen höheren und niederen Wertes aufgespalten ist. Beide Konstruktionen sichern ein Konzept des Einverständnisses bei gleichzeitiger Unterwerfung.[34]

Aus dieser Perspektive läßt sich die Unterwerfungs- und Einverständnisgemeinschaft als Schaffung eines spezifischen »moralischen« Raumes beschreiben, der nicht Zustimmung sicherte, sondern allgemeines Einverständnis, das schließlich vorausgesetzt und inszeniert wurde, auch wenn man sich nie ganz sicher sein konnte.[35] Zunächst waren es nicht die Waffen, die man zur außenpolitischen Stärke brauchte, sondern die »erkannte oder doch vermutete moralische Widerstandsfähigkeit einer Nation«.[36]

Hitler selbst war der Propagandist der Weltanschauung, wenn auch keineswegs ihr voraussetzungsloser Schöpfer.[37] Keineswegs aber war er nur

---

33 Hitler, Mein Kampf, S. 421. Die moralisch hochgetönte Sprache bricht in der Fortführung des Satzes, der deshalb erwähnt werden muß, ab: »[...] denn in einer verbastardierten und vernegerten Welt wären auch alle Begriffe des menschlich Schönen und Erhabenen sowie alle Vorstellungen einer idealisierten Zukunft unseres Menschentums für immer verloren« (ebenda, S. 421).

34 Darin kann auch die Möglichkeit vermutet werden, nach 1945 nur noch die Seite der »Unterwerfung« thematisieren zu können: Man konnte nicht anders. Die andere Möglichkeit bestand darin, die Seite des Einverständnisses zu verringern beziehungsweise zumindest für die ›Anhänger‹, die ›einfachen Leute‹, einen heimlichen Widerstand zu konstruieren. Exemplarisch finden wir diese Strategie in Ernst von Salomons »Fragebogen«.

35 Unmutsäußerungen konnten, wenn man sich nicht stark genug fühlte, direkt gegen sie vorzugehen, durchaus hingenommen werden, so als Beispiel der kirchliche Protest gegen die Euthanasie des Bischofs von Galen.

36 Hitler, Mein Kampf, S. 366.

37 Über Vorläufer und über den Zeitgeist liegen zahlreiche Arbeiten vor, zum Bei-

Propagandist. Propaganda wurde nicht nur gebraucht und in ihren Wirkungen reflektiert, sondern selbst in die Weltanschauung einbezogen. So beschreibt Hitler, wie die vorgestellte und behauptete Gemeinschaft während seiner Reden entsteht. Denn die Einheit der Volksgemeinschaft ist nicht nur immer fragil, sie muß auch erst aktiv erzeugt werden. Daher ist Propaganda eine der Konstitutionsbedingungen der Gemeinschaft selbst, die sich nicht in einer gleichsam natürlichen Einstellung als solche weiß.

»Denn je radikaler und aufpeitschender meine Propaganda war, um so mehr schreckte dies Schwächlinge und zaghafte Naturen zurück und verhinderte deren Eindringen in den ersten Kern unserer Organisation. Sie sind vielleicht Anhänger geblieben, aber gewiß nicht mit lauter Betonung, sondern unter ängstlichem Verschweigen dieser Tatsache. Wieviel Tausende haben mir nicht damals versichert, daß sie ja an sich ganz einverstanden mit allem wären, aber nichtsdestoweniger unter keinen Umständen Mitglied sein könnten.«[38]

Selbst als die Partei noch klein war und Mitglieder brauchte, sollten schon nur die Unbedingten Mitglieder werden.[39] Die Beteiligung der Massen, die bezogen auf die Bewegung Anhänger sein sollten, lag in einem Einverständnis, das sich durch Schweigen bei Recht und Unrecht dokumentierte.

Es ist keine Frage, daß der größte Feind in den Juden als »Gegenrasse« gesehen wurde, wie Hitler es unter anderem in »Mein Kampf« beschreibt. Der Jude selbst würde sich »rein« halten und die anderen vergiften. Während sich die Kultur durch den territorialen Staat als »lebendiger Organismus zur Erhaltung und Vermehrung einer Rasse« entwickle, sei der jüdische Staat »[...] territorial vollständig unbegrenzt. [...] Damit entfällt jedoch die Grundlage, auf der eine Kultur allein entstehen kann«.[40] Da sie kein Territorium hätten, könnten sie keine Kultur entwickeln. Die Nation ist in Hitlers Konzept der Volksgemeinschaft mit dem Einzelnen als Volksgenossen eine abgeleitete Kategorie, eine, die er propagandistisch, und das heißt: als Teil seiner Weltanschauung, braucht. In ihren Bestimmungen aber löst sich Nation in Volksgemeinschaft als Rasse und im Einverständnis als Unterwer-

---

spiel Breuer, Anatomie der konservativen Revolution. Hier geht es aber nicht um die Ideengeschichte oder um die Frage, was Hitler wann gelesen hat, etwa, ob er Schopenhauer oder nur die Überschrift kannte (Zehnpfennig impliziert zumindest, daß er wohl doch gelesen habe, siehe dies., Hitlers Mein Kampf).

38 Hitler, Mein Kampf, S. 658.
39 Vgl. zur Generation der Unbedingten, die sich, praktisch werdend, unter anderem im Reichssicherheitshauptamt wiederfanden, Wildt, Generation der Unbedingten.
40 Hitler, Mein Kampf, S. 331. Zur jüdischen Rassereinheit: Der Jude »übt (er selber) strengste Abschließung seiner Rasse. Wohl hängt er seine Frauen manchmal einflußreichen Christen an, allein, er erhält seinen männlichen Stamm grundsätzlich immer rein« (ebenda, S. 346).

fung auf. In »Mein Kampf« folgt der Abschnitt über die »Nationalisierung der Massen« dem Kapitel 11 über »Volk und Rasse«, das mit dem kursiv gedruckten Hinweis darauf endet, was »ein völkischer Organismus« darstellt: »Einen germanischen Staat deutscher Nation.« Die »günstige Lösung der deutschen Zukunft« ist an die Nationalisierung der Massen gebunden. Hierbei handelt es sich um den realpolitischen Weg zur Realisierung der dann anders definierten Ziele, da »die breite Masse [...] nur ein Stück der Natur« sei.[41] »Positiver Kampf«, das heißt die Verwirklichung von unmittelbaren Eigeninteressen, wird ergänzt durch die Vernichtung des Gegners. Noch einmal der schon zitierte Satz: »Die Nationalisierung unserer Masse wird nur gelingen, wenn bei allem positiven Kampf um die Seele unseres Volkes ihre internationalen Vergifter ausgerottet werden.« Rasse heißt Rassenpolitik, die Nation geht hierin auf und mit ihr unter. Es geht um die »politische Reorganisation unseres Volkes«, die »Schaffung eines germanischen Staates«.[42] Staat aber ist Gewalt, und Gewalt ist Staat, ebenso wie das Recht in beiden aufgeht.

Sichtbar wird, was Friedländer als Doppelstruktur, als Dualismus des Nationalsozialismus herausgearbeitet hat: die Verehrung der Unterdrückung bei gleichzeitiger apokalyptischer Vision.[43] Die Bindung wird in der Begeisterung und in der Liebe für den Führer als Selbstliebe gesichert und fusioniert mit der Apokalypse der Ausrottung. In dieser Fusion, so Friedländer, liegt die Einzigartigkeit des Nationalsozialismus. In ihr und mit ihr wird zunächst der Begriff der Nation und dann diese selbst aufgelöst.

---

41 Hitler, Mein Kampf, S. 362; S. 369 und S. 371.
42 Ebenda, S. 379 und S. 380.
43 Friedländer, Kitsch und Tod, S. 134.

Selbstbestimmung und Selbstthematisierung

Nach 1945 waren Rasse als biologische Definition von Anderssein, der Ausschluß anderer aus rassistischen Gründen und auch die Volksgemeinschaft als Grundlage der politischen Gesellschaft delegitimiert. Dies bedeutete weder, daß es keinen Rassismus noch daß es keine rassistischen Gesellschaften mehr gab – offen rassistische Gesellschaften sind solche, die sich selbst in einem positiv gedachten Sinn als rassistisch thematisierten und den Rassismus in ihre soziale, administrative und rechtliche Struktur übernahmen. Mehr und mehr aber wurde es erschwert, Rassismus zu legitimieren und Anerkennung als rassistische Gesellschaft zu finden.[1] Die politische Organisation der Gesellschaft in nationalen Gesellschaften aber wurde gestärkt. Das Recht auf Unabhängigkeit, auf die Unverletzbarkeit der Grenzen und auf Selbstbestimmung wurde vermehrt als Schutzmechanismus gegen Eingriffe und Überfälle von außen angesehen.

Allmählich vollzog sich nach 1945 eine Umstellung von eindeutigen Zugehörigkeiten auf der kognitiven, sozial-kulturellen und politischen Ebene – in den Dimensionen der Klarheit, der Eindeutigkeit und der Einheit also – hin zu weniger eindeutigen und klaren Formen. Die Kosten der Herstellung von Eindeutigkeit waren zu offensichtlich. Eindeutige Zuordnungen und deren andere Seite, Homogenität, die vorgestellte, behauptete und tatsächlich vollzogene Trennung und Unterscheidung wurden zu einer immer weniger legitimierbaren Vorstellung und Grundlage der nicht verschwindenden, sondern zunehmenden nationalen Gesellschaften. Trennungen und Unterscheidungen waren nicht verschwunden. Theoretisch werden sie heute als Exklusion und Inklusion thematisiert, eine Formel, die erneut eine Entweder-oder-Beziehung enthält. Dennoch läßt sich feststellen, daß das von Michael Mann als »gemäßigter Nationalstaat« des Nordwestens genannte Modell in Europa allmählich zum vorherrschenden wurde.[2] Die Welt der klaren Grenzen, der eindeutigen Bestimmungen und der hierarchisierten und bewerteten Differenzen hatte sich als semiotische Illusion erwiesen, sie war nicht so ›sauber‹ und geordnet, wie man sie sich vorgestellt, gedacht und entworfen hatte. Hatte schon der Unterscheidungs- und Existentialisierungscharakter der modernen Nationalstaaten zu einer extremen Konfrontationserfahrung geführt (im Ersten Weltkrieg), so wurde eine extreme Stei-

---

1 Den Begriff der »offen rassistischen Gesellschaft« benutzt Fredrickson, Short History. Er unterscheidet drei Typen dieser Gesellschaften: die Jim-Crow-Gesellschaft des amerikanischen Südens, die nationalsozialistische Gesellschaft und die Apartheid-Gesellschaft Südafrikas.
2 Mann, Siegeszug des Nationalstaates, S. 119.

gerung durch den Austausch des Begriffs und der Vorstellung der Nation durch den der Rasse erzielt. Andersartigkeit wurde nicht nur mit Bessersein verbunden, sondern mit der Rasse als Lebenskategorie wurde der Tod der ›Gegenrasse‹ gewünscht. Sobald sich die Möglichkeit bot, begann man mit der Herstellung der Übereinstimmung der drei Ebenen, schloß die Nichtzugehörigen als Bedrohung des Lebens der rassisch bestimmten Gemeinschaft aus und führte schließlich deren Vernichtung durch. Die Erzeugung von Homogenität war der praktische Versuch, Klarheit, Eindeutigkeit und Einheit herzustellen. Denken, Kultur/Natur und politische Gesellschaft sollten in Übereinstimmung gebracht werden.

Nationalstaaten unterscheiden sich in mehrfacher Hinsicht von einem solchen Entwurf. Es handelt sich um Staaten mit formeller politischer Souveränität über ein Gebiet mit dem Anspruch auf legitime Herrschaft, die sich auf die Nation und ein rechtlich konstituiertes und empirisches Volk berufen. Auch wenn das Ende des 19. und der Beginn des 20. Jahrhunderts von der Massenmobilisierung nationaler Bevölkerungen geprägt waren und die »Nationalisierung der Massen« ein propagandistisches Mittel des Nationalsozialismus darstellte, war der Nationalstaat dennoch nicht insgesamt delegitimiert. Einerseits konnte man einen ›extremen Nationalismus‹ von einem dann als normal angesehenen Verhältnis zum Kollektiv abkoppeln, andererseits war nur eine Variante des Nationalstaates betroffen.

Nation als politische Organisationsform moderner Gesellschaft war daher nach 1945 keineswegs delegitimiert. Im Gegenteil: Nach 1945 setzte sich der Nationalstaat als Legitimität beanspruchende Gebietsherrschaft, als Nation, die weder einen Großraum noch eine ausschließlich kollektive Moral für sich beanspruchen konnte, formell weltweit durch. Es dürfte nur wenige Staaten geben, die kein Monopol innerer Gewalt beanspruchen, keine realen territorialen Grenzen ziehen und ihre Legitimität nicht von innen begründen. Selbstthematisierung als nationale war nicht an ihr Ende gelangt, vielmehr wurde eine weitere Phase der Ausdehnung des Nationalstaates als politische Organisationsform moderner Gesellschaft eingeleitet. Die 51 Gründungsnationen der UNO verdreifachten sich im Prozeß der Dekolonialisierung auf 151 Staaten im Jahre 1989 und wuchsen bis 1997 durch den Zerfall der Sowjetunion auf 185 Staaten an.

Nationalstaatliche Politiken sind fast immer mit politischen Maßnahmen zur Kontrolle der Bevölkerung verbunden, also mit Maßnahmen der Kontrolle des grenzüberschreitenden Personenverkehrs, der Zugehörigkeitsdefinition und manchmal der Geburtenkontrolle; sie organisieren Bildungs-, Gesundheits- und Vorsorgesysteme und oft auch weiterhin die Verkehrswege und Kommunikationsnetze. Selbst die Deregulierungsprozesse wurden und werden von staatlichen Organisationen durchgeführt. Zudem wurde der europäische Nationalstaat nach 1945 vermehrt in andere Regionen der Welt exportiert und so zum allein gültigen Modell, Selbstbestimmung als Selbstregierung zu erlangen.

Trotz der Konzepte der politischen Souveränität und der kollektiven Selbstbestimmung bestand nach 1945 Klarheit darüber, daß Nationalstaaten in ein Netz von bi- und multilateralen Abhängigkeiten einerseits, einen möglichen ›Weltstaat‹ andererseits eingebunden werden mußten.[3] Mit der allgemeinen Verbreitung der Nationalstaaten erlangte das Völkerrecht eine größere Bedeutung als je zuvor. Es konnte aber nicht mehr aus seiner doppelten Begründung legitimiert werden, das heißt, sich entweder aus kultur- oder staatsnationalen Postulaten begründen, sondern mußte sich nun reflexiv auf sich selbst beziehen, sich aus den eigenen Erfahrungen begründen und hieraus weiterentwickeln. Selbst ohne letzte Begründung erhielt es eine konstitutive Bedeutung für die – wenn auch uneindeutige – Institutionalisierung von Weltgesellschaft.[4] Anders formuliert: Nicht nur die Ökonomie, sondern auch die politische Organisation der Gesellschaft mußte sich als nationale oder – gerade weil sie national organisiert war und die Gefahren des Unterscheidungs- und Existentialisierungscharakters, aber auch die Auflösungsmechanismen ihrer eigenen Form kannte – weltgesellschaftlich oder global verankern. Das Völkerrecht kann sich auf keinen vorgestellten Gesellschaftsvertrag berufen, eine soziale Organisation liegt ihm selbst nicht zugrunde. Es ist ein notwendig selbstreflexives Recht, das sich durch Selbstvergewisserung selbst entwickeln muß, ohne zentrale Regulierungsinstanz und ohne internationale Verfassung und auch ohne reflexive Selbstversicherung darüber, welches Recht sie regelt: das Recht der Weltgesellschaft. Daher ist es auf die Verarbeitung von Erfahrung angewiesen.[5] Mit dem Erfahrungsbegriff aber ist das Völkerrecht unmittelbar mit politischen und gesellschaftlichen Entwicklungen und mit deren Handlungen, Interessen und Strukturveränderungen verbunden. Gerade die allgemeine Durchsetzung des Nationalstaates als politischer Normalform in der zweiten Hälfte des 20. Jahrhunderts (und nicht früher) hat zur Folge, daß es sich nun um eine realisierte Weltgesellschaft handelt, die sich politisch als Welt der Nationalstaaten organisiert, nicht als eine der Völker.

In gewisser Weise ähneln sich daher nicht nur alle Flughäfen auf dieser Welt, sondern auch die Nationen, deren Institutionalisierungen rechtlich, administrativ, organisatorisch bei allen großen und kleinen Differenzen genügend Gemeinsamkeiten besitzen, um an den Unterschieden arbeiten zu müssen. Es gibt keine Nationalstaaten ohne Grenze, Recht, Schule und Mi-

---

3 Siehe hierzu Oeter, *Internationale Organisation oder Weltföderation?*
4 Jedoch nicht von Weltstaat, denn das Völkerrecht kann sich nicht auf eine Gründung, zum Beispiel in einer Verfassung oder in einem Volk, beziehen.
5 Ich schließe mich hier Zumbansen, *Vergangene Zukunft des Völkerrechts*, an. Allerdings bezieht er sich mir zu ausschließlich auf Erinnerung. Erfahrung kann nicht allein auf Erinnerung zentriert werden, sie sollte Verarbeitung und Handlung einbeziehen. Keineswegs ist Erinnerung schon Orientierung.

litär. Projekte geschlossener Nationalstaaten können ebenso als gescheitert gelten wie der Traum von Grenzenlosigkeit. Eine noch so gut gesicherte Grenze, über die man sich nicht mit den Nachbarn oder auch einigen weit entfernten Interessenten geeinigt hat, birgt Konfliktstoff. Grenzen, die immer noch als solche anerkannt und zumindest symbolisch markiert werden, sind heute als Kommunikationsräume und Transferräume institutionalisiert, die nicht nur schließen, sondern auch öffnen sollen. Anders formuliert: Starre Grenzen von Exklusion und Inklusion sind gescheitert. Nur scheinbar paradox muß daher die Kontrolle verschärft, manchmal nach innen verlagert werden.

Die Begriffe des Nationalen, mit denen Selbstthematisierung möglich war, werden in diesem laufenden Prozeß umformuliert. Dabei wurde die von den existierenden Staaten äußerst vorsichtig behandelte Selbstbestimmung, die tendenziell die territoriale Integrität und die Souveränitätsrechte gefährdete, als Menschenrecht definiert.[6] Damit löste sich das Selbstbestimmungsrecht tendenziell von seinem nationalstaatlichen Kontext. Der faktische Verlust der Kernbereiche der nationalstaatlichen – ökonomischen und politisch-militärischen – Souveränität bedeutet dabei nicht den Verzicht auf politische Souveränität, da noch kein anderes Modell der Legitimation als das demokratische, an den Nationalstaat gebundene, zur Verfügung steht. Ein »Regieren jenseits des Nationalstaates« findet auf dessen Grundlage und innerhalb der Weltgesellschaft statt, zu der die Nationen gehören und von der sie sich unterscheiden.[7]

Zum Abschluß werde ich kurz die Entwicklung des Selbstbestimmungsbegriffs nach 1945 darstellen, der als Selbstbestimmungsrecht der Völker auf Souveränität und Eigenstaatlichkeit von Kollektiven, nicht näher definierten Gemeinschaften oder Gesellschaften abstellte und schließlich als Menschenrecht fixiert wurde. Darin ist eine Loslösung der Selbstbestimmung von der Nationalstaatlichkeit beinhaltet. Dennoch läuft die Nation weiter. Sie ist mit neuen Gruppen und Anforderungen konfrontiert. Neben

---

6 Noch 1992 war der damalige UN-Generalsekretär Butros Ghali äußerst vorsichtig. »Die Vereinten Nationen haben ihre Pforten nicht geschlossen. Wollte jedoch jede ethnische, religiöse oder sprachliche Gruppe Anspruch auf Staatshoheit erheben, käme es zu einer maßlosen Zersplitterung, [...] wir dürfen es nicht zulassen, daß die Souveränität, territoriale Unversehrtheit und Unabhängigkeit der Staaten innerhalb des etablierten internationalen Systems und der Grundsatz der Selbstbestimmung der Völker [...] in ein gegensätzliches Verhältnis zueinander geraten« (Agenda für den Frieden). Anders formuliert: Im Prinzip kann ein Recht auf Sezession nicht anerkannt werden.

7 Siehe hierzu vor allem die gleichlautende Arbeit von Michael Zürn. Daß eine Auflösung von Staaten als Problem zu dieser Struktur selbst gehört, kann hier nur erwähnt werden, ändert aber nichts an der Systematik (siehe hierzu für den Fall Afrika zum Beispiel Trotha, *Die Zukunft liegt in Afrika*).

den häufig genannten NGOs (Non-Governmental Organization) handelt es sich um Gruppen, deren Verschwinden und Auflösung man vermutet hatte. In den nichthomogenen Gesellschaften der Weltgesellschaft aber kehren sie unterhalb und oberhalb des staatlichen Rahmens wieder: Religion, Ethnizität und Herkunftsgruppen, die sich nun auf Selbstbestimmung berufen können und unter bestimmten Bedingungen erneut Eigenstaatlichkeit als nationale Selbstbestimmung fordern können und zu realisieren versuchen. Die Dynamik geht unter anderen Bedingungen weiter.

Die Ambivalenz der Selbstbestimmung

Die Doktrin der Selbstbestimmung, die vor dem Ersten Weltkrieg von Lenin und am Ende des Ersten Weltkrieges von dem amerikanischen Präsidenten Woodrow Wilson eingebracht wurde, bestimmt noch heute die politische Organisation und Aufteilung der Weltgesellschaft, auch wenn eine ganze Reihe von Staaten an der Durchsetzung und Durchführung des damit verbundenen Programms (Bevölkerungs- und Grenzkontrolle, allgemeine Administration, Monopolisierung der Gewalt) scheitert. So unterschiedlich die Nationalstaaten sind, ermöglicht es nur die Anerkennung als formell souveräne, nationalstaatliche Organisation, sich als selbstbestimmt und selbstregiert zu definieren. Den Satz: »Wilson, der verbittert und geschlagen starb, hat das Epitaph verdient, das die Londoner Sir Christopher Wren verliehen: Wenn sie sein Monument sehen wollen, schauen sie sich einfach um«, kommentierte Daniel Moynihan folgendermaßen:»Na ja, ja und nein«[8] – die kürzeste Art und Weise, die Ambivalenz des Begriffs auszudrücken.

Der Begriff Selbstbestimmung hatte sich in seiner politischen Verwendung in der Mitte des 19. Jahrhunderts in Deutschland herausgebildet, wurde bald zu einer politisch benutzten Ikone der europäisch-westlichen Entwicklung der Nachaufklärungszeit, von Dichtern besungen, von Patrioten/Nationalisten und von Sozialisten hochgehalten und gelegentlich mit dem Leben bezahlt. Als Recht der Völker aber wurde er erst im Anschluß an den Ersten Weltkrieg von Wilson und im Gefolge der Russischen Revolution von Lenin nicht mehr nur in die Diskussion, sondern in die politische und gesellschaftliche Praxis der Neuordnung Europas eingeführt. Über den Kollaps der großen Reiche (des Habsburgerreiches, des Osmanischen und des zaristischen Reiches) vermittelt, entstand nach dem Ersten Weltkrieg die Idee, die entstehenden, nun als national definierten Minderheiten vermittels des Rechts zu schützen. Beide, Selbstbestimmung und Minderheitenschutz, waren Bestandteile der Träume eines »neuen Europa« – sei es nun der

---

8 Moynihan, Pandemonium, S. 81. Das Zitat stammt aus Meyer, *Woodrow Wilson's Dynamite*.

Traum des Amerikaners Wilson über ein gefährlich vages Konzept der nationalen Selbstbestimmung oder seien es die Träume der Verteidiger der Rechte der unterdrückten Völker wie von Seton-Watson oder auch die der nationalen Ideologen, Führer, Aktivisten, die Selbstbestimmung als Verwirklichung von Volks- und manchmal auch Klassenherrschaft zu bestimmen suchten. Wilson führte damit, so unangemessen es für Europa war und so unbeabsichtigt die dort als »Schandverträge« bezeichneten Versailler Vereinbarungen Deutschland machtpolitisch mittelfristig stärkten, ein neues außenpolitisches Konzept ein, dessen leitende Idee nicht mehr ein ›Gleichgewicht‹ der Mächte, sondern die Stärkung einer rechtsstaatlich-liberalen Demokratie nach dem Prinzip der Selbstbestimmung war.[9] Ohne direkten Eingang in die Verträge oder auch in die Charta des Völkerbundes zu finden, bestimmten die Wilsonschen Prinzipien – »kollektive Sicherheit, die Bekehrung des Gegners zur amerikanischen Denkungsart, ein internationales System, das Streitigkeiten auf rechtlichem Wege beilegt, und die bedingungslose Unterstützung des Selbstbestimmungsrechts der Völker«, wie Kissinger sie zusammenfaßt[10] – die Außenpolitik der Vereinigten Staaten des 20. Jahrhunderts und auch das Sicherheitssystem der UNO, das sich nach 1945 herausbildete.

Die Brisanz des Selbstbestimmungsrechts und des Minderheitenschutzes, das heißt einer neuen nationalen Grenzziehungspolitik, zeigte sich in der ersten Hälfte des 20. Jahrhunderts schnell und ließe sich an zwei bekannten Fällen leicht demonstrieren: der Vernichtungspolitik in der Türkei gegenüber den Armeniern 1915 und dem Kampf um Polen 1918 bis 1920. Nach Sprachen unterschieden lebten damals dort zwei Drittel Polen, ein Drittel setzte sich aus Deutschen, jiddisch Sprechenden, Litauern und Ukrainern zusammen. Die Erzählung eines Polen aus dem umkämpften Lemberg wirft ein Licht auf die entstandenen Spannungen: »Sehen Sie die kleinen Löcher? Wir nennen sie ›Wilsons Points‹. Sie wurden von Maschinengewehren gemacht; die großen Breschen wurden von Handgranaten geschlagen. Wir sind jetzt alle mit der Selbstbestimmung beschäftigt, und nur Gott allein weiß, was und wann das Ende erreicht ist.«[11] Schon sehr bald zeigte sich, welches Konfliktpotential mit der Selbstbestimmung, zunächst zur Doktrin erklärt und später zum Prinzip erhoben, verbunden war.

---

9 Vgl. hierzu Kissinger, Vernunft der Nationen, der dies hervorhebt. Wilsons Politik war Gegenstand lang anhaltender Kritik. So urteilte Ivor W. Jennings über das Prinzip der Selbstbestimmung: »Oberflächlich betrachtet war es vernünftig. Tatsächlich aber war es lächerlich, da das Volk so lange nicht bestimmen kann, bis irgend jemand entscheidet, wer das Volk ist« (ders., The Approach to Self-Government, S. 56).
10 Kissinger, Vernunft der Nationen, S. 900.
11 Diese Geschichte wird wiedergegeben bei Cohen, Travels in Jewry, S. 87.

Dennoch ist Selbstbestimmung zu einem kaum hinterfragten Wert geworden, ein einmal formulierter Anspruch darauf ist zunächst schwerlich zurückzuweisen. Glaubt man sich noch nicht in ihrem Besitz, kann sie ein zu realisierendes Ziel sein. Seit der Aufklärung ist Selbstbestimmung Teil des Denkens, wurde Teil des Handelns zunächst von Individuen und schließlich, ab der Mitte des 19. Jahrhunderts und spätestens 1918, auch von politischen Kollektiven. Die Idee der Selbstbestimmung und schließlich das Recht darauf, ob als Anspruch auf Selbstverwirklichung oder auf Selbstbewußtsein verstanden, als individuelles oder als kollektives Recht, haben dabei als institutionalisiertes und ideelles Produkt der Moderne deren strukturelle und auch normative Veränderungen nicht nur überlebt, sondern sind normativ und faktisch zu einem allgemeinen Bezugspunkt geworden.

Auch wenn durch das Scheitern der Herstellung von Sicherheit und Eindeutigkeit die Kontingenzen und die Kontingenzerfahrung zunahmen, Entscheidungen und besonders auch Unterscheidungen als auch anders möglich erkennbar wurden und der Kontrollanspruch des Nationalstaates in Teilen zurückgenommen wurde, blieb die Idee der kollektiven Selbstbestimmung nicht nur erhalten, sondern wurde nun zu einem institutionellen und rechtlichen Bestandteil der Weltgesellschaft. Woodrow Wilson hatte mit seiner Doktrin auf nationalistische Strömungen des beginnenden 20. Jahrhunderts reagiert und geantwortet. Ohne diese wäre die Ernennung der Selbstbestimmung zu einem Prinzip durch die Vereinten Nationen nicht denkbar gewesen. Denn sie geschah zu einer Zeit, als die mit ihr verbundenen Probleme überaus deutlich und sichtbar geworden waren. Dies liegt weniger an der Definition dessen, was mit ›Bestimmung‹ gemeint ist, als daran, das ›Selbst‹ zu definieren, welches sich bestimmen sollte.

Nachdem Selbstbestimmung 1918 zum Prinzip erklärt worden war, wurde praktisch sofort vor Augen geführt, was aus diesem Grundsatz eben auch folgt: Zwangsumsiedlungen; Minderheitenverfolgungen *und* Minderheitenschutz; höchst selten Volksabstimmung. In der Realisierung der Selbstbestimmung mußte man also zunächst ihr Scheitern konstatieren, ihre Erfolgsgeschichte war dennoch nicht aufzuhalten. Zwei Jahre nach der UN-Deklaration von 1948 wurde das Selbstbestimmungsrecht als fundamentales Menschenrecht erwähnt, wiederum zwei Jahre später wurde beschlossen, daß ein internationales Menschenrechtsabkommen ein Selbstbestimmungsrecht der Nationen und Völker beinhalten solle.[12]

---

12 Resolutionen der Generalversammlung 421 (V), 317th mtg., vom 4. Dezember 1950, und 545 (VI), 375th mtg., vom 5. Februar 1952. Informativ und auf die neue Situation eingehend ist der Sammelband von Sellers (Hg.), New World Order. Ebenso informativ und kritisch Pomerance, Self-Determination; umfassend, allerdings aus einer ethnisch-ethischen Perspektive, immer noch Rabl, Das Selbstbestimmungsrecht der Völker.

Positiv formuliert wurde es dann erst ab 1960, im Jahre 1966 schließlich veröffentlicht. Erst die Erfordernisse des Dekolonialisierungsprozesses ließen aus dem vagen Prinzip der Selbstbestimmung, das in der Menschenrechtsdeklaration von 1948 noch nicht erwähnt wurde, ein »Recht« werden, das in die »Declaration on Colonial Countries« aus dem Jahre 1960 Eingang fand. Um den Kolonialismus »schnell und ohne weitere Voraussetzungen« zu beenden, wurde erklärt, daß »alle Völker ein Recht auf Selbstbestimmung besitzen; kraft dieses Rechts bestimmen sie frei über ihren politischen Status und können sie frei ihren ökonomischen, sozialen und kulturellen Entwicklungen folgen«.[13] Waren bei Wilson sowohl das Ideal der Demokratie als auch die Abneigung gegenüber dem europäischen Kolonialismus in das Selbstbestimmungskonzept eingegangen, so wurde das – immer noch undefinierte – Konzept nun von nationalen und implizit nationaldemokratischen auf die kolonialen Strukturen übertragen und dabei als internationales Recht ausformuliert. Das nahm ihm allerdings nichts von seiner Unbestimmtheit, und man kann nur Hans Kelsens Bemerkung zustimmen, daß der Übergang von einem Grundsatz zu einem Recht nichts daran ändert, daß es ungenau ist. Es wurde aber politisch praktikabel gemacht. Dazu mußte der Begriff so gefaßt werden, daß einerseits Legitimation und Begründung von Sezession, andererseits der Zusammenhang mit einer bestimmten Form der Demokratie – das heißt der Selbstbestimmung in Form des Aktivbürgers und der repräsentativ-liberalen Demokratie und ihren Mischformen – ausgeschlossen blieben.

Ungeachtet der Debatten darüber, ob es sich um ein Recht im Zusammenhang anderer Rechte oder um ein zwingendes Recht (*jus cogens*) handelte, bedeutete die Anerkennung bestehender Grenzen für die afrikanischen und asiatischen Kolonialgebiete mit wenigen Ausnahmen, die von den Kolonialherren geschaffenen Grenzen zu akzeptieren, auch um möglichst unverzüglich und voraussetzungslos diejenigen Staaten anzuerkennen, die, getrennt von ihren ›Mutterländern‹, von außen regiert wurden. Zu diesem Zweck wurde das zwischen Kolonie und Mutterland gelegene Meer zum Kriterium für die Gültigkeit des Rechts auf Selbstbestimmung erklärt, der sogenannte Salzwasser-Kolonialismus entstand.[14] Das bedeutete auch, daß die von der Sowjetunion und China beherrschten Länder deshalb als selbstbestimmt gal-

---

13 *Declaration of the granting of independence to colonial countries and peoples* (G. A. res. 1514 [XV], abgedruckt in: Rigo-Sureda, The Evolution of the Right of Self-Determination, S. 365. (Das Original lautet: »All peoples have the right of self-determination; by virtue of that right they freely determine their political status and freely pursue their economic, social and cultural development.«)

14 Als Voraussetzung für die Unabhängigkeit wurde ein sogenannter Salzwasser-Test entwickelt (vgl. hierzu Buchanan, Self-Determination and the Right to Secede, S. 349).

ten, da zwischen ihnen und dem Mutterland kein Meer lag. In diesem Prozeß wurden, was vor dem Zweiten Weltkrieg »kulturelle und linguistische Gemeinschaften ohne politische Organisation« hieß, zu »politisch definierten, aber kulturell unterschiedlichen Kolonien und Ex-Kolonien der sich entwickelnden Welt«.[15] Weder Sezession noch demokratische Repräsentation, noch kulturelle oder ethnische Gemeinschaft gingen dieser politisch-pragmatischen Integration des Selbstbestimmungsbegriffs in den Grundrechtekatalog – nationale Souveränität, Nichtintervention, Selbstregierung – voraus. Die Betonung einer der zwei Seiten des Konzepts des Nationalen wurde auf die Seite der politisch konstituierten Nation gelegt, da unterschiedliche Gruppen in den alten kolonialen Grenzen nun zu einer Nation zusammengefaßt wurden.

Allerdings sind eine Ausnahme und eine Weiterentwicklung des Selbstbestimmungsrechts zu erwähnen. In dem einen Fall wurde der Grad der Zivilisierung zum Faktor der Anerkennung beziehungsweise Nichtanerkennung – nicht, um Länder der früher sogenannten Dritten Welt, die sich selbständig machten, nicht anerkennen zu müssen, sondern um dem Rhodesien Ian Smiths als offen rassistischer Gesellschaft (in den Jahren 1965–1980) die Anerkennung zu verweigern. Unter »mangelnder Zivilisiertheit« wurde die Nichtbeachtung eines demokratischen Prinzips, des »Majority Rules«-Konzepts, verstanden. Die Herrschaft der weißen Minderheit über die Mehrheit fand keine Anerkennung mehr. In einem Einzelfall kam demnach ein Schlüsselkonzept der Demokratie, das im Rahmen der Dekolonialisierung keineswegs allgemeine Geltung als Anerkennungskriterium erlangt hatte, zur Anwendung. Im allgemeinen erkannte die westliche Politik Staaten in bestehenden Grenzen an, ohne auf die Staatsform zu achten.[16] Erst die »Erklärung über Völkerrechtsgrundsätze betr. der freundschaftlichen Beziehungen und Zusammenarbeit der Staaten gemäß der Satzung« vom 24. Oktober 1970 stellte einen Zusammenhang zwischen demokratischer Repräsentation und Selbstbestimmung her. Ab 1970 schließlich ist Selbstbestimmung zu einem herrschenden, wenn nicht vorherrschenden Prinzip des internationalen Rechts geworden.[17]

Selbstbestimmung als Recht, das Eingang in internationale Vereinbarungen gefunden hat, entstand im Kontext des Dekolonialisierungsprozesses. Zuvor war es politischer Kampfbegriff und Prinzip, Grundsatz. Zum poli-

---

15 Cameron, Nationalism, Self-Determination, and the Quebec Question, 1974, zit. nach Simpson, *Diffusion of Sovereignty*, S. 42.

16 Im Gegensatz zur ehemaligen Sowjetunion, die Anerkennungspolitik als aktives politisches Mittel nutzte. Die westliche Politik änderte sich mit den Auflösungskriegen des ehemaligen Jugoslawien. Vgl. hierzu Oeter, Jugoslawien und die Staatengemeinschaft, sowie ders., Selbstbestimmungsrecht im Wandel.

17 Vgl. Simpson, *Diffusion*, S. 43.

tischen Kampfbegriff wurde es in den nationalistischen *und* sozialistischen Bewegungen des 19. Jahrhunderts (so fand es Eingang in die Resolution des Londoner Internationalen Sozialistenkongresses, der erklärte, »daß er die vollen Rechte auf Selbstbestimmung aller Nationen unterstütze«[18]). Wie die ›Doktrin‹ ein Versuch war, auf Nationalismen zu antworten, das ›Prinzip‹ einen Angriff von außen verhindern helfen sollte, so sollte das ›Recht‹ den Prozeß der Unabhängigkeit beschleunigen. Selbstbestimmung bezog sich auf die politische Souveränität selbständiger Staaten. Es bezog sich dabei auf ungeklärte Begriffe der Gemeinschaft und Gesellschaft, transformierte sie in politische Gemeinschaften und Gesellschaften und betrachtete diese als an sich geschlossene Gemeinschaften, deren Selbstbestimmung dann verwirklicht war, wenn sie als politisch unabhängig anerkannt waren. Formuliert als Recht von Einzelnen und Gruppen aber beinhaltete es eine andere Möglichkeit. Es bezog sich nicht nur auf bestehende Grenzen und Herrschaftsgebiete, die einen Statuswechsel vollzogen, von der Abhängigkeit in die Unabhängigkeit wechselten, sondern es konnte auf die Form der Herrschaft bezogen werden, das heißt, Herrschaftsformen konnten nach ihrem Bezug auf die Ermöglichung von Selbstbestimmung befragt werden, und gleichzeitig war Selbstbestimmung nicht mehr nur auf die politische Unabhängigkeit beschränkt. Weitere Kriterien traten hinzu. Selbstbestimmung bezieht sich auch auf andere Bereiche als den der politischen Souveränität, das heißt auf ökonomische und kulturell-soziale Selbstbestimmung.[19]

Selbstbestimmung und die eingehegte Nation

Die Strukturen, Systeme und Institutionen von Gesellschaft werden heute auch danach beurteilt, ob sie individuelle Selbstbestimmung ermöglichen, den Individuen Wahlmöglichkeiten gestatten und ob sie ganz unterschiedlich bestimmten Kollektiven Selbstverwirklichung ermöglichen. Jürgen Habermas schreibt: »Aus diesem Ideenpool [von Selbstbestimmung, Selbstverwirklichung, Selbstbewußtsein, U. B.] werden unsere Gesellschaften schöpfen müssen, wenn sie für die globalen Probleme des 21. Jahrhunderts Lösungen finden sollen.«[20] Wird die emanzipative Seite der Selbstbestimmung betont, handelt es sich um die Bestimmung der Formen der Beteili-

---

18 Siehe hierzu Umozurike, Self-Determination in International Law, S. 3; siehe aber auch die Stellungnahme der Ersten Internationalen, die schon im Hinblick auf Polen vom »Recht auf Selbstbestimmung« sprach.

19 Die klassische Formulierung innerhalb der Soziologie findet sich hierfür bei Marshall, Bürgerrechte.

20 Habermas, *Jenseits des Nationalstaats?*, S. 81.

gung, ihrer rechtlichen, sozialen und politischen Definition und um die Realisierung einer tatsächlichen Beteiligung an den unterschiedlichen Systemen der modernen Gesellschaft. Der Beteiligungsaspekt der Demokratie wird betont und damit die Beteiligung an den grundlegenden Systemen der Gesellschaft. Die Frage nach dem Selbst, danach, welche Gruppe mit welchem Selbstverständnis das ›Selbst‹ bildet, wird tendenziell ausgeklammert.

Der Begriff der Selbstbestimmung fiel von Beginn an ins Spannungsfeld zwischen emanzipativem Prinzip, das heißt der Selbstverwirklichung des Einzelnen und schließlich einer Gruppe, und einem herrschaftssichernden, legitimierenden beziehungsweise einem Herrschaft anstrebenden, zunächst also delegitimierenden Diskurs. Selbstbestimmung implizierte sowohl die Möglichkeit der Anerkennung des Status quo bestehender Nationalstaaten, die sich zum Beispiel durch das Renansche Prinzip des »täglichen Plebiszits« oder als Volk unmittelbar legitimiert sehen können, als auch die Möglichkeit der Sezession beziehungsweise, wie es Pomerance in aller Deutlichkeit formuliert, die Idee eines »gerechten Krieges«: des gerechten Krieges zur Erreichung der Selbstbestimmung. Der Ideenpool, der sich mit Begriff und Geschichte der Selbstbestimmung verbindet, ist äußerst heterogen und schließt noch die autoritären Systeme des 20. Jahrhunderts ein.

Zu Beginn des 21. Jahrhunderts aber stellt sich die Frage nach Wahlmöglichkeiten und Bindungen noch einmal neu. Die klassische Moderne band das Individuum an die politische Gemeinschaft. Das Ich sollte sich im politischen Kollektiv verwirklichen. Überprüfte es sich nur genau, so sollte oder mußte es feststellen, zu einer lokalen Kultur, einer Nation als Gruppe oder als gegenwärtigem oder zukünftigem Projekt zu gehören. Der emanzipative Begriff der Selbstbestimmung wurde vom absoluten Ich auf das absolute Wir übertragen. Bestimmte dieses sich selbst, letztlich: regierte es sich selbst, konnte es als selbstbestimmt angesehen werden. Selbstbestimmung war dann keine Forderung mehr: Indem sie sich realisierte, verzehrte sie sich. Ebenso deckte sich der Begriff der Gesellschaft weitgehend mit dem der Nation, und noch die zu schützenden, anzuerkennenden oder auszuschließenden Minderheiten wurden nach den gleichen Kriterien wie die Mehrheiten als nationale definiert. Diese Verbindung wurde nicht ganz aufgehoben, aber sie veränderte sich dennoch wesentlich. Das Konzept selbst changiert zwischen der Bestimmung dessen, wem das Recht auf Selbstbestimmung zuerkannt werden soll, und wie diese Rechte formuliert werden. Es bezieht sich sowohl auf die Frage des positiven Rechts und der Verfahren als auch auf eine notwendige Definition dessen, wer Träger dieser Rechte sein soll. Prinzipiell ist es möglich, daß sich jede Gruppe, von wem und wie immer sie als solche bestimmt wird, auf Selbstbestimmung beruft. Selbstbestimmung wurde zum Mittel, Rechte, Interessen und Anerkennungswünsche innerhalb und oberhalb der Nationalstaaten zu formulieren. Inhärente sezessionistische Tendenzen wurden in den Fällen aufrechterhalten, in denen eine Gruppe sich auf ein gemeinsames Territorium berufen kann.[21]

Da sich sowohl die Homogenitätsfiktion des Volkes als Grundlage nationalstaatlicher Gesellschaften aufgelöst hat als auch die Einheit einer politischen Kultur, die sich aus sich selbst begründete, da ökonomische und politisch-militärische Souveränität in die Weltgesellschaft eingebunden wurden und da, wie sich zeigte, demokratische Verfahren nicht allein dazu in der Lage waren, Bindungen der unterschiedlichen Gruppen zu produzieren und auf ein gemeinsames Projekt auszurichten, entstanden neue Gruppen, die sich durchaus wieder im Rahmen traditioneller Gemeinsamkeitsdefinitionen bildeten und keineswegs ausschließlich an heterogenen neuen Lebensstilen orientiert waren. Das emanzipative Projekt der Selbstbestimmung und universellen Anerkennung von Partikularitäten gleicht immer mehr einer Matroschka, der russischen Schachtelpuppe.[22] Die Definition des Subjekts, das Volk, reicht nicht mehr aus. Schon in Paris wurde Wilson gefragt, was er sich unter einer Einheit vorstelle, »eine Rasse, ein Territorium oder eine Gemeinschaft«?[23] Es schließen sich sofort weitere Fragen an: welche Gemeinschaft, in welchen Grenzen, zu welchem Zeitpunkt? Ist Selbstbestimmung, wenn sie einmal ausgesprochen ist – durch wen? –, vorauszusetzen? Was wird, an welchem Ort, zu welcher Zeit und von wem als selbstbestimmt anerkannt? Selbstbestimmung kann dann nicht mehr als gegeben verstanden werden, wenn eine sich substantiell definierende Gruppe (als Volk im Sinne von Ethnos, das heißt kulturell, sprachlich oder auch ›rassisch‹) sich in einem souveränen Staat verwirklicht, beziehungsweise wenn die Herrschaft des Volkes sich rechtlich konstituiert und die Bevölkerung zum politischen Subjekt gemacht hatte.

Der Selbstbestimmungsbegriff, der im Rahmen der Dekolonialisierung enggeführt und zunächst von Geltungsgründen befreit wurde, erfuhr und erfährt noch weitere Veränderungen. In einer dritten Phase kehrte er als höchst divergenter Grundsatz einer auf Demokratisierung zielenden, auf sozialen Bewegungen basierenden Innenpolitik zurück. Die Homogenitäts-

---

21 Völkerrechtlich gilt Sezession als ›letzter Ausweg‹. Allerdings sind mittlerweile auch liberale Theorien der Sezession, vor allem aber eine sich hiervon unterscheidende kommunitär-liberale Position hinzugetreten (vgl. eine zusammenfassende Darstellung zu den Ansätzen bei Schneckener, *Leviathan im Zerfall*). Im letzten Fall sind es kollektive Ansprüche auf Erhalt, Schutz und Selbstregierung sich kulturell definierender Gruppen, die Sezession, also Eigenstaatlichkeit, legitimieren (vgl. zum Beispiel Margalit/Raz, *National Self-Determination*). Es kommt daher immer wieder auf die Definition dieses Selbst an.

22 Dieses Bild gebraucht Chemillier-Gendreau, *Humanité et souverainetés*, S. 12.

23 So Robert Lansing in einem Artikel der *Saturday Evening Post* mit dem Titel *Self Determination* vom 9. April 1921, zit. nach Pomerance, *Self-Determination in Law and Practice*, S. 2.

fiktion, die Einheit über die sozialen Klassen hinweg zu stiften suchte, um eine gemeinsame kollektive Herkunft zu bestimmen, diffundierte vom Nationalstaat auf andere Ebenen. Hatte die Dekolonialisierung einerseits den Zusammenhang zwischen Demokratie und Selbstbestimmung, andererseits zwischen kultureller Gemeinschaft und Selbstbestimmung gelöst, kulturalisierte sich dieser erneut in zwei unterschiedlichen Varianten. Zum einen bedienten sich der Forderung nach Selbstbestimmung unterschiedliche gesellschaftliche Gruppen (Frauen, Homosexuelle, neue soziale Bewegungen, Minderheiten etc. zum Zwecke der Selbstdefinition), zum anderen wurde Selbstbestimmung – vor allem nach dem Zusammenbruch der Sowjetunion – erneut mit der Idee kulturell-ethnischer Selbständigkeit, des Widerstands gegen eine Mehrheit, mit dem national-homogenen Staat und schließlich mit der Sezession (also letztlich: der Vorstellung vom gerechten Krieg) verknüpft. Im Rahmen seiner Verallgemeinerung schließlich wurde der Begriff der Selbstbestimmung zu billiger Münze und wurde zur Rechtfertigung von Gewalt herangezogen. So finden wir beispielsweise in einer Schrift von ehemaligen Mitgliedern der Waffen-SS aus dem Jahre 1987 folgenden Satz: »Wenn wir nun zur Frage übergehen, was uns als Soldaten der Waffen-SS von den ersten Anfängen unserer Truppe an bis zu ihrem Ende tatsächlich zu unserer soldatischen Leistung motiviert hat, so können wir mit einem uns damals noch gar nicht geläufigen Ausdruck antworten, daß dies die Gewinnung der Gleichberechtigung und Sicherung des Selbstbestimmungsrechts unseres Volkes war [...].«[24] Ein ganz ähnliches Muster weisen Rechtfertigungen der ethnischen Säuberungen der letzten Jahre auf. Die Berufung auf Selbstbestimmung diente und dient so erneut dem Versuch der Herstellung einer homogenen Gesellschaft.[25] Wiederum wird der Begriff in einem ethnisch-nationalen Sinne intoniert – und nationale Selbstbestimmung manchmal mit Demokratie gleichgesetzt. Es bestand und besteht die Gefahr, von einer Form der Volksdemokratie in eine andere, die gestern noch als einander feindliche gegenüberstanden, zu fallen.

Darüber hinaus haben sich im Rahmen ökonomischer, rechtlicher und kultureller Globalisierung bei nichtnationalen oder nichtnationalstaatlichen Gruppen ein gesellschaftlicher Diskurs und eine gesellschaftliche Rea-

---

24 Einer (Pseudonym), Treu ihrem Volk, S. 179.

25 In den europäischen Staatsneugründungen im Zusammenhang der Auflösung Jugoslawiens schlug sich dies in den jeweiligen Verfassungen der neuen Staaten nieder. So wird in der kroatischen Verfassung von 1990 das »Recht auf Selbstbestimmung und staatliche Souveränität der kroatischen Nation« betont; ähnliche Formulierungen finden sich auch in den anderen neuen Verfassungen. Hayden, *Imagined Communities and Real Victims*, bezeichnet den Zusammenhang zwischen nationaler Selbstbestimmung und ethnischer Gewalt als »constitutionalizing nationalism« (S. 790, die Zusammenstellung der verschiedenen Verfassungsformulierungen findet sich ebenda, S. 791).

lität entwickelt, die weder mit dem enggeführten Selbstbestimmungsbegriff des Dekolonialisierungsprozesses noch mit dem Begriff der nationalen Selbstbestimmung erfaßt werden können. Selbstbestimmung als Charakteristikum gruppenspezifischer Abgrenzung, die sich im Rahmen eines *cultural turn* vollzog, hat andere politische und gesellschaftliche Bedingungen. Das läßt sich an den Schwächen der repräsentativen Demokratie erläutern. Das »Majority Rules«-Konzept kann die Gruppen der Gesellschaft politisch nicht ausreichend repräsentieren; unter Bedingungen der liberalen Demokratie hat Selbstbestimmung ungleiche Beteiligung wie immer definierter sozialer Gruppen zur Folge. Die Bedeutungszunahme von Gruppenzugehörigkeit, soziologisch die Feststellung, daß Gesellschaft unter anderem aus Gruppenbildungsprozessen besteht, also exklusiv, nach Klassen, sozialen Milieus, Geschlecht, Herkunft, Lebensstil etc., und nicht inklusiv operiert, veränderte und verändert den Selbstbestimmungsdiskurs, stellt ihn tendenziell von Beteiligung auf Anerkennung, von Gleichheit auf Differenz um.[26] Die hier anschließenden rechtlich-politischen Konzepte lassen sich als »devolutionäre Selbstbestimmung« bezeichnen. Ihre Mechanismen sind nicht unbedingt neu: Föderalismus, Selbstverwaltung, Subsidiarität, kurz, die Durchsetzung von Autonomisierungsprozessen kleinerer Einheiten bis hin zu einer eigenen Steuerpolitik unterhalb der allgemein staatlichen Ebene bei Verbleib im staatlichen Verband. Konflikte zwischen Gruppen können aber auch durch Umdefinierungsprozesse reguliert werden, wie das Beispiel Quebec im Verhältnis zum kanadischen Gesamtstaat zeigt, wobei zu beobachten ist, daß ein zunächst auf Ungleichheit basierender Unzufriedenheitsdiskurs auf einen Anerkennungs- und Differenzdiskurs umgestellt und mit dem Angebot des Multikulturalismus beantwortet wurde.

Die Fiktion nationaler Einheit als ethnisch-kultureller und sprachlicher Einheit wurde zudem durch Einwanderungsprozesse als solche kenntlich, die sich trotz vieler Anstrengungen ökonomisch, politisch und zeitlich nur schwer begrenzen ließen. In allen westlichen Ländern entwickelte sich ein fester Bestandteil der Wohnbevölkerung, der mehr oder weniger segregiert blieb, in den meisten gesellschaftlichen Institutionen aber, in Schulen, auf dem Arbeits- und Wohnungsmarkt, in wohlfahrtsstaatlichen Institutionen etc. sehr wohl sichtbar geworden ist. Die Zusammensetzung der permanenten Bevölkerung änderte sich und verstärkte die Gruppenbildungsprozesse. Neue Gruppen entstanden und entstehen, die neben der generellen Gleichheit mehr und mehr Anerkennung auch als Gruppen beanspruchten und beanspruchen. Kurz gesagt, veränderte sich die innere Struktur der national-

---

26 Die Beobachtung liegt auf der Hand, daß auch eine Radikalisierung des Differenzdiskurses im Zusammenhang mit der Forderung der selbständigen politischen Organisation wie immer definierter Einheiten stehen kann. Vgl. dazu Bielefeld, *Exklusive Gesellschaft und inklusive Demokratie*.

staatlichen Gesellschaften vor allem in den industriellen Zentren. Sozial-strukturen und kollektive Identifizierungen lassen sich nicht mehr ausreichend als nationale beschreiben. Norbert Elias beschrieb noch die Transformation sozialer Charaktere in nationale, dagegen können wir seit etwa der Mitte der siebziger Jahre des 20. Jahrhunderts eine erneute Transformation der Gruppenidentifikationen beobachten, die alte kollektive Bezüge auflöst und es schwierig macht, ein gemeinsames Projekt zu identifizieren. Dieser Prozeß vollzieht sich innerhalb nationaler Systeme und geht über sie hinaus, ohne deren Gewicht aufzuheben. Die Bedeutung von Identitätspolitiken innerhalb dieser Struktur schwand keineswegs, sondern nahm im Gegenteil zu.

Die Sozialstruktur der Weltgesellschaft

Zugehörigkeit ist kein »stählernes Gehäuse« mehr. Sie ist deshalb aber keineswegs aufgelöst. Sie entscheidet noch immer über Handlungsmöglichkeiten und Lebensschicksale. Die Säkularisierung von Zugehörigkeiten, so könnte man in Analogie zur Säkularisierung der Religion sagen, bringt diese nicht zum Verschwinden. Es kann durchaus sein, daß sie durch ihre ›Privatisierung‹ dramatisiert werden und auf individueller Ebene wie auf der Ebene verschiedener Gruppen an Bedeutung gerade zunehmen. Obwohl sie also nicht mehr als unausweichlich angesehen werden und obwohl der Typus des globalen Nationalstaates ihnen relativ gelassen gegenübersteht, bestimmen sie weiterhin Lebensmöglichkeiten und Handlungschancen.

War es aber gerade die Verbindung von Nationalismus und schließlich von Rassismus und Staat, die in der ersten Hälfte des 20. Jahrhunderts die Dynamik enger Freund/Feind-Definitionen bestimmte, so scheint diese enge Beziehung heute weitgehend gelockert zu sein. Es entstehen immer neue Inklusions- und Exklusionsverhältnisse, in denen die staatliche Zugehörigkeitsdefinition eine Rolle spielt, sich aber gestaffelte Inklusions- und Exklusionsverhältnisse ergeben. Formale Zugehörigkeit ist die bestimmende staatliche Kategorie, die mit wesentlichen Folgen für Aufenthaltserlaubnis und Arbeitsmöglichkeiten verbunden ist, tendenziell aber eher de-ethnisiert als re-ethnisiert wird.[27] Man kann heute von einer De-Ethnisierung der for-

---

27 Formale De-Ethnisierung bedeutet keineswegs, daß zum Beispiel sogenannte phänotypische Merkmale bei Grenz- oder Polizeikontrollen nicht eingesetzt werden. Sie spielen sowohl als alltägliche Vorurteile und Routine, aber auch auf einer Ebene von Anweisungen eine Rolle. Allerdings handelt es sich eher um eine informelle Struktur, die bis hinauf zur Anweisung oder auch Anordnung geht, die rechtliche Struktur aber nicht berührt. Nicht alle Arten von Rassismen müssen ›offen‹ sein. Der Staat hat eher die Aufgabe, Diskriminierungen dieser Art zu bekämpfen – er muß es allerdings keineswegs immer tun.

malen Struktur der eingehegten Nation sprechen. Solche meist an der Peripherie gelegenen Staaten, die eine aktive ethnische Verfolgungspolitik praktizieren, werden tendenziell eher an einer solchen Praxis gehindert als darin unterstützt. Auch in den Bemühungen, Einwanderung zu regulieren, wird, was die Bevölkerung betrifft, keine Reinheitspolitik durchgeführt. Die gute Nachricht daran ist, daß der Staat kein Eigeninteresse mehr darin sieht, aktiv Minderheiten zu verfolgen, und Homogenität nicht mehr als Voraussetzung von Staat, Nation und Gesellschaft betrachtet wird.[28] Dieser Prozeß einer formalen De-Ethnisierung aber ist vielfältig mit einer Re-Ethnisierung gesellschaftlicher Beziehungen verbunden. Unter diesen Bedingungen können es – wie etwa in den Vereinigten Staaten – gesellschaftliche Akteure aus Minderheitengruppen selbst sein, die staatliche Systeme, Administrationen, Schulen und Universitäten auffordern, Minderheiten zu bevorzugen, also positiv zu diskriminieren, also zu privilegieren. Der Staat ist in diesem Fall darum bemüht, negative Diskriminierungen im gesellschaftlichen Bereich durch aktive Politik auszugleichen.

Damit wird auf eine spezifische Struktur entwickelter moderner Gesellschaften reagiert. Alle ökonomisch und sozial relativ erfolgreichen Gesellschaften sind inhomogene Gesellschaften, das heißt, sie weisen eine Bevölkerungsstruktur auf, die nach Merkmalen nationaler, kultureller, religiöser und ethnischer Herkunft heterogen ist.[29] Verstärkt gilt dies für die entwickelten Großstädte, den sogenannten *global cities*. Die Anziehungskraft gerade der europäischen Symbolstätten der Nation, den ›Hauptstädten‹, liegt mit in deren Heterogenität. Die Auswirkungen transnationaler Sozialstrukturen aber lassen sich als neue Ungleichheitsstrukturen beschreiben, in die Ethnisierungen eingeschrieben sind (die aber nicht mit ihnen zusammenfallen) und in denen Ethnizität in unterschiedlicher Form zu einer Ressource der Auseinandersetzungen wird. Diese Sozialstruktur möchte ich kurz beschreiben, um zum Abschluß auf die Frage eingehen zu können, wie sich Existentialisierungsprozesse politischer Gemeinschaften heute darstellen, beschreiben und verstehen lassen.

Zunächst können zwei Gruppen unterschieden werden, die an den je-

---

28 Daß hieraus nicht automatisch gefolgert werden kann, daß er aktive Antidiskriminierungspolitik betreibt, ist überaus deutlich. Er kann auch durchaus weiterhin aktiv diskriminieren, nur sind die Gründe hierzu weniger systematisch als populistisch. Den von der Diskriminierung Betroffenen nützt dies allerdings wenig.

29 Nichts gilt ohne Ausnahmen. Japan ist relativ homogen. Man kann den Satz auch nicht umdrehen. Heterogenität ist keine ausreichende Erfolgsvoraussetzung, ebensowenig wie Mischung an sich besser ist. Man könnte selbst sagen, daß kulturelles Mißverstehen produktiv sein kann. Es kommt hier auf den Fall an.

weils entgegengesetzten Enden der Sozialstruktur der Weltgesellschaft zu finden sind: Elitetransnationale und Elendstransnationale, von denen die einen als Avantgarde der postmodernen Entwicklung begrüßt, die anderen jedoch mit dem Versuch konfrontiert werden, sie an ihre Herkunftsorte oder an die, wo sie sich gerade aufhalten, zu binden. Die Mitglieder der ersten Gruppe bestehen aus den Gewinnern der postnationalen Entwicklung. Sie sind an mehreren Orten der Welt zu Hause, sind in übernationale Netzwerke integriert und bewegen sich auch dann noch, wenn sie sich an ihrem Wohnort befinden, weltweit. Beständig vernetzt, besteht diese Gruppe keineswegs nur aus Managern und Börsianern, sondern auch aus Künstlern, Werbeleuten, Intellektuellen und Wissenschaftlern, Beratern, kurz einer neuen Wissens- und Handlungselite. Sie stellen die Träger einer kosmopolitischen, keine ethnischen Differenzen vornehmenden Gruppe mit fließenden Grenzen dar, die die postnationale Entwicklung, die sie mitschaffen, eher idealisieren und in ihr einen möglichen Beitrag zur Abschaffung von Vorurteilen und auch zum internationalen Frieden sehen – eine weltweite Klasse einer neuen Elite als Wissens-, Macht- und Geldelite, die sich tendenziell oberhalb der Nationalstaaten bewegt, bestimmte Stadtteile der *global cities* bevorzugt, Multikulturalismus als selbstverständlich ansieht, ihre Kinder auf internationale Schulen, nicht aber auf lokale Schulen mit hohem Ausländeranteil schickt. Zu ihr zählen nicht nur die Mitglieder der Neuen Ökonomie, die Macher der in die Krise geratenen »Netzwerkgesellschaft« (Manuel Castell), sondern ebenfalls tendenziell weltweit agierende neue Wissensklassen ohne Kapital, jedoch mit vorgestellten und – zum Teil – realen Chancen. Hier sind die Erwartungen zu Hause, die zumindest zum Teil von Erfahrungen getrennt sind, auf sie verzichten oder nur spezifischen Gebrauch von ihnen machen.

Ihr Gegenstück, die Elendstransnationalen, sind auf der entgegengesetzten Seite der Sozialstruktur der Weltgesellschaft zu finden. Sie möchten den Ort, an den sie gebunden sind, gerne verlassen und setzen dafür alle Hebel in Bewegung, dies zu tun. Die Orte, die sie verlassen müssen, sind meist unwirtlich, ohne Arbeits- und Lebensmittel und durch ökologische und natürliche Katastrophen oder durch Kriege zerstört. Anders als die willkommene Avantgarde der postmodernen Entwicklung sollen diese Menschen vor Ort bleiben. Es entstehen neue, oberhalb der Nationalstaaten angesiedelte Migrationsregime, um die Flüchtlinge an ihren Orten oder in den für sie in der Nähe eingerichteten Lagern zu halten, sie dort zu versorgen und die gröbsten Fluchtursachen zu beseitigen. Doch es gelingt nicht immer, die Menschen an den Orten zu halten. Sie kommen als Illegale oder als Asylsuchende in die Zentren der Welt, in denen sie zunehmend eine untere Dienstleistungsschicht als Illegale oder *sans-papiers* (»Papierlose« ist ein Begriff, der allmählich aus dem Französischen übernommen wird) bilden.

Zur Sozialstruktur der Weltgesellschaft gehören aber auch die veränderten nationalen und lokalen Strukturen. Die Sozialstruktur der transnationalisierten nationalen Gesellschaft besteht weiterhin aus einer sehr unterschiedlich zusammengesetzten lokalen Bevölkerung, Menschen, die aus ganz unterschiedlichen Gründen an den Ort gebunden bleiben, zum Beispiel weil sie Bindungen nicht aufgeben wollen, weil sie nicht über das richtige Wissen verfügen, weil sie zu alt oder falsch qualifiziert sind oder weil sie weiterhin an lokale Strukturen gebunden sind, die keineswegs aufgehoben wurden. Zur lokalen Gebundenheit gehört auch ein Verbunden- und Abhängigsein vom Nationalstaat als Wohlfahrtsstaat, der schützt und reguliert, Bildung organisiert, verwaltet, die klassischen Staatsfunktionen weiter ausübt und so manchmal der Kritik der neuen, beweglichen Wissens-, Geld- und Machtelite verfällt. Neben die unterschiedlichen Typen der Elends- und Elitetransnationalen tritt so die lokale Welt derjenigen, die weder zu den einen noch zu den anderen gehören und die noch immer die Mehrheit der Bevölkerung bilden.

Diese weist weiterhin die klassische Schichtstruktur auf, zu der seit der zweiten Hälfte des 20. Jahrhunderts die neuen Arbeitsmigranten als Einwanderer hinzukamen, deren erste Generation national und regional unterschiedlich seit über 40 Jahren im Land ist. Sie gehören keineswegs zu den Elendstransnationalen. Sie sind vielmehr fester Bestandteil der Wohnbevölkerung und der jeweiligen Sozialstruktur, die eigene Differenzierungen und zum Teil eigene Infrastrukturen entwickelt haben. In Europa war es dieser Teil der Bevölkerung, dem die Debatte über die multikulturelle Gesellschaft galt. Die Arbeitsmigranten sind ebenfalls ein fester Bestandteil des segmentierten Arbeits- und Wohnungsmarktes, sie sind, zum Teil allerdings negativ, integriert. Ihre Kinder gehen auf die normalen Schulen meist der unteren Mittelschicht, und es sind diese Orte, an denen sich Differenzierung und Integration vollziehen. Sie unterhalten regelmäßige Beziehungen zum Herkunftsland. Die Rückkehrvorstellungen auch der ehemaligen Migranten selbst realisieren sich durchaus. Allerdings bleiben Teile der Familie häufig im neuen Heimatland. Das Herkunftsland wird so häufig zum Urlaubsland, wo man nach einem kurzen Besuch im Dorf der Vorfahren und Verwandten an den gleichen Stränden mit ebenden Leuten zusammentrifft, mit denen man im neuen Land wohnt.

In Europa ist zudem eine europäische Binnenwanderung entstanden, die einerseits mit der Integration der EU-Staaten, andererseits mit der europäischen Erweiterung nach 1989 zusammenhängt und die sowohl legale als auch irreguläre Strukturen aufweist. Diese Wanderungsbewegungen müssen als Binnenmigrationen beschrieben werden. Hierzu gehören die legalen Arbeiter aus den Ländern mit niedrigerer Lohnstruktur, die für Firmen ihres Landes in einem der Hochlohnländer arbeiten. Sie bleiben an ihren Orten und kommen für bestimmte Aufträge und Projekte. Dazu kommen halblegale Strukturen, Menschen, die aus der meist osteuropäischen Peripherie als Touristen einreisen, um hier auf Baustellen und in Haushalten zu arbeiten, und es vor allem den Mittelschichten ermöglichen, auf Dienstleistungen zurückzugreifen.[30] Dieser Graubereich wird mit den kommenden offiziellen Beitritten dieser Länder zur Europäischen Union seine Struktur verändern. Derzeit handelt es sich um eine Pendelmigration, die auf Strukturen des Herkunftsortes und auf die Gelegenheiten in den Zentren zurückgreift.

An der kurzen Beschreibung der Sozialstruktur der Weltgesellschaft wird deutlich, daß regionale, nationale, europäische und globale Dimensionen ineinandergreifen und zusammenhängen und eine ausschließlich nationale Thematisierung der sozialen Dynamik nicht mehr möglich ist. Die Gesellschaft hat sich von der Nation gelöst, und die Sozialstruktur kann nicht mehr ausschließlich als nationale beschrieben werden. Gerade an der Sozialstruktur aber zeigt sich, daß nationale Elemente erhalten bleiben.

---

30 Siehe am Beispiel der Putzfrauen Rerrich, *Bodenpersonal im Globalisierungsgeschehen.*

Zur aktuellen Problematik der Bildung existentieller politischer Kollektive

Das Thema der Nation ist nicht beendet. Zwar ist es nicht mehr vernünftig möglich, diese als homogen und souverän zu denken, doch ist Nation strukturell – das heißt als Nationalstaat – Bestandteil der Weltgesellschaft und deren wichtigste politische Organisationsform, auch wenn sie nicht mehr die einzige ist. Sie beherrscht und verwaltet weiterhin ihr Gebiet, strukturiert Erwartungen und schafft Gelegenheiten. Sie muß auch weiterhin die Bevölkerung als rechtliches und empirisches Volk bestimmen, von dem und von denen sie abhängt und ihre Legitimation bezieht. Die Bezüge und Bindungen der Bevölkerung aber sind nicht mehr als einheitliche thematisierbar.

Auch wenn die großen Ideologien nun tatsächlich verschwunden sind, was Daniel Bell schon 1960 verkündet hatte, bedeutet dies nicht auch das Ende der kollektiven Leidenschaften. Bell hat dies selbst gesehen: »Man hoffte einst, die Politik der Ideologie durch eine Politik der Zivilität zu ersetzen, in der die Menschen lernen würden, in einem ausgehandelten Frieden zu leben. Die Politik der Ideologie durch die Politik der Ethnizität zu ersetzen aber könnte nur die Weiterführung des Krieges mit anderen Mitteln bedeuten.«[1] Als Produkte der Moderne hatten sich die Ideologien im Zusammenhang mit einer wissenschaftlichen Weltperspektive entwickelt, gleichzeitig waren sie als Kritik der Ideologie entstanden. Sie ersetzten die traditionellen Herrschaftslegitimationen durch Kritik von Mythen und Religion sowie durch deren Reorganisation (zum Beispiel im Naturrecht). Ihre organisierende, die Menschen bindende Kraft verloren sie durch die Erfahrung der immensen Gewaltpotentiale, die mit ihnen einhergingen, aber auch durch gesellschaftliche Prozesse der Auflösung von unten und von oben, durch die sowohl der Homogenitätsanspruch von Staat, Nation und Klasse verlorenging als auch der ökonomische, militärische und kulturelle Souveränitätsanspruch der Nationalstaaten sich entweder auflöste oder empirisch-faktisch nicht mehr durchsetzbar erscheint.

Die Rückkehr der Ethnizität prägt die Konturen der neuen Struktur auf doppelte Weise: in den Zentren als Rückkehr der soziologisch banalen Tatsache, daß Menschen in Gruppen – sei es der Herkunft, Kultur, Sprache, Lebensstile etc. – leben, und der unbestreitbaren Feststellung, daß diese Tatsache für einige Individuen und Gruppen an Bedeutung gewonnen hat und noch gewinnt; in den Peripherien als Verbindung von ethnisch und kulturell definierten Zugehörigkeiten, die einen kollektiven Selbstbestimmungsanspruch stellen, sich von den Zentren lösen wollen (zum Beispiel die ehemali-

---

1 Bell, *Ethnicity and Social Change*, S. 174.

ge Sowjetunion oder Restjugoslawien) und daher eine emanzipatorische Sprache auch oder gerade dann anwenden können, wenn sie selbst erneut eine Gemeinschaft der Zugehörigen mit allen Konsequenzen des Ausschlusses anderer nach innen und außen bilden wollen. Was in dem einen Fall als Sezessionsverlangen in Erscheinung tritt, kann unter anderen Bedingungen als Unterdrückungs- und schließlich als Vertreibungspolitik auftreten. Die Übergänge von der vorgestellten zur geforderten und schließlich realisierten Gemeinschaft verbinden sich mit der stets vorhandenen Möglichkeit der Anwendung von Gewalt – Gewalt *tout court*, nicht im Sinne struktureller Gewalt – als Aktionsmacht.[2] Der Realisierungsversuch der vorgestellten Gemeinschaft des einen kann so auch weiterhin zum Gefängnis des anderen werden, innerhalb dessen Mauern er gefangen ist oder aus dem er entlassen, sprich: vertrieben wird.

Die Rede von der Rückkehr ist schnell getan, sowohl wenn es um die Gewalt als auch um die Bedeutung von Gruppen geht. Die Grenze von ›Wir‹ und ›Nicht-Wir‹ läßt sich dann dem schon von Georg Simmel beobachteten Wunsch nach Differenzierung zuordnen, und die Erzählungen der Geschichte sind voll von Grausamkeiten und Gewalt aller Art und der Feststellung, daß zur Gemeinschaft der Fremde gehöre. Zugespitzt kann man fragen, ob das, was jetzt »ethnische Säuberung« genannt wird, also die Vertreibung und Ermordung bestimmter Bevölkerungsgruppen, die Re-Ethnisierung in den Zentren inklusive eines neuen Rechtspopulismus bis hin zur rechtsradikalen Gewalt mit dieser beobachteten Zunahme der Bedeutung von Gruppen zusammenhängt.[3] Etwa gar in der einfachen These des Zusammenhangs der Betonung von Differenz und Gewalt? Unter welchen Bedingungen, läßt sich fragen, erhält die soziologisch banale Tatsache der Gruppenzugehörigkeit eine solche Bedeutung, daß Max Webers Beobachtung Plausibilität erhält, wonach diejenigen, die nichts zu verlieren haben,

---

2 Heinrich Popitz, Phänomene der Macht.

3 ›Ethnische Säuberungen‹ und Vertreibungen bestimmter Bevölkerungsgruppen sollten nicht mit einer geplanten Ermordung gleichgesetzt werden. Geplante, wohlorganisierte und mit Massakern verbundene Vertreibungen sind aus sich selbst heraus moralisch und politisch abscheulich genug. Es bedarf keiner falschen Gleichsetzung, um sie zu verurteilen und eventuell gegen sie vorzugehen. Die moderne Vertreibungspolitik in Europa setzte nach dem Ersten Weltkrieg ein. Thessaloniki gilt als Beispiel, das heute als Politik der ›ethnischen Säuberung‹ gewertet würde. Wenn Vertreibungspolitik auch als Vorläufer der Vernichtungspolitik anzusehen ist, muß man sie dennoch davon unterscheiden. Vernichtungspolitik versucht die betroffene Bevölkerung aufzuspüren, eventuell zusammenzutreiben und sie zu ermorden. Vertreibungspolitik versucht das Gegenteil. Sie wendet Gewalt an, um die Bevölkerung zu zerstreuen, Massaker und Tötung dienen dazu, die Opfer endlich und endgültig davon zu überzeugen, Haus und Hof tatsächlich zu verlassen.

ihr Leben leicht für ein wie auch immer vorgestelltes Ganzes, eine Idee, eine Abstraktion, die gerne als Konkretes ausgegeben wird, hergeben?

Die kognitive Gründung von Einheit und Zugehörigkeit vollzieht sich in der Produktion des Wissens über das Eigene, seine Geschichte und aktuelle Bedeutung. Die Produktion dieses Wissens geschieht in Form der Selbstthematisierung und ist trotz des Zurückgehens in die Geschichte eine Gründung in die Zukunft. Es handelt sich um eine Form des Wissens, die, anders als im Fall der Ideologie, nicht an Kritik gebunden ist.[4] Nationalismus und Ethnizismus haben die Form einer weltanschaulichen Selbstthematisierung, die weder durch Hinweise auf Fakten und Ereignisse noch auf Brüche und Widersprüche korrigiert werden kann. Es ist die Form der Gründung durch Selbstthematisierung, die auch dann bestimmend wird, wenn, wie man es am Beispiel von Minderheitengruppen zeigen kann, es zunächst Fremdetikettierungen sind, die den spezifischen Status und die Bildung einer Gruppe beeinflussen. Dennoch verbindet sich erst der Übergang zur Selbstthematisierung mit Anerkennungsforderungen oder einer weitergehenden Selbstbestimmung der Gruppe. Die Weltanschauung des Nationalen als Gemeinschaft einer Großgruppe strukturiert dann die Wahrnehmung von Vergangenheit und Zukunft, auf welche die Gegenwart zu beziehen ist. Es ist der Mythos des Vergangenen, der die utopische Zukunft der vorgestellten und behaupteten Reinheit als hergestellter sozialer Realität begründet. Zeitgenössisch formuliert: Unsicherheit soll in Sicherheit verwandelt werden. Aber nicht die Unsicherheit erweist sich als gefährlich, sondern der Herstellungsprozeß von Sicherheit oft als tödlich.[5]

Schon bei den frühen Theoretikern der Gesellschaft wird auch dann, wenn sie wie Max Weber auf den Nationalstaat als Großmachtstaat setzen, die Wert- und Gefühlsseite von Ethnien und Nationen betont. Ist das institutionelle Gefüge staatlich, so ist die Nation wertbezogen, die Ethnie »Gemeinsamkeitsglauben«. Der Hinweis auf die Konstruktion von Ethnien wie Nationen ist also weder besonders neu noch sonderlich hilfreich, bedeutet er doch kaum mehr als das Anerkennen ihrer Geschichtlichkeit. Ihre Hand-

---

4 Der Ideologiebegriff kann zumindest nicht in seiner gängigen, unter anderem von Habermas gebrauchten Bedeutung verwendet werden. Ricœur gebraucht den Ideologiebegriff ähnlich wie hier der Weltanschauungsbegriff benutzt wird. Er unterscheidet Ideologie und Utopie. Ideologie als Selbsterklärung dessen, was ist, umfaßt nicht das Moment des Utopischen, das vor allem von einer »verrückten Logik« geprägt ist. Weltanschauung könnte ein Begriff sein, der die Selbstthematisierung als Erklärung des Gegenwärtigen und die »verrückte Logik« des Zukünftigen umfaßt. Gerade Nationalismus/Ethnizismus könnten so verstanden werden. Sie beinhalten, wie sehr sie auch in die Geschichte zurückgehen, über den Bezug zur Gegenwart hinaus eine utopische Komponente.

5 Siehe hierzu den Artikel von Arjun Appadurai mit dem treffenden Titel *Dead Certainty*.

lungsrelevanz aber, die den kaum unterscheidbaren Gruppen der Nation oder der Ethnie in der Verbindung von politischem Verband, Glauben und Gefühl zukommt, irritiert uns manchmal, wird jedoch ebenso häufig als selbstverständlich vorausgesetzt. Es hilft wenig, die Gefühle auf Interessen zu reduzieren, ebensowenig hilfreich scheint es mir zu sein, Gefühle selbst zu eigentlichen Trägern nationaler und ethnischer Mobilisierung zu machen. Denn: »Es ist der Ernst des Todes, den eventuell für die Gemeinschaftsinteressen zu bestehen, dem Einzelnen hier zugemutet wird. Er trägt der politischen Gemeinschaft ihr spezifisches Pathos ein. Er stiftet auch ihre dauernden Gefühlsgrundlagen.«[6] Gerade dieser Zusammenhang von Interessen und Leidenschaften und, darin aufgehoben, von Leben und Tod, ist so schwierig zu verstehen.[7]

Steigert sich die Beobachtung der Konstruktion hin zur Virtualität, wundert es wenig, wenn, wie zum Beispiel angesichts des Krieges in Bosnien, die Rückkehr des Realen festgestellt wurde (Jean Baudrillard, literarisch auch Peter Handke): Das Blut war echt, ebenso wie es die konkreten Individuen und Gruppen waren, die mit wechselnder und sich ändernder Überzeugung kämpften und Grausamkeiten begingen. Wenn auch an diesem Beispiel die Politisierung der Ethnizität und die Ethnisierung der Politik mit vernünftigen Gründen nicht bezweifelt werden können, bleibt eine wichtige Dimension ungeklärt. Warum folgen die Einzelnen den Versuchen der alten Machthaber, die durch eine nur kleine Verschiebung vom Kollektiv der Klasse auf das der – wenn auch kulturell-historisch konstruierten – Rasse/Ethnie/Nation ihre Macht sicherten? Wie also, lautet die mich interessierende Frage, erhält Gruppenzugehörigkeit – die in der Banalität des Alltags meist ohne große Aufregung zu entfalten und ohne besondere Aufmerksamkeit zu erhalten routinisiert oder ritualisiert wird bis zu einem Punkt, an dem sie bedeutungslos werden kann – eine existentielle Bedeutung?

Da sowohl Fremd- als auch Selbstzuschreibungen alltäglich, aber auch kategoriell unsicher sind, geht der existentiellen Wahrnehmung der Eigen- wie der Fremdgruppe ein Prozeß der Umformung voraus – der Umformung des Alltags der Überschneidungen in einen Alltag klarerer Grenzlinien, der Umformung der unsicheren Kategorien gerade der Selbstthematisierung (meist identitären Begriffen mit binärer Struktur, die am Ende eine Eindeu-

---

6 Max Weber, Wirtschaft und Gesellschaft, S. 515.
7 Ein Problem, das sich weder klärt, wenn Gewalt in rationales Handeln aufgelöst wird, wie tendenziell bei Georg Elwert (*Gewaltmärkte*), noch wenn sie als sinnlos angesehen wird wie im Begriff der absoluten Gewalt von Sofsky. Einmal ist der Sinn der Gewalt unterstellt, und er begrenzt ihre Anwendung. Das andere Mal bekommt man die auf Beruhigung abzielende Arbeit in den Blick, ihr einen nachträglichen Sinn zuzuschreiben. »Aber der Überbau an Bedeutungen kaschiert nur das Sinnlose« (Sofsky: Traktat über die Gewalt, S. 69).

tigkeit von Zugehörigkeit/Nichtzugehörigkeit implizieren sollen), aber auch der Bestimmung der Anderen in scheinbar klare und eindeutige Begriffe. Die Existenz der Gruppe scheint stets unsicher zu sein, und es bedarf großen Aufwands und immer neuer Kraftanstrengung, für Klarheit, Eindeutigkeit und Einheit zu sorgen – für Klarheit als kognitive und schließlich emotionale Sicherheit der Kategorien, der Symbole, der Geschichte und der Interpretationen, für Eindeutigkeit als soziale, nationale, kulturelle, ethnische und sprachliche Homogenität der Gruppe und für Einheit als eines unterstellten gemeinsamen politischen Willens und Projekts.

Kognitive Klarheit, eine Eindeutigkeit der Kategorien des Selbst und schließlich der Anderen ist unter heutigen gesellschaftlichen Bedingungen durch Bezug auf das Alltägliche immer weniger herzustellen. Der Alltag ist von Unsicherheiten geprägt. Die Produktion von Klarheit, Eindeutigkeit und Einheit wird erschwert. Zumindest zu einem Teil werden so die Anstrengungen plausibel, die wir bei Schriftstellern, Dichtern und Intellektuellen finden, kognitive Klarheit herzustellen – inklusive erneuter Aufforderungen zur klaren Unterscheidung, damit Freund und Feind eindeutig auseinanderzuhalten sind. Im Hinblick auf die Auflösungskriege des ehemaligen Jugoslawiens nannte das Slavoj Žižek den »dichterisch-militärischen Komplex«.[8]

Aktuell liegt es nahe, für diesen Zusammenhang eine Illustration aus dem ehemaligen Jugoslawien heranzuziehen. Interessant sind dabei nicht die Tatsachen der Geschichte, obwohl es sie gibt, sondern ihre Verwendung in und für Gegenwart und Zukunft. Die große serbische Erzählung der Niederlage auf dem Amselfeld vom 28. Juni 1389 enthält als wichtige Momente der Erklärung der Niederlage Uneinigkeit und Verrat. Einerseits zeige sich hier, so die große Erzählung, das Serbien des Mittelalters in all seiner Macht und seinem Ruhm, andererseits, so die Lesart, auch seine Schwäche, die Schlacht aus inneren Gründen verloren zu haben. Dem in der Kriegsgemeinschaft zusammengeschlossenen (Zwangs-)Kollektiv wurde mißtraut. Wo Einheit real werden soll, der gesellschaftlichen Realität der Differenzen abgetrotzt wird, ist der Verrat nicht weit oder zumindest der Verdacht, es gäbe ihn. Der Dichter Matija Becković, den Ivan Colović den »Cyrano«, also den Einflüsterer Miloševićs nennt, formulierte dies 1989 so: »Kosovo ist das serbische Wort, das am teuersten war. [...] Es wurde zum Preis des Blutes erworben.« Und er fügt hinzu: »Und man kann es nicht verkaufen, ohne daß erneut Blut fließen wird.« Der Kosovo wird in der national-religiösen Wahrnehmung zu einem metaphysischen Ort, auf den die Serben ein moralisches Recht besitzen – unabhängig selbst davon, ob noch ein einziger Serbe diesen heiligen Ort des Mythos bewohnt. Der Kern der serbischen

---

8 Vgl. zur »Poetik der ethnischen Säuberung« Žižek, Liebe Deinen Nächsten, S. 104–110.

Klarheit, des Wissens um die Nation, ist der leere mythische Ort. Auf der Gründungsversammlung der oppositionellen Demokratischen Partei (1992) kommt erneut ein Dichter, Gojko Djogo, zu Wort: »Sie [die Serben] sind durch einen Eid an diese Erde gebunden, sechshundert Jahre später sind sie bereit, für diese Erde das größte aller Opfer [sacrifice] zu bringen, das Opfer ihres Blutes. [...] ich weiß, daß ich dieses Opfer erbringen muß. Denn Serbien ohne den Kosovo wäre ein Serbien mit einem Loch in der Brust.«[9] Ohne den leeren mystischen Ort also ist die Existenz Serbiens nicht nur gefährdet, es gäbe es nicht mehr, es wäre tödlich getroffen.

Ismail Kadaré, der bekannteste albanische Schriftsteller, veröffentlichte 1998 seine Erzählung der Schlachten und der Geschichte: »Drei Totengesänge für den Kosovo«.[10] Es handelt sich im wahrsten Sinne um unheilvolle Gesänge. Die historischen Quellen sind dürftig, der Anreiz zur Erfindung der Geschichte daher um so stärker. Immer wieder liegt durch die Jahrhunderte hindurch Krieg in der Luft, die Erzählungen unter den Leuten über Truppenansammlungen nehmen zu. Aber erst im Frühjahr, mit der beginnenden Schneeschmelze, glaubt man ihnen, nimmt die Unruhe zu, die Völker tragen »die Schrecken in ihrer Einsamkeit, bis der Tag kommt, wo sie ihnen als unerträglich erscheinen. Dies geschah im allgemeinen im Frühjahr [...]«.[11] Es ist eine Naturgeschichte des Krieges, die erzählt und in die Aktualität verlängert wird. Mourad I., dessen Blut den Boden des Kosovo tränkte und dessen blutleerer Körper zurückgebracht wurde, beobachtet aus dem Himmel, wie die Jahrhunderte vergehen und, neue Länder und Vezire sind erschienen, sein Blut weiterwirkt. »Namen fremder Länder und Vezire: NATO, R. Cook, Madeleine Albright; ein Massaker an Kindern in Srebrenica, Milošević, Mein Kampf [i. O. dt.]. [...] Manchmal auch, unter den ihren, mein Name: Mourad I.«[12]

Nun sind dies Worte von Dichtern, auch wenn sie zum Teil in der Nähe der Macht gesprochen wurden. Und wenn sie auch zeigen, daß sich die serbische Opposition auf diesen mythischen Ort bezog, so scheint es dennoch alles andere als selbstverständlich, daß die Menschen im Alltag, außerhalb der Feierstunden, der Festtage und den organisierten Zeiten kollektiver Erregung, mit ihnen etwas anfangen können. Unter den Bedingungen des Alltags ist es kaum plausibel, den Worten der Dichter größere Wirksamkeit zuzuschreiben. Betrachten wir das Problem von seiner empirischen Seite und wählen ein Beispiel aus den Biographien junger Soldaten im bosnischen Krieg, die Natalija Bašić rekonstruiert hat.[13] Ein junger Mann aus Banja

---

9 Alle Zitate aus Colović: *Le rameau d'or de la politique serbe*, S. 85–89.
10 Kadaré, Trois chants funèbres pour le Kosovo.
11 Ebenda, S. 10.
12 Ebenda, S. 118.
13 Siehe hierzu Bašić, Krieg ist nun mal Krieg.

Luca, einer Stadt mit ehemals elf Moscheen, an deren Stelle nun nichts als Lücken übriggeblieben sind, die an die »Wilsons Points« in Lemberg denken lassen, erinnert sich an seine Schulzeit, die ihm, der im und durch den Krieg erwachsen geworden ist, im nachhinein als naiv erscheint. Die Unterschiede bedeuteten nichts, er ahnte nicht, welche »Ungeheuerlichkeiten«, welcher Abgrund, von dem er nichts wußte, sich hinter dem Alltag verbargen. Das Außeralltägliche drang durch die Erinnerung – interessengeleitet und stereotypisiert, wie diese ist – und die Ereignisse in den Alltag. Der Alltag, seine eigene, konkrete Erfahrung, stellte sich für ihn als eine einzige Täuschung heraus, dahinter erst tat sich ein Abgrund des nun zum »Wirklichen« Gewordenen auf, das einzig die Ereignisse, Mord, Totschlag und Vertreibung, erklären konnte. Nicht mehr die Erfahrung des multiethnischen Alltags war für ihn wirklich, diese Wirklichkeit wurde derealisiert, sie wurde durch etwas ersetzt, das ›tiefergehend‹ war. Erst jetzt, so meinte er, lernte er zu leben, durch die Erinnerung an die Geschichte der heldenhaften Opfer und durch die historischen und aktuellen Ereignisse der Gewalt. Der existentielle Bezug auf seine Gruppe entstand in diesem Prozeß, in dem die aktuelle Gewalt als Bestätigung der historischen gelesen wurde, ebenso wie diese das aktuelle Geschehen zu erklären schien. Das ethnische Gemeinsamkeitsgefühl als empirisch vorhandenes und nicht als Leistung intellektueller Virtuosen und politischer Berechnung ist eines des Nachher, nicht des Vorher. In Alltagssituationen verliert es sich immer wieder und muß zurückgeholt werden. Man muß sich seiner in Ritualen, im Kleidungsstil, in der Aufrechterhaltung oder Entwicklung einer Gruppensprache etc. vergewissern, bevor es sich wieder im Alltag der verschiedenen Grenzüberschreitungen – in der Öffentlichkeit, in den Schulen, am Arbeitsplatz, in der Liebe – verliert, um darauf wieder erneuert zu werden.

In dieser nachträglichen Beschreibung läßt sich ein sozialer Mechanismus der Essentialisierung von oben und unten beobachten. Im Zusammenspiel von staatlicher Macht und eigenem Handeln nehmen Gruppenzugehörigkeiten für den Einzelnen langsam an Bedeutung zu. Staatliche Macht zeigt sich als bürokratisches Handeln und Dulden, so zum Beispiel an der Durchführung eines Zensus, das heißt der statistisch-kategorialen Einordnung der Bevölkerung im Rahmen einer Politik der Zahlen, der Diskriminierung bestimmter Gruppen, der Duldung von Straftaten von oder an bestimmten Gruppen, der Durchführung von Razzien als konkreter und symbolischer Gewalt. Diese Handlungen, die dem Einzelnen als Ereignisse gegenübertreten können, müssen im Alltag interpretiert und verstanden werden. Es besteht ihnen gegenüber eine Notwendigkeit der Deutung, die Ereignisse müssen verstanden und erklärt werden, die Diskussionen in den Familien nehmen zu – ist der Nachbar verläßlich, zu wem gehört er, ist er bewaffnet, können die Kinder noch dort spielen? Die Welt der Ereignisse muß neu interpretiert werden. Dies kann durchaus auf eine subversive Art geschehen. Zur offiziellen Poetik der großen Worte und Rituale, der repressiven Praktiken, und zur konkreten Politik der Essentialisierung durch Zahlen, Gewalt und Verdacht gesellt sich eine soziale Poetik der Neuinterpretation der Welt der unvorhergesehenen, aber sich normalisierenden Ereignisse.[14] Gewalt, Erinnerung und nationale Kosmologie verbinden sich mit den Geschichten und Deutungen von unten.[15]

In diesem Prozeß der Essentialisierung, an dessen Ende die nur kurze Existenz der Gruppe steht, wird die Unsicherheit zunächst erhöht. Dies geschieht planvoll, das heißt politisch und administrativ gelenkt. Spontane Elemente treten hinzu, die als Reaktionen und Aufschaukeln beschrieben werden können. Scheinbar unabhängig, besteht doch eine innere Affinität zwischen Spontaneität und Berechnung, zwischen geplanter Vertreibung und als vormodern und situativ gebunden erscheinenden Grausamkeiten, deren Charakteristikum ihre Vorhersagbarkeit und Regelhaftigkeit ist. Mit Mord, Folter und Vergewaltigung beinhalten sie in ihrem Kern die Zerstörung des Körpers des Anderen. In der modernen, aktuellen ethnischen Gewalt mischen sich Staatsinterventionen, Informationen, Gerüchte und Erinnerungen, (Zwangs-)Wanderungen. Auf diese Weise werden Bedingungen einer vorauseilenden Gewalt bei denen geschaffen, die selbst reale oder imaginierte Opfer sind. Spontaneität und Planung verknüpfen sich zum Teil so eng, daß sie kaum mehr auseinanderzuhalten sind.[16]

Die Herstellung einer existentiellen Gemeinschaft durchbricht den Alltag der Differenzierung. Die Arbeit der Grenzziehung wird verschärft. Gewalt als Aktionsmacht ist ein wesentlicher Bestandteil dieser Arbeit. Sie dringt immer weiter in die Erwartungen der Menschen ein und normalisiert sich als Erwartung, geschieht aber, auch wenn sie als zu jeder Zeit möglich gedacht wird, unvermittelt.[17] In ihr scheint sich die Bedeutung der behaupteten Gemeinschaft zu realisieren, indem diese für Täter und Opfer etwas je anderes darstellt. Die moralischen Binnenregeln verlieren ihre Gültigkeit für die Nichtzugehörigen, durchaus im Sinne von Max Weber: »Was unter Brüdern perhorresziert wird, ist dem Fremden gegenüber erlaubt.«[18] Gewalt ist identitätsstiftend, da sie die eigene Existenz und die des Anderen bedrohen und im

---

14 Vgl. zur Politik der Zahlen Teitelbaum/Winter (Hg.), A Question of Numbers. Zum Konzept der sozialen Poetik vgl. Herzfeld, Cultural Intimacy.
15 Als Beispiel kann ein Hinweis auf Emir Kusturicas Film *Underground* dienen. Bei dem Film, der ebenso gelobt wird, wie er wie umstritten ist, handelt es sich um eine künstlerische Darstellung eines Aneignungsprozesses, der am Ende selbst in eine »Poetik der ethnischen Säuberung« führt (vgl. hierzu noch einmal Zizek, Liebe Deinen Nächsten?).
16 Das Verhältnis von Spontaneität und Planung ist auch in der Unterscheidung des »Du sollst« und »Du darfst« enthalten, die Reemtsma macht (ders.: *Nationalsozialismus und Moderne*, S. 175–207).
17 Vgl. zur Funktion der Zeit Sofskys Aufsatz *Gewaltzeit*, S. 102.
18 Weber, Wirtschaft und Gesellschaft, S. 370.

gleichen Akt stiften kann. Sie ist produktiv, das heißt sie schafft Gemeinschaft als existentielle, indem sie versucht, die Gemeinschaft der Anderen zu zerstören und zu zerstreuen. Im Akt des Vollzugs kann ihr dies gelingen, da sie die moralischen Regeln auch bei den Opfern ungültig macht. Bleiben die davongekommenen Opfer zusammen, werden sie also nicht vernichtet, sondern leben weiter, wie es am Ende des 20. Jahrhunderts typisch zu werden beginnt, in Lagern jenseits der Grenze, beginnt eine Rekonstruktion ihrer Geschichte als ›Volk‹, in die nun eine neue, erst jüngst vergangene reale Opfergeschichte integriert werden wird. Verstreuen sich die Opfer, so bleibt eine Erinnerung, die in die eigene Biographie eingebaut wird, aber nicht zu einer neuen, heroischen nationalen Identität umgeformt werden muß.[19]

Allerdings verdeutlicht dieser Mechanismus eine Falle, der man kaum entrinnen kann. Kann man einerseits den Opfern nur wünschen, wieder ein ›normales‹ Leben führen zu können, so ist das tendenzielle Vergessen andererseits ein Erfolg der Gewalt. In diesem komplexen Verhältnis von Produktion und Destruktion der Gewalt, auch einer nur sporadisch oder symbolisch gebrauchten Gewalt, läßt sich ihre nur scheinbar widersprüchliche Funktion sehen. Die Gewalt erzeugt Sicherheit und Unsicherheit auf beiden Seiten der zu bildenden und im Prozeß der Bildung befindlichen Barrikade. Unsicherheit schafft sie, weil die prinzipielle Möglichkeit der Gewalt, ihr Immer-gegeben-Sein, nun in eine konkrete und schließlich in jedem Moment zu erwartende transformiert wird.[20] Sicherheit schafft sie, weil die Kategorien nun endlich durch soziale Trennungen bestätigt werden.[21]

Kollektiv und Subjekt bilden sich auch hier in einer gemeinsamen Bewegung aus. Die Nationalisierung als Ethnisierung der Gruppen und der Einzelnen und die damit einhergehende Verschiebung der Gruppengrenzen, die

---

19 Es sei hierzu noch einmal auf die Studie von Malkki, Purity and Exile, verwiesen.

20 Vgl. zur ständigen Möglichkeit der Gewalt Popitz, Phänomene der Macht; siehe auch die abschließende Bemerkung Balibars am Schluß seines lesenswerten Essays: »Es gibt [daher] keine Nicht-Gewalt« (»Il n'y a [donc] pas de non-violence«, *Violence: idéalité et cruauté*, S. 87). Claudine Vidal erarbeitete in ihrem Buch »Sociologie des passions« den Begriff der existentiellen Ethnie als ein Amalgam, in dem die Repräsentationen der Vergangenheit sich mit den Frustrationen der Gegenwart mischen und leidenschaftliches Denken und Verhalten beeinflussen, »der Gewalt einen unbegründeten Grund geben und im Prinzip zu dem führen, was ich existentielle Ethnie nenne« (ebenda, S. 335). Betont Vidal in ihrem Begriff der existentiellen Ethnie das Amalgam aus Erinnerung und Gegenwart, das Gewalt begründet, so hebe ich die Rolle der Gewalt selbst bei der Entstehung existentieller Ethnizität hervor, in der das Leben zum Schicksal wird (siehe auch dies., *Le génocide des Rwandais tutsi*).

21 Ein Zusammenhang, der von Theorien, die Gewalt aus ethnischen Konflikten selbst erklären, übersehen wird.

als soziale sichtbar wurden, um dann unter Umständen wieder zur ›natürlichen‹ gemacht zu werden – zur sekundären Identifikation, die deshalb nicht schwächer ist, sondern stärker werden kann, da die Unsicherheit des Hergestellten als größer erscheint –, müssen durch das Nadelöhr des Subjekts hindurch. Thomas Laqueur untersucht diesen Zusammenhang am Beispiel der Bedeutung der Namen. In Shakespeares »Heinrich V.«, dem fast schon klassischen Beispiel für frühmodernen Nationalismus, heißt es über im Kampf Gefallene: »Eduard Herzog von York, der Graf von Suffolk, Sir Richard Ketly, David Gam Esquire; Von Namen keine sonst, und von den andern nur fünfundzwanzig [...].«²² »Von Namen keine sonst« – Namen bezeichnen hier Geschlecht, Abstammung, Verwandtschaft im Sinne des Bundes von Brüdern, sie sind begrenzt und nicht für alle, die anonym am Rande des Schlachtfelds verscharrt werden und vielleicht gezählt, keineswegs aber erwähnt werden. Jeder, der die endlosen Gräber von Verdun, die Tafeln von Ypern bis zum Vietnam-Memorial in Washington gesehen hat, weiß, daß sich dies – und zwar erst mit dem Ersten Weltkrieg – geändert hat. Auf den Kreuzen und Tafeln werden akribisch Name, Geburts- und Todesdatum vermerkt. Der Unbekannten muß getrennt gedacht werden, aber selbst das Grab des unbekannten Soldaten in Washington ist nun leer, da man durch Genanalysen die Identität des Gefallenen festgestellt hat. Kollektivierung und Individualisierung, Totalität und Individualität stehen in Zusammenhang.

Die Gemeinschaften der Moderne sind unsicher, bezogen sowohl auf den Raum, die Masse und die Zeit. Die räumliche Unsicherheit betrifft ihre Grenzen, die Bestimmung ihres Ortes also und der Zugehörigkeit. Wer gehört zu ihnen, wenn Gesellschaft und Menschheit prinzipiell grenzenlos gedacht werden? Die »inneren Grenzen« Fichtes, das vielzitierte »tägliche Plebiszit« Renans und all die Anstrengungen, die, um zu Definitionen zu kommen, unternommen wurden, mußten sich am Ende der ›freien Subjekte‹ versichern. Volk, Nation, Ethnie, Gemeinschaft, Kultur, all diese kaum unterscheidbaren, zu sozialen Kategorien gewordenen Begriffe, immer wieder – bis heute – neu abgegrenzt, definiert, aufgelöst und neu definiert, beziehen sich auf diese Anstrengung: das Kollektiv durch das Individuum und das Individuum durch das Kollektiv zu definieren. Wurde der Raum geographisch durch das vergangene, tatsächliche oder auch nur symbolische Territorium und wurde die Masse durch die Definition der Zugehörigkeit begrenzt, so entgrenzte sich die Zeit – nach hinten in die endlose Geschichte von Ruhm und Leid, nach vorne in die unübersehbare, aber meist glückliche Zukunft, wenn man nur bereit ist, sein Leben für das Leid der vorherigen und das Glück der zukünftigen Generationen zu opfern. Das Leid der

---

22 Vgl. Thomas Laqueur: *Von Agincourt bis Flandern: Nation, Name und Gedächtnis*, S. 355.

Vorfahren wie eventuell das eigene und das Glück der Nachkommenden aber entgrenzen nicht nur die Zeit der Gemeinschaft, sondern setzen auch moralische Regeln außer Kraft, die ansonsten ohne Zweifel anerkannt werden. In der langen Dauer der nationalen, ethnischen Gemeinschaft und in der Opferung des eigenen Lebens – Fichtes Ewigkeit »hienieden und für hienieden« – verschmelzen die Körper des Einzelnen mit dem des Kollektivs.

Die politisierte Gemeinschaft konnte daher nie nur Gewinngemeinschaft sein, sie war von Beginn an auch Erregungsgemeinschaft.[23] Das Charakteristikum der Erregung hat schon Durkheim herausgearbeitet: In der Erregung vollzieht sich der Prozeß der Entindividualisierung, die Gemeinschaft wird vom Einzelnen erfahren im Verlust des Ich, in dem die Körper ineinander aufzugehen scheinen.

Ist die moderne Gemeinschaft einmal in der Auflösung des Ich im Wir zu finden, läßt sich das Wir selbst auch im Ich finden. Die Personen sind »aufgelöst in die Gemeinsamkeit eines Lebens«.[24] Aus dem Einzelnen spricht die Gemeinschaft. Das Außeralltägliche der Erregung – die hierdurch in eine Verwandtschaftsbeziehung zur charismatischen Herrschaft tritt – wird durch die Einbeziehung des Einzelnen veralltäglicht. Erregungsgemeinschaften sind flüchtig, zu ihnen gehört als Form der Gewalt das Pogrom, der Furor der Gewalt, der sich, so die sprachliche Foskel, ›entlädt‹. Auch Pogrome können, wie wir nur zu gut wissen, inszeniert werden. Und auch in den kurzen Entladungen gibt es Gewinne zu realisieren, Güter anzueignen. Pogrome wiederholen sich unter Umständen, aber sie sind von kurzer Dauer. ›Es‹ hört auf, die offene Gewalt zieht sich zurück, und die Gruppen liegen in Lauerstellung. Die Erregung veralltäglicht sich in diesem Fall nicht, kann aber, abhängig von Gelegenheiten, wieder ausbrechen.

Wie geschieht nun eine Veralltäglichung des Außeralltäglichen? Kann die Hochstimmung eines Gefühls, das alltäglich von so wenig Nutzen erscheint, auf Dauer gestellt, normalisiert werden? In der Dynamik, im Chaos, in der Gewalt dringt die Existenz der Gemeinschaft ins Leben des Einzelnen, wird die ›Gemeinsamkeit des Lebens‹ sichtbar. Die Einzelnen erhalten einen kollektiven Namen, der sie an die Gemeinschaft bindet; Abstraktion und Bewegung scheinen in der Aktion der Gewalt stillgestellt. Die Gemeinschaft, der schwierige und anstrengende Versuch, Kollektiv und Individuum zur Deckung zu bringen, wird in dieser Analyse als Ergebnis der Prozesse von Gewalt und sozialer Poetik von oben und unten verstehbar. Gemeinschaft, Zugehörigkeit ist nicht Voraussetzung der Gewalt, ethnische Konflikte sind ethnisierte Konflikte. Weniger die Differenz selbst liegt dem Konflikt zu-

---

23 Diese Unterscheidung stammt von Sloterdijk: Der starke Grund, zusammen zu sein.
24 Simmel, Rembrandt, S. 157.

grunde als der Versuch, diese herzustellen, zu behaupten und durchzusetzen. Erst am Ende ›gibt‹ es die ersehnte Gemeinschaft, geboren im Prozeß der Existentialisierung.

So erhält auch jene Gewalt einen ›Sinn‹, die nicht mehr in das Zweck-Mittel-Schema zu passen scheint – weil wir ihre Überschüssigkeit nicht unmittelbar verstehen können. Die behauptete Gemeinschaft kann mit ihr realisiert werden. Die Wir-Gruppe als existentielle Gruppe kann es nun endlich tatsächlich geben – und sei es in der Niederlage. Gewalt erfüllt eine Funktion bei der Herstellung existentieller Ethnizität, einer auf Gedeih und Verderb aufeinander angewiesenen Gruppe. Daher kann man sie mit dem Realen verwechseln: Die abstrakte Behauptung der Gemeinschaft, die sich unter anderem in den Mythen, auch dem Mythos der Gewalt (Sorel) findet, konkretisiert sich und setzt sich gegen die Erfahrung durch, daß auch sogenannte multiethnische Gesellschaften durch ganz unterschiedliche Trenn- und Konfliktlinien – wirtschaftliche, soziale und politische – geprägt sind. Es ist also nicht die tatsächliche oder imaginierte Existenzgefährdung einer Gruppe, sondern der Wunsch, sie zu existentialisieren, der nun als Schicksal erscheint und für den Einzelnen zum Schicksal werden kann. Es gibt kaum mehr ein Entrinnen, so zumindest die Wahrnehmung, die Ausgänge scheinen versperrt – was sie freilich nicht sind, wie man an vielen Beispielen zeigen könnte. Aber auch eine existentialisierte Gemeinschaft zu verlassen wird oft als Schicksal erfahren. Die wirklichen Opfer lassen aus imaginierten Gemeinschaften existentielle werden – diese aber sind kaum lebensfähig ohne den Zyklus der Gewalt.[25]

Die Selbstthematisierung als existentielle Gemeinschaft schafft diese allein nicht. Selbstthematisierung aber sorgt in unterschiedlicher Form dafür, daß existentialisierte Begriffe benutzt werden, die einen Übergang von den Unsicherheiten der Gesellschaft bilden. Schon die nationale Selbstthematisierung beinhaltete neben ihrem starken Unterscheidungscharakter die Möglichkeit zur Existentialisierung. In existentiellen Begriffen wird ein Übergang zum Begriff des Lebens und Überlebens geschaffen, und die politische Gemeinschaft thematisiert sich als gefährdet. Der Begriff der Nation mit seinem Bezug zu Staat, Gebiet und Moral aber ist geprägt von der Ambivalenz, von seiner rechtlichen, das heißt gesellschaftlichen Konstitution zu wissen, dennoch aber immer das empirische Korrelat suchen und bestimmen zu müssen. Wird die Ambivalenz des Begriffs aufgelöst, zum Beispiel in den Begriff der Rasse oder in den Mythos der Nation als Geheimnis und in die Tat als Realisierung, schwindet die Nation als Wert und/oder als Solidarität der moralischen Individuen. Einzig das ›Leben‹ bleibt übrig und kann

---

25 Siehe hierzu Robert M. Hayden: *Imagined Communities and Real Victims. Self-determination and ethnic cleansing in Yugoslavia*, in: American Ethnologist, 23 (4), 1996, S. 783–801.

als Problem des Überlebens einer Gruppe thematisiert werden. Verabsolutierte Überlebensbegriffe aber lassen die gesellschaftliche Grundlage politischer Kollektive vergessen.

Die Nation nicht als Politisierung der Ethnie, der Rasse oder einer historischen (Schicksals-)Gemeinschaft, sondern als gesellschaftliche Form der Organisation des Politischen und der Begründung aus sich selbst, der Dynamik der Gesellschaft, die heute Weltgesellschaft ist, heraus, bleibt in dieser Ambivalenz gefangen. Unter Bedingungen der gesellschaftlichen Re-Ethnisierung ist es eben die Form der Gesellschaft als Nation, als ein gemeinsames Projekt der Interessenaushandlung und Vertretung, der Repräsentation des Ganzen und des Wissens darum, selbst von Existentialisierungsprozessen betroffen sein zu können, die die Nation als ein System der Weltgesellschaft und der Organisation der Aushandlungsprozesse zwischen den verschiedenen Nationen und Netzwerken innerhalb und außerhalb der eigenen Grenzen noch unverzichtbar macht. Die Nation ist nicht Volk, ist nicht Kultur und nicht Ethnie, doch sie beinhaltet all diese Momente als nicht mehr alleinige politische Organisationsform der Weltgesellschaft. Sie muß auf Selbstbestimmung bestehen, wissend, daß es diese nicht gibt, durch den Verzicht darauf aber demokratische Gesellschaft nicht möglich ist. Selbstbestimmung aber kann nicht an Gruppen abgegeben werden. Sie ist nicht auf Leben, sondern auf Gesellschaft, das heißt auf Teilnahme, Kommunikation und Anschluß bezogen.

Literatur

Abraham, Gary A., Max Weber and the Jewish Question. A Study of Social Outlook of His Sociology, Urbana und Chicago 1992.

Adorno, Theodor W., *George*, in: ders., Noten zur Literatur IV, Gesammelte Schriften, Frankfurt am Main 1974, Bd. 11, S. 523–535.

Aho, James A., This Thing of Darkness. A Sociology of the Enemy, Seattle/London 1994.

Albrow, Martin, Max Webers Construction of Social Theory, Houndsmill 1990.

Alexander, Jeffrey C., *Citizen and Enemy as Symbolic Classifications. On the Polarizing Discourse of Civil Society*, in: Michèle Lamont und Marcel Fournier (Hg.), Cultivating Differences. Symbolic Boundaries and the Making of Inequality, Chicago/London 1992, S. 289–308.

Alméras, Philippe, Céline. Entre haines et passion, Paris 1994.

Ders., Les Idées de Céline, Paris 1987.

Ders., *Céline's masquerade*, in: Scullion/Solomon/Spear, Céline, S. 64–83.

Alter, Peter, Nationalismus, Frankfurt am Main 1985.

Ders., Claus-Ekkehard Bärsch und Peter Berghoff (Hg.), Die Konstruktion der Nation gegen die Juden, München 1999.

Anderson, Benedict, Die Erfindung der Nation. Zur Karriere eines erfolgreichen Konzepts, Frankfurt am Main/New York 1988.

Anter, Andreas, Max Webers Theorie des modernen Staates. Herkunft, Struktur und Bedeutung, Berlin 1995.

Appadurai, Arjun, *Dead Certainty: Ethnic Violence in the Era of Globalization*, in: Public Culture, 10, 1998, H. 2, S. 225–247.

Aragon, Louis, La Lumière de Stendhal, Paris 1954.

Arendt, Hannah, Elemente und Ursprünge totaler Herrschaft (1955), München/Zürich 1986.

Armstrong, John A., Nations before Nationalism, Chapel Hill, N. C., 1982.

Aron, Raymond, Les guerres en chaîne, Paris 1951.

Ders., Frieden und Krieg. Eine Theorie der Staatenwelt, Frankfurt am Main 1963.

Assmann, Aleida, Arbeit am nationalen Gedächtnis. Eine kurze Geschichte der deutschen Bildungsidee, Frankfurt am Main 1993.

Dies., *Die Gleichzeitigkeit des Ungleichzeitigen. Nationale Diskurse zwischen Ethnisierung und Universalisierung*, in: Bielefeld/Engel (Hg.), Bilder der Nation, S. 379–400.

Auclères, Dominique, *Que pensent les écrivains allemands de l'amitié avec la France?*, in: Le Figaro litteraire, 17, 1962 vom 15. Dezember, S. 7.

Bade, Klaus J., Einwanderungskontinent Europa: Migration und Integration am Beginn des 21. Jahrhunderts, Osnabrück 2001.

Badie, Bertrand, Un Monde sans Souveraineté. Les États entre ruse et responsabilité, Paris 1999 (dt. : Souveränität und Verantwortung. Politische Prinzipien zwischen Fiktion und Wirklichkeit, Hamburg 2002).

Ders., The Imported State, The Westernization of the Political Order, Stanford 2000.

Baecker, Dirk, Wozu Kultur?, Berlin 2000.

Balibar, Etienne, *Fichte et la frontière intérieure. A propos des Discours à la nation allemande*, in: Cahiers de Fontenay: Philosophie et politique en Allemagne, XVIIIe–XXe Siècles, 1990, Nr. 58/59, S. 57–82.

Ders., La crainte des masses. Politiques et philosophie avant et après Marx, Paris 1997.

Ders., *Ce qui fait qu'un peuple est un peuple. Rousseau et Kant*, in: ders., La crainte des masses, S. 101–129.

Ders. und Immanuel Wallerstein, Rasse, Klasse, Nation. Ambivalente Identitäten, Hamburg/Berlin 1990.

Ders., *Violence: idéalité et cruauté*, in: Françoise Héritier (Hg.), De la Violence, Paris 1996, S. 55–87.

Ders., Monique Chemillier-Gendreau, Jacqueline Costa-Lascoux und Emmanuel Terray, Sans-papiers. L'archaisme fatal, Paris 1999.

Balke, Friedrich, *Die Figur des Fremden bei Carl Schmitt und Georg Simmel*, in: Sociologia Internationalis, Bd. 30, 1992, S. 35–59.

Ders., Punkte problematischer Solidarität. Hannah Arendt, Carl Schmitt und die Furcht vor den Massen, in: Wolfgang Bialas und Manfred Gangl (Hg.), Intellektuelle im Nationalsozialismus, S. 210–227.

Barrès, Maurice, Huit jours chez Ernest Renan (1886), Paris 1913.

Ders., Les taches d'encre, Paris 1884–1885.

Ders., Les diverses familles spirituelles de la France, Paris 1930.

Ders., Sous l'œil des barbares (1888), in: ders., Le Culte du Moi, Paris 1966, S. 35–123.

Ders., Un homme libre (1889), in: ders., Le Culte du Moi, Paris 1966, S. 143–281.

Ders., Le jardin de Bérénice (1891), in: ders., Le Culte du Moi, Paris 1966, S. 287–393.

Ders., Examen de trois idéologies (1892), in: ders., Le Culte du Moi, Paris 1966, S. 9–28.

Ders., Le Culte du Moi, Paris 1980.

Ders., Journal de ma vie extérieure. Edition établie et préfacée par François Broche et Eric Roussel, Paris 1994.

Ders., *La parade de Judas*, in: La Cocarde vom 6. 1. 1895, abgedruckt in: ders., Journal de ma vie extérieure, S. 179–181.

Ders., Les Bastions de l'Est. Au service de l'Allemagne, in: L'Œuvre de Maurice Barrès VI, Paris 1966, S. 3–149.

Ders., Les Bastions de l'Est. Colette Baudoche, in: L'Œuvre de Maurice Barrès VI, Paris 1966, S. 151–249.

Ders., Les Bastions de l'Est. Le Génie du Rhin, in: L'Œuvre de Maurice Barrès X, Paris 1967, S. 31–163.

Ders., Roman de L'Énergie Nationale. I. Les Déracinés, Paris 1928.

Ders., Roman de L'Énergie Nationale. II. L'appel au soldat, Paris 1920.

Ders., Roman de L'Énergie Nationale. III. Leurs Figures, Paris 1932.

Ders., Mes Cahiers. 1896–1923, Paris 1994.

Ders., Scènes et doctrines du nationalisme (1902), Paris 1987.

Ders., Un Jardin sur l'Oronte (1922), Paris 1972.

Barrot, Olivier, und Pascal Ory (Hg.), La Revue blanche, Paris 1994.

Barth, Frederik (Hg.), Ethnic Groups and Boundaries. The Social Organization of Culture Difference, Bergen/Oslo 1970.

Bašić, Natalija, »*Krieg ist nun mal Krieg*«. *Biographische Kriegsverarbeitungen am*

Beispiel jugoslawischer Soldaten und Krieg, in: Höpken/Riekenberg (Hg.), Politische und ethnische Gewalt, Köln 2001, S. 159–187.

Baubérot, Jean, Vers un nouveau pacte laïque, Paris 1990.

Bauman, Janina, Als Mädchen im Warschauer Ghetto. Ein Überlebensbericht, Bergisch Gladbach 1995.

Bauman, Zygmunt, Die Dialektik der Ordnung. Die Moderne und der Holocaust, Hamburg 1992.

Ders., Modernity and the Holocaust, Cambridge 1999.

Ders., Moderne und Ambivalenz. Das Ende der Eindeutigkeit (1991), Hamburg 1992.

Baxmann, Inge, *Der Körper der Nation*, in: Francois Etienne, Hannes Siegrist und Jakob Vogel (Hg.), Nation und Emotion. Deutschland und Frankreich im Vergleich 19. und 20. Jahrhundert, Göttingen 1995, S. 353–365.

Beck, Ulrich, *Wie aus Nachbarn Juden werden. Zur politischen Konstruktion des Fremden in der reflexiven Moderne*, in: ders., Die feindlose Demokratie. Ausgewählte Aufsätze, Stuttgart 1995, S. 131–162.

Ders., *Wie wird Demokratie im Zeitalter der Globalisierung möglich? – Eine Einleitung*, in: ders. (Hg.), Politik der Globalisierung, Frankfurt am Main 1998, S. 7–66.

Beck-Gernsheim, Elisabeth, Juden, Deutsche und andere Erinnerungslandschaften: im Dschungel der ethnischen Kategorien, Frankfurt am Main 1999.

Becker, Hans-Joachim, Fichtes Idee der Nation und das Judentum. Den vergessenen Generationen der jüdischen Fichte-Rezeption, Amsterdam/Atlanta 2000.

Becker, Jean-Jacques, 1914. Comment les Français sont entrés dans la guerre, Paris 1977.

Behrendt, Bernd, *August Julius Langbehn, der »Rembrandtdeutsche«*, in: Handbuch zur »Völkischen Bewegung« 1871–1918, hrsg. von Uwe Puschner, Walter Schmitz und Justus H. Ulbricht, München u. a. 1996, S. 94–113.

Bell, Daniel, *Ethnicity and Social Change*, in: Glazer/Moynihan 1975, S. 141–174.

Benhabib, Seyla, Kulturelle Vielfalt und demokratische Gleichheit. Politische Partizipation im Zeitalter der Globalisierung, Frankfurt am Main 1999.

Berding, Helmut (Hg.), Mythos und Nation. Studien zur Entwicklung des kollektiven Bewußtseins in der Neuzeit 3, Frankfurt am Main 1996.

Ders., Moderner Antisemitismus in Deutschland, Frankfurt am Main 1988.

Berger, Karl Heinz, Fichte. Szenen aus dem Leben eines deutschen Patrioten, Berlin 1953.

Berlin, Isaiah, Der Nationalismus, Frankfurt am Main 1990.

Bernanos, Georges, La grande peur des bien-pensants, Paris 1931.

Betz, Albrecht, *Céline im Dritten Reich*, in: Merkur, 47. Jg., H. 8, 1993, S. 721–729.

Bhabha, Homi K., Nation and Narration, London/New York 1990.

Biefang, Andreas, *» Volksgenossen«. Nationale Verfassungsbewegung und »Judenfrage« in Deutschland 1850–1878*, in: Alter/Bärsch/Berghoff (Hg.), Konstruktion der Nation, S. 49–64.

Bielefeld, Ulrich, *Das Wie der nationalen Konstruktion. Vom »Culte du Moi« zum »Culte de Nous« bei Fichte und Barrès*, in: Mittelweg 36, 4, 1995, H. 1, S. 15–31.

Ders. und Gisela Engel (Hg.), Bilder der Nation. Kulturelle und politische Konstruktionen des Nationalen am Beginn der europäischen Moderne, Hamburg 1998.

Ders., *Die lange Dauer der Nation*, in: ders./Engel (Hg.), Bilder der Nation, S. 401–435.

Ders., *Die Nation als Geheimnis. Ernst von Salomon und das »angedrehte Wir« des Volks*, in: Mittelweg 36, 6, 1997, H. 1, S. 4–19.

Ders., *Ethnizität und Gewalt. Kollektive Leidenschaft und die Existentialisierung von Ethnizität und Gewalt*, in: Jureit (Hg.), Politische Kollektive, Münster 2001, S. 144–162 (auch in: Höpken/Riekenberg [Hg.], Politische und ethnische Gewalt, Köln 2001).

Ders., *Exklusive Gesellschaft und inklusive Demokratie. Zur gesellschaftlichen Stellung und Problematisierung des Fremden*, in: Rolf Peter Janz (Hg.), Faszination und Schrecken des Fremden, Frankfurt am Main 2001, S. 19–51.

Ders., *Gespräch mit Janina und Zygmunt Bauman*, in: Mittelweg 36, 2, 1993, H. 4, S. 17–22 (engl.: *Conversation With Janina Bauman And Zygmunt Bauman*, translated by David Roberts, in: Thesis Eleven, 70, August 2002, S. 113–117).

Birnbaum, Pierre, La France aux Français. Histoire des haines nationalistes, Paris 1993.

Ders. (Hg.), La France de l'affaire Dreyfus, Paris 1994.

Blanchot, Maurice, *La France, nation à venir*, in: Combat, November 1937.

Blitz, Hans-Martin, Aus Liebe zum Vaterland. Die deutsche Nation im 18. Jahrhundert, Hamburg 2000.

Bloch, Marc, Die seltsame Niederlage: Frankreich 1940. Der Historiker als Zeuge, mit einem Vorwort zur deutschen Ausgabe von Ulrich Raulff, Frankfurt am Main 1992 (Original: L'étrange défaite. Témoignage écrit en 1940, Paris 1990).

Boehm, Max Hildebert, Das eigenständige Volk. Grundlegung der Elemente einer europäischen Völkersoziologie, Göttingen 1932.

Ders., Volkstheorie und Volkstumspolitik der Gegenwart, Berlin 1935.

Bogdanor, Vernon, *Forms of Autonomy and the Protection of Minorities*, in: Daedalus, 1997, H. 2, S. 65–87.

Bohrer, Karl Heinz, Die Ästhetik des Schreckens. Die pessimistische Romantik und Ernst Jüngers Frühwerk, München 1978.

Bokor-Szegö, Hanna, New States and International Law, Budapest 1979.

Bonß, Wolfgang, Das Problem des »Anderen« in der Risikogesellschaft, Ringvorlesung Eliten und Rassismus. Zur Rolle von Wissenschaft und Medien, Universität Hamburg, unv. Ms., 1993.

Ders., Die Einübung des Tatsachenblicks. Zur Struktur und Veränderung empirischer Sozialforschung, Frankfurt am Main 1982.

Boudon, Raymond, *Weber and Durkheim. Beyond the differences a common important paradigm?* In: Rev. Int. Phil., 49 (192), 1995, S. 211–239.

Bouglé, Celestine, Essais sur le régime des castes, Paris 1927.

Ders., *Les sciences sociales en France*, in: Zeitschrift für Sozialforschung, Jg. 6, 1937, S. 400–404.

Bourdieu, Pierre, Die feinen Unterschiede. Kritik der gesellschaftlichen Urteilskraft, Frankfurt am Main 1984.

Ders. und Lois Wacquant, *On the Cunning of Imperialist Reason*, in: Theory, Culture and Society, 16, 1999, H. 1, S. 41–58.

Bracher, Karl Dietrich, Die Krise Europas 1917–1975 (Propyläen Geschichte Europas, Bd. 6), Frankfurt am Main 1976.

Braudel, Fernand, L'Identité de la France, Paris 1986.

Braun, Christoph, Max Webers »Musiksoziologie«, Laaber 1992.

Brayard, Florent, Comme l'idée vint à M. Rassinier. Naissance du révisionnisme, Paris 1996.

Bredekamp, Horst, Thomas Hobbes' visuelle Strategien. Der Leviathan: Urbild des Staates, Berlin 1999.

Breuer, Stefan, Anatomie der Konservativen Revolution, Darmstadt 1993.

Ders., *Von Tönnies zu Weber. Zur Frage einer »deutschen Linie« der Soziologie*, in: Berliner Journal für Soziologie, 1996, H. 2, S. 227–245.

Ders., Grundpositionen der deutschen Rechten (1871–1945), Tübingen 1999.

Ders., Max Webers Herrschaftssoziologie, Frankfurt am Main 1991.

Broszat, Martin, Der Nationalsozialismus. Weltanschauung, Programm und Wirklichkeit, Stuttgart 1960.

Browning, Christopher, *Jenseits von »Intentionalismus« und »Funktionalismus«: Die Entscheidung zur »Endlösung«*, in: ders., Der Weg zur »Endlösung«, Bonn 1998, S. 67–104.

Brubaker, Rogers, Staats-Bürger. Frankreich und Deutschland im historischen Vergleich, Hamburg 1994.

Brumlik, Micha, Deutscher Geist und Judenhass. Das Verhältnis des philosophischen Idealismus zum Judentum, München 2000.

Brunetière, Ferdinand, Après le procès. Réponse à quelques »intellectuels«, Paris 1898.

Brunkhorst, Hauke und Matthias Kettner (Hg.), Globalisierung und Demokratie, Frankfurt am Main 2000.

Buchanan, Allen, Self-Determination and the Right to Secede, in: Journal of International Affairs, Vol. 45, Nr. 2, 1992, S. 347–366.

Burckhardt, Jacob, *Rembrandt (6. November 1877)*, in: ders., Vorträge, hrsg. von Emil Dürr, Stuttgart/Berlin/Leipzig 1933, S. 178–197.

Butros Butros-Ghali, Agenda für den Frieden. Vorbeugende Diplomatie, Friedensschaffung und Friedenssicherung. Bericht des Generalsekretärs der Vereinten Nationen – Generalversammlung/Sicherheitsrat, 17. Juni 1992 , 47. Tagung, 47. Jahr.

Carroll, David, French literary fascism. Nationalism, anti-Semitism, and the ideology of culture, Princeton/New Jersey 1995.

Cassirer, Ernst, Die Philosophie der Aufklärung, Tübingen 1932.

Céline, Louis Ferdinand, Bagatelles pour un massacre, Paris 1937.

Ders., L'École des cadavres, Paris 1938.

Ders., Mea Culpa suivi de La vie et l'œuvre des Ph.-I. Semmelweis, Paris 1936.

Ders., Mea culpa, in: Frédéric Vitoux (Hg.): Œuvres de Céline, Vol. 4, Paris 1982, S. 93–106.

Ders., Reise ans Ende der Nacht, Reinbek bei Hamburg 1994.

Ders., Tod auf Kredit, Reinbek bei Hamburg 1994.

Ders., Mea Culpa und Das Leben und Wirken von Ph. I. Semmelweis, anonyme Übersetzung, Leipzig/Mährisch-Ostrau 1937.

Ders., Von einem Schloß zum andern, Reinbek bei Hamburg 1994.

Ders., Voyage au bout de la nuit, Paris 1932.

Ders., Hommage à Zola, in: Céline et l'actualité littéraire 1932–1957. Textes réunis et présentés par Jean-Pierre Dauphin et Henri Godard, Cahiers Céline 1, Paris 1976 (dt. mit einem Kommentar von Hanns Grössel in: Akzente, 24. Jg., 1977, S. 436–445).

Ders., Die Kirche. Komödie in fünf Akten, Hamburg 1970.

Ders.,: »Am Anfang war die Emotion«. Ein Gespräch mit Robert Sadoul. Mit Marginalien von Martin Langbein, in: Literaturmagazin, 28, Französische Zustände. Impressionen und Interviews, Erzählungen und Essays, hrsg. von Martin Lüdke und Delf Schmid, Reinbek bei Hamburg 1991, S. 76–115.

Ders., Romans IV, Féerie pour une autre fois I; Féerie pour une autre fois II ; Entretiens avec le professeur Y, hrsg., annotiert und mit einem Vorwort von Henri Godard, Paris (Bibliothèque de la Pléiade) 1993.

Ders., Lettres à Albert Paraz 1947–1957, Paris 1999 (Les Cahiers de la NRF).

Charle, Christophe, Naissance des »intellectuels« 1880–1900, Paris 1990.

Chemillier-Gendreau, Monique, Humanité et souverainetés. Essai sur la fonction du droit international, Paris 1995.

Chiron, Yves, Maurice Barrès, Prince de la jeunesse, Paris 1986.

Cohen, Israel, Travels in Jewry, New York 1952.

Colović, Ivan, Le rameau d'or de la politique serbe, in: Transeuropéennes, Nr. 12/13, Frühjahr/Sommer 1998, S. 85–89.

Connor, Walker (Hg.), Mexican Americans in Contemporary Perspective, Washington 1985.

Ders., Ethnonationalism. The Quest for Understanding, Princeton 1994.

Cosgrove, Denis (Hg.), Mappings, London 1999.

Cousteau, Pierre-Antoine, Pour une acceptation totalitaire de Céline, in: Je suis partout, Nr. 670 vom 16. Juni 1944.

Cresson, André, Ernest Renan, Sa vie, son œuvre, Paris 1949.

Curtius, Ernst Robert, Barrès – »critique créateur«, in: La table ronde, Nr. 111, Paris 1957, S. 88–91.

Ders., Maurice Barrès und die geistigen Grundlagen des französischen Nationalismus, Bonn 1921.

Dahmer, Helmut, Derealisierung und Wiederholung, in: Psyche, 44. Jg., Februar 1990, S. 133–143.

Dahrendorf, Ralf, Gesellschaft und Demokratie in Deutschland, München 1965.

Ders., Homo Sociologicus. Ein Versuch zur Geschichte, Bedeutung und Kritik der Kategorie der sozialen Rolle, 2. Aufl., Opladen 1972.

Darnton, Robert, The Business of the Enlightenment. A Publishing History of the Encyclopédie, 1775–1800, Cambridge 1979.

de Maistre, Joseph, Considération sur la France. Fragments sur la France. Essai sur le principe générateur des Constitutions politiques. Étude sur la Souveraineté, in: ders., Œuvres complètes, Bd. 1, Genf 1979.

Der Werturteilsstreit: Die Äußerungen zur Werturteilsdiskussion im Ausschuß des Vereins für Socialpolitik (1913), hrsg. und eingeleitet von Heino Heinrich Nau, Marburg 1996.

Derrida, Jacques, Die Einsprachigkeit des Anderen oder die Prothese des Ursprungs, in: Anselm Haverkamp (Hg.), Die Sprache des Anderen: Übersetzungspolitik zwischen den Kulturen, Frankfurt am Main 1997, S. 15–41.

Detienne, Marcel, Comparer l'incomparable, Paris 2000.

Diani, M., Metamorphosis of Nationalism: Durkheim, Barrès and the Dreyfus Affair, in: The Jerusalem Journal of International Relations, 13, 1991, H. 4, S. 71–94.

Digeon, Claude, La crise allemande de la pensée française, Paris 1956.

Dipper, Christof, Rainer Hudemann und Jens Petersen (Hg.), Faschismus und Faschismen im Vergleich. Wolfgang Schieder zum 60. Geburtstag, Bd. 3 der Reihe ›Italien in der Moderne‹, Köln 1998.

Distel, Fred, *Ein Mann mit Vergangenheit*, in: Die Tat, Nr. 39 vom 29. September 1962.

Dokumente und Materialien zur deutschen Arbeiterbewegung, hrsg. vom Institut für Marxismus-Leninismus beim Zentralkomitee der SED, Reihe II, Bd. 3, Berlin (Ost) 1958.

Drewniak, Boguslaw, Der deutsche Film 1938–1945. Ein Gesamtüberblick, Düsseldorf 1987.

Dufay, François, Die Herbstreise. Französische Schriftsteller im Oktober 1941 in Deutschland, Berlin 2001.

Dumont, Louis, Homo hierarchicus. Le système des castes et ses implications, Paris 1992.

Ders., Individualismus. Zur Ideologie der Moderne, Frankfurt am Main 1991.

Ders., L'idéologie allemande. France–Allemagne et retour, Paris 1991.

Duraffour, Annick, Céline, un antijuif fanatique, in: Taguieff (Hg.), L'antisémitisme de plume, S. 147–203.

Durkheim, Émile, *»Deutschland über alles«. Die deutsche Gesinnung und der Krieg*, in: ders., Über Deutschland, S. 245–290.

Ders., *1. Vorlesung. Einführung: Die laiische Moral*, in: Erziehung, Moral und Gesellschaft, Frankfurt am Main 1984, S. 57–69.

Ders., *De la définition des phénomènes religieux*, in: L'Année sociologiques II, 1899, S. 1–28.

Ders., *Der Individualismus und die Intellektuellen* (1898), in: Hans Bertram (Hg.), Gesellschaftlicher Zwang und moralische Autonomie, Frankfurt am Main 1986, S. 54–70.

Ders., Der Selbstmord, Frankfurt am Main 1999.

Ders., Le Suicide, Paris 1981.

Ders., Die elementaren Formen des religiösen Lebens, Frankfurt am Main 1994.

Ders., Die Regeln der soziologischen Methode, hrsg. und eingel. von René König, Frankfurt am Main 1999.

Ders., Erziehung, Moral und Gesellschaft. Vorlesung an der Sorbonne 1902/1903, Frankfurt am Main 1995.

Ders., L' éducation morale. Avertissement de Paul Fauconnet, Paris 1963.

Ders., Physik der Sitten und des Rechts. Vorlesungen zur Soziologie der Moral, hrsg. von Hans-Peter Müller, Frankfurt am Main 1999.

Ders., Über Deutschland. Texte aus den Jahren 1887 bis 1915, hrsg. von Andreas Gipper und Franz Schultheis, Konstanz 1995.

Ders., Über soziale Arbeitsteilung. Studie über die Organisation höherer Gesellschaften, Frankfurt am Main 1988.

Ders. und Ernest Lavisse, Lettres à tous les français (1916), hrsg. von Michel Maffesoli, Paris 1992.

Ders., *Zur Definition religiöser Phänomene*, in: Joachim Matthes (Hg.), Religion und Gesellschaft. Eine Einführung in die Religionssoziologie, Reinbek bei Hamburg 1967, S. 120–141.

Eckert, Hans-Wilhelm, Konservative Revolution in Frankreich? Die Nonkonformisten der Jeune Droite und des Ordre Nouveau in der Krise der 30er Jahre, München 2000.

Einer, F. G. (Pseudonym), Treu ihrem Volk. Das Selbstverständnis der Soldaten der Waffen-SS, Osnabrück 1987.

Eksteins, Modris, Tanz über den Gräbern. Die Geburt der Moderne und der Erste Weltkrieg, Reinbek bei Hamburg 1990.

Elias, Norbert, Über den Prozeß der Zivilisation. Soziogenetische und psychogenetische Untersuchungen. Bd. 1: Wandlungen des Verhaltens in den weltlichen Oberschichten des Abendlandes, Bd. 2: Wandlungen der Gesellschaft. Entwurf zu einer Theorie der Zivilisation, Frankfurt am Main 1977.

Elster, Jon, Making Sense of Marx, Cambridge 1985.

Elwert, Georg, *Gewaltmärkte. Beobachtungen zur Zweckrationalität von Gewalt*, in: Trutz von Trotha (Hg.), Soziologie der Gewalt, KZfSS, 1997, Sonderh. 37, S. 86–101.

Erb, Rainer, und Werner Bergmann (Hg.), Die Nachtseite der Judenemanzipation, Berlin 1989.

Erdelyi, Agnes, Max Weber in Amerika, Wien 1992.

Ewald, François, Der Vorsorgestaat, Frankfurt am Main 1993.

Ferry, Luc, und Alain Renaut, Des droits de l'homme à l'idée républicaine, Paris 1999.

Fichte, Johann Gottlieb, Beiträge zur Berichtigung der Urteile des Publikums über die Französische Revolution (1793/94), in: ders., Werke 1791–1794, hrsg. von Reinhard Lauth und Hans Jacob, Bd. I/1, Stuttgart-Bad Cannstatt 1964, S. 193–404.

Ders., Die Anweisung zum seeligen Leben, oder auch die Religionslehre (1806), in: ders., Werke 1806–1807, hrsg. von Reinhard Lauth und Hans Gliwitzky, Bd. I/9, Stuttgart-Bad Cannstatt 1995, S. 1–212.

Ders., Die Grundzüge des gegenwärtigen Zeitalters (1804/05), in: ders., Werke 1801–1806, hrsg. von Reinhard Lauth und Hans Gliwitzky, Bd. I/8, Stuttgart-Bad Cannstatt 1991, S. 141–396.

Ders., Die Bestimmung des Menschen (01800), in: ders., Werke 1799–1800, hrsg. von Reinhard Lauth und Hans Gliwitzky, Bd. I/6, Stuttgart-Bad Cannstatt 1981, S. 189–309.

[Ders.], J. G. Fichte. Gesamtausgabe der Bayerischen Akademie der Wissenschaften, hrsg. von Reinhardt Lauth u. a., Stuttgart-Bad Cannstatt 1962 ff.

Ders., Reden an die Deutsche Nation, Hamburg 1978.

[Ders.], Schriften zu J. G. Fichte's Atheismus-Streit (1792), hrsg. von Hans Lindau, München 1912.

Finkielkraut, Alain, La défaite de la pensée: essai, Paris 1987.

Ders., Die Niederlage des Denkens, Reinbek bei Hamburg 1989.

Ders., Le mécontemporain, Paris 1991.

Firsching, Horst, *Die Sakralisierung der Gesellschaft*, in: Krech/Tyrell (Hg.), Religionssoziologie, S. 159–193.

Ders., Moral und Gesellschaft. Zur Soziologisierung des ethischen Diskurses in der Moderne, Frankfurt am Main/New York 1994.

Flacke, Monika (Hg.), Mythen der Nationen. Ein europäisches Panorama, Berlin 1998.

Fougeyrollas, Pierre, La nation. Essor et déclin des sociétés modernes, Paris 1987.

Fourastié, Jean, Die große Hoffnung des 20. Jahrhunderts, Köln 1954.

Francis, Emerich K., Ethnos und Demos. Soziologische Beiträge zur Volkstheorie, Berlin 1965.

Frank, Manfred (Hg.), Was ist Neostrukturalismus? Frankfurt am Main 1983.

Fraser, Nancy, *From redistribution to recognition? Dilemmas of a ›post-socialist‹ age*, in: New Left Review, Nr. 212, 1995, S. 68–93.

Dies., *Social Justice in the Age of Identity Politics: Redistribution, Recognition and Participation*, in: Ray/Sayer (Hg.), Culture and Economy, S. 25–52.

Fredrickson, George, Racism. A Short History, Princeton 2002.

Frei, Norbert, Vergangenheitspolitik. Die Anfänge der Bundesrepublik und die NS-Vergangenheit, München 1996.

Freud, Sigmund, *Massenpsychologie und Ich-Analyse*, in: ders., Kulturtheoretische Schriften, Frankfurt am Main 1986, S. 61–134.

Frevert, Ute, *Nation, Krieg und Geschlecht im 19. Jahrhundert*, in: Manfred Hettling (Hg.), Nation und Gesellschaft in Deutschland. Historische Essays, München 1996, S. 151–170.

Friedländer, Saul, Kitsch und Tod. Der Widerschein des Nazismus, Frankfurt am Main 1999.

Ders., *Vom Antisemitismus zur Ausrottung*, in: Eberhard Jäckel und Jürgen Rohwer (Hg.), Der Mord an den Juden im Zweiten Weltkrieg, Frankfurt am Main 1987, S. 18–60.

Futterknecht, Franz, Das Dritte Reich im deutschen Roman der Nachkriegszeit. Untersuchungen zur Faschismustheorie und Faschismusbewältigung, Bonn 1976.

Ders., *»Deprogrammierungen« – Über Versuche der Selbstaufklärung und personalen Neubestimmung in Ernst von Salomons »Der Fragebogen«, Alfred Anderschs »Die Kirschen der Freiheit« und Bernward Vespers »Die Reise«*, in: Hahn/Knapp, Selbstthematisierung, 1987, S. 311–325.

Galison, Peter, *Die Ontologie des Feindes. Norbert Wiener und die Vision der Kybernetik*, in: H. J. Rheinberger, M. Hagner und B. Wahrig-Schmidt (Hg.), Räume des Wissens, Berlin 1997, S. 281–324.

Gallissot, René, *La nation*, in: Gervereau/Prochasson (Hg.), L'affaire Dreyfus, S. 40–48.

Galtung, Johan, *Cultural Violence*, in: Journal of Peace Research, 27, 1990/3, S. 291–305.

Gans, Herbert J., *Symbolic Ethnicity. The Future of Ethnic Groups and Cultures in America* (1979), in: Werner Sollors (Hg.), Theories of Ethnicity. A Classical Reader, New York 1996, S. 425–459.

Gastaut, Yvan, L'immigration et l'opinion en France sous la Ve République, Paris 2000.

Geiger, Theodor, Die soziale Schichtung des deutschen Volkes. Soziographischer Versuch auf statistischer Grundlage, Stuttgart 1932.

Geertz, Clifford (Hg.), Old Societies and New States. The Quest for Modernity in Asia and Africa, New York 1963.

Ders., *The Integrative Revolution. Primordial Sentiments and Civil Politics in the New States*, in: ders. (Hg.), Old Societies and New States, S. 105–157.

Gellner, *Nationalism and Politics in Eastern Europe*, in: New Left Review, 1991, Nr. 189, S. 127–143.

Ders., Nationalismus und Moderne, Berlin 1991.

398

Gephart, Werner, *Die französische Soziologie und der Erste Weltkrieg. Spannungen in Emile Durkheims Deutung des Großen Krieges*, in: Wolfgang J. Mommsen (Hg.), Kultur und Krieg: Die Rolle der Intellektuellen, Künstler und Schriftsteller im Ersten Weltkrieg, München 1996, S. 49–63.

Gerlach, Christian, *Die Wannsee-Konferenz, das Schicksal der Juden und Hitlers politische Grundsatzentscheidung, alle Juden Europas zu ermorden*, in: ders., Krieg, Ernährung, Völkermord. Forschungen zur deutschen Vernichtungspolitik im Zweiten Weltkrieg, Hamburg 1998, S. 85–166.

Gervereau, Laurent, und Christophe Prochasson (Hg.), L'affaire Dreyfus et le tournant du siècle (1894–1910), Paris 1994.

Geulen, Christian, Die Nation als Wille und Wirklichkeit, in: Jureit, S. 68–80.

Gibault, Francois, Céline. Cavalier de l'Apocalypse (1944–1961), Bd. 3, Paris 1985.

Ders., Céline. Délires et persécutions (1932–1944), Bd. 2, Paris 1985.

Ders., Céline. Le Temps des espérances (1894–1932), Bd. 1, Paris 1985.

Giddens, Anthony, Nation-State and Violence. Volume Two of A contemporary critique of historical materialism, London 1985.

Ders., *The Suicide Problem in French Sociology*, in: Émile Durkheim. Critical Assessments. Vol. III., hrsg. von P. Hamilton, London/New York 1990, S. 52–68.

Ders., Konsequenzen der Moderne, Frankfurt am Main 1995.

Ders., *Max Weber und Emile Durkheim. Divergierende Zeitgenossen*, in: W. J. Mommsen und W. Schwentker (Hg.), Max Weber und seine Zeitgenossen, Göttingen 1988, S. 273–282.

Giesen, Bernhard, Die Intellektuellen und die Nation. Eine deutsche Achsenzeit, Frankfurt am Main 1993.

Ders., Kollektive Identität. Die Intellektuellen und die Nation 2, Frankfurt am Main 1999.

Gilcher-Holtey, Ingrid, *Menschenrechte oder Vaterland? Die Formierung der Intellektuellen in der Affäre Dreyfus*, in: Berliner Journal für Soziologie, 7, 1997, H. 1, S. 61–70.

Gipper, Andreas, und Franz Schultheis, *Emile Durkheim und Deutschland: Eine ambivalente Wahlverwandtschaft*, in: Durkheim, Über Deutschland, S. 7–25.

Glaeser, Ernst, Jahrgang 1902, 1928 (Neuausgabe Berlin-Grunewald o. J.).

Glaser, Georg K., Geheimnis und Gewalt. Ein Bericht, Basel 1990.

Glazer, Nathan, und Daniel P. Moynihan, Beyond the Melting Pot, Cambridge 1970 (1963).

Dies. (Hg.), Ethnicity. Theory and Experience, Cambridge/London 1975.

Godard, Henri, Poétique de Céline, Paris 1985.

Godechot, Jacques, La Grande Nation. L'Expansion révolutionnaire de la France dans le Monde de 1789 à 1799, Paris 1983.

Goldhagen, Daniel Jonah, Hitlers willige Vollstrecker. Ganz gewöhnliche Deutsche und der Holocaust, Berlin 1996.

Goody, Jack, The Domestication of the Savage Mind, Cambridge 1977.

Gosewinkel, Einbürgern und Ausschließen. Die Nationalisierung der Staatsangehörigkeit vom Deutschen Bund bis zur Bundesrepublik Deutschland, Göttingen 2001.

Graevenitz, Gerhart von, Konzepte der Moderne, Stuttgart 1999.

Greenblatt, Stephen, Schmutzige Riten. Betrachtungen zwischen Weltbildern, Berlin 1990.

Greenfeld, Liah, Nationalism. Five Roads to Modernity, Cambridge/London 1992.

Greven, Michael Th., Die politische Gesellschaft. Kontingenz und Dezision als Probleme des Regierens und der Demokratie, Opladen 1999.

Gross, Raphael, Carl Schmitt und die Juden. Eine deutsche Rechtslehre, Frankfurt am Main 2000.

Guérin-Sendelbach, Valérie, Frankreich und das Vereinigte Deutschland. Interessen und Perzeptionen im Spannungsfeld, Opladen 1999.

Gumbrecht, Hans-Ulrich, *Zauberer Merlin beschimpft den Stabsoffizier. Louis-Ferdinand Céline und Ernst Jünger: Der Schriftsteller und die Körpererfahrungen im Ersten Weltkrieg*, in: FAZ vom 13. Juli 2000, S. 56.

Habermas, Jürgen, *Können komplexe Gesellschaften eine vernünftige Identität ausbilden?*, in: ders. (Hg.), Zur Rekonstruktion des Historischen Materialismus, Frankfurt am Main 1976, S. 92–126.

Ders., Theorie des kommunikativen Handelns, Bd. 1 und 2, Frankfurt am Main 1981.

Ders., *Anerkennungskämpfe im demokratischen Rechtsstaat*, in: Charles Taylor, Multikulturalismus und die Politik der Anerkennung, hrsg. von Amy Gutmann, Frankfurt am Main 1993, S. 147–196.

Ders., Die postnationale Konstellation. Politische Essays, Frankfurt am Main 1998.

Ders., *Jenseits des Nationalstaats? Bemerkungen zu Folgeproblemen der wirtschaftlichen Globalisierung*, in: Ulrich Beck (Hg.), Politik der Globalisierung, Frankfurt am Main 1998, S. 67–84.

Ders., *Was ist ein Volk? Zum politischen Selbstverständnis der Geisteswissenschaften im Vormärz, am Beispiel der Frankfurter Germanistenversammlung von 1846*, in: ders., Die postnationale Konstellation, S. 13–46.

Ders., Der philosophische Diskurs der Moderne. Zwölf Vorlesungen, Frankfurt am Main 2000.

Ders. und Niklas Luhmann, Theorie der Gesellschaft oder Sozialtechnologie – Was leistet die Systemforschung?, Frankfurt am Main 1971.

Hahn, Alois, und Volker Knapp (Hg.), Selbstthematisierung und Selbstzeugnis: Bekenntnis und Geständnis, Frankfurt am Main 1987.

Halbwachs, Maurice, Les cadres sociaux de la mémoire, Paris 1994 (1925).

Hammer, Hermann, *Die deutschen Ausgaben von Hitlers »Mein Kampf«*, in: VfZ, 1956, H. 4, S. 161–178.

Hanimann, Joseph, *Vermintes Gelände. Neues französisches Interesse an Maurice Barrès*, in: FAZ vom 14. Dezember 1994.

Hannum, Hurst, Autonomy, Sovereignty, and Self-Determination. The Accomodation of Conflicting Rights, Philadelphia 1990.

Hardt, Michael, und Antonio Negri, Empire. Die neue Weltordnung, Frankfurt am Main 2002.

Harris, Nigel, The New Untouchables. Immigration and the New World Worker, London/New York 1995.

Hayden, Robert, *Imagined Communities and Real Victims. Self-Determination and Ethnic Cleansing in Yugoslavia*, in: American Ethnologist, 23, 1996, H. 4, S. 783–801.

Hechter, Michael, Internal colonialism. The Celtic fringe in British national development, 1536–1966, London 1975.

Heinsohn, Gunnar, Warum Auschwitz? Hitlers Plan und die Ratlosigkeit der Nachwelt, Reinbek bei Hamburg, 1995.

Held, David, Democracy and the Global Order, Cambridge 1995.

Helgerson, Richard, *Genremalerei, Landkarten und nationale Unsicherheit im Holland des 17. Jahrhunderts*, in: Bielefeld/Engel, Bilder der Nation, S. 123–153.

Hennion, Antoine, *Music Lovers. Taste as Performance*, in: Theory, Culture & Society, 18, 2001, H. 5, S. 1–22.

Hennis, Wilhelm, Max Webers Wissenschaft vom Menschen, Tübingen 1996.

Herbert, Ulrich, Best. Biographische Studien über Radikalismus, Weltanschauung und Vernunft, Bonn 1996.

Herbst, Alban Nicolai, *Der Haß hilft nicht*, in: Die Welt, 2. September 2000.

Herder, J. G., Auch eine Philosophie der Geschichte, in: ders., Gesammelte Werke, Bd. V, hrsg. von Bernard Suphan, Hildesheim 1987, S. 477–593.

Hervier, Julien, Entretiens avec Ernst Jünger, Paris 1986.

Herzfeld, Michael, Cultural Intimacy. Social Poetics in the Nation-State, New York 1997.

Hesse, Carla, Das Revolutionstribunal – Gerichtsverfahren und die kulturelle Konstruktion des politischen Subjekts, in: Bielefeld/Engel (Hg.), Bilder der Nation, S. 331–350.

Hewitt, Nicolas, The Golden Age of Louis Ferdinand Céline, Lemington Spa/Hamburg/New York 1987.

Hitler, Adolf, Mein Kampf, 810.–814. Auflage, München 1943.

Ders., Reden, Schriften, Anordnungen. Februar 1925 bis Januar 1933, hrsg. vom Institut für Zeitgeschichte, München, Bd. I–III, 1992–1996.

Hobsbawm, Eric, Das Zeitalter der Extreme. Weltgeschichte des 20. Jahrhunderts, München/Wien 1995.

Ders., Nations and Nationalism since 1780. Programme, Myth, Reality, Cambridge 1990.

Ders. und Terence Ranger (Hg.), The Invention of Tradition, Cambridge 1992.

Hofmannsthal, Hugo von, *Barrès, Maurice.* »*Sous L'Œil des Barbares*«, »*Un Homme Libre*«, »*Le Jardin de Bérénice*«, in: ders., Reden und Aufsätze I, 1891–1913, hrsg. von Bernd Schoeller, in Beratung mit Rudolf Hirsch, Frankfurt am Main 1979, S. 119–126.

Holz, Klaus, Nationaler Antisemitismus. Wissenssoziologie einer Weltanschauung, Hamburg 2001.

Hörner, Unda, und Wolfram Kiepe (Hg.), DADA gegen DADA. Die Affaire Barrès, Hamburg 1996.

Horowitz, Donald L., Ethnic Groups in Conflict, Berkeley/Los Angeles 1985.

Ders., The Deadly Ethnic Riot, Berkeley 2001.

Hroch, Miroslav, *Nationales Bewußtsein zwischen Nationalismustheorie und der Realität der nationalen Bewegungen*, in: Formen des nationalen Bewußtseins im Lichte zeitgenössischer Nationalismustheorien. Vorträge der Tagung des Collegium Carolinum in Bad Wiessee vom 31. Oktober bis 3. November 1991, hrsg. von Eva Schmidt-Hartmann, München 1994, S. 39–52.

Huntington, Samuel P., *The Coming Clash of Civilizations – or, the West against the Rest* (Future World Conflicts will Center on Divisions of Cultural Identity), in: The New York Times vom 6.6.1993.

Ders., *The Clash of Civilizations?*, in: Foreign Affairs, 72, 1993/3, S. 22–49.

Ders., Der Kampf der Kulturen. Die Neugestaltung der Weltpolitik im 21. Jahrhundert, München/Wien 1996.

Ignatieff, Michael, Blood and Belonging. Journeys into the new Nationalism, New York 1999.

Isaacs, Harold, Idols of the Tribe. Group Identity and Political Change, New York 1975.

Ders., Basic Group Identity: The Idols of the Tribe, in: Glazer/Moynihan, S. 29–52.

Jacobsen, Bjarne, Max Weber und Friedrich Albert Lange. Rezeption und Innovation, Wiesbaden 1999.

Jäckel, Eberhard, Hitlers Weltanschauung. Entwurf einer Herrschaft, 4. Aufl.; erw. u. überarb. Neuausg., Stuttgart 1991.

Jeismann, Michael, Das Vaterland der Feinde. Studien zum nationalen Feindbegriff und Selbstverständnis in Deutschland und Frankreich 1792–1918, Stuttgart 1992.

Ders., Alter und neuer Nationalismus, in: ders./Ritter (Hg.), Grenzfälle, S. 9–26.

Ders. und Henning Ritter (Hg.), Grenzfälle. Über neuen und alten Nationalismus, Leipzig 1993.

Jenkins, Richard, Rethinking Ethnicity. Arguments and Explorations, London 1997.

Jennings, Ivor W., The Approach to Self-Government, Cambridge 1956.

Jones, Robert Alun, On Understanding a Sociological Classic, in: American Journal of Sociology, 83, 1977, S. 279–319.

Ders., Durkheim: An Introduction to Four Major Works, Beverly Hills 1986.

Journal Officiel de la République Française vom 23. Juli 1993.

Jouvenel, Bertrand de, Après la défaite, Paris 1941.

Juergensmeyer, Mark, Terror in the Mind of God. The Global Rise of Religious Violence, Berkeley/Los Angeles 2001.

Julliard, Jacques, und Michel Winock (Hg.), Dictionnaire des intellectuels français. Les personnes, les lieux, les moments, Paris 1996.

Jung, Edgar J., Die Herrschaft der Minderwertigen, ihr Zerfall und ihre Ablösung durch ein Neues Reich, Berlin 1927 (3., überarbeitete Aufl. 1930).

Jünger, Ernst, In Stahlgewittern, Aus dem Tagebuch eines Stoßtruppführers, Berlin 1930 (12. Aufl.).

Ders. (Hg.), Krieg und Krieger, Berlin 1930.

Ders., Die totale Mobilmachung, in: ders. (Hg.), Krieg und Krieger, Berlin 1930, S. 9–30.

Ders., Wir und die Moderne, in: Die Kommenden. Überbündische Wochenschrift der deutschen Jugend, hrsg. von Ernst Jünger und Werner Laß, 18. Folge vom 2. Mai 1930.

Ders., Nationalismus und Nationalsozialismus, in: Arminius. Kampfschrift für Deutsche Nationalisten, im Verein mit Ernst Jünger und Wilhelm Weiß hrsg. von Helmut Franke, 8, Berlin, 27. März 1927, H. 13, S. 8–10.

Ders., Strahlungen, Tübingen 1949.

Jureit, Ulrike, Politische Kollektive. Die Konstruktion nationaler, rassischer und ethnischer Gemeinschaften, Münster 2001.

Jurt, Joseph, Autobiographische Fiktion – Fiktionale Autobiographie (Céline, Nizan, Ernaux), in: Literaturwissenschaftliches Jahrbuch, 34, 1993, S. 347–359.

Kadaré, Ismail, Trois chants funèbres pour le Kosovo, aus dem Albanischen von Jusuf Vrioni, Paris 1998.

Kaelble, H., Nachbarn am Rhein. Entfremdung und Annäherung der französischen und deutschen Gesellschaft seit 1880, München 1991.

Kaesler, Dirk (Hg.), Max Weber. Schriften 1894–1922, Stuttgart 2002.

Kallscheuer, Otto, und Claus Leggewie, *Deutsche Kulturnation versus französischer Staatsnation? Eine ideengeschichtliche Stichprobe*, in: Helmut Berding (Hg.), Nationales Bewußtsein und kollektive Identität. Studien zur Entwicklung des kollektiven Bewußtseins in der Neuzeit 2, Frankfurt am Main 1994, S. 112–162.

Kant, Immanuel, *Der allgemeinen Rechtslehre Zweiter Teil. Das öffentliche Recht*, in: ders., Die Metaphysik der Sitten. Der Streit der Fakultäten, Werke Bd. VII, hrsg. von Benzion Kellermann, Berlin 1916, Reprint Hildesheim 1973, S. 115–162.

Kaplan, Alice, Intelligence avec l'ennemi. Le procès Brasillach, Paris 2001 (engl. Ausgabe: The Collaborator, Chicago 2000).

Dies., *Sources and Quotations in Céline's Bagatelles pour un massacre*, in: Scullion/Solomon/Spear, Céline, S. 29–46.

Kardorff, Wilhelm von, Bebel oder Peters. Die Amtstätigkeit des kaiserl. Kommissars Dr. Carl Peters am Kilimandjaro 1891/92, Berlin 1907.

Katz, Jacob, *Ein Staat im Staate*, in: ders., Zur Assimilation und Emanzipation der Juden, Darmstadt 1982, S. 124–153.

Ders., Vom Vorurteil bis zur Vernichtung. Der Antisemitismus 1700–1933, München 1989.

Keating, Michael, Nations against the State. The New Politics of Nationalism in Quebec, Catalonia and Scotland, Houndsmill, Basingstoke 2001 (1996).

Kershaw, Ian, Hitler. 1889–1936, Bd. 1, Stuttgart 1998.

Ders., Hitler. 1936–1945, Bd. 2, Stuttgart 2000.

Kissinger, Henry A., Die Vernunft der Nationen. Über das Wesen der Außenpolitik, Berlin 1996.

Klein, Markus Josef, Ernst von Salomon. Eine politische Biographie. Mit einer vollständigen Bibliographie, Limburg 1994.

Klotz, Marcia, *Epistemological Ambiguity and the Fascist Text: Jew Süß, Carl Peters and Ohm Krüger*, in: New German Critique, Nr. 64, Frühjahr–Sommer 1998, S. 91–124.

Kohn, Hans, Bürger vieler Welten. Ein Leben im Zeitalter der Weltrevolution, Frauenfeld 1965.

Knobel, Marc, *George Montandon et l'ethno-racisme*, in: Taguieff, Antisémitisme de plume, S. 277–293.

Koebner, Thomas, Rolf-Peter Janz und Frank Trommler (Hg.), »Mit uns zieht die neue Zeit«. Der Mythos der Jugend, Frankfurt am Main 1985.

Korn, Benjamin, Eine Lebens Reise ans Ende der Nacht, in: Die Zeit vom 27. Mai 1994.

Krätschell, Hermann, Carl Peters 1856–1918. Ein Beitrag zur Publizistik des imperialistischen Nationalismus in Deutschland, Berlin (Diss. phil. 1356) 1959.

Krech, Volkhard, und Hartmann Tyrell (Hg.), Religionssoziologie um die Jahrhundertwende, Würzburg 1995.

Kristeva, Julia, *Die Aktualität Célines*, in: Literaturmagazin, 10, 1979, S. 67–78.

Dies., Pouvoir de l'horreur, Paris 1980.

Dies., Etranger à nous-mêmes, Paris 1988 (dt. Ausgabe: Fremde sind wir uns selbst, Frankfurt am Main 1990).

Kymlicka, Will, Multicultural Citizenship. A liberal theory of minority rights, Oxford 1995.

Ders., Politics in the Vernacular. Nationalism, Multiculturalism, and Citizenship, Oxford 2001.

Lagarde, Paul de, Über die gegenwärtige Lage des deutschen Reiches (1875), in: ders., Deutsche Schriften, Göttingen 1920.

Langbehn, Julius, Rembrandt als Erzieher. Von einem Deutschen, Leipzig 1891.

Lange, Karl, Hitlers unbeachtete Maximen. ›Mein Kampf‹ und die Öffentlichkeit, Stuttgart 1968.

Langewiesche, Dieter, Nation, Nationalismus, Nationalstaat in Deutschland und Europa, München 2000.

Laqueur, Thomas, *Von Agincourt bis Flandern. Nation, Name und Gedächtnis*, in: Bielefeld/Engel (Hg.), Bilder der Nation, S. 351–378.

Lash, Scott, und Urry, J., Economies of Signs and Space, London 1994.

Latour, Pierre, Wir sind nie modern gewesen. Versuch einer symmetrischen Anthropologie, Berlin 1995.

Lau, Jörg, Hans Magnus Enzensberger. Ein öffentliches Leben, Berlin 1999.

Laurent, Jacques, Histoire égoïste, Paris 1976.

Lauth, Reinhard, und Hans Gliwitzky, *Einleitung*, in: J. G. Fichte, Werke 1801–1806, hrsg. von dens., Bd. I/8, Stuttgart-Bad Cannstatt 1991, S. VIII.

Le Rider, Jacques, *Rembrandt de Langbehn à Simmel: du clair-obscur de »l'âme allemande« aux couleurs de la modernité*, in: Sociétés, 1992, Nr. 37, S. 241–252.

Lee, David C. J., Ernest Renan. In the Shadow of Faith, London 1996.

Leggewie, Claus, Von Schneider zu Schwerte, München 1998.

Lemberg, Eugen, Nationalismus I, Psychologie und Geschichte, Reinbek bei Hamburg 1964.

Ders., Nationalismus II, Soziologie und politische Pädagogik, Reinbek bei Hamburg 1964.

Lenhardt, Gero, *Ethnische Identität und gesellschaftliche Rationalisierung*, in: Prokla, 20, 1990, H. 79, S. 132–154.

Lenoir, Michaël, *L'Association des journalistes antijuifs*, in: Taguieff, L'Antisémitisme de plume, S. 259–265.

Ders., *Pierre-Antoine Cousteau*, in: Taguieff, L'Antisémitisme de plume, S. 389–395.

Lepenies, Wolf, Aufstieg und Fall der Intellektuellen in Europa, Frankfurt am Main/New York 1992.

Ders., Melancholie und Gesellschaft. Mit einer neuen Einleitung: Das Ende der Utopie und die Wiederkehr der Melancholie, Frankfurt am Main 1998.

Lepsius, M. Rainer, Extremer Nationalismus: Strukturbedingungen vor der nationalsozialistischen Machtergreifung, Stuttgart 1966.

Ders., *Nation und Nationalismus in Deutschland*, in: ders., Interessen, Ideen und Institutionen, Opladen 1990, S. 232–246.

Lethen, Helmut, Verhaltenslehren der Kälte. Lebensversuche zwischen den Kriegen, Frankfurt am Main 1994.

Lévi-Strauss, Claude, Strukturale Anthropologie, Frankfurt am Main 1967.

Lexikon des Internationalen Films (CD-ROM), München 1996.

Lichtblau, Klaus, *Das »Pathos der Distanz«. Präliminarien zur Nietzsche-Rezeption bei Georg Simmel*, in: Georg Simmel und die Moderne. Neue Interpretationen und Materialien, hrsg. von Heinz-Jürgen Dahme und Otthein Rammstedt, Frankfurt am Main 1984, S. 231–281.

Ders., Kulturkrise und Soziologie um die Jahrhundertwende. Zur Genealogie der Kultursoziologie in Deutschland, Frankfurt am Main 1996.

Llobera, Josep R., *Durkheim and the national question*, in: Debating Durkheim, hrsg. von William S. Pickering und Hermino Martins, London 1994, S. 134–158.

Ders., *The French ideology? Louis Dumont and the German conception of the nation*, in: Nations and Nationalism, 2, 1996, H. 2, S. 193–212.

Löwith, Karl, Gott, Mensch und Welt in der Metaphysik von Descartes bis zu Nietzsche, Göttingen 1967.

Luhmann, Niklas, Soziologische Aufklärung 2. Aufsätze zur Theorie der Gesellschaft, Opladen 1975.

Ders., *Die Weltgesellschaft*, in: ders., Soziologische Aufklärung 2, S. 51–71 (zuerst in: Archiv für Rechts- und Sozialphilosophie, 57, 1971).

Ders., *Selbst-Thematisierungen des Gesellschaftssystems. Über die Kategorie der Reflexion aus der Sicht der Systemtheorie*, in: ders., Soziologische Aufklärung 2, S. 73–102.

Ders., Gesellschaftsstruktur und Semantik. Studien zur Wissenssoziologie der modernen Gesellschaft, Bd. 3, Frankfurt am Main 1989.

Ders., »Was ist der Fall?« und »Was steckt dahinter?« Die zwei Soziologien und die Gesellschaftstheorien, Bielefelder Universitätsgespräche und Vorträge 3, Bielefeld 1993.

Ders., *Ansprüche an historische Soziologie*, in: Soziologische Revue, 17, 1994, H. 3, S. 259–264.

Ders., Die Gesellschaft der Gesellschaft, Frankfurt am Main 1997.

Ders., *Jenseits von Barbarei*, in: Miller/Soeffner (Hg.), Modernität und Barbarei. Soziologische Zeitdiagnose am Ende des 20. Jahrhunderts, Frankfurt am Main 1996, S. 219–230.

Ders., *Sinn als Grundbegriff der Soziologie*, in: Habermas/ders., Theorie der Gesellschaft oder Sozialtechnologie, S. 25–100.

Ders., *Territorial Borders as System Boundaries*, in: Raimondo Strassoldo und Giovanni delli Zotti (Hg.), Cooperation and Conflict in Border Areas, Mailand 1982, S. 235–243.

Ders., *Inklusion und Exklusion*, in: ders., Soziologische Aufklärung 6. Die Soziologie und der Mensch, Opladen 1995.

Lukes, Steven, Emile Durkheim. His life and work, a historical and critical study, Stanford 1990.

Maffesoli, Michel, Le Temps des Tribus. Le Déclin de l'individualisme dans les sociétés des masses, Paris 1988.

Malkki, Liisa H., Purity and Exile: Violence, Memory and National Cosmology among Hutu Refugees in Tanzania, Chicago 1995.

Mann, Golo, Deutsche Geschichte des 19. und 20. Jahrhunderts, Frankfurt am Main 1992.

Mann, Michael, *Hat die Globalisierung den Siegeszug des Nationalstaats beendet?* in: Prokla, Zeitschrift für kritische Sozialwissenschaft, H. 106, 27. Jg., 1997, Nr. 1, S. 113–141.

Mannheim, Karl, Konservatismus. Ein Beitrag zur Soziologie des Wissens, Frankfurt am Main 1984.

Marcuse, Herbert, *Besprechung von Helmuth Plessner, Das Schicksal deutschen Gei-*

stes im Ausgang seiner bürgerlichen Epoche, in: Zeitschrift für Sozialforschung, 6, 1937, S. 184 f.

Margalit, Avishai, und Joseph Raz, *National Self-Determination*, in: Journal of Philosophy, Jg. 87, H. 9, 1990, S. 439–461.

Marshall, Thomas H., Bürgerrechte und soziale Klassen. Zur Soziologie des Wohlfahrtsstaates, Frankfurt am Main/New York 1992.

Martin, Jean-Pierre, Contre Céline, Paris 1997.

Martin, Marc, *Les journalistes et l'affaire Dreyfus*, in: Gervereau/Prochasson (Hg.), L'affaire Dreyfus, S. 116–125.

Maser, Werner, Hitlers Mein Kampf. Entstehung, Aufbau, Stil, Änderungen, Quellen, Quellenwert, kommentierte Auszüge, München 1966.

Maurras, Charles, La Démocratie religieuse (1921), Paris 1978.

Ders., Pour un jeune Français. Mémorial en réponse à un questionnaire, Paris 1949.

Mayall, J., Nationalism and International Society, Cambridge 1990.

Mehlman, Jeffrey, Legacies of Anti-Semitism in France, Minneapolis 1983.

Meier, Christian (Hg.), Die okzidentale Stadt nach Max Weber, Beiheft 17 der Historischen Zeitschrift, München 1994.

Meier, Franziska, Emanzipation als Herausforderung. Rechtsrevolutionäre Schriftsteller zwischen Bisexualität und Androgynie, Wien/Köln/Weimar 1998.

Meier, Kurt, *Gibt es einen ›Bruch‹ in Durkheims früher Religionssoziologie?*, in: Krech/Tyrell (Hg.), Religionssoziologie, S. 129–157.

Meinecke, Friedrich, Weltbürgertum und Nationalstaat, Werke, Bd. 5, hrsg. und eingel. von Hans Herzfeld, München 1969.

Meinl, Susanne, Nationalsozialisten gegen Hitler. Die nationalrevolutionäre Opposition um Friedrich Wilhelm Heinz, Berlin 2000.

Menzel, Ulrich, Globalisierung versus Fragmentarisierung, Frankfurt am Main 1998.

Meuter, Günter, und Henrique Ricardo Otten (Hg.), Der Aufstand gegen den Bürger. Antibürgerliches Denken im 20. Jahrhundert, Würzburg 1999.

Meyer, Karl E., *Woodrow Wilson's Dynamite, The Unabated Power of Self-Determination*, in: New York Times vom 14. August 1991, A 18.

Miller, David, On Nationality, Oxford 1995.

Mitchell, M. Marion, *Emile Durkheim and the Philosophy of Nationalism*, in: Political Science Quarterly, Vol. XLVI, 1931, Nr. 1, S. 87–106.

Mommsen, Hans, *Die Realisierung des Utopischen. Die » Endlösung der Judenfrage «* *im » Dritten Reich «*, in: Geschichte und Gesellschaft, 9, 1983, S. 381–420.

Mommsen, Wolfgang J., Max Weber und die deutsche Politik 1890–1920, Tübingen 1974.

Monzat, René, *Les masques de la Nouvelle Droite*, in: Le Monde vom 19. März 1994.

Mosse, George L., Die Nationalisierung der Massen. Politische Symbolik und Massenbewegungen in Deutschland von den Napoleonischen Kriegen bis zum Dritten Reich, Frankfurt am Main 1976.

Moynihan, Daniel Patrick, Pandemonium. Ethnicity in International Politics, Oxford 1993.

Müller, Hans-Peter, Wertkrise und Gesellschaftsreform. Emile Durkheims Schriften zur Politik, Stuttgart 1983.

Ders., *Gesellschaftliche Moral und individuelle Lebensführung. Ein Vergleich von*

Emile Durkheim und Max Weber, in: Zeitschrift für Soziologie, 21, 1992, H. 1, S. 49–60.

Münch, Richard, *Max Weber und Emile Durkheim. Ein Gespräch am Ende des 20. Jahrhunderts*, in: Werner Gephart, Gründerväter, Opladen 1998, S. 53–62.

Münkler, Herfried, Hans Grünberger und Kathrin Meyer, Nationenbildung. Die Nationalisierung Europas im Diskurs humanistischer Intellektueller. Italien und Deutschland, Berlin 1998.

Ders. und Hans Grünberger, *Die Anfänge ›nationaler‹ Identitätsbildung an den Universitäten des Mittelalters. Zur Geschichte der nationes an den Universitäten Bologna, Paris und Prag 1150–1409*, in: dies./Meyer, Nationenbildung, S. 29–73.

Ders., *Nation als politische Idee im frühneuzeitlichen Europa*, in: Klaus Garber (Hg.), Nation und Literatur im Europa der Frühen Neuzeit, Tübingen 1989, S. 56–86.

Musée d'histoire contemporaine–BDIC, L'affaire Dreyfus et le tournant du siècle (1894–1910), hrsg. von Laurent Gervereau und Christoph Prochasson, Paris 1994.

Nassehi, Armin, *Das Politische der politischen Gesellschaft*, in: Soziologische Revue, 23, 2000, H. 2, S. 132–140.

Ders. (Hg.), Nation, Ethnie, Minderheit, Beiträge zur Aktualität ethnischer Konflikte. Georg Weber zum 65. Geburtstag, Köln/Weimar/Wien 1997.

Ders., *Der Fremde als Vertrauter. Soziologische Beobachtungen zur Konstruktion von Identitäten und Differenz*, in: KZfSS, 47, 1995, H. 3, S. 443–463.

Neidhardt, Friedhelm (Hg.), Gruppensoziologie. Perspektiven und Materialien. Kölner Zeitschrift für Soziologie und Sozialpsychologie, Sonderheft 25, Köln 1983.

Ders., *Themen und Thesen zur Gruppensoziologie*, in: ders. (Hg.), Gruppensoziologie, S. 12–34.

Netter, Marie-Laurence, *BRUNETIÈRE (Ferdinand)*, in: Julliard/Winock (Hg.), Dictonnaire des intellectuels françaises, S. 193 f.

Neuhaus, Dietrich, Teufelskinder oder Heilsbringer. Die Juden im Johannesevangelium, Frankfurt am Main 1990.

Neuhaus, Stefan, Literatur und nationale Einheit in Deutschland, Tübingen 2002.

Neumann, Franz, Behemoth. Struktur und Praxis des Nationalsozialismus 1933–1944, Frankfurt am Main 1984.

Newman, Saul, Ethnoregional Conflicts in Democracies: Mostly Ballots, Rarely Bullets, Westport 1996.

Nicolet, Claude, L'Idée républicaine en France (1889–1924). Essai d'histoire critique, Paris 1982.

Nisbet, Robert A., *Conservativism and Sociology*, in: AJS, 58, 1952, S. 167–175.

Ders., *De Bonald and the Concept of the Social Group*, in: Journal of the History of Ideas, 5, 1944, S. 315–331.

Ders., The sociological tradition, London 1984.

Noiriel, Gérard, Les origines républicaines de Vichy, Paris 1999.

Nolte, Ernst, Der Faschismus in seiner Epoche. Action française, italienischer Faschismus, Nationalsozialismus (1963), München/Zürich 1995.

Nolte, Paul, Die Ordnung der deutschen Gesellschaft. Selbstentwurf und Selbstbeschreibung im 20. Jahrhundert, München 2000.

Nora, Olivier, *La visite au grand écrivain*, in: Les lieux de mémoire, Bd. II, La nation, hrsg. von Pierre Nora, Paris 1986, S. 563–587.

Nora, Pierre (Hg.), Les lieux de mémoire, III. Teil: Les France, Bd. 1, Paris 1997.

Oeter, Stefan, *Internationale Organisation oder Weltföderation? Die organisierte Staatengemeinschaft und das Verlangen nach einer ›Verfassung der Freiheit‹*, in: Brunkhorst/Kettner (Hg.), Globalisierung, S. 208–239.

Ders., Jugoslawien und die Staatengemeinschaft. Die Normalität der Barbarei und das Problem der (präventiven) Konfliktdiplomatie, in: Kritische Justiz, 1996, H. 4, S. 15–36.

Ders., Selbstbestimmungsrecht im Wandel. Überlegungen zur Debatte um Selbstbestimmung, Rezessionsrecht und »vorzeitige« Anerkennung, in: Zeitschrift für ausländisches öffentliches Recht und Völkerrecht (ZaöRV), 1992, H. 52, S. 741–780.

Oexle, Otto Gerhard, Kulturwissenschaftliche Reflexionen über soziale Gruppen in der mittelalterlichen Gesellschaft: Tönnies, Simmel, Durkheim und Max Weber, in: Meier (Hg.), Die okzidentale Stadt, S. 115–159.

Olden, Balder, Ich bin Ich. Der Roman Carl Peters, Berlin 1927.

Olender, Maurice, Die Sprachen des Paradieses. Religion, Philologie und Rassentheorie im 19. Jahrhundert, Frankfurt am Main/New York/Paris 1995.

Ory, Pascal, *Présentation*, in: Olivier Barrot und Pascal Ory (Hg.), La Revue blanche, Paris 1994, S. 9–26.

Parsons, Talcott, Das System moderner Gesellschaften, Weinheim 1985.

Ders., The structure of social action. A study in social theory with special reference to a group of recent European writers, New York 1961.

Péguy, Charles, *L'argent*, in: ders., Œuvres en prose complètes, III, Paris 1992, S. 785–847.

Ders., *L'argent suite*, in: ders., Œuvres en prose complètes, III, Paris 1992, S. 848–996.

Ders., Œuvres en prose complètes, III, hrsg. von Robert Buriac, Paris 1992.

Peters, Bernhard, Die Integration moderner Gesellschaften, Frankfurt am Main 1993.

Peters, Carl, Gesammelte Schriften I–III, hrsg. von Walter Frank, München/Berlin 1943.

Ders., Die Deutsche Emin-Pascha-Expedition (1891), in: ders., Gesammelte Schriften II, S. 9 ff.

Ders., Lebenserinnerungen (1918), in: ders., Gesammelte Schriften I, S. 17 ff.

Petri, Manfred, Die Urvolkhypothese. Ein Beitrag zum Geschichtsdenken der Spätaufklärung und des deutschen Idealismus, Berlin 1990.

Pickering, W. S. F., Durkheim's sociology of religion, London 1984.

Plessner, Helmuth, Die verspätete Nation. Über die Verführbarkeit bürgerlichen Geistes, in: ders., Gesammelte Schriften VI, hrsg. von Günter Dux, Odo Marquard und Elisabeth Ströker, Frankfurt am Main 1982, S. 7–223.

Polgar, Alfred, *Eine gespenstische Erscheinung. Ernst von Salomon: Der Fragebogen*, in: Der Monat, 3, September 1951, S. 654–656.

Pomerance, Michla, Self-Determination in Law and Practice. The New Doctrine in the United Nations, Den Haag/Boston/London 1982.

Pomian, Krysztof, L'Europe et ses nations, Paris 1990.

Popitz, Heinrich, Phänomene der Macht, 2., erw. Auflage, Tübingen 1992.

Preece Jackson, Jennifer, National Minorities and the European Nation-States System, Oxford 1998.

Prochasson, Christophe, *Les intellectuels*, in: Gervereau/ders. (Hg.), L'affaire Dreyfus, S. 104–109.

Ders. und Anne Rassmussen, Au nom de la Patrie. Les intellectuels et la première guerre mondiale (1910–1919), Paris 1996.

Prümm, Karl, Jugend ohne Väter. Zu den autobiographischen Jugendromanen der späten zwanziger Jahre, in: Koebner/Janz/Trommler, S. 563–589.

Pütz, Anne, *Der Feind als Spiegel des Ich. Antibürgerlichkeit und Nationalismus bei Maurice Barrès und Ernst Jünger*, in: Meuter/Otten (Hg.), Der Aufstand gegen den Bürger, S. 51–63.

Rabl, Kurt, Das Selbstbestimmungsrecht der Völker, Köln/Wien 1973.

Rammstedt, Otthein, *Das Durkheim-Simmelsche Projekt einer »rein wissenschaftlichen Soziologie« im Schatten der Dreyfus-Affäre*, in: Zeitschrift für Soziologie, 26, 1997, H. 6, S. 444–457.

Rassinier, Paul, Das Drama der Juden Europas. Eine technische Studie, Hannover 1965.

Ranulf, Svend, *Scholarly Forerunners of Fascism*, in: Ethics, 50, S. 16–34.

Räthzel, Nora, Gegenbilder. Nationale Identität durch Konstruktion des Anderen, Opladen 1997.

Ray, Larry, und Andrew Sayer, Culture and Economy after the Cultural Turn, London 1999.

Rebatet, Lucien, Les Décombres, Paris 1942.

Reckwitz, Andreas, Die Transformation der Kulturtheorien. Zur Entwicklung eines Theorieprogramms, Weilerswist 2000.

Reemtsma, Jan Philipp, *Nationalsozialismus und Moderne*, in: ders., Mord am Strand. Allianzen von Zivilisation und Barbarei. Aufsätze und Reden, Hamburg 1998, S. 175–207.

Ders., *Blutiger Boden. Streifzug durch ein Textgelände*, in: Mittelweg 36, 8, 1999, H. 3, S. 2–48.

Reich-Ranicki, Marcel, Deutsche Literatur in Ost und West. Prosa seit 1945, München 1966.

Renan, Ernest, Qu'est-ce que une nation? Et autres essais politiques, hrsg. und mit einer Einleitung versehen von Joel Roman, Paris 1992.

Ders., *Des services rendus aux sciences historiques par la philologie (extrait)* (1878), in: ders., Qu'est-ce qu'une nation?, S. 164–169.

Ders., Brief an Arthur Gobineau vom 26. Juni 1856, in: ders., Qu'est-ce qu'une nation?, S. 221–223.

Ders., La réforme intellectuelle et morale et autres écrits, hrsg. und mit einer Einleitung von Alain de Benoist, Paris 1982.

Ders, Was ist eine Nation? Und andere politische Schriften, Wien 1995.

Ders., *Was ist eine Nation? Vortrag an der Sorbonne, gehalten am 11. März 1882*, in: ders., Was ist eine Nation? S. 41–58. Auch abgedruckt in: Jeismann/Ritter (Hg.), Grenzfälle, S. 290–311.

Rerrich, Maria S., *Bodenpersonal im Globalisierungsgeschehen. ›Illegale Migrantinnen‹ als Beschäftigte in deutschen Haushalten*, in: Mittelweg 36, 5, 2000, S. 4–23.

Richter, Dirk, Nation als Form, Opladen 1996.

Roman, Joel, *Introduction*, in: Ernest Renan, Qu'est-ce qu'une nation et autres essais politiques, Paris 1992, S. 5–35.

Rosanvallon, Pierre, Le peuple introuvable. Histoire de la représentation démocratique en France, Paris 1998.

Rose, Paul Lawrence, German Question, Jewish Question: Revolutionary Antisemitism from Kant to Wagner, Princeton 1990.

Roth, Guenther, Max Webers deutsch-englische Familiengeschichte. 1800–1950. Mit Briefen und Dokumenten, Tübingen 2001.

Rousso, Henry, L'épuration: une historie inachevée, in: Vingtième Siècle, Revue d'histoire, Nr. 33, Januar–März 1992, S. 78–105.

Ders., L'Épuration. Die politische Säuberung in Frankreich, in: Henke/Woller, Abrechnung mit dem Faschismus, München 1991, S. 192–240.

Sabrow, Martin, Der Rathenau-Mord, Rekonstruktion einer Verschwörung gegen die Republik von Weimar, Oldenburg 1994.

Ders., Mord und Mythos. Das Komplott gegen Walther Rathenau 1922, in: Alexander Demandt (Hg.), Das Attentat in der Geschichte, Frankfurt am Main 1996, S. 382–411.

Ders., Die verdrängte Verschwörung. Der Rathenau-Mord und die deutsche Gegenrevolution, Frankfurt am Main 1999.

Salomon, Ernst von, Wir und die Intellektuellen, in: Die Kommenden. Überbündische Wochenschrift der deutschen Jugend, hrsg. von Ernst Jünger und Werner Laß, 18. Folge, 5. Jg., 2. Mai 1930.

Ders. (unter dem Pseudonym Ernst Friedrich), Über den Patriotismus, in: Nationalsozialistische Briefe, 5, 1929, S. 67–68.

Ders. (Hg.), Das Buch vom deutschen Freikorpskämpfer, Struckum 1988 (1938).

Ders., Die Gestalt des deutschen Freikorpskämpfers, in: ders. (Hg.), Das Buch vom deutschen Freikorpskämpfer, Struckmann 1988 (1938), S. 11–14.

Ders., Der Fragebogen. Ein dokumentarischer Roman, Hamburg 1951.

Ders., Die Geächteten (1930), Reinbek bei Hamburg 1962.

Ders., Der Vorkämpfer des Kolonialgedankens, in: Das Reich. Deutsche Wochenzeitung, Nr. 16 vom 16. 4. 1944.

Ders., Erfahrung mit England: zum schriftstellerischen Werk Carl Peters, in: Das Reich. Deutsche Wochenzeitung, Nr. 14 vom 8. April 1945, S. 6.

Ders., Die Kette der tausend Kraniche, Reinbek bei Hamburg 1972.

Ders., Auf der Asche von 10000 Menschen. Bericht von der 7. Weltkonferenz gegen A- und H-Bomben für vollständige Abrüstung in Tokio, hrsg. vom »Ständigen Kongreß aller Gegner der atomaren Aufrüstung in der Bundesrepublik«, Hamburg 1961 (auch in ders., Kette der tausend Kraniche).

Ders., Nie wieder Atombomben! Abdruck einer Ansprache aus der Abschlußsitzung der 7. Weltkonferenz gegen A- und H-Bomben, in: Kongreßdienst, 4. Jg., September 1961.

Ders., Gegen den Zustand der Lethargie, in: Deutsche Volkszeitung vom 1. März 1963.

Ders., Warum ich gegen ein Notstandsgesetz bin?, in: Konkret, Juni 1963.

Ders., Ist Revolution unvermeidlich? Schriftsteller antworten auf eine Spiegelumfrage, in: Der Spiegel, Nr. 15 vom 8. April 1968, S. 60–73.

Sapiro, Gisèle, La guerre des écrivain 1940–1953, Paris 1999.

Sarasin, Philipp, Die Wirklichkeit der Fiktion. Zum Konzept der imagined communities, in: Jureit (Hg.), Politische Kollektive, S. 22–45.

Sassen, Saskia, Beyond Sovereignty: De Facto Transnationalism in Immigration Policy, in: Todd Herzog und Sander L. Gilman (Hg.), A New Germany, S. 49–73.

Schama, Simon, Überfluß und schöner Schein. Zur Kultur der Niederlande im goldenen Zeitalter, München 1988.

Schieder, Theodor, Nationalismus und Nationalstaat. Studien zum nationalen Problem in Europa, Göttingen 1991.

Schmaus, Warren, Durkheim's Philosophy of Science and the Sociology of Knowledge, Chicago/London 1994.

Schmidt-Grassee, Thomas, Les écrits maudits de Céline. Untersuchungen zur Bedeutung der Pamphlete Louis-Ferdinand Célines im Horizont seines Gesamtwerks, Bonn 1993.

Ders., *Die Pamphlete Célines – Implikationen ihrer Einheit*, in: Born/Steinbach (Hg.), Brandstifter und Kollaborateure, S. 229–243.

Schmitt, Carl, Der Begriff des Politischen. Text von 1932 mit einem Vorwort und drei Corollarien, 1996 (6. Aufl., 4. Nachdruck der Ausgabe von 1963).

Ders., *Das Zeitalter der Neutralisierungen und Entpolitisierungen*, in: Begriff des Politischen, S. 79–95.

Ders., *Die Formung des französischen Geistes durch den Legisten*, in: Deutschland–Frankreich, Vierteljahresschrift des Deutschen Instituts, Paris, hrsg. von Karl Epting, 1. Jg., Nr. 2, 1942, S. 1–30.

Ders., Die geistesgeschichtliche Lage des heutigen Parlamentarismus, Berlin 1926.

Ders., Ex Captivitate Salus. Erfahrungen der Zeit 1945/47, Köln 1950.

Schmitz-Berning, Cornelia, Das Vokabular des Nationalsozialismus, Berlin 1998.

Schmoll, J. A., gen. Eisenwerth, *Simmel und Rodin*, in: Ästhetik und Soziologie um die Jahrhundertwende: Georg Simmel, hrsg. von Hannes Böhringer und Karlfried Gründer, Frankfurt am Main 1976, S. 18–43.

Schnapper, Dominique, La France de l'intégration, Paris 1991.

Dies., La communauté des citoyens, Paris 1993.

Schneckener, Ulrich, *Leviathan im Zerfall. Über Selbstbestimmung und Sezession*, in: Leviathan., Jg. 25, H. 4, 1997, S. 458–479.

Schoeps, Julius H. (Hg.), Ein Volk von Mördern? Die Dokumentation zur Goldhagen-Kontroverse um die Rolle der Deutschen im Holocaust, Hamburg 1996.

Schor, Ralph, L'Antisémitisme en France pendant les années trente, Prélude à Vichy, Éditions Complexe 1992.

Schreiner, Klaus, *Legitimität, Autonomie, Rationalisierung. Drei Kategorien Max Webers zur Analyse mittelalterlicher Stadtgesellschaften – wissenschaftsgeschichtlicher Ballast oder unabgegoltene Herausforderung?*, in: Meier (Hg.), Die okzidentale Stadt, S. 161–211.

Schroer, Markus, *Fremde, wenn wir uns begegnen. Von der Universalisierung der Fremdheit und der Sehnsucht nach Gemeinschaft*, in: Armin Nassehi (Hg.), Nation, Ethnie, Minderheit, Köln/Weimar/Wien 1997, S. 15–39.

Schulte-Sasse, Linda, Entertaining the Third Reich. Illusions of Wholeness in Nazi Cinema, Durham/London 1996.

Schümer, Dirk, Die Kinderfänger. Ein belgisches Drama von europäischer Dimension, Berlin 1997.

Scullion, Rosemarie, Philip H. Solomon und Thomas C. Spear (Hg.), Céline and the Politics of Difference, Hanover/London, 1995.

Sellers, Mortimer (Hg.), The New World Order. Sovereignty, Human Rights and the Self-Determination of Peoples, Oxford/Washington 1996.

Seton-Watson, Hugh, Nations and States, London 1977.

411

Sieyès, Emmanuel, Qu'est-ce que le tiers état?, Genf 1970.

Simmel, Georg, *Begriff und Tragödie der Kultur*, in: ders., Das individuelle Gesetz. Philosophische Exkurse, hrsg. von Michael Landmann, Frankfurt am Main 1968, S. 116–147.

Ders., Der Krieg und die geistigen Entscheidungen. Reden und Aufsätze, München 1917.

Ders., Deutschlands innere Wandlung, Straßburg 1914.

Ders., Philosophie des Geldes, 4. Aufl., München/Leipzig 1922.

Ders., *Rembrandt als Erzieher (1890)*, in: ders., Vom Wesen der Moderne, S. 145–161.

Ders., Rembrandt. Ein kunstphilosophischer Versuch, mit einer Einleitung von Beat Wyss, München 1985.

Ders., *Rodins Plastik und die Geistesrichtung der Gegenwart* (1902), in: ders., Vom Wesen der Moderne, S. 263–275.

Ders., Soziologie. Untersuchungen über die Formen der Vergesellschaftung, Leipzig 1908.

Ders., *Über sociale Differenzierung. Sociologische und psychologische Untersuchungen* (1892), in: ders., Gesamtausgabe, Bd. 2: Aufsätze 1887–1892. Über sociale Differenzierung u. a., hrsg. von Heinz-Jürgen Dahme, Frankfurt am Main 1989, S. 109–295.

Ders., Grundfragen der Soziologie, Berlin 1970.

Ders., Vom Wesen der Moderne. Essays zur Philosophie und Ästhetik, hrsg. von Werner Jung, Hamburg 1990.

Simpson, Gerry J., *The Diffusion of Sovereignty. Self-Determinations in the Post-Colonial Age*, in: Mortimer Sellers (Hg.), The New World Order. Sovereignty, Human Rights and the Self-Determination of Peoples, Oxford/Washington 1996, S. 35–69.

Sirinelli, Jean-François (Hg.), Histoire des Droites en France, 3 Bde., Paris 1992.

Slechte, Henk, *»Durch eigene holländische Kunst angeregt, fühle ich, daß ich Holländer bin«*, in: Flacke (Hg.), Mythen der Nationen, S. 223–247.

Sloterdijk, Peter, Der starke Grund, zusammen zu sein. Erinnerung an die Erfindung des Volkes, Frankfurt am Main 1998.

Smith, Anthony D., The Ethnic Revival, Cambridge 1981.

Ders., Theories of Nationalism, New York 1983.

Ders., The Ethnic Origins of Nations, Oxford 1986.

Ders., Nationalism and Modernism. A critical survey of recent theories of nations and nationalism, London 2001.

Sofsky, Wolfgang, Traktat über die Gewalt, Frankfurt am Main 1996.

Ders., *Gewaltzeit*, in: Trutz von Trotha (Hg.), Soziologie der Gewalt, KZfSS, Sonderheft 37/1997, S. 102–121.

Sollers, Werner (Hg.), The Invention of Ethnicity, New York 1989.

Soucy, Robert, Fascism in France. The case of Maurice Barrès, Berkeley 1972.

Spaemann, Robert, Der Ursprung der Soziologie aus dem Geist der Restauration. Studien über L. G. A. de Bonald (1959), Stuttgart 1998.

Steinert, Marlies, Hitler, München 1994.

Stéphane, Roger, Portait de l'aventurier. T. E. Lawrence, Malraux, von Salomon, eingeleitet mit einem Essay von Jean-Paul Sartre, o. O. 1950 (Éditions du Sagittaire).

Sternhell, Zeev, Maurice Barrès et le nationalisme français, Paris 1972.

Ders., Die Entstehung der faschistischen Ideologie. Von Sorel zu Mussolini, Hamburg 1999.

Ders., La droite révolutionnaire. 1885–1914. Les origines françaises du fascisme, Nouvelle Édition augmentée d'un essai inedit, Paris 2000.

Stichweh, Rudolf, *Der Fremde – Zur Evolution der Weltgesellschaft*, in: Rechts-historisches Journal, 1992, H. 11, S. 295–316.

Stolleis, Michael, Geschichte des öffentlichen Rechts in Deutschland. Dritter Band 1914–1945, Frankfurt am Main 1999.

Stölzel, Christoph, *Vorwort*, in: Flacke (Hg.), Mythen der Nation, S. 13.

Strauß, David Friedrich, Krieg und Friede. Zwei Briefe an Ernst Renan, nebst dessen Antwort auf den ersten, Leipzig 1870.

Strenski, Ivan, Durkheim and the Jews of France, Chicago 1997.

Syndram, Anne, Die Rhetorik des Mythos. Literarische Bilderwelten und politische Symbolik im Werk von Maurice Barrès und Ernst Jünger, unv. Diss. Aachen 1995.

Tabboni, Simonetta, Il n'y a pas des différences sans inégalité, in: Wieviorka/Ohana (Hg.), La différence culturelle, S. 73–84.

Taguieff, Pierre-André (Hg.), L'antisémitisme de plume 1940–1944. Études et documents, Paris 1999.

Ders., L'antisémitisme à l'époque de Vichy: La haine, la lettre et la loi, in: ders. (Hg.), L'antisémitisme de plume, S. 45–143.

Ders., La couleur et le sang. Doctrines racistes à la française, Paris 1998.

Ders., *La Logique du soupçon*, in: Passages, Nr. 56, 1993, S. 28–30.

Ders., Les Protocoles des Sages de Sion. Un faux et ses Usages dans le siècle, Paris 1992.

Ders., Sur la Nouvelle droite, Paris 1994.

Tanner, Jakob, *Nation, Kommunikation und Gedächtnis. Die Produktivkraft des Imaginären und die Aktualität Ernest Renans*, in: Jureit (Hg.), Politische Kollekti-ve, S. 46–67.

Taylor, Charles, Multikulturalismus und die Politik der Anerkennung. Mit Kommen-taren von Amy Gutmann (Hg.), Steven C. Rockefeller, Michael Walzer, Susan Wolf und einem Beitrag von Jürgen Habermas, Frankfurt am Main 1993.

Teitelbaum, Michael S., und Jay Winter, A Question of Numbers. High Migration, Low Fertility and the Politics of National Identity, New York 1998.

Tenbruck, Friedrich, *Die Religion im Maelstrom der Reflexion*, in: Jörg Bergmann u. a. (Hg.), Religion und Kultur. Sonderheft 33 der Kölner Zeitschrift für Soziolo-gie und Sozialpsychologie, 1993, S. 31–67.

Theweleit, Klaus, Männerphantasien, Bd. 2: Zur Psychoanalyse des weißen Terrors, Frankfurt am Main 1978.

Thrift, Nigel, Spatial Formations, London 1996.

Tietze, Nikola, Islamische Identitäten. Formen muslimischer Religiosität junger Män-ner in Deutschland und Frankreich, Hamburg 2001.

Dies., *Zwischen Ideologie und Utopie. Kabylisch in der Immigration*, in: Mittelweg 36, H. 4, 2002, S. 36–52.

Tilly, Charles, *Reflections on the history of European state-making*, in: The Forma-tion of National States in Western Europe, Princeton 1975.

Tiryakian, E. A., *L'école durkheimienne à la recherche de la société perdue: La socio-logie naissante et son milieu culturel*, in: Cahiers internationaux de Sociologie, Vol. LXVI, 1979, S. 97–114.

Ders., *Durkheim, Mathiez and the French Revolution. The Political Context of a Sociological Classic*, in: Europäisches Archiv für Soziologie, 39, 1988, S. 373–396.

Todorov, Tzvetan, Die Eroberung Amerikas. Das Problem des Anderen, Frankfurt am Main 1985.

Ders., Nous et les autres. La réflexion française sur la diversité humaine, Paris 1989.

Ders., »Zehn Jahre ohne Primo Levi«, in: Mittelweg 36, 7, 1998, H. 5, S. 4–17.

Tönnies, Ferdinand, Gemeinschaft und Gesellschaft. Grundbegriffe der reinen Soziologie, Darmstadt 1988.

Toulmin, Stephen, Kosmopolis. Die unerkannten Aufgaben der Moderne, Frankfurt am Main 1991.

Touraine, Alain, Critique de la Modernité, Paris 1992.

Trotha, Trutz von, *Die Zukunft liegt in Afrika. Vom Zerfall des Staates, von der Vorherrschaft der konzentrischen Ordnung und vom Aufstieg der Parastaatlichkeit*, in: Leviathan, H. 2, 2000, S. 253–279.

Tyrell, Hartmann, Max Webers Soziologie – eine Soziologie ohne »Gesellschaft«, in: Gerhard Wagner und Heinz Zipprian (Hg.), Max Webers Wissenschaftslehre, Frankfurt am Main 1994, S. 390–414.

Umozurike, Oji, Self-Determination in International Law, London 1972.

van Laak, Dirk, Gespräche in der Sicherheit des Schweigens. Carl Schmitt in der politischen Geistesgeschichte der frühen Bundesrepublik, Berlin 1993.

Ders., »Nach dem Sturm schlägt man auf die Barometer ein ...«. *Rechtsintellektuelle Reaktionen auf das Ende des »Dritten Reiches«*, in: Werkstatt Geschichte, 17, 1997, S. 25–44.

Vajda, Sarah, Maurice Barrès, Paris 2000.

Verdes-Leroux, Jeannine, Refus et violences. Politique et litterature à l'extrème droite des années trente aux retombées de la Libération, Paris 1996.

Verhey, Jeffrey, Der »Geist von 1914« und die Erfindung der Volksgemeinschaft, Hamburg 2000.

Vidal, Claudine, Sociologie des passions, Paris 1991.

Dies., *Le génocide des Rwandais tutsi: cruauté délibérée et logiques de haine,* in: Héritier (Hg.), Violence, S. 327–366.

Volkov, Shulamit, Jüdisches Leben und Antisemitismus im 19. und 20. Jahrhundert. 10 Essays, München 1990.

Dies., Antisemitismus als kultureller Code, in: dies., Jüdisches Leben, S. 13–36.

Vondung, Klaus, Magie und Manipulation. Ideologischer Kult und politische Religion des Nationalsozialismus, Göttingen 1971.

Ders., Apokalyptische Erwartung. *Zur Jugendrevolte in der deutschen Literatur zwischen 1910 und 1930*, in: »Mit uns zieht die neue Zeit«. Der Mythos Jugend, hrsg. von Thomas Koebner, Rolf-Peter Janz und Frank Trommler, Frankfurt am Main 1985, S. 519–545.

Wagner, Peter, Sozialwissenschaften und Staat. Frankreich, Italien und Deutschland 1870–1980, Frankfurt am Main 1990.

Wahnich, Sophie, L'impossible Citoyen. L'étranger dans le discours de la Révolution française, Paris 1997.

Waldmann, Peter, *Gewaltsamer Separatismus. Westeuropäische Nationalitätenkonflikte in vergleichender Perspektive*, in: Nationalismus – Nationalitäten – Supranationalität, hrsg. von Heinrich August Winkler und Hartmut Kaelble, Stuttgart 1993, S. 82–107.

Watier, Patrick, *The War Writings of Georg Simmel*, in: Theory, Culture & Society, 8, 1991, S. 219–233.

Ders., *Georg Simmel et la guerre*, in: Wolfgang J. Mommsen (Hg.), Kultur und Krieg: Die Rolle der Intellektuellen, Künstler und Schriftsteller im Ersten Weltkrieg, München 1996, S. 31–47.

Watts, Philip, Allegories of the Purge. How Literature Responded to the Postwar Trials of Writers and Intellectuals in France, Stanford 1998.

Weber, Eugen, The Nationalist Revival in France. 1905–1914, Berkeley 1959.

Ders., Peasants into Frenchmen. The Modernization of Rural France 1870–1914, 2. Aufl., London 1979.

Weber, Marianne, Fichtes Sozialismus und sein Verhältnis zur Marx'schen Doktrin, Tübingen 1900.

Dies., Max Weber. Ein Lebensbild, Tübingen 1984 (1926).

Weber, Max, *Der Nationalstaat und die Volkswirtschaftspolitik. Akademische Antrittsrede (1895)*, in: Max Weber Gesamtausgabe, Abt. I: Schriften und Reden, Bd. 4, 2. Halbband: Landarbeiterfrage, Nationalstaat und Volkswirtschaftspolitik, Tübingen 1993, S. 543–574.

Ders., *Die deutschen Landarbeiter. Korreferat und Diskussionsbeitrag auf dem fünften Evangelisch-sozialen Kongreß am 16. Mai 1894*, in: Max Weber Gesamtausgabe, Abt. I, Bd. 4, 2, S. 313–345.

Ders., *Die protestantische Ethik und der Geist des Kapitalismus*, in: ders., Gesammelte Aufsätze zur Religionssoziologie, Tübingen 1978, S. 17–206.

Ders., *Geistesaristokratie und Parlamentarismus. Entgegnungen auf Max Maurenbrecher* (Lauensteiner Kulturtage 1917), in: ders., Zur Politik im Weltkrieg, MWG, I, 15, Tübingen 1984, S. 706–707.

Ders., Gesammelte Politische Schriften, mit einem Geleitwort von Theodor Heuss, hrsg. von Johannes Winckelmann, 2. Aufl., Tübingen 1958.

Ders., Gesammelte Aufsätze zur Religionssoziologie, Bd. I (RSI), Tübingen 1986.

Ders., *Die protestantischen Sekten und der Geist des Kapitalismus*, in: ders., Gesammelte Aufsätze zur Religionssoziologie, Bd. I (RSI), Tübingen 1986, S. 207–236.

Ders., *Bismarcks Außenpolitik und die Gegenwart*, in: ders., Gesammelte Politische Schriften, S. 109–126.

Ders., *Deutschlands äußere und Preußens innere Politik. I. Die Polenpolitik*, in: Gesammelte Politische Schriften, S. 173–178.

Ders., *Wirtschaft und Gesellschaft. Grundriß der verstehenden Soziologie*, Tübingen 1980 (5. rev. Aufl., Studienausgabe).

Ders., *Die »Objektivität« sozialwissenschaftlicher und sozialpolitischer Erkenntnis*, in: ders., Wissenschaftslehre, Tübingen 1973, S. 146–214.

Ders., Gesammelte Aufsätze zur Wissenschaftslehre, 4., erneut durchgesehene Aufl., Tübingen 1973.

Ders., *Roscher und Knies und die logischen Probleme der historischen Nationalökonomie*, in: ders., Gesammelte Aufsätze zur Wissenschaftslehre, 4., erneut durchgesehene Aufl., Tübingen 1973, S. 1–145.

Ders., *Über einige Kategorien der verstehenden Soziologie*, in: ders., Gesammelte Aufsätze zur Wissenschaftslehre, 4., erneut durchgesehene Aufl., Tübingen 1973, S. 427–474.

Wehler, Hans-Ulrich (Hg.), Soziologie und Geschichte, Köln 1972.

Ders., Geschichte als historische Sozialwissenschaft, Frankfurt am Main 1973.

Ders., Bismarck und der Imperialismus, München 1976 (1969).

Ders., Deutsche Gesellschaftsgeschichte. Bd. 1: Vom Feudalismus des Alten Reichs bis zur Defensiven Modernisierung der Reformära 1700–1815, München 1987.

Ders., Deutsche Gesellschaftsgeschichte. Bd. 3: Von der »Deutschen Doppelrevolution« bis zum Beginn des 1. Weltkrieges 1849–1914, München 1995.

Wieviorka, Michel, La Différence, Paris 2001.

Ders. und Jocelyne Ohana (Hg.), La différence culturelle. Une reformulation des débats, Paris 2001.

Wildt, Michael, Generation des Unbedingten. Das Führungskorps des Reichssicherheitshauptamtes, Hamburg 2002.

Willke, Helmut, *Die Gesellschaft der Systemtheorie*, in: Ethik und Sozialwissenschaften, 11, 2000, H. 2, S. 195–209.

Wilson, Thomas P., *Theorien der Interaktion und Modelle soziologischer Erklärung*, in: Alltagswissen, Interaktion und gesellschaftliche Wirklichkeit. 1. Symbolischer Interaktionismus und Ethnomethodologie, hrsg. von einer Arbeitsgruppe Bielefelder Soziologen, Reinbek bei Hamburg 1973, S. 54–79.

Wimmer, Andreas, Nationalist Exclusion and Ethnic Conflict. Shadows of Modernity, Cambridge 2002.

Winock, Michel, Le siècle des intellectuels, Paris 1997.

Ders., *Barrès, Durkheim, et la mort des lycéens*, in: L'Histoire, Nr. 189, Juni 1995, S. 40–42.

Ders., Nationalisme, antisémitisme et fascisme en France, Paris 1990.

Ders., *Bernanos ou l'anti-Maurras*, in: Esprit, H. 6, Juni 1973, S. 1364–1375.

Wirsching, Andreas, Vom Weltkrieg zum Bürgerkrieg? Politischer Extremismus in Deutschland und Frankreich 1918–1933/39. Berlin und Paris im Vergleich, München 1999.

Worringer, Wilhelm, Abstraktion und Einfühlung. Ein Beitrag zur Stilpsychologie, München 1948.

Wyss, Beat, *Simmels Rembrandt*, in: Simmel, Rembrandt, S. VII–XXXI.

Young, Iris Marion, Polity and Group Difference: A Critique of the Ideal of Universal Citizenship, in: Ethics, 99, 1989, S. 250–274.

Dies., Justice and the Politics of Difference, Princeton 1990.

Zagdanski, Stephane, Céline seul. Essai, Paris 1993.

Zehnpfennig, Barbara, Hitlers Mein Kampf, München 2000.

Zeldin, Theodore, France, 1848–1945: Intellect and Pride, Oxford 1980.

Zernatto, Guido, *Nation: The History of a Word*, in: The Review of Politics, 6, 1944, H. 3, S. 351–366.

Zitelmann, Rainer, Hitler. Selbstverständnis eines Revolutionärs, Hamburg 1987.

Žižek, Slavoj: Liebe Deinen Nächsten? Nein danke! Die Sackgasse des Sozialen in der Postmoderne, Berlin 1999.

Zumbansen, Peer, *Die vergangene Zukunft des Völkerrechts*, in: Kritische Justiz, 34, 2001, H. 1, S. 46–68.

Zürn, Michael, Regieren jenseits des Nationalstaates, Frankfurt am Main 1998.